货币·国家·世界

——基于爱因斯坦能量本位

Currency · Nation · World

——Based on Einstein – Energy – Standard

曹钟勇　著

Tsao Chung – yung

中国铁道出版社

2018年·北京

内 容 简 介

本书研究了货币充当一般等价物的三个基本特征、货币的爱因斯坦能量本位及将它作为未来“一个世界、一种货币”,即世界统一货币(世元)本位的终极意义。研究了铸币税的范畴及其消亡的历史条件、比特币的属性、中外历史上的货币短缺危机与成因、当代货币短缺——债务危机的成因及应对、金融泡沫与金融危机的生成机理。论证了金融、财富、货币三者之间的关系,提出了未来基于能量本位的货币发行量与既有世界货币总量之间的关系式,预测了由货币联盟推动的区域统一及由全球化催生的世界统一货币的发展趋势。阐述了基于爱因斯坦能量本位世界统一货币与构建人类命运共同体的关系。

本书内容涉及经济学、政治学、哲学、物理学等诸多领域,可供此方面研究的相关专家学者、研究生作参考。

图书在版编目(CIP)数据

货币·国家·世界:基于爱因斯坦能量本位/曹钟勇著.—北京:中国铁道出版社,2018.12

ISBN 978-7-113-25266-3

Ⅰ.①货… Ⅱ.①曹… Ⅲ.①货币政策-研究-世界 Ⅳ.①F821.0

中国版本图书馆CIP数据核字(2018)第274206号

书　　名:货币·国家·世界
——基于爱因斯坦能量本位

作　　者:曹钟勇　著

责任编辑:钟加栋　黄　筱　　**编辑部电话:**(010)51873023
封面设计:崔　欣
责任校对:苗　丹
责任印制:高春晓

出版发行:中国铁道出版社(100054,北京市西城区右安门西街8号)
网　　址:http://www.tdpress.com
印　　刷:北京建宏印刷有限公司
版　　次:2018年12月第1版　2018年12月第1次印刷
开　　本:787 mm×1 092 mm　1/16　印张:31.75　字数:706千
书　　号:ISBN 978-7-113-25266-3
定　　价:98.00元

前　言

《财富本源与世界统一货币》(2008年11月初版,2010年11月重印)和《货币·国家·世界》(2014年12月初版)两书出版后,已在学界引起一定的反响。国内外一些学者,比如美国哈佛大学肯尼迪政治学院原副院长Alan Altshuler教授曾与作者就有关论点进行过深入探讨,中组部研究室的李爔恒研究员则在其新作《缔造大同:钱学森"世界大同+共产主义"理论新论》一书中就我的一些观点有过摘录。关于货币的爱因斯坦能量本位概念是在我参与的一些演讲或研讨中探讨最多的话题,同时也是上述两本著作的理论基点。简而言之,所谓货币的爱因斯坦能量本位是指未来世界统一货币制度所规定的,以能量单位表示的未来世界统一货币价值的计算标准。据此定义,我们又可进一步将之简化为:货币本位即单位能量。而由此本位规定的货币,则类似于"纸黄金"的概念,可看作"纸能量"。

本书之所以取名为《货币·国家·世界——基于爱因斯坦能量本位》,即把"爱因斯坦能量本位"也置列书名,主要是与中国国家主席习近平提出的构建人类命运共同体这一理念及世界对此的积极反应态势有关。该理念的核心是"人类同住地球村,不同文明、不同宗教信仰、不同社会制度、不同发展水平的国家是一个相互依存的命运共同体,相互尊重、平等合作、互利共赢、融合包容"。2017年2月10日,在联合国社会发展委员会第55届会议上,"构建人类命运共同体"理念首次被写入联合国决议。同年11月1日第72届联大负责裁军和国际安全事务第一委员会会议通过的"防止外空军备竞赛进一步切实措施"和"不首先在外空放置武器"两份安全决议,该理念再次被载入这两份联合国决议。

我个人认为,构建"人类命运共同体"的具体形态在初始阶段的相当程度上可以表征为大同世界的构建,其基本含义是一种人类可以持续地和谐生存和繁衍的社会形态,包括人与人之间、人与自然之间存在的一种更为平和与协调的关系和秩序。结合以色列作者尤瓦尔·赫拉利(Yuval Noah Harari)在其《人类简史:从动物到上帝》(Sapiens:Brief History of Humankind)一书中提出的人类要走向融合统一的重要前提之一是货币统一的观点;同时,结合本人在《财富本源与世界统一货币》《货币·国家·世界》等方面的研究,本人仅就大同世界的构建与世界货币协调之间的关系谈点认识。

如果能对人类的货币史进行较为详尽的回顾，我们不能不说，最初发轫于交换媒介的货币对人类文明社会的发展的确起到了一种独特的、积极的、有效的推动作用。我们甚至可以在某种程度上说，一部人类的货币史就是一部人类文明史的缩影，今天乃至将来，无论如何来评价货币在对人类文明进步的过程中所起的独特作用都是不为过的。但同时，我们也不得不承认，由于货币本身的异化，人类既有的货币体系又是与大同世界格格不入的。这是因为，在现有的货币体制及由此决定的金融体系下，由于各国（或地区）的金融当局根据各自的需要而发行不同种类、不同数量的货币，各种货币之间又不得不寻求一种本身并不稳定的汇率平价，因此无法解决以下一些根本问题：

(1)货币的供应量历来是与投资规模直接相关的。在现有的货币体制和金融体系下，由于无法从全球的范围来控制货币的供给总量，因而就无法制约人们为追求财富增长而带来的巨大投资冲动，从而无法制约人们对自然资源的过度索取和对生态环境的破坏，最终直接威胁到人类和自然之间的可持续以及和谐共存的关系。

(2)由于无法控制货币的供给总量，因此无法从根本上扼止通货膨胀现象，保证经济秩序的持续稳定，从而也无法避免世界上绝大部分人口所持财富被不公正剥夺现象的频繁出现。

(3)货币供给总量的增长无法做到与经济增长——人类实际财富增长水平的一致。同时，由于货币本身币值的不稳，因此无法精确表示人类财富的价值，从而导致财富价值的虚幻。

(4)现有的货币体制和金融体系，显然便于一些强国可以利用其本国货币的强势地位而获得货币溢出效益，从而引起世界范围内财富的不当转移。

(5)由于货币不同，因此不同货币间的汇率价差一直是金融投机的主要追逐目标之一，而金融投机则是造成金融市场动荡和财富泡沫的最主要原因。

应该说，货币问题决不是货币问题本身，它是经济问题的集中反映。即使当代货币主义学派的经济政策研究的基本目标也已从过去强调货币的“自由”经济效果而向经济稳定、经济增长，并向强调“平等”“收入均等化”和“权利均等化”等方向转移。可以说，这决不是偶然的。

进一步地说，如果我们要深刻理解世界统一货币与大同世界之间的关系，我们必须首先看到问题的两个方面：一方面，人类由于长期以来对货币及其由其表征的财富价值的错误判断和使用不当，在当今的人类社会已造成表面是属于纯经济问题，实质是事关人类能否持续地和谐生存和繁衍的严重后果，并且已经积重难返。

正如弗里德曼(Milton Friedman)1976 年 12 月在美国芝加哥大学的一场演讲中所指出的那样:“全世界许多国家今天正经历着历史上有破坏性的通货膨胀,非常高的失业率、经济资源使用不当,并且在有些情况下,人类自由受到压制”;另一方面,我们更应该看到,随着经济全球化的深入发展,更广泛意义上的世界一体化进程也在加速。在这个进程中,各国联系更加紧密,相互依存也更加密切,地球上的人类作为一个整体已休戚相关。人们已经普遍认识到,人类对自然的过度索取,尤其是对能源(能量)的无节制使用,将导致对整个地球生态的破坏,从而对人类本身的生存构成直接威胁。比如,全球气温上升导致自然灾害的增加,无论是生活在东半球还是西半球的人们都已无法逃脱。此外,世界上每时每刻发生的各种政治活动、经济活动、军事活动、宗教活动等,其影响面和冲击力已不再局限于某一区域或某一国度,它会随着信息的迅速传播在全球引起相关波动。现在,地处地球任何一隅的人们也不再是孤立的,他们已与全人类紧密联系在一起。如仅就气候变化问题而言,正如中国前国家主席胡锦涛在亚太经合组织第十五次非正式会议上的讲话中所指出的那样:“气候变化问题,事关各方利益,需要各国联手应对。在气候变化上,帮助别人就是帮助自己,开展合作才能互利共赢。”如果说,应对气候变化问题是如此,那么应对诸如世界经济失衡、能源资源压力增大、生态环境持续恶化等问题也应该如此。

由以上分析可知,如果能够“引入世界统一货币及其货币发行的单一增长规则”(简称“统一货币、单一增长”规则),则有望从根本上解决上述问题,并且有利于从货币角度,进而从经济领域来推动经济稳定、经济增长,权利均等化等秩序的建立,从而有利于推动人类大同世界的建设。这是因为从建设“大同世界”的基本含义来看:如要实现“人类可以持续地和谐生存和繁衍的社会形态,包括人与人之间、人与自然之间存在的一种更为平和与协调的关系和秩序”,那么就可以发现必须有两个基点:一个基点是在人与人之间建立一种更为平和与协调的秩序;另一个基点则是在人与自然之间建立一种更为平和与协调的关系。由于通过“统一货币、单一增长”规则的建立,一方面,可以控制货币投放以控制投资规模,从而控制人类对自然资源的过度开发和使用,以促进人与自然的和谐;另一方面可以消除或极大程度地缓和通货膨胀,挤出金融泡沫,消除强势货币和弱势货币之间的不平等,从而有利于促进人与人的和谐。这两方面形成的合力就非常有助于推动人类社会大同世界或人类命运共同体的构建。

据此,我们有理由认为,人类既有的货币体系必须改革,已有必要创建一个新的货币体系——基于爱因斯坦能量本位的世界统一货币体系,它无疑是建设大同世界的必由之路。而且“一个世界、一种货币”既是改革的基本思路和创建的终极目标，同时它也是人类货币使用的最方便形式。而这个目标一旦达到，人类就可以在大同世界的“一个方面开始看到一种永恒的、合理的、庄严有条理的秩序系统，这一系统兼顾了道德和法律。”而我们可以预见是：货币是人类命运共同体存在的必要条件，而基于爱因斯坦能量本位的世界统一货币则有利于推动人类命运共同体的构建。

纵览古今，横视全球，上天似乎已在昭示人类：一方面，人类作为地球上最具智慧的生灵，已由上天注定要对地球上所有生灵的存亡负有不可推卸的责任；另一方面，人类本身的存亡也需要人们在不久的将来做出某种协调以求得世界的和谐与安宁、人类的永续和昌盛。鉴于人类的生存和繁衍直接依赖于财富，人类所有的活动又都围绕着财富的创造和享用进行，而财富的直接表征又是货币。所以，就会出现一个很自然的命题——为了求得世界的和谐与安宁、人类的永续和昌盛，人类就需要对货币的统一做出某种协调，或进行合作。如果说，最初人类“合作的原因是生活的压力、生存的压力……合作的起源是从血缘开始的，然后从血缘走向地缘、走向扩大化。”那么，今后由既有的类似欧洲区域性货币统一走向未来世界的货币统一，从某种程度上来说也正是人类的合作开始“从血缘走向地缘、走向扩大化”的具体过程。

作　者

2018 年 9 月 18 日于上海

Introduction

At present, the world still has not walked out of the shadow of the global financial crisis triggered by the America subprime mortgage crisis which occurred from August 2007. During this period, the outbreak of the European debt crisis has become a burden on the pace of global economic recovery and development, moreover, the inherent defects of current international monetary system and financial mechanism have been thoroughly exposed.

Being a companion work of the former book (2008 edition and reprinted in 2010), titled as "One World, One Currency: The Wealth Origin and the Global Unified Currency", this book is a deepening research on existing theory of the former.

In short, the former book mainly expounds the basic theory of the main line as following: On the basis of research of the domain of the material essence and spiritual essence of the human wealth, it points out that wealth is the ultimate source of money, and money is the surface feature of wealth. The ultimate nature of money is to represent the existing wealth, and this nature also specifies that the total amount of money can only be determined by the stock of existing wealth. Such general relation further establishes a basic principle: namely, certain amount of money must correspond to certain entities' wealth, which is called as "the principle of effective currency correspondence with real wealth". Meanwhile, the money standard decides the value of money, and the money supply is also determined by the quantity of substance which stands for the money standard. The ultimate essence of the money standard is that one unit of money must contain a certain amount of stable value which could be accepted universally and agreed upon unanimously. The former book also proves that extremity of the Einstein-energy-standard would converge to be a constant. So, the Einstein-energy-standard could be used as the global-unified-money-standard which might be used in future by human society. Thus, it can fully bear the functions of five kinds of money, such as value measurement means, circulation means, storage means, payment means, and world currency. If it were so, we could realize the ideal realm of "one world, one currency". After through an initial period during which all countries (or regions) have completed to interchange their currencies with the global unified currency, based on the ratio (SDR) accepted universally (Thus, the relationship between the monetary value and existing economic base of the world could be constructed), the global unified currency would be issued in future by the independent World Central Bank with a single rule at a fixed growth rate according to the growth rate of the global GNP in short term, but according to the growth rate (1.6%) of the earth's energy in long term. Meanwhile, human beings can only use the limit amount of energy which would be the earth's Einstein-energy minus the total amount energy to maintain normal operation of the earth and to protect ecological balance.

Based on the former book's theory mentioned above, this book continues to deepen the relative research which focuses on the following fields:

Firstly, the problem about seigniorage. It can be found that from the point of human history to use currency, when a country's (or state's) monetary standard changes from "conventional acceptance" and "universal apply" into "to be stipulated by the law", then the mintage problem, namely, the mintage right of people is reverted to the ruler's hand, so that it creates the implementation conditions for appearing the seigniorage. Afterwards, if a monetary authority issuing currency which is to be used beyond the country's boundary, and is to be held by the non-issuer countries, which use these currency as their trading and reserve currency, thus the issuer makes this currency have the characteristics of the international currency and even the world currency, corresponding with the currency hegemony. Then, it also produces the problem of international seigniorage. But from the perspective of development history of the world currency, it seems that there is not necessity for existence of seigniorage. That is to say, on the one hand, the seigniorage did not exist in earliest time; On the other hand, even if the seigniorage was widespread later, but it might fade away. However, the most fundamental principle to eliminate the seigniorage is that "the mintage-authority should not benefit from coinage itself." So as to Bitcoin, it is not a kind of currency, but is a virtual asset represented by the tokens.

Secondly, the definition of currency shortage in this book, refers to a sovereign country facing a kind of overall disorder phenomenon of social working mechanism, because the money supply (or circulation) is less than a reasonable demand for liquidity under the condition of normal economic operation. People are not hard to find that, in those periods of monetary history represented by using metal currencies, such as gold, silver, copper, the currency shortage crisis was usually shown in two aspects: one was decrease of circulation of metal currency or supply shortage comparing with the normal demand. The other one was continuous depreciation of metal currency itself, namely, the gold content was decreasing. According to existing data of monetary history, it seems that ancient China's currency phenomenon is more prominent in the first aspect, while the ancient western countries' conditions were more outstanding in the second aspect.

Thirdly, the debt crisis usually refers to a kind of phenomenon, in which a country's large amount of debt in international lending field is more than this country's solvency itself, resulting in its inability to pay its debts or have to do moratorium. But according to the statistical caliber about the debt crisis, it usually includes a country's external debt owe to other countries, but not domestically. Generally to say, occurrence of the debt crisis for a country is that there is not enough foreign exchange for repayment, so in essence, the debt crisis is another expression of the currency shortage crisis.

Fourthly, the financial bubble refers to a kind of phenomenon, in which the excessive inflation of financial assets' price is beyond the basic price decided by the real economy assets. Because the price is expressed in the form of monetary value, so the difference between the total asset prices represents the difference between the amounts of monetary assets. Clearly, this difference part is also due to aggregated monetary amount above the basic price decided by the real economy assets. According to "the principle of effective currency correspondence with real wealth", because there is no real wealth correspondence with this part of currency beyond the effective currency, the exceeded part of currency must correspond with virtual wealth, which is not true. Only after the bubble burst, the rest of it is the real wealth.

Fifthly, from the point of modern financial history, in reality, the financial bubble often displays as a kind of bizarre phenomenon, after continuous rising in price of a series of financial assets, such as enterprise assets, stocks, real estates, and exchange rate, so that the market prices are much higher than their actual prices. While, the so-called financial crisis refers to a kind of financial turmoil, which is caused by the function disharmony of whole society's financial system. Its concentrated expression is that all or most of the financial indexes, including short-term interest rate, securities, real estate, etc., sharply deteriorate; A large number of enterprises and financial institutions collapse or go bankrupt; Based on expecting that asset prices would fell sharply, the investors in quantity undersell their real estate or long-term financial assets to converted into currency. Moreover, the thought-provoking is that, the premise conditions of financial crisis are produced by both of inadequacy of current international monetary system and financial mechanism, but is also associated with the currency functions that itself undertakes. Because financial asset is a characterization of existing wealth, in nature, it points to (but not equals to) the stock wealth. Meanwhile, the so-called Financial Interrelations Ratio refers to a ratio of financial assets value and whole entities' wealth value (i. e., national wealth). I can testify that the Financial Interrelations Ratio's upper limit equals to 1 plus the ratio of the newly increased wealth and aggregated wealth in human history. This is a threshold of normal relation between finance and wealth. The rest part of financial assets beyond the maximum Financial Interrelations Ratio is virtual wealth which corresponds to a financial bubble.

Sixthly, from the perspective of monetary history, we can prove that there exists such a necessity, namely, appearance of an international currency, its initial appearing form usually is a monetary union in a region of the world, and it may (or wants to) propel unity of this region, through getting economic unity at first and then going to political unity. That is to say, the purpose of political unity is often put behind; By a logical extension of this point, under the background of globalization, if the currency integration process for human society would go along the way that some "optimum currency areas" would be formed in advance, such as Euro zone, Asia Yuan-zone, US dollar-zone …, then, the difficulties caused in the field of technology and politics for using global unified currency would be much less. While, after emerging the global unified currency, then it might eventually promote the world toward unification. We can say that this trend is not only the need to solve the paradox problems of the current world's currency, but also is an inevitable development trend for human society. At last, it is an ultimate mission for currency itself after its appearing.

Seventhly, according to Marx's theory about community and currency, the currency directly is a reality community. As long as there is a commodity economy in the world, there will be currency which is inevitable. So currency is a necessary condition for the existence of the community of shared future for mankind, while the world unified currency based on Einstein-Energy-Standard would help to promote the construction of such community.

The author

On September 18, 2018 in Shanghai

目　录

Catalogue

第1章 货　币

1.1 货币的范畴

1.1.1 货币的定义

当今世界，约有230多个国家或地区使用不同的货币。[1]关于货币的定义，正如各国存在着不同种类的货币一样，也存在着不同的定义。

1）货币的一般定义

《经济大词典》中关于货币的一般定义：货币是指固定地充当一般等价物的特殊商品。①

2）其他关于货币的定义

历史上许多政治经济学家、经济学家或哲人从对货币本质理解的不同角度出发，对货币下过不同的定义，比如：（1）亚里士多德把货币看作“中介货物”；（2）亚当·斯密认为“货币是为了克服交换的不灵敏”而形成的产物；（3）马克思认为，货币是从商品世界中分离出来起一般等价物作用的商品；②（4）米尔敦·弗里德曼在他的《自由选择》一书中写道：货币是“一个共同的普遍接受的交换媒介”，它是“建立在普遍接受的传统习惯上的，而这一传统从某种观点看来，是一种虚幻的信念，”即“货币的价值是建立在虚幻的信念上的”；③（5）也有学者认为“如果一个物件事实上在支付中被普遍接受并被用作支付中介，则不管它的法律地位如何，它就是货币”；（6）还有学者认为货币是“协议的产物”“商品货币对等的比例”“天生的”“法律制定的”等。④

3）本书关于货币的定义

本书对货币的定义是：货币是公意约定并被普遍接受的一般等价物。即本书在将货币作为一般等价物之前，加了“公意约定”和“普遍接受”这两个充要条件。公意约定是指某一单位的货币必须包含一定量人们共同约定标的的价值量；普遍接受则是指这种标的本身具有普遍认可，可以度量、相对恒定（不仅是稳定）的价值内涵；而一般等价物是指它作为等价的价值载体可与一切商品（或服务）进行交换。

1.1.2 货币充当一般等价物的三个基本特征

货币充当一般等价物所具有的三个基本特征是指：

---

① 《经济大词典》编辑委员会.经济大词典：财政卷[M].上海：上海辞书出版社，1987：117.

② 马克思．资本论：第1卷[M].中共中央马克思恩格斯列宁斯大林著作编译局，译．北京：人民出版社，1975：104.

③ 米尔敦·弗里德曼.自由选择[M]//曹龙骐.货币银行学.北京：高等教育出版社，2000：6.

④ 曹龙骐.货币银行学[M].北京：高等教育出版社，2000：6.

(1)货币是表现一切商品(或服务)价值的工具。正因为货币是公意约定并被普遍接受的一般等价物,所以任何一种商品(或服务),只要能够交换到货币,就意味着货币所代表的公意约定的价值已由货币过渡到该种商品(或服务)本身,它的价值就能得到体现。这完整地反映出货币作为一般等价物的公意约定性。

(2)货币具有直接同一切商品(或服务)交换的能力。货币作为价值直接体现者和社会财富直接代表,具有直接地同一切商品(或服务)交换的能力。这完整地体现出货币作为一般等价物的普遍接受性。

(3)货币作为一般等价物,它是表现、衡量和实现商品(或服务)价值的工具。这是货币的公意约定性和普遍接受性两种性质的同时体现。

1.2 货币的产生及演变

1.2.1 货币产生的渊源

如果说劳动为人类创造了一切有价值的物品,那么交换就使某些人有可能利用许多没有交换依靠自己的劳动永远得不到的东西。更进一步地说,如果每一个人只能掌握自己凭双手的劳动直接生产的东西,那么人类便永远不能脱离极端无知和野蛮的状态。[①] 当然,原始的生产与交换是为个人或家庭生活所需,这与后来的为某一市场所需的生产和交换是有本质区别的。[②] 我们不难想象,在人类的原始社会时期,首先出现的情况是"先民初无钱币,各以剩余用品彼此交易。出其所有,获其所无。物品不限一端,时地不必固定。"[③] 而有了交换,就会促进分工。英国经济学家亚当·斯密(Adam Smith,1723—1790)认为,分工起因于交换能力,分工的程度则受交换能力大小的限制。[④] 法国经济学家萨伊(Jean Baptiste Say,1767—1832)则称:"分工是巧妙地利用人的作用的一种方法,分工可扩大社会的产品,换句话说,可扩大人类的权利和人类的享受。"[⑤]

至于后来货币出现的原因,亚当·斯密认为,货币是在人类社会出现分工之后,因方便剩余产品交换的需要而产生的。他说:人类社会的"分工有如此多的好处,但它最初却不是任何人类智慧遇见到并想要得到分工所能带来的普遍富裕的结果。它是人性中某种倾向的必然结果,虽然这种倾向是非常缓慢和逐渐发展起来的,这是一种没有强烈的功利色彩、物物交换、以货易货和用一种东西交换另一种东西的倾向。"随即他又指出:"一旦分工完全确立,一个人自己劳动的产品就只能满足他的需要的很小一部分。他把自己劳动产品的超过自己消费的剩余部分,用来交换自己需要的他人劳动产品的剩余部分,以此来满足自己的绝大部分需要。这样,每一个人都靠交换来生活,在某种程度上变成了一个商人,而社会本身也逐渐成为一个完完全全的商业社会……但当分工最初开始时,这种交换

---

① 格雷. 格雷文集[C]. 陈太先,眭竹松,译. 北京:商务印书馆,1986:39.

② 米克. 劳动价值学说的研究[M]. 陈彪如,译. 北京:商务印书馆,1963:37.

③ 王献堂. 中国古代货币通考[M]. 青岛:青岛出版社,2005:3.

④ 亚当·斯密. 国民财富的性质和原因研究:上卷[M]. 郭大力,王亚南,译. 北京:商务印书馆,1972:16.

⑤ 萨伊. 政治经济学概论:财富的生产、分配和消费[M]. 陈福生,陈振骅,译. 北京:商务印书馆,1982:102.

力量的运作必然常常遇到种种妨碍和困难……为了避免这种不方便，在社会的每个时期中的每个明智的人，当最初的分工确立之后，一定会自然而然地设法这样处理他的事务：除了他自己行业的特殊产品以外，随时随地带有一定数量的这种商品或那种商品，例如，他设想用这些商品来交换他人的劳动产品时是没有人会拒绝接受的。可能有许多不同的商品，先后被想到用来达到这个目的……然而，在所有国家，由于不可抗拒的原因，人们似乎最后决定在所有的各种商品中选用金属来完成这种职能……为此目的，不同的国家使用了不同的金属。在古代斯巴达人之间，铁是普遍的交换媒介；古代罗马人之间用铜；所有富裕的商业国家使用金和银。"①而在中国，根据《路史 · 疏仡纪 · 黄帝》中的记载，则较早地使用了金银铜。Ⅱ应当说，亚当 · 斯密的观点，很好地解释了货币产生的历史渊源，即：货币产生于社会分工后剩余产品交换的需要。最初充当货币的往往是"没有人会拒绝接受的"某些商品。这在以物易物的人类经济生活早期是必然的选择。后来，由于"不可抗拒的原因"，人类选择了金属货币。尽管亚当 · 斯密当初并没有解释人类之所以选择金属货币的"不可抗拒的原因"究竟是什么，但后来马克思却做了最好的注脚，即"金银天然不是货币，但货币天然是金银。"②

1.2.2 货币产生的时间

据研究，西方货币产生的时间应早于公元前12世纪。这可以从关于古希腊的历史记载中得到佐证。因为希腊从公元前12—前8世纪，开始由原始公社制度向奴隶占有制度过渡。荷马的两部史诗《伊利亚特》和《奥德赛》，是流传下来记述这个历史时期的仅有著作。从史诗中看，这时交换已经产生并开始发展，出现了货币，牲畜就起着货币的作用。史诗记述过，一个女奴隶等于四头公牛，一个铜制的三角鼎等于二十头公牛。在公元前8—前6世纪之间，希腊进入奴隶制国家形成的时期，社会经济有了新的发展。这时社会分工更加细致，商业已有很大的发展，货币开始普遍地使用。③

至于东方货币的产生，如从中国货币的起源算起，时间可能更早一些。在中国货币史上，最早取得支付手段的是一些自然物，海贝便是其中之一。海贝最初应该是作为装饰品的，但在中国的新石器时代晚期，海贝已转化为货币，并取得了实物货币的地位，时间约为公元前20世纪以前。及至殷商时代，海贝仍在使用。比如，中国河南的殷墟就曾出土过商代的自然贝币。此外，根据科学考古的发掘资料，在中国殷商时代的中、晚期，也已经有了原始的金属铸币——青铜仿制的海贝，也就是说中国早期的铸币孕育于伟大的青铜时代，诞生于公元前14—前11世纪。而在西周时代（公元前11—前8世纪），青铜块已成为中国普制的一种称量货币。青铜仿制的贝壳在这个时期也已大量铸行。④ 有据可查的是商汤时期的"铜贝"和东周的无文铜制贝币。值得注意的是，货币的实物形态由海贝到铜贝，时间跨度约为6～7个世纪，期间还曾流通过骨贝，石贝，陶贝等。由此可见，早期仿形

① 亚当 · 斯密. 国民财富的性质和原因研究：上卷[M]. 郭大力，王亚南，译. 北京：商务印书馆，1972：13－20.

② 马克思. 资本论：第1卷：上[M]. 中共中央马克思恩格斯列宁斯大林著作编译局，译. 北京：人民出版社，1975：107.

③ 鲁友章，李宗正. 经济学说史：上册[M]. 北京：人民出版社，1979：7.

④ 中国货币历史概述. 黄金理财//凤凰网财经，2008－11－29.

货币是中国经过了长时间的以物易物贸易阶段之后产生的。当然,由于地域经济的不同,不同的部落使用的早期货币并不一样。

综合东、西方的货币发展史,人类社会使用货币的时间,应在公元前20世纪以前,也就是说,已有四五千年的历史了。

1.2.3 货币具体形态的演变

详细地考察货币具体形态的演变过程,对研究货币的属性是极为有益的。在东方,中国货币具体形态的发展具有相当的代表性;在西方,欧美一些国家货币具体形态的发展也具有较强的代表性,并在相当程度上决定了当今世界货币的发展态势。

1.2.3.1 中国货币具体形态的演变

诚如亚当·斯密所指出的那样,货币的出现原本出于方便交换的需要,并应该是由那些用来"交换他人的劳动产品时是没有人会拒绝接受"的商品来充当。最早人们在相互交换剩余产品时,一些生活中普遍需要的商品如牲畜、工具、装饰品之类往往起着价值尺度及交换媒介的作用。这就是实物货币的最初由来。中国史学家司马迁(公元前135—前87年)曾说:"农、工、商交易之路通,而龟贝金钱刀布之币兴焉。"[①]另据《管子》等古籍记载,中国上古货币有龟、贝、珠、玉、金、钱、刀、布等多种。其中龟在上古人心目中是能够预知未来的长寿灵异的动物。商代凡祭祀、征战、农作力役之事皆先取龟甲或牛骨预卜,以知休咎。同时,龟肉又是古代的一种高级食品。贝币是商代普遍使用的货币,由海贝壳打磨穿孔而成。它带有乳白色的光泽,大小轻重基本接近,用绳索穿系后成为古代一种理想的装饰品。因当时捕捞条件、交通运输相当落后,海贝的采集及带往中原非常不易,所以商周之间,贝币的价值较高。珠与玉指珍珠及硬玉、软玉,因其材质晶莹透亮、华丽耀眼,被主要用于制作精美的饰品及玉器。此外,玉器又是古代祭祀仪式中重要的礼器,也是统治阶层权利的象征。据《周礼》记:"仓壁礼天、黄琮礼地"。由此可见,珠玉的价值自然要超过其他货币。最典型的是"完璧归赵"故事中的和氏璧,堪称价值连城。金主要指黄金,《史记》中记载苏秦说赵王合纵,赵王赠苏秦饰车百乘,黄金千镒(一镒为二十两),说明黄金在当时已是一种贵重的金属称量货币。楚国的郢爰金币则是真正意义上的流通金币。此外,黄金还是一种贵重的装饰品。但值得一提的是,古籍中所称的金并非一种。据《史记·平准书》记载:"虞夏之币,金为三品,或黄、或白、或赤。"也就是说,广义的"金"实指金、银、铜三种金属。比如,战国时期的楚国就同时拥有金、银、铜三种金属铸币,其中,金币有金饼、金钣;银币有空首布与银贝;铜币则有贝形币、布币和刀币。[②]

此外,从古钱币的分类上来看,钱、刀、布一般指铜制的金属货币,随其时地和造型不同而有不同的称呼。如周代铜币可分四系,体制不同:一铸环形,如共、垣、东周、西周原钱之属,今名环币;一铸铲形,如空首布、尖足、方足诸币之属,今名铲币;一铸刀形,如齐刀、尖首刀、明刀之属,今名刀币;一铸贝形,如座字、君字、蚁鼻钱之类,今名贝币。[③] 至春秋与

① 司马迁.史记·平准书[M].//胡寄窗.中国经济思想史简编.北京:中国社会科学出版社,1981:209.

② 朱勇坤.钱币投资收藏手册[M].上海:上海科学技术出版社,2007:6.

③ 王献堂.中国古代货币通考[M].青岛:青岛出版社,2005:5.

战国时期,秦国曾使用方孔圆钱秦半两,晋国曾使用空首布,齐、燕、赵、中山等国及匈奴地区都大量使用刀币。

这里有两点需要引起注意:一是从《管子・地数》的记载来看,古代以珠玉为上币,黄金为中币,刀币为下币,说明不同种类的货币之间,应该已有一定的量比关系;二是从金属货币的铸造来看,金、银、铜的使用年代相差较大。其中,铜作为货币使用的时代较早,商周时期,青铜就是制造工具、兵器及礼器的主要原料,除作馈赠外,自然可作称量货币使用。比如,周穆王时的丰尊铭:"易丰金贝。"这里金、贝并称,就说明青铜与贝同属货币一类。黄金铸币最初见于前述楚国(公元前476—前223年)的金钣(含金量在96%以上),系用黄金铸成扁平型金钣,多数金钣上钤有方形小印。其上文字大多为"郢爰"。"郢"是楚国的首都(今湖北省江陵县),"爰"是货币重量名称。"爰"的重量不等,大者一两多(古1两=37.2 g),小者二钱多(古1钱=1/10两=3.72 g),以三到五钱者为多。[①] 同样,楚国的银空首布与银贝也是中国最早的银币形式。因此,金币和银币的流通应都在战国时期。这说明,与铜相比,金、银作为货币形式出现得较晚,约晚500~600年。[②] 英国货币史学家约翰・F・乔恩(John F. Chown)认为纸币是中国首先发明的。因为中国在9世纪就发明了汇票,称为"飞钱",其用处是作为避免运送分量过重的大额金属货币的便利工具。这种做法最初是商人之间的一种私下安排,但是大约到公元812年为官府所采用,以作为上缴地方税收的一种支付方式,后来逐步演变为纸币了。"正式的货币券代表官府收购产品的收据,它由国家发行,可用来购买任何东西。最早的货币券发行于1011年,而且似乎是每隔3年就可兑付为硬币。比如,1072年共发行了125万吊(1吊=1 000文钱)25年期限的货币券。"[③]但现代意义上的纸币则起始于1935年11月4日中华民国政府实行的"法币改革"。当时,宣布禁止使用银圆,改用纸币(法币),并从银本位制改行金汇兑本位制。中国历代货币形态的演化情况,可参见《财富本源与世界统一货币》一书。[④]

1.2.3.2 世界一些国家货币的具体形态及其演变

如果我们把中国货币具体形态的演变作为东方货币演变的典型代表来研究,那么世界上其他一些国家,比如古希腊、古罗马、埃及、法国、英国、德国、美国等国家的货币具体形态的演变则可以作为西方货币演变的典型代表来研究。客观地说,西方货币的演变过程与当今世界的货币体系的形成具有更为直接的因果关系。由于西方货币具体形态的演变又与发生在1150年的商业革命密切相关。因此,我们的研究可将1150年的商业革命作为分界岭来分别阐述西方货币的演变过程。

1)商业革命之前西方货币具体形态的演变

根据荷马史诗及其他有关资料的记载,我们有理由相信,在金属铸币出现以前,西方的一些国家或地区也曾广泛采用某些人们普遍愿意接受的实物商品,比如牲畜、粮食、盐、海贝等作为流通的货币。其中的海贝,甚至直到1661年,在当时的马萨诸塞地区北美印

---

① 孙持平.金融历史的馈赠:上海市银行博物馆藏品精粹[M].香港:中国通出版社,2007:12.

② 孙仲汇,胡薇.古钱币图解[M].上海:上海书店出版社,1989:2-11.

③ 约翰・F・乔恩.货币史:从公元800年起[M].李广乾,译.北京:商务印书馆,2002:416-418.

④ 曹钟勇.财富本源与世界统一货币[M].北京:中国铁道出版社,2010.

第安人中还在使用那种由贝壳串珠的"原始货币"。Ⅲ

西方金属铸币的历史始于公元前800年左右。根据F·乔恩的研究,西方最早的金属铸币出现在古希腊、罗马、拜占庭帝国、安息国、古埃及等国。早期硬币是用一种天然形成的金银合金铸造的。其中,最早的吕底亚人的硬币可能还是私人铸造的,上面有印记,以"保证"硬币的质量(但不是重量)。后来古希腊的古阿斯(死于公元前645年)取消私人铸币业务,代之以国家垄断。他的"世界上最早的帝国货币"维持了一个世纪,一直到阿里亚特的政治改革时期。阿里亚特除了采用天然合金之外,也开始引入金币,接着他的儿子克罗伊斯完成了使用银币替代天然合金的过程(在居鲁士统治吕底亚之后,这种制度就被波斯帝国所采用)。公元前5世纪至公元前4世纪初叶,由于雅典的日益强盛,它所发行的正面是雅典娜头像,背面是猫头鹰标志的硬币也日益为人们熟悉和接受,并且成为历史上最早的,在发行国之外广为流通的硬币。当时的硬币包括银币、金币和小额铜币,但白银是本位货币(称德拉克马),而且古希腊的硬币是按面值流通的。

公元前27年元月,罗马皇帝立国号称奥古斯都,从而开始了罗马帝国的铸币时代。奥古斯都皇帝(公元前44—前14年)开始采用的货币制度很奇特,即流通中的硬币由金银铜三种金属铸造,但并没有刻意地实行复本位。其货币的基本单位是迪纳里厄斯银币。与此同时,希腊样式的铸币则在罗马东部及罗马以外的地区继续流通使用。比如,安息国在萨桑王朝于公元226年入侵之前,也一直在铸造1德拉克马和4德拉克马银币。而在埃及,亚历山大铸币厂则一直铸造4德拉克马银币,并且这些银币还按面值与罗马的迪纳里厄斯银币(含量较高,但重量较轻)进行交换。

公元286年,拜占庭帝国(即罗马帝国衰亡之后所建立的东罗马帝国)的统治者戴克里先(284—305)曾对金币重量进行标准化,将其定格为1/60磅(约5.3 g),称苏里达斯金币。大约10年之后,他又开始采用"高纯度"的银币,重量为1/96磅,价值是100迪纳里厄斯。当时,每磅黄金的价值大约是72 000迪纳里厄斯,而苏里达斯金币的价值为1 200迪纳里厄斯。换句话说,当时金银的兑换比例绝对是传说中的1比12。后来,拜占庭帝国的苏里达斯金币(又称本占特)也成为东方公认的、价值稳定的、受人重视的金币。

古代历史上最后一次大规模的货币改革是由拜占庭帝国科穆宁王朝(1081—1118)的创建者阿里克塞一世所完成的。1091年,他引入海泼破申金币(据信达到20.5克拉的理论纯度),同时他还有意公开地采用天然金银合金和天然银铜合金铸造硬币,并以此辅助金币的流通。此外,还以黄铜币作为小额货币。这就说明,当时拜占庭帝国有金币、金银合金铸币、银铜合金铸币和铜币在同时流通。1204年拜占庭帝国灭亡之后,后来的外来国家政权都倾向于采用白银作为他们的"最佳"货币。① 值得一提的是,英国钱币学专家琼杰(Junge,E.)认为,当时西方各国为便于金银货币的流通,似乎已经约定在金银币(Bullion pieces)上只铸有所含金或银的纯度和重量,而不铸任何其他单位名称。②

2)商业革命之后西方货币具体形态的演变

英国学者维克多D·利皮特(Victro D. Lippit)认为,所谓资本主义实际上存在于每一

① 约翰·F·乔恩.货币史:从公元800年起[M].李广乾,译.北京:商务印书馆,2002:52.

② 琼杰.世界铸币百科全书[M].刘森,译.北京:中国金融出版社,1999:69.

个给定的时期，就其特征而言就是一种全方位的有利于投资活动的社会机制。[①] 也就是说，在经济活动领域，只要有利于投资活动，就可能有相应的机制，甚至包括机构的出现。而商业革命时期，清算机制和商业银行的出现，即是如此。

大约在 1150 年，西欧发生了的一场商业革命，这是一次贸易与商业的伟大复兴。商业革命从很大程度上来说，就是形成了商人阶级。这些商人，先是建立了作为聚集场所的贸易集市，接着又发展出了一套几乎独立的政治与法规制度。因为商业革命中的一个重大问题，就是怎样调和教会对高利贷的禁止态度与商人借贷需求这样一对矛盾。按照威廉·配第（William Petty，1623—1687）的说法，"商业往往不是（像有些人想的那样）在最得人心的政府统治之下最繁荣，恰恰相反，不论在任何国家、任何政府统治之下，商业都是由其中的异端分子和表明其信仰和公认的信仰不同的那一部分人经营的而且经营得十分旺盛。"[②]当时，商人之间的资金往来经常采取承诺支付的方式，并采取合同公证的形式，而且合同条款中经常明确地注明以外国货币支付。后来这些合同逐渐正式起来，经过标准化之后成为汇票。由于合同中经常明确地注明必须在某一特定的贸易集市支付款项。因此，在某些情况下，清偿债务成为贸易集市的一项重要功能，使得货币兑换商等也加入到商人的人群中来。而这种清算方式，与使用商人自己的法律托付制度不同，具有两大优点：一是可以在贸易集市内部建立清算所，到期债务可以彼此冲销，冲销之后的贸易余额或赤字才用硬币来清偿。因此，地区之间硬币数量的往来运送就大为减少了。很明显，要从一个地方向另一个地方支付款项，通过发送兑换券要比运送硬币简单、快捷、安全和价廉得多；二是以某种方式，比如，按远期兑换率开出以外国货币支付的贸易票据可以绕过高利贷法。因为使用"远期兑换率"就可以将精心隐藏的利息部分计算在内，而不会受到神学家们的责难。有时甚至贸易集市的主要目的就是兑换票据，而这些票据纯粹是为了绕过高利贷法而安排商业贷款的。比如，伦敦和布鲁日的外汇市场曾经一度为意大利人所垄断，在这里开展外汇贷款业务。因此贸易集市也就引来了跨国货币流通方式以及（隐含式）债务工具使用方式的革命。后来银行业正是在这个基础上发展起来的。

我们感兴趣的是真正意义上纸币的出现，以及与商业革命后商业汇票及银行的出现所具有的那种直接关系。早在 14 世纪商业革命时期，意大利和其他一些国家（或地区）就已经出现了商业汇票和银行。尽管商业革命最初发轫于佛罗伦萨和威尼斯等贸易城市，接着又出现在德国的某些城市中，但阿姆斯特丹和伦敦却最终成了最重要的金融中心。1609 年建立的阿姆斯特丹银行则可能是第一家真正意义上的银行。亚当·斯密在《国富论》中对此有很具体的描述："1609 年以前，阿姆斯特丹的广泛贸易从欧洲各地带回来的大量剪削磨损的外国铸币，使阿姆斯特丹通货的价值比造币厂新出良币的价值约低 9%。在这种情况下，新出的良币往往是一铸造出来，即被融化或被带走。……为了纠正这种不利的情况，1609 年在阿姆斯特丹市的担保下建立了阿姆斯特丹银行。这家银行既接受外国铸币，也接受本国轻度磨损了的铸币，只扣除必要的铸币费和管理费，即按照国家的良币标准，计算其真正的价值。在扣除此项小额费用以后，作为信贷记入银行账簿上。这种

---

① VICTOR D. LIPPIT. Routledge, Capitalism[J]. ECONOMICA, 2007:23.

② 威廉·配第. 政治算术[M]. 陈冬野，译. 北京：商务印书馆，1978:28.

信贷叫做银行货币，因其所代表的价值与造币厂标准一致，故其真实价值一直不变，而其实际价值又大于通用货币。同时又规定，凡在阿姆斯特丹兑付或卖出的六百盾以上的汇票，都应以银行货币兑付。这项规定立即就消除了一切汇票价值的不确定性。由于有了这项规定，为了要兑付外国汇票，每个商人不得不与那家银行往来，这必然会引起对银行货币的需求"。① 阿姆斯特丹银行史无前例的做法很快被其他的城市所仿效。1619 年成立了汉堡银行、1656 年成立了瑞士银行。由此，银行货币也演变成了纸币，1661 年瑞士银行在欧洲第一次发行了真正的纸币。但如果说，以上这些早期银行只是商业银行的话，那么 1668 年成立的瑞典银行就应该是真正意义上的中央银行了。此后不久成立的英格兰银行也属中央银行。由此可见，尽管中央银行的成立有许多原因，但其中一个非常重要的原因则是为提高支付系统的效率。②

世界上一些使用古货币较早的国家(包括当时的城市国家)，如希腊、罗马、拜占庭、佛罗伦萨、威尼斯，以及对当代货币制度起重要影响作用的国家，如法国、英国、奥地利、德国、美国等的货币的具体形态及其演变情况，可参见《财富本源与世界统一货币》一书。③

1.2.4 影响世界货币体系的若干国际协定

1815 年拿破仑战败以后，英国在国际政治和经济格局中确立了强势地位。经济史学家称 1815—1914 年为"英国霸权"(Pax Britannica Hegemony)时期。在这段近百年的历史中，英国的货币制度对世界近代货币史的发展产生过相当大的影响。整个英联邦中的国家，除了加拿大和印度，几乎都加入了英镑货币联盟，并采用英镑作为本国的货币。[Ⅳ]

由英国货币形态及其演化的情况中可以看到，1817 年英国正式采用了以金为本位币，银作为辅币，英镑纸币作为代用货币的金本位制度。19 世纪 30 年代，英国与美国之间的贸易也大多以黄金结算。④ 1865 年法国、意大利、比利时、瑞士等国出于地理位置相近及商业联系紧密的原因组成了以法郎为基础的拉丁货币联盟(Latin Monetary Union)，并有向全欧洲扩张从而采用单一货币的企图。但由于当时受制于英国的压力而未向北欧扩张成功。⑤

受英国影响，1880 年以后，主要工业国家也都实行了金本位制。这种货币制度一直维持到 1914 年第一次世界大战之前。也就是说，当时由于英国在国际政治和经济当中的核心地位，英镑凭借英国的强大国力，在世界的相当范围内(英镑区)曾担当了主要的国际货币角色。但该时期的国际金本位制还是传统的金币本位制。在这种金本位制下，金币自由铸造、自由兑换和自由输出，黄金的货币职能比较充分，黄金也是各国最主要的国际储备资产。同时出于方便贸易结算的需要，当时许多国家也持有一定金额的英镑，作为国际储备的另一种形式。而且，相当比例的贸易结算并不是通过黄金而是通过英镑来完成的。

---

① 亚当·斯密. 国民财富的性质和原因研究[M]. 唐日松，等，译. 北京：华夏出版社，2006：342.

② Franklin Allen. 'FINANCIAL CRISES', ECO 575 (Part II) [J]. Bendheim Center for Finance, Economics Department, PRINCETON UNIVERSITY, April 7, 2003, Spring Semester 2003.

③ 曹钟勇. 财富本源与世界统一货币[M]. 北京：中国铁道出版社，2011.

④ 约翰·哈罗德·克拉潘. 现代英国经济史：上卷[M]. 姚曾廙，译. 北京：商务印书馆，1964：482.

⑤ Luca L. Einaudi, From the france to the 'Europe': the attempted transformation of the Latin Monetray Union into a European Monetary Union 1865 – 1873[J]. Economic History Review, LIII, 2 (2000), pp. 284 – 308.

尽管因此有些学者认为由于英镑的特殊地位和作用而将当时的货币制度称之为国际英镑金本位制。比如,本杰明·科恩(Benjamin J. Cohen)就认为,金本位制由于英镑的重要作用实际上是金汇兑本位制,甚至可称之为以英镑为中心的基准货币本位制。但实际上由于英镑当时在本质上应属于黄金的代用货币而不是本位币,因此,在国际货币体系中仍然是黄金而不是英镑占中心地位。第一次世界大战摧毁了传统的金本位制以后,为了节约黄金,1922 年在意大利热诺亚城召开的世界货币会议,建议采用金汇兑本位制,其主要内容是,货币单位仍规定有含金量;国内不流通金币,以国家发行的银行券当作本位币流通;银行券只能购买外汇,这些外汇可在外国兑换黄金;本国货币同另一金本位国家的货币保持固定的比价,并在该国存放大量外汇或黄金作为平准基金,以便随时出售外汇来稳定汇市。1922 年之后,除美国、英国和法国外,其他国家大多实行了金汇兑本位制。[①]

第二次世界大战之后建立起来的布雷顿森林体系实际上又是一种金汇兑本位制,但与战前金汇兑本位制的主要区别是:国际储备金中黄金和美元并重;战前处于统治地位的储备货币包括美元、英镑和法郎,依附于这三种通货的货币主要是三国各自势力范围的货币,而战后以美元为中心的国际货币体系则几乎包括了世界大多数国家的货币,并且美元成了唯一的主要储备资产。此格局直至 1971 年 8 月 15 日,尼克松总统宣布"新经济政策"后才发生重大改变。与此具有继承性联系的是 1976 年 1 月 8 日的《牙买加协议》,以及 1995 年 12 月,欧共体首脑会议通过的《马德里决议》,则构成了当今世界货币体系的主要格局(表 1 – 1)。

表 1 – 1 影响当今世界货币体系的若干国际条约

时间	国际条约	附注
1944 年	《布雷顿森林体系》	1944 年 7 月,国际货币金融会议在美国新罕布尔州的布雷顿森林举行,会议一致通过了《联合国货币金融会议的最后决议书》、《国际货币基金协定》、《国际复兴开发银行协定》,总称《布雷顿森林协定》。布雷顿森林协定确立了以美元为中心的国际货币体系的原则和运行机制。其中,以美元与黄金挂钩、其他货币与美元挂钩为核心内容。(资料 2,P21)
1976 年	《牙买加协议》	1976 年 1 月 8 日,国际货币基金组织的临时委员会在牙买加会议上通过了关于国际货币制度改革的协定,称为《牙买加协议》。《牙买加协议》的重要内容包括:取消平价和中心汇率制度,允许成员国自由选择汇率制度;废除黄金官价,实行黄金非货币化;使"特别提款权"成为主要国际储备资产,加强国际货币基金组织对国际清偿能力的监督。《牙买加协议》于 1978 年 4 月 1 日正式生效。(资料 2,P39)
1995 年	《马德里决议》	1991 年 12 月,欧共体 13 国首脑在荷兰马斯特里赫达成《欧洲联盟条约》,即《马斯特里赫条约》,决定以欧洲联盟取代欧共体,并正式确立建设欧洲经货联盟和政治联盟的目标。1995 年 12 月,欧盟首脑会议通过《马德里决议》,将未来的欧洲单一货币正式定名为欧元。1999 年 1 月 1 日,欧元正式启动。(资料 2,P204) 从 2002 年 1 月 1 日起,欧元区 12 国(包括后来加入的希腊,潜在成员国包括英国、瑞典、丹麦)将欧元和铸币正式投入流通。经过两个月与欧元区国家本币的双币流通后,成为区内唯一合法流通的货币。(资料 2,P209。资料 3,P116)

资料来源:① [英]约翰·F·乔恩著,李广乾,译:《货币史:从公元 800 年起》,商务印书馆,2002 年 9 月第 1 版;②鲁世巍:《美元霸权与国际货币格局》,中国经济出版社,2006 年 11 月第 1 版;③李雪松:《博弈论与国际货币政策协调》,中国金融出版社,2000 年 4 月第 1 版。

---

① 鲁世巍. 美元霸权与国际货币格局[M]. 北京:中国经济出版社,2006:27.

由表 1－1 中的材料可以看出，布雷顿森林协定实际上是以美元为主体货币的金汇兑本位制。协定规定了固定的货币平价，各会员国货币的平价一律以黄金或美元来表示，1 美元等于 0.888 671 g 黄金，美元与黄金挂钩，各会员国都要按照其货币的含金量同美元订出固定比价并不得随意变动，从而使各国货币同美元挂钩。

但布雷顿森林体系的正常运转，必须具备三个基本条件：一是美国保持国际收支顺差，美元对外价值稳定；二是美国拥有充足的黄金储备，保持美元对黄金的有限可兑换性；三是黄金价格维持在官价水平。但这三个条件的基础却在 1945—1971 年的 26 年间发生了颠覆性的变化。详细讨论美国在这期间的国际收支、黄金储备和黄金价格等三方面发生重大变化的原因显然已超出本书研究的范围，这里只是对一些既有的研究资料进行归纳和分析。从第一条来看，美国国际收支从 1945 年的顺差转向了 1960 年的逆差。而至 1971 年美国的贸易逆差已累计达 220 亿美元；从第二条来看，美国黄金储备从 1945 年的 200.8 亿美元，约占世界总量的 59% 降到了 1971 年的 96.56 亿美元，仅占世界总量的 27% 。对此，美国经济学家保罗 · 克鲁格曼（Paul Krugman）也曾说："1960 年，外国中央银行在那一年将它们近 20 亿的美元储备都换成了黄金，在此之前的 1958 年和 1959 年，它们已换了大约 30 亿美元"；[①]从第三条来看，黄金价格也从 1945 年的 35 美元/盎司上涨到了 1971 年的（38 ~44）美元/盎司（1 盎司 =31.103 5 g），上涨了 8.5% ~25.7%（表 1－2）。由此可见，由于美国国际收支出现巨额逆差、黄金储备大幅度下降和黄金价格上涨三种情况的交替或同时出现，因而颠覆了布雷顿森林体系正常运转的基础，从根本上动摇了美元的信用根基，同时也必然会导致世界范围内"美元危机"的出现。[②]

表 1－2　1945—1971 年美国国际收支、黄金储备和黄金价格变化情况

项目 \ 时间	1945 年	1949 年	1960 年	1971 年
国际收支累计（亿美元）	1950 年前一直为顺差	顺差 116 *	逆差 215.83	逆差 220
黄金储备（亿美元）	200.8（约占世界总量的 59%）	247.71（约占世界总量的 70%）	178.04（约占世界总量的 70%）* *	96.56（约占世界总量的 27%）* *
黄金价格（美元/盎司）	35	35	35	38 ~44

注：* 指 1947—1949 年美国对欧洲推行"马歇尔计划"中，对欧洲经济合作组织的十几个国家的贸易顺差。

* * 以 1949 年世界黄金总量约 353.87 亿美元计算。

资料来源：根据鲁世巍：《美元霸权与国际货币格局》，中国经济出版社，2006 年 11 月第 1 版中的相关数据整理。

所谓"美元危机"主要指在美元对外价值下降的形势下，世界上出现用美元兑换黄金，并在国际金融市场上大量抛售美元抢购黄金和其他货币，造成黄金价格上涨和美元汇率下跌的现象。1966 年 10 月至 1971 年 7 月先后爆发了 7 次美元危机。1971 年 8 月 15 日，美国总统尼克松宣布的"新经济政策"规定：停止美元兑换黄金，美国规定的一盎司黄金等于 35 美元的官价失效，美国停止向各国政府或中央银行兑换黄金。此后，西方十国达成

---

① 保罗 · 克鲁格曼，茅瑞斯 · 奥伯斯法尔德. 国际经济学[M]. 海闻等，译. 北京：中国人民大学出版社，1998：512.

② 罗伯特 · 霍尔，约翰 · 泰勒. 宏观经济学[M]. 张帆等，译. 北京：中国人民大学出版社，2000：413.

《史密森协议》,规定美元对黄金贬值7.89%,黄金官价提高到一盎司38美元。1972年6月和1973年1月,又经历了第8、9次美元危机。2月12日,美国政府宣布美元第2次贬值,贬幅为10%,黄金官价提高到一盎司黄金等于42.22美元。此后,第10次美元危机爆发。到1973年3月,各主要国家货币都与美元脱钩,实行单独浮动或联合浮动。这就标志着以美元为主体货币的布雷顿森林体系及其金汇兑本位制的基本崩溃。V

1976年1月8日,国际货币基金组织的临时委员会在牙买加会议上通过了关于国际货币制度改革的协定,称为《牙买加协议》。该协议的重要内容包括:取消平价和中心汇率制度,允许成员国自由选择汇率制度;废除黄金官价,实行黄金非货币化;使"特别提款权"成为主要国际储备资产;加强国际货币基金组织对国际清偿能力的监督。《牙买加协议》于1978年4月1日正式生效。至此,布雷顿森林体系正式宣告解体,国际货币体系进入了牙买加体系的新阶段。

必须引起我们足够注意的是,1991年12月,欧共体13国首脑又在荷兰马斯特里赫达成《欧洲联盟条约》,即《马斯特里赫条约》,决定以欧洲联盟取代欧共体,并正式确立建设欧洲经货联盟和政治联盟的目标。1995年12月,欧盟首脑会议通过《马德里决议》,将未来的欧洲单一货币正式定名为欧元。1999年1月1日,欧元正式启动。从2002年1月1日起,欧元区12国(截至2014年1月为18国,详见6.2.2欧盟与欧元区运行的基本情况)将欧元和铸币正式投入流通。经过两个月与欧元区国家本币的双币流通后,成为区内唯一合法流通的货币。

欧元的启动对当今世界货币体系所产生的影响不能低估,仅就其对当今世界各国作为主要国际储备资产的"特别提款权"而言,影响就不小。比如,欧元启动后,就使"特别提款权"的货币构成不得不发生变化。1996年,"特别提款权"对一篮子5种货币的权重分别是美元39%、德国马克21%、日元18%、英镑11%、法国法郎11%。① 1999年虽然仍是5种货币,但马克和法郎相应变成了等值32%的欧元,其他货币的权重未变。2001年,调整成了4种货币,权重分别是美元45%、欧元29%、日元15%、英镑11%。②

1.2.5 货币形态的演变分析

结合中国历代货币形态的演化情况,以及世界一些国家的货币形态及其演化情况,我们可以看出,从古至今,伴随着经济的发展以及人们对货币属性的认识,尤其是货币本身所能充当的职能的拓广,货币的形态也在不断发生着相应的变化,主要经历了实物货币、代用货币和信用货币三种形态的发展。

1)实物货币

在人类历史上,曾有许多商品做过货币。在古代欧洲的雅利安民族,在古波斯、印度、意大利等地,都有用牛、羊作为货币的记载。在中国,粟、帛、皮、贝都曾在一定时间和范围内做过货币。尤其是贝,使用最广,至今汉字很多与财富有关的字,其偏旁都是"贝",如货、财、贸、贷、贫等。后期人类的实物货币又大多以金、银、铜等来充当。值得我们注意的

---

① 鲁世巍.美元霸权与国际货币格局[M].北京:中国经济出版社,2006:33-39.

② INTERNATIONAL MONETARY FUND. International Financial Statistics[J]. yearbook,2003.

是,无论是牛羊还是粟帛皮贝,或是金银铜,它们在一定的时间和范围内必然属于那种亚当 · 斯密所称的,"没有人会拒绝接受的商品"。进一步地说,人们在长期的商品与服务交换活动中,逐渐运用起具有普遍接受性、价值稳定性、均质可分性、轻便和易携带性等特性的实物来充当货币。其中,普遍接受性,是指作为货币的物品,在一定的时间和范围内被人们公意约定,广泛接受;价值稳定性,是指作为货币的物品,本身的价值易被度量并能长期保持相对不变;均质可分性,是指作为货币的物品,其所含的价值可被相对容易地、均匀地分割和重合;轻便和易携带性,是指作为货币的物品,本身要便于携带和输送。

根据这些特性,人类的货币最初由牛羊粟帛皮贝等自然物品,逐渐过渡并发展到金、银、铜、铁、铅、锡等金属块或金属铸币。而自然物品与金银铜等人造金属物品相比,显然贵金属及其铸币最为适宜。所以,在近代的货币史中,各国往往把贵金属定为法定货币。大致而论,有以铜、金、银作为本位币的,但其中又以金和银最为典型。正如马克思所说的那样:"一种物质只有分成的每一份都是均质的,才能成为价值的适当的表现形式。另一方面,因为价值量的差别纯粹是量的差别,所以货币商品必须只能有纯粹量的差别,必须能够随意分割,又能够随意把它的各部分合并起来。金和银就天然具有这种属性。"①

由此可见,耐久性、不变性、易于分割和重新合并,特别是因较小的体积能包含较大的交换价值,而且便于运送,这一切都使得贵金属在较后阶段特别适于充当货币。此外,我们还可以看到,在实物货币中,金属铸币一旦登上历史舞台,就牢牢占据,并长期担任着主要角色。或者更确切地说,在人类早期的货币史中,货币也就是硬币。② 因此可以说,早期的货币制度也就是硬币制度。

2)代用货币

代用货币即作为实物货币的替代物,一般形态是纸制的凭证,古称纸币,如中国元朝顺帝至正年间的中统钞。从货币史上看,除了一些国家在不同的历史背景下,曾凭借政府的强制力发行过一些不可自由兑换的代用货币,比如,1768 年俄罗斯的叶卡捷林娜女皇发行的卢比纸币,法国 1789 年发行的指券,智利 1860 年发行的纸币(billets fixcaux),意大利 1866—1881 年发行的不可自由兑换的里拉(Ⅱ Coso Forsoto)等以外,一般纸制的代用货币都有十足的金银等贵金属作为保证,可以自由地用纸币向发行机构兑换成实物货币,如金银等。这称为全额准备方式,即由十足的贵金属作为发行纸币的准备。而在可兑换的代用货币中,可兑换的银行券则是它的典型代表。如前所述,银行券是在商业革命之后,由欧洲一些国家的商业银行发行的,其中,1661 年瑞士银行发行的银行券又最早。当时发行银行券的银行一般都能保证随时按面额兑付贵金属铸币。由此也不难看出,代用货币较实物货币有明显的优点:(1)印制纸币的成本较铸造金属币低;(2)避免了金属货币在流通中的磨损和有意削刻;(3)克服了运送的成本和风险。

代用货币在近代货币史上持续了很长时间。但在各国,保证兑付的贵金属可能根据当时当地的情况而有所不同。比如,1824 年的英国纸币英镑是用黄金作为保证,中国清朝(1644—1911)的银票是由白银作为保证,而 1808 年的巴西钞票则用铜币来保证兑换。但

① 马克思. 资本论:第 1 卷[M]. 中共中央马克思恩格斯列宁斯大林著作编译局,译. 北京:人民出版社,1975:108.

② 约翰 · F · 乔恩. 货币史:从公元 800 年起[M]. 李广乾,译. 北京:商务印书馆,2002:380.

从全球来看,随着金本位制在世界各地逐渐实施,大多数国家开始采用以黄金来保证兑换的代用货币。但其主要问题是:以黄金作为保证和准备,跟不上日益扩大的商品生产和商品交换发展的需要,尤其是在爆发战争、军费开支骤增期间,矛盾就会更加突出。比如,1793 年,英法战争爆发之后,由于军费开支剧增,过量发行的纸币没有足够的黄金保证,因此,英国在其后的 1797 年开始实施了 26 年的停止用英镑纸币兑换金币的政策。再如,在 1966 年 10 月至 1973 年 3 月的六年多时间里,随着世界经济的复苏及贸易的扩大,对原来以黄金作保证的美元需求量也日益扩大。但由于美元的过量发行,也导致世界范围内连续发生了 10 次由黄金挤兑风潮引发的美元危机。美国的黄金储备也由 1949 年的 247. 71 亿美元,降至历史的最低点 95. 56 亿美元。[①] 由此可见,代用货币的全额准备方式存在着致命的缺陷。

特别值得一提的是,针对代用货币全额准备方式的缺陷,人们曾对代用货币进行改良变革,由原来的全额准备方式,变为部分准备方式。但这样做,仍然满足不了商品生产和交换的发展需要,最后必然导致纸币和黄金的脱钩。从 1971 年 8 月 15 日美国总统尼克松宣布的“新经济政策”规定停止美元兑换黄金,到四个月后,西方十国达成《史密森协议》,规定美元对黄金贬值 7. 89% ,就非常形象地说明了这个过程。至于纸币的发行彻底从制度、名义上摆脱黄金束缚,则是从 1973 年国际货币基金组织正式宣布黄金非货币化才开始的。

3)信用货币

信用货币是在信用关系下产生的能够发挥货币职能的信用凭证,它包括商业信用货币和银行信用货币,具体的形式就是商业票据和银行券。典型的信用货币指的是银行券。[②]

一般意义上的信用货币是指由银行提供的信用流通工具。其本身价值远远低于其货币价值,而且与代用货币不同,不再代表任何贵金属。应该说,相对于代用货币而言,信用货币在世界各国出现的时间会有交叉,形式也会有重复。比如,前述 18—19 世纪,俄罗斯、法国、智利和意大利所发行的不可兑换的纸币,就应视为信用货币;而 1879—1821 年英国发行的不可自由兑换的纸币,也是信用货币。此外,1690 年北美马萨诸塞使用的“信用券”更是一种典型意义上的信用货币。但现在所指一般意义上的信用货币则是在世界各国先后脱离金本位和银本位,国家所发行的纸币不能再兑换金属货币之后,才产生的。马克思曾对信用货币的产生有过很精辟的阐述。他说:“既然货币流通本身使铸币的实际含量同名义含量分离,使铸币的金属存在同它的职能存在分离,所以在货币流通中就隐藏着一种可能性:可以用其他材料做的记号或用象征来代替金属货币执行铸币的职能。”[③]英国经济学家彼得 · 孟德尔(Maunde, Peter)则称:“今天在英国,我们所有的人在交换卖出的东西时,包括劳动,都接受硬币、纸币和支票,存在的问题是为什么我们愿意接受支付那些没有真实价值的一点点纸或金属,理由是我们有一种信用货币制度(fiduciary monetary

---

① 鲁世巍. 美元霸权与国际货币格局[M]. 北京:中国经济出版社,2006:31 - 33.

② 徐英富. 货币银行学[M]. 北京:机械工业出版社,2007:8.

③ 马克思. 资本论:第 1 卷[M]. 中共中央编译局,译. 北京:人民出版社,1975:145.

system)，这里的意思是我们的通货是根据公众的信用，信用货币可以换取到产品和服务……不管怎样，通货和银行支票都是货币，它们的价值有可接受性和预见性。”①

而我们从纸币的起源中却可以看出，其实质是无价值的金属货币的符号。因为任何国家最初发行纸币，毫无例外地都是用来代替流通中已经存在的金属货币。纸币上所表明的单位名称都是流通中金属货币的名称，而这种名称则代表一定的货币金属的重量。而纸币作为金属货币的符号，它具有两个特点：一是要依靠国家政权强制流通，否则就会被人们拒绝接受；二是不能与金属货币自由兑换，因为纸币的发行是国家为了弥补财政赤字的，如果能自由兑换，国家就不能利用发行纸币来达到弥补财政赤字的目的。由此可见，所谓纸币就是国家当初为了弥补财政赤字而发行的，强制流通而不能兑现的货币符号。纸币的性质也决定了它的发行可能引起通货膨胀和货币流通的不稳定。这也是为什么现在各国一般都倾向于停止由国家直接发行纸币的做法，而让位于由中央银行来发行银行券或信用货币。②

当今世界各国几乎都采用信用货币的制度，而且信用货币均由一国政府或金融管理当局来发行。其发行量要求控制在经济发展的需要之内。而从理论上说，信用货币作为一般的交换媒介须有两个条件：一是货币发行的立法保障；二是人们对此货币抱有信心。综观当今世界各国的信用货币，主要包括以下几种形态：

(1)辅币。多用贱金属制造，一般由政府独占发行，由专门的铸币厂铸造。其主要功能是担任小额或零星交易中的媒介手段。

(2)现金或纸币。多数由一国中央银行发行。其主要功能是承担人们日常生活用品的购买手段。

(3)银行存款。存款是存款人对银行的债权，对银行来说，这种货币又是债务货币，存款除在银行账户的转移支付外，还要借助于支票等支付。目前在整个交易中，用银行存款作支付手段的比重几乎占绝大部分。随着信用的发展，一些小额交易，如顾客对零售商的支付，职工的工资等，也广泛使用这种类型的货币。

(4)电子货币。进入20世纪70年代以来，由于电子计算机在银行的应用，出现了一种新的货币形式，即电子货币，就是一种通过计算机自动转账系统收付的货币。比如很多种类的银行信用卡取代了现金和支票，成为人们日益广泛使用的支付工具。同时由于计算机网络覆盖全世界，网络银行出现了。传统银行的运作也发生了变化，人们足不出户就可以办理银行存款、取款或要求银行提供各种服务。③

在此需要特别指出的是，由于本书是将货币定义为："公意约定并被普遍接受的一般等价物"，而"公意约定"和"普遍接受"本身就包含信用的因素。因此，所有的货币，归根结底都属于信用货币。如果说，足值的金属货币是以人们自发的公意来约定并被普遍接受，那么，非足值的金属货币，以及后来的代用货币或一般意义上的信用货币则是靠政府或权威机构的强制力来约定并予以强制流通的。但即使如此，它也存在一个显在或隐含

① 彼得·孟德尔，丹尼·迈尔斯，南希·沃尔等.经济学解说：上册[M].北京：经济科学出版社，2000：578.

② 徐英富.货币银行学[M].北京：机械工业出版社，2007：8.

③ 徐英富.货币银行学[M].北京：机械工业出版社，2007：11.

的信用准则:凡是货币必须具有一定的内在价值或代表一定的价值。正如阿奎那(Thomas Aquinas,1225—1274)所指出的那样:“君主有铸造货币和规定货币购买力的权利,但是货币应当具有一定的重量和稳定的内在价值。”①

1.2.6 货币形态的演变总结

人类的货币发展史表明,从足值货币到非足值的铸币是货币发展史上的第一次飞跃,但从非足值铸币或银行券变成完全的信用货币——纸币、电子货币、网上货币,则是第二次飞跃。这个过程又是与人类社会交易方式进步的三个阶段相一致的,即物物交易、货币交易和信用交易。② 而货币发展的演变过程,如同德国哲学家西美尔(Georg Simmel,1858—1918)所说:“对等的一方本身已经不再行使价值的功能,而只是对另一方价值的一种抽象表达。”③即呈现出一个从具体到抽象、从足值到虚拟的过程。同时,也是实物货币不断“蜕化”,从其所依附的“母体”——实物货币和金属货币自身的使用价值中分离出来,最终走向独立,成为真正的一般等价物的过程。如果说,实物货币之所以能流通,是因为它本身具有价值,那么,信用货币之所以有价值,是因为它用于流通,并能最直接地代表价值。

由此,我们从早期实物货币,经由近代代用货币,到当代的信用货币的发展形态来看,货币是由最早的实物形态,慢慢发展为用它的替代物,最后到现代的信用货币。其发展过程如图 1 - 1所示。

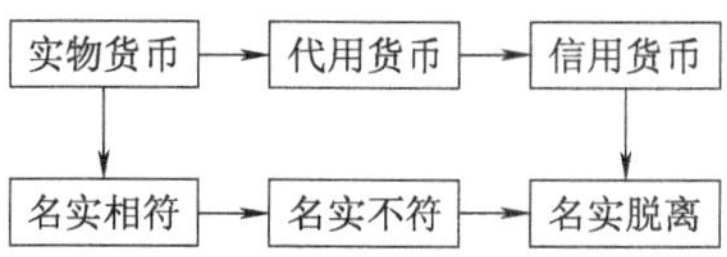

图 1 - 1 货币形态的发展过程

1.3 货币的职能

货币的职能是货币本质的具体体现。人们最早对货币的职能进行研究可能是出于对货币存在性的解释需要。比如美国经济学家布兰查德(Blanchard)认为,“货币存在性的古典解释,至少自亚里士多德起,是借助于它的功能进行的”。④ 但实际上如同人们对货币属性的认识有一个漫长的深化过程一样,人们对货币职能的认识也有一个不断深化的过程。比如,柏拉图(Plato,公元前 427—前 347 年)认为货币是为日常交换服务的,意识到货币可以作为价值尺度和交换手段。但是和色诺芬(Xenophon,约公元前 430—前 354 年)不同,柏拉图反对把货币作为贮藏手段,这又是和他反对商业资本和高利贷资本密切联系在一起的。也就是说,柏拉图认为货币只有价值尺度和流通手段两种职能。⑤ 布阿吉尔贝尔(Boisguillebert,1646—1714)则认为:“在社会中使用金钱,至多只是作为交换和相互让渡的保证,这就是金钱的唯一职能。”⑥按照布阿吉尔贝尔的看法,货币只是一种支付手段;亚

---

① 阿奎那. 论君主政治:第二篇第十三章[M]. //鲁友章,李宗正. 经济学说史:上册. 北京:人民出版社,1979:50.

② 王献堂. 中国古代货币通考[M]. 青岛:青岛出版社,2005:3.

③ 西美尔. 货币哲学[M]. 陈戎女,等,译. 北京:华夏出版社,2007:79.

④ 鲁友章,李宗正. 经济学说史:上册[M]. 北京:人民出版社,1979:18.

⑤ 鲁友章,李宗正. 经济学说史:上册[M]. 北京:人民出版社,1979:18.

⑥ 皮埃尔 · 布阿吉尔贝尔. 谷物论、论财富、货币和赋税的性质[M]. 北京:商务印书馆,1979:85.

当·斯密在强调货币的职能时,比较强调:"货币是流通的大轮毂,是商业上的大工具"。[①]而马克思的货币理论则认为,货币在与商品交换发展过程中,逐渐形成了价值尺度、流通手段、贮藏手段、支付手段和世界货币五种职能。应该说马克思关于货币职能的划分理论已经包括了在他之前一些先哲关于货币职能划分的理论架构,并有相当程度的深化和拓广。因为,其他一些经济学家对货币职能的认识也基本是在这个框架之内。比如,杰文斯(William Stanley Jevons,1835—1882)认为,"货币有四种功能:作为交易媒介、价值贮藏、核算单位和支付标准"。[②] 而马歇尔(Marshall,1842—1924)在他的《货币、信用与商业》一书中这样论述道:"货币的主要职能分为两类,货币首先是当场买卖的交换媒介。……货币的第二种职能是充当价值标准或延期支付标准,也就是用来表明一般购买力的数量。"[③]金德尔伯格(Kindleberger,Charles P.)则认为货币具有支付手段、记账单位、交换媒介和价值贮存等四种职能。米什金(Frederic S. Mishkin)认为货币具有交易媒介、计算单位和价值贮藏等三种职能。乔治·考夫曼(Kaufman,P. J.)认为货币具有交换媒介、价值标准、价值贮藏等三种职能。斯蒂格利茨(Joseph E. Stiglitz)认为货币的职能是交换媒介、价值贮藏和计算单位。彼得·孟德尔(Peter Maunder)甚至认为"货币有四个传统的职能。人们最熟悉的就是作为交换媒介的职能。不过,货币还可以作为计算单位,购买力的储存和延期支付的标准。"[④]由此可见,如果我们可以简略地把上述提到的"价值标准"、"计算单位"、"记账单位"等均视同价值尺度,把"交易媒介"、"交换媒介"、"流通手段"视为相近的内容,那么可以说,各种学说对货币职能的论述只是有所取舍、有所侧重而无本质的对立。相比之下,正如美国经济学家J·A·熊皮特(Joseph Alois Schumpeter,1883—1950)对马克思的相关理论所表达的观点那样:"马克思自己在一些方面也和当时以及后来的理论家一样,用价值理论作为其理论结构的基石,开创了理论的新纪元。"[⑤]故而在这里,本书也同样认为,基于价值理论,马克思对货币五种职能的划分理论,因其外延比较广泛,内涵比较明确,故仍不失为是一种比较好的货币职能的理论框架。

但需要特别指出的是,马克思虽曾明确指出商品作为价值都是物化的人类劳动,但并未指出服务是否具有价值。而本书认为,鉴于服务本身也是由人类的劳动构成,尤其在当今的世界经济体系中,承认服务,主要包括十大类精神领域的服务也能创造价值,具有十分重要的现实意义。因此,有必要在有些场合表征货币职能的有关阐述中,将"商品"一词,扩展为"商品(或服务)"。

1.3.1 价值尺度

货币在表现商品(或服务)的价值并衡量商品(或服务)价值量的大小时,发挥价值尺

① 亚当·斯密.国民财富的性质和原因研究:上卷[M].北京:商务印书馆,1972:25,267.

② 奥里维尔·琼·布兰查德,斯坦利·费希尔.宏观经济学[M].刘树成等,译.北京:经济科学出版社,1998:223.

③ 马歇尔.货币、信用与商业[M].//奥里维尔·琼·布兰查德,斯坦利·费希尔.宏观经济学.刘树成,等,译.北京:经济科学出版社,1998:223.

④ 彼得·孟德尔,丹尼·迈尔斯,南希·沃尔等.经济学解说:上册[M].胡代光,等,译.北京:经济科学出版社,2000:575.

⑤ J·A·熊皮特.从马克思到凯恩斯[M].韩宏等,译.南京:江苏人民出版社,2000:22.

度的职能。这是货币最基本、最重要的职能。根据马克思的表述,货币在执行价值尺度职能时"是把商品价值表现为同名的量,使它们在质的方面相同,在量的方面可以比较。"①

货币执行价值尺度职能具有如下特点:

(1)是商品(或服务)的内在价值尺度即劳动时间的外在表现。马克思认为货币首先是计量、衡量商品价值量的尺度,"因为一切商品作为价值都是物化的人类劳动,它们本身就可以通约,所以它们能共同用一个特殊的商品来计量自己的价值,这样,这个特殊的商品就成为它们共同的价值尺度或货币。"②他还指出:"货币作为价值尺度,是商品内在价值即劳动时间的必然表现形式。"③但商品(或服务)价值不可能由各单个商品(或服务)生产者的劳动时间来表现,只能借助于货币外化出来,所以货币是商品(或服务)的外在价值尺度。需要指出的是,结合上述货币形态的演变史来看(参见 1.2.3 货币具体形态的演变),马克思对"货币本身是商品"的论断是基于当时货币尚处于代用货币,甚至实物货币的阶段来判断的,虽然他也谈到过信用货币和纸币,但尚未预见到当代意义的信用货币阶段的到来。[Ⅵ]我们已知,在信用货币阶段,纸币就其存在形式而言,只是价值的单纯抽象表现,除负载其所标示的名义价值量而成为货币外,再无它用。而无形货币或电子货币则是以账面形式呈现货币的存在,进而表现价值的。也就是说,商品虽适于充当货币但货币不一定是商品。但如果我们从商品货币拥有商品本身的内在价值,而纸币、电子货币拥有法律赋予的外在价值这一点来看,那么,关于商品货币、纸币、电子货币的共同特征在于它们都是价值体的论断,是仍然可以成立的。因为它们可以共同表征出"在市场上支配资源的能力。"④

(2)它可以是观念上的货币,但必须有十足的价值。因为货币执行价值尺度,即商品(或服务)生产者在给商品(或服务)规定价格时,只要想象中的或者是观念上的货币就行了,并不需要有现实的货币。所以货币作为价值尺度是抽象或观念的,因为价值本身就是抽象和观念的。但是在抽象的或观念的价值尺度背后,执行价值尺度的货币本身必须具有十足的价值(包括货币本身含有或法律赋予的价值),如果它没有价值,就不可能用来衡量价值,这就像本身没有重量的东西不可能用来衡量重量一样。[Ⅶ]西美尔也曾对此总结认为:"假设货币自身是一个特殊的对象,它可能永远不能平衡每一个单独的对象或者成为在分离的对象之间的一座桥梁。货币能够充分地进入构成经济连续性的关系只是因为,作为一个具体的价值,它只是以一种实在的物质为表征的经济价值自身之间的关系。并进一步表现为价值的恒定性。"⑤

(3)它具有完全的排他性、独占性。因为充当价值尺度的只能是一种商品或一种表征物(无论是商品货币、纸币或信用货币),只有这样,商品(或服务)的价值才能得到真正统一的表现。

---

① 马克思.资本论:第1卷[M].中共中央编译局,译.北京:人民出版社,1975:112.

② 马克思.资本论:第1卷[M].中共中央编译局,译.北京:人民出版社,1975:112.

③ 马克思.资本论:第1卷[M].中共中央编译局,译.北京:人民出版社,1975:112.

④ Thomas F. ,Money,The Financial system,and Monetary Policies [J]. University of Nevada,Reno,1991 by prentice Hall Inc. ,New Jersey 07632.

⑤ 西美尔.货币哲学[M].陈戎女等,译.北京:华夏出版社,2007:61.

(4)货币执行价值尺度职能要通过价格标准这个中间环节来完成。因为不同的商品(或服务)有不同的价值量,这就要借助于价格标准(指包含一定重量贵金属的货币单位)来表现为数量不等的单位货币。

1.3.2 流通手段

货币充当商品(或服务)流通的媒介,就执行流通手段职能。在执行流通手段职能的货币的介入下,商品(或服务)与商品(或服务)不再互相直接交换,而是以货币为媒介来进行交换。商品(或服务)所有者先把自己的商品(或服务)换成货币,然后再用货币去交换其他的商品(或服务)。这种由货币作媒介的商品(或服务)交换,叫做商品(或服务)流通。马克思称:"商品流通直接赋予货币的运动形式,就是货币不断地离开起点,就是货币从一个商品所有者手里转到另一个商品所有者手里,或者说,就是货币流通……货币所以具有流通手段职能,只因为货币是商品的独立出来的价值。因此,货币作为流通手段的运动,实际上只是商品本身的形式的运动。"①

货币执行流通手段职能,具有以下特点:

(1)必须是现实的货币。因为商品(或服务)生产者出卖商品(或服务)所得到的货币是现实的货币,才证明他的私人劳动获得社会承认,成为社会劳动的一部分。这里,货币充当商品(或服务)交换的媒介不能是观念上的,必须是现实的货币。

(2)不需要有足值的货币本体,可以用货币符号来代替。因为货币流通是指货币作为购买手段,不断离开起点,从一个所有者手里转到另一个商品(或服务)所有者手里的运动。这里,货币在商品(或服务)所有者手里只是转瞬即逝的要素,它马上又会被别的商品(或服务)所代替。货币作为流通手段只是一种媒介,所以单有货币的象征存在就够了。

(3)包含有危机的可能性。在货币发挥流通手段职能的条件下,交换过程分裂为两个内部相互联系而外部又相互独立的行为:买和卖。这两个过程在时间上和空间上分开了,也就是说,货币一旦执行了流通手段的职能,就已经包含了经济危机的形式上的可能性。②

此外,结合上述货币形态的演变史来看,作为流通手段的货币,起初是自然商品和贵金属条、块,以后发展成铸币,最后出现了纸币和信用货币。而纸币和信用货币正是从货币作为流通手段的职能中才产生的。

1.3.3 贮藏手段

当货币由于各种原因退出流通领域,被持有者当作独立的价值形态和社会财富的绝对化身而保存起来,这时,货币就停止流通,发挥贮藏手段职能。价值贮藏手段表明了货币的这样一个性质,即货币所拥有的价值在时间和空间上具有稳定性。货币是因其拥有价值才成为货币,而不是相反。在一定的经济条件下、在一定的时期内,货币所拥有的价值必须是稳定的,而不因其充当什么角色、执行什么职能而变化。这一点与通常意义上所说的货币具有时间价值(time value of money)的概念并不矛盾。因为货币的价值稳定性指

---

① 马克思.资本论:第1卷:上[M].中共中央编译局,译.北京:人民出版社,1975:134-135.

② 曹龙骐.货币银行学[M].北京:高等教育出版社,2000:39.

在一定的相对静止的时空范围，而货币的时间价值则指一个变化了的动态的时空范围。① 而正因为货币作为价值尺度、流通手段、支付手段才需要其所拥有的价值具有稳定性，否则货币的这些职能就不能成立，货币也就不成其为货币。此外，货币作为贮藏手段具有自发调节货币流通量的作用。当流通中所需要的货币量减少时，多余的货币便会退出流通成为贮藏货币；反之，当流通中所需要的货币量增多时，一部分贮藏货币又会重新进入流通成为流通手段。由于贮藏货币具有这种作用，所以在足值的金属货币流通的条件下，便不会产生流通中货币量过多的现象，不会发生通货膨胀。马克思将此形象地比喻为："货币贮藏的蓄水池，对于流通中的货币来说，既是排水渠，又是引水渠；因此，货币永远不会溢出它的流通的渠道。"②

值得一提的是，执行贮藏手段的货币有两个显著特点：(1)它必须既是现实的货币，又是足值的货币。如果说，作为价值尺度的货币，可以是观念的货币；作为流通手段的货币，可以是价值符号；那么，作为贮藏货币的则必须是实实在在的货币。最典型的形态是贮藏具有内在价值的货币商品，如黄金或铸币。(2)作为贮藏手段的货币，它必须退出流通领域，处于静止状态。处于流通领域中的货币发挥流通手段和支付手段职能，退出流通领域的货币才是执行贮藏手段职能。这也就是为什么在实物货币阶段，人们乐意贮藏金银铜币，而在信用货币阶段人们却乐意贮藏金块，而不是信用货币本身的根本原因。

最后，随着商品经济的发展，货币贮藏除了作为社会财富的绝对化身外，其作用又被进一步加强，具体表现在：(1)作为流通手段准备金的贮藏。即商品（或服务）生产经营者为了保持再生产的连续性，能够在不卖的时候也能买，就必须在平时只卖不买，并贮藏货币。(2)作为支付手段准备金的贮藏。即为了履行在某一时期支付货币的义务，必须事先积累货币。(3)作为世界货币准备金的贮藏，即作为平衡国际贸易和其他收支差额而用。

1.3.4 支付手段

货币是价值的载体，货币的转移就意味着价值的转移，这种转移就是支付过程。当货币作为价值的独立形态进行单方面转移时，就执行支付职能。如货币用于清偿债务，以及支付赋税、租金、工资等所执行的职能。

由于商品经济的发展，商品（或服务）生产和商品（或服务）交换在时空上出现了差异，这就产生了商品（或服务）使用价值的让渡与商品（或服务）价值实现在时间上分离开来的客观必然性。某些商品（或服务）生产者在需要购买时没有货币，只有到将来某一时间才有支付能力。同时，某些商品（或服务）生产者又急于出售其商品（或服务），于是就产生了赊购赊销。赊账买卖的商业信用就是货币支付手段产生的起源。由此可以看出，如果没有货币作为价值的独立形态进行单方面的转移，就没有商品（或服务）反方向的单方面转移，从而就没有以货币为媒介的商品（或服务）交换。马克思曾特别指出："随着信用事业的扩大。货币作为支付手段的职能也在扩大。作为支付手段的货币取得了它特有的各种存在形式，并以这些形式占据了大规模交易的领域，而金银铸币则主要被挤到小额

---

① James C. Van Horne. 1992, Financial Management and Policy, by Prentice - Hall, Inc., 1992, New Jersey 07458.

② 马克思. 资本论：第1卷：上[M]. 中共中央编译局，译. 北京：人民出版社，1975：154.

贸易的领域之内。”①

与流通手段相比,货币执行支付手段有以下特点:(1)作为流通手段的货币,是商品(或服务)交换的媒介物;而作为支付手段的货币,则不是流通过程的媒介,而是补足交换的一个环节。(2)流通手段只服务于商品(或服务)流通,而支付手段除了服务于商品(或服务)流通外,还服务于其他经济行为。(3)就媒介商品(或服务)流通而言,两者虽都是一般的购买手段,但流通手段职能是即期购买,支付手段职能是跨期购买。(4)流通手段是在不存在债权债务关系的条件下发挥作用,而支付手段是在存在债务债权关系下发挥作用。(5)商品(或服务)赊销的发展,使商品(或服务)生产者之间形成了一个很长的支付链条,一旦某个商品(或服务)生产者不能按期还债,就会引起连锁反应,严重时会引起大批企业破产,所以,支付手段职能的出现与扩展为经济危机的可能性变为现实创造了客观条件。

1.3.5 世界货币

随着世界贸易交往的发展,当货币超越国界,在世界市场上发挥一般等价物作用时,就执行世界货币职能。马克思曾指出:“世界货币执行一般支付手段的职能,一般购买手段的职能和一般财富的绝对社会化身的职能。它的最主要的职能,是作为支付手段平衡国际贸易差额。”②

按照马克思对典型金本位条件下的论述,货币充当世界货币必须脱掉原有的“民族服装”,还原成金银本来的面目。他说:“货币一越出国内流通领域,便失去了在这一领域内获得的价格标准、铸币、辅币和价值符号等地方形式,又恢复为原来的贵金属块的形式。”③

在此,结合中国和世界其他一些国家的货币形态及其演化情况,我们就不难看到,人类的货币史,在相当程度上可以说就是金属铸币史。我们还不难发现,即使在中世纪的欧洲,政府的造币厂就一直在铸造软通货和硬通货两种货币。前者往往是造币厂为本身利益的最大化铸造的不足量的金属货币,仅用于国内流通,后者足量但只用于国际市场。④其原因就在于马克思所说的那样,货币一越出国内流通领域,国内不足值货币的价值符号即告失败,有效的只能是足量的贵金属本身。

而在金属铸币,尤其是贵金属铸币流通的数千年的漫长时间里,以及在近代即使使用代用货币性质的纸币,但仍然实行金本位制的时期里,是贵金属铸币(包括贵金属块)而且只有贵金属铸币确实充当了世界货币的角色。

我们必须看到,历史发展到当代,随着经济的全球化、一体化进程的加快,世界货币流通领域中出现了很多新的现象。一方面,作为贵金属典型代表的黄金仍然没有完全退出历史舞台,它仍然是国际最后支付的手段、购买手段和社会财富的贮藏手段和转移形式。另一方面,某些国家和地区的货币,如美元、英镑、欧元、日元等,在国际上发挥着国际货币

---

① 马克思. 资本论:第1卷:上[M]. 中共中央编译局,译. 北京:人民出版社,1975:160.

② 马克思. 资本论:第1卷:上[M]. 中共中央编译局,译. 北京:人民出版社,1975:164.

③ 马克思. 资本论:第1卷:上[M]. 中共中央编译局,译. 北京:人民出版社,1975:163.

④ George Selgin. World Monetary Policy after the Euro [J]. Cato Journal, Vol. 20, No. 1(Spring/Summer 2000).

的职能。当然,无论是从国际货币的定义本身,还是从货币实际流通的范围来讲,国际货币绝不等于世界货币,而只是具有世界货币的某些特征。因为我们如从货币的职能上进行分析就会发现,国际货币与世界货币相比,往往只能担当五项职能中的几项,而不是全部。比如,在世界上的一些国家,作为国际货币的美元或英镑就不能作为支付手段,更不能作为流通手段。而世界货币,比如在金本位制下的金币,或银本位制下的银币就可以完整地履行全部的货币职能。这也就能解释为什么在黄金已退出货币领域的情况下,仍被各国作为最后支付手段和贮藏手段的根本原因。

当然我们也必须承认,作为国际货币,与一般的国家货币相比,仍具有一些世界货币的特性。比如,根据现代货币基本理论,国际货币在具有一般货币职能的基础上,单就体现世界货币职能方面,主要执行了三项基本职能,即计价单位、交易中介和价值贮藏手段。本杰明·科恩(Benjamin J. Cohen)曾对国际货币的职能进行了系统研究,并提出官方职能与私人职能的区分,由此将三项职能展开为六项。之后,保罗·克鲁格曼(Paul Krugman)不断完善了这一分析(见表1-3)。

表1-3　国际货币职能一览表

国际货币职能	私人使用	官方使用
交易中介	支付手段/媒介货币	干预货币
计价单位	定价/发票货币	参照货币(锚货币)
价值贮藏	投资和融资货币	储备货币

资料来源:保罗·克鲁格曼(1991),转引自鲁世巍:《美元霸权与国际货币格局》,中国经济出版社,2006年11月第1版,第210页。

其中,国际货币作为国际计价单位(即价值尺度),具体表现为作为其他货币的定值单位、各国政府和国际组织计算和公布统计数字的计价单位、国际贸易中各种商品(或服务)的计价单位和国际资本流动中的资本的计价单位;作为国际交易中介(即支付手段),具体表现为各国中央银行在外汇市场上使用的干预货币、外汇市场上的交易货币和国际贸易、投资中实际支付的货币;作为国际价值贮藏手段,具体表现为各国中央银行的外汇储备货币和国际存款、贷款、债券发行的货币。① 从以上分析可以看出,本杰明·科恩等人关于国际货币六项职能的划分,实际上只是货币的价值尺度、支付手段和贮藏手段三项职能的展开。

综上,我们可以进一步认为,货币的五种职能是有机联系在一起的,它们都体现货币作为一般等价物的本质。因为一般等价物区别于普通商品(或服务)的两个基本特点:一是货币能表现一切商品(或服务)的价值;二是具有和一切商品(或服务)直接交换的能力。正因为货币能表现一切商品(或服务)的价值,因此它具有价值尺度职能。也正因为货币能与一切商品(或服务)交换,因此它具有流通职能。因此,价值尺度和流通手段是货币最先出现的两个基本职能。当货币的两个基本职能进一步发展以后,才会出现贮藏手段职能。支付手段职能既与货币两个基本职能有密切关系,又是以贮藏手段职能为前提

---

① 保罗·克鲁格曼. 国际货币职能[M]//鲁世巍. 美元霸权与国际货币格局. 北京:中国经济出版社,2006:210.

的。世界货币职能是货币前四个职能的继续和延伸。总之,五大职能是货币本质的具体体现,是随着商品(或服务)流通及其内在矛盾的发展而逐渐发展起来的。货币五大职能也决非孤立存在,而是有内在联系的。

1.4 货币的本位

货币本位和本位货币是两个紧密相连又有区别的概念。前者是指货币制度的基础或货币价值的计算标准。[①] 后者是指一个国家法定作为价格标准的主要货币,是辅币的对称。任何一个国家为了建立货币制度,就必须决定货币的本位,而按照这种本位所制订的充作计算单位的货币就是本位货币。[②]

诸多经济学家在研究货币的基本理论时都认为货币的职能和本质是货币的两大基本问题。而在货币的职能和本质的关系上,一般认为,货币的职能是货币本质的体现。而货币的本质问题又可进一步分为两个问题,一个是有的经济理论认为,货币的本质是一般等价物反映的社会生产关系,即在不同的社会制度下反映不同的社会生产关系的问题。比如,《简明政治经济学词典》中就称:“货币不是单纯的物,而是同物联系着的一定的社会关系”[③];另一个则是货币的性质,或者称为货币的形式,即货币的物质承担者,是金本位、银本位,还是价值符号的问题。[④] 无疑,本书的研究主要侧重于后一问题。

1.4.1 货币本位制的演变

结合中国和世界其他一些国家的货币形态及其演化情况,我们可以基本归纳出以下的结论,即货币制度自产生以来,从货币本位的形态看,经历了银本位制、金银复本位制、金本位制、不兑现的信用货币制度四大类型。

1.4.1.1 银本位制

英国经济学家约翰·罗(John Law)曾说过:“黄金被铸成硬币是为了方便这种金属的交易,铜被铸成硬币是为了用于小额支付。但人们却把白银当作表示商品价值的尺度,把它当作商品交换所依据的价值,并用它来偿付契约。”[⑤]应该说,约翰·罗的话似乎已经比较清晰地说明了银本位制的由来。但从严格意义上来说,银本位制就是以白银作为本位货币的一种金属货币制度。在银本位制中,白银是本位币的币材,银块(或银币)具有无限法偿能力,可以自由铸造和熔化,其名义价值与实际价值相等。银本位制的出现是和各国当时的生产力发展水平及习惯相适应的,它具体又可分为银两本位和银币本位两种。银两本位是以白银的重量——两作为价格标准,实行银块流通的货币制度;银币本位则是以一定的重量和成色的白银,铸成一定形状的本位币,实行银币流通的货币制

① 中国社会科学院语言研究所词典编辑室. 现代汉语词典[M]. 北京:商务印书馆,1987:51.

② 许涤新. 简明政治经济学词典[M]. 北京:人民出版社,1983:110.

③ 许涤新. 简明政治经济学词典[M]. 北京:人民出版社,1983:319.

④ 林继肯. 货币数量新论[M]. 北京:中国金融出版社,2004:100-101.

⑤ 约翰·罗. 论货币和贸易:兼向国家供应货币的建议[M]. 朱泱,译,北京:商务印书馆,1986:7.

度。如果我们从货币制度的发展过程来看,银本位制应是最早实行的货币制度之一。因为在纪元前及纪元初期,欧洲许多国家,如英国、法国、意大利等,均曾有银币流通。另据英国经济学者布伊特(Willem H. Buiter)研究,英镑的最早流通也是由英国当局先设定英镑(sterling,含一磅重白银的货币单位)和古希腊德拉克马银币(drachma)之间的汇率,然后由当局规定可用于私人交易的。[①] 中国也是最早实行以白银为货币的国家,白银使用了一千六七百年之久。白银所铸形状也多为饼状、铤状、条状、马蹄状等,即主要实行的是银两本位。[②] 需要指出的是,尽管16—19世纪,银本位制在世界许多国家中盛行,但是银本位制作为一种独立的货币制度在一些国家存在的时间差异很大[③]。尤其是自19世纪后期,世界白银产量猛增,使白银的市场价格发生剧烈波动,呈长期下跌趋势。白银价格的起伏不稳,既不利于国内货币流通,也不利于国际收支,影响一国经济的发展,加之银币体重价轻不适合作巨额支付,从而最终导致了许多实行银本位制的国家先后放弃了这种货币制度。例如,法国于1803年、意大利于1865年放弃银本位,改行复本位制;印度于1893年、菲律宾于1903年、墨西哥于1905年放弃银本位,改行金汇兑本位制;中国则于1935年11月4日实行"法币改革",宣布禁止使用银元,从银本位制改行金兑换本位制。

1.4.1.2 金银复本位制

所谓金银复本位制,是一国同时采用两种本位货币,即金币和银币同时具有无限法偿性,均可自由铸造、自由熔化、自由输出、输入,按照法定比率互相兑换,在市场上平行流通的货币制度。

在16世纪上半叶以前,金银的产量并不很多,白银只是在墨西哥和秘鲁等地发现了丰富的银矿之后,产量才大增;17世纪在美洲发现了丰富的金矿,黄金的开采量也随之增加。大量黄金从美洲流入欧洲,促成了金银复本位制的实行。金银复本位制又主要分为平行本位制、双本位制和跛行本位制三种。

1)平行本位制

平行本位制是金币和银币按实际价值流通,其兑换比例完全由市场比价决定,国家不规定金币和银币之间的法定比价。由于市场形成的金银比价并不稳定,它会因各种原因而波动,这就使得用不同货币表示的商品(或服务)价格也随之经常发生变化。而货币作为价值尺度就必然要求本身价值稳定。如果长期用本身价值不稳定的货币充当价值尺度,势必会造成贸易混乱。

2)双本位制

为了克服平行本位制的缺点,一些国家以法律形式规定了金银的比价,即实行双本位制。双本位制是指国家以法律形式规定金银两种货币的比价,两者按法定的比例流通。双本位制试图克服平行本位制下金币和银币比价频繁变动的缺陷,但实际上也是办不到

---

① Willem H. Buiter. Is Numérairology the Future of Monetary Economics? Unbundling Numéraire and Medium of Exchange through a Virtual Currency and a Shadow Exchange Rate, Open Econ Rev (2007) 18:127 – 156.

② 孙持平. 金融历史的馈赠——上海市银行博物馆藏品精粹[M]. 香港:中国通出版社,2007:21.

③ 殷瑜. 西方货币制度中的金本位[J]. 管理科学文摘,2005(07).

的,因为两种货币金属都有自己的市场价格,市场价格的波动必然会导致货币的名义价值与实际价值背离。同时,用法律规定金银比价,这与价值规律的自发作用也相矛盾。于是就产生了"劣币驱逐良币"的现象:即实际价值高于名义价值的金币被人们收藏、熔化,逐渐退出流通领域,而实际价值低于名义价值的银币则充斥了市场。英国的格雷欣爵士(Sir Thomas Gresham)在1558年上书伊丽莎白一世的报告中就陈述了此种现象,并提出了防御的措施。后由英国经济学家麦克劳德(Macleod,Henry Dunning 1821—1902)在其著作《经济学纲要》中加以引用,并命名为"格雷欣法则"。所谓"劣币驱逐良币"的规律,就是在两种实际价值不同而面值相同的通货同时流通的情况下,实际价值较高的通货(所谓良币)必然会被人们熔化,输出而退出流通领域,而实际价值较低的通货(所谓劣币)反而会充斥市场。

3)跛行本位制

跛行本位制是指金币和银币虽同为本位币,但是金币可以自由铸造,而银币却不可以,金币和银币按照国家法定的比例兑换的货币制度。

综上,金银复本位制虽有平行本位制、双本位制和跛行本位制三种形式,但双本位制却是金银复本位制的主要形式。而且在事实上,市场上同时有两种货币并行流通的现象是很难出现的,实际上往往还是只有一种货币在流通。亚当·斯密曾指出:"实际上,在不同铸币金属各自价值之间的任何一种法定比例继续有效期间,所有铸币的价值是由最贵重的那种金属的价值来规定的。"①马克思对此也曾有很精辟的总结,他说:"这方面的全部历史经验总结起来不过是这样:凡是两种商品依法充当价值尺度的地方,事实上总是只有一种商品保持着这种地位。"②

1.4.1.3 金本位制

金本位制又称金单本位制。在这种制度下,它是以黄金作为本位货币的一种货币制度。主要有金币本位制、金块本位制和金汇兑本位制三种。

1)金币本位制

金币本位制又称完全金本位,是实行最早的也是最典型的金本位制。在这种制度下,国家法律规定以黄金作为货币金属,即以一定重量和成色的金铸币充当本位币。在金币本位制条件下,金铸币具有无限法偿的能力③。

金币本位制是资本主义自由经济发展阶段的一种货币制度。最早从金银复本位制过渡到金币本位制的是英国。英国政府于1816年颁布法令,正式采用金币本位制。在欧洲大陆各国中,德国最早实行了金币本位制。根据1817年和1837年的法令,德国实行了金币本位制。继德国之后,丹麦、瑞典和挪威均于1837年实行金币本位制。到19世纪末,美国和其他资本主义国家也实行了金币本位制。

金币本位制的主要特点是:(1)金币可以自由铸造和自由熔化,而其他铸币包括银铸币和铜镍币则限制铸造,从而保证了黄金在货币制度中处于主导地位。同时,金币的

---

① 亚当·斯密.国民财富的性质和原因研究[M].唐日松等,译.北京:华夏出版社,2006:26.

② 马克思.资本论:第1卷:上[M].中共中央编译局,译.北京:人民出版社,1975:115.

③ 曹龙骐.货币银行学[M].北京:高等教育出版社,2000:39.

自由铸造和熔化一方面可以保持黄金的主导地位，克服复本位制中金银同时充当价值尺度的混乱现象，另一方面可以自发地调节流通中的金币的需要量，使金币的名义价值与实际价值相吻合。(2)流通中的价值符号包括辅币和银行券等可以自由兑换为金币：在金本位体制下，各种价值符号可以按照其面值随时向发行机构兑换为金币，这样流通中的价值符号都有了黄金保证，可以代表一定量的黄金进行流通，从而保证了辅币与价值符号的相对稳定，而不至于出现通货膨胀的现象。(3)黄金可以自由输出输入国境，国家允许黄金在世界上流通，其汇率是由两国货币的含金量即金平价计算出来的。从而保证了世界市场的统一和外汇汇率的相对稳定。如果市场汇率与金平价相背离，在达到黄金输出输入点时，黄金就会自由流动，从而保证了国际贸易的顺利进行和外汇行市的相对稳定。

2)金块本位制

金块本位制，也称"生金本位制"，是指国内不准铸造、不准流通金币，只发行代表一定金量的银行券(或纸币)来流通的制度。银行券可以按规定的含金量在一定数额以上请求兑现金块。由于纸币或银行券的发行有一定数量的黄金作保证，因而居民在一定范围内可按照法定含金量自由兑换金块，黄金可以自由输出输入。同样，国家收购黄金也只用纸币或银行券。这样一来，只保留一定比例的黄金作为发行准备即可，缓解了黄金缺乏同商品生产和交换规模扩大之间的矛盾。金块本位制虽然没有金币流通，但由于对流通的货币规定有含金量，因此在名义上仍然为金本位制，如法国1928年的《货币法》规定，法郎的含金量为0.065 g纯金，并规定有官价。此外，在金块本位制的条件下，虽然不允许自由铸造金币，但允许黄金自由输出入，或外汇自由交易。银行券是流通界的主要通货，但不能直接兑换金币，只能有限度地兑换金块。如英国1925年规定，银行券每次兑换金块的最低数量为1 700英镑；法国1928年规定至少需21.5万法郎才能兑换黄金，从而限制了黄金的兑换范围。

3)金汇兑本位制

金汇兑本位制又称"虚金本位制"。在这种制度下，国家并不铸造金币，也不允许公民自由铸造金币。流通界没有金币流通，货币单位规定含金量，国内流通纸币或银行券，但它们在国内不能直接兑换到黄金，只能换取外汇，这些外汇可以兑换黄金。本国中央银行规定国内货币与另一个实行金币或金块本位制国家的货币保持固定的汇率，并在该国存放黄金作为发行准备，居民可以按法定汇率购买外汇，并在该国换取黄金。由此可见，这种制度在名义上仍为金本位制。这是因为：(1)本国货币规定有含金量。(2)本国货币与某一实行金币本位制或金块本位制国家的货币保持一定的固定比价，并将黄金、外汇存放在这个国家作为外汇基金，通过市场买卖以维持固定比例。(3)银行券是流通中的主要通货，可以兑换外汇，其外汇可以在挂钩国家兑换黄金。美国1914年在建立了联邦储备局之后，在20世纪20年代和30年代分别跟随英格兰银行和其他欧洲国家中央银行采用了古典金本位制和金汇兑本位制。① 应该说，金汇兑本位制实际上是一种附庸性质的货币制

---

① Michael D. Bordo Owen Humpage and Anna J. Schwartz. The Historical Origins of US Exchange Market Intervention Policy [J]. International journal of Finance and economics, Int. J. Fin. Econ. 12:109-132(2007).

度。前述的"布雷顿森林体系"就属于一种典型的国际金汇兑本位制,它以美元为中心,美元又与黄金挂钩(1 美元 = 1/35 盎司黄金),各国货币都与美元挂钩,实行固定汇率。

1.4.1.4 不兑现的信用货币制度

不兑现的信用货币制度是以纸币为本位币的货币制度,这是当今世界各国普遍实行的一种货币制度。在这种货币制度下,纸币由政府授权中央银行发行,由法律赋予其无限法偿性,具有强制流通的能力。政府只规定各种纸币的面值,不规定纸币对金银的比价。因纸币不与一定贵金属保持等价关系,所以不能要求兑现。货币的发行一般根据国内的需要由中央银行控制。不再受金银的约束。其对内价值的稳定,要靠金融当局在信用上做适当的管理,对货币数量做适量的供应,以保持物价稳定,经济正常发展。

综观当今世界各国实行的不兑现的信用货币制度,都具有如下一些共同的特点:(1)不兑现的信用货币一般是由中央银行发行的,并由国家法律赋予无限法偿的能力。(2)货币不与任何金属保持等价关系,也不能兑换黄金,货币发行一般不以金银为保证,也不受金银数量的限制。(3)货币是通过信用程序投入流通领域,货币流通是通过银行的信用活动进行调节,而不像金属货币制度那样,由铸币自身进行自发调节。银行信用的扩展,意味着货币流通量的增加,银行信用的紧缩,则意味着货币流通量减少。(4)这种货币制度是一种管理货币制度。一国中央银行或货币管理当局通过公开市场政策、存款准备金率、贴现政策等手段,调节货币供应量,以保持货币稳定;通过公开买卖黄金、外汇,设置外汇平准基金,管理外汇市场等手段,保持汇率的稳定。(5)货币流通的调节构成了国家对宏观经济进行控制的一个重要手段,但流通领域究竟能够容纳多少货币量,则取决于货币流通规律。当国家通过信用程序所投放的货币超过了货币需要量,就会引起通货膨胀,这是不兑现的信用货币所特有的经济现象。(6)流通中的货币不仅指现钞,也包括银行存款。而且随着银行结算制度的发展,存款通货的数量越来越大,现钞流动数量则越来越小。

1.4.1.5 不兑现的信用货币制度与通货膨胀

早在 1667 年,威廉·配第在《税赋论》中就爱尔兰的货币问题就曾告诫说:"充分理解货币的性质、各种铸币的效用、它们价值不稳定和提高或贬低它们价值的效果,对爱尔兰来说是一门最切实的学问。正因为缺少这种知识,所以爱尔兰最近就经常发生滥发货币的严重情况。"[①]如果说,在金属铸币时代,爱尔兰就曾出现过比较严重的货币贬值问题,那么,在不兑现的信用货币时代,威廉·配第的这种担忧就变得更加现实和频繁。

我们知道,由金本位制递进到金汇兑本位制,再发展到不兑现的信用货币制度,表明黄金在相当程度上已退出了流通领域,不兑现的信用货币取而代之。虽然这只是货币发展史的一般形态,而不是绝对形态。比如,奥匈帝国在 1879 年之前一直采用银本位制,在 1902 年之前也曾采用不可兑换的信用纸币,而到 1902 年又采用了金汇兑本位制。[Ⅷ]但从总体上说,这种货币发展的一般形态却有着非常重要的意义。这是因为,自此以后,货币供应量就不再受金银数量的控制,可以根据市场需要,作适当的调节;纸币不与定量的贵金属相联系,其外汇汇率也就不受国际市场价格变动的影响。但是,我们同时也必须看到,

① 威廉·配第. 税赋论:献给英明人士货币略论[M]. 北京:商务印书馆,1978:13.

政府在这里已经加入进来，它可以利用纸币的发行和流量调节来干预经济。而正是由于人们对经济规律认识的差距以及一些国家扩张性的经济政策，通货膨胀才开始经常出现并不时地困扰着人类社会（并对当代货币战争的爆发埋下了隐患）。

诚如F·乔恩所指出的那样："自1914年以来，整个世界就一直为通货膨胀、经济萧条、货币贬值、动荡的汇率以及其他'货币病'所困扰。1923—1924年的恶性通货膨胀摧毁了德国、匈牙利、波兰和俄罗斯的货币。1944年的希腊也遭此劫，而匈牙利1946年重蹈覆辙。有人认为，20世纪30年代的大萧条直接导致了第二次世界大战。70年代，几乎所有的国家都遭受两位数甚至更高的通货膨胀之苦"。[①] 而中东两个最发达和最开放的经济体，即以色列和土耳其在20世纪80年代和90年代也都曾经历非常高的通货膨胀率。前者在80年代曾达到三位数，即397%，并且尽管在1992年采取了控制手段，但在90年代仍然只降到34%；后者的通货膨胀率在90年代早期曾超过100%，平均数为77%，直到后5年才降到39%。[②]

应该说，尽管通货膨胀主要是一种货币现象。但问题在于通货膨胀的性质却会造成对人类绝大多数的不公，对此，凯恩斯（John Maynard Keynes，1883—1946）认为："通过连续的通货膨胀，政府可以秘密地，不为人知地剥夺人民的财富，在使多数人贫穷的过程中，却使少数人暴富。"[③]而格林斯潘（Alan Greenspan）也曾感叹地说："在没有金本位的情况下，将没有任何办法来保护（人民的）储蓄不被通货膨胀所吞噬，将没有安全的财富栖生地。"[④]

1.4.2　货币本位的现象和本质

货币的本位问题是货币本质问题的核心。它必须回答货币的本位到底意味着什么，而要回答这个问题不能仅就货币本身来回答，而应从经济学的角度来寻找答案。因为根据美国经济学家萨缪尔森（Paul A. Samuelson，1976）的观点，经济学的基本定义之一就是"研究人与人之间用货币或不用货币进行交换的种种有关活动。"[⑤]同时，由于人们往往将货币本位的现象和货币本位的本质混淆在一起，因此，对这个问题的解答又必须进一步从哲学上的现象和本质这两者辩证统一的关系上来分析。

1.4.2.1　货币本位的现象

如前所述，人类的货币制度自产生以来，从货币本位发展形态看，经历了银本位制、金银复本位制、金本位制、不兑现的信用货币制度四个阶段（或称四种类型）。但这应该属于货币本位的现象而不是本质。同时，我们还必须注意到，货币制度并不代表货币史的全部，四大类型的货币本位制度也不代表货币本位制度的全部。要正确理解货币本位现象的全部，还应该看到在货币制度形成以前的货币本位现象。

---

① 约翰·F·乔恩. 货币史：从公元800年起[M]. 李广乾，译. 北京：商务印书馆，2002：1.

② Sushanta K. Mallick and Mohammed Mohsin. Monetary policy in high inflation open economies: evidence from israel and turkey [J]. International journal of Finance and economics, Int. J. Fin. Econ. 12:405-415 (2007).

③ 宋鸿兵. 货币战争[M]. 北京：中信出版社，2007：封底.

④ 格林斯潘. 黄金和经济自由[M]//宋鸿兵. 货币战争. 北京：中信出版社，2007：111.

⑤ 萨缪尔森，经济学：上册[M]. 高宏业，译. 北京：商务印书馆，1979：4.

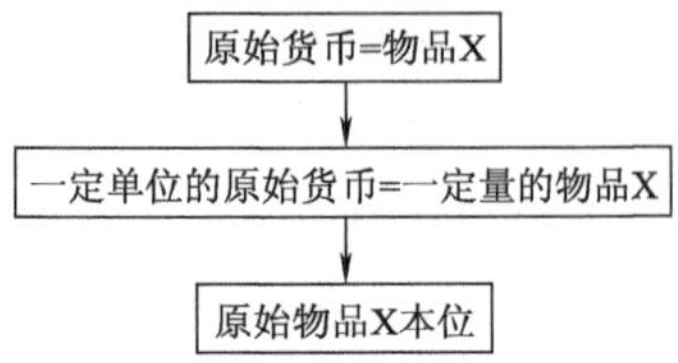

图 1－2　原始货币价值的物质承担者

诚如亚当·斯密所指出的那样，最初的货币实际上是由那些在“交换他人的劳动产品时是没有人会拒绝接受的商品来充当……可能有许多不同的商品，先后被想到用来达到这个目的。”[①]亚当·斯密关于货币起源的这段话似乎已明确勾勒出在人类的货币制度形成以前，货币的本位应该是某些公众普遍愿意接受的商品，即某些物品，比如劳动工具、牲畜、粮食、盐、装饰品……我们可以理解的是，虽然在不同的时间和不同的地域，这些充当货币使用的物品可以是不同的，但我们不妨可用物品 X 来表示，即可用图 1－2 来表述原始货币价值的物质承担者。

图 1－2 关于原始货币价值的物质承担者的阐述表明，一定单位的原始货币的价值中必含有一定量的物品 X。这应该可以理解为原始货币的原始物品 X 本位。

亚当·斯密还说：“然而，在所有国家，由于不可抗拒的原因，人们似乎最后决定在所有的各种商品中选用金属来完成这种职能……为此目的，不同的国家使用了不同的金属。在古代斯巴达人之间，铁是普遍的交换媒介；古代罗马人之间用铜；所有富裕的商业国家使用金和银。”[②]这就是随后的金属本位，包括可能在某时某地存在过的古代铁本位、铜本位，现代意义上的银本位、金银复本位、金本位的由来。至于当代意义上作为价值符号的不兑现的信用货币本位则是亚当·斯密当时无法预见的一种类型。从哲学上说，所谓现象是指事物的表面特征以及这些特征的表面联系。本书也已经证明，在货币的金属本位出现之前，可以看作存在一个原始物品 X 本位。那么，如果我们把人类历史上从有货币以来存在过的所有货币本位制度（不管是公意约定的还是官方规定的）作为各具不同特征又彼此联系的现象来看，则不难发现有五种货币本位现象可以归纳：原始物品 X 本位现象、银本位制现象、金银复本位制现象、金本位制现象、不兑现的信用货币制度（纸币为本位币）现象。它们之间既存在着明显的特征差异，又存在紧密联系的递进关系，见图 1－3 和表 1－4。

图 1－3　人类货币本位制度现象的递进关系

表 1－4　货币本位制度的现象分析

货币本位现象	原始物品 X 本位	银本位制	金银复本位制	金本位制	不兑现的信用货币制度
货币本位具体类型		银两本位	平行本位制	金币本位制	纸币为本位币
		银币本位	双本位制	金块本位制	
			跛行本位制	金汇兑本位制	

① 亚当·斯密. 国民财富的性质和原因研究[M]. 唐日松，等，译. 北京：华夏出版社，2006：13－20.

② 亚当·斯密. 国民财富的性质和原因研究[M]. 唐日松，等，译. 北京：华夏出版社，2006：13－20.

续上表

货币本位现象	原始物品 X 本位	银本位制	金银复本位制	金本位制	不兑现的信用货币制度
货币本位特征差异	货币的本位承载体是某些公众普遍愿意接受的某类物品，比如劳动工具、牲畜、粮食、盐、装饰品……	货币以白银的重量——两作为价格标准；或以一定的重量和成色的白银，铸成一定形状的本位币	金币和银币按实际价值流通，其兑换比例完全由市场比价决定，或国家以法律形式规定金银两种货币的比价，两者按法定的比例流通；或金币和银币按照国家法定的比例兑换	国家法律规定以一定重量和成色的金铸币充当本位币；或纸币、银行券的发行有一定数量的黄金作保证；或国内流通的纸币或银行券可换取外汇，再用外汇兑换黄金	货币发行不以金银为保证，也不受金银数量的限制。货币流通是通过政府及银行的信用活动进行调节，而不像金属货币制度那样，由铸币自身进行自发调节
货币本位内涵解析	单位货币含有一定单位的物品 X	单位货币含有一定单位的银量	单位货币含有一定单位的金量或银量	单位货币含有一定单位的金量	单位货币含有政府信用担保的一定单位价值量
规（约）定方式	公意约定	公意约定或官方规定	公意约定或官方规定	官方规定	官方规定

从图 1 －3 关于人类货币本位制度现象的递进关系，以及表 1 －4 中关于货币本位制度的现象分析中，我们还可以看到，原始物品 X 本位现象的内涵是单位货币含有一定单位的物品 X，它是公意约定的；而银本位制、金银复本位制既可公意约定，也可官方规定，金本位制则由官方规定。但这三种现象的内涵都是单位货币含有一定单位的金量或银量；最后，不兑现的信用货币制度现象的内涵则是单位货币含有政府信用担保的一定单位价值量，只能由官方规定。

1.4.2.2 货币本位的本质

所谓本质是指事物的内部联系，是事物的比较深刻的、一贯的和稳定的方面。本质通过现象表现出来，现象是从一个侧面表现本质；没有不表现为现象的本质，也没有不表现本质的现象。人类认识事物正是透过现象认识本质，由浅入深不断完备不断深化的过程。①

我们既然可以把人类自有货币以来的原始物品 X 本位制、银本位制、金银复本位制、金本位制、不兑现的信用货币制（纸币本位制）称为五种货币本位现象，那么，根据现象与本质之间的辩证统一关系，应该能够透过这些现象，发现货币本位的实质。由于货币的本位问题是货币的基本理论问题，货币往往又是财富的直接表征，因此，货币问题应该又是以财富范畴为主要研究对象的经济学的根本问题之一。由此本书认为，要正确认识货币本位的本质问题，不能从货币本身，而应提升到经济学的角度来阐述。

人类自发明货币的数千年以来，就一直在使用这种由人类文明自身发展起来的工具。

① 《新闻工作者手册》编委会. 新闻工作者手册[M]. 北京：新华出版社，1985：293.

在经济学的研究中，对货币的本质、职能及货币政策的研究也占了极为重要的位置。除了欧文(Robert Owen,1778—1856)曾主张取消货币，而直接用劳动时间作为价值尺度，[IX]欧内斯特·索尔维(Ernest Solvay,1838—1922)曾提出用社会会计体系来代替货币[X]等少数人士之外，其他绝大多数哲人或经济学家对货币本身存在的必要性及其在人类经济活动中所起的积极作用并不否认，只是观点或角度不尽一致而已。比如，柏拉图认为："货币使一切物可以公约"。[①] 布阿吉尔贝尔认为："在社会中使用金钱，至多只是作为交换和相互让渡的保证，这就是金钱的唯一职能。"[②]但凯恩斯则明确指出："货币的最主要的特质是联系现在和将来的一种微妙的手段；……我们甚至能取消黄金、白银和法定偿付工具，也不能取消货币。"[③]而本书认为，任何一个事物的存在必有其存在的理由。货币之所以存在，并将继续存在下去，除其本身的效用已可用货币的五项职能来充分表达以外，应该与货币本位的核心，即货币本位的本质有关。

从货币史料中，我们不难发现，自有货币开始，人们就似乎相信，货币本身应包含一定量的有价值的物品或金属，或包含一个抽象的价值量。比如，F·乔恩指出："那些铸币的名称，最初似乎是表示它们所含金属的重量或数量。瑟尔维乌斯·图利乌斯首先在罗马铸造货币，在他那个时代，罗马的阿斯或庞多包含一罗马磅的纯铜。它像我们的特洛伊磅一样，分为十二盎司，每盎司包含十足一盎司的纯铜。在爱德华一世时代，每一英镑包含一陶尔磅重的一定纯度的白银。"[④]这就说明，在金属货币出现以后，这个论断是可以成立的。同样，这一论断也可以从更早、更广泛的一些国家货币的名称的由来中得到印证(表1－5)。

表1－5　一些国家货币的名称由来及含义

序号	国　　家	货币名称	货币由来及含义
1	希腊	德拉克马(Drachma)	老希腊语："一把"(Drakhme)，也是古老重量单位，相当于60谷粒
2	埃及、黎巴嫩、苏丹、叙利亚	皮阿斯特(Piaster/Piastre)	源自意大利语 Piastra"薄金属板"
3	英国和许多其他国家	英镑(Pound Sterling)	旧英语"Pund"源自拉丁语"Pondus"，即"重量"；Sterling 源自旧英语"Steorra"，即"星"，源于早期的诺尔曼便士上的星图案
4	土耳其(旧)、南斯拉夫(旧)	巴拉(Para)	源自波斯语，意为"一片"。在奥斯曼货币系统里1库鲁(Kurus)等于40巴拉。巴拉在今天土耳其语中意为"金钱"
5	德国	马克(Mark)	旧英语："果渣"(Marc)，是贵重金属重量单位，或许源自金属棒的"标记"(mark)
6	马达加斯加	阿里阿里(Ariary)	17世纪货币单位，一个银币相等于米五谷的重量。阿里阿里系统不是十进制，一个单位被划分成5伊莱姆比拉贾(Iraimbilaja)

① 鲁友章，李宗正. 经济学说史：上册[M]. 北京：人民出版社，1979：18.

② 皮埃尔·布阿吉尔贝尔. 谷物论、论财富、货币和赋税的性质[M]. 北京：商务印书馆，1979：85.

③ 约翰·梅纳德·凯恩斯. 就业利息和货币通论[M]. 魏埙，译. 西安：陕西人民出版社，2006：278.

④ 约翰·F·乔恩. 货币史：从公元800年起[M]. 李广乾，译. 北京：商务印书馆，2002：22.

续上表

序号	国家	货币名称	货币由来及含义
7	匈牙利	菲勒(Filler)	匈牙利语“菲勒”意为“非常小量的金钱”
8	波兰	格罗希(Grosz)	在十四世纪的波兰,格罗希为3.2g银币,相当于12“德纳尔尤斯”(Denarius)
9	克罗地亚	库那(Kuna)	克罗地亚语:貂,貂皮在中世纪被用作贸易单位
10	格鲁吉亚	拉里(Lari)	在老格鲁吉亚语中,“拉里”(Lari)意为“囤积”或“物产”
11	印度、巴基斯坦、尼泊尔和孟加拉国	派士(Paisa)	原意为“四分之一”
12	许多讲西班牙语的国家	比索(Peso)	西班牙语:“重量”
13	伊朗、阿曼	里亚尔(Rial)	阿拉伯语“里亚尔”的波斯语版本,源自西班牙语“Real”
14	俄国	卢布(Ruble)	俄语:“rubl”为“银条”,源自动词“Rubit”,即“切开”
15	秘鲁	索尔(Sol)	意为太阳,指印加文化中的首要神灵:太阳神
16	伊朗	托曼(Toman)	曾在波斯使用的金币,值10 000第纳尔,源自土耳其及蒙古语,意为“一万”
17	以色列	谢克尔(Shekel)	意为“重量”,大约12 g的重量单位
18	瑞典、丹麦、挪威	欧尔(Ore)	源自拉丁语“金币”
19	意大利、土耳其、马耳他、圣马力诺	里拉(Lira)	拉丁语:“天秤座”(Libra),“天平”或“磅”
20	加纳	比塞瓦(Pesewa)	在阿肯语(加纳母语)中是一种植物的种子,曾作为最小的黄金重量单位
21	摩洛哥、阿拉伯联合酋长国	迪拉姆(Dirham)	源自老希腊语,演变成拉丁语“德拉克马”(Drachma),意为“一把”

资料来源:《世界各国货币名称由来》,http://lidicity. com/dianyou. shtml

由表1-5中我们可以看出,一些国家的货币单位直接源自一定量的物品,比如,古希腊的货币名称德拉克马(Drachma)源自古希腊语:“一把”(Drakhme),也是古老的重量单位,相当于60谷粒;英国和许多其他国家的英镑(Pound Sterling)系旧英语“Pund”,源自拉丁语“Pondus”,即“重量”;Sterling源自旧英语“Steorra”,即“星”,源于早期的诺尔曼便士上的星图案,应指一定量的货币金属;克罗地亚的库那(Kuna)源自克罗地亚语“貂”,因为貂皮在中世纪曾被用作贸易单位。而另一些国家的货币名称则直接源自一定量的金属货币,比如,埃及、黎巴嫩、苏丹、叙利亚等国的货币名称皮阿斯特(Piaster/Piastre)源自意大利语Piastra“薄金属板”(应指金属硬币)。此外,德国马克(Mark)源自金属棒的“标记”(mark),也指一定量的货币金属。而土耳其(旧),南斯拉夫(旧)的货币名称巴拉(Para)源自波斯语,意为“一片”。在奥斯曼货币系统里1库鲁(Kurus)等于40巴拉(巴拉在今天土耳其语中意为“金钱”);马克思曾对此总结为:“金、银、铜在变成货币以前,在它们的重量中,就有这种标准,例如,以磅为计量单位,磅一方面分成盎司等等,另一方面又合成英担等等。因此,在一切金属的流通中,原有的重量标准的名称,也是最初的货币标准或价格标准的名称。”①这种情况在世界上其他一些国家的货币名称由来中也相当普遍，比如匈牙利的菲勒（Filler）、俄国的卢布（Ruble）、伊朗的托曼（Toman）等。至于秘鲁的索尔（Sol）意为太阳，指印加文化中的首要神灵：太阳神，则似乎是指货币中含有一定量由神力担保的抽象价值量。

由此我们可以看出，各种货币商品本来就分别具有衡量各自使用价值的单位，比如牲畜是以头计算，绢帛是以匹计算，金属是以重量计算等。所以最初的货币单位与货币商品的自然单位是统一的。例如，中国历史上的白银就是以“两”来计价流通的，“两”就包含一两重白银的货币单位。后来外国银元流入后排挤银两的流通，从而使中国的货币单位逐渐脱离了重量名称而改称为“元”。但“元”实际上仍然包含一定量的白银含量，清代末年铸造的银元，重量为“七钱二”，成色为九成，约合纯银 32 g。又如英国的“镑”最初就包含一磅重白银的货币单位。后来实行金本位，按照当时黄金与白银的比价 1∶15 计算，1 英镑就只代表 30 g 的黄金了。② 也就是说，即使后来以“元”为货币名称的那些国家的货币，大致也是从货币本身应包含一定量的有价值的物品或金属，或包含一个抽象的价值量的道路上发展而来。比如中国的货币名称就是由银的钱、两制发展而来；法国的法郎源自法郎金币和银币，而美国的美元则也源自银元。

以上众多的例子也告诉我们，人类最初货币的形成及后来的发展，尽管存在原始物品 X 本位制、银本位制、金银复本位制、金本位制、不兑现的信用货币制（纸币本位制）等不同的货币本位现象，但这些现象的背后应该能指向某些本质的东西。如果说，在金属货币出现之前，货币的本位是直接指向某些公众普遍愿意接受的商品本身的具体价值，那么在金属货币出现之后，货币的本位就间接指向了一定量金属本身的抽象价值，比如，F·乔恩就曾指出：“在中世纪及现代的早期，人们认为硬币就应该含有一定的金属重量（虽然在某时某地，人们仅仅是因为轻信才相信这一点）。”③赫克舍尔（Eli F. Hecksher）也曾指出：“从十字军东征到 18 世纪这个时期，人们对货币和制造货币的贵金属的基本态度没有改变，那么，这表明这种观念实在是根深蒂固的。甚至包括在这个时期的 500 年之外，这种同样的观念或许仍然延续着……”④对此，托马斯·孟（Thomas Mun，1571—1641）说得更明白：“因为受人重视的不是我们的英镑、先令和便士的名称，而是我们的硬币的内在价值。我们没有理由加上任何高于其实值的估价或价值，即使我们有权利这么做。”⑤

人们对货币的这种根深蒂固的观念实际上揭示了这样一个真理，即“人们从来就普遍认为，单位货币本身应包含一定量相对恒定的由物品或金属所代表的价值量，或包含一个抽象的价值量”。更简练一点说：“单位货币本身应包含一定量经公意约定、普遍接受、相对恒定的具体价值量，或抽象价值量”这就是货币本位的本质！而由货币本位的本质，我们可以进一步得出结论说，任何一种物如要充当货币本位，就必须满足两个必要条件：第

① 马克思. 资本论：第 1 卷：上[M]. 中共中央编译局，译. 北京：人民出版社，1975：115.

② 徐英富. 货币银行学[M]. 北京：机械工业出版社，2007：11.

③ 约翰·F·乔恩. 货币史：从公元 800 年起[M]. 李广乾，译. 北京：商务印书馆，2002：21.

④ 赫克舍尔. 重商主义：第 2 卷[M]// 约翰·梅纳德·凯恩斯. 就业利息和货币通论. 魏云，译. 西安：陕西人民出版社，2006：329.

⑤ 托马斯·孟. 英国得自对外贸易的财富[M]. 北京：商务印书馆，1959：28.

一,充当货币本位的物(无论是具体的,还是抽象的)须经公意约定并被普遍接受;第二,单位货币须包含一定的相对恒定的价值量。如果我们在此再回过头对照一下本书关于货币的定义:货币是公意约定并被普遍接受的一般等价物,就可以发现,其中的“公意约定”是指某一单位的货币必须包含一定量人们共同约定的标的的价值量;“普遍接受”则是指这种标的本身具有普遍认可,可以度量、相对恒定的价值内涵。而这两项要素的合成恰好就是货币本位的精髓。而正因为有了货币本位的内在规定性,才使得货币作为一般等价物具有与一切商品(或服务)进行交换的能力。如果没有货币本位的这种内在规定性,货币就成了一种虚无缥缈的东西。由此我们可以进一步得出结论:货币必含货币本位要素,而货币本位作为货币价值的计算标准则规定了货币作为一般等价物的价值或交换能力。

1.4.3 货币的爱因斯坦能量本位

如前述,人类实际上一直在找寻满足两个充要条件,从而能够充当货币本位的物(无论是具体的,还是抽象的)。这两个充要条件:一是须经公意约定并被普遍接受;二是单位货币须包含一定的恒定价值量。如果说,金本位是具体的标的,特别提款权本位是抽象的标的,那么这也是人类至今为止能够找到的最接近满足这两种充要条件的货币本位。但金本位或特别提款权本位尽管完全可以满足第一充要条件,但本身却由于价值含量会变动,不能做到恒定不变而不能完全满足第二个充要条件。因此,有必要继续寻找能够同时满足这两个充要条件的货币本位,以作为未来世界统一货币的本位。作者在引出基于能量的统一货币本位这个概念之前,认为有必要先引入三个具有启迪意义的实际例子来导入。

1.4.3.1 三个启迪性实例的导入

1)“米”度量的更精准表达

我们要引入的第一个例子是关于人类熟知的长度单位——米(meter)的度量。我们知道,长度是七个物理基本单位中第一个变动单位,它的定义起源于1790年的法国,当时法国科学家鲍尔德等人建议“取北极到赤道通过巴黎子午线的长度的千万分之一作为单位”。三年后,法国政府将这样的单位称为“米”(m)。此为米的第一次定义(子午线定义)。据此,人们用铂铱合金制造出了“米原器”来表征其实际量值,在当时,由于它的精度高$(1\sim2)\times10^{-7}$ m、刚性好、耐腐蚀,故而是很理想的。当今世界上最有权威的“米原器”是第六号米原器,因为以铂铱合金制造出的三十一支中只有它在0 ℃时的长度最理想,并以花体字母表示,现保存于法国国际计量局,其余三十支分发给了各米制公约国。但问题是,从严格意义上来讲,即使是六号“米原器”,它也是在某个时刻t_0或某种温度下(0 ℃)被定义的。也就是说,如果我们把六号“米原器”加热或冷却,由于热胀冷缩(这是我们非常熟悉的物理学定律,也必然会时刻遇到)的缘故,它就会变长或变短而不再是1 m长了。因而,六号“米原器”在被定义为1 m的单位的那一时刻是1 m长就是偶然的——它恰巧没有再长一点或再短一点,它恰巧没有处于一个比0 ℃更高或更低的环境。我们从哲学意义上可以判定,凡是偶然性的事物,虽然具有必然性的因子,但却不等于必然性。而不具必然性的事物则不具普遍性。为解决此问题,在1960年第八届国际大会上,人们又进行了第二次定义，即“光波尺”定义：“以氪—86 在 2P10 与 5D6 能级之间跃迁时所辐射的橘红色谱线在真空中的波长的 1 650 763. 73 倍为一标准 m”，相应的基准器精度又提高到 1×10^{-8} m，且更易复制。但是，由于氪—86 的精度已经到了极限，不能再提高，因而还是不能满足科学发展的需要。最后，在 1983 年在巴黎世界度量衡大会上人们第三次对“m”的度量重新进行了定义，并由《标准计量报》正式宣布米的新定义为“1 m 等于光在真空中时间在 1/299 792 458 s 内所通过的距离”。据此制作的基准器精度更高，达到了9 位数字。[①] 我们不难理解，用光速在真空中一定时间内通过的距离来定义 1 m 的长度，尽管是一个相对抽象的量，但却是至今为止人类对长度的基本单位所能表达的最精准的量。因为我们由爱因斯坦的相对论可知，光速是绝对的，因而光速在真空中一定时间内通过的距离也是一个绝对的量值。这样就将米的度量建立在一个非常直接而又坚实的基础之上，因而可以被全人类普遍接受。

2)“1 千克”质量的更精准表达

第二个例子是关于人类更为常用的重量单位千克(kilogramme)的度量。类似于“米”度量的更精准表达，关于“千克(kg)”的标准也存在重新定义的问题。据法新社柏林 2008 年4 月 14 日电：位于德国不伦瑞克国家计量研究所的研究人员说，他们将用一颗直径为 10 cm 的纯硅球体作为比现有标尺更标准的度量单位来计量“1 kg”。目前“1 kg”的定义是一个铂铱合金圆柱体砝码的质量，存放于巴黎郊外一处保卫严密的储藏室中，但这个砝码正在缓慢地变轻，因此其可靠性程度也在下降。新的硅制球体非常特殊，其质量极度接近 1 kg，形状为正球体，99. 99% 由硅 28 组成。不伦瑞克的科学家将对球体作数千次实验，计算出其中硅原子的数量。项目协调员阿诺尔德·尼古劳斯说，科学家知道 1 kg 包含多少数量的硅原子后，就没有必要再使用国际标准砝码来确定“1 kg”了。[②] 另据报道，此次由德国、俄罗斯、澳大利亚等国科学家联合进行的“阿伏伽德罗计划”的目的是通过精确测算出“完美硅球”究竟有多少个原子，从而在测定阿伏伽德罗常数(即一摩尔任何物质所包含的基本单元数)中获得新的突破，进而将质量单位“kg”的标准回归到与恒定常数相关的定义中，而不是依靠一个“原器”，或者其他什么会变化的东西来计量。[③]

3)抽象价值符号——马居特

第三个例子是关于金粉的价值符号——马居特(macute)。我们知道，非洲的一个原始民族曼迪果人(几内亚)曾用金粉在商业中充当一般交换手段。但实际上金粉完全没有数量单位，它在人们的意识中也并不代表某一单独物品或其他一切物品的价值，只是由于金粉是人们任何时候都想追求的东西，它才成为一种可靠的交换手段。正由于金粉没有数量单位，使用金粉代替货币的非洲民族曼迪果人就制定了一种和普通商品完全不同的价值标准，这就是他们称为马居特的一个抽象量，这个马居特与任何单独的东西都不相同，它在任何地方也不具体存在，它也不像名义货币那样包括数种实际的货币数额，而只是人们想象出来用于比较的一个名词。可见，马居特虽然不是价值的标志，也不是价值的

① 叶唐立. 计量史话[J]. 上海计量测试，2005(3).

② 法新社柏林 4 月 14 日电. 德国科学家制作标准“一千克”[N]. 参考消息，2008 - 4 - 16(7).

③ 潘治. 科学家采用“完美硅球”重新定义“千克”单位[N]. 文汇报，2008 - 4 - 17(7).

抵押,却是价值的一种标准。法国经济学家西斯蒙第(Jean Charles Lnard Simonde de,1773—1842)在《政治经济学新原理》一书中曾提到:“马居特与任何事物都不相干,而只是人们想象出来用于比较商品价格的一个名词。人们说这头牛值10马居特,这个奴隶值15马居特,那个玻璃项链值2马居特……,而实际上这些物品都是互相直接交换的。”①马居特既不能付出也不能纳入,只不过是用作计算实际买卖的物品的价值。法国经济学家杜阁(A. R. J. Turgot,1727—1781)也曾在《关于财富的形成和分配的考察》一书中描述说:“那些同阿拉伯商人进行金沙交易的曼丁哥黑人用一种虚构的尺度来衡量他们的一切商品的价值;这种尺度的构成单位称为马居特(macute),所以他们在进行交易时往往对阿拉伯商人说,他们提供多少马居特黄金。同样,他们对于买进的商品也用马居特来计算它们的价值;他们和阿拉伯商人的讨价还价都以这种估价为依据。”②

关于金粉的价值符号——马居特这个例子可以告诉我们的是,人类的原始居民曾经使用过一种高度抽象的货币本位,与我们现在熟悉的金本位或有学者提议的特别提款权本位相比,它可能更接近于满足理想货币本位的两个充要条件。因为一方面,马居特显然是一种“指向明确、可被公意约定、并被普遍接受的价值标的”;另一方面,金粉的概念实际上是金块这种具体物的无穷细分的抽象结果,因而在人们的意识中,其价值的恒定性显然要优于具体的金块。同时,它又是一种单一化的价值标的,所以又要比特别提款权本位这种复合概念更简洁、更可靠。但问题是,马居特本身代表什么却无法明确,因而它最终只能是一种纯粹抽象的记账单位。

1.4.3.2　货币的爱因斯坦能量本位概念

人类的货币史已经昭示我们,“货币是公意约定并被普遍接受的一般等价物”。而与此相对应的货币本位的本质则是:“单位货币本身应包含一定量经公意约定、普遍接受、相对恒定的具体价值量,或抽象价值量”。我们在此可进一步将货币本位的本质上升为一种理论表述,即“货币本位的本质在于满足两个充要条件:一是单位货币含有指向明确、可被公意约定、并被普遍接受的价值标的,这种价值标的可以是具体的物,也可以是抽象的观念。但我们在本章的阐述中已经明确排除了存在既可将某种具体的物作为未来世界统一货币本位的标的物,而又能避免这种标的物本身价值不稳定的缺陷的可能性。也就是说,未来世界统一货币本位的标的指向只能是一种抽象的物;二是这种标的的价值本身应具有恒定不变,可被度量的特质。人类未来理想的世界统一货币的本位必须同时满足这两个充要条件,才是一种我们可称之为已达到理想状态的货币本位;才表明人类关于货币本位的把握已由现象的描述进入本质的刻画阶段。同时,人类对货币本位本质的运用也将由必然王国走向自由王国。因此找到同时符合这两个充要条件的“价值标的”以充当未来世界统一货币的本位,正是本书的最主要目的之一。据此,本书再次提出货币的爱因斯坦能量本位的概念。所谓货币的爱因斯坦能量本位是指未来世界统一货币制度所规定的,以能量单位表示的未来世界统一货币价值的计算标准。根据此定义,我们又可进一步将之简化为:货币本位即单位能量。由此本位规定的纸币,类似于“纸黄金”的概念,可看作

① 尹恒,欧阳海泉.新货币经济学的理论构想及可行性[J].经济学动态,2004(8):70-73.

② 杜阁.关于财富的形成和分配的考察[M].南开大学经济系经济学说史教研组,译.天津:商务印书馆,1961:40.

"纸能量"。①

1.4.3.3　货币的爱因斯坦能量本位的判断

我们必须判断,这种货币的爱因斯坦能量本位是否同时满足"含有指向明确、可被公意约定、并被普遍接受的价值标的",以及"这种标的本身具有恒定不变,可被度量的特质"这两种理想本位的充要条件。我们可判断如下:

1)能量作为价值标的的指向十分明确

众所周知,所谓能量是指物质运动的一般度量。物体要对外做功,就必须消耗本身的能量或从别处得到能量的补充。而人类本身的生存以及创造财富的经济活动就是做功,也必须不断消耗本身的能量并从自然界得到能量的补充。归根结底,人类的生存和活动的能量来自于自然界。如果没有能量,人类就不能生存,谈不上繁衍,更不可能去创造财富。因此,对人类而言,能量的价值是不言而喻的,能量作为价值标的的指向是十分明确的。

2)能量作为价值标的易被公意约定和普遍接受

能量以储存于物质之中的形态而客观存在,并以物质的运动形式发生转换而同时发生能量形式的转换。能量还可以在物质之间发生传递。由于能量的这些特质可以被人类明确感知,并为人类所共同需要。因此,它又比类似于马居特的抽象价值符号更容易被公意约定和普遍接受。

3)能量作为价值标的独具恒定不变的特质

由于自然界的一切过程都服从能量守衡和转换定律。能量不能创造也不能消灭。因此能量无疑具有恒定不变的特质,能量本位也将是永恒不变的恒量。能量本位的这种特质决定了它将是一种十分理想,无比精准的价值尺度。其功效将十分类似于用光速在真空中一定时间内通过的距离来定义"1 m"的长度,或用包含多少数量的硅原子来定义"1 kg"的质量。

4)能量作为价值标的易被度量和计算

我们已知,就一个封闭的地球系统而言,地球的能量总量是一个已知的定量,再就一个开放的地球系统而言,其能量的增量部分则是一个常量。这样,相比有史以来的实物货币本位和信用货币本位的度量及在此基础之上货币发行量的计算,能量本位及在它基础之上建立起来的世界统一货币,将更容易被度量,并更为可靠。货币发行量的计算也将变得更为直接和简洁。

综上,我们可以预见,若采用以能量为本位的世界统一货币,则能真正做到李嘉图所追求的那种理想境界,即"一种通货被认为是完善的,则它的本位是不变的,它永远离不开这种本位,并且它的使用会实现最大的节约。"②

1.4.3.4　货币的爱因斯坦能量本位奠定的两个基点

未来基于爱因斯坦能量本位所设想的世界统一货币,其基本含义是"每一单位货币含

---

① 曹钟勇. 财富本源与世界统一货币[M]. 北京:中国铁道出版社,2008:384.

② 李嘉图. 关于一种既经济又可靠的通货的建议[M]//佩·斯拉法编. 大卫·李嘉图的著作和通信集:第4卷. 英国剑桥大学,1962:55.

有定量的能量，即含一个能量单元 EU。”从这个意义上来说，显然它能够同时完整地承担价值尺度、流通手段、贮藏手段、支付手段、世界货币等五种货币职能。因为当它在履行世界货币职能时，它是唯一可以被世界各国或地区所公意约定、普遍接受的一般等价物；当它在履行贮藏手段职能时，它对每一个持有这种货币的个人而言，是定量价值的贮藏，而对全人类而言则是对人类可使用能量的贮藏；尤其是当它在充当价值尺度、流通手段、支付手段职能时，它不仅能够很好地完成这些职能，而且它还能带来对人类认识史上两大基础性理论观点的突破：一是等能量交换就是等价交换；二是等能量交换是自然界物质运动和人类社会经济活动的共同规则。

1）等能量交换就是等价交换

我们知道，在商品社会中，商品交换的基本准则是等价交换，即甲与乙两种不同的商品之间之所以能够进行交换是基于它们两者包含同样的价值。尽管当今经济学界对商品价值的决定究竟为何尚有争论，甚至一些流行的经济理论实际上只有商品的价格而没有价值之说，但这并不妨碍所有人都接受商品等价交换的准则，只不过其中等价交换中的“等价”范畴已经涵盖了“等价值”或“等价格”两个概念。然而，客观地说，迄今为止，在所有有关商品价值的决定究竟为何的理论中，从威廉·配第、亚当·斯密一直到马克思所阐述的劳动价值论一直占有比较重要的地位，因为它不仅能够在相当程度上解释商品价值的决定究竟为何，并且能够解释价值与价格的基本关系。而如果有了基于爱因斯坦能量本位所建立的世界统一货币，那么关于劳动价值论的理论基础将得到进一步诠释，并且可以证明等能量交换就是等价交换的准则。

根据马克思的观点：“作为使用价值。商品首先有质的差别；作为交换价值，商品只有量的差别，因而不包含任何一个使用价值的原子。如果把商品体的使用价值撇开，商品体就只剩下一个属性，即劳动产品这个属性……现在我们来考察劳动产品剩下的东西。它们剩下的只是同一的幽灵般的对象性，只是无差别的人类劳动的单纯凝结，即不管以哪种形式进行的人类劳动耗费的单纯凝结。这些物现在只是表示，在它们的生产上耗费了人类劳动力，积累了人类劳动。这些物，作为它们共有的这个社会实体的结晶，就是价值——商品价值。”[①]而针对马克思以上对商品价值——由人类劳动耗费的单纯凝结——所决定的说法，我们可用更简练的话来概括，即商品的价值是由凝聚在生产商品的社会必要劳动量决定的。这就是劳动价值论的基本内涵。但我们知道，从人类劳动的耗费最终产生商品这个过程来说，劳动的过程，实际上就是做功的过程，并且做的是有效功。而耗费的社会必要劳动量就是对有效功的度量。而所谓能量，正是指做功的能力或对做功的度量。[②] 因此，经由能量对做功进行度量，就是对社会必要劳动量进行度量，因而也就是对商品的价值进行度量。

同时，根据马克思的理论：“货币作为价值尺度，是商品内在的价值尺度即劳动时间的

① 马克思．资本论：第1卷[M]．中共中央编译局，译．北京：人民出版社，1975：50－51.

② 中国社会科学院语言研究所．现代汉语词典[M]．北京：商务印书馆，1983(2)：824.

必然表现形式”。[①] 而“随着劳动产品转化为商品,商品就在同一程度上转化为货币。”[②]也就是说,当货币在担当价值尺度职能时,它所起的作用就是代表一定的劳动时间标准(或标准劳动量)。因此,当用货币来衡量一个商品的价值时,实际上就是用标准的劳动量来衡量一般的劳动量,故而商品的价值一定会表现为货币单位的一定倍数。由此可见,商品经由货币的等价交换,实际上就是经由货币表征的等社会必要劳动量的交换,因而也就是等能量的交换。而当未来的世界统一货币作为中间媒介,在履行价值尺度、流通手段、支付手段职能时,它恰好表征了等能量交换的本质。至此,等价交换就变成了等能量交换。

值得一提的是,有的学者曾经对劳动价值论提出修正的观点,认为商品的价值决定于商品的“生产成本,即在生产上所花费的各种要素的价值或价格”。并且认为“除了劳动以外,土地、资本、经营管理和知识技术先后都曾或正在充当生产价值的主要创造者。”[③]但如果我们把土地、资本、经营管理和知识技术等看成是财富,即不管是物质财富还是精神财富,它们都属于财富的范畴。根据威廉·配第的说法:“土地是财富之母,劳动是财富之父。”同时本书也认为,“人类创造财富的本质,基于人类的创造性,即系人类将自然资源按照人类的意愿进行加工和改造,从而使物品便于人类的生存和享用。这种加工和改造的过程就是劳动。劳动的过程只是使物质转化的过程,而不是物质创造的过程。但由于这种转化是以有利于人类生存和享用为标准来判断的,所以有了价值的基础。”由此可见,在劳动的过程中,土地、原材料等所有非劳动生产要素是商品生产中必不可少的物质条件,它们和劳动相结合生产出使用价值,即一般意义上的社会财富。同时,在这期间,并不排斥资本(含生产工具的物化劳动)、经营管理和知识技术等的介入,但所有这些非自然的生产要素本身也可以被看做是前期的劳动成果的积累和再投入。因此,对“劳动是财富之父,土地是财富之母”这句话的正确理解应该是:劳动和自然资源共同构成了使用价值的源泉。但就价值创造而言,由于人类本身是以有利于人类生存和享用为标准来衡量劳动成果价值的大小的,它本身必然包含人类的活劳动,因此劳动者的活劳动(即能量的付出)仍然是创造价值的唯一源泉。

2)等能量交换是自然界物质运动和人类社会经济活动的共同规则

我们知道,在构建了基于爱因斯坦能量本位的世界统一货币之后,等价交换的准则将被等能量交换的规则所代替。这种观念上的变化看起来似乎仅是人类认知领域的一种微小变化,但它实际上却是一个把人类的经济活动回归到一个能够按照自然本身规律运行的自由王国的认知上的飞跃。同时,它把对“天人合一”的诠释建立在了一种具体的、可以被实证的基础之上,而不再是一种抽象的、纯理性的追求。因为等价交换准则原本是人类所创设的一个仅适合人类社会经济活动的规则,但等能量交换则不仅是一个适合人类社会经济活动的规则了,而且它还是一个适合自然界所有物质运动的自然规则——能量守

① 马克思．资本论:第1卷[M].中共中央编译局,译.北京:人民出版社,1975:112.

② 马克思．资本论:第1卷[M].中共中央编译局,译.北京:人民出版社,1975:105.

③ 晏智杰．劳动价值学说新探[M].北京:北京大学出版社.2001:14－15.

恒定律,即"活动于无限宇宙空间并引起一切现象的力(能量)的总和是不变的。"①比如机械能和化学能、声和热、光和电的互相转化,能量和物质运动之间的转化,甚至包括所有生命体运动本身能量的转化,都必须服从能量守恒定律。但能量守恒的前提却是任何两种能量的转化必须是等能量的交换,否则就不可能做到能量的守恒。也就是说,当一种能转化为另一种能,比如机械能转化为化学能,势能转化为动能,或由一种能转化为物质本身,或一个生命体由外界获得食物(物质)转化为能量来维持生命体的活动等,都必然遵循等能量交换的规则。由此可以说,等能量交换规则是自然界所有物质运动和人类社会经济活动的共同基础,它们共同在等能量交换的规则上达到了统一。服从这个规则,并遵循这个规则行事就是真正意义上的"天人合一"。

1.4.3.5 货币的爱因斯坦能量本位的求证

作者曾在《财富本源与世界统一货币》一书中阐明②,就地球演化史的任何一个时间的横截面而言,地球的所有能量都包含在爱因斯坦能(EZ)之中,它包含了地球大气、地壳、地幔和地核在内所有物质所含的能量。爱因斯坦能是一个相对静态的能量总汇。同时由于地球每时每刻在吸收并储存部分以太阳能为主的外能,所以地球的总能量又是一个不断增长的变量(SE_i)。地球总能量(GEZ)的表达式应是一个随时间序列递增的一个函数式,即:

$$GEZ = EZ + \sum_{t=1}^{\infty} SE_{it} \qquad (1-1)$$

同时,人类又必须意识到,地球的能量并不是人类所独有,也就是说人类作为地球上生灵的一部分,只能使用地球一小部分的能量,而不能使用全部。正如英国生态学家肖特伍德(T. Shouthwood,1976)所说的那样:"任何生物作出的任何一种生态对策,都意味着能量的合理分配,并通过这种对能量使用的协调,来促进自身的有效的生存和繁殖。"③也就是说,人类如果意识到自己只能使用地球一小部分的能量而不是全部,正是为了人类今后能更好地生存和繁衍。

但同时,人类又必须面对以下三个基点:第一,根据亚当·斯密的命题:"从出生到死亡,我们改善生活条件的欲望是不会消失的。"④第二,人类改善生活条件的愿望会迅速传染和扩大。比如,"美国第一个坐汽车的人当然不是一贫如洗的穷人。但事情总是这样的:今天的奢侈品,就是明天普遍需要的商品,也是后天普遍消费的商品。"⑤第三,从人类的本性上来说,由于"在各类动物中,只有人不能依靠适应自然界而生存,他必须使自然界服从自己的需要。"⑥因此,我们并非杞人忧天,而是完全有必要设想几个必须避免的极端的场景,比如,人类为挖掘矿藏而将地球某部分掏空;或因某种原因而引发大规模核爆,造成地球毁损;或因争夺生存资源而将其他生灵逼入绝境。应该说,这几种情况一旦出现,

① 恩斯特·海克尔. 宇宙之迷[M]. 上海外国自然科学哲学著作编译组,译. 上海:上海人民出版社,1974:198.
② 曹钟勇. 财富本源与世界统一货币[M]. 北京:中国铁道出版社. 2008:384.
③ 冯江. 动物生态学[M]. 北京:科学出版社,2005:180-181.
④ 琼·罗宾逊. 凯恩斯以后[M]. 虞关涛,等,译. 北京:商务印书馆,1985:31.
⑤ 路德维希·艾哈德. 来自竞争的繁荣[M]. 祝世康,穆家骥,译. 北京:商务印书馆,1983:61.
⑥ 德曼尔. 论马克思主义经济学[M]. 廉佩直,译. 北京:商务印书馆,1964:11.

势必会危害到地球本身的运行或存在。而且,这些变化的趋势或危险,又是我们人类当前确实能够预见,而又在极力设法避免或扭转的。基于这个原因,我们必须首先明确:人类所能使用的能量(*HUE*)极限必须是地球能量的总量(*GEZ*)减去一个维持地球正常运行以及生态平衡的量(*GME*),即:

$$HUE = GEZ - GME \tag{1-2}$$

我们知道,从性质上分析,*GME* 应主要包括放射能、物理能、重力能、化学能、结晶能、生物能等地球内能量,而且,为确保地球的正常运行以及生态的平衡,*GME* 必须维持在一个正常水平,也就是说,*GME* 必须是一个常量。

同时,我们已知,地球能量收支的差量(SE_{i}):

$$SE_{\mathrm{i}} = K \cdot E_{\mathrm{i}} = K \cdot (I_0 \cdot \pi R_{\mathrm{E}}^2 - I_{\mathrm{E}} \cdot 4\pi R_{\mathrm{E}}^2) = K \cdot \pi R_{\mathrm{E}}^2 (I_0 - 4I_{\mathrm{E}}) \tag{1-3}$$

其中,太阳常数 $I_0 = 8.25\ \mathrm{J/(cm^2 \cdot min)}$,地面辐射量平均值 $I_{\mathrm{E}} = 2.030\ 61\ \mathrm{J/(cm^2 \cdot min)}$,地球平均半径 $R_{\mathrm{E}} = 6\ 371\ \mathrm{km}$,$K$ 为地球有效吸收太阳辐射能,并将部分太阳能转化为地球演化所需能源的转化系数,即 $0 < K < 1$;为简化计算,我们假定,当 K 很小,或当 $K \to 0$ 时,$\sum_{t=1}^{\infty} SE_{\mathrm{i}t}/EZ$ 将是一个基本可以忽略的极小量,由此,我们有

$$GEZ \approx EZ \tag{1-4}$$

这样,我们就有

$$HUE \approx EZ - GME \tag{1-5}$$

我们设定:人类的总人口数量从现在起的 t_0 时刻,直到今后很长的一段历史时期的某个时刻 t,无论以何种速度增长,总可以找到一个平均的年均增长率 i(已扣除死亡率),使得第 t 年的总人口数可用 $P_t = P_0 \times (1+i)^t$ 来表示;HUE/P_t 表示在 t 时刻人均可分配到的地球可使用能量,则有

$$HUE/P_t = EU \cdot C \tag{1-6}$$

其中:*EU* 为能量单元,量纲单位为 J,*C* 为在 t 时刻人均可分配的能量单元倍数,量纲单位为(1/人)。

必须说明的是,我们之所以在此要设定能量单元(*EU*),其物理意义在于假定它等于一个正常人的基本生存和适度地享受所需要的基本能量。尽管我们目前尚不清楚其确切数值到底是多少,但作为 *EU* 的最低参考值可看作是一个正常人的身体所含的基本能量。比如,就人类本身所含的能量而言,由于每 100 g 人体所含的营养成分是 61 g 水,16 g 脂肪,16 g 蛋白质,6 g 矿物质和 1 g 碳水化合物。每 1 g 脂肪含 9 000 cal,每 1 g 碳水化合物和蛋白质含 4 000 cal,这样每 100 g 人体就含 212 000 cal。如以一个体重 75 kg 的人来计算,其身体所含的热量就是 15.9 万 kcal,即 6.66×10^8 J。①

同时,为简化计算和严格约束人类过度使用能量的行为,我们假定人类所使用的能量,凡由物质变化而来(比如石油、煤炭等所转化的能量),因受制于人类科技水平的制约,将不具可逆性。

---

① 问与答:人体含有多少卡路里?[N]//英国《焦点》月刊. 参考消息. 2008-2-20(7).

在此，我们根据德国哲学家恩斯特·海克尔（Haeckel Ernst，1834—1919）在其著作《宇宙之谜》中提出的宇宙定律中关于"能的一元论"同样适用于有机界和无机界[①]，并以宇宙定律为基础，从物质、精神和能量之间的关系加以引申得出的两点结论：(1)物质和精神是统一的，并统一于物质或能量，而就宇宙而言，物质或能量的总和是守恒的。(2)由于宇宙定律同样适用于物质运动和精神活动两大领域，所以，物质财富和精神财富可以看做是统一的财富，并也统一于物质或能量（详见《财富本源与世界统一货币》）。[②] 这样，在把人类的财富（包括物质财富和精神财富）最终都可以归结为能量的这个假设前提下，由于人类的财富总量的极限值在理论上就等于人类可使用的能量总量（HUE）。并且，人类的财富总量表达式服从下列条件：

$$\mathrm{GW}=\mathrm{NCMW}+\mathrm{HOW} \tag{1-7}$$

其中，GW 为人类所拥有的总财富，NCMW 为自然界所赋予的财富：

$$\mathrm{NCMW}=\Gamma(\Gamma\text{ 为一极大数}) \tag{1-8}$$

HOW 为人类创造的既有的财富：

$$\mathrm{HOW}=\int_{-\infty}^{i-1}p(t)\,\mathrm{d}t \tag{1-9}$$

其中 $\int_{-\infty}^{i-1}p(t)\,\mathrm{d}t$ 代表自古以来，人类通过劳动积累的物质财富和精神财富的总和，它也等于在人类历史上可以溯及的某一年份至今$(-\infty, i-1)$的各年实际国民生产总值扣除各种最终消耗后的余额累计总和，这样则有：

$$HUE=\mathrm{GW}=\mathrm{NCMW}+\mathrm{HOW} \tag{1-10}$$

从而有：

$$\mathrm{NCMW}+\mathrm{HOW}=EU\cdot C\cdot P_t \tag{1-11}$$

公式(1－11)的左边表示，人类所拥有的财富总量，该式的右边表示，从能量角度讲，若 $EU\cdot C$ 代表人均可分配能量，则人类的财富总量就等于人口总量乘以人均可分配能量。再由此式，我们得：

$$\begin{aligned}EU&=(\mathrm{NCMW}+\mathrm{HOW})/(C\cdot P_t)=\mathrm{NCMW}/(C\cdot P_t)+\mathrm{HOW}/(C\cdot P_t)\\&=1/C\cdot(\mathrm{NCMW}/P_t+\mathrm{HOW}/P_t)\end{aligned} \tag{1-12}$$

令 $\lambda=1/C$，我们称 λ 为人均可分配能量倍数的最小分量，则：

$$EU=\lambda\cdot(\mathrm{NCMW}/P_t+\mathrm{HOW}/P_t)=\lambda/P_t\cdot(\mathrm{NCMW}+\mathrm{HOW}) \tag{1-13}$$

公式(1－13)为 EU 的能量表达式。它表示能量单元(EU)等于人均自然财富与人均既有财富之和与人均可分配能量倍数最小分量的乘积。

另由公式(1－8) $\mathrm{NCMW}=\Gamma$ 和公式(1－9) $\mathrm{HOW}=\int_{-\infty}^{i-1}p(t)\,\mathrm{d}t$ 可知：

$$EU=\frac{\lambda}{P_t}\left(\Gamma+\int_{-\infty}^{i-1}p(t)\,\mathrm{d}t\right)=\lambda\left(\frac{\Gamma}{P_t}+\frac{1}{P_t}\int_{-\infty}^{i-1}p(t)\,\mathrm{d}t\right) \tag{1-14}$$

公式(1－14)即为 EU 的货币价值表达式。由该式我们又可以发现，由于自然所赋予

① 恩斯特·海克尔. 宇宙之迷[M]. 上海外国自然科学哲学著作编译组，译. 上海：上海人民出版社，1974：239.

② 曹钟勇. 财富本源与世界统一货币[M]. 北京：中国铁道出版社. 2010：144－165.

的财富(NCMW)和人类已拥有的财富(HOW)已经用某种货币的价值来表示,因此这种货币价值的量纲也可以用未来世界统一货币价值的量纲来代表,故可命名为世界元(UD:United Dollar,简称世元)。同时我们还可以发现,EU 的量纲经此式变换以后,也已变为 UD。即:

$$EU=1/(1/\text{人})\cdot[UD/\text{人}+UD/\text{人}]=UD \tag{1-15}$$

由于 UD 系经由 EU 导出,来源于爱因斯坦能(EZ),所以将 UD 称为爱因斯坦能量本位。

如果我们再对(1-13)进行变换,则有:

$$\begin{aligned}UD&=EU=\lambda\cdot(\text{NCMW}/P_t+\text{HOW}/P_t)=\lambda/P_t\cdot(\text{NCMW}+\text{HOW})=\lambda/P_t\cdot\text{GW}\\&=\lambda/P_t\cdot HUE\end{aligned} \tag{1-16}$$

因为,就一个封闭的地球系统而言,人类能够终极使用的能量必将收敛于某一个极大值所代表的常量(C_1);同样人类的总人口本身也必将收敛于另一个极大值所代表的常量(C_2),即:

$$\lim_{t\to\infty}HUE_t\to C_1 \tag{1-17}$$

$$\lim_{t\to\infty}P_t\to C_2 \tag{1-18}$$

$$\lim_{t\to\infty}UD=\lim_{t\to\infty}\lambda/P_t\cdot HUE=\lim_{t\to\infty}\lambda/C_2\cdot C_1=C_3 \tag{1-19}$$

也就是说,爱因斯坦能量本位(UD)的极限值将收敛于一个常数 C_3,它表征 UD 作为未来世界统一货币本位的价值将具有终极的稳定性。

1.5 货币的铸币税

1.5.1 铸币税的范畴

1.5.1.1 铸币税的定义

铸币税(Seigniorage),是从法语"Seigneur"(封建领主、君主、诸侯)一词演变而来,又称铸币利差。《大英百科全书》将铸币税定义为:"从金银块被送到铸币厂铸成硬币过程中扣除的超出铸造成本的费用。"①而在《新帕尔格雷夫经济学大词典》中则将其定义为:"货币的票面价值超过成本的部分也被称为铸币税,因为它是早先时候归于发行通货的封建领主或统治者。"②F·乔恩认为"铸币收益税是铸币厂将金银条块转变为硬币而收取的费用,这可以用两种方式加以定义(但包含的意思则更多)。铸币厂收益的总费用包括铸造硬币的实际成本加上政府赚取的利润……这个用法的可取性可从《牛津英语字典》中得到验证:由于铸造货币所征收的税收,包括铸造费用以及由于统治者凭借其至高无上的权力而要求的归政府所有的收入。"③如将上述三个定义归为一类概括,即清楚地表明了铸币

① "seigniorage." Encyclopædia Britannica. Encyclopædia Britannica Online Academic Edition. Encyclopædia Britannica Inc. ,2013.

② 布莱克. 铸币税.《新帕尔格雷夫经济学大词典》. 经济科学出版社. 1996. 转引自:张明. 铸币税的定义、计算和分配. 中国社会科学研究院国际金融研究中心,工作论文[N]. 72,2005(6):2.

③ 约翰·F·乔恩. 货币史:从公元800年起[M]. 李广乾,译. 北京:商务印书馆, 2002:15.

税的由来及基本含义,且强调了由统治权引申而来的政治特性,但这些定义显然都没有脱离实物货币阶段铸币税的痕迹,更没有点明其经济特性。因为,进入信用货币阶段后,原来在实物货币阶段决定货币价值的货币本位问题已发生根本的变化,铸币税在其原来的政治特性之上更凸显了其经济特性。比如,马克思曾说:"正如本来意义的纸币是从货币作为流通手段的职能中产生出来一样,信用货币的自然根源是货币作为支付手段的职能。"[①]因而,铸币税的经济特性也只能从货币作为支付手段的职能中才能得以体现。所以,关于铸币税的定义必须点明其与支付手段的职能相关的经济特性,这可以属于第二类定义。目前已经存在几种类似的定义,比如,学者曹家和认为:"所谓铸币税,是指政府由于其印制货币的垄断权而获得的收入。印制货币需要花费的成本极低,而印出的钞票本身具有购买力,政府可以用它来换取商品和服务。铸币税的征收可以通过一国货币需求的增加来实现。当一国实际货币需求增加时,通过货币增发来进入流通,给政府提供某些免费的资源,这种购买力的收益,就是铸币税的含义。"[②]再如学者马俊武认为,铸币税是指"由于中央银行代表国家发行货币,中央银行就通过发行货币得到了一笔无须偿还且无息的资金(即用法律强行的手段使一张纸变成了可以购买商品和服务的货币),通过对这些资金的运营和经营,从而获得收益。"[③]

由于在关于铸币税的第一类定义中存在"由于统治者凭借其至高无上的权力而要求的归政府所有的收入"这种表述,符合铸币税的政治特性指征,在第二类定义中有"通过货币增发来进入流通"、"用法律强行的手段使一张纸变成了可以购买商品和服务的货币"这类表述,符合铸币税的经济特性指征,但尚未结合现代货币制度和金融体系的特征进行展开,故本书将铸币税定义为:铸币税是指货币发行当局(政府或其指定的中央银行及商业银行)凭借其统治权从货币发行中获得的全部净收益,包括中央银行所获得并上交中央财政的利润(创造基础货币过程中展开的资产负债利息差减费用)、外汇占款、中央银行和商业银行在货币创造过程中通过购买国债向中央财政提供的资金以及政府财政部门直接发行通货(辅币)等所获得的收益。

1.5.1.2 铸币税的算法

铸币税的计算,应严格按照铸币税的定义口径来进行。本书的铸币税定义口径为"铸币税是指货币发行当局凭借其统治权从货币发行中获得的全部净收益",它表明,其计算的统计范围应为货币发行当局通过货币发行所获得的(无论是货币性或是非货币性)总收入减去成本后的净收入。这样,我们就可以运用两种既有的计算方法,一种是直接计算法,另一种是间接计算法。从理论上讲,在长期内,如果货币发行增速等于央行持有的资产的收益率,那么这两种方法计算的铸币税规模基本相等。[④]

1)直接计算法

布莱克曾提出一种铸币税的现金流量计算法(the cash-flow approach),它直接比较货

① 马克思. 资本论:第1卷[M]. 中共中央编译局译. 北京:人民出版社,1975:146.

② 曹家和. 论铸币税的征收[J]. 山西财经大学学报,2003(25):68.

③ 马俊武. 铸币税浅议[J]. 现代商业,2011(21):18.

④ 张明. 铸币税的定义、计算和分配. 中国社会科学研究院国际金融研究中心,工作论文[N]. 72,2005(6):4.

币存量增量的面值与印制这些纸币的成本(其中包括替换破损钞票的成本)。使用这种方法时,货币发行产生的利润在货币进入流通时即进行记录。这种计算方法的基本思路为:

假设均衡利率为 i,该国流通的货币总量为 M,令政府印制纸币的单位成本为 c,则政府征收的铸币税总额 S 为

$$S=(i-c)\times M \tag{1-20}$$

2)间接计算法

间接计算法是把货币视为发行者的一种负债,它衡量了——作为货币的发行结果——发行者持有的各种资产所带来的收入流(减去生产成本),也称负债法(the liability approach),其基本思路为:

货币性铸币税衡量了货币持有者为了获得基础货币存量增量 ΔB 而支付给货币当局的非货币性资产的市场价值,它应在新增货币进入流通并完成与非货币性资产的交换后才进行记录。货币性铸币税可以表示为

$$S=\Delta B/P \tag{1-21}$$

其中 P 是非货币性资产的价格水平,ΔB 是货币存量增量。①

3)铸币税的简要表达式

由以上关于铸币税的直接和间接两种计算法的比较中可知,尽管这两种方法的计算结果在长期内会保持一致,但从时效性和计算的简洁程度,以及与定义口径的直接关联度来说,直接计算法更易操作,且当假设公式(1-20)中的 c 非常小(比如,一个国家印制一张百元大钞的成本仅几分),并假设公式(1-21)中的非货币性资产的价格水平在市场长期均衡条件下保持不变并化作一个单位价格时,则可令 $P=1$,这样我们将公式(1-20)和公式(1-21)联立,则有:

$$\begin{aligned} S&=(i-c)\times M=\Delta B/P \\ S&\approx(i-0)\times M=\Delta B/1 \\ S&\approx iM\approx\Delta B \end{aligned} \tag{1-22}$$

公式(1-22)告诉我们,当不考虑信用货币的印制成本(比如,印制一张100美元新钞的成本仅为12.6美分,约占面值的0.1%)②,且假设非货币性资产的价格水平在市场长期均衡条件下保持不变时,铸币税基本等于新增货币总量的面值。公式(1-22)也可被称为铸币税的简要表达式。

1.5.2 国内铸币税

如我们再结合中国历代货币,以及世界一些国家的货币形态及其演化情况,我们已知,从古至今,货币主要经历了实物货币、代用货币和信用货币三种形态的发展,相应地,铸币税的由来及演变情况也可以结合这三种形态的发展来展开分析。

1.5.2.1 实物货币阶段的初期不存在铸币税

在人类历史上,有许多商品做过货币。比如,在古代欧洲的雅利安民族,在古波斯、

① 张明. 铸币税的定义、计算和分配. 中国社会科学研究院国际金融研究中心,工作论文[N]. 72,2005(6):4.

② 蒙特·莫林. 科学家试验洗钱. 美国洛杉矶时报1月8日[N]//参考消息,2014-1-11(7).

印度、意大利等地，都有用牛、羊作为货币的记载。在中国，粟、帛、皮、贝都曾在一定时间和范围内做过货币。但我们由此也可以看到，由于这些充当货币的实物都是"自然物"，基本上不存在人工"铸造"的痕迹（帛等除外），故可以想象在人类使用完全来自自然的实物货币阶段，应该完全不存在铸币税，因为人们无法，可能也没有想到会从货币本身来获利。

后期人类的实物货币又由牛羊粟帛皮贝等自然物品，逐渐过渡并发展到金、银、铜、铁、铅、锡等金属块或金属铸币。而自然物品与金银铜等人造金属物品相比，显然贵金属及其铸币最为适宜。所以，在近代的货币史中，各国往往把贵金属定为法定货币。大致而论，有以铜、金、银作为本位币的，但其中又以金和银最为典型。这就是实物货币形态的金属货币时期。在金属货币时期的早期，货币名称同它本身成色一定的金属重量是保持一致的。正如马克思所说："金、银、铜在变成货币以前，在它们的金属重量中就有这种标准，再如，以磅为计量单位，磅一方面分成盎司等等，另一方面又合成英吨等等。因此，在一切金属的流通中，原有的重量标准的名称，也是最初的货币标准或价格标准的名称。"①由此可见，在这种情况下，由于货币以等值的黄金、白银或铜铸造，其本身的价值与它所代表的价值是相等的，比如早期英国王室铸造的银币是以足值的白银铸造的，一英镑就是一磅白银，这时就没有额外收入的铸币税。同时，就世界各地来看，任何人只要是用足值的贵金属来铸造相应的货币，货币铸造权基本上是不受限制的，铸币者也得不到额外的差价收入，因此那时候的铸币税应该也为零。

特别值得一提的是，即使"在现代史的早期，硬币铸造有时作为一项公共服务，没有铸币收益税。例如，英格兰早在 1666 年就开始了这项改革，因而铸币厂的费用由税收来负担。再如，在 1793 年（刚好就在法国战争打乱不列颠的货币安排之前），公民形式上可以要求铸币局按每金衡制英镑的标准（22 克拉纯度）以黄金对 44 又 1/2 几尼的比率为其将金银条块铸成硬币——也就是说，3 英镑 17 先令 10 又 1/2 便士的价值正好就等于黄金的重量：铸币厂没有收取服务费用。"②

1.5.2.2 实物货币阶段的中后期出现铸币税

首先，我们应该看到，当黄金、白银或铜等金属块一旦需要铸成硬币才方便流通时，其本身就可能包含了铸币税可能出现的因子。如乔恩所说："用金银铸造硬币是要花费货币成本的，因而铸造当局就收取一个称之为'铸币收益税'的差额（通常包括了利润）。铸币发行者可以进行欺骗，通过降低铸币成色而获取额外利润。如果这种做法被发现（经常是这样），那么公众就对铸币'照原'（即按其金银含量）估价，而不'按面值'（法定价值）估价。即使成色不变，硬币的购买力也会发生变化，因为交易中铸币金属本身的价值会发生变化。货币体系可能受到硬币缺损及造假的威胁，而且即使统治者和公民都正直诚实，该体系还得克服铸币的正常磨损问题。"③

其次，除了铸币的正常磨损问题以外，金属重量的货币名称同它原来的重量名称逐渐

① 马克思．资本论：第 1 卷[M]．中共中央编译局，译．北京：人民出版社，1975：115.
② 约翰·F·乔恩．货币史：从公元 800 年起[M]．李广乾，译．北京：商务印书馆，2002：16.
③ 约翰·F·乔恩．货币史：从公元 800 年起[M]．李广乾，译．北京：商务印书馆，2002：13.

分离的问题出现了。马克思曾对此做过深入的阐述,他说:“由于各种原因,金属重量的货币名称同它原来的重量名称逐渐分离。其中在历史上有决定意义的是下列原因:(1)外国货币流入较不发达的民族,例如在古罗马,银币和金币最初是作为外国商品流通的。这些外国货币的名称与本地的重量名称是不同的。(2)随着财富的增长,不大贵重的金属逐渐为比较贵重的金属所排挤,失去价值尺度的职能。铜为银所排挤,银为金所排挤,尽管这个顺序是同诗人想象的年代顺序相抵触的(而且这种年代顺序也不是在历史上普遍适用的)。例如,镑原来是真正一磅重的银的货币名称。当金排挤作为价值尺度的银时,这个名称依照金和银的价值比例,可能用来称呼 1/15 磅的金等等。现在,作为货币名称的镑就和作为金的通常重量名称的磅分开了。(3)几百年来君主不断伪造货币,使铸币原来的重量实际上只剩下一个名称。”[①]最终,“这些历史过程使金属重量的货币名称同它的通常重量名称的分离成为民族的习惯。货币标准一方面纯粹是约定俗成的,另一方面必须是普遍通用的。因此,最后就由法律来规定了。一定重量的贵金属,如一盎司金,由官方分成若干等分,取得法定的教名,如镑、塔勒等等。这种等分成为真正的货币计量单位后,又分为新的等分,并具有法定的教名,如先令、便士等等。一定的金属重量仍旧是金属货币的标准。改变的只是分法和名称。”[②]

令人注意的是,当货币标准由原来的“约定俗成”和“普遍通用”变为“由法律来规定”时,就出现了铸币权问题,即铸币权由民间被收归到了统治者手里,从而使得铸币税有了实施的条件。这是因为“从概念上来讲,硬币就是一块贵重金属(通常是黄金或白银),其成色和重量得到姓名、肖像或标志刻于其上的统治者的担保。在英格兰或苏格兰,肖像上的统治者是国王或王后;在历史上构成现在的德国或意大利的众多国家里,肖像上的统治者是其中某个国家的公爵或伯爵;在意大利的城市国家里,肖像上的统治者是宗教权威,像主教或修道院的院长;在法国,国王自己及其封建领主都有铸币权。”[③]如果民众由于交易的需要将原来非足值的铸币(比如自然磨损、或成色不足)或贵金属块兑换统治者发行的铸币,则统治者就可以对购买铸币的人收取一定的费用。在这种情况下,这时的铸币税就是铸币者向购买铸币的人收取的费用扣除铸造成本后的净利润,带有纯经营性盈利的特点。如果说这种铸币税的取得还有其一定的合理性的话,那么,超出合理利润的铸币税就带有了掠夺的性质,成了一种暴利。这是因为,一旦铸币权归统治者之后,他们即刻发现利用货币的发行来敛财远比其他任何方式来得直接和快速。于是统治者为谋求造币的更多暴利,主要采用两种方式来达到目的:一是直接提高货币名义价值;二是减低货币标准成色。比如,就第一种方式而言,亚当·斯密举例说:“提高货币名义价值,是公债假借偿还之名,行破产之实最常用的伎俩。例如,六便士的银币或二十枚六便士的银币,要么以议会法令,要么以皇家公告,将其名义价值提高为一先令或一英镑,那么,一位按旧的名义价值借入二十先令或约四盎司银的人,以新的名义价值计算,只需二十枚六便士的银币或略少于二盎司的银便可偿还其债务。英国约一亿二千八百万英镑的国债,大约等于其

① 马克思. 资本论:第 1 卷[M]. 中共中央编译局,译. 北京:人民出版社,1975:117.

② 马克思. 资本论:第 1 卷[M]. 中共中央编译局,译. 北京:人民出版社,1975:118.

③ 约翰·F·乔恩. 货币史:从公元 800 年起[M]. 李广乾,译. 北京:商务印书馆,2002:14.

长期和短期公债合计的总额，如照此方法偿还，只需约为现币的六千四百万英镑就行了。”[①]而就第二种方式而言，降低铸币的成色或减少铸币的重量来获取铸币税，包括“有意削刻”的策略则用得更为经常。比如亚当·斯密说：“无论古今，所有的国家当别无他路时，往往会采取这一欺骗下策。在罗马和迦太基的第一次战争结束时，罗马人降低了阿斯（当时计算所有其他铸币值都以此为准）的价值，货币的含铜量从十二盎司，减至四盎司；也就是说，把两盎司铜的名义价值提高到以前十二盎司铜的名义价值。用这种方法，罗马共和国把在此之前所借的巨额债务，只需偿还其六分之一的实额就行了。……在罗马和迦太基的第二次战争期间，阿斯又经过了两次贬值，第一次是将含铜两盎司减至含铜一盎司，第二次是将含铜一盎司减至含铜半盎司，即减至原来价值的二十四分之一。”[②]

亚当·斯密还对此总结道：“这种增大价值或直接提高货币名义价值的做法，就其性质来说，总是公开的、明言的。用这种方法，使重量较轻的货币有了与从前重量较大的铸币一样的名称。而与之相反，降低货币标准成色的做法则大都是保守秘密的。用这种方法，造币局尽力设法使批准流通的铸币和以往流通的同一名义价值的铸币，使其重量、体积及外貌尽可能保持旧观，不易辨认，但其实际价值却相去甚远。当法国国王约翰为了要偿还其债务而降低铸币标准成色时，所有造币局的官吏都得发誓说要保守秘密。以上两种做法都是不正当的。”[③]但在这两种情况下，这时的铸币税实际上就演变成了货币面值大于其实际价值的差价收入。并且这种差价越大，铸币税就越多。当然，在实物货币阶段，这种带有暴利性质的铸币税不是无限制的，因为当货币的面值较大地偏离其实际价值时，货币的铸造数量增大到一定数量，必然会造成货币贬值，从而迫使铸币者不得不提高货币的实际价值。因为“如果这种做法被发现，那么公众就对铸币‘照原’（即按其金银含量）估价，而不‘按面值’（法定价值）估价。”[④]可见，这一阶段出现的铸币税是以降低货币的金属含量和成色而获得的额外净利润，或被直接提高货币名义价值的铸币和以往流通的重量、成色相同的铸币之间的价值差额。一般而言，这样做，远比铸造货币的净利润高，并且来得普遍。正如亚当·斯密所估计的那样：“我确信，所有国家铸币的价值都通过这种方法逐渐减到越来越低于其原来价值，同一名义金额所含的银都通过这种方法逐渐减到比原来的含银量越来越少。”[⑤]

1.5.2.3 代用货币阶段部分消灭铸币税

马克思曾说：“既然货币流通本身使铸币的实际含量同名义含量分离，使铸币的金属存在同它的职能存在分离，所以在货币流通中就隐藏着一种可能性：可以用其他材料做的记号或用象征来代替金属货币执行铸币的职能。”[⑥]“因此，相对地说没有价值的东西，例

① 亚当·斯密．国民财富的性质和原因的研究[M]．唐日松等，译．北京：华夏出版社．2006：662－663.

② 亚当·斯密．国民财富的性质和原因的研究[M]．唐日松等，译．北京：华夏出版社．2006：662－663.

③ 亚当·斯密．国民财富的性质和原因的研究[M]．唐日松等，译．北京：华夏出版社，2006：661.

④ 约翰·F·乔恩．货币史：从公元800年起[M]．李广乾，译．北京：商务印书馆，2002：9.

⑤ 亚当·斯密．国民财富的性质和原因的研究[M]．唐日松等，译．北京：华夏出版社，2006：663.

⑥ 马克思．资本论：第1卷[M]．中共中央编译局，译．北京：人民出版社，1975：145.

如纸票,就能代替金来执行铸币的职能。”①由此不难理解,代用货币即是根据此原理产生的。它作为实物货币的替代物,一般形态是纸制的凭证。而严格意义上的代用货币都有十足的金银等贵金属作为保证,可以自由地用纸币向发行机构兑换成实物货币,如金银等。这称为全额准备方式,即由十足的贵金属作为发行纸币的准备。而在可兑换的代用货币中,可兑换的银行券则是它的典型代表。相应地,如果只有部分金银等贵金属作保证,则是部分准备方式。

应该说,作为全额准备方式下的代用货币较实物货币有一些明显的优点:(1)印制纸币的成本较铸造金属币为低;(2)避免了金属货币在流通中的磨损和有意削刻;(3)克服了运送的成本和风险;(4)货币价值与足值的金银等贵金属直接对应。因此,如果货币发行当局严格遵守“全额准备”的原则,并且严格按照马克思所说的那样,“国家把印有 1 镑、5 镑等等货币名称的纸票从外部投入流通过程。只要这些纸票确实是代替同名的金额来流通,它们的运动就只反映货币流通本身的规律。纸币流通的特殊规律只能从纸币是金的代表这种关系中产生。这一规律简单说来就是:纸币的发行限于它象征地代表的金(或银)的实际流通的数量。”②那么在此情况下,货币发行当局也就无法从货币发行中获得铸币税。而当采用部分准备方式时,就部分类似于发行信用货币,于是铸币税就又出现了。而根据铸币税的简要表达式,我们可知,这时,它的最大铸币税就等于理论上全额准备的票面价值减去部分准备方式中金银等贵金属的价值及代用货币纸质凭证的印制成本。但总而言之,铸币税被部分消灭了,

1.5.2.4 信用货币阶段铸币税泛滥

信用货币是在信用关系下产生的能够发挥货币职能的信用凭证,它包括商业信用货币和银行信用货币,具体的形式就是商业票据和银行券。而典型的信用货币指的是银行券。它一般是指由银行提供的信用流通工具。其本身价值远远低于其货币价值,而且与代用货币不同,不再代表任何贵金属。③

随着货币史的演化,在信用货币阶段,逐渐实行了两级银行体制,即中央银行和商业银行。其中,中央银行代表政府普遍控制了货币发行权,开始发行完全没有金银准备且本身价值极低的纸币,从而使得纸币摆脱了货币金属自身价值的羁绊。但从本质上说,“这种法定货币,之所以是货币,并非是依据它具有特定贵金属的可兑现能力,而是政府说它是。”④表 1－6 中所列的材料,非常清晰地说明了 1867 年美国国民银行开始代行中央银行职能的最初状况,很具典型意义。材料表明,当时美国国内明显存在国民银行、州立及私人银行两大并列的阵营,而美国政府试图通过只赋予国民银行发行标准国家货币的特权,同时对各州立银行发行的银行券征收 10% 的税的做法,来事实上确立国民银行作为类似中央银行的地位。

① 马克思．资本论:第 1 卷[M].中共中央编译局,译.北京:人民出版社,1975:146.

② 马克思．资本论:第 1 卷[M].中共中央编译局,译.北京:人民出版社,1975:147.

③ 徐英富.货币银行学[M].北京:机械工业出版社,2007:8.

④ CAMPBELL R. McCONNELL,STANLEY L. BRUE. ECONOMICS:PRINCIPLES[M],PROBLEMS,AND POLICIES[M]. McGraw－Hill Publishing Gompany. New York:1990:285.

表 1-6 美国 1867 年 6 月末通货及商业银行存款的组成 单位:百万美元

	总额	财政部	银行	公众
通货(1~9 行)				
1. 金币(gold coin)	142	94	48	
2. 金元券(gold certificates)	19	0	19	
3. 州立银行券(state bank notes)	4	0	4	
4. 国民银行券(national bank notes)	292	12	280	
5. 美国流通券(U. S. notes)	372	53	319	
6. 白银辅币(subsidiary)	8	1	7	
7. 辅钞(fractional currency)	18	2	16	
8. 其他美国通货	124	0	124	
9. 总额(1~8 行)	979	162	817	
调整后的商业银行存款(10~12 行)				
10. 国民银行		33		411
11. 州立及私人银行		0		280
12. 总额(第 10 行+第 11 行)		33		691
13. 通货及存款总额(第 9 行+第 12 行)		195		1 261
14. 所有货币存量的名义价值				1 261
15. 超出公众持有的金币、金元券及黄金存款的市场价值的票面价值				26
16. 以绿钞计算的货币存量价值总额(第 14 行+第 15 行)				1 287

资料来源:米尔顿 · 弗里德曼,安娜 · J. 施瓦茨. 美国货币史[M]. 巴曙松、王劲松,等,译. 北京:北京大学出版社,2009:10.

弗里德曼对此过程及原因有很详细的描述,他说:"在公众持有的全部商业银行存款中,差不多有 60% 都是由内战创造的国民银行体系下国民银行的负债,剩下的负债属于在几个州的法律特许之下成立的银行或者私人银行。内战后,国民银行飞速发展。1863 年 2 月,国民银行第一次获准发行标准国家货币,并发行由政府债券保证的银行券为战争筹资。在 1864 年 6 月 3 日原来法案的弊端被消除之前,很少有新成立的国民银行,紧接着在 1865 年 2 月,国家规定各州立银行在 1866 年 7 月 1 日(后又改为 1866 年 8 月 1 日)后发行的银行券都要被征收 10% 的税,这实际上就剥夺了各州立银行在发行银行券上的特权。……很显然,财政部所持有的货币的存款—通货比率远低于公众,即前者是 20 美分对1 美元,而后者是 1.2 美元对 1 美元。造成这种结果的原因有两个:第一,财政部作为货币发行当局,其财政余额是自身'存货'的一部分,并且可以随时通过印刷更多的通货来增加货币,而无须向公众发行;第二,低储蓄率是独立财政体系的结果……"①

此段材料告诉我们:第一,当时美国经济社会中存在的货币形态是多样化并存的,比如,金币和白银辅币显然是实物货币,金元券则属于代用货币,而国民银行获准发行的标准国家货币,由于仅由政府债券作保证(政府债券到期爽约的事也有可能发生),并不由金

① 米尔顿 · 弗里德曼,安娜 · J · 施瓦茨. 美国货币史[M]. 巴曙松,王劲松,等,译. 北京:北京大学出版社,2009:12.

银币作保证,因而是严格意义上的信用货币。第二,从财政部所持有的货币的存款—通货比率这一指标远低于公众来看,即前者是0. 2: 1美元,而后者是1. 2: 1美元,美国财政部以较低的储备率(假定为20%)超发了信用货币,但这仍属于部分有节制地获取了铸币税,根据铸币税的简要表达式,如忽略很低的纸币印刷成本,则其获得的铸币税的比例约为80%。第三,当财政部"随时通过印刷更多的通货来增加货币"时,就变成了毫无节制地获取铸币税的行为。这是因为,在信用货币制度下,尤其是在货币形态多样化并存的情况下,如由法律规定,面值1美元的纸币与1美元银币有同等的购买力,并且可以在市场上与1美元银币直接进行互换,那么,财政部这时获得的铸币税就是1美元银币的价值减去印制1美元面值纸币的费用。根据铸币税的简要表达式可知,财政部通过发行纸币,得到的铸币税比例几乎接近100%。在此情景下因受"劣币驱逐良币"的规律驱动,最终还会导致金银币等贵金属货币被完全挤出流通领域。从而打破了马克思所说的:"纸币的发行限于它象征地代表的金(或银)的实际流通的数量,"①这一纸币流通的特殊规律。由此也启示世人,正因为发行信用货币的成本极低,因此,只有当信用货币发行量被严格控制时才能保证其具有一定的价值,如果过度地发行信用货币以获取铸币税则必将导致通货膨胀。这也是为什么现在世界各国一般都倾向于停止由国家直接发行纸币的做法,而让位于由相对独立的中央银行来发行银行券或信用货币。②

1.5.3 国际铸币税

我们已知铸币税来源于货币发行当局凭借其垄断权发行货币所获得的全部收益,如果某个货币发行当局发行的货币仅限于在某一国使用,那么其铸币税的来源就仅限于该国或该区域。反之,如果某个货币发行当局发行的货币使用范围超出本国,被非发行国持有并作为它们的交易和储备货币,就使本国货币具有了国际货币乃至世界货币的特质,那么就出现了国际铸币税问题。③

在这种情况下,与国内铸币税的简要表达式不同的是,国际铸币税 S_1 在减项中要加上对本国货币在国外流通时的额外管理费 c_1,以及向外国持有作为储备的本国货币支付的利息 i_1,其表达式为

$$S_1 \approx \Delta B_1 - i_1 - c_1 \tag{1-23}$$

其中,ΔB_1 为由被输出国外的本国货币总额交换获得的实物或金融资产总额。

比如,在被经济史学家称为"英国霸权"(Pax Britannica Hegemony)时期的1815—1914年,在这段近百年的历史中,英国的货币制度曾对世界近代货币史的发展产生过相当大的影响。整个英联邦中的国家,除了加拿大和印度,几乎都加入了英镑货币联盟,并采用英镑作为本国的货币。根据公式(1-23)我们可知,当英镑成为国际货币时,由于该货币被英联邦其他成员国所持有并作为交易和储备货币,那么英国所获得的铸币税就等于英国由此所得的资产(实物或金融资产)收入减去向英联邦其他成员国支付的利息,再减

---

① 马克思. 资本论:第1卷[M]. 中共中央编译局,译. 北京:人民出版社,1975:147.

② 徐英富. 货币银行学[M]. 北京:机械工业出版社,2007:8.

③ 唐光明. 铸币税及人民币铸币税问题研究[D]. 成都:西南财经大学,2005:14.

去英镑在国际通用时所花费的额外管理费用后的余额。① 再比如,第二次世界大战前世界范围内处于统治地位的储备货币包括美元、英镑和法郎,依附于这三种通货的铸币税主要来自三国各自势力范围的国家或地区。而在1944年建立布雷顿森林体系之后,以美元为中心的国际货币体系几乎包括了世界大多数国家或地区,并且美元成了最主要的储备资产。此格局直至1971年8月15日,尼克松总统宣布“新经济政策”后才发生重大改变。如果说,在该日之前,美元还是一种有一定含金量保证,但非全额准备的金汇兑本位制货币,故而美国所获取的国际铸币税还有一定的限制。但之后由于美元成了一种纯粹的信用货币,因而美国所获取的国际铸币税就会大大增加。

我们知道,“任何国家发行信用纸币都是借助货币发行权向纸币持有者筹集资金的过程,是对纸币持有者财富的一种无偿占有。”②此性质对国内是如此,对国外则性质更烈。比如,澳大利亚储备银行(Reserve Bank of Australia,1997)曾用现金流法计算了几个发达国家从1992—1996年征收的铸币税的规模(表1-7),在该表中,美国、德国和日本政府铸币税占GDP的比例明显高于其他几个国家,这是因为当时美元、马克和日元在国外流通的规模相当之大。在20世纪90年代中期,美联储估计有超过50%的美元在美国国外流通,而德国中央银行估计大约有30%~40%的马克在德国之外流通,而新西兰则是一个反例,在国外流通的新元极少。这反过来也说明,凡是在1992—1996年期间使用美元、马克和日元作为交易或储备货币的世界其他非本币国家,分别向美国、西德和日本缴纳了各该国家货币增发总额相应比例的铸币税,并推动了美国、西德和日本这三个国家经济的增长。而新西兰则从中获益甚微。

表1-7 铸币税的国际比较:1992—1996年

国　　家	铸币税(占该国GDP的百分比)	国家	铸币税(占该国GDP的百分比)
美国	0.50*	英国	0.17
德国	0.43*	新西兰	0.06
日本	0.46	澳大利亚	0.22

注:带“*”数字估计原文颠倒,本书作了调整。

资料来源:Reserve Bank of Australia(1997)。转引自:张明.铸币税的定义、计算和分配[J].中国社会科学研究院国际金融研究中心,工作论文[N].72,2005(6):5。

此外,美国克利夫兰(俄亥俄州)联邦储备银行的欧文(Owen Humpage,2002)也曾用现金流法计算了10个拉美国家政府在1990—2000年期间征收的铸币税规模,并且预测了如果实行美元化,这些国家未来将向美国缴纳的铸币税规模(表1-8)。从表1-8中可以看到,铸币税占GDP比重最高的几个国家是智利、巴西和乌拉圭,而这几个国家在20世纪90年代均恰巧经历了高通货膨胀。此外,在未来向美国缴纳的铸币税中,巴西和阿根廷缴纳的绝对规模最大,这又是和这两个经济体的经济规模相称的。③

① 王利民,左大培.关于预算赤字、铸币税和货币扩展通货膨胀税的关系[J].经济研究,1999(8):33.

② 苏国强.铸币税初探[J].金融领域,2006(5):31.

③ 张明.铸币税的定义、计算和分配[J].中国社会科学研究院国际金融研究中心,工作论文[N].72,2005(6):5.

表 1 – 8　10 个拉丁美洲国家的铸币税

国　家	铸币税(1992—2000)	2000 年基础货币	未来向美国缴纳的铸币税
	占 GDP 的百分比	等值美元(百万)	等值美元(百万)
阿根廷	1.0	15 100	19 800
玻利维亚	1.0	800	1 800
巴西	4.2	36 600	36 000
智利	5.6	27.50	400
哥伦比亚	1.4	5.20	5.60
厄瓜多尔	0.1	<0.10	<0.10
墨西哥	0.9	27.20	80.60
巴拉圭	1.7	0.90	0.50
乌拉圭	4.2	3 000	900
委内瑞拉	2.4	8.60	3.90

注:各国的货币数量和铸币税金额都根据 2000 年的年度汇率折算成美元。

资料来源:Humpage, Owen. "An incentive-Comtaible Suggestion for Seigniorage Sharing with Dollarizing Countries" [N]. Policy Discussion papers, No. 4, Federal Reserve Bank of Cleveland, June 2002. 转引自:张明. 铸币税的定义、计算和分配[J]. 中国社会科学研究院国际金融研究中心,工作论文[N]. 72,2005(6):5。

1.5.4　铸币税的消亡

我们如果按照货币史发展的三种自然形态,即实物货币、代用货币以及信用货币,相应地也可以把铸币税的形成和发展过程分成与之相对应的三个阶段来分析,如图 1 – 4 所示。

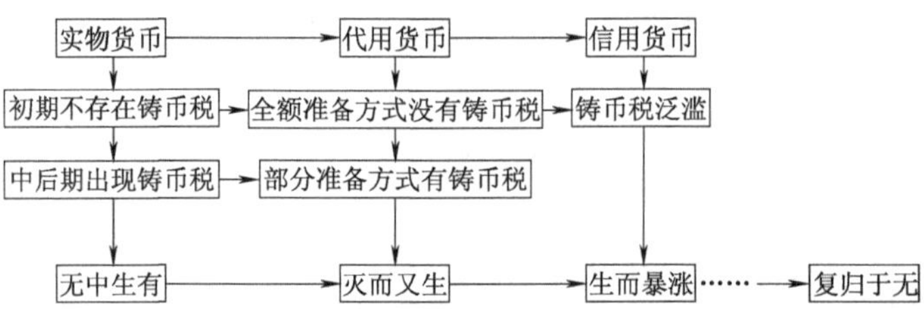

图 1 – 4　铸币税的形成与发展过程

由图 1 – 4 我们可以清楚地看到,在实物货币阶段的初期并没有铸币税,至中后期才出现,故而经历了一个无中生有的过程;在代用货币阶段初期采用的全额准备方式下曾一度消灭了铸币税,而在后期的部分准备方式下死灰复燃,故而经历了一个灭而又生的过程;及至信用货币阶段铸币税开始极度泛滥并波及全球,故而经历了一个生而暴涨的过程。至于铸币税的未来走向是否回复归于无,答案应该是肯定的。这是因为:

(1)结合上述信用纸币的发展历史来看,当初它就是国家为了弥补财政赤字而发行的、强制流通而不能兑现的货币符号。纸币的性质也决定了它的发行可能引起通货膨胀和货币流通的不稳定。马克思曾说:"如果今天一切流通渠道中的纸币已达到这些渠道所能吸收货币的饱和程度,明天纸币就会因商品流通发生变动而泛滥开来。"[①]马克思所警告世人的是信用纸币所造成的通货膨胀的结果,其实也隐含了对信用纸币"信用"缺损的担忧。正如德国学者西美尔所说:"现金交易离开了公众的信任是无法进行的,这种信任既可以是对政府的,也可以是对其他任何能够决定钱币价值与其票面价值关系的人。铭刻在马耳他钱币上的铭文——'non aes sed fides'('此乃信用,而非铜币也')——正说明了信任因素的重要性,离开了这种信任,即使是一个具有完全价值的钱币在大多数的场合也难以行使其功能。"[②]

(2)我们知道,铸币税来源于货币发行当局凭借其垄断权发行货币所获得的全部收益,并且当今铸币税已为各国广泛使用,其主要作用是兑换外汇、弥补财政赤字和弥补战时军费开支的不足,抑或也可以作为一种工具来调节宏观经济中内需的不足。[③] 但铸币税的由来及其被广泛使用恰恰证明,它是破坏信用货币之"信用"的最直接、最根本的原因。这是因为,在实物货币阶段,原始货币的流通,并没有铸币税;采用足值的金、银、铜币流通,最早也没有铸币税;而代用货币的出现,在一定程度上也是为了解决货币信用缺损而采取的办法;及至信用货币阶段的早期采用金银本位制的货币,也没有铸币税。而从各国历史来看,正是各国的统治者主要为了弥补财政赤字和弥补战时军费开支而硬将铸币税挤进了货币流通领域。这正如中国南宋政论家叶适(1150—1223)所警告的那样:"开阖、敛散、轻重之权不一出于上,而富人大贾分而有之,不知其几千百年也,而遽夺之,可乎?夺之可也,嫉其自利而欲为国利,可乎?"[④]即国家对民间破坏信用的随意剥夺对长远是不利的。

(3)我们有必要认清的是,这里所说的"铸币税"并不是一种真正的税种,而是理论上对货币发行收入的界定。但由于铸币权通常只有统治者拥有,因此它也可以被看做是一种特殊形式的税收收入,是政府的一个重要收入来源。但铸币税的获得与征收普通税却有着本质的区别。因为通常意义上的税收(普通税)是指国家为了实现其职能,凭借政治权力,按照法律规定,强制、无偿地对社会产品进行的一种分配。它是国家取得财政收入的主要形式。由此也可以看出,税收在社会再生产过程中属于分配范畴。因为税收只是把一部分社会产品强制地、无偿地转为国家所有,归国家支配使用,故而从征税的结果来看,既没有增加也没有减少当年的社会总产品或总价值,只是改变了原有的分配结构,形成一种新的分配结构。而这种税收的合理性主要基于:①因为国家的职能是满足公共需要,增进公共福利,为此需通过征税来获得实现其职能的费用;②国家和个人是各自独立平等的实体,国民因国家的活动获利,理应向国家纳税以作为报偿。个人给国家税款,国家给个人以保护;③个人生活必须依赖于国家的生存,为了维持国家生存而纳税,是每个公民的义务;④由于存在市场失灵,市场机制不能进行资源的有效配置和公平分配社会财

① 马克思. 资本论:第1卷[M]. 中共中央编译局,译. 北京:人民出版社,1975:147.

② 西美尔. 货币哲学[M]. 陈戎女、耿开君,文聘元,译. 北京:华夏出版社. 2007:111.

③ 曹家和. 铸币税的经济效应分析[J]. 海河大学学报(哲学社会科学版). 2003(3):11.

④ 《叶适集》,第三册,中华书局 1961:6579,转引自:钟祥财. 中国古代贫富差别思想述评[J]. 社会科学, 2010(01):137.

富,因而需要社会经济政策予以调节和矫正。而税收正是达到这一目的的重要手段,发挥税法的调节功能,对市场进行干预,为公众提供公共物品;⑤国家经济职能的目标是要达到国民经济的稳定增长,而要实现这个目标必须动用一定的经济手段。税收就是一个重要的经济手段,动用它对经济进行调控可以最有效地促进国民经济的稳定增长;⑥各国在国际经济交往中都涉及一个维护本国主权及经济利益的问题,而税收是维护本国主权及经济利益最重要、最有效的手段之一。[①] 也正是基于以上理由,因此可以说,国家征税的行为是一种可以获得国民普遍认同和接受的行为,并愿意为此承担相应的纳税义务。但同时,国民也普遍知晓并习惯税收具有强制性、无偿性和固定性的三个特征。其中,强制性是指国家依照法律对国民收入的强制课征,它不以纳税人的纳税意愿为征税要件,而以国家取得实现其职能所需财政收入为基本或主要目的;无偿性是指国家向纳税人进行无需偿还的征收,即国家向纳税人征收不以支付任何代价为前提,所征税款也不再直接返还给原纳税人;固定性是指国家征税前以法律形式预先规定标准,即国家在开征每种税之前,通过法律的形式把纳税人、征税对象和税率等税收要素用法律形式固定下来,由征纳双方共同遵守。[②] 但这一切仅指并仅限于普通税。

而铸币税不同于普通税的本质区别在于:①普通税是通过税务部门向负有纳税义务的纳税主体征收,而铸币税则是通过中央银行增发货币,向所有的既有货币持有人征税来实现,故而其征收范围和方式是不同的。②征收普通税的税基是当年已生产出的国民收入,其征收的结果是政府和民间在既有财富之上分配比例的此消彼长,但铸币税的征收却是在普通税基之外,通过超发货币,实际上是按照新发货币和既有货币量的比例,额外获得了一块收入。③由于超发货币并没有已经实现的实体财富相对应,因而它只能对应尚未实现的财富(比如通过以未来的普通税的税收作担保),或者干脆对应的是虚拟财富。④同普通税具有强制性、无偿性和固定性三个特征相比,铸币税虽也具"无偿性",但却具有未对国民尽到告知义务的"强制性"和"不固定性",因而往往是一种无法列出充足理由的强行参与国民财富重新分配的行为,同时,也正由于铸币税的征收不具有固定性,因而被征收的纳税主体对此"暗箱操作"往往无法及时做出反应。[③] ⑤不同于普通税的影响范围只限于一国或一地,征收铸币税的影响范围可以迅速扩大到凡是使用(或储备)该国货币的国家或地区。由此可见,铸币税的存在弊端极大。

(4)从世界范围内货币的发展史来看,铸币税的存在,并不具有存在的必然性。也就是说,一方面,铸币税最早并不存在;另一方面,即使铸币税后来广泛存在,也可能消亡。比如,当 1999 年 1 月 1 日,欧盟当时 15 个成员国中的 11 个成员国:德国、法国、意大利、荷兰、比利时、卢森堡、爱尔兰、西班牙、葡萄牙、奥地利和芬兰,达到了《欧洲联盟条约》在 1992 年确立的欧洲经济一体化并向欧元过渡的四项统一标准后,[XI]欧元区成立,欧元成为这 11 个国的单一货币。而一旦欧元正式启动后,凡属于欧元区的国家即自愿放弃了铸币权,同时也就放弃了铸币税,而将铸币权交予了 1998 年 6 月成立的欧洲中央银行。至

① 刘爱民,等.税收理论与实务[M].北京:清华大学出版社.2011:4.

② 王曙光,李兰,金瑛.税法学[M].北京:经济科学出版社,2008:11-13.

③ 曹家和.铸币税的经济效应分析[J].海河大学学报(哲学社会科学版),2003(3):11.

2014 年,又先后有希腊、斯洛文尼亚、塞浦路斯、马耳他、斯洛伐克、爱沙尼亚、拉脱维亚等 7 国加入,这样目前欧元区共有18 个成员国。同样,凡是后来加入的国家,都必须放弃本国的铸币权,同时放弃了铸币税,这样该区域内任何一个国家的政府的收入来源也只能仅限于合理的普通税。

(5)要消除铸币税最根本的原则是:铸币者不得从铸币本身获益！欧元区的经验表明,如果没有一个超国家权利的决策中心、发行单一货币的共同体中央银行——欧洲央行,欧元区的运行是无法保障的。[①] 同样值得注意的是,《欧洲中央银行体系与欧洲中央银行章程》则保证了各国政府和欧洲中央银行本身都无法从货币发行中获得铸币税。比如,第 7 条在"独立性"中规定:"在行使和执行本条约和本章程赋予的权力与任务时,欧洲中央银行、各国中央银行或其决策机构的任何成员,应既不寻求也不接受来自共同体机构,来自任何成员国政府或来自任何其他机构的指示。共同体机构与成员国政府承诺尊重这一原则,并不寻求影响欧洲中央银行或各国中央银行决策机构成员执行其任务。"由此可见,这一条规定彻底排除了各国政府获得铸币税的权利;同时,第 9 条"欧洲中央银行"第 3 款规定:"欧洲中央银行的决策机构为总裁理事会与执行委员会。"第 10 条"总裁理事会"第 1 款规定:"总裁理事会由欧洲中央银行的执行委员会成员与各国中央银行的行长组成。"第 11 条"执行委员会"第 1 款规定:"欧洲中央银行的执行委员会由总裁、副总裁与 4 名其他成员组成。执行委员会成员应在专职的基础上履行其职责。除非经总裁理事会特许,不得从事任何有酬或无酬的职业。"第 16 条"纸币"中规定:"总裁理事会拥有授权在共同体内发行纸币的专权。"由此可以看出,第 9、10、11、16 条的规定从货币发行决策权的安排上排除了欧洲中央银行本身获得铸币税的可能(正常业务经营所得除外)。[②] 从而达到了"铸币者不得从铸币本身获益"的境界。它对未来"一个世界、一种货币"理想的推行,建立一个类似的世界中央银行,以求在全球范围内彻底消灭铸币税无疑是一种非常有益的借鉴。

(6)2008 年本书作者曾在《财富本源与世界统一货币》第一版的前言中指出"现有的货币体制和金融体系,显然便于一些强国可以利用其本国货币的强势地位而获得货币溢出效益,从而引起世界范围内财富的不当转移。"[③]而通过上述分析我们可知,国际铸币税的存在正是获取"强势货币溢出效益"的根本源泉。对此,也有学者认为,"经济全球化欲求功德圆满,就要建立一种与国家主权脱钩的'无偿发行'、自由交易,并且具有法定地位的统一世界货币——世界元,方能彻底解决万国通货的混乱无序,消除弱币受强币欺凌的无奈。于是谁也不能座享'铸币税'特权,汇率及其套利投机将成为经济学的历史名词,打不完的货币战争至此将写下句号。"[④]

胡锦涛曾倡导说:"人类只有一个地球,各国共处一个世界。世界和平与发展需要各

---

① Monetary Policy and Inflation in Spain, Edited by José Luis do Molina, José viñals and Fernando Gutiérrez, 1988, Macmillan Press LTD, Houndmills Autonomy of the Central Bank. P7.

② 李卓. 欧洲货币一体化的理论与实践[M]. 武汉:武汉大学出版社,2005:317 – 321.

③ 曹钟勇. 财富本源与世界统一货币[M]. 北京:中国铁道出版社,2008:前言.

④ 费穗宇,庞忠甲,沈洋. 决战世界元[M]. 北京:华夏出版社,2009:4.

国人民同舟共济、共同推进。”①由于人类的生存和繁衍直接依赖于财富，所有活动围绕财富的创造和享用进行，而财富的直接表征是货币。因此，为了求得世界的和谐与安宁、人类的永续和昌盛，人类就需要对货币的统一作出某种妥协，或进行合作……人类既有的货币体系必须进行改革，创建一个新的货币体系——统一世界货币体系无疑是建设大同世界的必由之路。在全球达到对此普遍认识的前提下，如果，未来基于爱因斯坦能量本位所设想的世界统一货币——建立在每一单位货币含有定量的能量，即含一个能量单元 *EU* 的基础上；同时认识到人类所能使用的能量是有限的——人类所能使用的能量极限必须是地球能量的总量减去一个维持地球正常运行以及生态平衡的量；并遵循货币的单一增长规则最终决定于自然规律的原则——在初始通过一个可被世界各国或地区广泛约定的比例（SDR）完成世界各国（或地区）的货币与之兑换之后，由未来独立的世界中央银行发行的货币增长速度应遵循单一增长的规则，而这个货币增长率在短期内应与世界财富增量的增长速度保持一致，但在长期内则必须服从自然准则，即与地球每年能量收支的增量（1.6%）保持一致。那么，铸币税就在人类几千年货币史的发展过程中完整走完了“无中生有、灭而又生、生而暴涨、复归于无”的历史过程。②

1.6 关于比特币

1.6.1 比特币的概念

比特币（Bitcoin）诞生于 2009 年，最早是一种网络虚拟货币，它基于一套密码编码、通过复杂算法产生，并可以通过任意一台接入互联网的计算机实现在全球范围内的流通，任何人都可以挖掘、购买、出售或收取比特币。同时比特币的发行系建立在某种算法之上，而该算法虽能保证比特币的安全传输，确保它不会被伪造和复制，但并不赋予比特币价值。此外，根据该算法的规则，比特币存量——目前约为 1 200 万枚——将按照预先确定并逐渐降低的速度增长。一旦这种电子币达到 2 100 万枚，新的生成就会完全停止。然而，正因为其稀缺性，并逐渐实现的可兑现性、可交易性和互联网支付（特别是小额微支付）成本极低的特性，比特币已演变为一种具有实际价格的虚拟数字资产。③

当初，比特币的概念似乎是由一个名叫中本聪（Satoshi Nakamoto）的人（或组织）在 2009 年提出的。与大多数信用货币不同的是，比特币不依赖于特定的中央发行机构，而是使用遍布整个 P2P（个人对个人）网络节点的分布式数据库来记录货币的交易，并使用密码学的设计来确保货币流通各个环节的安全性。例如，比特币只能被它的真实拥有者使用，而且仅仅一次，支付完成之后原主人即失去对该份额比特币的所有权。同时，比特币还被设计为允许匿名的所有权与使用权，它既可以被以计算机文件的形式保存在个人电脑中，也可以储存在第三方托管的服务器中。但不管以何种形式保存，比特币都可以通过比特币地址发送给互联网上的任意一个人。而 P2P 的分布式特性与不存在中央管理机制

---

① 胡锦涛．携手推进世界和平与共同发展——二〇一三年新年贺词．2012 年 12 月 31 日于北京．

② 曹钟勇．财富本源与世界统一货币[M]．北京：中国铁道出版社，2010：506－509.

③ 比特币“高烧不退”投资者风险日增[N]．参考消息，2014－1－22(4).

的设计则确保了任何机构都不可能操控比特币的价值,或者制造通货膨胀。[①]

1.6.2 比特币的使用情况

比特币类似于互联网综合服务提供商(Internet Server Provider)所提供的虚拟货币(例如,Litecoin,Freicoin,Ripple,Amazon Coin,腾讯 Q 币等),最初网络用户可以使用比特币购买一些虚拟的物品,比如网络游戏当中的衣服、帽子、装备等。后来逐渐变成只要有商家接受,用户也可以使用比特币来购买现实生活中的物品。最后发展到比特币可被用来套现:即可兑换成一些国家的货币。至 2013 年底,全球约有上万商家表示接受比特币作为货币结算。由于比特币可以在全球各大洲的许多商家使用,因而俨然成了一种"世界统一货币"。

值得注意的是,2009 年诞生之初,比特币的身价极其低廉。但之后随着其影响力的提升,价格开始疯狂上涨。2010 年比特币首次公开交易时,可谓一文不值,价格仅为 0.03 美元。2013 年 1 月到 4 月,其价格从 13 美元飙升到 266 美元,随即又迅速跌回到 70 美元以下,此后在 100 美元左右震荡。7 月初比特币价格再度飙升,价格从 200 美元蹿升至440 多美元,比特币的交易数量也超过 4.5 万个。而比特币价格的剧烈波动尤以在中国的情况为烈。2013 年 11 月 18 日,1 比特币成交价达 3 490 元,上涨约 249%。11 月 19 日,比特币兑换人民币最高成交价曾达 8 000 元人民币,较年初时上涨了近 80 倍,但很快成交价就回落至 5 800 元附近,至 11 月 20 日再跌至 4 383 元,较前一交易日最高价跌 45%。而12 月比特币的价格又在中国展开反弹,推动这种虚拟货币的单价重返 6 300 元(约 1 000 美元)上方。[②] 据信息服务网站 bitcoincharts 统计,比特币中国的交易量一度占到世界各交易所总交易量的 40% 以上,因此影响较大。[③] 其中,2011 年 6 月就开始上线的比特币中国网站已成为全球交易量最大的比特币交易平台。2013 年 6 月在此平台上,比特币在中国的日最高交易量就接近 9 万比特币,最高日交易额已超过 2 亿元人民币。此外,在中国,已有包括百度在内的互联网公司接受比特币支付。[④]

2013 年 10 月,在加拿大温哥华的一家咖啡店开设了世界上第一台比特币自动提款机,在不到一个月的时间里,就进行了价值 100 万元加币以上的交易。这代表比特币已能和一国的真实货币直接进行兑换。随后,在 2014 年 1 月,在中国香港设立了第二台比特币提款机。同年 2 月,第一批比特币 ATM 机还出现在北美,消费者可以用现金兑换这种加密货币,或用比特币兑换现金。[⑤]

由以上过程来看,比特币已经顺利走通了这样一条路径:比特币成为虚拟货币→购买虚拟物品→购买现实物品→可兑换成真实货币。并且对比特币的使用面和交易量也越来越大。

---

① 黄丹蕾. 中国最大比特币交易平台获 500 万美元风投注资[N]. 经济参考报,2013-11-19.

② 英报:中国比特币单价重返 1 000 美元. 新华网,2014-1-7.

③ 倪林军. 中国央行叫停交易比特币暴跌至最高价的 1/3[N]. 参考消息,2013-12-30(4).

④ 黄丹蕾. 中国最大比特币交易平台获 500 万美元风投注资[N]. 经济参考报,2013-11-19.

⑤ 法新社:首批比特币 ATM 机落户北美. 参考消息网,2014-2-21(4).

但就在此时,比特币的进一步扩展与使用似乎遇到了来自各国政府层面或技术方面的严重障碍。一方面,就政府方面的阻力来讲,比如2013年12月5日,中国央行等五部委联合印发了《关于防范比特币风险的通知》,其中明确定义比特币"不是由货币当局发行,不具有法偿性与强制性等货币属性,并不是真正意义的货币。从性质上看,比特币应当是一种特定的虚拟商品,不具有与货币等同的法律地位,不能且不应作为货币在市场上流通使用。"[①]就在该通知一出的当日,比特币的中国交易价格应声下跌,从6 900多元下降至4 900元左右。随即,中国央行又要求各金融机构停止使用比特币进行结算。在此背景下,中国最大的搜索网站百度于12月6日停止接受比特币支付。而此前为宣传效果而接受比特币付款的上海市浦东新区的一处在建住宅楼也于12月中旬停止接受比特币购房。此后,作为世界最大的比特币交易所,总部位于上海的"比特币中国"也于12月18日叫停客户向账户新转入人民币的行为。[②] 不唯独中国这样做,2014年1月27日,俄罗斯央行也表示,比特币交易具有极高的投机性,贬值风险极大。俄罗斯政府还对使用比特币发出一系列警告,称其可能被用于洗钱和恐怖主义融资,因此宣布将其作为俄罗斯卢布的平行货币来使用是非法行为。[③]

另一方面,就技术方面的障碍而言,2014年2月10日,一次原因尚未披露的断崖式价格暴跌又将比特币市场的混乱推向了顶点。当日欧洲第二大比特币交易平台BTC-e出现了交易价格闪跌。数分钟之内,比特币交易价格由665美元跌至102美元,跌幅近85%,之后又快速回升至652美元。据说,这可能是由于一些交易所进行杠杆交易所导致的市场行为。[④] 2月11日,全球最大的两家比特币交易所遭黑客攻击,造成客户无法赎回资金。对此,斯洛文尼亚的比特币交易所Bitstamp说,只能暂停客户赎回。而保加利亚的比特币交易所BTC-e也说,为某些交易授信的工作被迫延迟。在此期间一些交易能够继续,但客户不能拿到他们的钱。据上述两家交易所在各自网站上发表的声明说,问题是由"拒绝服务"攻击造成的。在"拒绝服务"攻击中,黑客实际上通过向一个网站提交大量信息请求而令其瘫痪。而据跟踪比特币交易活动的网站bitcoincharts. com说,上述两家交易所占比特币总交易量的56%。然而,此次黑客攻击也凸显了诞生已五年的比特币的脆弱。[⑤] 2月26日,英国《金融时报》网站报道称,比特币这一新生虚拟货币,正面临问世以来最大的信心考验。这是由于历史最悠久、最有名的比特币交易所突然停业,令客户担心他们价值4亿美元的比特币遭受损失所致。而这个比特币交易所名为戈克斯山(Mt. Gox)公司,起初是一家纸牌游戏的交易所。2月25日,它突然删除其推特历史记录,随后将其网站与互联网切断,由此引发大量传言和谴责。随后几小时内,网上流传的一份文件指控该交易所丢失了74.4万比特币——相当于所有流通中的1 244万比特币的近6%,该文件提到这些

---

① 中国人民银行 工业和信息化部 中国银行业监督管理委员会 中国证券监督管理委员会 中国保险监督管理委员会. 关于防范比特币风险的通知. 2013-12-3.

② 倪林军. 中国央行叫停交易 比特币暴跌至最高价的1/3[N]. 参考消息,2013-2-30(4).

③ 路透社纽约2月10日电. 比特币价格曝跌至新低[N]. 参考消息,2014-2-12(4).

④ 是冬冬,成小红. 负面消息连袭 比特币价格闪跌85%[N]. 东方早报,2014-2-12.

⑤ 华尔街日报网站2月12日报道. 两大比特币交易所遭黑客攻击[N]. 参考消息. 2014-2-13(4).

比特币是被外来黑客"窃取"的。[①] 2 月 28 日,该公司承认因交易平台的比特币被盗一空而向日本东京地方法院申请破产保护。失窃的比特币包括用户交易账号中的约 75 万个以及公司自身账号持有的约 10 万个,总价值约 4.7 亿美元。[②] 随后在 3 月 10 日,该公司又在美国获得了临时破产保护,据此,它在美国面临的两起诉讼也因此暂停受理。而实际受损的主要还是那 75 万个账号持有比特币的人。

1.6.3 关于比特币的性质判断

2014 年 4 月 29 日中国央行发布了《中国金融稳定报告(2014)》,该报告中与比特币相关的表述明确无误地指出——从属性看,比特币不是真正意义上的货币,其中包括:比特币没有国家信用支撑,没有法偿性和强制性;缺乏中央调节机制,容易被过度炒作,导致价格剧烈波动;更多的是作为投机工具,而非实体经济中的支付工具等等。而事实上,如此界定比特币性质的并非中国人民银行一家。从 2013 年 12 月开始,全球各国央行均已经加紧了对比特币的"围猎"。至 2014 年 6 月,泰国已全面"封杀"比特币,而美国、德国、挪威等 6 个国家则表示要对比特币征收交易税。[③]

但仍然令人感兴趣的是,据美国《新闻周刊》的撰稿人莉亚·麦格拉斯·古德曼(Leah McGrath Goodman)称,他曾经过两个月的调查,在美国洛杉矶圣贝纳迪诺终于找到了比特币的发明人中本聪(Satoshi Nakamoto),但该当事人却坚决予以了否认。[④] 因此,比特币发明者的真实身份仍是这种虚拟货币迷们想解答的问题。但我们不可否认,中本聪应该是个极聪明的人(或机构)。其不仅发明了固定不变的自动生成比特币的预算法则——这是一种极非凡的技术才能,而且懂得货币的基本知识。但英国金融时报的一位作者让·皮埃尔·朗多则认为,中本聪遗漏了至关重要的一点,即良币必须能长期保值,还必须能够用来交换人们真正需要的商品和服务。兼具这两种功能需要微妙的平衡。如果货币发行控制太紧,就没有足够的资金流通来满足经济的支付需要,可能导致通货紧缩和衰退。而如果货币发行太多,结果就会出现通货膨胀,造成货币贬值。为了解决这个问题,许多国家成立了中央银行。但由于经济和金融活动的消长起伏,社会所需要的货币量会不停地发生变化,因此需要人为做出判断,确保货币供应充足但不过多。中本聪以为他能够通过制定一个固定不变的规则来解决这个难题。如果规则制定得好,这可能管用。因为美国经济学家米尔顿·弗里德曼就曾有一个简单的建议,他认为货币供应量应当恒速增加,但前提是与经济的增长速度保持一致。

然而,中本聪却选择了另外一个规则,比特币存量——目前约为 1 200 万枚——将按照预先确定并逐渐降低的速度增长。一旦这种电子币达到 2 100 万枚,新的生成就会完全停止。这是一个致命的错误。其原因有两点:其一,在今后的 125 年中,比特币供应量每年将平均增加 0.6% 。如果比特币经济增长快于这个速度,这种货币将变得稀缺,而用这

① 外媒称比特币遭遇空前危机[N]. 参考消息,2014-2-27(4).

② 新华社旧金山 3 月 10 日电. 比特币交易商 Mt. Gox 在美国获破产保护[N]. 劳动报,2014-3-12(14).

③ 尤歆飞. 比特币的下一步[N]. 文汇报,2014-06-08(6).

④ 乐学. 美媒称已找到比特币发明人中本聪. 腾讯科技网,2014-3-6.

种货币标示的商品价格将下降。其二,比特币供应量增长速度将慢于实物货币。如果其他条件一样,其兑换率将大幅升高。这可能是投资者将比特币价格推高到惊人地步的一个原因。结果是在比特币有机会成为支付手段之前就变得有价值。而现实世界的货币,比如英镑和美元,则正相反:由于被广泛用作兑换手段才变得有价值。然而,就目前情况来看,这种虚拟货币之所以吸引人有两个原因:一是匿名,利于逃税和洗钱。但这不会长久,因为各国当局已经知情。二是纯粹投机。由此来看,比特币很可能是当代“郁金香”。而其价格自出世以来的不断暴涨和跌宕起伏就充分说明了这一点。当前,尽管这种追逐比特币的狂热尚未结束,但是持续时间越长,则可能受损的投资者就越多。①

最后,关于比特币究竟是否属于货币的问题,可主要根据两点来判断:第一,根据“有效货币与实体财富的对应原理”,看这种货币是否与实体财富相对应,如果是,则可以被视为货币,如果不是,那就肯定不能被视为货币。第二点,看这种货币的本位是什么。因为我们已经知道,“单位货币本身应包含一定量经公意约定、普遍接受、相对恒定的具体价值量,或抽象价值量”这就是货币本位的本质!而由货币本位的本质,我们可以进一步得出结论说,任何一种物如要充当货币本位,就必须满足两个必要条件:第一,充当货币本位的物(无论是具体的,还是抽象的)须经公意约定并被普遍接受;第二,单位货币须包含一定的相对恒定的价值量。而正因为有了货币本位的内在规定性,才使得货币作为一般等价物具有与一切商品(或服务)进行交换的能力。如果没有货币本位的这种内在规定性,货币就成了一种虚无缥缈的东西。鉴于比特币既没有与之相对应的实体财富,同时也没有本位的内在规定,故而它不应被视为是一种货币,它只是一种“虚无缥缈的东西”。正如美国波士顿大学金融专家马克·威廉斯所说的那样:“比特币是一项应该留在实验室的试验,直到它能满足成为有益交易货币的基本标准。”②

1.6.4 比特币是一种代币表征的虚拟资产

由于比特币既没有与之相对应的实体财富,同时也没有本位的内在规定,故而它肯定不是一种货币。但由于它具有一定的价值,并且能在一定的范围内与商品(或服务)进行交换,所以它可以被视作是一种代币表征的虚拟资产。这有两层意思:一是指比特币是一种代币;二是指比特币又是一种虚拟资产。而比特币在现实中的各种表现与结果,也证明了这个判断是正确的。

1.6.4.1 比特币是一种代币

所谓代币,往往是指一种形似货币、限制使用范围、不具通货效力的资产。而资产一般又指任何具有商业或交换价值的东西。如果拿比特币与货币相比,根据本书对货币的定义:“货币是公意约定并被普遍接受的一般等价物”,那么就可以发现两者间存在明显的不同:第一,所谓“公意约定”是指某一单位的货币必须包含一定量人们共同约定标的的价值量,这种共同约定标的的指向是实体财富,但比特币指向的是某种货币,比如美元,日

① 让·皮埃尔·朗多.小心21世纪的郁金香——比特币狂热.英国金融时报网站1月16日文章,转引自:比特币“高烧不退”投资者风险日增[N].参考消息,2014-1-22(4).

② 路透社纽约2月10日电.比特币价格曝跌至新低[N].参考消息,2014-2-12(4).

元、韩元、人民币等，因而可以说它是由货币表征的一种代币；第二，“普遍接受”则是指这种标的本身具有普遍认可，可以度量、相对恒定（不仅是稳定）的价值内涵，而比特币则不具有普遍认可、相对恒定的价值内涵，比如它即使在一个国度或区域内，也并不被普遍认可，更不具备相对恒定的价值内涵；第三，比特币虽然能在一定的范围内与商品（或服务）进行交换，但不能与一切商品（或服务）进行交换。即使某些国家或地区可以承认比特币为法定支付方式，但法定支付方式本身并不一定意味着比特币就是货币。因为类似银行的借记卡、贷记卡，或其他有价票证，只要经过有关当局的核准都可以成为法定的支付方式。在此方面的一个例子是，2017 年 4 月 1 日，比特币合法化的新法规在日本生效，日本政府不仅正式承认比特币为法定支付方式，还为比特币交易所引进了新的消费者保护要求和审计要求。但日本政府并没有说比特币等同于日元。否则一个国家就出现了两种法定货币。因此你可以理解为比特币在日本的一定范围内是可以作为日元的代币使用的，但并不是日元本身。同样，印度、韩国等国也出台了对比特币的监管法案。而瑞士的金融市场监管部门则在 7 月 12 日宣布，允许瑞士安勤私人银行（Falcon Private Bank）提供基于区块链的比特币资产管理服务。也就是说，印度并没有视比特币为卢比，韩国也没有视比特币为韩元。而瑞士则把比特币视作一种基于“区块链技术的资产”。[①] 由此可以进一步说明，比特币并非货币本身，而是以货币支撑的具有代币性质的资产。但也正因为比特币的这种性质，决定了它的价格（以其他法定货币作为参照物）可以有很大幅度的涨落，并且这种性质在现实中又表现得淋漓尽致。比如，比特币自 2009 年问世至 2017 年 8 月 30 日，其价格已经翻了 8 倍。特别是在 2017 年一年的时间里，国际上比特币的价格就从年初的不到 1 000 美元急剧上涨到 12 月中旬的接近 20 000 美元，随后又大幅下降到 11 000 美元下方。而在中国国内，由于缘于该年的相关消息多发，故这一特点表现得更为突出。仅上半年比特币价格就上涨了 260%，进入 8 月后，更是一路飙升突破 3 万元。[②] 而截至 2018 年1 月 22 日 19 时，国际上比特币价格徘徊在 11 724 美元附近，这意味着在 2018 年以来短短 3 周内，比特币价格又从年内高点 17 090 美元持续滑落，跌幅超过 31%。其间比特币价格曾一度触及 9 280.3 美元年内低点。[③] 2018 年 8 月 22 日，美国证券交易委员会（SEC，the U.S. Securities and Exchange Commission）驳回了 ProShares、Direxion 与 GraniteShares 三家公司提出的 9 项比特币 ETF（Exchange Traded Funds，交易型开放式指数基金，是一种在交易所上市交易的、基金份额可变的一种开放式基金——作者注）申请，再次打击了数字货币衍生品的尝试。由于利空消息来袭，导致数字货币全线下跌。据当时 CoinMarketCap 的数据显示，比特币价格自年初以来已跌去 70%。而加密货币总市值则从 1 月初的 8 000 多亿美元跌到了 8 月下旬的 2 000 多亿美元，缩水了四分之三。[④] 但即使如此，

---

① 周智宇．日本力推比特币扫码支付 比特币涨破 4 400 美元 高盛预测未来或回调近 40%．21 世纪经济报道[N]．2017－8－16(6)．

② 方海平．比特币半年上涨两倍多 散户涌入风险放大 投资需求支撑 90% 的价格．21 世纪经济报道[N]．2017－8－30(5)．

③ 陈植．比特币价格大起大落下投资者生态圈：沽空者、退出者与留守者的博弈．21 世纪经济报道[N]．2018－1－23(4)．

④ 李曦子．数字货币 ETF 落地？还要再等等．国际金融报[N]．2018－8－27(1)．

我们从中还是可以看出,无论比特币的价格如何变化,它本身作为由一定量的货币(这里主要是指美元)来支撑的代币资产的性质一直没变。

1.6.4.2 比特币是虚拟资产

正因为比特币是一种代币性质的资产,所以它必然又是一种以货币来表征的虚拟资产。而所谓以货币表征的虚拟资产,是指这种虚拟资产在相当程度上具有金融资产的特性,并具有相当程度的资产泡沫性,因而也必然成为金融投机者的投机对象。我们已知比特币是最早发行、目前规模最大的基于区块链技术的加密数字货币。并且,实际上比特币还是这类货币的代名词,因为很多人谈到比特币时,指的其实是所有加密数字货币。但正如诺贝尔经济学奖得主约瑟夫·斯蒂格利茨等所指出的那样,加密数字货币存在两大风险:其一,投资风险大,还有可能引发金融风险,因其价格波动非常大,在大涨大跌间会使相当一部分投资者损失惨重,甚至成为影响金融稳定的因素;其二,有很大可能被用于非法目的,威胁金融和经济秩序,因加密数字货币具有去中心化的特点,这使其可以隐秘地进行点对点的交易,难以监管。此外,除了斯蒂格利茨所说的洗钱、逃税问题,在资本项目尚未完全开放的国家,比如中国,加密数字货币还可能被用于跨境转移资金。也正由于加密数字货币的这两大风险,尤其是后一类风险,致使一些国家开始对其交易进行严格监管。

早在2013年,中国央行等五部委发布的《关于防范比特币风险的通知》中,就明确了比特币为“网络虚拟商品”,而不是货币。同样在国际上,2017年以来已经暴涨300%多的比特币也越来越受到质疑。比如摩根大通CEO戴蒙称比特币及整个数字货币业是“一场骗局”,与17世纪的郁金香泡沫一样。他强调“比特币不是真实的东西,它被严重投机”。2017年1月和2月,中国央行还约谈了很多交易平台,督促他们规范自己的行为;9月4日中国央行等七部委又发布《关于防范代币发行融资风险的公告》。(以下简称《公告》)该《公告》进一步指出,代币发行融资中使用的代币或“虚拟货币”不由货币当局发行,不具有法偿性与强制性等货币属性,不具有与货币等同的法律地位,不能也不应作为货币在市场上流通使用。与此同时,《公告》还强调,违规发售、流通,向投资者筹集比特币、以太币等所谓“虚拟货币”,本质上是一种未经批准的非法公开融资行为,涉嫌非法发售代币票券、非法发行证券以及非法集资、金融诈骗、传销等违法犯罪活动。9月13日,中国互联网金融协会也发文提醒,比特币等所谓“虚拟货币”缺乏明确的价值基础,日益成为洗钱、贩毒、走私、非法集资等违法犯罪活动的工具,投资者应保持警惕,发现违法犯罪活动线索应立即报案。中国首家比特币交易所“比特币中国”9月14日也发布公告称,比特币中国数字资产交易平台即日起停止新用户注册,并将于9月30日停止所有交易业务。2018年1月,中国央行又发布《关于开展为非法虚拟货币交易提供支付服务自查整改工作的通知》,要求采取有效措施防止支付通道用于虚拟货币交易。总的来看,这些监管措施在相当程度上抑制了加密货币的交易,防范了风险。同样在国际上,2018年伊始,韩国金融监管机构就表示,将从1月30日起禁止在加密货币交易中使用匿名银行账户,以防止加密货币被用于洗钱和其他犯罪活动。瑞士银行集团董事长魏柏昂也对投资者发出警告:比特币很明显是一种投机性的投资,不能称作是一种货币;散户客户既缺少风险承受能力,而且对投资于比特币也没有什么相关知识,不建议进行投资。① 尤其值得注意的是,不少国家的金融管理当局甚至已开始担心比特币的资产泡沫可能会导致出现一定范围的金融危机。比如,在2018年1月23日召开的世界经济论坛第48届年会上,中国证监会副主席方星海就表示,每一个危机似乎总是与某种类型的资产泡沫相联系,如果有正在出现的资产泡沫,我们就必须要做一点事情来进行管制。对于近期大热的比特币,方星海认为,比特币的交易是一个需要加强管制的事情,因为现在交易非常频繁。2018年1月19日,美国证监会(SEC)和美国商品期货交易委员会(CFTC)也罕见地发布了关于虚拟货币强制措施的联合声明,称将继续打击数字货币领域的违法行为。声明提到,对任何以发行"数字工具"为名的欺诈行为,无论其形式是虚拟货币还是代币等,SEC和CFTC都将进行监管以检查、识别其本质,并会进一步对违反法律的行为采取强制措施和积极展开行动。无独有偶。据韩联社1月23日消息,当日上午韩国金融委员会等金融部门联合发布了虚拟货币交易所现场调查结果及防洗钱准则,并规定自2018年1月30日起,韩国将实施虚拟货币实名交易制,现有虚拟货币账户一律停用。对于外国投资者和未成年人,则即使通过实名认证也无法在韩国从事虚拟货币交易。此外,银行判断交易所存在投机洗钱的风险时,将有权拒绝与交易所进行金融交易。同时,欧盟、英国等多国政府也已开始研究打击利用比特币犯罪活动的方案。② 显然,人们对以比特币为代表的虚拟货币性质的认识正逐渐清晰并趋于一致,即它只是一种可以炒作的资产,对实体经济发展没有任何用处;比特币币值高度不稳定,且不能随着实体经济发展不断同比例增加供应。即使作为虚拟资产,由于它缺乏实际兑换价值,且自身价值不以"货币锚"为基准,它的价格震荡是没有边界的,盲目投资者可能血本无归。值得一提的是,中国同时又在严厉打击类似于比特币变种的ICO(首次代币发行),主要原因是该行业也已经迅速膨胀并演变成疯狂的赌博以及大规模的诈骗。因为借助比特币的暴涨神话,ICO也炒作短期翻十几倍或上百倍的创富故事,导致越来越多的人进入这个行业,从事非法集资和金融诈骗,而贪婪的散户投资者则梦想一夜暴富,从而又形成了一个急速膨胀的市场。③

注 释

Ⅰ 按美国克老斯出版社每年修订出版的《世界硬币标准目录》一书估计,近200年来,先后约有1 200个不同的国家或地区发行过硬币。至今世界上仍有230个国家和地区发行硬币。参见:朱勇坤:《钱币投资收藏手册》,上海科学技术出版社,2007:257。

Ⅱ 据《路史 · 疏仡纪 · 黄帝》的中记载:"上有丹矸者,下有黄银;上有慈石者,下有铜金;上有陵石,下有赤铜青金;上有代赭,下有鉴铁;上有葱,下有银沙。此山之见荣者也。至于艾而时之,则货币于是乎成,乃羿山林。破曾薮,楚莱沛,以制金刀,立五币,设九棘之利,而为轻重之法。""于是立货币以制国用"。参见:高俊元,《中国黄帝陵:祭文 · 大纪》,陕西旅游出版社,2001年3月版,第110~111页。

Ⅲ 在1637—1661年,当时的马萨诸塞地区宣布北美印第安人的"原始货币"贝壳串珠为法定货币,可用来偿还12便士以下的债务。说明贝币作为原始货币确曾广泛使用,并延续3 000余年。参见:[英] 约翰 · F · 乔恩著,李广乾译:《货币史:

① 欧阳觅剑. 进区块链发展的产业政策应谨慎. 21世纪经济报道[N]. 2018-1-25(6).

② 翟少辉. 警告四起 比特币或迎来大范围监管收紧 不到一个月币价下跌32%. 21世纪经济报道[N]. 2018-1-24(7).

③ 李坚. 比特币炒作反映了追求超高回报率的投机心理. 21世纪经济报道[N]. 2017-9-19(4).

从公元 800 年起》,商务印书馆,北京 2002 年 9 月版,第 352 页。

Ⅳ 澳大利亚在 1897 年采用了自己的货币,但仍维持与英镑的联系。其他英联邦国家则在 1969 年英镑贬值后分别退出了英镑货币联盟。参见:John Chown, Massimo Beber and Geoffrey E. Wood, How to rescue European monetary union, Iea Economic Affairs June 1998.

Ⅴ 在 20 世纪末和 21 世纪初,尽管人们几乎都认为美国经常账户的赤字最终必将终结,并且这种终结必将导致美元的贬值。但也有人认为这个过程将是一个缓慢的过程。甚至有人认为,由于一些主要中央银行(主要在亚洲)为维持与美元的固定汇率而大量购买美元,从而会促使世界货币体系进入布雷顿森林体系第二阶段。参见:Paul Krugman, Will there be a dollar crisis?, Economic Policy July 2007, Princeton University, Printed in Great Britain © CEPR, CES, MSH, 2007.

Ⅵ 如马克思曾指出:"信用货币是直接从货币作为支付手段的职能中产生的。""纸币流通的特殊规律只能从纸币是金的代表这种关系中产生。这一规律简单说来就是:纸币的发行限于它象征地代表的金(或银)的实际流通的数量。"参见:《资本论》,第 1 卷,人民出版社,中共中央编译局译,第 160 页,147 页。

Ⅶ 如从更深层面分析,这里应该还隐含着一种罗伯特·苏格登(Robert Sugden)所称的人际关系的价值源泉(Interpersonal relations can be sources of value),参见:Benedetto Gui and robert Sugden, Economics and Social Interaction: Accounting for Interpersonal Relations. Cambridge University Press, Cambridge. 2005. xvi t 299 pp. d45.

Ⅷ 1902 年当奥匈帝国正式加入金本位并允许银行券和黄金之间无限制的兑换时,其银行的黄金储备和外汇储备已如此充足,银行信誉也如此之高,以致投入流通中的金克朗硬币又大部分流回了银行。比如,从 1901 年 8 月到 1907 年 12 月大致有 1 616.4 百万金克朗硬币被投入流通领域,而到 1907 年 12 月 31 日,计有 85.5%,即 1 387.7 百万金克朗流回了银行。这是因为出于纸币价值的稳定性以及输送的便利性,促使公民宁愿使用纸币。参见:Giuseppe Tullio & Jürgen Wolters, Monetary Policy in Austria-Hungary, 1876-1913: An Econometric Analysis of the Determinants of the Central Bank's Discount Rate and the Liquidity Ratio, Open Econ Rev (2007) 18:521 – 537.

Ⅸ 欧文曾主张用自然的价值尺度来代替人为的价值尺度,也就是主张取消货币,而直接用劳动时间作为价值尺度,并于 1832 年 10 月在伦敦建立和试行了劳动公平交换市场和劳动券方案。他认为:"现在,货币成了一种最流行的欺诈工具。富人们用外行人所不了解的手法,利用货币从那些用繁重的劳动创造出最宝贵财富的人手里夺取这种财富,所以货币也使社会上即使不是最有害的成员,也是最无用的成员得以积累和享用财富。"参见:欧文:《新道德世界书》,《欧文选集》下卷,商务印书馆,1965 年版,第 30 页。

Ⅹ 欧内斯特·索尔畏(1838—1822)是比利时的温和改革派人物(1863 年其发明了生产苏打灰的化学方法并因此成立了卡特尔而带来了滚滚财源)曾提出用社会会计体系来代替货币。他组织了一些著名的讨论会,参加者有当时最优秀的科学家:艾伯特·爱因斯坦、马克斯·普朗克、德布罗意、詹姆斯·金斯爵士、卢瑟福、居里夫人等。转引自:[英]伊凡·亚历山大著,杨新鹏等译:《真正的资本主义》,新华出版社,2000 年 1 月版,第 84 页。

Ⅺ 《马斯特赫里特条约》(Maastricht Treaty)规定成员国在进入货币联盟最后阶段时应满足四项趋同要求:(1)实现物价的高度稳定。以共同体中三个价格最为稳定的成员在过去一年中通货膨胀率的平均数为依据,通货膨胀率不得超出这一平均数的 1.5 个百分点。(2)以上述三个国家的中长期利率的平均数为依据,中长期利率不能超过该平均数的 2 个百分点。(3)保持货币汇率的高度稳定。成员国货币的中心汇率至少 2 年未作调整,保持在欧洲货币体系所规定的波动幅度以内。(4)避免出现过度的财政赤字和累积债务。一般,成员国的预算赤字不应超过其国内生产总值的 3%,累积的公共债务不应超过其国内生产总值的 60%,除非此比例已实质性地和连续不断地下降,并达到了接近参照值的水平;或者在另一种情况下,对参照值的超越只是偶然的和暂时的,而且此比例仍接近于参照值。转引自:李卓:《欧洲货币一体化的理论与实践》,武汉大学出版社,2005:148.

第2章　中外历史上的货币短缺危机与成因

货币短缺危机与一般意义上的货币危机是两个不同的概念。[I]本书所研究并定义的货币短缺危机，是指一个主权国家在正常经济运行条件下因货币供应量（或流通量）少于合理需求量而导致的流动性紊乱所造成的社会机制整体运转不灵的现象。根据马克思的理论：任何一个国家"在每一段时期内执行流通手段职能的货币的总量，一方面取决于流通的商品世界的价格总额，另一方面取决于这个商品世界的互相对立的流通过程流动的快慢，这种流动决定着同一些货币能够实现价格总额的多大部分。但是，商品的价格总额又决定于每种商品的数量和价格。这三个因素，即价格的变动、流通的商品量、货币的流通速度，可能按不同的方向和不同的比例变动，因此，待实现的价格总额以及受价格总额制约的流通手段量，也可能有多种多样的组合。"①但无论如何组合，最终流通手段量，也就是货币总量受价格总额的制约是最根本的因素，换句话说，一旦在某一国度的某一时期，由于商品数量的增加，商品价格的上涨、战时军费开支的增加、本国流通货币的大量外流等原因，都会造成本国商品的价格总额大大超出所需流通的货币总量的现象出现，从而引起货币短缺危机。

我们已知，人类使用货币的历史，在西方，希腊最早从公元前12—前8世纪开始由原始公社制度向奴隶占有制度过渡时期就出现了货币的使用情况。② 而在东方的中国，时间可能更早一些，约为公元前20世纪以前。③ 在这近五千年时间里，我们从早期实物货币，经由近代代用货币，到当代的信用货币的发展形态来看，货币是由最早的实物形态，慢慢发展为用它的替代物代用货币，最后到现代的信用货币的。相应地货币本位的形态，则经历了原始物品X本位制、银本位制、金银复本位制、金本位制、不兑现的信用货币制度等五种类型。在这期间尽管世界各国曾反复出现过使用代用货币，甚至信用货币的情况。比如，中国汉武帝（公元前156—前87年在位）时期曾对内发行过白鹿皮币（时值四十万钱）；英国1696年发行过以土地为担保的钞票；法国于1789年发行过指券；美国1861年内战爆发后也曾发行过绿背纸币等。但如果我们把1971年8月15日——严格意义上信用纸币制度的全球化实施作为一个时间节点来看（因为时任美国总统尼克松宣布的"新经济政策"中规定：停止美元兑换黄金、美国规定的一盎司黄金等于35美元的官价失效、美国停止向各国政府或中央银行兑换黄金，它标志着有史以来金本

---

① 马克思．资本论：第1卷[M]．中共中央马克思恩格斯列宁斯大林著作编译局，译．北京：人民出版社，1975：140.

② 鲁友章，李宗正．经济学说史：上册[M]．北京：人民出版社，1979：7.

③ 曹钟勇．财富本源与世界统一货币[M]．北京：中国铁道出版社，2008：269.

位制的彻底崩溃），那么以金、银、铜币为代表的金属货币流通的时间几约占到4 500年，即人类使用金属货币的时间约占整个货币史的90%以上。因此从某种角度来说，一部人类的货币史主要就是金属货币史。正因为如此，这也是为什么本书所研究的货币短缺危机只研究到各国金属货币退出流通时为止，而不包括后来采用现代信用纸币史的主要依据。

在以使用金、银、铜币为代表的金属货币的时期里，货币短缺危机一般表现在两个方面：一是金属货币流通数量的减少或针对需求来讲供应量的不足；二是金属货币本身不断贬值，即含金量的日趋减少。如果我们从既有的资料来看，中国古代货币史上在第一个方面的现象比较突出，而古代西方一些国家则在第二个方面的情况比较普遍。其中，在中国历史上，货币短缺危机又被很形象地称为“钱荒”。所谓“钱荒”，就是指流通领域中的货币数量不能满足流通的需要而形成的一种货币短缺现象。有学者认为，“钱荒”的产生与商品经济的发展有关。中唐以后，随着自然经济向商品经济的转化，“钱荒”产生了。一直到明清时期，“钱荒”始终是困扰中国封建社会后期社会经济发展的一大顽疾。① 而在西方，比如，托马斯·萨金特（Thomas J. Sargent）和弗朗索瓦·费尔德（Francois R. Velde）合著的《小变化的大问题》（The Big Problem of Small Change）一书中也谈到了早在中世纪就发生的铸币短缺、区域性货币短缺等问题。② 但一般而言，“钱荒”现象又是针对实物货币阶段而言的，因为实物货币的供给或受铸币原材料短缺、新币铸造不及或数量不足、流通中输送不畅、原铸币转入贮藏过多、良币流出管辖境域过度等诸多因素的影响，若铸币当局或民间无法及时补充市场需要就会导致“钱荒”现象的出现。但进入信用货币阶段以后，情况就会发生本质上的变化。一方面，信用货币出现的本身就具有弥补实物货币不足的内涵因素；另一方面，从理论上讲，若不受制约，货币当局是可以超发信用货币的（这正是引发通货膨胀的最主要原因），因而在信用货币阶段，实际上并不存在真正意义上的“钱荒”问题。中外货币史也莫不证明了这一点。比如，美国2007年次贷危机之后连续的QE1、QE2、QE3，就迅速缓解了“钱荒”问题。而中国的例子更为典型。2013年6月，中国商业银行的信托、理财基金、离岸工具以及其他形式的不规范信贷已占新增信贷的50%以上。其中，规模达1.4万亿美元的信托产品又是影子银行体系中短期债务的组成部分。因借贷者难以使短期债务展期，从而使中国影子银行大范围失控。③ 致使在银行间市场持续上演了多日的“钱荒”现象，6月19日，银行间市场隔夜拆借利率上涨467个基点至10.3%，再度回到历史高位。④ 6月20日则达到13.44%，创历史新高。⑤ 同日上海银行间同业隔夜拆放利率竟猛增至29%⑥。而商业银行流动性的偏紧，又迫使它们不得不放慢新增信贷的投放，从而又给寻求短期融资的人带来了“钱荒”的效应。但即使如此，惠誉国际信用评级有限公司仍认为无论情况有多糟，中

① 陈雍，熊燕军．铜钱贬值与政府贮藏：北宋“钱荒”原因再探[J]．韩山师范学院学报，Vol. 31 No. 1，2010：40.

② 方臻旻．托马斯·萨金特学术著作简评[J]．经济学动态，2011(12)：109.

③ 张笑然．惠誉称中国信用泡沫“史无前例”并认为未来6个月将至关重要[N]．参考消息，2013-6-18(5).

④ 郁中华．拆借利率飙升银行“钱荒”愈演愈烈[N]．劳动报，2013-6-21(5).

⑤ 石建勋．“钱荒”：“荒”的是什么[N]．文汇报，2013-6-25(5).

⑥ 英国每日电讯报：新兴市场受到中国和美国双重紧缩政策的压迫[N]．参考消息，2013-6-22(4).

国政府都可以应对任何银行危机。Ⅱ 因为中国政府如认为有必要,是可以通过加大货币投放来解决的。果然,当中国央行在25日夜间发表的一份声明中称,它将向任何面临资金临时性短缺的商业银行提供流动性支持,并表示已经向一些银行提供了资金后,“钱荒”问题就立时缓解了。银行间的拆借利率也很快回到了4%~5%。[①]

2.1 中国历史上的货币短缺危机与成因

2.1.1 秦汉代的“钱荒”与成因

有学者认为,约5 000年以前,中国黄河和长江流域先后进入父系氏族公社时期。随着生产力的发展和手工业与农业的分离,出现了以直接交换为目的的商品生产,并逐渐分离出作为一般等价物的特殊商品——货币。[②] 我们从中国历代货币形态演化情况可知,中国在夏代,采用的货币形态主要是粟、帛、皮、海贝、骨贝、石贝、陶贝等的自然物或人工仿制品,材料来源是粮食、布匹、兽皮、自然贝材、兽骨、陶制品等;在商代则出现了龟、贝、珠、玉、铜贝等货币形态,材料来源是自然贝材、珠、玉、铜等;及至周及春秋战国时代,则采用了贝币、金、钱、刀、布等,材料来源是自然贝材、鎏金、铜等;而到秦汉时代的货币形态则已大多为金、银、铜、锡等纯粹的人工制品(比如秦半两、五铢钱等)。以上货币形态尽管都属于实物货币形态,但已从自然物走向人造物。

如我们进一步结合中国历代货币形态演化的材料来判断,尽管周朝与夏、商的货币形态都属于实物货币形态,但周朝的货币显然已完成从自然物走向人造物的过程,即出现了真正意义上的货币(钱币)概念。这个观点与日本学者关于“中国货币经济史的起源应始于周代以前”的观点有交合处:即中国长达791年的周朝(公元前1046—前256年)是中国历史上出现一般等价物的特殊商品——货币的关键时期。[③] 此后(跨春秋战国)延及到秦朝。中国学者石俊志总结认为,中国古代的货币可以分为两种:一种是法定货币,另一种是非法定货币。中国古代的法定货币又可以分成两类:一类是称量货币,另一类是非称量货币。法定的称量货币主要有黄金和白银,交易使用时需要称量,在某些特定的历史时期,粮、谷也是法定的称量货币。法定的称量货币依靠本身的价值和法律的保护承担货币职能;法定的非称量货币主要有铜钱和纸币,交易使用时不用称量,在某些特定的历史时期,布帛和龟贝也是法定的非称量货币。法定的非称量货币依靠朝廷的信用和法律的保护承担货币职能。非法定货币种类很多,使用时需要称量的主要有布帛和粮谷,使用时不需称量的主要有法律未规定流通的古钱,民间经营的纸币和票券等。[④] 但称量货币与非称量货币之间还是有一定比例的,比如《庄子》“百金”注曰:“金方寸重一斤,百金百斤也。”而《汉书·食货志》中则说:“黄金重一斤,值钱万。”[⑤]这就规定了黄金的称量以及黄

---

① 美国华尔街日报:中国央行出手缓解“钱荒”担忧[N]. 参考消息,2013-6-27(5).

② 贺培. 中国古代和近代金融变迁中的支付体系[J]. 东北财经大学学报, Number 1 (General Serial No. 61), January, 2009:66.

③ 柿沼阳平. 中国古代货币经济史研究的意义和分析视角(一)[J]. 中国钱币,No. 109, 2010(2):41.

④ 石俊志. 中国古代铜钱的信用货币性质[J]. 银行家,2012(12):134.

⑤ 顾炎武著,黄汝成集释. 日知录集释[M]. 栾保群,吕宗力,校点. 石家庄:华山文艺出版社,1990:494.

金与铜钱的关系。

秦王政二十六年(公元前221年),秦灭六国,建立了皇帝专制的全国统一政权。秦王朝(公元前221—前207年),将战国晚期秦国流通的半两钱推广到全国使用,形成了全国统一流通的钱币形态。《汉书·食货志》说:"秦并天下,币为二等。黄金以镒为名,上币。铜钱质如周钱,文曰半两,重如其文。而珠玉龟贝银锡之属,为器饰宝藏,不为币。"换句话说,当时秦朝规定可在市面上流通的货币只有两种,即称量货币黄金和非称量货币铜钱。不难理解,秦王朝将战国晚期秦国的货币法律推广到全国执行以后,就形成了秦、汉初期货币立法的基本框架。

但不久以后,秦灭汉兴(前202—公元220年),西汉王朝在秦朝货币立法的基础上,又进一步予以完善,形成了三项重要的货币立法原则:(1)朝廷垄断铜钱铸造权,严禁百姓铸造。(2)法律保护朝廷铸造铜钱的流通,各级官府及百姓,对朝廷铸造的轻重大小不同的铜钱,不得有所选择,必须同样接受。(3)禁止百姓销毁流通中的铜钱。这三项货币立法原则,对于当时的货币流通,起到了重要的稳定作用,对于后世的货币立法,也产生了深远的影响。法律还规定百姓不得铸造,也不得销毁铜钱。[①] 但关于秦汉时期是否出现过严重的"钱荒"现象,史料不多。主要原因可能是当时布帛和粮谷仍可在相当范围内充当一般等价物使用,即使是官俸也是以粮谷计的,从而减少了相应货币量的需要。比如,据清代顾炎武所著、黄汝成集释的《日知录集释》中记载:"古时制禄之数,皆用斗斛……汉承秦制……《续汉官百志》所载月奉之数,则大将军、三公奉月三百五十斛……"。[②] 但关于"钱荒"问题从侧面也有一些材料反映。比如,汉武帝时期曾对内发行白鹿皮币(时值四十万钱),对外则发行百金三品,以银锡铸造的龙、马、龟三种分别值三千、五百、三百。而之前,如按照沿用的秦法,银和锡是不能用作钱币材料的。只有遇到"钱荒"问题,方有此为。而之所以出现"钱荒"问题,可能是因为汉武帝时期为开疆拓土、击溃匈奴、东并朝鲜、南诛百越、西愈葱岭、征服大宛的多次用兵需钱所致。有史料为证的是汉武帝元鼎六年(公元前111年)平定了以吕嘉为首的南越叛乱之后,开始了对岭南的统治。汉武帝将秦时岭南三郡调整为九郡,其中郁林、苍梧、合浦郡及零陵郡部分县就在今广西境内。而广西一些汉代墓葬则出土有汉代的钱币,有秦半两、汉五铢、王莽时的货泉等,[③]但很少见到黄金货币。而1999年西安北郊谭家乡曾出土金饼219枚,说明当时黄金作为上币,仍在使用,[④]但似乎主要是用在赏赐方面,比如,"大将军票骑大出击胡,赏赐五十万金"(《二十五史·汉书,第三十九卷·列传九》401页)。"益封太尉勃万户,赐金五千斤。丞相陈平、灌将军婴邑各三千户,金二千斤。硃虚侯刘章、襄平侯通、东牟侯刘兴居邑各二千户,金千斤。封典客揭为阳信侯,赐金千斤。"(《史记·孝文本纪第十》)。《后汉·光武纪》言:"董卓死,坞中有金二三万斤,银八九万斤。昭烈得益州,赐诸葛亮、法正、关羽、张

① 石俊志. 中国古代铜钱的信用货币性质[J]. 银行家,2012(12):136.

② 顾炎武著,黄汝成集释. 日知录集释[M]. 栾保群,吕宗力,校点. 石家庄:华山文艺出版社,1990:485.

③ 吴小凤. 汉唐广西经济史述略[J]. 广西民族研究,2005(1):185.

④ 尹夏清. 汉代黄金货币初步研究[D]. 西北大学硕士学位论文. 2003年:摘要.

飞金各五百斤，银千斤。”①因此，从汉代货币制度中的价值尺度与流通手段来看，铜钱占主导地位，黄金不是汉代货币制度的主体。故而史学上有“两汉黄金退出货币之列”之说。②但汉代黄金的去处却有个说法。据《日知录集释》中记载：“宋太宗问学士杜镐曰：‘两汉赐予，多用黄金，而后代遂为难得之货，何也？’对曰：‘当时佛事未兴，故金价甚贱’。”③也就是说，汉代后期的黄金，可能主要用于了佛事。此外，从中国货币史来看，铁钱的出现晚于铜钱，而史界一般认为是在西汉初期。其后，两汉之交割据蜀地的公孙述和南朝的梁武帝都曾经开炉铸铁钱。④ 这说明，在边沿地区，由于黄金和铜钱的数量严重不足，当出现“钱荒”问题时，甚至出现了铁钱的代用。⑤

总之，中国自秦汉以来，一直就是一个大一统国家，市场广大，大额贸易、地区间贸易远较同时期的西欧发达，客观上需要币值大的贵金属作为货币，然而，自秦汉以来，一直大量使用铜钱等贱金属货币，这种低层次的货币只能够满足零星的、小额的交易，不能够支持大宗批发贸易及远程贸易。⑥ 这应该是秦汉时期及以前出现“钱荒”的主要原因。

2.1.2　唐代的“钱荒”与成因

由中国历代货币形态演化可知，隋文帝平陈之后，曾规定隋五铢为统一法定货币。唐(618—907)承隋后，建国之初，仍使用隋的五铢钱。但至唐高祖武德四年(621)则下令废五铢，铸开元通宝。此时钱字也由货币单位演变为重量单位。需要说明的是，中国的币制如果以质地来划，则唐代是铜钱的分水线，唐以上是铢两货币。

我国自两汉黄金退出货币之列后，货币制度中一直缺乏充当主币的贵金属，致使铜币盘踞本位货币宝座达1 000多年之久，使中国饱受“钱荒”和货币制度不稳定的困扰。正因为如此，自唐以来，“钱荒”的记载便不绝于史，流通中货币不足成为长期制约中国商品经济发展的瓶颈。为补钱币之不足，政府只得以谷、帛等其他商品充当流通媒介，实际上实行了钱币、谷帛的平行本位制，金银主要用于贮藏。而本质上并不适宜充当货币的谷帛长期与钱币并行，即使在社会安定、经济繁荣的唐朝鼎盛年代也是如此，其重要原因就是金属货币短缺。但由于钱重物轻，民间交易优先使用钱币，政府又不得不出面强制推广代用货币。仅在唐朝，开元二十年(732)和二十二年(734)、德宗贞元二十年(804)、宪宗元和六年(811)、文宗大和四年(830)和八年(834)曾先后多次下诏禁止只用(铜)钱币交易。⑦ 但如果在强制使用钱币，而铜钱又不足的情况下，铁钱代用的情况则可能泛滥。比如据中国学者冯金忠研究，唐代长期钱帛兼行，铁钱并不是铜钱、绢帛之外的独立货币形态。它以恶钱的面目出现，在商品经济大发展、货币短缺的背景下，成为铜钱的一个重要补充，在一定程度上缓解了钱荒的危机。因此，与前代铁钱相比较，唐代铁钱有与商品经

---

① 顾炎武著，黄汝成集释．日知录集释[M]．栾保群，吕宗力，校点．石家庄：华山文艺出版社，1990：492.

② 王花蕾．近代早期白银流入对中国经济的影响[J]．山西财经大学学报，Vol. 27，No. 5，2005(10)：8.

③ 顾炎武著，黄汝成集释．日知录集释[M]．栾保群，吕宗力，校点．石家庄：华山文艺出版社，1990：492.

④ 王海宝．北宋川蜀地区铁钱盛行的原因探究[J]．重庆交通大学学报(社科版)，Vol. 10，No. 3，2010(6)：84-86.

⑤ 冯金忠．唐代铁钱散论[J]．文物春秋，2006(1)：12.

⑥ 陈昆，杨小玲．论明代白银货币化的社会影响[J]．社会科学家，2012(9)：71-73.

⑦ 王花蕾．近代早期白银流入对中国经济的影响[J]．山西财经大学学报，Vol. 27，No. 5，2005(10)：8.

济互相促进的一面。高祖、武则天时期到“安史之乱”前，江淮地区是铁钱的渊薮，也是铁钱行用十分猖獗的地区。在流向上，往往由江淮，经两京，再周流到全国其他地区。“安史之乱”后，在钱荒和中央集权严重削弱的背景下，铁钱在魏博、淄青、河东、幽州等北方强藩大镇也发展起来，它们表现出与以民间私铸为特点的江淮铁钱不同的特点，是一种地方性货币。他甚至认为:“尽管唐代铁钱自始至终未摆脱私铸化、地方化的色彩，未完成向法币化的转变，但不能据此抹杀唐代铁钱的历史地位。唐代铁钱经过长达30年的酝酿、整合，成为通向五代十国、宋代铁钱定型、成熟期的不可逾越的阶段。再则从货币史的角度来看，武德四年(621)唐高祖废除汉以来通行90年的五铢钱，开元钱的铸造使货币名称与重量相分离，因此迈出了铜钱符号化的第一步，而铁钱作为不足值的恶钱则进一步推进了符号化的进程。在此意义上讲，铁钱的法币化或许与纸币的出现存在着一定的承继关系。”①

唐代大范围的“钱荒”始于唐代中叶宰相杨炎的“两税法”。由于禁止毁钱铸器，使铜器成为稀缺的奢侈品，铜器和铜材的价格暴涨，铸造铜钱的利益随之消失，无论官方还是民间，都不愿铸造铜钱，货币短缺成为常态，严重限制了商品经济的发展。②

我们如再结合中国广西一地在唐代货币使用的演变过程则能很形象地勾勒出在出现钱荒情况下的应对措施。比如，据中国学者吴小凤研究，“广西很早就使用货币，从现在已发掘的古墓葬中出土了不少的货币。至唐代，随着商品经济的发展，广西的货币使用就更广泛了。唐代建国之初，仍使用隋的五铢钱。到武德四年七月才铸开元通宝钱。武德四年七月，废五铢钱，行开元通宝钱。开元通宝钱最早设钱监于洛、并、幽、益等州铸造。(武德)五年五月，又于桂州置监。议者以新钱轻重大小最为折中，远近甚便之。武德五年之所以在桂州开钱监铸钱是为了适应广西商品经济发展而采取的措施。唐代初年，广西地区的商业活动中，是使用铜钱的，由于铜钱量不足，所以岭南杂用金、银、丹砂。元稹也指出:‘自岭以南，以金银为货币。’这是岭南一带用贵金属及特殊矿产品参加流通货币之始。岭南西道产金银，已如前说。由于岭南西道产金、银、丹砂矿，人民对金、银、丹砂的商品价值深有认识，在货币短缺的情况下，金、银、丹砂进入货币领域，是岭南人商业活动经验的结晶。……由于京畿及中原一带经常产生钱荒，所以采取禁止钱币流向边远地区的政策措施。在这种情况下，岭南地区的商业逐步繁盛，货币需求量增加，而中原钱币禁止出岭，货币量自然更加不足，金、银、丹砂等进入流通领域，成为货币的组成部分，就是必然的。这一方面表明广西流通领域，货币仍有实物货币的因素，另一方面广西用银金的实践，为后世白银货币化积累了经验。”③

特别值得一书的是，《唐书·食货志》说:“贞元时，商贾至京师，委钱诸道进奏院及诸军诸使富家，以轻装趋四方，合券乃取之，号飞钱。”其实“飞钱”就是汇票，它在相当程度上可以看做是信用货币的前身。而在中国采用汇兑结算可溯至806—821年间的唐宪宗时代。因为盛唐年间，钱币保管、放款已相当活跃。然而，在德宗建中元年(780) 实行“两

① 冯金忠．唐代铁钱散论[J]．文物春秋,2006(1):16-17.

② 石俊志．王安石废除钱禁——北宋后期钱荒的爆发及其影响[J]．金融博览,2012(10):34.

③ 吴小凤．汉唐广西经济史述略[J]．广西民族研究,2005(1):191.

税法”以后，钱币数量严重不足，各地纷纷禁钱出境。为解决流通中货币短缺问题，以“飞钱”为工具的异地汇兑业务应运而生。[①] 当然，我们虽然可以说，“飞钱”彰显出节省钱币流通费用、降低结算交易成本等优势。唐代后期也出现了“贴”（类似支票），及至宋代则出现了“便钱”、“交子”等均属早期的支付结算工具。但就其渊源来讲，恐怕还是“钱荒”为主要原因。即主要是“宪宗以钱少，复禁用铜器”（《新唐书（卷54）·食货志》）所致。并且，随后出现的便换、书帖等汇兑业务凭证，其性质也似如此。[②]

2.1.3　五代、宋代及元代的“钱荒”与成因

五代十国（907—979），简称五代，是唐末年至宋初的一段分裂割据时期。在73年的时间里，共出现了五个自命继承大统，但无力控制全局的朝代。在依次出现的五个中原王朝力所不及之处，则有十余个地方势力先后据地为王，故称之为“五代十国”。五代作为唐宋两朝的过渡期间，不难想象，始于中唐以后法定货币的短缺和流通货币的滥恶现象，由于连年战争和割据原因不会减缓，而只会继续加剧。五代不仅存在钱荒，而且十分严重。五代商品经济主要体现为商品匮乏，货重钱轻，这种状况决定了铜钱退出流通领域和流通区域的方式，从而使钱荒现象日益加剧。具体而言，就是铜钱的使用价值超过其标识价值，而这种矛盾又促使其不断地退出流通领域，从而造成铜钱的短缺，出现了钱荒现象。其退出流通领域的方式主要有毁铸和囤积两种。一方面通过毁铸改变货币的性质而退出流通领域。比如，后唐天成元年八月中书门下奏：“访闻近日诸道州府，所买卖铜器价贵，多是销镕见钱，以邀厚利”（《五代会要》卷275《泉货》）。既然“销钱为器，其利十倍”，那么铜钱改变其性质也势在必然；另一方面通过货币功能上的转变暂时退出流通领域。后唐同光二年二月宣制：“应诸州府不得令富室分外收贮见钱。”当然，我们也应当理解，囤积铜钱是乱世中不可避免的行为。这从割据者刘守光的行为可以得到充分的证明：“（刘守光）又以瑾泥作钱，令部内行使，尽敛铜钱于大安山巅，凿穴以藏之，藏毕即杀匠石以灭其口”（《旧五代史》卷315《唐书七·庄宗纪第五》）。[③] 尤其是五代北方“兵革扰攘不已”，形成了所谓的“刑煞之区”，“江北日空”；南方虽瓜裂，“而南反生殖”，出现了“生育之府”，“江南日实”（《读史漫录》卷10《五季》）现象。北方的货重钱轻刺激了南方商旅的往来，而物资匮乏也表明北方是南方商品的重要市场。南北方不同的商品经济状况，决定了南北贸易的基本特点，加剧了铜钱阑出现象，从而造成了五代的货币危机。[④] 值得一提的是，五代十国期间，割据者为解决管内货币不足的问题，不但不禁止铁、锡、铅钱的流通，反而由官方铸造发行，这种做法更加剧了当时币制的乱象。比如，楚王马殷曾铸行铅、锡、铁钱，其中铅钱十文当铜钱一文，锡钱则一百文当铜钱一文。割据闽的王审知父子也大量铸行铅、铁钱。南汉铸铜、铁、铅钱，其中铅钱十文当铜钱一文。尽管后来，五代采取了一系列旨在维护铜钱法定地位的政策，但仍未能解决这一问题，并对北宋货币危机产生了直

① 贺培．中国古代和近代金融变迁中的支付体系［J］．东北财经大学学报，Number 1，January，2009：67.

② 高春平．论中国古代信用票据飞钱、交子、会票、票号的发展演变［J］．经济问题，2007（1）：125.

③ 盛险峰．钱荒与五代商品经济［J］．中国经济史研究，2006（4）：136.

④ 盛险峰．钱荒与五代商品经济［J］．中国经济史研究，2006（4）：138.

接而深远的影响。[1]

宋朝(960—1279)建立后,北宋初期,“钱荒”局面仍未改变,政府只好沿袭唐朝的货币法制,其重点是维持铜钱的流通总量,严禁百姓挟钱出境,严禁百姓毁钱铸器。比如,宋太祖赵匡胤登基之后,敕令百姓不得挟钱出境,挟钱 10 贯以上出境者,处以死刑。80 年后,宋仁宗攻打西夏,大败于三川口,宋王朝又进一步严肃法令,挟钱 1 贯以上出境者,处以死刑。对于毁钱铸器的行为,宋王朝更采用了极端严厉的打击措施,即对违禁者处以死刑。比如,宋太宗曾颁布诏书,对毁钱铸器者处以斩首的刑罚。[2]

宋代统一中原各国之后,在江南、楚、闽等地曾逐渐推行以铜钱代替铁钱,以最终禁止铁钱在这些地区流通。[3] 比如,北宋平江南之后,先是令江南钱不得过江北。后用樊若水之言,“于升、鄂、饶等州产铜之地,大铸铜钱”(《宋史.食货志》下二《钱币篇》)。利用江南地区丰富的铜矿资源,铸造铜钱,回收铁钱,[4]然而即便如此,在川蜀地区,铁钱非但没有被废止,反而较后蜀有巨大的发展,且终北宋一朝盛行不衰。我们从后代民间流散和出土的资料看,宋代的四川铁钱数额极大,类型繁多,品种复杂。故而中国古泉学专家饶登秩称:“蜀中为铁钱汇萃之区,南北宋之钱无虑四五百种。”[5]值得一提的是,北宋思想家李觏(1009—1059),曾对制定保护法钱和禁铸私钱政策提出过建议。他主张“去恶钱”,“销铜器”。他认为“钱荒”形成的原因有三个方面:一是“窃观人间,或销法钱,毂杂他巧,以为恶钱”;二是铸造“铜像铜器容于寺观也”;三是“蛮夷之国,舟车所通,窃我泉货”(《李觏集·卷十六·富国策第八》)。同时李觏还认为“恶钱”的出现扰乱了市场,物价因此而大涨,再加上那些淄黄之家,毁铸铜币改铸为铜像铜器,致使真正法定的铜币又大为减少。[6]

北宋货币政策最早出现变革是在宋仁宗时期的西北地区,从某种意义上说也是因钱荒所致。当时北宋政府为了抵御西夏的入侵,在西北地区集结了大约 30 万军队。这样庞大的军队编制给政府财政带来了巨大的压力。为了解决军需问题,北宋政府开始在河东和陕西铸造大铜钱和铁钱。大铜钱始铸于仁宗康定元年(1040),以一当十,但实际重量只是小平钱的 3 倍。铁钱也有大小两种,大铁钱以一当十个小铜钱,小铁钱以一当一,但铁贱铜贵,政府于是可获 3 倍之利。由于大小铜钱和大小铁钱的价值远远低于实际币值,使作为等价物的小平钱失去等价意义,致使西北地区出现严重的货币混乱。由于铸钱有暴利可图,民间盗铸蜂起,一时劣币流行,大量优质的小平钱被挤出流通领域。庆历八年(1048),北宋政府对西北地区的货币政策进行了一次调整,大铜钱降为以一当三,大铁钱也降为以一当三,小铁钱以三当一。嘉枯四年(1059),又进行了一次调整,将大铜钱以一当二,大铁钱也以一当二,小铁钱禁止在陕西流通,只限于在河东流通。经过嘉枯四年的调整,西北地区的货币政策趋于稳定。大铁钱的价值在相当时期里维持了与小平

① 李槐. 中国古代货币体系的结构变化研究[J]. 云南教育学院学报,1997(3).
② 石俊志. 王安石废除钱禁——北宋后期钱荒的爆发及其影响[J]. 金融博览,2012(10):34.
③ 王海宝. 北宋川蜀地区铁钱盛行的原因探究[J]. 重庆交通大学学报(社科版),Vol. 10,No. 3,2010(6):84-86.
④ 王海宝. 北宋川蜀地区铁钱盛行的原因探究[J]. 重庆交通大学学报(社科版),Vol. 10,No. 3,2010(6):84-86.
⑤ 饶登秩. 论铁钱. 古泉学[J]. 中国古泉学会,1936(1):53.
⑥ 赵博. 浅析李觏的经济思想[J]. 牡丹江大学学报,Vol. 18, No. 4,2009(4):43-46.

钱一比一的兑换比率，使西北地区的商品经济得以持续发展，同时也解决了政府的军需问题。①

令人注意的是，至南宋，货币体系已变得由几种平行的货币组成，它们分别履行特定的货币职能。其中纸币具有不完全的法偿力，地方财政收入通常用银上供；坊市交易中出现了“短陌”现象，即按“短陌”计数使用铜钱。所谓“短陌”，是指以不足一百实数的钱当作一百钱使用的现象。陌、通佰、伯、百。短陌又称欠陌钱、短钱等，与之相对的则是足陌、长钱。省陌（又称省钱）亦是短陌的别称，唯特指五代后汉至两宋的以七十七钱为百的官定短陌比率。② 应该说“短陌”的出现，在一定程度人为放大了货币流通量，从而保障了商品货币的充分供给。比如在宋代的租赁契约中，也留下了类似的多种“短陌”标准。在某种角度看，各种“短陌”已相当于一个市场自发的造币系统。虽然铜钱保持着基准货币的主导地位，但作为计账货币用于计量商品价值的铜钱，又逐步与铜钱的实体分离。因而每当不用纸币或白银支付时，已不必如数付出足额的铜钱。③

总的来说，两宋时期的币制，货币形态已变得比较丰富。简而概之，主要为铜钱，但兼以铁、铅。铜钱中甚至有青铜质的镂空龙钱币。尤其是白银及银币在支付和购买上较前朝较为重要。同时纸币开始正式产生和推行，而纸币的前身则是飞钱。

从宋朝这种货币形态迅速变化的本身可以看出，货币已深深融入社会经济生活的方方面面，从而出现了社会经济货币化的现象。日本学者宫泽知之等认为，北宋出现经济货币化的根本原因，是专制主义中央集权取代了宋代以前的贵族分封体制。他们认为，货币就是中央集权的产物。货币流通与其说取决于民间交换的需求，不如说更多地取决于国家财政管理的先导推进。国家财政状况，特别是军需采购，主导着商业的发展。可以说，当时使用货币的最大动力来自王安石变法。他极力推进实物税向货币税转变。王安石为相期间，货币收入大约占到了全部财政收入的 40% 。但王安石的经济政策招致了普遍的非议。因为它不管农民愿意与否，都把他们推向市场参与交换。农户只有出售自己生产的一部分农产品，才能获得货币，履行用货币纳税的义务。于是，用于完纳赋税，成了货币的主要职能。货币从而成为确认国家政权和它的子民之间的关系的工具，而不是联系个人与市场的中介。王安石新政期间，官府铸钱量剧增。但铸行铜钱的目的，不是满足市场的需求，而是便于民众用铜钱缴纳赋税。诚然，新铸行的铜钱也有少量留在民间流通。在重金主义思想的影响下，王安石和他的后继者为官府积攒了大量铜钱。作为佐证的是，1126 年金人首次攻下宋朝都城开封时，宋朝府库中藏有9 800万贯铜钱。估计当时民间市场上流通的铜钱约 3 000 万贯，所藏铜钱超过了市场流通量的 3 倍。因此，铜钱用于纳税的法偿地位，为铜钱的价值提供了强有力的信誉保障，支撑着民众对铜钱价值的信心。而国家承认铜钱在最终结算时的法偿地位，也鼓励着民间交易中使用铜钱。因此，铜钱作为交换媒介的职能，并非源自其价值尺度职能，而是源自它在国家法偿手段中的核心地位。宋朝国力鼎盛的 11 世纪中，铜钱作为通用的基准货币，在市场上取得了决定性的支配地

① 李跃．从宋朝的货币政策看纸币的流通[J]．东方博物，第十七辑：75.

② 孙文泱．短陌性质初探[J]．首都师范大学学报（社会科学版），1996（3）：36.

③ 万志英．11—18 世纪中国的货币与货币政策[J]．王文成，译．思想战线，Vol. 38，2012（6）：75.

位。值得一提的是,12—13世纪,宋钱还在东亚乃至印度洋的世界贸易中扮演了国际货币的角色。但铜钱的广泛流通,最终把难题推给了财政政策的制定者。用铜料等贱金属铸造铜钱,不仅成本较高,而且矿料来源不稳定。这使国家为满足日益增长的货币需求而增炉鼓铸受到了严重制约。大量铸行铜钱必然以承受巨额的财政赤字为代价。具有讽刺意味的是,11世纪70年代和80年代铜钱铸行量达到顶峰之际,却同时出现了由于货币需求量仍旧超过快速增长的铜钱铸行量而导致的货币紧缺。为此,宋朝曾三令五申,并在边境设卡,严禁铜钱外流。由于无法把铜钱铸行量维持在一个必需的水平,故南宋转而发行纯粹的信用票据、纸币,以增强货币供给的弹性,便于用货币缴纳赋税。1160年宋廷新发行的纸币(会子),使货币体系与白银联系在了一起。白银成为维持会子价值的主要准备金。① 当然,也不难理解,宋代纸币制度的出现,虽说最直接原因是体大值低的铜钱、铁钱给交易带来的不便,但在一定程度上也是为了克服铸币不足的困难,以满足商品流通的客观需要。②

自宋仁宗天圣元年(1023)最早发行代表性纸币——交子(改由官办)后,交子的面额有所规定。起初交子的面额还是临时填写,有一定等级,自一贯至十贯;宝元二年(1039)改为十贯和五贯两种,并规定发行额中,八成是十贯的,两成是五贯的。到神宗熙宁元年(1068),又改为一贯和五百文两种,六成为一贯的,四成为五百文的。交子面额大的达十贯,小的也有五百文,没有数文、数十文面额的。③ 交子的发行,可以看成中国货币法制史上的一个重要的里程碑,因为中国货币法制的方向从此发生了逆转:从历代王朝限制盗铸,防止铜钱过多引发通货膨胀,到限制铜钱外流或损耗,防止铜钱过少引发经济萧条。④

元朝(1271—1368)由蒙古族建立,是中国历史上第一个由少数民族建立的大一统帝国,也是首个征服全中国的外来王朝。蒙古人过去游牧时期主要采用物物交换办法,后来采用白钱制主要受邻近中亚外国民族影响,也是对外贸易的产物。使中国从此采用了以白钱为价值的尺度(注:白钱是一类古代钱币,是在制造铜币的过程中掺入了锡和铅等金属,使得制得的铜币发白,故被称为白钱)。其实蒙古在建元之前,就曾开始铸造汉文货币,如"大朝通宝"铜钱和"大朝通宝"铁钱等。在取得对中国统治权后,主要以纸币为主,但也铸造了不少铜银辅币;据《食货志》、《王文统传》记载,元初有行用钞,其制无可考。世祖中统元年,始造交钞,以丝为本。是年十月,又造中统宝钞。分十、二十、三十、五十、一百、二百、五百、一贯、二贯;元朝到顺帝至正年间,下诏:以中统钞一贯,权铜钱一千,准至元钞二贯。铸至正通宝钱,与历代铜钱并用。至元二十四年,造至元钞。自二贯至五文,凡十一等。每一贯当中统钞五贯,二贯等于银一两,二十贯等于金一两。武宗至大二年,以物重钞轻,改造至大银钞。自二两至二厘,共十三等。每一两准至元钞五贯,白银一两,赤金一钱。金与银的比价为1∶10。有学者认为,由于元代使用纸币的程度很高,其主要币制中统钞、至元钞都是纯纸币,而这种纯纸币结构,使人基本上无法看出货币体系,因

① 万志英. 11—18世纪中国的货币与货币政策[J]. 王文成,译. 思想战线,Vol. 38,2012 :74-75.

② 王花蕾. 近代早期白银流入对中国经济的影响[J]. 山西财经大学学报,Vol. 27 No. 5,2005(10):8.

③ 李槐. 中国古代货币体系的结构变化研究[J]. 云南教育学院学报,1997(3).

④ 石俊志. 王安石废除钱禁——北宋后期钱荒的爆发及其影响[J]. 金融博览,2012(10):34.

而这样的货币结构，表明所有金属，不管价值高低，都从交换媒介行列中退出了。[①] 其实情况可能并非如此，因为元代受前朝宋金代的影响，也曾将白银作为支付手段，不仅用于俸饷、赏赐、接待、赋税和大宗交易。至元朝初期，元世祖忽必烈诏令发行"中统元宝交钞"和"中统元宝钞"时，实际上实行的是"银钞相权"，即曾经准许民众以银换钞或是以钞兑银。换句话说，持有"宝钞"的人可以随时向朝廷换领白银。这样，元朝初期，实际上曾一度将银作为纸币发行的准备金。但从元世祖末年开始，钞库准备金开始不断被挪作他用，这与元朝的不断对外扩展、大兴兵戈是有关的。及至到了元成宗时(1295—1307)，政府已无力兑现银(金)，也就面临了实物货币(银、金)的钱荒，于是纸币就成了事实上的"不兑现纸币"。这样来看，元代虽然自觉或不自觉地在名义上以白银作为价值尺度，但从元世祖至元二十四年(1287) 发行至元宝钞以后，就一直使用不兑现纸币(成了全世界第一个纸币本位制度)。这样，源自宋元的这种纸币制度终因其内在的通货膨胀倾向而在元末崩溃了。[②]

2.1.4 明代的"钱荒"与成因

明朝(1368—1644)建立后，在货币制度上似乎并没完全承袭元制，而是有意转承宋制，即多种货币(铜钱、纸币、银锭、金块) 并行，有通宝钱(铜币)，大明宝钞(纸币)，银锭和黄金，并曾试图保持子母相权的不同货币之间的比价。比如，在铜钱的互通方面，《明史 · 食货志》云："太祖初置宝源局于应天，铸大中通宝钱，与历代兼行，以四百文为一贯，四十文为一两，四文为一钱。及平陈友谅，命江西行省置货泉局，颁大中通宝钱大小五等钱式。即位，颁洪武通宝钱，其制凡五等，曰当十、当五、当三、当二、当一。当十钱重一两，余递降，至重一钱止。各行省皆设宝泉局，与宝源局并铸。"[③]这说明，明朝在刚建立时，除准许历代铜钱继续流通外，还曾由中央联合各行省大量铸造大中通宝钱，并试图用当十至当一等大小五等钱式与历代铜钱互通。但问题是，历来不同朝代的铜钱间的互通，在民间约定成俗的并不是按铜钱的标定面值，而是按实际重量进行互兑的。但即使如此，凡标定面值的铜钱在本身量纲上的换算是不会或较少有歧义的。比如，历来关于钱量单位"一贯"的含义，即使包括北宋仁宗朝期间，一贯还是指一千文铜钱。但到明朝时期，一贯只有四百文了，即缩水了60% 。由此可以推测，由"劣币驱逐良币" 的规律所致，流通中历代足量的良币势必会不断被明代的劣币所取代。从而一方面会导致出现铜钱的钱荒现象，另一方面则会迅速导致对明代铜币的失信。这就不难理解，至明中叶出现的私钱泛滥现象，它导致钱商按铜钱内在价值对其估价，而不再简单地以计数的方式计算铜钱的价值。这一趋势又会引发市场内部的骚动。因为不足值的铜钱，侵蚀了士兵、劳动者和其他通过铜钱获得报酬的人的实际收入。明廷最初的反应是坚持所有的铜钱都必须按标准足额流通。但随着私钱使用以惊人的速度扩展，明廷除坚持官铸制钱仍按面值流通外，也开始效

---

① 李槐．中国古代货币体系的结构变化研究[J]．云南教育学院学报，1997(3)．

② 王花蕾．近代早期白银流入对中国经济的影响[J]．山西财经大学学报，Vol. 27，No. 5，2005(10)：8.

③ 顾炎武著，黄汝成集释．日知录集释[M]．栾保群，吕宗力，校点．石家庄：华山文艺出版社，1990：511.

仿市场尝试制定兑换私钱的比价。[①] 这说明市场本身的货币运行规律战胜了朝廷制订的货币运行规则。另外,在金、银、铜钱和纸钞的互通方面,据《日知录集释》中记载:"《会典》'钞法卷'内云:洪武八年造大明宝钞,每钞一贯,折银一两,每钞四贯,易赤金一两。是金一两当银四两也,'征收卷'内云:洪武十八年令:凡折收税银,金每两准米十石,银每两准米二石,是金一两当银五两也。……永乐十一年令:金每两准米三十石。则当银七两五钱矣。又令:交址召商中盐,金一两给盐三十引。则当银十两矣。"[②]由此可见,自洪武八年(1375)至永乐十一年(1413)的短短38年间,金与银的比价就从1:4逐渐变到了1:10。显然,明代试图保持子母相权的不同货币之间的比价的做法是比较失败的。其根本原因可能正如清代黄汝成对明朝的货币体制所作的判断那样:"以铜为钱,尚多盗铸,易钱为钞,则诈伪愈增"。[③] 其结果必然导致不同货币之间的比价紊乱。

值得注意的是,明朝曾力图在货币体系中建立大明宝钞主导地位方面所做的努力。因为明政府最初在洪武八年(1375),开始发行"大明宝钞",钞面以钱文计,分一贯、五百文、四百文、三百文、一百文六等。洪武十年(1377)又复设行钞时罢废的宝泉局,铸小钱与钞兼行,并具体规定百文以下的交易支付专用铜钱。故而在一定意义上可以说,洪武十年所作的钱钞兼行规定是宋代以来最完善的钱钞结构。洪武二十二年(1389)又曾加印过五十文至十文的小钞。由此,从大明宝钞制的具体规定来看,当时纸币在由钱钞构成的货币体系中充任的是"本位币",而铜钱则担任"辅币"的角色。需要指出的是,从洪武八年实行钞法,停止铸钱以后,直至孝宗弘治中的约120年间,一直很少铸钱,而洪武二十二年加印的小钞,则是针对这种情况而采取的补救措施。由此可见,明朝当时可能有借鉴元朝,复归纯纸币的趋向。[④]

我们如果再放大些视野来看,自北宋至明中叶的约400年间,各代均曾陆续使用过纸币。不可否认,纸币以金属货币代用品的身份的确在一定程度上缓解了历代钱荒问题以及经济发展对货币的需求压力。但是,在信用制度不发达并缺少稳固的货币本位定针的情况下,纸币的发行很容易造成货币价值的波动。可以说,金、南宋、元的灭亡都曾伴随着纸币的最后崩溃,因而纸币的恶性膨胀也无疑是这些朝代垮台的主要促进因素。[⑤]

由于明政府发行钞币不以贵金属为本位,而且滥发无度,屡屡贬值,比如洪武八年(1375)发行的宝钞到洪武二十七年(1394)实际价值就跌落到面值的5%~16%,后世所发行的宝钞实际价值就更加低落。成化二十三年(1487),一贯宝钞竟然只能兑换一文铜钱。[⑥] 所以纸币信用丧失,终成废纸。这时就迫切需要某种贵金属出来担当本位币才能稳定明朝的货币体系。而银就是这样一种贵金属的可能选项。但在中国实行事实上的银本位似乎有一个非常曲折的过程:第一,因为早在"魏文帝时并罢钱,令民以谷帛相易。六朝

---

① 万志英. 11~18世纪中国的货币与货币政策[M]. 王文成,译. 思想战线,Vol. 38,No. 6,2012:74-75.

② 顾炎武著,黄汝成集释. 日知录集释[M]. 栾保群,吕宗力,校点. 石家庄:华山文艺出版社,1990:493.

③ 顾炎武著,黄汝成集释. 日知录集释[M]. 栾保群,吕宗力,校点. 石家庄:华山文艺出版社,1990:514.

④ 李槐. 中国古代货币体系的结构变化研究[J]. 云南教育学院学报,1997(3).

⑤ 王花蕾. 近代早期白银流入对中国经济的影响[J]. 山西财经大学学报,Vol. 27,No. 5,2005(10):8.

⑥ 郭立珍. 鸦片战争前中国同东南亚国家的贸易与中国社会经济的变迁[J]. 哈尔滨学院学报,Vol. 26,No. 7,Jul. 2005:79.

则钱、帛兼用而帛之用较多。此历代未用银之证也。”[①]及至“唐、宋以前,上下通行之货,一皆以钱而已,未尝用银。”[②]这可能与当时统治者对货币属性的观念有关,如《旧唐书》中说:“宪宗元和三年六月诏曰:天下有银之山,必有铜矿。铜者可资于鼓铸,银者无助于生人。”[③]到明代时“国初所收天下田赋,未尝用银,惟坑冶之课有银”。[④] 这说明在明朝以前,尽管银一直是若隐若现地在充当货币,但或由于受国内本身银产量的限制,或由于统治者对银作为贵金属性质的认识不足,都不曾将银作为本位币来广泛使用;第二,反观民间,在明初的一定范围内仍在使用白银进行交易,并且到明中叶,银锭和私铸铜钱已在很大程度上取代朝廷铸行的“制钱”,成为市场交换的主要媒介和支付手段。因而民间自由铸币制度,事实上在明代外国白银大量涌入之前已经形成。[⑤] 而明政府对此则时禁时弛,反复无常。[⑥] 第三,明朝纸币流通的基础一旦崩溃,便会迅速刺激硬通货(特别是银锭)的快速发展。而在民间拒绝接收纸币的情况下,明政府也不得不屈服于市场,改而以银计税。[⑦] 第四,美国学者万志英也认为,14 至 15 世纪之交明朝纸币彻底崩溃,只是进一步强化了白银用于价值贮藏和流通手段的职能。白银的增值也刺激了国内银冶业在 15 世纪上半叶达到顶峰,并且最终促使明廷放弃纸币,而改用白银作为计量财政收支的货币本位。[⑧]

嘉靖年间浙江巡按庞尚鹏,正是基于浙江沿海商人大量拥有进口白银的实际情况,首次奏请实行“一条鞭法”,即:租役贡都折合为银征收。直到万历年间,张居正当国,下制申饬全国通行“一条鞭法”,这种赋役折银的做法,才被最终确立下来。至隆庆元年(1567)明穆宗朱载垕颁令:凡买卖货物,值银一钱以上者,银钱兼使;一钱以下只许用钱。而隆庆元年这条“银钱兼使”的法令,其重要性在于,它是明朝首次以法权形式肯定了白银为合法货币,并且是用法权形式把白银作为本位币的货币形态固定下来。当然,如果明朝要建立一个银本位的货币体系时,必然会遇到一个绕不开的问题,即:随着白银渗透到整个社会,社会各阶层对白银的需求量就会日益增长,因而如何解决这一严重的供求矛盾便成为当务之急。

对于明政府而言,白银的来源主要是两个方面:一是国内自有的白银矿藏资源。但国内的银产量历来不高,因为从金属银的地理分布来看,中国并没有自己的银脉,虽说政府也在各地设有银局、银坑,但白银产量远远不足以支撑明王朝如此庞大的经济规模。根据《明史·食货五·坑冶》记载:“嘉靖二十五年(1546)七月命采矿,自十月至三十六年,委员四十余,防兵千一百八十人,约费三万余金,得矿银二万八千五百,得不偿失。”自万历二十五年至三十三年,各地所征收的银矿税银将近三百万两,平均每年才二十多万两,而这其中还有一定数量的白银被宦官们中饱私囊。显而易见,当时中国自己开采出来的白银

① 顾炎武著,黄汝成集释. 日知录集释[M]. 栾保群,吕宗力,校点. 石家庄:华山文艺出版社,1990:497.
② 顾炎武著,黄汝成集释. 日知录集释[M]. 栾保群,吕宗力,校点. 石家庄:华山文艺出版社,1990:496.
③ 顾炎武著,黄汝成集释. 日知录集释[M]. 栾保群,吕宗力,校点. 石家庄:华山文艺出版社,1990:496.
④ 顾炎武著,黄汝成集释. 日知录集释[M]. 栾保群,吕宗力,校点. 石家庄:华山文艺出版社,1990:498.
⑤ 万志英. 11—18 世纪中国的货币与货币政策[J]. 王文成,译. 思想战线,Vol. 38,2012 :74-78.
⑥ 陈昆,杨小玲. 论明代白银货币化的社会影响[J]. 社会科学家,September,2012:71-73.
⑦ 万志英. 11—18 世纪中国的货币与货币政策[J]. 王文成,译. 思想战线,Vol. 38,2012:75-78.
⑧ 万志英. 11—18 世纪中国的货币与货币政策[J]. 王文成,译. 思想战线,Vol. 38,2012:75-78.

数量远远不足以满足政府和民间的白银需求。① 另一个自然是通过海外贸易交换而得的外来银资。在国内白银开采和供应远远不能满足需求的情况下，明朝将寻求白银的视野投向海外就是一个必然的选择。这促使私人海外贸易蓬勃兴起。明朝的海洋政策也从防止货币流失转向白银货币引进。特别是嘉靖之后，明政府开放海上贸易，凭借外贸出超优势，巨额海外白银滚滚流入中国，满足了明中后期不断扩大的白银货币需求。当白银的海外来源成为当时中国社会白银来源的重要支撑时，中国市场得到了极大的扩展，中国经济从而也日益融入了美洲白银主导的世界资本市场。② 也恰在此时，西方世界原本也是源于钱荒问题而大量采集的贵金属(主要是银)则借机涌入了中国。

如果我们再回顾一下同时期的世界历史，就能更加清楚地看到当时中国大量海外白银的来源。由于贸易经济的发展，欧洲在中世纪后期(10 世纪后) 就广泛使用金银作为交易货币，到了 15 世纪，欧洲因货币供给不足而陷入“银荒”的困境。于是，欧洲人就开始了在全世界寻找金银的历程。1492 年(弘治五年) 哥伦布到了美洲，1498 年(弘治十一年) 达·伽马开辟了绕道好望角抵达印度的新航线，1519—1522 年(正德十四年到嘉靖元年)，麦哲伦完成了第一次环球航行，为西方世界的航海家打开了通往美洲的大门。1545 年(嘉靖二十四年) 和 1548 年(嘉靖二十七年)西班牙殖民者相继在波托西(今属玻利维亚)和墨西哥的萨卡特卡斯发现了特大型银矿。大量低成本的美洲金银自 16 世纪开始流入西班牙。之后，这些金银财富又通过国际贸易、金融操作、走私、海盗掠夺及战争赔款等多条渠道注入欧洲其他主要国家。有学者估计，这些金银总额的 1/3 至 1/2 最终都流入了中国。③ 比如，中国学者钱江认为 16 世纪到 18 世纪末，中国从世界获得的白银约为 1. 11 万 t；西方学者巴雷特和阿特曼则认为，1800 年以前的两个半世纪里，中国从欧洲、日本、南亚获得了约 60 万 t 的白银，占世界白银产量的一半。虽然我们无法考证这些数字的准确性，但当时有大量白银流入中国应该是一个不争的事实。④

2. 1. 5 清代的“钱荒”与成因

清朝币制，大体上是银钱平行本位，即大数用银，小数用钱，且银、钱之间的比价大体维持在一千文兑一两上下。这种银两与制钱并行，也即是将称量货币与铸币结合起来的货币体系，在当时的条件下不仅实现了货币的各项职能，而且满足了不同市场层次的需要，极大地推动了商品交易与信用经济的发展，在当时的经济运行中还是非常有效的。⑤

清初铜钱价值虽然较为稳定，但清廷尝试由皇权决定货币交换价值的努力，并不比明代更有效。因为清初也曾把铸币作为获取财政收入的来源，而非驾驭经济的手段。清廷曾名义上在部分地区废旧钱不用，但收效甚微。尽管 17 世纪 30 年代和 40 年代铜钱急剧

① 陈昆. 宝钞崩坏、白银需求与海外白银流入——对明代白银货币化的考察[J]. 南京审计学院学报，Vol. 8，No. 2，2011：27-28.

② 韩毓海. 白银战争[J]. 商界评论，2010：42.

③ 陈昆. 宝钞崩坏、白银需求与海外白银流入——对明代白银货币化的考察[J]. 南京审计学院学报，Vol. 8，No. 2，2011：27-28.

④ 张亚兰. 白银“洼地”与分层的世界货币体系[J]. 中国金融，2009(13)：64.

⑤ 张华宁，燕红忠. 论晚清时期的货币与币制变革[J]. 山西大学学报(哲学社会科学版)，Jan. 1，2009：67.

贬值,但民间商业交易中仍然需要它。特别是17世纪末和18世纪商品经济的发展,再次激发了市场对铜钱的需求。从而导致17世纪80年代以及18世纪中叶的几十年间,铜钱的价值大幅攀升,远远超过了官定银钱比价,出现了"银贱钱贵"的现象。在18世纪,因清廷鼓励民间广泛用银,故铜钱的使用受到一定的限制,但用铜钱表示的物价日益上涨,则说明铜钱价值尺度的职能得到了充分发挥。而借贷中使用铜钱,商人出于投机目的窖藏铜钱,更标志着人们对用铜钱贮藏价值的信心的重新恢复。但清廷对铜钱价值的强劲增值却十分担忧,随之采取了旨在限制使用和窖藏铜钱、鼓励用银取代铜钱的更加严厉的一系列措施。① 但更深层次的问题是,自明朝外国白银大量涌入以后,中国的币制问题已不限于仅受本国货币体制变化的影响,而且还会受到外国货币流通机制的影响。比如,以当时中国与沙俄交界的新疆一地货币的流通实例来看,就很能说明问题。据中国学者王志强等的研究,自乾隆统一新疆以后,直至道、咸、同,一直实行货币"双轨制",即在新疆北路使用制钱(即宝伊钱),南路使用红铜普尔钱。该钱每枚重一两三钱,以一文当制钱五文,以五百文为一挂,合银一两。阿古柏窃踞南疆后,在其统治的南疆和乌鲁木齐等地发行殖民货币——银钱天罡,其银币的式样为圆形,"形圆如饼,中无方孔,每圆五分",并以天罡为银两的名称。清政府平定南疆后,称光绪天罡。从而形成了天罡与普尔钱在南疆并行流通的混乱局面。加之使用时间一长,磨损较大,成色分量高低不一,使得流通很不方便。同时,沙俄侵占伊犁后,采取了"以战养战"的经济政策,买进清朝制钱,运回俄国。《新疆图志》中记载有:"按伊犁用俄回洋钱,银板者分轻重,或一钱,或五分,或二分五厘,或七分五厘,各规一律,不差分毫",伊犁地区已被"俄普"、"俄元"、"俄帖"所占据。加上清政府所推行的红钱和旧普尔钱,时新疆境内出现了四种货币并存的混乱局面。由于各种货币混存,清政府自乾隆统一新疆后所设的各个铸钱局(即叶尔羌、阿克苏、乌什局),均先后被迫停铸,红钱与制钱已基本无法流通于市场。加之沙俄为推行俄币而大肆回收新疆制钱并运回俄国销镕改造它物,使得制钱数量减少。同时,收复新疆过程中,大批平津商人"赶大营"赚取高额盈利,待战争结束回关内时,他们大都是带回银两与制钱,从而导致新疆北路制钱为入关商民"携带略尽"的局面。其时收复新疆的战争刚刚结束,原先各铸币局被废,铸币技术人员不复存在,铸钱的原材料来源地铜矿的开采又严重不足,产铜之区又"多系重山,且隔民居,动辄数站,负粮运筹,咸苦远涉。北路人烟稀少,公价更昂"。由此可知,清政府在收复新疆并重新统一新疆之后,曾长期面临不同币种流通的混乱局面及严重的制钱"钱荒"问题。②

针对当时币制的混乱局面,尤其是制钱和银锭之间货币价值的大幅波动局面,清政府曾一度试图恢复铜钱的本位货币地位。如清朝顾炎武在《钱法论》中所说的那样:"莫善于明之钱法,莫不善于明之行钱。……明之钱下而不上,伪钱之所以日售,而制钱所以日壅。请仿前代之制,凡州县之存留支放,皆以钱代,则钱重,钱重则上之权也重"③。但清代

---

① 万志英.11—18世纪中国的货币与货币政策[J].王文成,译.思想战线,Vol.38,2012:76.

② 王志强,闫存庭.新疆官钱局发展始末述略[J].新疆师范大学学报(哲学社会科学版),Vol.28,No.1,Mar.,2007:14.

③ 顾炎武著,黄汝成集释.日知录集释[M].栾保群,吕宗力,校点.石家庄:华山文艺出版社,1990:516.

恢复铜钱的本位货币地位的政策奏效不大。其原因可能正如日本学者黑田明伸所分析的那样,他认为清代货币的使用存在两种情况:一是作为当地货币用于零售贸易;二是作为跨地区的支付手段用于远距离贸易和纳税。但其中没有一种货币能够同时满足这两方面的需要。而细碎的市场交易通常需要标准化的价值尺度,不能同时适应这两种使用情况的货币显然不具有这种标准化的价值尺度。其中的根本原因是,当时人们可能更注重的是某种货币作为计算商品价值工具的便利性,而不太在乎其内在价值。在这方面,计数使用的铜钱的有效性,远非难以计量的银锭可比。但跨地区贸易则更需要价值稳定的货币。特别是在明确要求用货币作为价值贮藏的载体,完成跨地区资金调度的情况下,更要求币值的稳定。一般来说,未取得铸币形式的银锭的价值,取决于其固有的金属含量而非统治者的印章,可以有效地满足这一条件。然而,如果我们因此把清代的货币体系视为"平行复本位制",则是一种误解。因为 18 世纪农村商品经济的发展,促使铜钱的价值与白银发生关联,扩大了用铜钱贮藏价值的需求。此外,只要交易不需要把铜钱搬运到本地市场体系之外的地方,铜钱仍可在购买不动产之类的大额交易中用作支付手段。人们选择哪种货币,起决定性作用的不是交易额度的大小,而是货币使用的特定空间范围。因此,18 世纪中叶铜钱再一次驱逐白银,成为许多地区本地市场上通行的货币。但是,像铜钱这样流动性较差的低值货币,加之实际使用的铜钱型制繁杂,决定着它难以重新成为统一的、全国性的本位货币。[①]

如果说清代的铜钱无法成为全国性的本位货币,那么转向银本位则是一种必然的选择。但问题是鸦片战争的爆发在很大程度上又改变了这一进程。清朝道光年间爆发的第一次鸦片战争(First Opium War,1840 年 6 月 28 日—1842 年 8 月)是清政府和英国就英国向清朝走私鸦片引发的一场战争,战争的导火线是英国商人在中国广东海域走私鸦片二十多年不止日盛,两广总督林则徐于 1839 年在广东强行销烟,中英矛盾逐次升级,而战争以中国失败并赔款割地告终。然而,就货币问题而言,鸦片输入中国的结果是大量白银的外流。正如清朝官员"程方伯曰:天下大利在洋,而大害亦在洋。诸番所产之货,皆非中国所必需,每岁约值千万金。若以货易货,不必以实银交易,于中国尚无所妨。唯鸦片一物,伤吾民命,耗吾财源。每岁不下数百万金,皆潜以银交易,有去无来。中国土地所产,岁有几何,不数千年,中国之白金竭矣。"[②]此外,鸦片战争之后,中英签订了《南京条约》,其中的重要条款之一,就是要求中国开放广州,厦门,福州,宁波,上海五处为通商口岸,实行自由贸易。至此,清政府被迫对外"门户开放"。虽然说五口通商以后,中外贸易由此得到了较快发展。但伴随对外贸易发展的是外国银币也同时大肆流入中国,由此又引发了本国货币与外国货币之间如何互兑的问题。比如,进入 1850 年代后,中国东南各省就曾发生了以银元问题为核心的金融风潮。当时由于鹰洋(墨洋)无法正常流通,加罗拉银元(本洋)价格不断上涨,导致流通货币供应紧张。鹰洋与本洋比价失衡,还对本洋与纹银比价,白银与汇票比价以及银钱比价产生了深刻的影响,并由此引发了东南数省的金融

① 万志英. 11—18 世纪中国的货币与货币政策[J]. 王文成,译. 思想战线,Vol. 38,2012:77.

② 顾炎武著,黄汝成集释. 日知录集释[M]. 栾保群,吕宗力,校点. 石家庄:华山文艺出版社,1990:499.

风潮，使内外商业周转困难，甚至严重扰乱了广大普通民众的正常经济生活。[①] 我们当然也不难想象，在清朝银两与制钱并行的货币体系解体之后，中国经济中出现了一种两元（银两与外国银元）并用的格局，钱庄的主要业务也由过去制钱与白银的兑换转向银两与银元之间的兑换。[②] 对此，清代学人黄汝成说："近来民间盛行洋钱，几代制钱，白金之半。将见数十年之后，白金尽为外洋所换。而海内之财源竭矣。流弊之极，不可不为之禁也。"[③]不幸的是，程方伯和黄汝成的担心，很快就变成了现实。这可以从清代部分年份的户部银库（国库）存银量（表2－1）的迅速下降中明显看出。康熙四十八年（1709），清廷的库银为5 000万两，乾隆四十二年（1777）达到最高的8 182万两，第一次鸦片战争后一年的道光二十三年（1843）则迅速下降为993万两。而第二次鸦片战争后（1856—1860）的咸丰十一年（1861）则锐减到账面结存的152万两，现银数额仅为68 173两，几乎枯竭，从而造成了严重的"银荒"。[④]

表2－1 清代部分年份的户部银库（国库）存银 单位：万两

年 份	数 量	出 处
康熙四十八年（1709）	5 000	《石渠余记》，卷三，页一三七
康熙六十一年（1722）	800	《圣武记》，卷十一，页七
雍正中期	6 000	《皇朝经世文编》，卷二十六，页二九
雍正末年（1735）	2 400	《皇朝经世文编》，卷二十六，页二九
乾隆初年（1735）	3 400	《清高宗实录》，卷九二〇，页二三
乾隆三十七年（1772）	7 800	《清高宗实录》，卷九二〇，页二四
乾隆四十二年（1777）	8 182	户部银库大进大出黄册及四柱册
乾隆四十六年（1781）	7 800	《圣武记》，卷十一，《武事余记》
嘉庆二年（1797）	2 792	户部银库大进大出黄册及四柱册
嘉庆十九年（1814）	1 240	《皇朝经世文编》，卷二十六，页三一
道光二十三年（1843）	993	户部银库大进大出黄册及四柱册
道光三十年（1850）	800	户部银库大进大出黄册及四柱册
咸丰元年（1851）	763	《十九世纪后半期中国财政与经济》
咸丰十一年（1861）	152	《十九世纪后半期中国财政与经济》

资料来源：彭泽溢．十九世纪后半期中国财政与经济[M]．北京：人民出版社，1983：85．转引自：燕红忠．从货币流通量看清代前期的经济增长与波动[J]．清史研究，Aug. 2008(3)：41。

中国学者张华宁等研究认为，鸦片战争前后白银供给量的减少与外流，使得中国经济从1840年前后开始紧缩。由于此次银荒持续的时间较长，因此经济下滑的程度非常严重，直到19世纪60年代才有所恢复，许多经济指标甚至到20世纪20年代才恢复到18世

① 林日杖．五口通商时期的银元风潮与近代中国金融的发展[J]．福建师范大学学报（哲学社会科学版），No. 13，2007：58.

② 燕红忠．试论近代中国金融业的发展：路径与结构[J]．山东大学学报（哲学社会科学版），2013(1)：87.

③ 顾炎武著，黄汝成集释．日知录集释[M]．栾保群，吕宗力，校点．石家庄：华山文艺出版社，1990：499.

④ 燕红忠．从货币流通量看清代前期的经济增长与波动[M]．清史研究，Aug，2008(3)：41.

纪中期的水平。中国的货币体系也正是在这一时期开始了其向近代化转变的艰难历程。面对经济的紧缩和财政的压力,19 世纪 20 年代,像早期重商主义者一样,清政府虽曾采取了禁止白银出洋的措施,但结果却远没有像前者那样成功与幸运。比如,据彭信威先生考证,在 1819—1833 年不到 15 年的时间内,中美结算中的"汇款和运现"就"彼此换了一个位置"。由于鸦片贸易的关系,中国这一时期不仅没有白银流入,还有白银流出。① 鸦片战争之后,中国的对外经济关系从此被限定在不平等条约的框架之内。清政府对外控制能力大大削弱,在进一步的货币短缺与财政压力之下,不得不寻求内部的货币改革。19 世纪 50 年代,清政府试图通过铸造大钱、铁钱、铅钱与小制钱,并发行钱票与银票等办法来弥补货币量的不足,但在市场流通中这些货币仍然是按其重量与成色计算的。其中大钱和纸币,多按市价折合成制钱。买东西的时候,搭用几成大钱,物价就上涨几成,如在咸丰七年(1857)春天的时候,若用铜制钱来买,则物价比起鸦片战争之前 ,并没有多大涨跌;若用铅铁制钱来买,则物价就要高百分之二三十;若用当十铜钱,物价就要加倍;纸币和当十铜钱相同,若用当十铁钱,则物价还要高几倍。物价的上涨与大钱的贬值不仅引起了市场交易的混乱,而且也导致制钱更加短缺,出现了"劣币驱逐良币"的现象。当千和当五百大钱只流通了几个月就停止了,当百与当五十的大钱也只流通了一年,只有当十大钱继续铸造行用,直到光绪末年(1908)才停铸。而对于银票与钱票而言,由于过量发行和政府信用的不足,到 19 世纪 60 年代初期也已形同废纸,停止使用了。②

我们更应注意到,清朝在 200 余年力图建立或维持银钱平行本位的努力中,因受国外因素的影响,曾被动地卷入三次较大的银钱比价波动。这三次较大的银钱比价波动分别是 1644—1807 年的"银贱钱贵"阶段、1808—1856 年的"银贵钱贱"阶段以及 1857—1911 年的又一次"银贱钱贵"阶段。应该说,这三次银钱比价波动都受到了国际金属货币市场价格波动的影响。比如,据清末海关资料记载,1882—1911 年,中国累计黄金净出口 7 714.6万海关两,白银净进口 4 935.9 万海关两。流出的黄金大多去了金本位制国家的金库,因此,这一时期,世界上出现了白银东流、黄金西去的现象。同期世界金银比价也由 19 世纪 50 年代的 1∶15 左右,上升到了 20 世纪初的 1∶35 左右。但前两次的波动对币制而言,仅仅是作了一些内部的调整,而最后一次的波动不仅涉及面广,影响深远,而且直接促成了清朝末年不得不进行的币制改革。③ 比如,1905 年财政部奏准的《铸造银币分两成色章程》开始规定将库平一两作为本位货币,并铸造"五钱、二钱、一钱三种银币,与现铸之铜元旧有之制钱相辅而行,主币不限数量,小银币每次授受不得超过一两"。④ 它标志着中国银元本位币的诞生。

中国史学家吕思勉对晚清如何建立以银元为本位货币的过程有一个很简洁的总结:"《集释》说:顺治六七年间(1649—1650),海禁未设,市井贸易,多以外国银钱。各省流行,所在多有。禁海之后,绝迹不见。这可见外国货币之侵入,必限于与外国通商之时,及

① 张亚兰. 白银"洼地"与分层的世界货币体系[J]. 中国金融,2009(13):64.

② 张华宁,燕红忠. 论晚清时期的货币与币制变革[J]. 山西大学学报(哲学社会科学版),Jan. 1,2009:67.

③ 张亚兰. 白银"洼地"与分层的世界货币体系[J]. 中国金融,2009(13):64.

④ 张华宁,燕红忠. 论晚清时期的货币与币制变革[J]. 山西大学学报(哲学社会科学版),Jan. 1,2009 :70.

与外国通商之地。前此中外交通,时有绝续;又多限于一隅;所以不能大量侵入。到五口通商以后,情形就大不相同了。外国铸造的货币,使用的便利,自胜于我国称量的金银。其称量之法,且不划一。外国银圆,遂滔滔输入,而以西班牙、墨西哥两国为多。中国的自铸,始于光绪十三年(1887)。广东总督张之洞所为。重量形式,都模仿外国银圆,以便流通。此时铜钱之数,颇感不足。光绪二十七年,广东开铸铜元,因其名价远超于实价,获利颇多。于是各省竞铸铜元,以谋余利,物价为之暴腾。小平钱且为其驱逐以尽。民生大感困苦。光绪三十年,度支部奏厘定币制,以银元为本位货币,民国初年仍之。"[①]

值得一提的是,日本学者黑田明伸曾提出货币在不同层次市场的非对称性分布的观点。他认为越是处于上位的市场,零细面额通货的需求越低,加上季节性需求的不平衡,小面额货币更易于滞留在底层市场。如果政府不再进行满足日常交易需求面额的货币供给,那么地区性市场自身便开始创造各种各样的代用通货。[②] 晚清时期出现的情况正是如此。比如,在晚清至民国前多半时期,当银行兴起后,官票、官帖便演变成由各级官府控制下的银行纸币。同时,在广大乡村中纸币和土票充塞小市镇,成了"角票世界"。这样,官票与私票就构成了近代中国纸币流通的两极,这两极分别以中央政权和集市贸易为极点,以城市和乡村为依托,以跨区域金融贸易体系为渠道,向对方领地扩展,从而构架出各自对立又相互依存的二维纸币流通系统。[③] 而这种状况的广泛存在则从另一面表明,正是由于银元和制钱这两种事实上充当本位币的货币的短缺,才造成了官票与私票泛滥的局面。

2.2 英国历史上的货币短缺危机与成因

2.2.1 商业革命前的货币使用情况

据英国学者约翰·F·乔恩的研究,包括早期英国在内,建立在封建制度基础之上的欧洲经济在12世纪的大部分时间里(大约在1180年以前)还是自给自足的农业经济。当时地主收的地租,教会抽的什一税都是采取实物的形式,日常的交易往往也是通过实物交换才得以完成。当时虽然也有一些行商,并有一部分人口居住在城镇,但是国际贸易的真正兴起还没有开始。在此背景下,货币的作用还比较小。同时,在欧洲大陆的绝大多数国家里,迪纳里厄斯(denarius,古罗马银币)是当时唯一使用的硬币,并且是流通中唯一的货币形式。然而,即使是迪纳里厄斯,却并非是用金银而是用廉价金属铸造的,且面值不大。但英格兰的便士却是个例外,它一直由纯银铸造,并保证重量(即具有几乎足额的22.5格令的重量),故而习惯上一直被称为银便士。如同迪纳里厄斯是欧洲大陆上绝大多数国家里流通的唯一货币一样,银便士则是在英格兰流通的唯一货币。后来在民间的日常使用中,这些银便士还逐渐细分出半份或1/4份,从而得到半便士和1/4便士(法寻)。但只是

① 吕思勉.第十二章:货币[M]//中国通史.陕西师范大学出版社,2010.

② 黑田明伸.货币制度的世界史:解读"非对称性"[M].何平,译.北京:中国人民大学出版社,2007:74.

③ 陈晓荣.论中国近代纸币流通的二维结构——以小区域流通纸币为视角[J].史林,4/2009(4):74.

从1279年开始,半便士和法寻才被铸成圆形银币,从而正式成为一种铸币。[①]

2.2.2 商业革命对货币使用的影响

如果我们结合欧洲的发展史来看,乔恩所表述的情况应该正是商业革命发生以前的情况。因为当时在欧洲各地,包括英格兰在内,小额货币的流通已足够应付日常的交易活动。然而,大约在1150年,西欧曾发生了一场商业革命。如从经济史来看,它是一次贸易与商业的伟大复兴,但如从货币史来看,它却是催生大额货币和信用纸币诞生的时代。由于关于现代信用纸币的诞生过程,本书已在第1章(1.2.3.2 世界一些国家货币的具体形态及其演变)中进行了阐述,故而在此仅就大额货币的出现与货币短缺的关系进行研究。

我们已知,商业革命中的一个重大问题,就是怎样调和教会对高利贷的禁止态度与商人借贷需求这样一对矛盾。那时,西方主要宗教(基督教)诞生和统治已近1 000年。但教会抽的什一税仍然采取实物的形式本身就表明,教会认为财富应该通过劳作从上帝馈赠的自然界中获得,而不能从财富本身获得的观点是根深蒂固的,否则就被认为是被"玷污的灵魂"。比如在中世纪以前的欧洲教会长期以来一直在谴责利息,因为利息会导致高利贷这种道德犯罪——在上帝眼里最丑恶、最可憎的罪。[②] 这样,商业革命本身在一定程度上又具有了商人进行"革命"的含义,但这种革命需要环境,更需要突破口。正如威廉·配第所说:"商业往往不是(像有些人想的那样)在最得人心的政府统治之下最繁荣,恰恰相反,不论在任何国家、任何政府统治之下,商业都是由其中的异端分子和表明其信仰和公认的信仰不同的那一部分人经营的而且经营得十分旺盛。"[③]当时,商人之间的资金往来经常采取承诺支付的方式,并采取合同公证的形式,而且合同条款中经常明确地注明以外国货币支付。后来这些合同逐渐正式起来,经过标准化之后就成为汇票。由于合同中经常明确地注明必须在某一特定的贸易集市支付款项。因此,在某些情况下,清偿债务便成为贸易集市的一项重要功能,使得货币兑换商等也加入到商人的人群中来。这种清算方式,与使用商人自己的法律托付制度不同,具有两大优点:一是可以在贸易集市内部建立清算所,到期债务可以彼此冲销,冲销之后的贸易余额或赤字才用硬币来清偿。因此,地区之间硬币数量的往来运送就大为减少了。当然,如果当时有大额货币显然要比小额货币更为方便。很明显,要从一个地方向另一个地方支付款项,通过发送兑换券或大额货币要比运送小额硬币简单、快捷、安全和价廉得多。二是以某种方式,比如,按远期兑换率开出以外国货币支付的贸易票据可以绕过高利贷法。因为使用"远期兑换率"就可以将精心隐藏的利息部分计算在内,而不会受到神学家们的责难。有时甚至贸易集市的主要目的就是兑换票据,而这些票据纯粹是为了绕过高利贷法而安排商业贷款的。比如,伦敦和布鲁日的外汇市场曾经一度为意大利人所垄断,在这里开展外汇贷款业务。因此贸易集市也就引来了跨国货币流通方式以及(隐含式)债务工具使用方式的革命。后来银行业正是在这个基础上发展起来的。当然,我们的关注点是,在具有被广泛接受之信用的汇票(信

① 约翰·F·乔恩. 货币史:从公元800年起[M]. 李广乾,译. 北京:商务印书馆,2002:31,56.

② 斯塔夫里阿诺斯. 从史前史到21世纪:全球通史[M]. 董书慧,等,译. 北京:北京大学出版社,2005(7):392.

③ 威廉·配第. 政治算术[M]. 陈冬野,译. 北京:商务印书馆,1978:28.

用纸币的前身)以及现代意义上的银行业站稳脚跟之前,显然,由金币或大额银币表征的大额货币是最容易被广泛并迅速接受的。

2.2.3 从亨利三世到爱德华四世的货币短缺与重铸

据乔恩研究,商业革命兴起后,“为了适应‘商业革命’和贸易发展的需要,大陆国家在继续沿用已经大为贬值的便士或迪纳里厄斯的同时,开始采用金币和大额银币……1257 年,亨利三世(Henry Ⅲ,1216—1272 年在位)第一次尝试在英格兰引入金币:金便士……金便士同两块银便士等重,但其价值则相当于 20 便士。这是其致命的原因所在。确切地说,就是黄金的市场价值已经超过银的 10 倍了。企图将两种金属的兑换比例固定为 10 将带来难以挽回的后果,金币可能被重新熔铸为黄金:所以继续保留在流通中的金币非常少。”[①]由此可见,商业革命之后,英格兰主要是通过铸造金币来充当大额货币。但由于英格兰历史上一直流通的是银便士,黄金流通量极少,所以缺乏金银这两种贵金属价值比例的市场准则,故而只能单方面地规定了 1∶10 的官方比价。但不幸的是,金的价值被低估了。这种金银币兑换机制上的缺陷似乎立刻被逐利的外国商人所利用,他们留下了价值被相对高估的银便士而带走了价值被相对低估的金便士,从而造成了大额金币的短缺和大量黄金的外流。更为严重的问题是,受“劣币驱逐良币”规律的驱使,在大量外国银币进入英格兰以换取金币的同时,大量劣质银币也长驱直入进入了市场,从而又扰乱了英格兰原有的银便士价值的稳定。这种局面最终促使英格兰开始了一系列最初由大额金币短缺所引发,并因流通中的银币价值紊乱所催生,后来又由内外各种因素掺杂所推进的货币重铸过程。而第一次货币重铸自然是从整顿币制,并首先是从整顿银币开始的。据材料显示,在 1247 年 11 月—1278 年 11 月的 31 年间,英格兰大约共铸造了 1 378 000 枚“长十字”银便士供市场上流通。1279 年爱德华一世(1272—1307 年在位)开始了首次货币重铸。1279 年 4 月—1290 年 7 月间大约重铸了 891 000 枚银便士,但其中的 285 000 枚银便士是从外国银币改铸而来,606 000 枚银便士则改铸自英格兰本地的银币。其余的“长十字”便士可能一直在各地流通,或被丢失、囤积、熔化或出口国外了。总体上来说,1279 年 4 月爱德华一世所重铸的银币十分足实,并在日后变得十分珍稀,以致后来为钱币界所尽力收藏,就充分说明了这一点。[②]

乔恩对此评论说:“爱德华一世于 1279 年重新铸造了货币,而且第一次尝试引入大额银币,即 4 便士的格罗特,此外还第一次将半便士和法寻铸成圆形的银币。……不管怎样,未遭贬值的英格兰便士的价值约为其他地方所推行的大额硬币的一半。实际上,当时英格兰的‘镑’已经成为信用可靠的货币的代名词了(至少从 1279 年爱德华的货币重铸开始),而且被广为仿制,特别是在低地国家。开始时,这些被仿制的英国货币大部分是由统治者如实地铸造的,因为他们想以一种可被接受的方式向其臣民提供一种可信的货币;但是不久,许多统治者就通过发行重量不足的或降低成色的硬币而欺骗世人了,自以为这样

① 约翰·F·乔恩.货币史:从公元 800 年起[M].李广乾,译.北京:商务印书馆,2002:56.

② Numismatic Evidence and Falling Prices in the Fourteenth Century, THE ECONOMIC HISTORY REVIEW, SECOND SERIES, VOLUME XXVII, No. i, 1974 BY N. J. MAYHEW

做不会有人发现。这些被称作 pollard、crockard 和 lushbournes（即来自卢森堡）的仿制币，后来流回到英格兰，我们的铸币的纯洁性也就或多或少地因这些成色不足但外表足以以假乱真的硬币而遭到玷污。”①这就表明，爱德华一世当时第一次重铸的重量和成色足值的银币很快就被仿冒，并且仿制的不足值的外国银币又很快流回了英格兰，从而又使刚稳定下来的银币价值受到了严重冲击，持续影响时间长达 20 年。为此，爱德华一世于“1299 年又进行了第二次货币重铸，其目的是为了替换那些重量不足的，仿制的英格兰货币。这些仿制货币在一年的时间里价值大为降低，只有面值的一半，此后就永远地被禁止流通了。由于许多仿制币的白银含量确实要远多于一半面值所需的量，因而在重铸时就按实际的白银重量来处理。这次货币重铸并没有全面地回收 1279 年所发行的英格兰货币，而且看起来，这次大量新发行的硬币，绝大部分肯定是由从国外进口的白银所铸造的，要不就是由过去熔铸的银条所铸造的。一直到 1344 年，金额更大的硬币才成功地引入英格兰。此时，爱德华三世（Edward Ⅲ，1327—1377 年在位）已面临着严重的财政困境：他无法从佛罗伦萨的行商那里借到一个子儿，实际上他还拖欠着债务没还。在同法兰西交战期间，货币重铸处于停滞状态。1343 年，议会的注意力被吸引到由弗兰德斯所流行的黄金价格上涨所造成的灾难性的影响上，因而要求在英格兰引入金铸币。”②由此说明，爱德华一世在 1299 年进行的第二次货币重铸的主要目的仍在于整顿币制，并不主要针对钱荒问题。如果说当时存在钱荒问题，则主要是本国的大额金币和大额银币因相对足值而被流向了国外。

但到爱德华三世进行货币重铸时，其性质就发生了根本的变化。这是因为，1339—1340 年英格兰曾连续发动三次与法国的战争，结果互有成败，但军费开支过于庞大却使爱德华三世无力持续作战。1344 年他甚至宣布破产，导致佛罗伦萨的两家大银行倒闭。面对由于发动战争所导致的巨额对外债务，以及国家内部面临的严重财政困境，最直接的是面对政府层面的货币短缺，爱德华三世从 1344 年起开始了几次货币重铸。“1344 年的货币重铸只对银的重量做了些微调整。再次引入金币（弗罗林）的努力又告失败，因为这次的金银兑换比率（14.81∶1）又定得太高了。金币重 108 格令，价值为 6 先令，正好就等于 1 600 格令的白银。就在同一年，这些硬币被重 138.9 格令，价值为 6 先令 8 便士的罗贝尔所取代。但这一次比率低了点，为 11.90∶1，因而到 1346 年，通过将罗贝尔的重量降到 128.6 格令，金银的兑换比例才算调整到位。与此同时，便士的重量降到 20 格令，兑换率为 12.44∶1. 经过一系列的调整之后，终于找到了正确的兑换率，而且从 1346 年开始，罗贝尔金币（6 先令 8 便士，或者 1/3 镑）、半罗贝尔金币（3 先令 4 便士）和 1/4 罗贝尔金币（1 先令 8 便士）成为英格兰主币的重要组成部分。不过到 1351 年，罗贝尔金币的重量标准又再次降到 120 格令，银便士的重量标准降到 18 格令，兑换率调整到 12.0∶1. 这是英格兰便士的重量标准第一次作重大的调整，其动机看起来像是要再一次调整金银兑换率。无论动机如何，这个兑换率毕竟维持了半个世纪之久，从历史上看这个时间也是相当长的

① 约翰 · F · 乔恩. 货币史：从公元 800 年起[M]. 李广乾，译. 北京：商务印书馆，2002：58.

② 约翰 · F · 乔恩. 货币史：从公元 800 年起[M]. 李广乾，译. 北京：商务印书馆，2002：59.

了。”①但我们从上述材料可以看出,爱德华三世在 1343 年、1344 年、1346 年、1351 年分四次进行的货币重铸,无论是从把罗贝尔金币的重量标准最终降到120 格令,还是把银便士的重量标准最终降到 18 格令的情况来看,这一切都是为了要获得铸币税,以缓解政府层面严重的货币短缺窘境而采取的措施。他采用的做法是,在保持货币面值相同的情况下,直接降低金银币原有的重量。而这种做法会在以后造成一种恶例,即一旦政府遇到货币短缺,可以通过在保持原有金属货币面值的情况下通过降低金属货币的重量来获得铸币税。

值得一提的是,爱德华三世 1351 年进行的第四次货币重铸,发生在 14 世纪 40 年代英格兰爆发黑死病之后。那场黑死病,夺去了英格兰 30% ~40% 的人口。② 挪威历史学家约翰·施雷纳(Johan Schreiner)在其《中世纪晚期英格兰的工资和价格》一文中,曾针对黑死病爆发与货币重铸的重合时期,在英格兰所产生的经济结果有过侧面的研究。他认为,由于英格兰在 14 世纪因黑死病的原因导致人口的下降,致使人均占有的货币量并未减少,因而当时银币缺乏的影响并未立即凸显。但此后,随着人口的上涨,银币缺乏的严重后果便很快变得清晰。③ 在此情况下,通过货币重铸来缓解钱荒问题的手段随即被再次利用起来。爱德华三世于1351 年迅速启动了第四次货币重铸。但货币重铸之后出现的结果是,在黑死病之后的 1/4 个世纪里,连同粮食歉收和饥荒、英法“百年战争”等因素,④导致物价持续大幅上涨。如以最具代表性的小麦价格为例,1340 年,小麦价格平均为 4. 88 先令/夸脱,而 50 和 60 年代的价格则分别为 7. 05 先令/夸脱和 8. 16 先令/夸脱,分别上涨了 45% 和 67% ,甚至在一些年份超过了 10 先令/夸脱。⑤

更为严重的是,爱德华三世 1351 年大幅降低金银币重量的做法在随后的英格兰国王中得到了效仿。比如,1455—1485 年的 30 年间,在英王爱德华三世的两支后裔之间:兰开斯特家族和约克家族的支持者为了争夺英格兰王位而发生了被称为玫瑰战争(Wars of the Roses)的断续内战。而“在玫瑰战争期间,硬币的重量标准又降低了两次:1412 年(亨利四世,1399—1413 年在位)降到了 15 格令,1464 年(爱德华四世,1461—1483 年在位)又降到了 12 格令。这个重量只有将近 700 年前的原来重量的一半,但是贬值的速度却在加快。货币的重量标准每世纪减少 33% ,不过平均起来每年不足 0. 4% 。12 格令的重量标准一直保持到亨利八世统治时期。”⑥此外,由表 2 - 2 可以看出,英格兰在 1350—1440 年的 90 年间,每 10 年的铸币总量在 1. 61 万 ~28. 75 万镑不等,但总共新增铸了约 119 万镑银币。⑦

---

① 约翰·F·乔恩. 货币史:从公元 800 年起[M]. 李广乾,译. 北京:商务印书馆,2002:59-60.

② 李化成. 论黑死病对英国人口发展之影响[J]. 史学月刊,2006(9):85.

③ Johan S chreiner. Wages and Prices in England in Later Middle Ages[J]. Scandinavian Economic History Review, Vol. 2, 1954(2). 转引自:王超华. 西方学界关于中世纪英国工资史的研究[J]. 史学月刊, 2010 (8):15.

④ 斯塔夫里阿诺斯. 从史前史到 21 世纪:全球通史[M]. 董书慧,等,译. 北京大学出版社,2005(7):279.

⑤ 王超华,马泽民,崔洪建. 中世纪晚期英国乡村工资变迁研究[J]. 唐山师范学院学报,第 32 卷, 2010(6):70.

⑥ 约翰·F·乔恩. 货币史:从公元 800 年起[M]. 李广乾,译. 北京:商务印书馆,2002:60.

⑦ Monetary contraction and mercantile credit in later medieval England' By PAMELA NIGHTINGALE, Economic History Review, 2nd ser. , XLIII, 4(1990), pp. 560-575.

表 2-2 英格兰 1350—1440 年间每十年的铸币量 单位:1 000 镑

年份	1350—1359	1360—1369	1370—1379	1380—1389	1390—1399	1400—1409	1410—1419	1420—1429	1430—1439	总计
铸币量	287.5	232.7	66.9	35.4	58.5	16.1	173.5	234.6	84.2	1 189.4

资料来源:Monetary contraction and mercantile credit in later medieval England' By PAMELA NIGHTINGALE, Economic History Review, 2nd ser., XLIII, 4(1990), pp. 560-575.

2.2.4 亨利八世的货币短缺与重铸

亨利八世(Henry Ⅷ)是英国都铎王朝的第二任国王(1509—1547 年在位),也是爱尔兰领主。从英国历史来看,他的作为颇多:他推行了宗教改革,使英国教会脱离罗马教廷(因罗马教皇拒绝废除他的第一次婚姻),①自己成为英格兰最高宗教领袖;对国家政府机构作了全面改革;在欧洲以均势外交政策保障了本国的政治经济利益。这些措施使得英国的经济社会状况发生了很大变化,并使英国最终形成一个统一集权的近代民族国家。但如果我们同时从英国的货币史来看,他也是进行货币重铸次数最多的国王之一。1509—1546 年的 37 年间,他进行的货币重铸次数共达六次之多(表 2-3、表 2-4),并且基本都是因政府层面的货币短缺、为获取更多的铸币税而进行的。

表 2-3 亨利八世至伊丽莎白一世的铸币:银币

铸币发行批次	银便士							
	日期	重量(格令)	成色	纯银含量(格令)	铸币等价☆	铸币收益税	铸币价格☆	铸币收益税率(占铸币等价的百分比)
亨利八世								
第二次铸币	1526 年	10.67	0.925	9.87	2.43	0.05	2.38	2.2
第三次铸币	1542 年 5 月	10.00	0.833	8.33	2.88	0.48	2.40	16.6
第四次铸币	1544 年 4 月	10.00	0.750	7.50	3.20	0.58	2.62	18.1
第五次铸币	1545 年 4 月	10.00	0.500	5.00	4.80	2.00	2.80	41.7
第六次铸币	1546 年 4 月	10.00	0.333	3.33	7.21	4.40	2.81	61.1
爱德华六世								
第一次铸币	1547 年 4 月	10.00	0.333	3.33	7.21	4.00	3.21	55.5
第二次铸币	1549 年 1 月	10.00	0.333	3.33	7.21	4.00	3.21	55.5
第三次铸币	1549 年 4 月	6.67	0.500	3.33	7.20	3.80	3.40	52.8
第四次铸币	1550 年 7 月	6.67	0.500	3.33	7.20	3.80	3.40	52.8
	1550 年 12 月	6.67	0.500	3.33	7.20	3.80	3.40	52.8
第五次铸币	1551 年 4 月	6.67	0.25	1.67	14.40	8.40	6.00	58.3
第六次铸币	1551 年 10 月	8.00	0.924	7.39	3.25	0.05	3.19	1.7
玛丽								
	1553 年 8 月	8.00	0.917	7.34	3.27	0.08	3.19	2.4

① 张明林. 欧洲史亚洲史美洲史[M]. 北京:联合教育出版社,2006:11.

续上表

铸币发行批次	银便士							
	日期	重量（格令）	成色	纯银含量（格令）	铸币等价☆	铸币收益税	铸币价格☆	铸币收益税率（占铸币等价的百分比）
	1557 年 8 月	8.00	0.917	7.33	3.27	0.08	3.19	2.5
伊丽莎白								
	1559 年 1 月	8.00	0.917	7.33	3.27	0.08	3.19	2.5
	1560 年 11 月	8.00	0.931	7.44	3.22	0.08	3.14	2.5

注：☆：用现代十进制英镑（£）表示。

资料来源：约翰 · F · 乔恩．货币史：从公元 800 年起[M]．李广乾，译．北京：商务印书馆，2002：88.

表 2－4　亨利八世至伊丽莎白一世的铸币：金币

铸币发行批次	金币											
	日期		金币价格（P）	重量（格令）	成色	纯金含量（格令）	铸币等价☆	铸币等价的金银比	铸币收益税	铸币价格☆	铸币价格的金银比	铸币收益税率
亨利八世												
第二次铸币	1526 年	6/8	80	71.10	0.970	69.00	27.83	13.44	0.14	27.68	11.64	0.5
第三次铸币	1542 年 5 月	8/0	96	80.00	0.958	76.67	30.05	10.43	0.16	29.89	12.44	0.5
第四次铸币	1544 年 4 月	8/0	96	80.00	0.958	76.67	30.05	9.39	1.25	28.80	10.99	4.2
第五次铸币	1545 年 4 月	1 英镑	240	192.00	0.917	176.00	32.73	6.82	2.73	30.00	10.71	8.3
第六次铸币	1546 年 4 月	1 英镑	240	192.00	0.833	160.00	36.00	5.00	5.40	30.60	10.90	15.0
爱德华六世												
第一次铸币	1547 年 4 月	1 英镑	240	192.00	0.833	160.00	36.00	5.00	1.20	34.80	10.85	3.3
第二次铸币	1549 年 1 月	1 英镑	240	169.41	0.917	155.29	37.09	5.15	1.09	36.00	10.59	2.9
第三次铸币	1549 年 4 月	1 英镑	240	169.41	0.917	155.29	37.09	5.15	1.09	36.00	10.59	2.9
第四次铸币	1550 年 7 月	1 英镑	240	169.41	0.917	155.29	37.09	5.15	1.09	36.00	10.59	2.9
	1550 年 12 月	24/-	288	240.00	0.970	232.92	29.68	4.12	1.70	27.98	8.23	5.7
第五次铸币	1551 年 4 月	24/-	288	240.00	0.970	232.92	29.68	2.06	1.70	27.98	4.66	5.7
第六次铸币	1551 年 10 月	30/-	360	240.00	0.995	238.75	36.19	11.14	0.16	36.02	11.28	0.5
玛丽												
	1553 年 8 月	30/-	360	240.00	0.995	238.75	36.19	11.06	0.20	35.99	11.28	0.6
	1557 年 8 月	10/-	120	80.00	0.995	79.58	36.19	11.06	0.20	35.99	11.28	0.6
伊丽莎白												
	1559 年 1 月	30/-	360	240.00	0.995	238.75	36.19	11.06	0.20	35.99	11.28	0.6
	1560 年 11 月	1 英镑	240	160.00	0.970	155.28	37.09	11.51	0.22	36.88	11.73	0.6

注：☆：用现代十进制英镑（£）表示。

资料来源：约翰 · F · 乔恩．货币史：从公元 800 年起[M]．李广乾，译．北京：商务印书馆，2002：89-90.

亨利八世进行货币重铸的具体情况分析如下：

据乔恩说:“亨利八世于1509年掌朝,在其执政的前17年(他的第一次铸币),他对铸币体系没有任何动作。不仅是硬币样式,连重量标准都没有变动;硬币上出现的还是其先父亨利七世的肖像。唯一不同的就是数字由‘七’变成了‘八’。亨利八世不像其先父那样节俭,其军事上的成功付出了沉重的代价,不得不向佛兰德斯支付巨额货币。英格兰的货币并不是按通常的30弗兰芒先令合一英镑的兑换率来接受的:亨利反对这个较低的价格,但是经过哈尔金店的检验分析,证实英镑的金银含量等级已经下降,因而亨利只好接受。”①由此可见,亨利八世启动第一次货币重铸可以说纯粹是继承性的,即将自己的名号代替其父亲的名号。但在这期间他发动的多次对外战争,则最终导致了英国的财政枯竭。比如1512年应其岳父西班牙国王斐迪南之请,派多赛特侯爵率军攻打法兰西的基思;1513年亲率大军渡过海峡登上加莱占领法国北部两个小城镇;1522—1523年,又两次与神圣罗马帝国皇帝查理五世结盟,参与对法战争。而这些战争导致的结果,就是财政的枯竭。反映在货币流通领域就是政府层面货币的短缺,故而促使亨利八世在1523年对法战争后的第三年不得不启动了第二次货币重铸。其目的很明确,即增加铸币税,以弥补财政收入。但在具体做法上,亨利八世不仅采用了爱德华三世在货币面值相同情况下,降低金银币重量的做法,而且更甚,即反其道而行之,在保持原有铸币重量的情况下,提高铸币的面值,或在保持原有铸币重量及面值的情况下,降低金币的含金量。为此目的,甚至还让铸币厂改变了黄金的度量衡标准。如乔恩所说:“到1526年必须对货币进行重铸了(第二次铸币),而且确实要求改变硬币的样式和重量……沙弗林金币和安吉尔金币继续按原来的重量和纯度铸造,但是安吉尔金币的价值则由6先令8便士增加到了7先令6便士,而沙弗林金币则由20先令增加到22先令6便士;同时引入一种新的金币,即价值为6先令8便士的乔治罗贝尔,而双玫瑰图案的克朗金币(5先令)及其半分值(2先令6便士)金币则是采用22开(黄金的纯度单位)而不是23开3.5格令纯金的克朗铸造而来的,但其价值则与其纯金含量相一致。”②与此同时,“铸币厂改变了黄金的度量衡标准,由5 400格令的塔磅制(Tower Pound,480格令/盎司)转到了5 760格令的金衡磅制(Troy Pound,450格令/盎司)。……银币的重量减低了,每便士的含银量为10格令,而不是12格林,而且上面还刻有亨利八世自己的侧面肖像……其动机同以前的重量调整很相似,因为自从1464年以来还从没有调整过一次。这些变动的总效果是要给铸币厂大量的白银。”③

1542年英国与神圣罗马帝国结盟,法国、丹麦、瑞典与奥斯曼帝国结盟,又进行了一场战争。尽管这时亨利八世身体已经相当虚弱,但他认为国内的宗教和政治问题都已经解决,故而可以对法国再战一场。为解决军费,扩充财政,亨利八世在进行第二次货币重铸的16年后,在1542—1546年的短短四年间,连续进了第三、四、五、六次货币重铸,做法非常直接,即通过减低金银币的成色,来获取大量的铸币税。其结果就是发行了更多单位的货币,但铸币用的贵金属数量却不变。据乔恩研究说:“根据1542年的一份秘密货币发行函件,硬币是按以前的重量铸造的,但所用金属的成色则降低了——黄金从23又1/3开

---

① 约翰·F·乔恩. 货币史:从公元800年起[M]. 李广乾,译. 北京:商务印书馆,2002:65.

② 约翰·F·乔恩. 货币史:从公元800年起[M]. 李广乾,译. 北京:商务印书馆,2002:65.

③ 约翰·F·乔恩. 货币史:从公元800年起[M]. 李广乾,译. 北京:商务印书馆,2002:66-67.

降到23开,白银的纯度从传统的11盎司2卒尼威特降到只有10盎司,这被钱币学家们称作第三次铸币。其作用(也许不是有意的)是改变金银两种金属的兑换比例,使之达到1:10。然而,在欧洲其他地方,该比例还是传统的1:12左右。"①紧接着在两年后,"根据1544年5月28日的货币发行函件,用9盎司纯银铸造的第四次硬币,其数量比以前多许多,铸币局的会计记录也显示出了这一点。这次铸币也包括泰斯通。这一次铸币收益税大幅度地增加到了22%(11先令2便士)。按铸币149 287英镑来计算,总共获取了大约32 000英镑的利润。"②而在"一年之后,根据1545年3月27日的货币发行函件,亨利决定将白银纯度降低到6盎司,黄金降低到22开(第五次铸币)。……这一次铸币收益税的变动幅度非常大:从4.8英镑(4英镑16先令)的铸币等价中抽取了2.00英镑作为铸币收益税,即铸币收益率为41.7%。这次共铸造了面值为440 213英镑的银币,这就意味着可以获得183 000英镑的最高利润(假定所有铸币厂都单独核算)。黄金的收益率比较小(8.3%):铸造372 120英镑黄金可获得31 000英镑的最大利润。"③而在亨利八世临终的前一年,他进行了最后一次货币重铸。"第六次铸币是按照1546年4月1日的货币发行函件而进行的,金币的成色降到20开,银币的成色降到4盎司,即只有1/3的纯银。铸币收益税再一次上升。这次铸币也包括泰斯通。……估计总共铸造了451 811英镑的银币和263 130英镑的金币。亨利死于1547年1月28日,但是在他年少的儿子爱德华六世继位的几个月里,还在继续铸造他的第六次硬币。"④

值得我们总结是,亨利八世在位期间所接连进行的六次货币重铸,从表面上看,在获取巨大的铸币税收益,解决政府层面的钱荒问题等方面取得了成功,但实际上却严重损害了原来与欧洲其他国家相比,相对价值比较稳定、信誉较佳的英国货币体制。同时也对民间财富进行了大肆的掠夺,造成了民间的贫困。而且其恶果一直影响到了其子爱德华六世继位后的时代。正如乔恩所说:"1542至1551年货币大贬值期间,银便士的重量减少了1/3;更有甚者,银便士不用纯银来铸造,含银量只有1/4,3/4是铜。便士的实际含银量的价值跌到从前的1/6,;平均每年贬值22%。这种现象已经不能用解释以前的货币贬值时用的对正常的磨损进行必要的调整这个理由来解释了。很明显,一定有全然不同的因素发挥作用。查理斯(1978年)区分了'正常的货币贬值'和'铸币的财政掠夺'这两种情况,'正常的货币贬值'是英格兰不能控制的整个欧洲货币现象的一部分;'铸币的财政掠夺'是'随意的、独特的和欺骗性的'"。⑤ 并且,进一步导致金银货币体制发生紊乱的结果是,"镑的含金量也减少了,但是只下降了1/3,……金银兑换率一定是发生了明显的很奇怪的事情……已经从比较正常的11或12下降到5了。"⑥

---

① 约翰·F·乔恩. 货币史:从公元800年起[M]. 李广乾,译. 北京:商务印书馆,2002:70.
② 约翰·F·乔恩. 货币史:从公元800年起[M]. 李广乾,译. 北京:商务印书馆,2002:70.
③ 约翰·F·乔恩. 货币史:从公元800年起[M]. 李广乾,译. 北京:商务印书馆,2002:70.
④ 约翰·F·乔恩. 货币史:从公元800年起[M]. 李广乾,译. 北京:商务印书馆,2002:70.
⑤ 约翰·F·乔恩. 货币史:从公元800年起[M]. 李广乾,译. 北京:商务印书馆,2002:67-68.
⑥ 约翰·F·乔恩. 货币史:从公元800年起[M]. 李广乾,译. 北京:商务印书馆,2002:68.

2.2.5 爱德华六世的货币短缺与重铸

爱德华六世(Edward Ⅵ,1547—1553 年在位),是亨利八世的独子。其父于 1547 年 1 月28 日去世后,当时面临的政府层面钱荒问题仍然未解决,故从其继位的仅三个月后,即当年4 月起,直到三年后的 1550 年 12 月便进行了五次货币重铸。具体的做法除了在铸币上换印自己的肖像以外,第一次重铸时就提高了既有金银铸币的面值;第二次则降低了金币的成色;第三次则干脆降低了金币的重量,第四次虽增加了银币的重量却又降低了成色;第五次再次降低银币的重量。通过连续的货币重铸,爱德华六世持续获取了巨额的铸币税。但这样在三年半不到的时间里连续进行五次货币重铸,毫不掩饰地以攫取民间财富来缓解政府层面的钱荒窘境的做法,在英国历史上也是少有的。但这可能是整个统治层的推动使然,而非年幼国王自己的本意。因为 1553 年 7 月,爱德华六世因肺结核感染而死的时候,年龄还不足 16 岁。乔恩对此描述道:"爱德华是根据 1547 年 4 月 5 日的货币发行函件而开始其第一次铸币的。他对两种金属的成色都未作改变,但铸币价格略微上升了,而铸币收益税则适当地下降了。一些格罗特和较小面额的硬币上铸上了爱德华自己的肖像。其他的一些刻着亨利肖像的硬币也可以看做是这次铸造的,就像在伦敦塔铸造的一些泰斯通一样。在第二次铸币时,银币的标准未作变动,但金币则进一步贬值了。"①第二次铸币后,爱德华似乎为了挽回金币过度贬值的趋势,做过一些小的修正,从而进行了第三次重铸。但"爱德华的第三次铸币(根据 1549 年 1 月 24 日的货币发行函件)则于事无补。金币的成色虽然恢复到 22 开,但沙弗林的重量则等比例地下降了。……新的先令是用 8 盎司纯银铸造的,但重量只有 60 格令,上面印有爱德华自己的肖像。而格罗特和较小的硬币则继续用 4 盎司纯银铸造,但印的是他父亲的肖像。由于格罗特重 40 格令,因此,虽然从含银量来看,其比例严格地保持了不变(铸币等价为 7 英镑 4 先令 0 便士),但新先令还是要大很多。"②然而,"这次试验持续了不足三个月,接着,根据 1549 年 4 月 12 日的货币发行函件,又开始了第四次铸币。这次铸造的先令,重量增加到 80 格令(这是格罗特的两倍,而且很容易与其分开),但纯度则降到了 6 盎司,因而实际含银量还同以前一样,金币和小额银币则没有变化。对铸币价格也做了某些试验,看来是先从 3 英镑 8 先令 0 便士(当时的银币普遍采用这个价格),然后连续地增加到 3 英镑 12 先令 0 便士和 4 英镑 0 先令 0 便士。可以认为这是为了吸引更多的白银流向铸币厂。临近结束时候,也许是觉得没必要再大方下去了,于是又把铸币的价格降到了 3 英镑 18 先令 0 便士。"③及至"第五次铸币(根据 1550 年 12 月 8 日的货币发行函件)是贬值的最后阶段。先令的成色降到 3 盎司,这甚至低于还在继续铸造的、印有亨利八世肖像(六分半肖像)的格罗特,它是按 4 盎司的标准铸造的。"④

由以上材料来看,爱德华六世为解决钱荒问题,以达到增加铸币税收入的目的,前五

① 约翰·F·乔恩. 货币史:从公元 800 年起[M]. 李广乾,译. 北京:商务印书馆,2002:71.
② 约翰·F·乔恩. 货币史:从公元 800 年起[M]. 李广乾,译. 北京:商务印书馆,2002:72.
③ 约翰·F·乔恩. 货币史:从公元 800 年起[M]. 李广乾,译. 北京:商务印书馆,2002:73.
④ 约翰·F·乔恩. 货币史:从公元 800 年起[M]. 李广乾,译. 北京:商务印书馆,2002:73.

次的货币重铸所采用的方法已非常齐全，即要么直接提高既有金银币的价值，或要么降低金银币的重量或成色。但无论如何，金银币还能被称作金银币是因为尽管重量或成色降低，但毕竟铸币中还有一定的代表贵金属的金银成分。而到 1551 年 10 月进行第六次货币重铸时，则出现了用贱金属铸币代替贵金属铸币的问题，并影响到了其后的朝代（表 2－3、表 2－4）。

如乔恩所说："1551 年，爱德华重新开始用纯金和纯银铸造硬币，但 240 格令的沙弗林的价值被确定为（或增加到）30 先令，同时每便士银币的重量降到 8 格令。先令的发行量相当大，而且还引入了几种新面额：银克朗（5 先令）、6 便士和 3 便士硬币……还用贱金属铸造了一些印着爱德华的名字但没有肖像的便士、半便士和法寻。发行贱金属货币一直持续到玛丽统治时期，并将其标准降到 3 盎司。"①（表 2－3、表 2－4）

2.2.6 玛丽一世和伊丽莎白一世的货币短缺与重铸

玛丽一世（Mary Ⅰ），是都铎王朝的第四任君主，英格兰和爱尔兰女王（1553 年 7 月—1558 年 11 月在位）。在其五年的在位时间里，曾进行过两次货币重铸。由表 2－3 和表 2－4可知，在其 1553 年 8 月进行第一次货币重铸时，只是基本上继承了其同父异母之弟爱德华六世的币制，仅在铸币上改印了自己的肖像。但在 1557 年 8 月第二次重铸时，则对金币的重量和价格均作了调整，恰巧为原金币重量 240 格令和价格 360（实际金价）的 1/3，即为 80 格令和价格 120（实际金价），但铸币收益税则从原来的 0.16 增加到了 0.2。关于玛丽女王统治时期货币重铸问题的史料较少，故而评判比较困难，连乔恩也说："16 世纪 40 年代后期，农业取得好收成，接着到 1555 年和 1556 年又出现农业歉收，这种变化严重地扭曲了数据，掩盖了初期贬值的通货膨胀的作用，因而诱导'那些相信指数数据的人去寻找玛丽女王统治时期的货币稳定性的证据'。"②

伊丽莎白一世（Elizabeth Ⅰ，1558 年 11 月—1603 年 3 月在位），是都铎王朝的第五位也是最后一位君主。她即位后不但成功地保持了英格兰的统一，而且在经过近半个世纪的统治后，使英格兰成为欧洲最强大的国家之一。在英国历史上其在位时期被称为"伊丽莎白时期"，亦称为"黄金时代"。同时在英国的货币史上，伊丽莎白也有值得肯定的地方，即她曾致力于恢复其父亨利八世以来因货币屡次贬值所造成的混乱。由表 2－3 和表 2－4可知，在其 1559 年 1 月进行第一次货币重铸时，除银币基本上继承了其同父异母之姐玛丽女王的币制，仅在铸币上改印了自己的肖像外，在金币上则一下子恢复到了爱德华六世时期重量为 240 格令和价格为 360（实际金价）的旧制。但在 1560 年 11 月第二次重铸时，则对金币的重量和价格均作了调整，改为玛丽女王时期原金币重量 80 格令和价格 120（实际金价）的两倍，即为 160 格令和价格 240（实际金价），但成色则由 0.995 降为 0.970。同时铸币收益税也从原来的 0.2 增加到了 0.22。此外，我们由表 2－3 和表 2－4 还可知，除了在伊丽莎白继位后的第二、第三年她曾连续进行过两次货币重铸（可能在 1562 年又进行过一次货币重铸，但具体资料不详）以外，在她剩余在位的 42 年时间里外，

---

① 约翰·F·乔恩．货币史：从公元 800 年起［M］．李广乾，译．北京：商务印书馆，2002：81-82.

② 约翰·F·乔恩．货币史：从公元 800 年起［M］．李广乾，译．北京：商务印书馆，2002：81.

她可能未再进行过任何的货币重铸。这反过来也说明，她维持了长达40年的货币稳定。客观地说，要做到这一点，是相当不容易的。乔恩也对此评价说："在伊丽莎白一世和托马斯 · 格雷欣爵士英明地修复遭受亨利八世贬值之后的一个世纪的时间里，英格兰硬币的重量标准一直没有正式地变动过。国家关注的是政治和宗教，而非货币。在1603年伊丽莎白去世之后，苏格兰的詹姆斯六世成为英格兰的詹姆斯一世，英格兰和苏格兰因而成为一个统一王国，其货币按照一苏格兰先令等于一英格兰便士而得到统一。……实际的金银兑换率大约是13。"①(表2－3、表2－4)

2.2.7 牛顿的货币短缺与重铸

在伊丽莎白一世晚年的1660年至17世纪末的近40年时间里，英国因钱荒问题又导致了币制紊乱问题的出现。据乔恩研究："世纪之末，货币再次成为一个问题，从1660年到大约1688年，价格实际上一直在下降；某些迹象表明，由于货币的短缺，贸易正在萎缩。毫无疑问，货币的状况非常糟糕，而且到1695年汇率机制也解体了。按照格雷欣法则，好的银币被熔铸成银块出口。这时正在同法兰西进行一场沉重代价的战争，而这场战争则标志着国家开始背负巨额债务，所以到1696年刚成立不久的英格兰银行就出现了挤兑风潮。新被任命的财政部长威廉 · 朗兹于1695年9月12日发表了他的著名的'货币改造论'。……然而铸币的实际问题又是如此严重，以至于艾萨克 · 牛顿爵士（Sir Isaac Newton，1643年1月4日—1727年3月31日）本人也临危受命，先是做铸币局的局长，后又做铸币局的董事长。"②

表2－5 联合王国年均铸币发行量：1558—1694年

单位：英镑

时　　期	白银	黄金
1558—1649	171 961	86 299
1649—1694	83 886	155 853

资料来源：约翰 · F · 乔恩．货币史：从公元800年起[M]．李广乾，译．北京：商务印书馆，2002：98.

从表2－5可以看出，在伊丽莎白一世统治的前半时期，英国铸币发行以银币为主，年均发行银币价值为171 961英镑，金币则为86 299英镑，银币价值总额约为金币价值的两倍。而在伊丽莎白一世统治后半时期的1694年，情况发生了根本改变，即年均发行金币价值为155 853英镑，银币则为83 886英镑，金币价值总额约为银币价值的两倍。这种情况非常明确地佐证了当时英国白银外流的严重状况。

据乔恩说："这段时间的白银总铸造量是1 970万英镑。铸币局的试金总监霍普顿 · 海恩斯认为，其中大约有1 000万英镑到1695年仍在流通，其余的大部分则被熔铸成为白银或被出口了。这期间铸造的总额为1 500万英镑的硬币中，只有30万至500万仍在流通。从这些数据就得到两个结论：首先，流通中的硬币严重短缺；其次，1 000万英镑银币中，700万英镑是1649年以前铸造的，受到了严重的磨耗或缺损。"③需要说明的是，当时英国出现大量白银外流的结果正好与当时盛行的重商主义者提倡的理念是相反的。因为

---

① 约翰 · F · 乔恩．货币史：从公元800年起[M]．李广乾，译．北京：商务印书馆，2002：97.

② 约翰 · F · 乔恩．货币史：从公元800年起[M]．李广乾，译．北京：商务印书馆，2002：97.

③ 约翰 · F · 乔恩．货币史：从公元800年起[M]．李广乾，译．北京：商务印书馆，2002：98-99.

直到17世纪初，重商主义者仍抱有这种想法，即：要使本国富有，就要禁止本国货币和金银的输出。他们主张对外贸易的原则是少买多卖，只有出超才能使金银进口，以杜绝本国财富外流。[①] 与此同时，英国在17世纪初已开始在北美建立弗吉尼亚等殖民地。殖民地贸易在英国对外贸易中日益占有举足轻重的地位。此外，国家还通过向进口产品征税、减免本国产品出口关税、禁止金银出口、与外国签订商业条约等重商政策影响海外贸易。[②] 但即使这样，大量白银还是外流了。这正说明当时是因为英国货币价值本身的利差而不是国际贸易的逆差导致了英国货币的外流。而这又是与英国本身币制存在的缺陷是有关的。这种缺陷就是，以银币为代表的白银的价值在英国国内由于种种原因受到了低估，而在国外的价值则相对较高，这才是造成英国大量白银外流的真正原因。而隐藏在此现象背后的原因是如此之清晰，以至后来竟然引起了大科学家牛顿的关注，并开始介入英国的币制改革进程。比如"牛顿认为'由议会通过法律规定一克朗硬币的价值就等于一盎司白银的价值，看来是合情合理的'。由于没有处罚措施，他认为这是'使铸币的内在价值同所必需的、从而能尽量避免硬币被熔铸或出口的外在价值始终保持一致的唯一可信的方式。'"[③]

在确定了银币的价值之后，牛顿(1696)还进一步对黄金/白银的兑换率提出了自己的看法。他说："应当注意，金银之间无论在国内还是在国外，都几乎具有相同的兑换率，这一点也可以作为将铸币的价值提高到用来铸造该硬币的金属的价格上的又一个理由。因为，从能够购买的白银数量来看，如果黄金在国内比在国外更有价值，那么白银及其铸币将被出口到国外并从那里买回黄金；然而，如果白银及银币的价值增加得太多，同时又不成比例地增加黄金的价值，那么就会出现相反的情况。"[④]这正好就是牛顿当时面临的实际情况。牛顿于1696年3月25日被任命为铸币局局长，参与到国家货币政策的讨论和决策当中，并负责实施议会通过的关于整顿货币的法案，从此开始了他长达28年由他主持的英国货币重铸的历史。但牛顿当时面临的是一个金银复本位制中的不稳定的双本位制局面。如本书在第1章(1.4.1.2 金银复本位制)曾指出的那样，所谓双本位制是指国家以法律形式规定金银两种货币的比价，两者按法定的比例流通。双本位制试图克服平行本位制下金币和银币比率频繁变动的缺陷，但实际上也是办不到的，因为两种货币金属都有自己的市场价格，市场价格的波动必然会导致货币的名义价值与实际价值背离。同时，用法律规定金银比价，这与价值规律的自发作用也相矛盾。于是就会产生"劣币驱逐良币"的现象，即：实际价值高于名义价值的金币(或银币)被人们收藏、熔化，逐渐退出流通领域，而实际价值低于名义价值的银币(或金币)则充斥了市场。牛顿面临的情况则是白银流出、黄金流进。比如，在决定实施货币重铸以后，英国皇家铸币局和另外6个较小的铸币局，曾同时开工铸造新币。但是，铸币局的产量要比预想的少得多。这是因为白银大量流失，铸币局几乎无银可铸。所以，到1696年6月底，只有12%的银币重新回到了流通

① 李新宽．英国重商主义思想的分期问题[J]．武汉大学学报(人文科学版)，Vol. 6，2008(6)：741-746.

② 李新宽．论英国重商主义政策的阶段性演进[J]．世界历史，2008(5)：76.

③ 约翰·F·乔恩．货币史：从公元800年起[M]．李广乾，译．北京：商务印书馆，2002：102-103.

④ 约翰·F·乔恩．货币史：从公元800年起[M]．李广乾，译．北京：商务印书馆，2002：104.

之中。

虽然牛顿在铸币的重量和纯度上实行了最严格的标准,但始终无济于事。直到1699年,货币重铸也没有完成。① 这种情况,也可以从乔恩的研究中得到证实。他说:"1698年,信贷委员会的委员们认为22先令的几尼的价格比邻国铸币局所规定的至少高出6%——因此,银币的价值相对较低,从而促使白银出口。几尼的价值降到21先令6便士,使金银兑换率变为1∶15.5,与此相比,邻国则为1∶15。1699年2月16日,议会决定不得强迫任何人按22先令接受几尼。实际上,当时在用于税收的支付时,几尼的价值不超过21先令6便士。各种努力都证明白费了。虽然铸造了将近700万英镑的银币,但是这些新硬币几乎是一出现就从流通中消失了,因为银的市场价格继续高于银币价值。黄金兑换率的问题实际上一直到1717年才得到解决。"因为那一年牛顿将黄金价格定为每金衡盎司(纯度为0.9)3英镑17先令10又1/2便士。② 但"这时几尼的价值已经不足21先令了。金银的流动继续有利于黄金的流入。几尼成为流通媒介的主要组成部分。此外还有国外(主要是葡萄牙)的金币。1774年的货币重铸实际上是接受了后来于1817年正式采用的金本位制。不过,与此同时,在拿破仑战争期间及战后,联合王国也在向长期的不可兑现的纸币时代过渡。"③但问题是,牛顿当初似乎是要极力推行银本位制的,因为他关于"由议会通过法律规定一克朗硬币的价值就等于一盎司白银的价值"的建议的意义正在于此。但由于英国此时因大量白银外流,金币充斥市场,同时正值信用纸币正在兴起,因而他重铸货币的努力结果在某种程度上走向了反面,即原来是要推行银本位制的,结果却出现了金本位制。比如,牛顿当时也注意到,一个金路易在法国,价值为17先令3/4旧便士,而在英格兰为17先令6便士,这就使得金子大量流入伦敦。而银块的价格继续高于银币所代表的价格,货币重铸的努力几乎没有任何用处。在货币重铸期间投入到流通中的700万英镑银币,很快就退出了流通。这种情况一直持续到1717年。形势的发展实际上导致了原定的货币重铸失败。同时,随着黄金的大量流入,人们已经开始拒绝使用白银进行支付。即使接受白银,支付者也要付出额外的费用。而且,黄金的大量流入也使金价自动回落。对此,牛顿甚至设想,当时英国尚有很多银器,如把这些银器拿来进行铸币,也许能解决白银短缺的问题。但是,既然存在金银利差,黄金仍然会持续不断地流入英国。最终,他不再主张用白银进行铸币,因为黄金事实上已经成为英国的本位币了。④ 这里应该提及的是,加拿大数学家阿里·贝伦基德的一项研究表明,由于当时牛顿采用了英国金币制造标准化的措施以及他自己发明的"冷却定律",由此可减缓硬币的冷却速度并降低可变性,使金币的标准差从1.3格令(约合85 mg)下降到了0.75格令,从而为英国节约了相当于1 000万英镑的资金。⑤

然而,客观地来说,英国金本位制的形成实际上是1696年一次看似平常的货币重铸

① 管清友. 牛顿搞金融工作30年[N]. 大庆晚报(多媒体数字版),2008-11-5.

② 管清友. 牛顿搞金融工作30年[N]. 大庆晚报(多媒体数字版),2008-11-5.

③ 约翰·F·乔恩. 货币史:从公元800年起[M]. 李广乾,译. 北京:商务印书馆,2002:106.

④ 管清友. 牛顿搞金融工作30年[N]. 大庆晚报(多媒体数字版),2008-11-5.

⑤ 粘轶锋. 牛顿曾为英国节省1 000万英镑[N]//英国新科学家周刊5月29日报道. 参考消息,2012-5-31:4.

失败的副产品,因为正是这次偶然的事件带来了货币史上的重大变革:从银本位到金本位的转变。正如乔恩所说:“联合王国至少从 1696 年牛顿的货币重铸就正式地实行了银本位制了。(但)由于贸易的增长,金本位实际上在国内已经实行了许多年了。不管怎样,铸币问题并没有得到真正的解决。1733 年,王国重铸货币,废止了原先用锻造方式制造的金币,而且从 1750 年开始锻造小型银币。实际上,在 18 世纪的大部分时间里,铸币的产量一直很低,而且持续地存在货币缺损及非法铸币的问题……从而引起人们对几尼的潜在的不信任,所以银行券也就因此而升值了,银行券和外国金币在流通媒介中的数量就增加了,而且有一段时间出现了官方的铜币和带有私人‘印记’的铸币(民铸货币)”。[①] 然而,在英国币制问题上变化更大的是,1774 年的货币重铸实际上已经取消了白银作为通货的地位。特别是“1797 年暂停硬币支付的规定就意味着不列颠使用不可兑换的纸币了:货币改革得推迟进行。……在停止硬币支付时间之后,王国政府于 1821 年按从前的平价重新恢复了可兑换性。银行券也得到了很好的使用,而且又可以兑现了。但是用什么来兑现呢? 黄金还是白银? ……这时,在利物浦第二伯爵的领导下,金本位成为正式的制度。……到 1816 年,在成为首相之后,他决定转向金本位,用等价值的1 英镑硬币(沙弗林金币)取代 21 先令的几尼,并在 1821 年恢复硬币支付之前采取措施。因此联合王国在 1816 年即采用规范的金本位制。” [②]值得一提的是,为了确保金本位制的推行,1816 年6 月 22 日,在利物浦的主持下,英国议会还曾通过法案,规定白银处于从属地位,法定银币只有 2 英镑,而且在铸造的时候有意让银币重量不足。[③] 在此情况下,英国的“金本位因而成为正式制度,并以‘沙弗林’金币作为通货基础。沙弗林从 1817 年开始铸造,其重量和整个样式同当时铸币局仍在生产的相同。银行券仍然不能兑现(为硬币),但是,由于新的金币开始进入流通,英格兰银行开始检验其品质了。1817 年 4 月,它宣布将兑现所有不足 5 英镑、署明日期在 1816 年 1 月 1 日以前的银行券。……1817 年 10 月,英格兰银行又宣布将进一步兑现所有在 1817 年 1 月 1 日以前发行的银行券,但这并不怎么成功:由于兑换大量高面额的银行券,英格兰银行的黄金储备急剧减少;尽管英格兰银行在 1817 年 1 月 1 日至 1819 年 3 月 25 日期间支付了大约 675 万沙弗林,但是真正进入流通的则很少,它们几乎都流向国外了。” [④]当然值得肯定的是,由于牛顿的货币重铸,致使英国 “以银作辅币的金本位制运作良好,并且一直保持到 1914—1918 年的第一次世界大战,实际上还维持到了战后。”这可能是科学家之所以要比金融家高明的理由的注脚。[⑤]

2.3 美国历史上的货币短缺危机与成因

2.3.1 美国移民前当地印第安人的货币短缺情况

15 世纪是人类大航海时代的开端。美国的诞生则源于 1492 年,当时的意大利人哥伦

① 约翰 · F · 乔恩 . 货币史:从公元 800 年起[M]. 李广乾,译 . 北京:商务印书馆,2002:109.
② 约翰 · F · 乔恩 . 货币史:从公元 800 年起[M]. 李广乾,译 . 北京:商务印书馆,2002:111.
③ 管清友 . 牛顿搞金融工作 30 年[N]. 大庆晚报(多媒体数字版),2008-11-5.
④ 约翰 · F · 乔恩 . 货币史:从公元 800 年起[M]. 李广乾,译 . 北京:商务印书馆,2002:112-113.
⑤ 约翰 · F · 乔恩 . 货币史:从公元 800 年起[M]. 李广乾,译 . 北京:商务印书馆,2002:113.

布在西班牙国王的支持下开始的远洋航行。其时哥伦布和许多西欧人一样,也向往富庶的东方世界。他相信地球是圆的,只要从欧洲海岸一直向西航行,就可以到达黄金、香料等物品的产地——中国和印度等地。经过了两个多月的艰苦航行,哥伦布的船队终于发现了一块陆地,这就是今天被称为美洲的大陆。但当时哥伦布以为他所到的地方就是印度,所以把当地的人称为印第安人。随后的 1498 年,葡萄牙人达·伽马绕过好望角开辟了欧洲到印度的东方航线;1519—1522 年葡萄牙人麦哲伦完成了环球航行等航海的历史壮举,从地理范围上使原本分散隔离的各大洲逐渐变成了联系为一体的世界。伴随着西方物质生产水平的提高,"黄金热"、"香料热"成为驱使欧洲人一次又一次远洋探险、寻找"新大陆"的强劲动力。随后葡萄牙、西班牙、荷兰、英国等大西洋、波罗的海国家相继进行的全球性海上扩张和殖民活动,开启了"地理大发现"和随之而来的世界性海洋贸易时代。①

据考证,当哥伦布到达现在美国所在的地区上估计生活着 500 万人(而到了 1809 年就只剩下了 60 万人)。② 当时印第安人使用的货币主要是贝壳串珠,它即使到美国大陆政府成立的初期还在使用。另外,从同期的玛雅人曾使用古银币的情况来推测(玛雅文明在 18 世纪晚期崩溃的原因可能出于生态危机Ⅲ),美国所在地区的印第安人当时可能也曾使用过银币,但金属货币肯定是非常奇缺的。

2.3.2 美国移民时期的货币短缺与成因

1587 年,英国瓦尔特·雷利勋爵在美洲建立了第一个英国移民点,并取名为弗吉尼亚以纪念英国女王伊丽莎白。然而新世界的真正殖民化则开始于 17 世纪。1620 年,共 101 个移民乘坐"五月花号"来到美洲,其中有 87 个是受到宗教迫害的清教徒,以及他们所雇用的14 个雇工。由于欧洲当时正面临宗教矛盾,30 年战争,克伦威尔时期的动荡、迫害,英国革命等局面的影响,再加上长期有将被判刑者流放的习俗,这一切因素促使大批移民迁往北美洲,并且产生了新移民点。从地理分布来看,居住移民点主要建立在温带,种植移民点则主要建立在热带。同时由于甘蔗、稻米、棉花的大种植园需要大量的劳动力,于是移民便求助于奴隶,从而开始了大规模的从非洲贩卖奴隶的活动。后来美洲的殖民活动逐渐向西展开,并贯穿整个18 世纪。③

值得一提的是,当时在英国,殖民活动是由大公司领导的,国家仅仅给予垄断权、契据,颁布规程。后来一些移民机构被建立起来,以鼓励新移民在殖民地,特别是在新世界定居。因此可以说,最初的移民具有民间自发的倾向,因而民间能够带到殖民地的财产也应该是仅限于民间自有的财产。比如,最初乘坐"五月花号"来美洲的 101 个移民,他们主要携带的是家具、日常用品、工具以及家畜,很少携带大量金属货币的,因而可以想象金属货币在移民的初期也是非常短缺的。④ 在此背景下,我们也不难理解,当初移民在与印第

① 陈昆. 明朝中后期海外白银输入的三条主要渠道[J]. 社会科学家,Jun. ,2011:38.

② 斯塔夫里阿诺斯. 从史前史到 21 世纪:全球通史[M]. 董书慧,等,译. 北京:北京大学出版社,2005(7):608.

③ 张明林. 欧洲史亚洲史美洲史[M]. 北京:联合教育出版社,2006:84.

④ Carol. Berkin, Etc. , Making American: A History of the Unired States[M]. Houghton Mifflin Company, U. S. A, 1995:41.

安人的交易中、后来在移民彼此之间的交易中可能会不得不接受当地印第安人的货币。对此,卡恩描述说:“在美国建国之前,欧洲在这块新大陆上建了13个殖民地,每个殖民地采用各自独立的货币制度,既没有统一采用不列颠的货币制度,彼此之间也不能按面值相互兑换。……当时的一个关键问题就是缺乏硬币。如同在爱尔兰一样,殖民地的货币问题严重地被不列颠政府所忽略。当时正大行其道的重商主义原则也不利于黄金和白银流向殖民地。从1637年到1661年,当时的马萨诸塞地区宣布北印第安人的“原始货币”贝壳串珠为法定货币,可用来偿还12便士以下的债务(从1641年起为10便士以下)。但后来其价值却‘贬值’了。原来白色贝壳串珠‘每便士4个’,蓝色的‘每便士2个’,贬值之后都降为‘每便士6个’了。1652年5月26日,马萨诸塞殖民地建立了自己的铸币厂,以铸造松树图案的先令,但是到1665年,由于这触犯王权,因此被迫取消了”。①

中国学者张光认为,当时北美英属殖民地的这些政治与经济特征,无疑决定了货币供应的重要性。这是因为,一方面,因人口增长而增大的经济规模、商品经济的发展,都需要货币供应规模随之相应增大。另一方面,尽管北美英属殖民地金属货币短缺曾不得不使用过贝壳串珠和信用券,但由于货币本位及货币信用本质要求的使然,会迫使它们仍倾向于和世界其他各地一样,偏好使用金银等贵金属铸成的硬币。但不幸的是,当时的北美尚没有发现大型金矿和银矿,自然也无法生产金银等贵金属。而殖民地的地位更使它难以通过对外贸易获得足够的金银币。时人富兰克林对此有清晰的认识,他说:“北美不生产金银,因为没有矿藏。而那些自外部输入的金银数量,根本不能满足经济交换的需要,殖民地与英国的贸易,通常不利于前者,结果造成金银外流,以平衡贸易赤字。相反英国,作为一个宗主国,能够而且也经常颁布限制进口(因为这将使它的金银外流)的法律。相比之下殖民地由于在政治上不独立,而无法通过法律限制人民进口外国货物。因为如果殖民地搞出这样的法律,就会马上(被英国)视为侵害(它的)商业和利益而被废除”。这就解释了为什么在使用纸币之前,每个殖民地经济都因金银币外流英国而遭到严重打击的原因。②

具体而言,殖民地只被允许从英国进口制造业产品,但可以向英国以外的国家和地区出口货物。从后者赚取的金银,在用作平衡对英贸易逆差后的剩余,就是可供殖民地内部货币流通及其他用途的全部贵金属。因此,尽管殖民地人民通常使用英国货币单位(先令和英镑)计价,但他们使用的大部分硬币来自于英国以外的地方。到1690年,每个殖民地都创造了自己的货币,称作——省币(current money of the province)。这种货币由外国硬币(主要是西班牙-piece of eight,或-dollars)构成,但根据殖民地法律按先令计价。例如,马萨诸塞州1692年的一个法律规定,1个dollar在该殖民地值6个先令,而在英国1个dollar所值不到4个半先令。③

---

① 约翰·F·乔恩. 货币史:从公元800年起[M]. 李广乾,译. 北京:商务印书馆,2002:352.

② Benjamin Franklin, The Writings of Benjamin Franklin, edited by Albert Henry Smyth, New York: Macmillan, Vol. 2, 1907:2-7. 转引自:张光. 纸币的威力:北美英属殖民地经验及其理论意义[J]. 南开大学学报(哲学社会科学版). 2005(4):70.

③ Curtis P. Nettles, The Money Supply of the American Colonies before 1720, New York: The Century Company, 1964:256.

应该说,金银货币的供应不足严重影响了各殖民地经济的发展。美国经济史学者莱斯特(Richard A. Lester)利用有关历史文献和统计资料,证明了在宾夕法尼亚于1723年和1729年发行纸币之前,曾因货币供应不足,发生过严重的经济衰退。他描述道:"在人烟稀少、银行不存在、自然利息率奇高的殖民地,金银币成为奢侈物。"①在这种情况下,金银币持有人便倾向囤积而非使用金银币,从而使货币供应更加紧张。根据莱斯特的研究,在18世纪前三四十年,欧洲和美洲的总物价水平,按照金银币计算,持续走低。这表示相对于生产和服务的规模而言,货币供应呈短缺状态。然而,随着物价的持续走低,人们却更加倾向于囤积而非使用金银币。比如,当时费城的一位叫罗勒的商人,描述了货币短缺对实体经济的严重负面影响。他说:"金银短缺到了这个地步,以至于农民无法用他的谷物购买到它们,只好强求商家接受谷物,而后者也对贸易商提出同样的要求,最终使贸易行为变得难以进行;而且,交易的价格是如此之低,不足以维持农民的生计。银币都被用于对外贸易,没有什么剩余可用于国内贸易。金子也几乎被消耗殆尽,只有少许零碎被用于流通。即便是这些零碎金子,最终也被熔铸成块,运往英国。"②

由此也不难理解,殖民地当局最初在本地金属铸币极度缺乏,而自身又没有铸币权的时候,是无法获得铸币税的。然而正是由于殖民地当局在当地既缺少他们习惯上使用的金属货币,而自铸金属货币又受到宗主国政府的限制,所以迫使他们采用了一种变通的办法,即发行信用券,从而以另一种方式获得了铸币税。据卡恩说:"1690年,马萨诸塞率先使用信用券。顾名思义,信用券主要用作特定目的,而且是旨在绕过殖民地发行'货币'的禁令。1703年,南卡罗来纳也开始效仿,直到1730年(受本杰明·富兰克林的一篇著名论文的影响)信用券已经成为所有殖民地的主要货币,各地财政当局纷纷发行纸币。有些货币的面额非常小,像6便士、8便士或12便士。此后,马萨诸塞又开了另一个'先河',它的《货币公告》由于'模棱两可',使得公开发行的纸币第一次出现贬值。根据《货币公告》,纸币在1702年开始发行时,与不列颠货币的比例是133先令对100不列颠先令。但是到1713年,这个比例变为150:100,到1749年又下降为1 100:100,因此它在当时的法兰西殖民地路易斯安那占据了优势,当时路易斯安那正遭受着1720年颁布的'确定美洲女王陛下之殖民地之外货币比率'的安娜女王的法案的制约。1751年,乔治二世又颁布了一项法案,该法案旨在管理和控制信用券在国王陛下的殖民地,即在美洲的罗得岛殖民地,普罗维登斯殖民地、康涅狄格、马萨诸塞湾以及新罕布什尔的流通使用,以避免信用券作为法定的支付货币。"③

值得一提的是,在各州纷纷发行自己纸币的过程中,有的州似乎做得比较成功。比如,从1746年起,宾夕法尼亚政府为了支付对法国和印第安人战争费用而多次发行纸币。在1755年到1760年之间,该殖民地政府总共发行了4 815万镑纸币,以支持对法、

① Richard A. Lester, Monetary Exp eriments: Early American and Recent Scandinavian, Princeton: Princeton University Press,1939:62.

② Richard A. Lester, Monetary Exp eriments: Early American and Recent Scandinavian, Princeton: Princeton University Press,1939:62-64.

③ 约翰·F·乔恩. 货币史:从公元800年起[M]. 李广乾,译. 北京:商务印书馆,2002:352.

对印第安人的战争。这些纸币贷款,由于是以借款人的土地和房产为担保,所以又称为"土地贷款"。管理发放、回收这些贷款的政府部门被叫做"土地银行"。而宾夕法尼亚发行纸币的现象,也得到亚当·斯密的注意。他在《国富论》里写道:"在没有储备任何财富的情况下,宾夕法尼亚政府发明了一种向其臣民贷款的方法,即向后者发放一种虽然本身尚不是钱,但又相当于钱的纸币。这些纸币,以带息贷款的形式,以土地为担保,出借给私人,然后在发行后的15年内逐年偿还。在此之间,它们就像银行票据一样在私人之间转手,因为议会的法律宣布这些纸币是清偿殖民地居民之间债务的合法手段。"①但问题是在北美英属殖民地,纸币的发行并不囿于宾夕法尼亚,而是为大多数殖民地政府所采用的金融和财政手段。比如从1690年到1775年的85年间,不同的殖民地政府总共发行了250次纸币。② 那么,各州或者同一州每次发行信用券的结果就会很不一样。

诚然,各殖民地发行不同任何金银硬币挂钩的纸币,并不全部会导致恶性通货膨胀。比如,据美国官方的历史统计资料,在1723年,宾夕法尼亚纸币与英国铸币(英镑)的兑换率为1.33∶1;到1775年,这一比率为1.66∶1。换句话说,以英镑计量,宾夕法尼亚纸币在这半个多世纪里,年均贬值率不过为0.4%。③ 但大多数州的情况就并非如此幸运了。对此,美国史学家波京(Carol Berkin)认为,在美国独立战争期间每个州都曾发行纸币以支持革命。但由于这些纸币只有极少的硬币作为支撑,所以几乎立刻就失去了价值。比如当南卡罗来纳州刚把纸币印好的时候,它们的实际价值就只有面值的10%了。这种货币价值戏剧性下跌的结果甚至导致当时一顶普通帽子外加上衣的价格要收2 000美元。④

从以上情况来看,如果暂时撇开殖民地争取独立的正当性问题,那么客观地说,在欧洲移民迁居美洲殖民地的初期,不管是宗主国的政府还是殖民地当局,其收入来源主要还是普通税,而几乎没有铸币税。但至殖民地当局发行信用券后,情况就发生了根本改变,即殖民地当局除获得普通税以外,出于自身的需要,还获得了铸币税,甚至于对后者的依赖超过了前者。相比之下,作为宗主国的不列颠政府不仅没有铸币税,相反还可能流失原来普通税的份额。而这种情况的发生,究其原因是因为当时不列颠政府主要是把"保护和开拓殖民地看做是不列颠对外政策的重要特征。而'航海法'正是为了力求确保殖民地成为不列颠的产品出口市场。当时伦敦政府传统上并不干预海外侨民的社区内部事务。尤为特别的是,'大陆殖民地'都有经过选举的强有力组织,而且认为他们自己应当自治。在此期间,不列颠和法兰西为了争夺北美控制权而展开了7年的战争,战争的结果是签署了《巴黎和约》,根据和约,法兰西被迫让出魁北克和包括底特律在内的一些要塞重地以及'除新奥尔良之外的、密西西比河以东的所有疆域'。然而,胜利也是要付出代价的,因为胜利之后必须在这些获得的土地上派驻、维持不列颠的军队,而国债这时已增至1.4亿英

---

① Adam Smith, Wealth of Nations, New York: The Modern Library, 1937:772. 转引自:张光. 纸币的威力:北美英属殖民地经验及其理论意义[J]. 南开大学学报(哲学社会科学版). 2005(4):70.

② Bureau of the Census, Historical Statistics of the United States Colonial Times to 1970, Washington, D. C.: U. S. Government Printing Office, 1975:1200.

③ Bureau of the Census, Historical Statistics of the United States Colonial Times to 1970, Washington, D. C.: U. S. Government Printing Office, 1975:1198.

④ Carol Berkin, Etc., Making American: A History of the United States. Houghton Mifflin Company, U. S. A, 1995:143.

镑。议会对殖民地的财富费用因此变得非常敏感。"[①]于是,宗主国想到了如何从殖民地获取铸币税的问题。

2.3.3 美国建国前夕的货币短缺与成因

我们不难理解,在宗主国本身债务高悬、财政吃紧,从而希望从殖民地获得各种收益以弥补国内财政亏空的情况下,宗主国自然不希望殖民地的经济完全独立于自己而另搞一套,尤其是不希望在涉及铸币权的问题上遭到挑战,因为这是最核心的利益所在。而且有学者认为,隐藏在英国政府禁止北美殖民地使用自己发行的纸币的立法背后还有一个动机,可能是要殖民地人民通过向英伦银行借款,而不是发行自己的货币,来解决货币供应问题。[②] 或许这样的观点有一定的理由。但无论如何,英国政府的禁令,却引起了殖民地人民的极大不满和抵制。比如,富兰克林就抱怨道:"在(通过对殖民地人民不利的不平衡贸易)把他们的钱(金银) 吸尽后,又剥夺了他们使用钱的替代品纸币这个小小的特权,实在是强人所难。"[③]

据统计,美洲在 1500—1800 年的三百年间,由于贸易不平等,运往欧洲的金银的数量分别达到 2 078 t 和 72 825 t。由于当时美国所在的殖民地已成为美洲最大的经济体,所以有理由估计其中有相当大的一部分金银输出是来自该地(表 2-6)。

表 2-6 1500—1800 年的三百年间从美洲运往欧洲的金银的数量 单位:t

年　代	金	银
1500—1600	150	7 500
1600—1700	158	26 168
1700—1800	1 400	39 157
Total 1500—1800	2 708	72 825

资料来源:THE WORLD ECONOMY: A MILLENNIAL PERSPECTIVE, by Angus Maddison, DEVELOPMENT CENTRE OF THE ORGANISATION FOR ECONOMIC CO-OPERATION AND DEVELOPMENT, © OECD 2001:64-65.

当然,英国的禁令使殖民地政府不得不减少纸币的发行,并迫使他们只能继续用金属货币流通。从而保证继续有源源不断的金属货币流回英国,因为这是符合英国重商主义的根本立场的。同时,英国也从美洲殖民地获得了巨额的铸币税。

1760 年,乔治三世(George Ⅲ,1738—1820)继承王位。这时国王的意图是可以让殖民地做到财务自立,但政府必须从殖民地手中征集到至少足以弥补政府开支的税收。这首先就意味着必须强化由伦敦任命的、代表国王意志的总督的权力。1765 年 2 月,英国议会通过了第一部征税法,即印花税法。而这部法律差一点使革命提早 10 年爆发。因为殖民地各地都有抗议示威甚至暴乱现象发生,所以法律的条款从未得到有效的实施。随后英国政府被迫取消了印花税,但却又让伦敦法院对此作了一个解释以维护自己的尊严。但按照伦敦法院对关于印花税被迫取消后的《说明条例》的解释,它仍然意味着伦敦政府拥有征税权,但殖民地拓荒者则持相反的观点。随后,英国政府不再顾虑殖民地的反对,

---

① 约翰·F·乔恩. 货币史:从公元 800 年起[M]. 李广乾,译. 北京:商务印书馆,2002:353.

② William F. Hixson, Triumph of the Bankers : Money and Banking in the Eighteenth and Nineteenth Centuries, Westport, Conn. : Praeger, 1993. :56. 转引自:张光. 纸币的威力:北美英属殖民地经验及其理论意义[J]. 南开大学学报(哲学社会科学版). 2005(4):70.

③ Benjamin Franklin, The Writings of Benjamin Franklin, edited by Albert Henry Smyth, New York: Macmillan, Vol. 5, 1907:7.

着手改组海关并收取关税(其中包括茶叶关税,而收取茶叶关税则导致了波士顿茶叶团的出现)。根据预算,收取关税可以带来40万英镑的收入。①

我们知道,经济历来是政治的基础,而政治则是经济的集中表达。当经济压迫达到一定烈度的时候,经济上的反抗就会演变成政治上的对立,从而引发政治革命。但政治上的革命往往又是由启迪革命的思潮所催生的。1770—1780年期间,美洲是整个欧洲的注意力中心。首先,美国革命的领袖们相信洛克及启蒙哲学家的学说,对许多人来说,年轻的"美利坚合众国"可以最先将启蒙思想付诸实施。此外,政治思想不仅仅由东向西,也就是由欧洲向美洲传播。同时也发生了反方向的交流:大西洋彼岸的事件也影响了欧洲人,他们希望改革甚至废除君主制。此时,大不列颠在新英格兰驻有重兵。殖民地必须缴纳捐税以维持这支军队,因此殖民地与伦敦政府之间就税额问题发生了严重的分歧。对于殖民地来说,这首先是一个原则问题。殖民地的管理是由地方选举的"议会"来负责,然而殖民者在伦敦议会中并没有席位,而决定收纳新税的正是伦敦议会,因此作为大不列颠臣民的殖民者的权利受到践踏,因为他们有权只缴纳他们同意的税款。1773年12月16日晚,从东印度来的一船茶叶被殖民者倒入海中。这次"波士顿茶会"是美国革命的导火线。②

几乎与此同时,殖民地人民的持续抵制,也使英国政府少许软化了它的立场,并在经济上,尤其是在关于纸币发行的问题上作了让步。比如,在1773年,英国国会修改了法律,允许殖民地宣布它们的货币作为一切公共债务(殖民地税收、罚款等等)的支付手段。但使用纸币清算私人债务仍属被禁止之列。其主要原因可能是当时殖民地人民特别是南方的种植园主,对英国出口商人欠有大笔私人债务。并且这种情况,一直持续到了战争爆发。然而英国和殖民地在处理这些债务上的利益争执,却成为美国独立战争的导火索之一,并波及战后的美英关系。③

如从确切的历史角度来看,美洲殖民地争取独立的直接诱因主要是出自经济而不是政治方面的,即殖民地当局希望从宗主国手中获得相对广泛的经济独立权而不是完全的政治独立权。只是事态后来的发展变成了如果政治上不能得到独立,那么经济上的独立就不可能得到保障的局面,从而使政治上的独立变成了最终选项。④

第一次大陆国会会议于1774年9月在费城召开,但讨论的重点只是联合抵制进口英格兰产品的问题,而非政治独立。1775年5月,美洲大陆大会在费城召开,参加者是13个殖民地的代表。他们推举华盛顿上校为殖民军总司令。大会决定打破英国对茶叶贸易的垄断。大不列颠政府对此采取镇压措施,派皇家海军驻扎在美国沿海,禁止商品出口或进口。此举造成彼此的分歧骤然扩大,1776年1月大陆国会会议宣布:"联合起来的殖民地从此成为,而且应该成为自由独立的合众国;它们解除对于大不列颠国王的一切隶属关系,他们与大不列颠王国的一切政治联系,亦应完全废止。"而且形势不久就变得很明朗,殖民地就要进行反抗了。6个月以后,1776年7月4日,大陆国会通过了独立宣言:"我们

① 约翰·F·乔恩. 货币史:从公元800年起[M]. 李广乾,译. 北京:商务印书馆,2002: 354-355.

② 约翰·F·乔恩. 货币史:从公元800年起[M]. 李广乾,译. 北京:商务印书馆,2002:106-107.

③ Edwin J. Perkins, The Economy of Colonial America, New York:Columbia University Press, 1980:115.

④ 张明林. 欧洲史亚洲史美洲史[M]. 北京:联合教育出版社,2006:11.

认为这些真理是不言而喻的:人人生而平等的,他们都被造物主赋予某些不可剥夺的权利,其中也包括生存权、自由权和追求幸福权。"①

第二次大陆国会会议的第一项举措就是建立军队,但建立军队得花钱而大陆国会还没有征税的权力,于是便在6月安排发放了200万英镑的信用券,7月又再次发放了100万英镑。此外大陆国会还尽量在各殖民地之间指派税收任务,并将其纳入新成立的大陆国库之中。不用说,信用券不是"尽善尽美"的,因而必须使以道义的劝说以引导人们接受它们。1776年1月11日之"决议"规定:"无论何人,只要今后丧失所有良好品德、敌视国家,一直拒绝接受信用券甚至对货币流通设置障碍,就应当受到惩罚,而且应当被看做是国家的敌人,应当禁止其从事所有贸易,禁止其与邻居往来"。②

但总的来说,在以失败而告终的早期纸币融资尝试结束之后,这个新兴的国家仍然没有真正属于自己的货币,外国硬币仍然是主要的流通媒介。比如,1776年4月19日公布的一份价目表,表明了以西班牙元,即八里亚尔币披索(Piece of Eight,西班牙旧银币名)表示的各种外国金币和银币的价格。其中,英格兰的几尼金币的价格是4又2/3美元(dollar)。这就暗示着金银兑换率为15.21∶1,这与英格兰是一样的(dollar这个词是"thaler"的变音,而"thaler"又是"Joachimsthaler"的简写)。Joachimsthaler则来自波西米亚流域的Joachimsthal,因为1519年第一次大量发行这些大面额银币时就是使用产自该流域的白银。③ 当然,大陆国会所有这一切做法就标志着殖民地当局已将普通税和铸币税的权益从宗主国手中夺回,并且不惜使用强权来对内加以强迫实施。

2.3.4 美国建国初期的货币短缺与成因

美国建国后,一方面,对外要应对英国的武力干涉和封锁;另一方面,对内则要维护国家的独立和经济的稳定。但所有这一切都需要有相应的经济实力作支撑,尤其需要以货币为表征的财力的支撑。但对本来金属货币就十分稀缺,而又习惯于通过发行信用券来获得铸币税的新大陆政府来说,再次大量发行信用券还是最简便的方法。但不同的是,如果说在建国以前,各州发行信用券还要顾忌英国的干预,只能通过以激励民众自愿购买的方式来发行,那么在建国之后,信用券的发行就可以公开的方式发行,并可以在一定程度上强行摊销。据乔恩研究,1776年的一年之后,大陆国会说:"大陆货币将按照各信用券分别标明的券面价值流通,它应当得到要求按照相同的价值将其兑现为硬币的各州人们的支持,防止敌人企图使用货币自由兑换的诡计而搞破坏,(因为)目前敌人正通过提高金银的名义价值来破坏信用券的信用。"④随后,为了提升信用券的信誉,并有利于在全国流通,国会规定信用券为法定货币,称为"财政部钞票"。在1777年一年的时间里,就大约发行了1 300万美元钞票——在这年年初发行时,大约2美元等于1元银币,而到年底就贬值到4美元等于1元银币了。应该说,私人企业对这次货币贬值也起了推波助澜的作用,

① 张明林. 欧洲史亚洲史美洲史[M]. 北京:联合教育出版社,2006:11.

② 约翰·F·乔恩. 货币史:从公元800年起[M]. 李广乾,译. 北京:商务印书馆,2002:355.

③ 约翰·F·乔恩. 货币史:从公元800年起[M]. 李广乾,译. 北京:商务印书馆,2002:358.

④ 约翰·F·乔恩. 货币史:从公元800年起[M]. 李广乾,译. 北京:商务印书馆,2002:355.

因为它们发行了许多假冒的钞票。到1779年年底,“财政部钞票”总共发行了2.41亿美元。到1779年10月,大陆国会还做出决定,规定今后在征税时应当按40美元钞票兑换1西班牙金币的比率收取黄金和白银。到1780年年底,这个比例变成了75:1,而由于国会和各州继续发行钞票,使得贬值日益严重,最后钞票就根本兑付不了任何金币了。[①] 而这个例子说明,美国在建国初期,由于金属货币短缺而采用的信用券,主观上是想要当作金属货币的代用货币使用的,但与一般意义上的代用货币不同的是,客观上它没有足够的金属货币作价值担保,因而它变成了一种纯粹的信用货币。而信用货币的发行如果没有相应的约束,那么发行者就可以获得几乎百分之百的铸币税。

值得注意的是,美国独立战争正式结束的时间是1783年,而大陆货币到1781年即已失去了价值。此外,各州也曾发行了不可兑现的纸币,但在国会于1777年提出要求之后虽然停止了,但是已经发行的那些纸币也失去了价值。乔恩认为,从这时到宪法生效的1789年的这段时间里,是一段“非常关键的时期”,在此期间所发生的事件对后来美国货币及金融具有深远的影响。比如有些州发行了信用券,而其他州也打算这样做,然而富人们则反对这种做法:因为他们“将纸币看做是经过公开选举而成立的政府试图允许普通群众逃避公共和私人债务的工具”。特别令人担忧的是,在宪法产生时,赞成金属货币制度、反对发行纸币的保守派观点仍然占了上风。[②]

更为严重的问题是,早在1780年,大陆货币实际上就已经开始失去信用了,但尽管这样,有些州还是想把它往火坑里推,特别是在1785年,有的州像罗得岛州、纽约州、宾夕法尼亚州、新泽西州、北卡罗来纳州、南卡罗来纳州以及乔治亚州,都一窝蜂地发行大陆货币。在此情况下,具有里程碑意义的是,1785年7月6日,国会决定美元货币单位采用十进制,并宣布将建立铸币局,其目的是希望取代流通中的伯明翰铜币,但是没有取得成功。这是因为当地发行的纸币的信用上还是不能取代沿袭下来的英国金属铸币的信用。但是,在此期间,除了这些还处在试验阶段的纸币以外,这个新兴的国家仍然没有真正属于自己的货币。[③]

1787年9月17日,宪法开始生效,规定只有国会才有铸币权。这就从根本上取缔了各州可以自行发行货币的权利,从而向一个国家、一种货币的方向前进了一步。然而铸币局本身一直到1792年4月2日颁布《铸币法》时才正式成立——这已是《独立宣言》发布之后的第16个年头了。《铸币法》颁布之后,虽然规定联邦政府具有铸币垄断权,但实际上各州仍有权向银行颁发钞票发行执照,这就不可避免地出现了腐败、诈骗以及所谓的“野猫银行”。后来为了克服这些问题,在政策管理上实行了一些新的尝试,试行了“自由开办银行业务”的做法以及互相担保的“安全基金制度”。但安德鲁·杰克逊总统和美国第二银行董事尼古拉斯·毕多之间所发生的“银行战争”却使建立联邦银行的计划落空了。这就解释了为什么美国有这么长时间缺乏一个全国性银行体系的原因。[④] 在此情况

① 约翰·F·乔恩. 货币史:从公元800年起[M]. 李广乾,译. 北京:商务印书馆,2002:356-357.

② 约翰·F·乔恩. 货币史:从公元800年起[M]. 李广乾,译. 北京:商务印书馆,2002:358.

③ 约翰·F·乔恩. 货币史:从公元800年起[M]. 李广乾,译. 北京:商务印书馆,2002:359.

④ 约翰·F·乔恩. 货币史:从公元800年起[M]. 李广乾,译. 北京:商务印书馆,2002:360.

下,新兴的美国本土还曾普遍出现了一种私人票据流通的现象。比如在1790—1830年长达40年的时间里,这种私人票据多半可以作为一种担保支付的凭证,开票人开出它用作冲抵自己的债务,收票人则依此类推进行流通,这种私人票据实际上也就成了一种货币的替代品。①

针对美国建国初期国内信用券失信,流通中金属货币混杂,以及私人票据泛滥的币制混乱情况,美国新政府自然想到了要用贵金属本位制来统一规范币制。但由于此时在美国,同时流通中金币和银币显然具有最稳定的价值,是其他一切货币的价值参照物,故而最直接、最容易的做法当然是建立金银复本位制。

据卡恩说:"金银复本位是在亚历山大·汉密尔顿'建立铸币局的报告'(1791)之后建立起来的。但他主要关注现实问题,因而低估了金银兑换率问题的复杂性。他认为'只要市场均衡是商业法则自由平稳地运行所得到的结果,那么无论在任何国家,几乎没有什么法律规则能够做得比市场均衡更好……根据其内在的效用,每一种金属都能找到自己的真实位置'。"(《历史文献》,第一卷,第104页;克劳林,1892年,第15页)②

根据汉密尔顿的报告,"《1792年铸币法》授权铸币局自由铸造金币和银币。该法案规定银元(包含合金)的重量为416格令,内含371格令的纯银,而鹰徽图案金币(10美元)的重量为270格令(内含247.5格令的纯金),因此兑换率为15。由于两者都拥有无限清偿的法定货币地位,因而就产生了典型的'格雷欣'问题。在1819年前,这只是稍微低估了黄金的价值,而鹰徽金币和半鹰徽金币实际上是从1795年开始铸造的。但在大洋彼岸的联合王国此时重新开始硬币支付之后,黄金价格开始上涨了,因而在美国,黄金也就从货币流通中消失了。金币的位置大多由银行券所取代。而许多银行券是由那些有问题的'野猫'银行所发行的。"③这种情况表明,在美国最初建立金银复本位制的努力因恰逢英国黄金价格的上涨而遭到了打击。因为黄金在英国的价值较高,而在美国的价值较低,故而美国商人开始囤积金币出口英国而换回银币在美国流通。随后又用银行券来兑换银币并开始囤积银币。乔恩对此描述说:"其后美国所经历的铸币实践从技术上很好地印证了格雷欣法则的运行机制。1837年的法规对此作了稍微的调整,规定金币和银币的成色都刚好为九成。银元(包含合金)的重量从416格令减少到412.5格令,但纯银含量保持不变,仍然为371.25格令,鹰徽金币重量继续保持258格令不变,但含金量则略有上升,从232格令(成色为0.899 225)增加到232.2格令,成色刚好达到整数(九成)。这些微调使兑换率从1:16变为1:15.98. 这就暗示着每盎司黄金的价格为20.67美元,每盎司白银的价格为1.293美元。可信的银币这时已经从流通中消失了,其位置由西班牙及其他外国的硬币所取代,但它们不具有法定货币地位,只能根据实际含银量进行流通。'美国1853年的法律实际上放弃了复本位,即使有人在众议院投票前公开阐明了复本位的真正目的,

---

① Xavier Cuadras-morató. Circulation of private notes duringa currency shortage. The Manchester School, Vol 77. No. 4 July 2009:461-478.

② 约翰·F·乔恩. 货币史:从公元800年起[M]. 李广乾,译. 北京:商务印书馆,2002:151.

③ 约翰·F·乔恩. 货币史:从公元800年起[M]. 李广乾,译. 北京:商务印书馆,2002:151.

这项法律在通过时仍然没有得到任何的反对……(克劳林,1898 年,第 79 页)'"[①]乔恩认为,之所以出现这种情况是因为,"从本质上讲,这就是英国的'以白银作辅助货币'的做法所致,但是这种做法并不受人欢迎。但这种政策变化的压力部分来自于银矿开采的利益集团。在复本位制下曾经达到每盎司 1.29 美元的白银的价格,按黄金计算,1876 年跌到 1.16 美元,1893 年又进一步跌到 78 美分。"[②]也就是说,美国后来金银复本位制的崩溃,如同英国一样,是源于白银累积供应量的大幅度增加而导致白银价格的下跌。据推算,同时从表 2-6 可知,从 1545—1800 年,美洲出产了 13.3 万 t 白银,其中有 7.3 万~10 万 t 被运往了欧洲,约占总量的 55%~75%。而同期美洲出产的白银则占到全世界总产量的 85%。如此大量的白银充斥欧洲市场,必然导致白银价格的大幅度下跌。[③]

2.3.5 美国内战时期的货币短缺与成因

1861 年 4 月—1865 年 4 月,美国爆发了内战(American Civil War),也称南北战争。参战双方为北方的美利坚联邦和南方的美利坚联盟国。战争最终以北方获胜结束。在内战期间,无论是南方,还是北方,财力的支撑最终表现为需要具有广泛信用力的金属货币,而不是纸币的支撑。在此背景下,为筹集战争资金及统筹金属货币,美国政府仿效英国的做法,也停止了用硬币支付债务的做法。乔恩对此说:"1857 年,危机刚过就紧接着爆发了内战。政府停止用硬币支付债务,用绿背纸币表示的金价大幅度上升,而且这种战时应急措施一直实施到战后,前后将近有 17 年时间。这种应急措施的一个副作用,就是将作为辅币的银币逐出货币流通。按黄金计算,银币的价值是 96.9 美分,如果纸币降到这个数字之下,就值得将更小面额的硬币熔铸成白银了。"[④]令人注意的是,在这段长达 17 年的时间里,由于金属货币的短缺,致使当时的美国政府不得不采用了一些非常措施来筹集资金,主要是通过大量发行后来被称为绿背纸币的方式来弥补财政开支。乔恩对此描述道:"林肯在 1860 年当选美国总统并于次年 3 月就职。他从布坎南手里接过来的不仅有政治问题,还有财政问题。他任命索尔曼·P·蔡斯议员当财政部长。……蔡斯赞成维持金本位制,而且还支持让金库独立,但他又认为他应该兼任金库董事长。1861 年 2 月,议会授权发行 2 500 万美元,期限为 20 年,利率为 6% 的债券,其中 1 800 万美元是按 11% 的折扣率出售的。3 月 2 日,议会再次授权发行 1 000 万美元的债券,并且宣布利率不得高于 6%,也不得以低于面值的价格出售。……由于类似的债券在市场上是按 8.4 折进行交易的,这显然不会有真正的买主(实际上,最初有 3 份总额为 1.2 万美元的购买申请,但后来又被撤回了)。这就为蔡斯发行付息纸币扫清了道路,在他上任的头三个月里,蔡斯发现国库收入为 580 万美元,而其支出则有 2 350 万美元,这样他就得被迫借债。议会于 1861 年召开特别会,林肯总统的咨文要求议会同意至少征兵 40 万,筹集 4 亿美元的战争费用。……这时蔡斯开始发行无附息的见票即付黄金并且可用于支付税收和关税的纸

① 约翰·F·乔恩. 货币史:从公元 800 年起[M]. 李广乾,译. 北京:商务印书馆,2002:152-153.

② 约翰·F·乔恩. 货币史:从公元 800 年起[M]. 李广乾,译. 北京:商务印书馆,2002:152-153.

③ 袁东. 美洲白银的历史告诉了我们什么[N]. 上海证券报,2009-8-07:B6.

④ 约翰·F·乔恩. 货币史:从公元 800 年起[M]. 李广乾,译. 北京:商务印书馆,2002:154.

币。(但)这些纸币并没有很容易地就被接受,银行由于担心这会对自己发行的银行券构成竞争,因而拒绝接受。他们说将把所有的他们收到的任何钞票都送交财政部要求兑换为硬币。蔡斯显然对银行加了压力,拒绝将贷款收入继续存放在他们的银行里。……银行不得不向政府债券的承包商支付硬币,而硬币的正常回流则停止了。蔡斯(又)提出发行一种'类似于纽约银行根据1838年银行自由法而发行的以债券担保的货币',这个建议'没人听进去',1861年12月30日纽约银行停止支付硬币。……蔡斯发行的货币到这时实际上就不可能兑现为硬币了。"①由于此时美国政府所发行的纸币已不可能用足额的硬币作为支撑,这就迫使政府更进一步,干脆发行只用政府信用担保,但不可兑换为硬币的纸币。这就是绿背纸币的由来。乔恩对此进一步描述道:在对《法定货币法》的争论中,"蔡斯提出了两点建议,其中之一就是要求所有银行都去购买美国政府债券,以此来换取对他们银行券的支持,这是一条'大约两年之后全国性的银行体系赖以发展的建议'。同时,一个由参议员埃尔德雷奇·G·斯波尔丁领导的筹款办法委员会提出建议,认为美国应当发行一种作为法定钞票的,不可兑现为硬币的纸币,"即绿背纸币。② 权衡之下,"1862年2月25日,该法案由林肯总统签署为法律,该法案授权发行1.5亿美元的钞票,而面值不得低于5美元。它们将作为'在美国境内可用来支付除了进口关税和公债利息之外的所有公共和私人债务的法定货币。'它们在任何时候都可以转化为即将发行的,不低于5亿利率为6%的5/20(即,该债券可在政府选择的,不低于5年但也不超过20年的某个时间里得到兑现),钞票的持有者也可以将钞票存放不超过30天的时间,并获得5%的利息。"③

弗里德曼对绿钞的流通有过一个长期的研究,他说"美国流通券是内战时期的'绿钞',其最早发行的目的是补充税收、支付贷款,为战争筹集经费,其余额(在财政部内部和外部)在1864年1月达到了4.49亿美元的峰值。由于1866年4月12日的法案条款,其余额在1867年年底下降到了3.56亿美元,直到1873—1874年,其数量一直都被法定控制在这一水平。作为1875年《恢复铸币支付法案》(Resumption Act)的一部分,绿钞的退出是与国民银行券的增长相联系的,即国民银行券每增长5美元,财政部就令4美元的绿钞退出流通,然后在绿钞余额降到3亿美元时停止退出。然而,1878年5月30日出台的法案暂停了绿钞退出流通,这一法案规定了当时的余额——3.47亿美元为永久发行量,这一流通券发行水平一直持续到今天"。④

值得一提的是,美国内战之后,国内局势变得稳定,为挽回绿背纸币的信誉和稳定币值,1873年,财政部长打算用硬币回收部分美钞。同时,根据"《1873年法案》规定,美国将继续铸造九成成色,重420格令的'贸易美元'以满足东西部贸易需要。就其本身而论,贸易美元实际上应当按自身的金属价值来流通。但它并没有取得多大的成功。不管怎样,在绿背纸币期间以及在此之后,纸币和支票在美国用得要比在欧洲普遍得多。"⑤

---

① 约翰·F·乔恩. 货币史:从公元800年起[M]. 李广乾,译. 北京:商务印书馆,2002:402-403.

② 约翰·F·乔恩. 货币史:从公元800年起[M]. 李广乾,译. 北京:商务印书馆,2002:404.

③ 约翰·F·乔恩. 货币史:从公元800年起[M]. 李广乾,译. 北京:商务印书馆,2002:406.

④ 米尔顿·弗里德曼,安娜·J. 斯瓦茨. 美国货币史(1867—1960)[M]. 巴曙松,王劲松,等,译. 北京:北京大学出版社,2009(1):15.

⑤ 约翰·F·乔恩. 货币史:从公元800年起[M]. 李广乾,译. 北京:商务印书馆,2002:156.

几乎与此同时，因受美国内战影响，原先到期而没有用硬币偿还的债务是否恢复用硬币偿还的问题被提上了议事日程。因为此事关系到美国联邦政府的长期信誉。在此背景下，"《恢复硬币支付法案》于 1875 年 1 月 14 日获得通过。该法案规定，从 1879 年 1 月1 日起，绿背纸币可以兑换为硬币。参议员谢尔曼(接替蔡斯担任财政部部长)将黄金储备增加到 1.14 亿美元，所以到 1878 年 12 月，一直在下降的黄金溢价最后终于消失了。恢复硬币支付日(1 月2 日)同平日没有多大差别：只存入了 13 万美元以换作新的钞票。《恢复硬币支付法案》准许铸造作为辅助货币的银币，但这一点只是在 1877 年当黄金溢价跌至 104 时才变得现实可行(克劳林，1892 年，第 89 ~90 页)。"①

然而，意想不到的是，"1873 年的政策带来了后来被称之为'大萧条'的长期衰退，受害者既包括产业工人，也包括农民。小麦的价格从 1866 年的 2.95 美元跌至 1875 年的 1.40 美元和 1894 年的 0.56 美元。'对那些收入正在下降的农民和工人来说……需要更多的货币收入看来是不言而喻的。钱，多多益善，这对个人来说就像对于国家而言一样，都是出于同样的道理(迈尔斯，1970 年，第 199 页)'"②以上情况说明，在美国爆发内战的 17 年之后，以金属货币表征的货币短缺问题还没有得到根本解决，甚至于因货币短缺还导致了经济的萧条。

对这段历史，乔恩评论说："联合王国在 1821 年重新开始黄金支付之后，就在实行一种可完全自由地兑换为金属货币的有效的纸币流通制度，欧洲的许多国家也是如此。在这个世纪的余下时间里以及 1914—1918 年的第一次世界大战之前的岁月里，这个制度一直都在持续运转着。但在大西洋的对岸，又发生了一次政治动荡。1861 年，在内战爆发后不久，战争的双方都诉诸不可自由兑换的纸币作为紧急供应资金的手段。北部联盟的绿背纸币，曾一度跌到其面值的 1/3。但最终还是按面值兑换到了硬币。南部联盟的纸币，则像法国的指券和以前的美洲大陆货币一样，最后贬值得一钱不值，消失得无影无踪。战争的总成本，有人估计达到了将近 50 亿美元，其中包括南部的资本损失，但其中不包括 60 万人的死亡以及 47.5 万人受伤的人员费用，这比独立战争的成本大得多。"③

令人注意的是，19 世纪下半叶，围绕着当时的美国是建立一个依附于英镑的金本位制货币体系还是建立一个独立的主权信用货币体系，曾发生了一场几乎持续了半个世纪的货币斗争。在这场激烈的斗争中，美国经济学家亨利 · 凯里为了摆脱英国金融利益集团及其美国代理人对美国货币体系的控制，建立美国独立自主的货币体系，曾大力宣扬坚持绿背纸币的政策并反对恢复铸币支付及金本位。④ 简单来说，亨利 · 凯里较早地提出了建立以美国政府担保为信用的纯信用货币方案。但在 1875 年 1 月 4 日，共和党任期将满的国会，还是通过了《恢复硬币支付法》(Resumption Act)。该法的主要目的是要撤回内战以来财政部发行的绿背纸币。因为大量流通这种无硬币支持的信用货币是导致通货膨胀的

---

① 约翰 · F · 乔恩．货币史：从公元 800 年起[M]．李广乾，译．北京：商务印书馆，2002：155.

② 约翰 · F · 乔恩．货币史：从公元 800 年起[M]．李广乾，译．北京：商务印书馆，2002：156.

③ 约翰 · F · 乔恩．货币史：从公元 800 年起[M]．李广乾，译．北京：商务印书馆，2002：401.

④ 贾根良，刁伟涛．为建立主权货币体系而战——亨利 · 凯里与 19 世纪下半叶的美国货币斗争[J]．经济学理论与思潮新探索，2012(12)：82.

潜在威胁。共和党人希望财政部作为直接发行钞票的银行这一角色尽快隐退,而由体现“公共利益和私人利益融合”的国民银行纸币充当全国的统一通货。因此该法规定:取消国民银行券流通3亿元的最高限额,即允许国民银行根据需要发行纸币。该法把增加国民银行纸币发行与按比例撤回绿背纸币联系起来:通货总监每发行100美元国民银行纸币,财政部即撤回80元绿背纸币;并且为确保其余未撤回的绿背纸币和其他政府流通负债的安全性和可接受性,该法授权财政部于1879年1月1日起,以1盎司20美元的战前平价,用硬币兑赎未撤回的绿背纸币等政府流通负债。[①]

在此必须指出的是,随着国民银行纸币的发行,可以说,美国真正进入了信用货币时代。然而,由于信用货币是在信用关系下产生的能够发挥货币职能的信用凭证,它包括商业信用货币和银行信用货币,具体的形式就是商业票据和银行券。而典型的信用货币指的就是银行券,[②]并且一般意义上的信用货币本身的价值远远低于其货币价值,而且与代用货币不同的是,不再代表任何贵金属。因此从理论上讲,如果银行(主要是央行)愿意作为最后贷款人,那么其货币发行量就可以不受限制,因而也就不再存在货币短缺问题。但这个时候,铸币税的获得量也就达到了最大,只能通过立法才能予以限制。

2.4 俄国历史上的货币短缺危机与成因

2.4.1 俄罗斯早期的货币

最早的俄罗斯[③]货币可能出现于10世纪末11世纪初,是仿造拜占庭钱币铸造的。首先出现的是金币,然后是银币。[④] 这说明俄罗斯的币制最早可能受过拜占庭的影响。但由于在12世纪以前,古罗斯长期处于分裂割据状态,各公国互为独立。所以随着商品交易的发展,人们急需一种可以被彼此公意约定并普遍接受的货币,以提高商品交换的效率。这样,价值相对稳定的贵金属便首当其冲地担当起了货币的角色。据《俄罗斯法典》记载,古罗斯的货币单位是“гривна”(格里夫纳),1格里夫纳相当于1磅重的银锭。它最初的意思是戴在颈上的金银饰品,正因为它非常珍贵,所以古罗斯人用它代替贵金属,在流通中起货币作用。这样,俄罗斯自己最初的货币就出现了(直到1996年9月2日,乌克兰仍然在使用这种货币单位)。当然,由于古罗斯各公国彼此独立,因此各国货币的样式、单位和重量也各不相同。为了让各个公国之间的商品能够互通有无,交换起来方便,在12世纪70年代,莫斯科公国开始将金、银等贵金属经过简单模压制成硬币,并借用其在蒙语中的读音,称之为денга(钱币)。随着时间的推移,表示硬币的这一词汇也逐渐由单数变成了复数形式деньги,词义也由表示具体的硬币转化为抽象意义的金钱。新出现的硬币与格里夫纳的换算标准因地区而异,1格里夫纳有的地方换20个денга,有的地方换14个。

---

① 陈明. 汉密尔顿的货币银行观及其深远影响[J]. 南京社会科学历史学研究,2003(10):47.

② 徐英富. 货币银行学[M]. 北京:机械工业出版社,2007:8.

③ 公元9世纪,在建立以基辅为中心的古罗斯国家过程中,逐步形成了俄罗斯人的祖先古罗斯部族人(东斯拉夫人),并成为此后国家的名称——俄罗斯。本书中,为叙述简便起见,俄罗斯即指俄国。

④ 朱显平,佳刘鑫. 俄罗斯的货币[M]. 学问,China Academic Journal Electronic Publishing House,1994-2012:56.

后来又由 гривна(格里夫纳)派生出一个货币词汇 гривенник(毫子:10 戈比银币),主要用在 6、7、8、9 四个数字之后。①

1235 年,蒙古大汗命术赤之子拔都与诸王长子在老将速不台的辅佐下统军西征。蒙古远征军先后征服了钦察、俄罗斯,直入欧洲腹地。自 1240 年起俄罗斯臣服于蒙古人,时间长达 200 余年。由于此时的俄罗斯和中国一样,正在同一个蒙古大汗的统治之下,因此可以设想,在中国,比如,从元世祖至元二十四年(1287) 发行至元宝钞以后, 就一直使用不兑现纸币。② 而在元成宗时(1295—1307),政府因无力兑现银(金),也就是面临了实物货币(银、金)的钱荒问题,于是纸币就成了事实上的"不兑换纸币"。类似现象,相信在俄罗斯的一定范围也应该发生过。

14 世纪,莫斯科公国开始使用卢布货币体系。卢布一词来自动词 рубить(砍,劈),当时,1 格里夫纳银锭重约 1 磅,使用起来很不方便。于是,人们把一格里夫纳银锭劈成小块的银子。"劈开"的俄文是"рубить",因此劈开的格里夫纳也就被称之为 рубль,译成中文就是"卢布"。专家研究发现,在 гривна、рубль、денга 并存的时代,它们之间的换算关系是:1 个 рубль 等于 1/4 个 гривна,或者是 200 个 денга。15 世纪时,开始流通面值为 1 卢布的压模成型的硬币。后来,卢布又被制作成银币流通,银币的一面铸有手持利剑的大公雕像。

1480 年俄罗斯在早已与拜占庭决裂的俄国东正教的帮助下,重新获得独立,并于 1521 年实现完全统一。在这期间的 15 世纪末至 16 世纪初,形成了一个以莫斯科为中心的中央集权国家。1534 年,伊万雷帝(Ivan the Terrible,1530—1584)之母,当时摄政的叶莲娜 · 格林斯卡娅推行了货币改革,废除了之前使用的几种旧币,建立了统一的俄罗斯货币体系。在实际交易中,人们仍嫌卢布的面值太大,于是又制成更小的银币。在这种小银币上铸有手持长矛的骑士雕像,长矛的俄文是"копьё",由此派生出单词"копейка",即"戈比",这种银戈比是基本的货币单位。后来,因社会交易中对戈比的需求量大,而白银又相对稀缺,所以戈比又从小银币改成铜币。③

17 世纪初,俄罗斯往波罗的海的扩张导致了其与波兰及立陶宛发生冲突,最终波兰人及立陶宛人占领了莫斯科。1613 年发生了民众起义,将他们赶走,使罗曼诺夫家族登上了沙皇宝座。1689 年彼得大帝(Peter der Grosse,1672—1725)登基后加速向西扩张。在他统治下,俄罗斯巩固并推进了边界线。④ 彼得大帝一般被认为是俄罗斯最杰出的皇帝。他制定的西方化政策是使俄罗斯变成一个强国的主要因素。因为他继位后曾积极兴办工场,发展贸易,发展文化、教育和科研事业,同时改革军事,建立正规的陆海军,加强封建专制的中央集权制。继而发动战争,夺得了波罗的海出海口。而在币制改革方面,据研究,在彼得大帝时代,俄国政府曾因国家经济建设以及大量军事开支急需货币,但囿于金银币的

① 张文兰. 浅谈俄罗斯的货币[J]. 商场现代化,2011-2:153-154.

② 王花蕾. 近代早期白银流入对中国经济的影响[J]. 山西财经大学学报,Vol. 27,No. 5,2005(10):8.

③ 张文兰. 浅谈俄罗斯的货币[J]. 商场现代化,2011-2:153-154.

④ 张明林. 欧洲史亚洲史美洲史[M]. 北京:联合教育出版社,2006:102.

短缺,而不得不大量发行过既贬值又不便于流通的铜币。① 从这里也可以看出,俄罗斯最早在遇到贵金属货币钱荒问题的时候,采用的办法不同于英国降低贵金属含量或直接提升货币的名义价值的办法,而是用一般金属(铜)来代替贵金属(金或银)。由于这种做法的涉及面一般会很广,流通量很大,所以铸币税收入也会相应较大。

应该说,俄罗斯原本是欧洲国家,15 世纪末至 16 世纪初统一的俄罗斯国家刚形成时,它的疆域"北达白海,南至奥卡河,西及第聂伯河上游,东抵北乌拉尔山脉支脉",面积约 280 万 km^2。但统一后的俄罗斯迅速走上了向外扩张的道路,疆界急剧扩展。在东方,从 16 世纪 80 年代初开始,俄国派遣军队越过乌拉尔山脉,侵入广袤的西伯利亚,1639 年即到达北太平洋西海岸,攫取了西伯利亚 1 000 多万 km^2 的土地。但俄国政府并未停止扩张的脚步,反而把侵略的矛头伸向了外兴安岭以南的中国土地。从此,俄国势力进入东北亚,并对整个东亚的历史产生了重大影响。② 事实上,俄国历史上币制的多次变革的确又是与疆土的扩张、战争对货币的需要以及钱荒问题的缓解过程密切相关的。

2.4.2 叶卡捷琳娜二世时期的货币短缺与成因

彼得大帝的杰出继承人之一叶卡捷琳娜二世(Catherine Ⅱ,1762—1796),这位俄国女皇,原为德意志一公爵之女,1745 年嫁给俄皇彼得三世 · 费奥多罗维奇(Карл Петр Ульрих,1728—1762)。1762 年 6 月 28 日,叶卡捷琳娜二世在宫廷政变中废黜彼得三世,并登上皇位。她对外两次同土耳其作战,三次参与瓜分波兰,把克里木汗国并入俄国,打通黑海出海口,从而建立了人类历史上空前绝后的俄罗斯帝国。值得一提的是,她对有关政治与统治术的新思想也很感兴趣,并与法国启蒙运动的旗手伏尔泰保持联系,甚至请伏尔泰到俄国面谈。③ 但可想而知,叶卡捷琳娜二世的屡次对外用兵,必会导致国内财政状况的紧张,在社会上则会发生相应的钱荒问题。而一旦金、银等硬币的支付发生危机,当权者最便捷的手段就是发行纸币。俄罗斯于 1768 年发行纸币(一说是 1769 年开始发行 1 卢布纸币),④1786 年停止兑付硬币。据乔恩说:"俄罗斯于叶卡捷琳娜女王统治时期开始采用纸币——她预料到了会将纸币命名为指券,这真是匪夷所思。"1768 年俄罗斯指定成立两个钞票发行银行,女王在公告中承诺这些钞票可以永远兑付硬币,而且政府不会出于私利擅自挪用(即算作给政府的贷款),后来这个承诺没有得到遵守。至于后来使用白银还是黄铜支付的则有些疑问。从 1769 年到 1787 年,流通中的货币数量一直是 4 000 万卢布,接着增加到了 5 000 万卢布,再后来就增加到了 1 亿卢布。货币发行的大部分收入都作为无息贷款交给政府了。⑤[Ⅳ] 不难理解,叶卡捷琳娜二世之所以这么做的原因在于,18—19 世纪的俄国经历了很多艰难岁月,社会经济发展极不平衡。由于战事连年不断,俄国军费开支迅速增加。她的行政改革还增设了众多的各级政府机构,又造成国家行政开

---

① 刘玮 . 试论 19 世纪俄国币制改革[J]. 西伯利亚研究,2011-2:70-75.

② 张明林 . 欧洲史亚洲史美洲史[M]. 北京:联合教育出版社,2006:748.

③ 张明林 . 欧洲史亚洲史美洲史[M]. 北京:联合教育出版社,2006:11.

④ 朱显平,佳刘鑫 . 俄罗斯的货币[M]. 学问,China Academic Journal Electronic Publishing House,1994-2012:56.

⑤ 约翰 · F · 乔恩 . 货币史:从公元 800 年起[M]. 李广乾,译 . 北京:商务印书馆,2002:419-420.

支的增加。国家财政处于极度混乱的状态。为了弥补财政赤字，叶卡捷琳娜二世政府想到了增加赋税、增量发行纸币，同时还采取对内借债、对外举债等办法。1769 年，俄国政府首次向荷兰借款，从此它就不断从国外借款。[①] 由此来看，叶卡捷琳娜二世开创了俄国在遇到钱荒问题时用纸币代替金属硬币的做法，但她事实上在一开始是力图用硬币作为纸币发行的担保的。而她向国外借款，并没有无限制地增发纸币则也从侧面证明她最初还是想维护纸币的信用的。

2.4.3 亚历山大一世时期的货币短缺与成因

1801 年 3 月 23 日，俄国在迎来新世纪的时候，也迎来一位新国君，即沙皇亚历山大一世（Александр I Павлович，1777—1825）。他在登基时面对的国内外局势并不轻松。这时的国家财力匮乏，资金严重短缺，截至 1809 年，财政赤字已达 1. 57 亿卢布。这就迫使沙皇政府不断增发纸币。此举导致流通中的纸币数量猛增，1802—1810 年，纸币数量由 2. 305 亿卢布增至 5. 794 亿卢布。纸币的过度发行势必导致其汇市价格不稳，每 1 纸卢布从兑 80 银戈比降至 25. 4 银戈比，商品价格几乎上涨 1 倍，居民生活水平一落千丈。[②] 这一切说明，到亚历山大一世时期，俄国原来以硬币做担保的纸币的发行规模已经失控，纸币超发已引发严重的通货膨胀。从理论上说，这时候沙皇政府获得的铸币税收益也达到了最大，再往下就会走向反面，从而危及自身的经济和政治安全。

由于纸币发行量增加、国家各项预算开支增长、官僚机构过于臃肿等因素，又因参加大陆封锁体系而消耗掉国家大量的财力和资源，使俄国经济蒙受巨大损失，贸易萎缩，出口额从 1805 年的 1. 34 亿卢布下降至 1808 年的 8 200 万卢布。这既损害了地主、贵族和商人的利益，也直接影响到国家收入。因而，抑制通货膨胀、稳定货币制度便成为政府和各界经常探讨的一个话题。政府不得不着手调节货币流通失衡的局面。1808 年底，受亚历山大一世委托，御前顾问斯佩兰斯基[③]等人拟定了《俄国国家改革计划草案》，其中包含财政改革方面的内容。当时，以具有自由主义思想的斯佩兰斯基为首的一批新人认为，俄罗斯帝国的许多经济灾难都起因于卢布汇率的不稳定。汇率波动甚至日渐走低不仅缩减了居民的实际收入，严重危害工商业、贸易的发展，而且从根本上说，国家的利益也受到损害。为此，斯佩兰斯基在《财政改革计划》中提出“俄国应该承认银卢布为真正的货币单位”。他认为这一点应是俄国币制改革的基础。为转向使用硬通货，他提议成立专业的国家银卢布银行并赋予该行相当宽泛的职能：发行银行券并可用于兑换银卢布，所有先前发行的纸币都应退出流通领域并予以销毁。但是，这要求国家有充足的白银储备，以保障未来货币市场的供应需求。这些改革派认为，政府当务之急是应采取缩减国家财政各项开

---

① 1810—1913 年，俄国竟连续 82 年有预算赤字。向国外举债已成为维系专制制度的最重要条件。同时，预算收支目录中又多了一个新支出项目，那就是国债的偿付。参见：张广翔. 19 世纪俄国政府工商业政策基本趋势[J]. 西伯利亚研究，2000(8)：44 – 45.

② Власенко В. Е. Денежная Реформа в России. 1895-1898 гг. [M]. Киев，1949：12. 转引自：刘玮. 试论 19 世纪俄国币制改革[J]. 西伯利亚研究，2011-2：70-75.

③ 米哈伊尔 · 米哈伊洛维奇 · 斯佩兰斯基（Мих аил Мих айлович Сперанский，1772 – 1839 年），俄罗斯亚历山大一世统治时期的改革家，亚历山大一世和后来的尼古拉一世的御前顾问。

支、缩减货币总量以及改变国家的信贷政策等措施。此外，他们还建议提高直接税、间接税，增加必要的税种，提升食盐的垄断价格等等。依据这项《财政改革计划》草案，沙皇政府从1810年起拟定并通过了一系列相关法规，宣布了俄国实行币制改革的新组织原则。1810年2月2日沙皇诏书宣布："流通中的纸币为国债，以帝国全部财产为担保，国家打算清偿这一债务。为此，拟发行新国债，销售债券以兑换纸币，而纸币应在未来予以销毁。"①沙皇政府拟销售1亿卢布的国家公债，均分为5次售出。第一期公债于1811年开始上市销售，偿还期为7年，平均年利6%，到期时要以金币或银币支付，用这种方法收回的纸币应全部销毁。对于其他批次公债的销售以及具体的利率、偿还期等相关问题另加规定。可是，第一期公债的销售情况并不理想。负责此项工作的国家偿债委员会从中仅仅获得500万纸卢布。由此可见，沙皇政府用这种强行缩减货币量的做法收效甚微，但却在一定程度上使纸卢布的汇率获得了暂时性提升。可是1812年同法国的战争又使沙皇政府在这一领域的努力全部付诸东流。1810年6月20日沙皇诏书宣布的帝国内流通的所有货币中，银卢布为法币。货币制度的基础为银卢布，内含约4佐洛特尼克纯银(1佐洛特尼克约合4.26 g银)。根据1810年8月29日诏书，"铜币成为辅币，是可兑换货币"。②这样，也最终明确了铜币的用途。此外，国家还开始实行公开铸造银币、金币的制度。由此可见，这时的俄国打算实行的是银本位制。

由于1810—1812年斯佩兰斯基实施的一些改革措施，确实缓解了财政压力，也成功筹集到了战争所需资金。但在1812年3月29日斯佩兰斯基离职后，新财政大臣Д·А·古里耶夫却停止了币制改革。而沙皇政府更是出尔反尔，为筹措因卫国战争和俄国军队境外远征的开销，又开始大量发行纸币。当然，这种急剧恶化的货币流通状况必然会对俄国经济生活的诸多方面带来致命影响。比如国库的税收进项，各种缴款和赋税，也只能用纸卢布支付和清算，这样又势必引发大范围的货币投机行为的发生。到1818年，政府的货币政策暂时出现转机，由遏制不住地印制钞票转为停止过剩纸币的流通，努力使纸币的总量接近银币的总量。为此，政府宣布：国家偿债委员会办理接收存款业务并据此发放利率为6%的信用券。直到1823年，过剩纸币的注销工作还在进行。纸币流通量减少伴随着国家纸币发行银行职能范围的压缩。最终，该银行转变为单纯地兑换和存放纸币的银行，已基本上失去了自己的信贷职能。但应该肯定的是，对货币供应量的调控权始终掌握在政府手里。1823年以后，沙皇政府再也没有额外发行纸币。③

值得一提的是，在亚历山大一世统治时期，特别是在俄国与其他国家开战时期，拿破仑曾用假币对俄国实施过金融打击，其产生的破坏作用并不亚于一场真正的战争，因为此时俄国经济已经到了极端困难的境地。据中国学者方亮研究，从1804年开始，俄国就开始四处征战，与波斯的战争持续了9年，与土耳其的战争从1806年开始尚未结束，这中间还要加上与瑞典和法国的两场不到两年的战争。而为了维持庞大的战争开支，亚历山

① Сборник Статей Денежная Реформав России. Историяи Современность［G］. М. Древлех ранилище，2004：101. 转引自：刘玮．试论19世纪俄国币制改革［J］．西伯利亚研究，2011-2：70-75.

② Сборник Статей Денежная Реформа в России. Историяи Современность［G］. М. Древлех ранилище，2004：101.

③ 刘玮．试论19世纪俄国币制改革［J］．西伯利亚研究，2011-2：70-75.

大一世除了增发货币以外没有其他办法。据俄罗斯历史学家卡德霍夫的统计,当时俄国银行内的印钞机确实是在马不停蹄地工作:1807 年有 6 300 万卢布投入市场,1808 年为 9 500万卢布,1809 年又增加5 580万卢布。1805—1810 年,共有 3.18 亿卢布被投入市场,这甚至超过了俄国开始发行纸币后各个时期的发行量,其规模是极其巨大的。到 1810 年,俄政府货币存量总额已创纪录地达到了 5.79 亿卢布。而精明的拿破仑深谙战争之道,他瞅准了俄国经济因为货币泛滥极端虚弱的时机,企图用假币重击俄国金融体系。待这股"金融病毒"杀死俄国经济的"神经中枢"后,拿破仑的大军就将挥师东进。但到底有多少伪钞被拿破仑注入了俄国,不同的研究者给出了不同的答案。而俄国著名的军旅作家,1812 年卫国战争的亲历者利浦兰迪将军曾著文称,"仅通过华沙的一位银行家的活动,拿破仑就将 2 500 万卢布的假钞注入了俄国市场,通过其他渠道输入俄国的伪钞更是不计其数"。[①] 而法军向俄国进军时也携带了 34 车伪钞,用来在俄罗斯当地购买粮草和给养。法军士兵的军饷也被换成了卢布,虽然这让士兵们很不满意,但除了尽快将这些卢布脱手,他们也别无他法。与此同时,拿破仑还派出大量密探帮助"消化"这些伪钞。在俄罗斯各城市的私人兑换点内,假钞被兑换成了金币和银币。

1823 年 4 月新任财政大臣康克林到任,俄国政府的货币政策又急剧改变。他停止了纸币赎回工作。因为他认为,采取提升卢布汇率的措施只能给国家和社会民众带来极度的不便,国家会为此付出昂贵的代价。从 1823 年起,纸卢布对银卢布的汇率曾先后几次上扬,比价一度涨到 1:28.5 银戈比。1818—1823 年采取的过剩纸币回收政策以及国内市场对货币资金需求的增长,导致金、银币进入流通领域。此外,这时期国家黄金和白银开采量的增加直接导致采用贵金属铸币数量的增加,1811—1840 年共铸造 4.399 亿银币和 1.34 亿金币。[②] 在这种情况下,良好有利的国际收支平衡确保了纸币汇价的攀升。1810 年,沙皇政府就曾实行禁止性关税,采取高额税率的办法阻止外国商品大量进入俄国市场。1822 年再次实行关税保护政策以维护大贵族企业家和地主的利益,也有力地保证了对外贸易的出超。随着商品货币关系的发展,国家税收也增加了。[③]

2.4.4 尼古拉一世时期的货币短缺与成因

1825 年 12 月 1 日,尼古拉一世·巴甫洛维奇(Николай I Павлович,1796—1855)继位。19 世纪 30—40 年代的俄国开始了工业化进程,国内市场日益扩大。到 19 世纪 30 年代末,国内财政状况的向好使政府又重提实行金本位或是银本位的话题。这次改革的倡导者依然是斯佩兰斯基。在提出 1810 年《财政改革计划》后,1839 年他又在自己的《硬币流通札记》中重申了币制改革的原则:"由纸币制度向可兑换成金、银币的信用券制度过渡"。这次,时任财政大臣康克林对此加以修订并付诸了实施。[④]

---

① 方亮. 1812 年拿破仑对俄发动"货币战争"[J]. 环球军事,2010-5(NO.221):57.

② Сборник Статей Денежная Реформав России. Историяи Современность [G]. М. Древлехранилище, 2004:104.

③ 梁士琴科. П. И. 苏联国民经济史:第 1 卷[M]. 中国人民大学编译室,译. 北京:人民出版社,1959:526.

④ 刘玮. 试论 19 世纪俄国币制改革[J]. 西伯利亚研究,2011-2:70-75.

据乔恩研究，1839 年，沙皇命令"按照 3.5∶1的比例以银币兑换钞票。V1839 年 7 月，沙皇政府发布《最高宣言》，要求'结束俄罗斯某些地区由于各种原因所出现的纸币价值上涨的趋势'，因此到 1840 年形势就发生了变化。就在这篇报告发表时，俄罗斯的货币单位是卢布，含 278 格令的纯银，而且在回答某个问题时，报告解释说：'在引入当前的制度之前，记账单位是指定的卢布，低于现在银卢布的 3.5 倍……所有账户、合同以及需偿还的款项……在引入记账银币之前都要以指定的卢布记录和交割。'1868 年（联合王国）国际铸币皇家委员会向俄罗斯发出了一份调查表，第 265 页的信息证实俄罗斯当时还在实行银本位。但银本位看来不久就崩溃了，之后有一段时间实行了不可兑换的钞票，后来到 1897 年，财政部长琵盖·威特伯爵开始推行金本位。"①

值得注意的是，1839 年 7 月 1 日法令宣布施行币制改革，同时还命令成立特别存款银行。该银行可以办理硬币储蓄业务并发行信用券，信用券可按面值兑换成硬币。由于施行币制改革，银卢布成为主要货币结算单位，而纸币，在维系固定汇率 1 银卢布∶3.5 纸卢布的情况下，只起到辅币作用。截至 1840 年初存款银行开始经营时，俄国政府成功地完成了几乎是百分之百的硬币储备。国库白银储备量的日渐增加无疑在许多方面促进了 19 世纪 20—40 年代出口贸易的顺利发展。可是就在同一年，俄国经历了粮食歉收以及信用体系危机，主要粮食价格上涨，存款开始大量从信贷机构流出，银行濒临破产。况且，为了弥补预算赤字，除了向外借款外，沙皇政府还决定向国家官营银行大肆举债，这成为国家内债迅速增长的主因。面对严重的信用危机，1841 年 7 月 1 日颁布新诏书，准许发行储蓄金库和国家贷款银行的信用券 3 000 万卢布，新纸币价值等同银卢布，可以在市面上流通，也可以与硬币兑换。稍晚些时候，政府又允许用部分由贵金属担保的信用券发放不动产抵押贷款，但是，因害怕信用券贬值，所以政府对此类贷款的发放多加限制。1843 年 6 月1 日，又例行颁布了题为《关于用国家信用券替换纸币和其他货币单位》的诏书。为此，财政部专门成立了国家信用券发行处，而先前储蓄金库和国家贷款银行的信用券停止发行并退出流通领域。1848 年 1 月 1 日，国家纸币发行银行及存款银行予以取缔，其资金和业务被移交给国家信用券发行处。至此，自叶卡捷琳娜二世开始发行的纸币已基本退出流通领域，结束了纸币币值经常波动的局面。1839—1843 年币制改革成为尼古拉一世在国家财政、信贷领域进行的唯一一次根本性变革。应该说，康克林的币制改革以及创建的货币制度，更多地具有复本位制特征。首先，金、银两种货币都可以自由熔化和自由铸币，国内可铸金币，也可以流通使用金币，传统上仍然使用金币作为国际贸易的清算手段。其次，政府依法规定金币和银币之间的固定比价，即按照法定比价流通和交换，1 个帝俄金币（因别利安）相当于 10.3 银币，半个帝俄金币为 5.15 银币。最后，两种货币都可与信用券按照一定官方牌价自由兑换，信用券含金、银。康克林币制改革暂时巩固了沙皇俄国的货币流通，对工商业发展起到了一定促进作用。但这种货币制度只存续到克里米亚战争（1853—1856）时期 。②

① 约翰·F·乔恩. 货币史：从公元800 年起[M]. 李广乾，译. 北京：商务印书馆，2002：419-420.

② 刘玮. 试论 19 世纪俄国币制改革[J]. 西伯利亚研究，2011-2：70-75.

2.4.5 亚历山大二世时期的货币短缺与成因

1855年尼古拉一世的长子，亚历山大二世·尼古拉耶维奇（Александр II Николаевич，1818—1881）继位的时候，俄国还处在克里米亚战争时期。该战争源自于19世纪沙俄继续对黑海地区进行扩张，企图夺取黑海海峡，这引起了英、法等列强的不满。而当1852年土耳其将耶路撒冷圣地的伯利恒教堂交给天主教掌管时，俄国借机要求对土耳其境内的东正教徒拥有特别保护权，被土耳其拒绝。1853年7月俄军占领土耳其保护国摩尔多瓦和瓦拉几亚。10月俄土战争爆发，英、法、萨丁（法国的附庸，1855年初参战）先后加入土耳其一方。因这场战争的主战场在克里米亚半岛的塞瓦斯托波尔，故称克里米亚战争。而这场战争对俄国而言，几乎摧毁了俄国的货币制度，引发了新一轮通货膨胀。1853—1856年，财政赤字高达7.96亿卢布，超过每年国库收入的2倍。为弥补赤字，沙皇政府被迫再次采用增量发行信用券的办法：从1853年的3.114亿卢布增至1858年的7.353亿卢布，共发行4.239亿卢布的信用券，流通中的纸币数量增长了2倍多，但大部分流通中的纸币并没有辅币基金作保证。① 1854年2月27日，沙皇政府禁止金币自由输出，紧接着停止了信用券与金币的兑换。1854年，信用券与银币的兑换出现长时间的间断，对银币的贴水也增加了，并很快就完全停止了信用券与银币的兑换。这种状况连同大规模地发行信用券等因素导致商品价格的上涨。1858年，政府曾企图停止部分信用券流通使用。但值得说明是，几乎与此同时，1861年亚历山大二世雄心勃勃地在国内推行了改革。这次被后来称为大改革的重要意义在于废除了农奴制。它一方面使农奴成为自由人，为资本主义的发展提供了大量的自由劳动力。另一方面收到的巨额份地赎金又为资本主义的发展积累了大量资金。在此情况下，俄国于1862—1863年恢复了信用券与金银币的自由兑换。可是由于预算赤字以及国债不断增长，兑换基金短缺，此举未获成功。此时，金币和银币严重外流，金属货币日渐从货币市场消失，卢布的汇率急剧下跌，国家又再一次面临币制是否改革的抉择。② 这一切说明，钱荒问题的产生有其本身的演化规律，主要属于经济领域的问题。即使类似于废除了农奴制的政治改革也并不能完全解决经济领域的问题。而解决经济领域问题最好还是用经济手段。

但不可否认的是，大改革后的俄国终于走上了资本主义发展道路，开始了现代化进程，国家进入了难得的经济和平发展时期。为追求民族振兴，19世纪中期到20世纪初的几任财政大臣终于明白了货币制度不稳定是经济发展的“瓶颈”。而发展工业、兴修铁路以及开创其他事业所必需的自有资本严重匮乏，也促使俄国政府采取大力吸引外国资本的方针。可是，在流通纸卢布货币的情况下，西方的银行家是不会向俄国提供资金支持的，投资也只会更加谨慎。1867年，欧洲主要国家在巴黎举行国际货币大会。会上公开对俄国提出一个要求：俄国须实行统一的金本位制。可是，面对银行体系遭破坏而经济发展又急需大量资金的情况，M·X·赖藤（1862—1878年任财政大臣）政府不同意基于实行

---

① Власенко В Е. Денежная Реформа в России. 1895-1898 гг. [M]. Киев，1949：15. 转引自：刘玮．试论19世纪俄国币制改革[J]．西伯利亚研究，2011-2：70-75.

② 刘玮．试论19世纪俄国币制改革[J]．西伯利亚研究，2011-2：70-75.

金本位制来培育和发展俄国的货币市场。但是,从 1876 年开始,国家逐渐开始着手准备新币制改革。其实,赖藤之前的历任财政大臣均已认识到,施行币制改革对于保障卢布汇率的稳定性是十分必要的。赖藤制定的《俄国长期发展纲要》宣布了政府通过实施国家预算公开和收支统一、减少对外借款、大力发行国内公债、限制资本外流、削减政府开支、改革税制、取消保护关税政策改为实行自由贸易的关税政策、系统性购买黄金和白银以及积极引进外资等措施来稳定卢布汇率。但 1877—1878 年的俄土战争为赖藤的仕途生涯画上了句号。他强烈反对这场战争,对沙皇说,战争会将国家近20年的改革成就毁于一旦。但这时的亚历山大二世却认为,为雪克里米亚战争失败的国耻才是最关键的,因而政治利益占了上风。不幸的是,战争的后果果然被赖藤言中。1877—1880 年,国债增长了 15 亿卢布,高达 60 亿卢布;流通中的信用券数量增加了 3 亿卢布。而 1876—1881 年金、银储备减少了 6 000 万卢布,卢布牌价下跌到最低点。国内出现了严重的通货膨胀,再加上世界农业危机也波及了俄国工、农业等部门。① 与此同时,19 世纪 70 年代以后,由于一些国家实行了金本位制和世界范围内白银开采量的大量增加,银价出现大幅度下降,从另一侧面也导致俄国以白银充当一般等价物的纸卢布也陷入困境。加上 1877—1878 年俄土战争,使俄国国内的纸卢布雪上加霜。战争期间,为了支付高达 10 多亿卢布的巨额军费开支,沙皇政府不得不在两年时间内增发 3. 98 亿纸卢布,使 1879 年的纸卢布总额达到 11. 881 亿卢布。② 由此可见,亚历山大二世时期,为解决钱荒问题的主要手段还是加印纸币。这对原本已纸币泛滥的俄国而言,是雪上加霜。

2. 4. 6 亚历山大三世时期的货币短缺与成因

1881 年,亚历山大二世的次子,亚历山大三世 · 亚历山德罗维奇(Alexander Ⅲ, 1845—1894)继位,俄国币制混乱情况并没有好转。与此同时,财政大臣 H · X · 本格(1881—1886 年任财政大臣)上任,可谓临危受命。一开始,他继续秉承变革国家、立志图强的精神,初步拟定的发展纲要中也同样包含许多对于俄国来说十分重要的方针。本格建议,国家当务之急是基于实行银本位制来稳定卢布汇率。虽然政府在 1883—1885 年间收回了 8 700 万纸卢布,但还是无法遏制纸卢布进一步贬值。而且纸卢布随国内季节性变化发生较大震荡。一年之中 1 卢布纸币在合 80 ~ 40 戈比这样大的区间内波动。③ 但他很快发现,国际市场白银价格明显呈现下降趋势,于是又采取另一项措施:建立金本位制,但要建立在纸卢布贬值的基础之上。截至 1886 年,俄国所面临的这场币制改革的基本思想观点已大体形成。同时,在国际贸易中,俄国卢布这种不稳定性,又成为国外金融投机者操纵对象。比如,在柏林一个专门的“卢布交易所”里,1880—1890 年间,卢布汇率相当高,票面价值高达 81. 8% (100 卢布兑换 265. 2 马克),但是到 1891 年票面价值跌到 59. 3% (100 卢布兑换不到 200 马克)。在国际市场纸卢布汇率暴跌暴涨,使

---

① 陶惠芬. 俄国近代改革史[M]. 北京:中国社会科学出版社,2007:269.

② 黄亚丽. 维特经济思想解析[D]. 吉林大学硕士学位论文,2004-4:21-22.

③ 黄亚丽. 维特经济思想解析[D]. 吉林大学硕士学位论文,2004-4:21-22.

卢布的信誉受到重创,同时使很多计划在俄国工商业领域投资的外国投资者望而却步。①

本格之后的财政大臣是И·А·维什涅格拉茨基(1887—1892年任财政大臣)。由于这位财政大臣的不懈努力,使国家预算消除了赤字,包括积极吸引外资投入工业发展,强化关税保护等政策,使对外贸易出现了顺差,增加了黄金储备。应该说,这一切都有利于为币制改革做准备。可是,无论是本格,还是维什涅格拉茨基,都曾几次建议国务委员会恢复硬币流通,但均无结果。1892年2月,谢尔盖·尤利耶维奇·维特(Сергей Юльевич Витте,1849—1915),出任沙皇政府交通大臣,同年8月改任财政大臣。应该说,上任之初的维特并没有十分明确的发展国家经济的纲领和规划,但他也没有完全依照维什涅格拉茨基的方针行事。维特甚至曾一度拥护纸币流通,认为加速工业发展与向农业提供廉价贷款的政策是可以并存的。维特的这些观点体现在1894年国家银行条例中。值得一提的是,在亚历山大三世统治时期,总的来看,俄国资本主义发展迅速,但同时阶级矛盾也日趋激化。因为除了农民反对地主的斗争外,还出现了初期的工人运动。②

2.4.7 尼古拉二世时期的货币短缺与成因

2.4.7.1 维特推行的金本位制

1894年亚历山大三世的长子,尼古拉二世·亚历山德罗维奇·罗曼诺夫(Николай II Александрович,1868—1918)继位,他是俄罗斯帝国的末代沙皇,而他的财政部长仍然是维特。此时,曾一度拥护纸币流通的维特,当发现在流通中增加纸币发行量行不通时,认为必须转向金本位。其主要考虑是,俄国应集中所有财力用于发展工业和铁路建设,他认为,如要吸引外资投入国家工业建设,就要有可靠的国际货币结算单位,而黄金便具有这样的职能。③ 他非常不容易地说服自己的同仁,顶住了来自国内外反对派的阻力,最重要的是,列举出黄金货币流通的诸多优点,以劝说尼古拉二世认同实施金本位的必要性。维特还认为,从俄国的根本利益和目的出发,必须对俄国的货币制度进行彻底的、实质性的改革。为了推行金本位制,需要有大量的黄金储备,为此维特采取了通过国内开采黄金、征收各种赋税、扩大对外贸易等措施,增加贸易顺差,再用顺差积累的巨额资金从国外购买黄金。最终黄金储量的增加为俄国推行金本位制奠定了非常雄厚的物质基础。④ 到1896年12月底,国家银行的黄金储备量已达8.14亿卢布。⑤ 俄国一跃成为欧洲黄金储备量最大的国家。由于贸易顺差、国家预算无赤字以及稳定的汇率等因素,使俄国能够实现货币制度的根本性变革。1895—1897年币制改革是逐步、分阶段展开的。为稳定纸卢布的汇率,考虑到卢布现存的实际汇率问题,赋予卢布黄金平价,维特将这一点视为是改革

---

① 黄亚丽. 维特经济思想解析[D]. 吉林大学硕士学位论文,2004-4;21-22.

② 刘玮. 试论19世纪俄国币制改革[J]. 西伯利亚研究,2011-2;70-75.

③ 张广翔. 19世纪末—20世纪初俄国经济发展道路的选择[J]. 北方论丛,2005(3):101.

④ 黄亚丽. 维特经济思想解析[D]. 吉林大学硕士学位论文,2004-4;21-22.

⑤ Власенко В Е. Денежная Реформа в России. 1895-1898 гг. [М]. Киев,1949;74.

的基础。但根据一直生效的 1843 年法律规定,银卢布仍然为法币,这一情况限制了金币真正地参与货币流通并发挥职能。1895 年 5 月 8 日通过一项法令,正式批准黄金交易:1 个因别利安的牌价为 15 纸卢布;半个因别利安为 7.5 纸卢布。在实行自由兑换的条件下,信用券转变成为金卢布,内含 0.774 2 g 纯金。1895 年 5 月 24 日,国家银行获准可以按照这一汇率买卖金币。从 1896 年 1 月 1 日起,原有 5 卢布金币开始按汇率 7.5 纸卢布支付。最初,稳定的卢布汇率是通过财政部的临时命令规定的,后来,国家立法机关也在积极研究制订有关过渡到金本位制的法令。1897 年 1 月 3 日《关于金币的铸造及发行流通》法令的颁布才使得金本位制最终确立下来。根据币制改革的规定,1 纸卢布可兑换 66 金戈比;国家银行发行的纸币在 6 亿卢布以下,由黄金担保一半,超过 6 亿卢布,则要十足的黄金担保。[①] 1897 年 9 月,国家银行发行流通的信用券数额为 10.69 亿卢布,黄金辅币基金为 8.625 亿卢布,从而确保了卢布币值的稳定性。1897 年和 1898 年又发出书面命令:不仅铸造 5 卢布和 10 卢布的硬币,而且还要让这些硬币进入流通领域,随后实现了信用券和金币的自由兑换。由于 1895—1897 年币制改革,金币、可自由兑换成金币的信用券、成色十足的银币、不足值银辅币和铜辅币(劣币)等货币符号均进入了流通领域。1899 年的《俄国货币法》规定:国家货币制度的基础是黄金;货币单位仍然是卢布,1 卢布内含 0.774 2 g 纯金,等于100 戈比。金币的铸造,既可以使用属于国家的黄金,也可以使用私人提供的黄金。正如历史表明的那样,由纸币转而使用金币是正确的。居民比较偏爱使用信用券,信用券也像黄金那样稳定,且便于流通。不过,金币也逐渐流通起来。由于实施币制改革,19 世纪末至 20 世纪初俄国的货币信用度提升了,增加了外资的流入,为俄国工业化进一步发展以及提升俄国的世界地位奠定了良好基础。对此,维特曾骄傲地说:"我不得不进行一场最伟大的变革……这就是币制改革,最终使俄国树立了良好的信用,就国家财力而言,这场变革令俄国能够同其他欧洲强国并驾齐驱,站在同一水平线上"。[②] 应该说,金本位制度的实行保证了金卢布成为可完全自由兑换货币,俄国由此成为实行货币自由兑换的国家,在为稳定卢布汇率而采取的举措方面堪称世界许多国家的典范。较之拿破仑战争和克里米亚战争时期,俄国国力大大增强,财政状况得到明显改观。铸币税也从 1891 年的 2 250 万卢布增加到了 1903 年的 55 700 万卢布。[③] 但 1904 年 1 月 13 日的日俄战争爆发,又使情况发生了逆转。

2.4.7.2 日俄战争和 1905 年革命对俄国货币体制产生的影响

据中国学者裴然研究,日俄战争爆发后,是否终止卢布与黄金的自由兑换成为一个十分关键的问题。时任财政大臣的科科夫佐夫(Владимир Николаевич Коковцов,1853—1943)认为不应抛弃以纸卢布和黄金进行自由兑换为原则的货币流通体系,因为只有在这种情况下,俄国才有可能稳定财政,并且保持俄国卢布在世界货币市场上的信用程度,同时还能够尽快扭转日俄战争给国家带来的不利影响。1904—1906 年俄国爆发战争和革命期间,科科夫佐夫货币财政政策的第一出发点就是维护俄国货币流通领域的正常秩序

① 罗爱林. 维特货币改革评述[J]. 西伯利亚研究,1999(5):12.

② Витте С Ю. Избранные Воспоминания. 1849-1911, гг. Т. 2[М]. М.: Терра,1997: 35.

③ 斯·德·马丁诺夫. 国家和经济——维特体制[M]. 圣彼得堡:圣彼得堡科学出版社,2002:124.

和国家财政的稳定。然而从战争的第一天起，俄国的经济生活就陷入了一片混乱。战争的冲击已经在全国的所有经济结构中表现出来了。没有人能够预测到原来看似对俄国有利的战争局面会发生转变，战争的花费超过了原来的计算。战争中，俄国军队的每一次军事失利都在国家信贷的损失、卢布价格与外国交易所内俄国有价证券的跌价上敏锐地反映出来。对于战争经费的解决，俄国政府主要选择的方法是举债，并且以外债为主。俄国因为战争而进行的第一步财政措施就是举借外债。举借外债不但能够充当战争经费，而且还能够增加俄国的黄金储备。虽然俄国从法国和德国银行都借到了外债。但是这些债务的条件都是十分苛刻的，例如俄国所借外债的票面额虽然有 8.43 亿卢布，但是实际拿到手中的额度却只有 6.77 亿卢布。当然这些债务的利率对于俄国来说不是十分优惠，但是它毕竟在第一阶段弥补了俄国在军事上的巨大花费。在 1904—1906 年间，因战争需要所推销的国内外公债和国库短期债券总数在 22 亿卢布以上，使资金市场的状况严重恶化。国家银行消耗了国库的大量资金，国库的往来账面资金从原来的 3.43 亿卢布减少到 1.74 亿卢布。① 俄国 4 厘公债在伦敦交易所的行情，战前达 101，而第一次军事失利使它跌至 87。在柏林交易所，卢布的行情，从每 100 卢布值 216 马克跌到了 214 马克。

日俄战争结束后，俄国财政面临着又一次严峻的挑战，那就是 1905 年 1 月 9 日爆发的俄国革命。如果说日俄战争爆发的第一年（1904）俄国财政还并没有感到十分吃力的话，那么 1905 年革命的爆发则对俄国以黄金为基础的货币流通体系造成了严重的冲击，见表 2－7。

表 2－7 1903—1906 年俄国黄金储备量与信用卢布发行数量对比表 单位：亿卢布

时　间	黄金储备量	信用卢布发行量	时　间	黄金储备量	信用卢布发行量
1903 年 3 月 8 日	7.94	5.64	1906 年 9 月 1 日	8.14	11.92
1904 年 3 月 1 日	8.96	8.96	1906 年 10 月 1 日	8.44	12.33
1905 年 3 月 1 日	8.92	6.28	1906 年 11 月 1 日	8.63	12.29
1906 年 3 月 1 日	7.52	11.49	1906 年 12 月 1 日	8.76	11.93
1906 年 6 月 1 日	7.68	11.19			

资料来源：裴然．战争和革命对 20 世纪初俄国货币体系的影响［J］．西伯利亚研究，2010-4：92.

从表 2－7 可以清楚地看到，日俄战争期间，俄国的货币发行原来是有充足的黄金储备量作为基础的，但是俄国革命的爆发改变了这种平衡的货币发行格局。在俄国的黄金储备量并没有发生巨大增长的情况下，其货币发行量却在 1906 年发生了猛增，而且革命期间都保持了较高的货币发行量。比如，1903 年 3 月 8 日俄国的黄金储备量为 7.94 亿卢布，信用卢布发行量为 5.64 亿卢布，两者的比例为 1.4∶1；而到 1906 年 3 月 1 日年则变为 0.65∶1。由于俄国黄金储备量的增长速度小于货币发行量的增长速度，导致俄国在 1905 年12 月出现了黄金与信用卢布兑换紧张的局面。曾经借债给俄国的外国资本家以及旅居国外的俄国资本家都纷纷以支付债务的形式将自己的资本（以黄金的形式）转移

① 梁士琴科．苏联国民经济史［M］．北京：人民出版社，1954：248.

到国外。然而，对于俄国财政和货币流通威胁最大的还是通过全国各大储蓄所进行的信用卢布对黄金的猛烈挤兑，在这一时期，俄国国家银行通过各大储蓄所共向外支付了大约1.49亿卢布的黄金。这些金融机构开始承受着散户的长时间围攻，在这些金融机构的门前，每天都会出现这样一种场景，就是把信用卢布兑换成黄金。①

事实上，1905年前俄国政府曾有效地阻止了纸币在俄国发行的苗头，但是在1905年最后四个月，发行纸币的趋势却迅速抬头，见表2-8。

表2-8 1904—1906年俄国货币流通情况表 单位：亿卢布

时　间	货币流通			
	金币	银币	信用卢布	总计
1904年1月	7.748	1.332	5.784	14.864
1905年1月	6.836	1.230	8.537	16.603
1905年9月	6.541	1.127	9.240	16.908
1906年1月	8.378	1.334	12.075	21.787

资料来源：裴然．战争和革命对20世纪初俄国货币体系的影响[J]．西伯利亚研究，2010-4：92.

通过表2-8可以看出，在日俄战争期间，俄国流通的货币量从14.86亿卢布增加到16.91亿卢布，增长了13.8%；而在革命期间，俄国流通的货币量又比战时增长了2.5倍。两者相加，即在日俄战争和1905年革命期间，俄国流通的货币量一共增加了6.92亿卢布，增长了46.6%。1905年末，在俄国发生的一系列政治罢工和武装起义使国家经济和财政陷入了混乱的深渊。在这段时期曾经一度辉煌过的俄国金本位货币体制也几乎被葬送。1905年10月，由于国家银行职员大会的召开，俄国财政系统的枢纽——国家银行的正常工作也陷入了瘫痪。日俄战争的失败和革命所带来的长期社会动荡使得俄国政府威信扫地，再加上左翼政党的宣传和鼓动，对俄国政府来说无疑是雪上加霜。这时财政部提出了一个对俄国财政和货币体系十分关键的问题，那就是：是否应该继续执行信用卢布和黄金的自由兑换业务？俄国最高财政机关(财政委员会)的所有成员都反对这样做，他们认为，如果终止了卢布和黄金的自由兑换就彻底摧毁了西方国家对俄国财政的信任，由此而最终中断国内和国外对俄国的各种信贷。虽然俄国官方说卢布与黄金的兑换一直在持续，但是实际上这已经是不可能的了。事实上，俄国在此时已经终止了卢布与黄金的兑换。1905年12月初，俄国政府已经禁止黄金从彼得堡流向其他省份。在这种情况下，由于俄国国家银行已经不再具有发行纸币的权限，因此俄国政府不得不采取了最后一种办法，即在1905年12月16日颁布法令授权俄国财政部发行没有黄金担保的信用卢布。俄国政府不惜一切代价来稳定其国内动荡的政治局势，同时也迫切希望能够得到欧洲盟友的帮助。但沙皇政府政治和财政的破产导致了西欧资产阶级的恐慌，特别是在法国，它跟沙皇政府缔结了外交上的同盟，它有数十亿的资本投入到了俄国工业和运输业中。法国资产阶级决定支持沙皇政府和俄国资本主义，法国的银行借给沙皇政府22.5亿

① 梁士琴科．苏联国民经济史[M]．北京：人民出版社，1954：247-248.

法郎的贷款来救济混乱的俄国金融，并帮助沙皇政府镇压革命。[①] 1906 年 1 月初，俄国终止了纸币与黄金的兑换。1906—1908 年是科科夫佐夫整顿国内货币流通体系的时间，在这段时间里，俄国国家银行黄金存有量增长了 3 亿卢布，货币发行量减少了4. 2 亿卢布。1906—1909 年俄国信用卢布的数量减少了 1. 2 亿卢布，而危机中被储户取回的金币，由于社会动荡的结束又重新回到了国家银行的储蓄所中，1909 年俄国国家银行的黄金储备已经超过流通的信用卢布 1. 33 亿卢布。到 1906 年底的时候，俄国货币流通领域中的纸币数量已经和国家银行中的黄金储备量几近相等。在日俄战争和 1905 年革命期间发行的大量纸币也已经逐渐被银行收回，而到了 1909 年底银行回收纸币的工作已经基本完成。中国学者裴然认为，在总结第一次世界大战前俄国货币历史时，必须看到，作为第一次世界大战之前占欧洲经济生活主要形式的金本位制在 1914 年夏天导致第一次世界大战爆发的那场政治危机之后已变得摇摇欲坠。第一次世界大战爆发后，欧洲各国一个接着一个地终止了纸币与黄金的兑换。曾经象征着欧洲民族经济繁荣的单金属货币制度作为一种十分脆弱的财政工具只有在和平年代的经济竞争时期才会显现出它的生命力。第一次世界大战的爆发中断了欧洲各国的经济联系，也使俄国与欧洲货币市场的“金桥”彻底倒塌了。1914 年 7 月 27 日，俄国国家银行宣布暂时终止信用卢布与黄金的兑换。俄国货币史至此又迎来了一个新的时期。[②]

2.4.7.3　1914 年俄罗斯废除金本位之后的货币

到 1914 年，俄国卢布原本已成为世界五大硬通货之一。但是，俄国金本位制实行的时间很短——19 世纪末确立，随着第一次世界大战的爆发而成为了历史。而此时，如按工业生产的绝对量计算，俄国已稳居世界第五位，远远超过奥匈、意大利、西班牙和日本。[③] 但也就在 1914 年，俄国参加了第一次世界大战，为了保护自己的黄金储备，俄国在与德国发生战争之后终止了黄金的兑换，而大部分资本主义国家在第一次世界大战爆发后都终止了纸币和黄金的自由兑换。至此，金属货币再没有回到俄国国家银行的储蓄所中，而是留在了其所有者的手里。据裴然的研究，1914 年在俄国货币流通领域中，5 卢布面值的金币有 2. 23 亿卢布，10 卢布面值的金币有 2. 36 亿卢布，7. 5 卢布面值的金币有 930 万卢布，15 卢布面值的金币有2 140 万卢布。此外，在俄国货币流通领域还流通着 1885 年铸造的硬币 120 万卢布。还有一种辅币叫做“银行银币”，1914 年国家银行发行了面值为 1 卢布的银行银币 8 430 万卢布，面值为 50 戈比的银行银币 3 800 万卢布，面值为 25 戈比的银行银币 30 万卢布。国家银币、国家铜币以及国家银铜合金币就其含银量来说只相当于银行银币的一半，就其标明的价值来说则比其所含金属的价值要高，1 卢布国家银币实际上只相当于 33 ~ 34 戈比的银，1 卢布国家铜币只含有 20 戈比的铜。到了 1914 年，国家银铜合金币一共发行了 1. 21 亿卢布。此外，在俄国货币流通领域还流通着面值为 5 戈比、3 戈比、2 戈比、1 戈比、半戈比和四分之一戈比的铜币。沙皇政府在 1914 年 7 月 27 日就终止了纸币和黄金的兑换。与此同时，沙皇政府还试图回收正在流通着的大量金币，

① 梁士琴科. 苏联国民经济史[M]. 北京：人民出版社，1954：350-351.

② 裴然. 战争和革命对 20 世纪初俄国货币体系的影响[J]. 西伯利亚研究，2010-4：91-95.

③ 张广翔. 19 世纪俄国政府工商业政策基本趋势[J]. 西伯利亚研究，2000(8)：46.

但是这一计划并没有能够顺利完成，到了 1917 年 1 月 1 日在俄国民间未回收的金币达 4.36 亿卢布。

应该说,发行纸币是第一次世界大战各参战国用于筹集战争经费的重要方法之一,也是获取铸币税的主要手段。在第一次世界大战期间，俄国国家银行发行纸币的权力被不断扩大,大量新印制出来的信用卢布源源不断地进入流通领域。1916 年 1 月 1 日之前，沙皇政府已经连续 3 次增加了国家银行的纸币发行量(比 1897 年颁布的纸币发行法规定的纸币发行数量增加了 32 亿卢布)。在 1916 年，国家银行的发行权力又被再一次提高了 30 亿卢布(1916 年成了俄国纸币发行量增速最快的一年)。从 1914 年1 月1 日到1917 年1 月1 日，俄国货币流通领域中信用卢布的数量从15 亿卢布增加到91 亿卢布。由于纸币的大量发行导致俄国国内发生了严重的通货膨胀和货币流通体系的紊乱，进而导致卢布购买力的大幅下降和劳动人民生活的日益贫困化。第一次世界大战期间俄国卢布贬值的程度要比其他参战国货币贬值的程度大得多。战争后期，俄国财政体系已经无力承担战争所引发的巨大开支。时任财政大臣巴尔克在 1916 年 12 月 1 日召开的俄国财政委员会会议上提出，从 1917 年 2 月 1 日到 1917 年8 月1 日,俄国共需要大约 30 亿卢布左右的纸币，这些纸币不但要被用于战争的支出，还要被应用于国家的各种信贷业务。沙皇尼古拉二世于1917 年1 月20 日批准了这一纸币发行方案。1917 年2 月6 日,巴尔克在召开的俄国财政委员会会议上提出了再次发行 30 亿卢布的短期国债，沙皇尼古拉二世于 1917 年2 月 17 日批准了该项举债方案。在第一次世界大战期间，世界黄金的购买力开始急速下降，因此导致了世界各国粮食和商品价格的增速要远大于纸币的贬值速度。卢布汇率从战争爆发后的第一个月就开始下跌。1915 年,俄国官方的卢布汇率已经下跌到 80 戈比,1916 年底又继续下跌到 60 戈比，而到 1917 年 2 月资产阶级民主革命时期又下跌到 55 戈比。与此同时，俄国卢布的实际购买力也大幅下降，根据俄国官方的统计数据，到了 1917 年 3 月 1 日俄国卢布的实际购买力已经下降至 1/4，即 1 卢布只能购买到战前 27 戈比的商品。根据其他资料显示，俄国商品价格指数到 1917 年 1 月 1 日已经增长到 702(而 1913 年时这个数字还只有 100),1 卢布的实际购买力已经下降到了 14 戈比。俄国资本主义经济的衰落使得俄国主要的经济区彼此之间迅速地被分割开了,也正是基于此,才造成了俄国的商品价格出现了极度的混乱。第一次世界大战期间，俄国除了国家银行发行的信用卢布以外，在货币流通领域还存在着利率为 4% 的国库券和各种短期债券,而且这些国库券和债券与纸币一样被国家所接受，国库券和债券因此被当做纸币来使用。由于俄国国库券和债券数量巨大，造成了货币流通领域中纸币数量的增加,而纸币数量增加的直接后果就是卢布实际购买力的下降和劳动人民的生活贫困化。同时,这时期短期商业信贷之一的票据贴现业务,也被国家银行不断缩减。1914 年 10 月 1 日，俄国票据贴现业务的收支结余是 7.09 亿卢布，到 1917 年 1 月 1 日，缩减至 2.51 亿卢布。国家银行缩减工商业信贷，却大力发展国库信贷。国库发行的短期国库债券开始大批由国家银行贴现。1917 年 1 月 1 日，这些国库债券的贴现，共计有 68.66 亿卢布。① 由此可见,国

① 梁士琴科．苏联国民经济史[M]．北京：人民出版社,1954:880.

家银行的一切放款业务，主要是针对国家信贷和国家军事支出。在这个时期，无论国家银行也好，私营银行也好，存款和活期存款都有显著的增加。由表 2 -9 可见，信贷系统中的存款数额提高明显，但是如果考量一下货币的实际购买力，就会发现这种存款的累积其实是虚假的。国家银行加紧从国民经济中吸收货币资金，但完全不是大量投放在工业、农业和商业方面的信贷上，而是投放在了军事支出上。

表 2 -9 1914—1917 年俄国银行存款表

单位:亿卢布

时　间	国家银行	私营银行及其他信贷机构
1914 年 1 月 1 日	2.35	32.18
1915 年 1 月 1 日	4.82	35.35
1916 年 1 月 1 日	9.60	43.46
1917 年 1 月 1 日	16.52	75.66

资料来源：梁士琴科．苏联国民经济史[M]．北京:人民出版社，1954：881．转引自:裴然．战争和革命对 20 世纪初俄国货币体系的影响[J]．西伯利亚研究，2010-4:94.

顺便提及的是，1915—1917 年间，沙俄政府为筹集资金，还曾专门发行过代币邮票。这种行为不仅辐射到了周边国家，如乌克兰等，还影响了后续的苏俄政权，这种小额纸币刻意采用了类似邮票的设计。面值分别为：1k(戈比)、2 k、3 k、4 k、7 k、10 k、14 k、15 k、20 k、25 k、35 k、50 k、70 k、1p(卢布)、2 p、3 p、5 p。其中:1 k、2 k、3 k 代币邮票背面的文字含义规定“与铜币等值流通”，而 10 k、15 k、20 k 代币邮票背面的文字则规定“与银辅币等值流通。”[①]总之，正如乔恩对俄国这一段货币史的评论那样:“1914 年，俄罗斯废除金本位，革命之后，战时的通货膨胀演变为恶性通货膨胀。”[②]

2.4.8 苏俄国内战争和苏联初期的货币短缺与成因

苏俄国内战争，是指在 1918—1920 年，苏维埃俄国同国内原帝俄政府的残余势力和外国武装干涉者进行的战争，战争主要是在崩溃的沙俄帝国境内进行的，但部分战事还蔓延到了蒙古和波斯。不难想象，那时俄国境内的币制必然更加紊乱。一方面，原帝俄政府的残余势力还控制着部分地区。如仅以苏俄国内战争时期高尔察克(原帝俄时期的海军上将)控制的西伯利亚和远东地区为例，由于连年战争和政局动荡，该地区的货币流通领域一片混乱。据统计，到 1918 年，这里大概流通着 30 余种纸币，其中包括罗曼诺夫王朝的纸币、克伦斯基政府的代用货币、布尔什维克发行的钞票，甚至一种特殊牌子香烟的商标也在一定程度上承担着货币的职能，此外还有大量早已废弃的各种古代和现代硬币不时在民众中流通使用。除了本国林林总总的各色货币外，在远东，高尔察克政府还面临着一个特殊的顽固竞争者——日元。日本远征军为了保障日本对俄远东地区的经济控制，在滨海边疆区和沿中东铁路地区流通日元(以“司令部钞票”著称)。当地日本商人收到指示，只能用日元付工资。这一地区的日方代理人甚至许诺：如果铁路工人接受老板用日元给付工资，将得到低价格的商品。[③] 这样一来，布尔什维克发行的钞票就很难建立起自己的信用与被广泛接受。另一方面，新诞生的苏维埃政权还来不及理顺货币金融体系，即使在自己的控制区，市场货币关系也十分混乱。以致实行货币税后，从 1921 年

① 郑涛:浅析邮票代币现象兼考沙俄代币邮票(1915—1917)[J]．中国钱币，2011(4):54.

② 约翰·F·乔恩．货币史:从公元 800 年起[M]．李广乾，译．北京:商务印书馆，2002:436-437.

③ 黄秋迪:苏俄国内战争时期高尔察克反动政府的货币政策[J]．西伯利亚研究，2005-12:66.

7月至1922年12月，纸币发行量由4 609亿卢布猛增至5 152 451亿卢布，一年半中增加一千多倍，通货膨胀速度比战时共产主义时期还高了十倍。从1921年7月至1923年1月物价上涨263倍，商品经济的正常发展受到严重影响。① 这种币制严重混乱的状况直到政局稳定后才得到缓解。

1922年12月30日俄罗斯、白俄罗斯、乌克兰和外高加索等苏维埃社会主义共和国合并，成立了苏联。新政府成立后，依旧沿用卢布为货币单位。从1922年冬到1924年春，苏联进行了多次币制改革。首先是1922年10月11日发行银行券（切尔文卢布）。这是一种具有法定含金量的可兑换货币，由贵金属、外汇硬通货、实物商品与短期信贷来提供完全保证，与原有的苏维埃纸币并行流通。到1923年夏开始，购买力相对稳定的切尔文卢布从市场上逐渐排挤了苏维埃纸币。1923年1月至1924年4月，切尔文卢布购买力由指数1.040降至0.553，物价上涨速度基本上维持了战前水平，扭转了恶性涨价的局面。1922—1924年，苏联进行货币改革，当时卢布对美元的汇率基本保持在0.6卢布兑换1美元。② 但是，两种稳定程度不同的货币同时流通的状况也造成了许多恶果：城市与专行苏维埃纸币的农村通货关系断绝，城乡交易额缩减，货币经济发展速度缓慢，居民热衷于投机等等。于是，苏联又进行了第二步改革。1924年2月14日通过中央执行委员会、人民委员会法令废除并回收旧的苏维埃纸币，并以切尔文卢布为基础发行稳定的金属货币。不久又根据战前货币法规定了新的银、铜币的品位、公差及其他铸造规范。这样，苏联终于在新的基础上建立了新的货币体制，结束了币制混乱局面，并成为直至1991年12月25日苏联解体前的货币制度的基础。③

值得一提的是，另据乔恩研究，1922年至1928年间，苏联还同时流通着一种银行券：切尔冯涅茨（Chervonetz），该银行券非正式地与黄金挂钩。在内战期间，英国和其他盟国支持位于阿尔汉格尔斯克的（反共产主义）北方临时政府。而临时政府则进行了一项引人注目的尝试，创造了一种取代苏联的货币。这种货币是由隶属于盟军的、作为金融顾问的多米尼克春米（Dominick Spring-Rice）组织所设计的，该组织与当时任职于联合王国财政部的梅纳德·凯恩斯保持着密切的联络。临时政府还建立了一个新的机构，（北俄罗斯）全国货币发行局，按照40卢布兑换1英镑（以政府所有资产作担保）的规定比率发行钞票。但这些钞票只能用外币兑换，而且货币发行局也被要求将钞票发行的至少75%存放到英格兰银行，其余的25%允许投资于临时政府债券。但在与德国的战争结束之后，盟军决定退出俄罗斯内战。货币发行局也于1919年10月4日关闭，军队所持有的钞票被销毁了（不是被烧毁，而是被倾倒在海里），而在英格兰银行的报表里，则被记为账面记录贷款。④

---

① 金雁．尤罗夫斯基的经济思想与实践[J]．青海师范大学学报（社会科学版），1990(4)：14.

② 张文兰．浅谈俄罗斯的货币[J]．商场现代化．2011-2：153-154.

③ 金雁．尤罗夫斯基的经济思想与实践[J]．青海师范大学学报（社会科学版），1990(4)：14.

④ 约翰·F·乔恩．货币史：从公元800年起[M]．李广乾，译．北京：商务印书馆，2002：436-437.

注 释

Ⅰ 所谓货币危机又有狭义和广义概念之分,其中:狭义的货币危机与特定的汇率制度(通常是固定汇率制)相对应,其含义是,实行固定汇率制的国家,在非常被动的情况下(如在经济基本面恶化的情况下,或者在遭遇强大的投机攻击情况下),对本国的汇率制度进行调整,转而实行浮动汇率制,而由市场决定的汇率水平远远高于原先所刻意维护的水平(即官方汇率),这种汇率变动的影响难以控制、难以容忍,这一现象就是货币危机。而广义的货币危机泛指汇率的变动幅度超出了一国可承受的范围这一现象。

Ⅱ 惠誉国际信用评级有限公司警告说,中国影子银行已经失控,由于借贷者难以使短期债务展期,该系统遭遇的压力不断上升。该机构驻北京的高级董事朱夏莲说:"由信贷驱动的增长模式显然即将崩溃。这会造成产能过剩的问题,并可能会将中国带入日本式的通货紧缩时代。"她认为,虽然这些银行的不良贷款率看似并不高,只有1%,但是这已变得无关紧要,因为信托、理财基金、离岸工具以及其他形式的不规范信贷占到新增信贷的半壁江山以上。此前,青岛、鄂尔多斯、吉林和其他地方的所谓信托产品的问题接连被媒体曝光。规模达1.4万亿美元的信托产品是影子银行体系的组成部分。光大银行出现银行间贷款违约,与此同时,上海银行间同业拆借利率飙升,这显示出流动性已经突然枯竭。朱夏莲说,尽管中国银行业将超过3万亿美元的储备放在央行,但这一规模可能不足以应对庞大贷款潮带来的麻烦。自雷曼兄弟倒闭以来,中国的信贷从9万亿美元上升至23万亿美元。"短短5年间,它们复制了整个美国的商业银行系统。"中国信贷与GDP的比例激增了75个百分点,升至于相当于GDP的200%,而在次贷危机爆发前的5年以及日本1990年日经指数泡沫破裂前,美日两国的这一比例大约都激增了40%。该机构在4月份将中国长期本币信用评级下调至AA-,但仍认为无论情况有多糟,政府都可以应对任何银行危机。参见:张笑然:惠誉称中国信用泡沫"史无前例"并认为未来6个月将至关重要,《参考消息》2013年6月18日5版。

此外,就通货紧缩的可能性而言,以评级机构惠誉衡量的社会融资总额为例。这一指标涵盖官方统计以外的非正式信贷。如果这个广义流动性供应指标没有下降,而是与去年新增贷款总额18万亿元人民币的水平持平,那么还会有更多的痛苦到来。惠誉的统计数据显示,截止本月初,新增贷款投放以及达到18万亿元左右,这使得2013年剩下的时间每月新增贷款额度仅为1.1万亿元。仅新增信贷投放放慢就有可能给寻求短期融资的人带来问题。参见:罗谷:外媒称中国紧缩信贷动真格,《参考消息》2013年6月23日4版。

Ⅲ 米歇尔·D·科伊认为:南方低地上的古典玛雅的人口增长可能超过了当地土地所能承受的能力,不论当时使用了怎样的农业技术。有越来越多的证据表明,整个中央地区森林大量砍伐和水土流失,只是由于一些地方有干旱地梯田而得到缓解。总之,人口过度增长以及环境退化的程度,只有如今最贫困的热带地区才能够与之媲美。玛雅末日来临必然有其生态根源。参见:米歇尔·D·科伊:《玛雅》(纽约:普拉杰出版社,1966年),第128页。转引自:大卫·克里斯蒂安. 大历史导论[M]. 晏可佳,等,译. 上海:上海社会科学院出版社. 2007:343.

Ⅳ 而关于叶卡捷琳娜女王统治时期俄国的币制改革问题,中国学者刘玮有很深入的研究。他认为,1768年12月29日,叶卡捷琳娜二世颁布诏书宣布分别在彼得堡和莫斯科成立两家兑换银行。银行有权按其铜币存款额发行纸币(1769—1848年流通),纸币与铜币可自由兑换。俄国长达一百余年的纸币通货膨胀性流通时期由此开始,直到1897年金本位制的实行。参见:刘玮. 试论19世纪俄国币制改革[J]. 西伯利亚研究,2011-2:70-75.

Ⅴ 沃克(1888)引述塞德的说法,认为,沙皇政府的债务已经失控了,弄不清流通中到底有多少钞票。其他证据表明这次的银本位实际上持续了许多年;持续到1868年看来是肯定无疑的,但是持续到1897年也许不太可能。参见:约翰·F·乔恩. 货币史:从公元800年起[M]. 李广乾,译. 北京:商务印书馆,2002:419-420.

第3章 当代货币短缺——债务危机的成因及应对

债务危机(debt crisis)通常是指一国在国际借贷领域中因大量负债,超过了本国自身的清偿能力,从而造成无力还债或必须延期还债的现象。① 而从债务危机的统计口径来说,一般指一国所欠本国外部的外债,而不包括内债。

尽管当前世界各国对外债定义的内涵理解不尽相同,但比较普遍地认为,一个国家外债的狭义定义是指,所有公营部门欠下非居民的中、长期债务,而中、长期是指年期一年以上者。广义的定义则加上公营部门的短期债务、直接投资和私管部门的短、长期债务。而根据世界银行《债务呈报系统手册》的说明,原则上,外债是指一个国家的居民欠下非居民的年期在一年以上的债务。值得一提的是,1984 年 3 月,在国际货币基金组织(IMF)、世界银行、国际清算银行和伯尔尼联盟的代表组成的关于外债统计的国际审计员工作会议上,与会者对外债的定义曾达成了一项“共同认识”(International Consensus):为了使统计有个共同基础,对外债务的定义应为:存在制约性偿还责任的负债,不包括直接投资间企业股本。在此定义中,对外债务包括一切对非当地居民,以外国货币或当地货币为核算单位的有偿还责任的负债,但对当地居民的外币负债则除外。② 一般来说,由于债务危机的发生是因一国没有足够的用于偿债的外汇所引起的,所以从本质上看,它是货币短缺危机的另一种表现。

3.1 发展中国家债务危机的成因及应对

3.1.1 发展中国家债务危机的基本概况

第二次世界大战之后,特别是 20 世纪 60 年代以后,越来越多的发展中国家走上了利用外资发展国民经济的道路。当然,外部资金确曾一度促进了发展中国家经济的发展,创造了诸如巴西的“经济奇迹”和亚洲新兴工业国的经济腾飞等现象。而且,在 20 世纪 70 年代以前,发展中国家的外债无论是从总量上还是从增长速度上都并不引人注目。50 年代,全部外债仅 21 亿美元,并且主要是从国际组织与机构那里借得的。即使到 1964 年联合国第一届贸易与发展会议开幕时,发展中国家的外债总额也仅为 320 亿美元。但自

---

① 一般而言,衡量一个国家外债清偿能力有多个指标,其中最主要的是外债清偿率指标,即一个国家在一年中外债的还本付息额占当年或上一年出口收汇额的比率。一般情况下,这一指标应保持在 20% 以下,超过 20% 就说明外债负担过高。

② 晏群. 各国外债管理比较[J]. 世界经济,1988(6):38.

70 年代以后，至 80 年代初期，发展中国家的债务却进入了高速积累时期。1970—1984 年，中长期未偿付外债几乎增加了 10 倍，达到 6 860 亿美元，同期，还本付息支付总额也从 93 亿美元，上升到 1 000 亿美元，且利息支付剧增。1970 年，利息付款占还本付息总额的三分之一，到 1984 年则已占一半。1982 年8 月，墨西哥财政部长正式通知债权银行和美国政府，宣布无力偿还 1982—1983 年已到期的 195 亿美元的外国商业银行的贷款本息，要求延期偿还。① 继墨西哥之后，巴西、阿根廷、智利、委内瑞拉等 30 多个债务国也开始与债权银行和债权国政府商讨，要求重新安排到期应还债务的支付，到 1983 年底，共有 42 个国家陆续宣称偿债困难。于是，引发了一场震惊世界的债务危机。② 资料显示，从1982 年国际债务危机爆发到 1990 年初，发展中国家的债务总额累计增加了 60%，超过 13 000 亿美元，债务总额占国民生产总值的比重达50%。尤为严重的是，由于债务总额过大，还本付息负担加重，自 80 年代中期以后，发展中国家作为一个整体出现了资金逆转移，由 70 年代的资金净流入变成了资金净流出的局面，从而对经济发展造成了极为不利的影响。③ 特别值得一提的是，自发展中国家的债务危机爆发以后，整个80 年代可以说是发展中国家的“债务危机十年”。根据 IMF 的统计数字，发展中国家的实际经济年均增长率从 70 年代期间的 5. 5% 下降到 1981—1988 年间的 3. 2%。拉美、非洲、中东等地区的人均国民生产总值在 80 年代期间均趋于下降，而 80 年代也被这些地区的人们称为“失落的十年”。④ 比如，80 年代期间，拉美地区各个发展中国家在债务危机的沉重压力下，基本上处于巨额财政赤字、超通货膨胀或高通货膨胀、低经济增长或负经济增长的时期，人均国民收入趋于下降。1982—1989 年期间，整个拉美发展中地区的实际经济年均增长率只有 1. 3%。⑤

3. 1. 1. 1　发展中国家债务危机的基本特征

1)20 世纪 80 年代外债猛增

在 1982—1989 年间，发展中国家的外债余额以年均增长率 9% 左右的速度递增。具体数据为：1982 年为 8 390 亿美元、[I] 1983 年 9 050 亿美元、1984 年 9 360 亿美元、1985 年 10 410 亿美元、1986 年 11 460 亿美元、1987 年 12 920 亿美元、1988 年 12 840 元、1989 年 12 900 亿美元(表 3 -1)。其中向世界银行提供债务情况报告书的 111 个发展中债务国的外债余额为：1982 年 7 529 亿美元、1983 年 8 189 亿美元、1984 年 8 546 亿美元、1985 年 9 523亿美元、1986 年10 468 亿美元、1987 年 11 763 亿美元、1988 年 11 559 亿美元、1989 年 11 655 亿美元。然而，就发展中国家外债累计额的发展变化情况来看，1987 年以前曾不断趋于增大，1987 年以后则有所变化，1988 年稍减，1989 年微增。此外，就发展中国家外债额对出口额的比率来看，1987 年以后曾连续三年出现下降趋势。1989 年底发展中国家的外债余额达 12 900 亿美元(比 1988 年底增长了 0. 47%)；其中，向世界银行提供债务情况

① 张亚梅，杨春学．论发展中国家的债务危机[J]．云南财贸学院学报．1989(2)：17.

② 张明莉．谈谈发展中国家的债务危机[J]．外交学院学报，1991(2)：36-39.

③ 马君潞．发展中国家债务危机回顾与展望[J]．南开经济研究，1991(6)：11-16.

④ 汪慕恒．90 年代发展中国家的债务危机趋向缓和[J]．厦门大学学报(哲社版)，1995(3)：88.

⑤ 汪慕恒．90 年代发展中国家的债务危机趋向缓和[J]．厦门大学学报(哲社版)，1995(3)：92.

报告书的111个发展中国家的外债额为11 655亿美元(比1988年底增长了0.83%),占了绝大部分。①

表3－1　1982—1989年全部发展中国家与债务报告书国家的债务指标

单位:百万美元

项　目	1982	1983	1984	1985	1986	1987	1988	1989
全部发展中国家								
外债余额	839 000	905 000	936 000	104 100	1 146 000	1 292 000	1 284 000	1 290 000
其中:提供债务报告书的111个国家								
外债余额	752 940	818 869	854 597	952 270	1 046 796	1 176 304	1 155 878	1 165 452
当年贷款提供额	124 021	108 377	97 286	100 095	102 939	106 997	108 296	111 376
本金偿还额	49 489	46 050	49 822	66 617	76 372	83 139	88 029	85 815
净资金的流动额	74 532	62 327	47 464	33 478	26 567	23 858	20 267	25 563
利息支付额	68 090	64 689	69 348	63 685	64 780	64 111	72 300	77 188
债务支付总额	117 579	110 739	119 170	136 302	141 152	147 250	160 329	163 001
净资金转移额	6 442	－2 362	－21 884	－36 207	－38 213	－40 253	－52 033	－51 625
出口额	430 576	421 279	457 340	448 954	434 267	508 050	561 769	392 572
偿债比率(%)	27.3	26.3	26.1	30.4	32.5	29.0	28.5	27.5
净资金转移额/出口额(%)	1.5	－0.6	－4.8	－8.1	－8.8	－7.9	－9.3	－8.7
外债额/出口额(%)	174.9	194.4	186.9	212.1	240.1	231.5	205.8	196.7

资料来源:世界银行《1989—1990年世界债务表》. 转引自:伊藤彻、岩琦正行. 发展中国家的债务危机与布雷迪计划[J]. 杨维中,译. "发展中国家债务问题专辑"//日本《贸易振兴会信息》,1990-7:11.

另从表3－1中还可以看出,在1982—1989年间,提供债务报告书的111个国家当年贷款提供额为973亿～1 240亿美元,债务支付总额则为1 107亿～1 630亿美元,说明举新债还旧债的现象明显。显然,若无与债主国之间的债务重新安排,那么债务锁链必会越锁越紧。

2)20世纪90年代外债增长速度趋向减慢

进入20世纪90年代以后,发展中国家的外债总额仍有增大,从1990年的15 180亿美元增长到1991年的16 060亿美元、1992年16 620亿美元和1993年17 700亿美元(表3－2)。

表3－2　1990—1993年发展中国家的外债额　　单位:亿美元

项　目	1990	1991	1992	1993
整个发展中国家的外债总额	15 180	16 060	16 620	17 700
长期债务	12 100	12 960	13 090	14 110
官　方	6 000	5 620	6 660	7 200

① 伊藤彻、岩琦正行. 发展中国家的债务危机与布雷迪计划[J]. 杨维中,译. 发展中国家债务问题专辑//日本《贸易振兴会信息》,1990-7:10-11.

续上表

项　目	1990	1991	1992	1993
民　间	6 100	6 170	6 430	6 910
短期债务	2 740	2 980	3 160	3 210
IMF 的信贷	350	380	380	390

资料来源:世界银行,《世界债务表,1993—1994 年》转引自:汪慕恒. 90 年代发展中国家的债务危机趋向缓和[J]. 厦门大学学报(哲社版),1995(3):89.

应该说,进入 90 年代后,尽管发展中国家的外债额虽仍有增大,但其增长速度已比 70 年代与 80 年代期间有所减慢。70 年代期间,发展中国家的外债额从 1970 年底的 700 亿美元增大到 1980 年底的 5 794 亿美元,年均增长率为 23. 53% ;80 年代期间,从 1980 年底的 5 794 亿美元增大到 1990 年底的 15 180 亿美元,年均增长率为 10. 01% ;进入 90 年代以后,从 1990 年底的 15 180 亿美元增大到 1993 年底的 17 700 亿美元,年均增长率为 5. 25% 。如果就发展中国家严重债务危机期间(1982—1989)同债务危机开始趋向缓和(以"布雷迪计划"公布的 1989 年3 月后算起)的期间(1990—1993)进行比较,发展中国家外债额在严重债务危机时间从 1982 年底的 8 390 亿美元增大到 1989 年底的 12 900 亿美元,年均增长 6. 34% ,在其债务危机趋向缓和期间则从 1990 年底的15 180 元亿美元增大到 1993 年底的 17 700 亿美元,年均增长 5. 25% (见表 3 -1 和表 3 -2)。

值得注意的是,由于 80 年代上半期发展中国家已经处于严重的债务危机状态中,举借新债已经较为困难,但进入 90 年代以后,发展中国家的外债额在一定程度上又呈反趋加速增长的趋势。这是因为:(1)东亚、东南亚地区国家经济持续增长,而其经济结构调整过程又需借入大量新资金;(2)拉美地区已有不少发展中国家在 80 年代下半期开始实施经济调整政策且取得成效,并获得了债务重新安排,借贷信誉有所恢复,也得以增加新的贷款。尽管这些发展中国家的外债额在进入 90 年代以后又趋向迅速增长,但由于它们的经济已经转趋好转或者保持持续增长,有关债务负担的各项指标也均比 80 年代上半期好转。正因为如此,1990—1993 年间发展中国家的外债额虽仍在增长,但增速已明显减缓。同期,发展中国家的债务负担在进入 90 年代以后也逐渐趋向减轻,1990—1993 年期间,发展中国家的经济增长率与出口贸易额增长率均高于外债额增长率。比如,整个发展中国家的外债额对出口收入的比率从 1987 年的 197% 下降到 1992 年的 174% 。其中,拉美发展中地区的此项比率从 1987 年的 384% 下降到 1992 年的 272% ,南撒哈拉非洲地区从 252% 下降到 235% ,亚太发展中地区则从 136% 下降到 96% 。①

3)20 世纪 90 年代偿债比率趋于下降

1989 年"布雷迪计划"实施后,发达国家与国际金融机构贷给发展中国家的长期债务也有所增大,长期债务在债务总额中所占的比重到 1991 年已提高到 50% 以上,这就使 1989 年以后发展中国家外债支付额出现逐步减少的趋势。此外,加上 80 年代中期以后,国际金融市场的利率逐步下降,发展中国家经济结构调整以及实施出口市场与出口商品

① 汪慕恒. 90 年代发展中国家的债务危机趋向缓和[J]. 厦门大学学报(哲社版),1995(3):89.

多样化战略与政策取得成效等因素,都有助于发展中国家降低偿债比率与扩大出口。因此,尽管初级产品的出口价格在此期间内仍继续下跌,但发展中国家的出口却仍有所增大。以上各项因素终于促使发展中国家的偿债比率在进入90年代以后趋于下降。由于偿债比率可以从一个重要方面反映一个国家外汇积累的程度,偿债比率越高就说明出口创汇的可支配外汇比例越低,反过来可支配外汇的比例就越高,它有利于支撑国内经济的发展,见表3-3。

表3-3 1987—1993年发展中国家的债务负担指标 单位:%

地区	在1992年整个发展中国家外债总额中所占的比重(%)	债务额对出口额的比例(%)							偿债比例(%)					
		1987	1988	1989	1990	1991	1992	1993	1987	1988	1989	1990	1991	1992
整个发展中国家	100	197	178	168	162	170	174	180	24	23	21	19	19	19
南撒哈拉非洲	12	252	245	241	227	237	235	237	20	21	18	18	17	17
东亚与南太平洋	19	136	113	103	104	103	96	102	25	19	17	16	13	13
东欧与中欧	20	115	109	114	125	156	158	167	19	20	17	18	22	16
拉美与加勒比地区	30	384	327	289	276	276	272	264	38	40	33	27	26	30
中东与北非	11	164	163	150	115	127	192	216	16	18	18	15	16	25
南亚	8	305	298	292	298	260	269	295	28	27	26	26	22	21

资料来源:世界银行.债务国报告书系统//《世界债务表,1993—1994年》,第33页.转引自:汪慕恒.90年代发展中国家的债务危机趋向缓和[J].厦门大学学报(哲社版),1995(3):90.

从表3-3中可以看出,整个发展中国家的偿债比率从1987年的24%下降到1992年的19%。其中,拉美地区发展中国家从38%下降到30%,南撒哈拉非洲地区发展中国家从20%下降到17%,亚太地区发展中国家则从25%下降到13%。但值得注意的是,中东与北非地区的发展中国家同期却从16%上升到了25%。这可能预示了该地区的发展中国家经济发展将严重滞后于其他地区。事后证明,情况的确如此。

3.1.1.2 若干拉美国家债务危机的具体状况

在20世纪80年代,许多拉美国家确实面临着一次空前的债务危机。例如,1983年,按照外债总额与国内生产总值的比例来看,拉美一些国家,包括哥斯达黎加、智利、秘鲁、阿根廷、乌拉圭、委内瑞拉、墨西哥和巴西的情况,见表3-4。

表3-4 1983年若干拉美国家外债总额与国内生产总值的比例

国家	哥斯达黎加	智利	秘鲁	阿根廷	乌拉圭	委内瑞拉	墨西哥	巴西
外债总额/GDP	120%	103%	76%	66%	63%	47%	44%。	44%

资料来源:杜锦.拉美债务危机的国内外原因及IMF在其中的作用[J].天府新论,2006-12:104-105.

由表3-4可知,在20世纪80年代拉美一些国家爆发债务危机的时候,尽管有的国家,比如墨西哥、巴西等外债总额与国内生产总值的比例仅为44%,阿根廷为66%,智利为103%,均远低于哥斯达黎加120%的水平,但关键似乎并不在此,而在于这些国家是否具有偿还债务的外汇,这往往取决于债务偿还义务(即对本金和利息的支付)同货物和劳务出口总额的比较。例如,1982 年巴西货物和劳务出口收入的 89% 需要用于支付外债;阿根廷则需要 68%;智利需要 65%;而墨西哥需要 57%。即使假定债务本金可以延期偿还,但却要重新筹措资金支付利息。在 1983 年,阿根廷需要将货物和劳务出口的 54% 专用于支付外债利息;巴西需要 40%;墨西哥需要 35%;智利和秘鲁大约各需要 33%。由于各个国家不能停止进口或把进口压缩到使它们的经济有效运转的最低限度以下。因此,这些国家上述债务偿还的比率说明为什么到了 1982 年后期,形势已发展成为不可支撑的局面。① 此时,在拉美的 28 个国家中,要求 IMF 救济贷款和延期偿还的国家,已达 16 国。累积债务总额也达 3 500 亿美元,其中巴西为 930 亿美元,居拉美各国之首,墨西哥为 900 亿美元,阿根廷为 450 亿美元,委内瑞拉为 350 亿美元,秘鲁为 130 亿美元,其他如玻利维亚、哥伦比亚、多米尼加共和国、尼加拉瓜、乌拉圭等,都发生了债务危机。然而,对拉美国家来说,问题不但在于外债数额庞大,而且还在于这些外债中的 70% 左右是以美元来计价的。由于当时美元一直保持着高利率,因此拉美债务国的利息负担就更为沉重。② 至 1989 年,仅拉美最大的 8 个债务国的外债额就高达 3 708 亿美元,占拉美地区外债总额的 89.72%。这些债务大国的负债额依次为:巴西 1 113 亿美元,墨西哥956 亿美元,阿根廷 647 亿美元,委内瑞拉 331 亿美元,秘鲁 199 亿美元,智利 182 亿美元,哥伦比亚 167 亿美元,厄瓜多尔 113 亿美元。③ 值得一提的是,20 世纪 80 年代末,古巴还曾发生过债务违约,当时所欠前苏联的债务本金与利息至 2013 年 12 月合计约为 320 亿美元。[Ⅱ]

3.1.1.3 其他一些发展中国家债务危机的具体状况

1)非洲的债务危机

据中国学者周培年研究,非洲的外债,1970 年只有 132 亿美元,以后急剧增加,到 1980 年为 1 054 亿美元,年均增长率为 22%,1990 年底外债总额高达 2 719 亿美元,相当于该洲所有国家当年国内生产总值的 50% 以上。整个 80 年代可以说是非洲"失去发展机会的 10 年"。在这 10 年中,外债增长的速度大大超过其国民生产总值及人口增长的速度,人均国民生产总值下降了 20% 以上,最不发达国家的数目从 17 个增加到 29 个。非洲的不少债务国,由于债务负担沉重,经济长期停滞不前,社会动荡,政局不稳,人民的生活水平下降至 20 年前的水平。撒哈拉以南国家的债务负担比该洲其他地区的国家更为沉重。特别是该地区的外债总额,1980 年仅为 56 亿美元,1990 年则增至 1 400 亿美元。

2)前苏联、东欧的债务状况

前苏联和东欧的外债总额,1989 年为 1 550 亿美元,其中,前苏联与波兰两国占 60% 左右。1989 年底,前苏联的外债总额为 540 亿美元,其中 40% 是短期贷款。1984 年波兰的外债为 240 亿美元,1990 年则增长为 430 亿美元,相当于其当年出口所得国际可兑换货币的2.6 倍,人均欠债达 1 000 多美元。当时,该国只有能支付 10% 的外债的支付能力。但波兰的外债主要是外国官方的中期及长期贷款,其中 2/3 是巴黎俱乐部(Paris Club)成

① 杜锦. 拉美债务危机的国内外原因及 IMF 在其中的作用[J]. 天府新论,2006-12:104-105.

② 肖强. 拉美债务危机的现状和前景[J]. 国际金融研究,1984(4):38-40.

③ 周培年. 世界范围的外债问题[J]. 世界经济与政治,1992(5):16-22.

员国的,另外有 20% 是外国商业银行的。匈牙利在 1981—1982 年间曾发生过一次外债支付危机。而在整个 80 年代,其外债不断加重,1985—1987 年,由于出现贸易逆差和汇率变动,该国的外债大幅度上升。1989 年外债为 210 亿美元,相当于其当年出口额的 159% ,其中 90% 的债务又是非政府贷款。1989 年保加利亚的外债为 92 亿美元,等于其当年出口创汇额的 2. 3 倍,其中 83% 的债务是欠外国商业银行的。1990 年,其外债的 1/3 是短期的贸易贷款。1990 年前南斯拉夫的外债为 200 亿美元,相当于其当年出口创汇额的 84% ,其中官方贷款与商业贷款各占半。1989 年前捷克和斯洛伐克的外债为 79 亿美元,其中长期及中期贷款为 43 亿美元。

3)其他发展中国家的外债

其他一些发展中国家的债务从 70 年代以来都曾不同程度地越滚越大。比如,南亚曾是亚洲外债增长速度最快的地区。该地区国家 1982 年的外债总额为 492 亿美元,1989 年上升为1 002亿美元,增加了一倍多。东亚及太平洋地区发展中国家的外债总额,1980 年为 886 亿美元,1989 年为 2 061 亿美元。欧洲及地中海地区发展中国家的外债,1980 年为 758 亿美元,1989 年为 1 444 亿美元。中东地区国家的经济在很大程度上依靠石油工业,但在 20 世纪90 年代前和初,由于石油工业不景气,该地区石油生产国的收入也受到了很大的影响。而该地区那些依靠在石油生产国做工的人汇款回来的国家,以及依靠石油输出国赠款援助的国家,也曾在经济上遇到很大困难。当时整个中东地区的外债额 1991 年底接近 2 000 亿美元。在这些发展中国家中,外债额较大的国家为:印度 690 亿美元,印尼 531 亿美元,土耳其 444 亿美元,韩国 337 亿美元,菲律宾 303 亿美元,泰国 250 亿美元。①

3. 1. 2 发展中国家债务危机的原因

3. 1. 2. 1 发展中国家债务危机的外因

据中国学者马君潞的研究,在二战后的 20 世纪 50 年代和 60 年代,总的来说,国际直接投资是国际私人资本流动的主体,当时私人的国际资本流动总量少于官方政府和国际组织提供的单方或多边贷款。但进入 70 年代后,情形就发生了变化,对发展中国家、特别是对中等收入发展中国家的私人资本流动开始逐渐超过了官方的资本流动。1973 年第一次石油危机以后,石油输出国(OPEC)手中积蓄了大量的石油美元。这些资金投入国际金融市场,增加了国际商业银行的信贷资金,从而使国际金融市场起到了回流石油美元的作用。石油价格的上涨使许多非产油国,尤其是非产油发展中国家出现了严重的国际收支逆差。它们不得不从国际金融市场借取了大量资金,从而使外债总额开始加速累积。另外,当时许多海湾地区以外的产油国,由于油价高涨,石油出口收入可观,认为今后绝不会出现偿债困难,也借取了大量的国际私人商业银行贷款,来推动国内的大型建设项目。但实际上国际油价却从 1980 年末起就转为大幅度下跌,到 1983 年,许多产油国如墨西哥、委内瑞拉和印度尼西亚等,也都被国际清算银行列为重

① 周培年. 世界范围的外债问题[J]. 世界经济与政治,1992(5):16-22.

负债国家。由于从1980—1982年间英美等主要发达国家的国内经济也均陷入了严重的衰退,国内信贷资金需求萎缩。同时,主要发达国家国内的紧缩货币政策也使国际金融市场利率普遍提高,特别是美元的高利率更吸引了大量国际游资,从而加速了石油美元的回流。[①] 在上述背景下,可以总结的构成债务危机基础的外部因素主要有:

1)国际金融市场实际利率的迅速上升

1979年以后,英美等主要西方国家在国内纷纷实行了紧缩货币政策以克服日益严重的通货膨胀,致使金融市场利率提高。特别是1981年以后美国货币市场利率的显著提高,吸引了大量国际资本流向美国,其他主要西方国家为了避免国内资金的大量外流,也不得不相应提高其货币市场利率水平,从而形成世界范围利率水平的普遍提高。而发展中国家的债务多数为商业银行提供的5~7年的中期贷款,并且利率浮动。不难理解,基准参考利率,如伦敦同业拆借利率(LIBOR)和美国优惠利率(Prime Rate)的上升也会使已发行的商业贷款利率上升同样的比率。比如,70年代国际金融市场的利率还比较低,伦敦同业抵押贷款利率不过6%,到80年代,美国政府为了控制通货膨胀,采用紧缩货币政策,提高贷款利率,1980年的优惠利率竟达到21.5%。在美元利率的带动下,其他国家为了防止资本外流也跟着提高利率,于是出现了世界性的高利率。在债务危机中,债权国为了维护自己的资金安全除了进行“债务调整”以外,都相应提高了贷款利率,危机前的加息率还只是0.125%,危机中涨到2%,有的甚至达到2.05%。与此同时,重债务国新举借的外债中,大部分是期限短、利率高的私人贷款。70年代以后,新借款流入量中商业银行贷款比重大幅度提高,从1970年的15%提高到1983年的36%。这必然会加重债务国的负担。[②]

2)发展中国家的外债清偿能力遭到严重削弱

20世纪80年代初期存在乐观形势的关键是美元债务的名义利率大大低于债务国以美元计价的出口收入的增长率。比如在1979年,美元的名义利率为11.2%,而非产油发展中国家出口收入的增长率为27.1%。这样,借款国完全可以借新债来偿旧债(包括到期应还本金和利息),而不会使负债率上升。但是,如果名义利率高于名义收入的增长,那么债务国不断通过借新债还旧债就会使负债率趋于上升。而在70年代的中期和末期,名义利率一直在10%左右,同时发展中国家的出口收入年均增长率在15%以上,这样负债率就很容易得到控制,几乎没人认为不久就会出现国际债务危机。直至1980年以后,利息率和出口收入增长率之间的关系出现了借款国和贷款方都意想不到的逆转,即70年代建立在低利率和高出口收入增长基础之上的良性循环关系遭到了破坏。美国国内的紧缩货币政策使美元实际利率急剧升高,而非产油发展中国家的出口收入增长率却由于世界经济衰退和初级产品价格的下降而大幅度下跌。比如,非产油发展中国家的出口收入增长率在1980年为23.8%,1981年为3.7%,1982年竟出现了负5.2%。这样,债务危机就不可避免地发生了。当时所有的债务预警指标突然显示出不祥之兆,非产油发展中国家的负

---

① 马君潞.发展中国家债务危机回顾与展望[J].南开经济研究,1991(6):11-16.

② 张亚梅,杨春学.论发展中国家的债务危机[J].云南财贸学院学报,1989(2):18-19.

债率和偿债率在 1982 年分别达到了 43.3% 和 23.9% ，均处较高水平。①

3）世界经济衰退造成发展中国家的出口贸易恶化

1979 年石油价格的第二次暴涨，诱发了世界经济的衰退，并使非产油国，特别是非产油发展中国家的国际收支状况迅速恶化。这期间主要西方发达国家为了维持国内就业和平衡国际收支，纷纷采取了不同形式的贸易保护主义措施，使发展中国家的出口产品价格，尤其是低收入国家主要出口的初级产品价格大幅度下跌。因此发展中国家的出口收入增长减慢，1982 年甚至出现绝对数额下降，它们的偿债能力自然相应下降。同时，由于国际市场油价暴跌和初级产品价格下跌，以及大多数债务国的经济结构不合理，生产能力低下等又加剧了发展中国家贸易情况的恶化。比如，石油国际价格继 1983 年发生逆转后，从 1985 年 8 月的每桶 20 多美元跌到 1986 年 8 月间的每桶 10 美元，下跌 50% 以上，而石油收入正是石油输出国（主要是发展中国家）赖以获得财政收入、外汇收入和发展经济的主要资金来源，油价下跌必然会导致外汇收入大幅度减少，严重损害这些国家的经济发展，造成贸易逆差。此外，1986 年初级产品价格的一再下跌，又使许多以农矿业为主的发展中国家经济再次受害。据统计，1986 年三季度与 1985 年同期比，锡价下降 50.9% ，椰油价下降 51.3% ，棕榈油价下降 50.2% ，发展中国家由此又损失200 亿美元左右，因而进一步加剧了这些国家贸易条件的继续恶化和购买力的日益降低。②

4）发展中国家筹资结构不合理

发展中国家在筹资的渠道上，过快地从先前的引入国外直接投资（FDI）转到了举借外债的方向上。由于 FDI 不属于外债的范畴，所以没有偿还的压力，但引入的条件会困难一些，时间也会长一些。相比之下，举借外债相对容易、周期较短，但有到期偿还的压力。假如当时不这么做或举借外债的规模小一些或慢一些，那么外债危机牵涉的广度和深度就不可能发展到如此地步，见表 3 – 5。

表 3 – 5　拉美国家引进 FDI 及外债情况　单位：亿美元（1980 年价格）

	1950—1960	1961—1965	1966—1970	1971—1973	1974—1977	1978—1981	1982—1989
FDI	21	11	23	34	35	59	46
外债	15	19	55	118	204	292	55

资料来源：Thorp, Rosemary, Progress, poverty and Exclusion: An Economic History of Latin America in the 20th Century, IDB,1988. 转引自：杜锦．拉美债务危机的国内外原因及 IMF 在其中的作用［J］．天府新论，2006-12：105.

从表 3 – 5 中可以看出这样一个明显的变化：在 20 世纪 50 年代，拉美国家主要以引进 FDI 为主，总额为 21 亿美元；外债为辅，总额为 15 亿美元。60 年代，拉美国家举借的外债（74 亿美元）在数量上已大大超过 FDI 的流量（34 亿美元）。进入 70 年代后，外债成了该地区引进外资的主要形式，外债相当于 FDI 的 3 ~ 5 倍多。1970—1980 年，拉美的外债总额从270 亿美元上升到 2 310 亿美元。一方面，拉美国家的还本付息额每年高达 180 亿美元（其中，阿根廷，巴西和墨西哥的还本付息额相当于 GDP 的 5% ）。另一方面，国际市场

① 马君潞．发展中国家债务危机回顾与展望．［J］南开经济研究，1991（6）：11-16.

② 张亚梅，杨春学．论发展中国家的债务危机［J］．云南财贸学院学报，1989（2）：18-19.

初级产品价格在下跌,利率则在上升。拉美国家最终因无力偿债,从而导致拉美债务危机的爆发。比如,1981 年,由于石油价格下跌,墨西哥的外汇收入随之减少。为了扩大出口,墨西哥政府自1982 年底开始对比索进行贬值。但经常项目仍然处于十分不利的地位。1982 年 8 月 13 日,墨西哥政府宣布它不得不延期 90 天偿还到期的公共外债,震惊全球的拉美债务危机也从此开始。墨西哥债务危机的爆发又使整个拉美地区在国际资本市场上的资信进一步下跌。此外,许多拉美国家自身的问题也使形势变得越来越紧张。至 1982 年底和 1983 初,几乎所有拉美国家都因无力偿还外债而与债权银行进行重新安排债务的谈判。①

当然,尽管上述这些因素都很重要,然而,拉美债务危机却并不完全是这些外部因素所造成的。因为假使外债的水平没有达到当时那么高的程度,虽然这些因素仍可能造成一些严重的问题,但这些因素本身也不可能发展到引起一场危机。关键是碰巧这些因素同一种已经很危险的形势——负债比过高——相吻合了。

3. 1. 2. 2　发展中国家债务危机的内因

发展中国家债务危机的形成显然是与上述外因直接相关,但关键因素还在于内因,并且内因是起决定性作用的。这些内因主要包括:

1)沉湎于 20 世纪 70 年代信贷资金的充裕

20 世纪 70 年代,由于国际商业银行的信贷资金非常充裕,它们急于转向国外寻求放款对象。与此同时,拉美的墨西哥、巴西,以及亚洲的南朝鲜等新兴工业化国家不顾世界经济的衰退形势,仍然大力推行国内的大型建设项目,它们急需借入大量贷款资金。在这期间,大多数国际银行贷款都是由借款国的官方借款人即中央政府、国家银行或其他金融机构借取的。比如,拉美国家作为一个整体,它们的国际债务有 3/4 是官方借款或由官方政府担保偿还的借款。当时国际商业银行界普遍认为国家的信誉最高,官方借款一般是不会发生到期违约不还或拖欠现象的。因而在整个 70 年代和 80 年代初,国际商业银行对发展中国家的贷款迅速增加。对非产油发展中国家的国际借款总额中,私人贷款的比重迅速增加,并且大大超过了官方贷款资金的比重。在 1973 年,非产油发展中国家的官方债务的比重是 49. 9% ,私人债务的比重是 50. 1% 。而到了 1982 年,官方债务的比重下降到 39. 4% ,私人债务比重则上升到 60. 6% 。直到 1980 年初,大量的国际商业银行贷款还没有显示出任何危险的征兆。债务国的出口收入在迅速增长,许多说明债务负担的指标,如负债总额/出口商品和劳务收入之比(即负债率),都没有显示出明显的债务危机的信号。尤其是在 1973—1980 年间,虽然非产油发展中国家的债务总额从 1 301 亿美元猛增到 4 740 亿美元,但负债率却呈下降趋势,1978 年为 130. 2% ,1980 年为 112. 9% 。在这种情况下,无论是债权银行还是国际金融专家,都对石油美元回流的形势表示乐观,没有人担心会发生债务危机。而发展中国家的债务国则盲目乐观国际信贷资金的充裕,从而继续大举借债,由此埋下了隐患。②

2)忽视了“量力而行”原则

不少发展中国家在经历 20 世纪 50—70 年代经济缓慢恢复的阶段后,在发展本国经

① 杜锦. 拉美债务危机的国内外原因及 IMF 在其中的作用[J]. 天府新论,2006-12:104-105.

② 马君潞. 发展中国家债务危机回顾与展望[J]. 南开经济研究,1991(6):11-16.

济的过程中忽视了"量力而行"原则,对外资的利用量过大。特别是一些重债国对借外债都缺乏控制力,不顾自己的承受力,大量利用外资促进经济建设的畸形高速发展,造成借债很快,欠债过多,最终难免因国内外经济形势的变化而导致债务危机。比如,墨西哥在80年代初,因石油涨价而盲目推行庞大的工业发展计划,大量借入外债,后因石油价格暴跌而陷入债务危机。菲律宾、南斯拉夫等也都曾依靠大量借入外债来发展本国经济,维持高速度,但终于都造成了不同程度的债务危机。同时,一些发展中国家还忽视本国实际,举借外债大量进口高、精、尖产品,期望以此迅速实现经济的现代化。但因本国劳动力素质和管理水平难以适应,以高昂代价进口的设备投资效益不能充分发挥,从而造成债务偿还能力减弱,危机更甚。①

3)创汇不足且外债使用效率低

由于一方面大多数债务国的经济结构不合理,产业结构单一,缺乏健全的经济运行和调控机制,生产能力低下,只有依靠进口来弥补国内生产与消费的缺口;另一方面没有完善的金融运转体系和调剂资金,为弥补不断增加的逆差额就只能增加对外借款,而新的贷款往往用于偿还旧债,从而使整个债务负担日益增大。结果,还本付息的开支占去了这些国家出口收入的相当一部分。加之,20世纪70年代中期以后,发达国家贸易保护主义势力抬头,更使发展中国家的出口困难重重。据关税贸易总协定估计,1986年世界贸易额增长4%,发展中国家却下降了19%,对外贸易逆差增大。并且,有些国家的外债资金使用效率很低,用外债支持的项目往往是规模庞大而又不切实际的长期建设项目,有的贷款项目根本没有形成任何生产能力。特别是有的国有企业严重亏损,使得国家财政不堪承受,例如阿根廷,在80年代约有50%的财政赤字是由国有企业的亏损造成的。1989年巴西国有企业的赤字占国民生产总值的2.4%。② 还有的国家的外债有关管理人员贪污腐化,将外债资金挪作私人不动产或外国证券投资。这样,外债没有给国家整体带来生产能力的增长,在世界经济形势突变之时,自然难以应付而无法如期偿还债务。

4)汇率高估和资金外逃

差不多所有的拉美债务国,如阿根廷、智利、墨西哥、委内瑞拉,还有玻利维亚和乌拉圭,在20世纪70年代末直到债务危机爆发以前,本国的货币汇率都保持高估的状态。汇率的不切实际的高估状态,不仅严重削弱了本国出口商品的国际竞争力,加重了国际收支的不平衡,而且还促使国内的资金不断外逃,以躲避日后不可避免的贬值。在1981年前后,国际金融市场利率升到前所未有的高度,世界贸易处于停滞状态。面对如此严峻的外部经济形势,拉美重债国不是及时地紧缩和调整国内经济、平衡国际收支,而是采取扩张性的财政政策,继续维持不切实际的高速经济增长,于是巨额的财政赤字只能由货币供应的超量增长来弥补。虽然这样做,可以为政府带来巨额的铸币税收益。但同时这样做的结果,一方面会促使国内资金加速外逃,国际储备资金日益枯竭;另一方面也会导致国内通货膨胀的迅速上升。其实在1981年初,拉美国家出现偿债困难的迹象已很明显,但是却没有引起债权银行和有关国际金融组织的必要关注。国际商业银行还继续为拉美国家

① 杜锦.拉美债务危机的国内外原因及IMF在其中的作用[J].天府新论,2006-12:104-105.

② 程岗.九十年代拉美国家债务危机的缓解趋势[J].国际经济合作,1994(5):32-33.

提供信贷资金。更为严重的问题是,在大量外债资金注入的同时,又有大量的本国资金外逃。据估计,到 1983 年底,阿根廷、墨西哥和委内瑞拉三国外逃资金的累计总额分别相当于其外债总额的 61%、44% 和 77%。到后来,国内货币的大量赤字发行,最终引起了本币汇率的直线下跌和通货膨胀率的直线上升。在 80 年代初期和中期,阿根廷、玻利维亚、巴西、秘鲁和墨西哥等国先后出现了 3 位数的通货膨胀。①

在总结发展中国家债务危机内因的同时,我们必须看到,利用外资来促进本国经济发展,客观上为政府突破原来的资源限制、推行随意裁定性质的经济政策提供了方便。但发展中国家的政府容易忽视的是,任何国家吸收外债的能力是受到有关因素制约的,包括经济发展战略的开放性、经济政策的稳定性及政府的宏观调控能力、劳动力的可获得性及其素质、内资的综合配套能力、企业经营能力和企业家阶层的发育状况、基础设施条件以及国际市场状况等。其中大部分因素都直接受到政府行为的影响。② 但最重要的一点是,如果政府在发生债务危机之后,通过限制外汇流出、不顾国内通货膨胀的加剧来超发本国货币,以换取民间仅有的外汇,那么就是一种雪上加霜的攫取铸币税的行为。

3.1.3 发展中国家债务危机的应对

3.1.3.1 国际上对发展中国家债务危机的应对

1)国际上最初的挽救措施

1982 年的墨西哥事件引起了国际金融界的巨大震动,在墨西哥宣布停止偿债的数天之后,国际社会就立即采取了一系列紧急措施。美国政府继续提供了近 30 亿美元的贷款资金,同时国际清算银行也提供了将近 10 亿美元的过渡性贷款。另外,主要债权国的出口信贷机构则同意对墨西哥增加 20 亿美元的贷款。并且,IMF 也着手制定大规模的贷款计划。很快在 1982 年 11 月,IMF 内部就达成了一致,决定 3 年之内提供 37 亿美元的贷款资金。但是 IMF 贷款的条件是非常严格的,它要求墨西哥立即实行财政和货币政策的紧缩,以调整国内经济,减少国际收支逆差。

对墨西哥的挽救计划很快就凑成了,并且成为此后几十个债务国重新安排到期债务的样板。最初的挽救措施主要是在 IMF 的协调下,由债权银行、债权国政府和债务国政府共同协商,重新安排到期债务。在重新安排到期债务的过程中,IMF 的作用十分重要,它非常强调债务国国内的紧缩政策。而就商业银行贷款的重新安排而言,债权银行一般要求债务国在谈判之前先与 IMF 共同制定一项全面的经济调整计划,或者得到 IMF 的条件性贷款。以此为前提,商业银行对既有的债权进行重新安排,延长债务本金的偿还期限,但是并不减免债务总额,而且在延长期间贷款的利息照付。在债务危机的最初时期,商业银行债务的重新安排一般只限于当时 1 ~2 年内会到期的债务,重新安排的债务通常占该年度到期债务的 80%,推迟偿还期为 6 ~9 年,宽限期 2 ~4 年,延长期间利率浮动,与金融市场基准利率(比如 LIBOR)相联系,加息率为 1.875% ~2.5%。最初商业银行贷款重新安排的条件比较苛刻,但是随着债务危机的发展,到了 80 年代中期以后,重新安排的条件

---

① 马君潞. 发展中国家债务危机回顾与展望[J]. 南开经济研究,1991(6):11-16.

② 巴曙松. 发展中国家债务危机的经验教训[J]. 国际金融信息报,1997-1-15.

逐渐放宽，延长了重新安排的还款期，降低了利率。除了最主要的商业银行贷款以外，债务国所欠的官方债务也得到了重新安排。相比之下，官方贷款重新安排的条件则比较宽松，可以重新安排年内到期的部分或全部债务，偿还期限为 8～10 年，宽限期为 4～5 年，并且本金和利息都能够得到重新安排偿还，有些贷款的利息还有可能得到减免，而这对商业银行贷款来说是不可能的。在官方债务的重新安排过程中，有 IMF 和世界银行的直接参与。IMF 的代表在巴黎俱乐部会议上要对债务国的经济和国际收支状况进行分析，世界银行的代表也要对债务国的中长期经济形势提出分析报告。如果要求重新安排债务的国家是 IMF 的成员国，那么该国在债务重新安排协议生效以前，还要与 IMF 共同制定一个全面的经济调整计划。①

总的来看，国际社会对拉美债务危机最初的反应是迅速且有效的，最初的债务重新安排得到了债权国政府、债权银行和债务国政府的多方合作，结果避免了大规模的违约拖欠的威胁和全球性金融恐慌的发生，使债务危机渡过了最初的难关。但是债务危机并没有因此而得到解决。在与债务国谈判重新安排到期债务时，债权国的主导思想是认为 1982 年债务危机的爆发是由于世界经济的衰退使主要债务国出现暂时性的流动性不足，因此无论是官方机构还是商业银行的债务重新安排基本上都是谋求调整和延长债务偿还期限，以使债务国能够对付暂时性的高利率和贸易条件恶化。于是债权国和国际金融机构在重新安排债务的同时，都要求债务国必须采取严格的经济调整政策，限制进口增加出口，改善国际收支，形成贸易顺差以支付延期偿还的债务。②

2）解决债务危机的国际方案

1985 年，美国时任财政部长 J·贝克（James Addison Baker）提出了新的解决债务危机的方案。贝克计划提出债务国在国内政策调整的基础上，应实现经济增长，这种增长将获得世界银行和地区性多边开发银行新增长期贷款的支持。同时商业银行也应对重债国每年净增加60 亿～70 亿美元的新贷款。另外，贝克计划还提出一些建立在金融市场基础上的长期性的债务解决方法，如债务资本化、债权交换、债务回购和借款重议等。所谓债务资本化是指债权者按官方汇率将全部债务折算成债务国货币，并在债务国购买等值的股票或直接投资取得当地企业股权，这一过程也称为债务——股本互换。③ 按这种办法，债权国政府不用提供新贷款就能减少债务国一定数量的外债及利息，债权银行至少可以收回部分贷款；债权交换是指债权人按一定的折扣将所持债权交换附有担保品的其他债券，这种交换要求新债券是较为可靠的资产并且有流动性可以转让，而且债务人全部偿还这笔债务的可能性要比偿还旧债更大；债务回购是指债务国以一定折扣用现金购回所欠的债务；借款重议就是债务国与债权国或债权银行直接谈判，或通过国际机构重新协商，修改原订的贷款协议、延长贷款时间、另作分期还本付息安排、另订新贷款协议（即借新债还旧债）等。重议的目的在于通过修改还债方法，保证债权国收回贷款本金和利息。但续债

① 马君潞．发展中国家债务危机回顾与展望[J]．南开经济研究，1991(6)：13.

② 马君潞．发展中国家债务危机回顾与展望[J]．南开经济研究，1991(6)：13.

③ 马君潞．发展中国家债务危机回顾与展望[J]．南开经济研究，1991(6)：14.

的条件一般比较苛刻,续债利率也较高。[①] 与以前的债务重新安排方案相比,贝克计划强调了必须实现债务国长期的经济增长,不能单纯依靠紧缩来平衡国际收支,这是个重要的变化。但是贝克计划的目标不是削减发展中国家的债务,而只是试图使债务国的偿债负担降到其经济增长能够承担得起的水平。此外,贝克计划也没有提出对削减债务提供官方的贷款支持,并且所设想的增加私人商业银行贷款的计划更没有保证,这是它的缺陷。实际上从 1986 年至 1988 年,商业银行贷款并没有按贝克计划的要求每年净增60 亿~70 亿美元。贝克计划提出之后,债务危机仍没有得到解决,到 1989 年,发展中国家的债务总额已近 1.3 万亿美元,大约相当于所有债务国 GNP 总和的一半。[②]

由此可见,上述各种办法虽有利于但并不能从根本上解决债务危机。比如,靠借款重议,单纯的延期偿债且还要增加差息,对于债务国无异于饮鸩止渴,以高昂代价换取暂时的喘息。至于以“资本化”的形式进行债务转换安排,也不过是一种无可奈何的办法。债务国并不能从这些解决办法中获得足够的贷款和外部资金来改善本国经济。同时,债务问题不仅涉及债务国内部的国家控制、财政金融管理、经济增长实力等因素,还涉及出口商品价格、国际利率、国际贸易自由程度等外部因素的影响。特别是当时大多数初级出口品价格下跌、发达国家贸易保护主义抬头等因素,也严重影响了债务国出口收入的增长。[③]

随后的债务危机的发酵严重地影响了世界经济和国际金融形势的稳定。各主要发达国家出于自身的利益,又陆续提出了一些新的试图彻底解决发展中国家债务危机的计划,其中影响最大的是 1989 年 3 月由美国时任财政部长布雷迪(Nicholas F. Brady)发表的新债务救济战略(也称布雷迪计划)。应该说,该计划同以往方案相比,强调外债本金和利息的减免,并首次提出应由 IMF、世界银行,以及债权国政府,特别是日本政府为削减债务本金和利息提供资金支持。新的债务救济战略(计划)的特点是:改变 1985 年 9 月由原美国财政部长贝克所提出的债务救济战略。贝克战略的设想是:提供新贷款使债务国得以进行促进经济发展的经济调整;而新的债务救济战略的设想则在于在世界银行、IMF 及发达国家政府的支持下,促使民间银行提供削减债务;并且促使债务国加强国内储蓄与促进国内直接资本投资,促使外逃资本回流。

新债务救济战略的具体机制如下:(1)债务国就实施经济调整计划与 IMF、世界银行取得协议。(2)IMF、世界银行将其经济调整贷款的一部分用于削减债务。具体地说,便是用于作为债务国买回债务的贷款、用于债务债券化所发生的债权本金与利息支付的担保保证、削减利息支付时的利息支付保证等用途。(3)民间银行与债务国之间就削减债务本金、减轻利息支付、提供新贷款等方面制订实施计划。各银行从这些计划中选择其愿意承担的部分。(4)发达国家政府在提供救济贷款的同时,应修订会对削减债务发生妨碍作用的银行监督限制、会计准则、税收制度等。

值得注意的是,新债务救济战略之所以会正面提出削减债务措施,其背景有:(1)在贝克计划实施期间,债务国虽然期待着取得新的贷款,但民间银行却大幅度减少民间贷款,

① 张亚梅,杨春学. 论发展中国家的债务危机[J]. 云南财贸学院学报,1989(2):18-19.

② 马君潞. 发展中国家债务危机回顾与展望[J]. 南开经济研究,1991(6):14.

③ 张亚梅,杨春学. 论发展中国家的债务危机[J]. 云南财贸学院学报,1989(2):18-19.

净资金转移的出超现象并未改善，甚至出现了拖延利息偿还等严峻的经济情况。(2)一部分民间银行(主要是欧美银行)通过积存利润、出卖与调换债权、提高倒账抵押金等途径来改善其财务状况，以准备应付由于削减债务所产生的损失。对此，IMF、世界银行为了支持新债务救济战略的实施，即在布雷迪计划公布后迅速地确定了新债务救济战略的指导原则，并整备了使其能具体加以运转的机制，见表 3－6。①

表 3－6　国际货币基金组织、世界银行的指导原则概要

	IMF	世界银行
基本方针与适用条件等	根据中期经济调整计划所提供的扩大提供信贷措施和提供支援性贷款援助，以此来支持削减债务本金与利息的支付。中期经济调整计划的主要内容为促进外逃资本的回流和引进外国民间资本的投资。具体的内容按个案协议来决定	在持有巨额外债和实施世界银行所同意的中期经济调整计划的债务国当中，世界银行为那些实施经济调整计划需要削减债务，而且能够产生效果的债务国提供援助。具体的内容按个案协议来决定
可以作为削减债务本金的资金	扩大提供贷款措施与支援性贷款援助的 25% 左右	对债务国提供三年期的经济调整计划贷款额的 25%，或对债务国提供援助总贷款额的 10% 左右
为担保利息支付而追加的资金	可以按贷款限额的 40% 提供追加资金	以对债务国提供的三年期限以内贷款总额的 15% 为限度，提供追加资金

资料来源：伊藤彻，岩琦正行．发展中国家的债务危机与布雷迪计划[J]．杨维中，译．发展中国家债务问题专辑//日本《贸易振兴会信息》，1990-7：16.

由表 3－6 可以看出，根据"基本方针与适用条件"，与以前的计划不同的是，新计划要求债务国与债权银行之间的债务减免交易条件必须得到 IMF 和世界银行的批准，或者在减债协约达成之前，先要获得世界银行和 IMF 的贷款保证。这两个机构的作用一方面可以增强债务国在与商业银行谈判中的地位；另一方面也能保证达成的交易能够高效地利用有限的贷款资金资源。此外，商业银行债务的削减仍主要采取债务资本化、债权交换和债务回购等在贝克计划时期就已开始实施的方式，但是与以前做法不同的是，布雷迪计划强调债务国有 IMF 和世界银行的贷款保证，这对债务国是比较有利的。不过与以往的方案一样，IMF 和世界银行的贷款只提供给愿意进行产业结构调整和政策改革的重债国，以保证资金的高效利用。而债务国则必须实施以长期经济增长为目标的调整方案，并采取措施制止国内资金的外逃。

值得一提的是，布雷迪计划还要求商业银行继续为资助债务国的贸易提供信资，同时还应提供多方面的债务减免和增加新的贷款资金，并且还要求商业银行设定的对那些正在与它们进行债务削减谈判的债务国的现存债务的苛刻条件，诸如抵押担保等给予暂时性和有条件的降低或放弃。此外，布雷迪计划也要求债权国政府继续通过巴黎俱乐部对其各自的债权进行重新安排，并继续为当时正在实施国内全面调整计划的债

① 伊藤彻，岩琦正行．发展中国家的债务危机与布雷迪计划[J]．杨维中，译．发展中国家债务问题专辑//日本《贸易振兴会信息》，1990-7：15-16.

务国提供多方面的新贷款。[①]

3)解决债务危机国际方案的实施

布雷迪计划首先在墨西哥进行了尝试,1989 年 7 月墨西哥政府与它的主要债权银行达成了债务削减计划的基本原则。当时墨西哥的外债达 1 070 亿美元,墨西哥政府力图将其资金的净流出从占 GNP 的 6% 减少到 2% ,即大约每年 60 亿 ~70 亿美元;将经济增长率从 1989 年的 1% 提高到 1990 年的 4% 。同时,官方金融机构和日本政府保证为其执行国内计划提供新的贷款。在此基础上,墨西哥政府与分布在主要发达国家的约 500 家债权银行进行谈判并达成了协议。[②] 而国际上对墨西哥的综合贷款计划为以约 485 亿美元的民间债务额作为实施救济措施对象:(1)削减债务本金:以贴现率 35% ,期限三十年、利率为银行同业拆款利率 +13% ~15% 的贴现债券兑换;(2)减轻利息支付:债务额不变,以利息率从当时的 9% 左右的浮动利率降低到固定利率 6. 25% ,期限三十年的等价债券兑换;(3)提供新贷款:按既有债务额的 25% 于四年内提供新贷款。以上的方案由民间银行从中选择。其中,第(1)、(2)方案由日本、美国的不附带息票的债券提供债务本金偿还保证来发行墨西哥国家公债。购买此类日本、美国的不附带息票的债务者,其第(1)、(2)方案的利息支付部分由 IMF、世界银行予以担保。最后,民间银行选择第(1)方案者约占 40% ,选择第(2)方案者约占 47% ,选择第(3)方案者约占 13% 。[③] 协议执行的结果有 200 亿美元外债以折扣价格转换为期限 30 年的债务;225 亿美元的债务从浮动利率计息改为按固定利率计息,其利息率从浮动利率 9. 25% 降为固定利率 6. 25% ,为此每年得以减息 6. 75 亿美元;此外,还有 60 亿美元的债务可在此后 4 年内由债权银行每年提供 16 亿美元的新贷款以供弥补偿债资金的短缺。这些安排,可使墨西哥在 1990—1994 年间每年平均减少 40 亿美元的债务资金的流出。[④]

第二个实例是菲律宾。1990 年 2 月,菲律宾政府与债权银行根据“布雷迪计划”签订了综合贷款计划,其实施方案为:(1)削减债务本金,以贴现率 50% 、最高限额 13 亿美元发行贴现债券;(2)提供新贷款,用以购买菲律宾政府发行的期限为 15 年、利率为银行同业间拆款利率再加上 10% ~13% 利率的国家公债。此外,根据“布雷迪计划”规定的原则,IMF 于 1989 年5 月为菲律宾提供了 12 亿美元贷款;巴黎俱乐部也于同月就应于 1990 年 6 月到期的 22 亿美元债务的清偿问题同意菲律宾可以享有 6 年的宽限期,延缓 10 年偿还。[⑤] IMF、世界银行、日本与美国还为菲律宾提供了 6. 5 亿美元贷款以购回 13 亿美元商业银行债务。以上这些措施暂时缓和了菲律宾的债务危机。几乎在相同时期,哥斯达黎加、委内瑞拉、乌拉圭等国也据此对各自的债务做了重新安排。

---

① 马君潞. 发展中国家债务危机回顾与展望[J]. 南开经济研究,1991(6):14-15.

② 马君潞. 发展中国家债务危机回顾与展望[J]. 南开经济研究,1991(6):15.

③ 伊藤彻,岩琦正行. 发展中国家的债务危机与布雷迪计划[J]. 杨维中,译. 发展中国家债务问题专辑//日本《贸易振兴会信息》,1990:16.

④ 陈芝芸,等. 拉美的对外经济关系[J]. 世界知识出版社,1991:131-132. 转引自:汪慕恒. 90 年代发展中国家的债务危机趋向缓和[J]. 厦门大学学报(哲社版),1995(3):88-93.

⑤ 菊谷忠治:《亚洲地区发展中国家的外债问题》[J]//《贸易振兴会信息》1989 年 7 月号. 转引自:汪慕恒. 90 年代发展中国家的债务危机趋向缓和[J]. 厦门大学学报(哲社版),1995(3):91.

哥斯达黎加于1989年11月与债权银行达成减债协议,其内容为:(1)哥斯达黎加政府以16%的折扣买回11.5亿美元的商业银行债务;(2)3.7亿美元的商业银行债务改为按6.25%固定利率计息及无息的长期债券。①

委内瑞拉在1990年12月也与债权银行达成减债协议,其内容为:(1)削减18亿美元债务本金的30%;(2)75亿美元债务改为固定利率,按6.25%利率计息;(3)30亿美元债务的利率改为近期按5%计息、中期按7%计息;(4)债权银行为委内瑞拉提供12亿美元的新贷款(属软贷款);(5)由IMF和世界银行提供新贷款以收回15亿美元的商业银行债务额。经过以上这些安排,委内瑞拉的外债额减少了20%,还本付息额从1992年起每年比过去减少50%。②

乌拉圭于1990年底与债权银行达成协议。1992年7月、11月,巴西与阿根廷也分别与其债权银行取得了初步协议与最终协议。此外,1990年9月的"休斯顿计划"决定对低收入重债务国采取延缓偿债期限的措施,由巴黎俱乐部就14个低收入重债务国进行具体落实。1991年,巴黎俱乐部又根据波兰与埃及的特殊情况(前者由于实行由计划经济向市场经济转化的经济体制改革而导致债务危机,后者则由于海湾危机而导致偿债危机),决定对这两个国家进行削减债务安排。

而在国与国的债务方面,1991年伦敦首脑会议讨论了对最贫困国家削减债务的政策与措施问题,1991年12月"新伦敦计划"根据伦敦首脑会议的精神,将削减债务的比例从1/3增大到1/2,同月取得了有关债权国的同意。从中,尼加拉瓜、贝林获得了削减1/2债务的"救济";其后,1992年1月是坦桑尼亚与玻利维亚,6月是乌干达、多哥,7月是赞比亚,10月是洪都拉斯、马里,11月是几内亚、塞拉利昂,12月是埃塞俄比亚,1993年1月是毛里塔尼亚,3月是莫桑比克,5月是圭亚那、布基纳法索,再加上赤道几内亚;这样到1993年6月底为止,共有17个低收入债务国获得了削减1/2债务额的"债务救济"。③

4)解决债务危机国际方案的成效

就发达国家与国际金融机构实施以"布雷迪计划"为代表的新"债务救济战略"和"新伦敦计划"的效果来看:一方面,自布雷迪计划实施以后,几十个发展中国家得到援助性的贷款重新安排,债权国政府也大幅度地减免和重新安排了贷款的本金和利息,并延长贷款的偿还期限。虽然这些措施提供的援助是有限的,因为官方贷款的利率原本就低,条件也优惠,将到期的贷款大部分也能够比较方便地得到减让性的重新安排。但是免除这些贷款偿还本身毕竟立即减少了这些国家的债务总额,也有助于控制外债总额的增长速度。同时,商业银行也被迫做出了相应的让步,债务危机也因而有所缓和。④

另一方面,早在1990年5月初,IMF临时委员会、七大国财政部长会议、世界银行与IMF的合同开发委员会均曾分别发表声明表示:(1)重新确认将继续支持新债务救济战略

① 陈芝芸,等. 拉美的对外经济关系[J]. 世界知识出版社,1991:131-132. 转引自:汪慕恒. 90年代发展中国家的债务危机趋向缓和[J]. 厦门大学学报(哲社版),1995(3):91-92.

② 陈芝芸,等. 拉美的对外经济关系[J]. 世界知识出版社,1991:131-132.

③ 汪慕恒. 90年代发展中国家的债务危机趋向缓和[J]. 厦门大学学报(哲社版),1995(3):92.

④ 马君潞. 发展中国家债务危机回顾与展望[J]. 南开经济研究,1991(6):15.

的实施并对过去的进展表示满意;(2)重新确认支持削减债务的个案协商原则以及 IMF、世界银行所确定的支援新债务救济战略的基本原则。但是,新债务救济战略的实施也存在着一些问题:(1)商业银行虽然响应削减债务方案,但对提供新贷款却持消极态度(它们认为向削减债务的债务国继续提供新贷款是违反经济健全经营原则的,此外并认为在削减债务的同时还要提供新贷款未免负担太重了)。(2)由于商业银行不太积极提供新贷款,结果 IMF 与世界银行等国际金融机构在资金贷款协作方面所占的比重和所承担的负担便不断提高与加重了,贷款风险从民间部门转移到了政府部门。(3)由日本、美国、欧洲的主要银行所组织的国际金融协会曾发表报告书指出:"实施布雷迪计划削减债务的结果,自然加强了各债务国拖延债务利息支付的倾向。"①尤其值得总结的是,当商业银行在认为违反经济健全经营原则的前提下,被迫做出利益让步的时候,即埋下了一个隐患:既然一个国家或政府的债务违约可以被接受,那么一家商业银行本身的债务违约也可能被接受。这可能为 21 世纪初由银行业债务违约造成的全球金融危机埋下了伏笔。

3.1.3.2 拉美等国对债务危机的应对

在长达十余年的债务危机中,所有拉美国家都把及时调整经济发展战略视为摆脱危机、恢复经济的唯一出路,使拉美经济发展模式由国家干预下的内向型进口替代工业逐步向外向型面向出口的自由市场经济转变。20 世纪 80 年代中期以前,以治理经济环境为主,实行紧缩政策、控制国内总需求、压缩公共开支、冻结物价、奖出限入。这样,通过综合治理,宏观经济趋于稳定,改善了经济环境。② 80 年代中期以后,拉美国家又开始对经济政策、经济体制和经济结构实行有机地统一调整,其中与解决债务危机直接相关的具体政策措施主要有:

1)完善法规大力吸引外资

拉美各国普遍放宽了对外资的限制,完善外国投资法规,拓宽投资领域,简化审批手续,大力吸引外资。如,智利于 1985 年修改外国投资法,取消了外资抽回投资和利润汇出的任何限制,采用 49.5% 的固定税率,并保持 10 年不变,有些项目甚至可延长至 20 年不变,500 万美元以下项目无需批准。1990 年,进入智利的外国投资就达 11.3 亿美元。1989 年,墨西哥修改外国投资法,取消了外资不得超过 49% 股份的限制,除石油等少数具有战略意义的部门外均可投资,1 亿美元以下的项目只需登记即可,从 1988 年 12 月至 1992 年 2 月,外来投资总额达 235 亿美元。阿根廷也于 1989 年修改外国投资法,除宣传媒介外均无限制,一年内汇出利润超过注册资本 12% 的,需缴纳 15.2% 的税金,1990 年,外国在阿根廷的直接投资额为 20.36 亿美元。委内瑞拉除电子、信息等部门外均可投资。厄瓜多尔历来由国家垄断的渔业也对外开放。尼加拉瓜对外资领域取消任何限制。哥伦比亚则取消将外资企业转为本国企业的规定。特别是历来禁止外资涉足的古巴,也开始对外开放,合资企业达 50 余家。各种类型的自由港、自由贸易区、出口加工区也迅速发展,据不完全统计,当时拉美地区就达 142 个。这些放宽外资限制的措施使得外国投资大

① 伊藤彻,岩琦正行. 发展中国家的债务危机与布雷迪计划[J]. 杨维中,译. 发展中国家债务问题专辑//日本《贸易振兴会信息》,1990:16.

② 程岗. 九十年代拉美国家债务危机的缓解趋势[J]. 国际经济合作,1994(5):32.

幅度增长,对改善拉美的国际收支状况起了很大的作用。

2)推行私有化政策

绝大多数拉美国家推行私有化政策,几年内吸引资金共达数百亿美元。企业国有化是战后拉美经济发展模式的主要支柱,国家对经济的直接干预正是通过国有企业来实现的。但是,国有企业的严重亏损,使得国家财政不堪承受。例如阿根廷,在 80 年代约有 50% 的财政赤字是由国有企业的亏损造成的,而巴西国有企业的赤字 1989 年占国民生产总值的 2.4% 。随着经济调整的深入和发展模式的转换,拉美各国都把国有企业私有化作为减少国家负担的重要手段。智利是拉美开始私有化最早的国家,到 80 年代末,几乎所有拉美国家都已开始私有化的进程,形成了一股强大的私有化潮流。墨西哥 1982 年拥有国有企业 1 155 家,到 1992 年2 月,只剩下 241 家。在 80 年代末期,拉美国家的私有化进程还只涉及一般经济领域中的亏损企业,后来则扩展到能源、交通运输、通讯、金融等原来由国家完全垄断的领域,呈现出向各经济部门全面推进的局面。国有企业私有化既减轻了国家的财政负担,又为外国资本尤其是私人资本流入和外流资本的回流创造了有利条件。

3)不断拓展多元化的海外市场

为了实施出口导向发展战略,并缓和巨大的国际收支逆差,在世界经济一体化和区域经济集团化并存,且日益迅速发展的情况下,拉美国家抛弃了强烈的意识形态色彩,采取了鲜明的实用主义态度,积极推行海外市场多元化的方针。债务危机发生后,拉美出现了经济上向美国靠拢的趋势,双边经济合作和贸易往来日趋活跃。至 1991 年底,拉美 33 个国家中有 29 个国家都与美国签订了自由贸易框架协定,而且墨西哥还同美国和加拿大于 1992 年 12 月就北美自由贸易区正式签署了协议,于 1994 年 1 月 1 日生效。此外,拉美同欧共体和日本的经贸关系也迅速发展,欧共体成了拉美的第二大贸易伙伴,日本在拉美的投资总额也达 420 亿美元,仅次于美国。1994 年拉美海外市场多元化的格局已初步形成,美国市场在深化,欧日市场在发展,同发展中国家的经贸合作越来越紧密,并进入东欧市场,随后又将目标瞄准中国和东南亚新兴工业化国家,积极参与环太平洋经济圈的合作。应该肯定的是,拉美国家积极发展海外市场多元化的方针吸引了大量外部资金,其中外国投资、短期贷款和证券筹资都有大幅度增长。

4)用高利率和合理汇率吸引外资

债务危机发生之后,拉美各国积极推行贸易自由化并以此作为经济调整的重点和核心,而调整汇率、放宽外汇管制,改革财政金融体制是拉美实行贸易自由化的一项重大举措。它们放弃了对外汇的严格控制,变多重汇率为统一汇率,变统一汇率为浮动汇率。委内瑞拉等国还实行了自由汇率。在对本国货币进行大幅度贬值后,又采取小贬值的措施,保持本国货币的稳定。此外,拉美各国还取消利率上限,开放利率,以国内外市场来确定利率,同时加强中央银行的职能。1994 年,拉美地区利率曾普遍高于国际利率,有的高出七八个百分点甚至更多,哥伦比亚竟一度高达 50% 。

5)调整财经政策

拉美国家在调整经济结构的同时,对内还实行了紧缩公共开支和增加收入的政策,并重建股市以吸引外国投资,对外则调整了债务政策,避免与债权银行进行对抗,为达成减债协议创造了条件。①

总的来看,许多拉美地区的发展中国家债务危机出现后,所采取的经济政策的调整大致上可以分为三个阶段:第一个阶段,通过实施财政金融紧缩政策,以控制国内总需求,压缩政府财政开支,抑制通货膨胀,从而达到实现宏观经济稳定的目标;第二个阶段,通过实施放宽经济管制,鼓励扩大出口贸易,实行国营企业民营化,放宽外汇管制等政策措施,以促进市场竞争机制;第三个阶段,通过实施鼓励民间资本投资政策,提高生产效率,改善经济管理,以促进经济增长。多数拉美国家的这些经济政策调整均曾取得不同程度的进展与成效。其中有些国家,如阿根廷、墨西哥、玻利维亚等则较快出现了经济复苏的形势。1989 年,墨西哥重新安排外债债券时,价格已达到原债务价值的 99% ,这表明拉美国家信用已有好转。1991 年底,拉美国家外债还本付息额占出口总额的比率降至 22% ,为 10 年来最低水平,而公认的风险偿债率指标为 25% 。外债总额持续数年下降,主要债务国债务总额比 1990 年底下降 2% ,为 4 300 亿美元。② 1991 年该地区便扭转了 1990 年的负数经济增长,经济年增长率回升到 3. 7% ,1992—1994 年为 4% 左右,1995—1998 年期间则进一步提高到 4. 4% 。③

3. 1. 3. 3 不结盟运动国家对债务危机的应对

早在 20 世纪六七十年代,作为发展中国家的国际组织,不结盟运动曾及时分析了发展中国家债务危机的严重性、危害性及其形成的原因,并在此基础上提出了应对债务危机的方法与手段。中国学者高志平等研究认为,这些方法与手段为发展中国家解决债务危机积累了宝贵的经验。④

1)不结盟运动对债务危机的警示

(1)不结盟运动揭示了发展中国家债务危机的严重性。进入 20 世纪 70 年代,不结盟运动历次重要的会议都曾关注发展中国家的债务问题。在 1970 年举行的第三次不结盟国家首脑会议上,不结盟运动第一次提到债务问题,在会议通过的《关于不结盟和经济进步的宣言》中,不结盟运动主张“应采取适当的措施来减轻发展中国家的债务负担”。⑤ 此后,在 1973 年第四次不结盟国家首脑会议通过的《经济宣言》中,不结盟运动指出,发展中国家的外债额“在过去十年内增加了三倍,现在超过了 800 亿美元”⑥1977 年 4 月 7—11 日,不结盟国家协调局部长会议在印度新德里召开,正是在这次会议上,不结盟运动第一次最详细地关注发展中国家的债务问题,会议通过的《最后公报》指出:“债务负担已经

① 程岗 . 九十年代拉美国家债务危机的缓解趋势[J]. 国际经济合作,1994(5):32-33.

② 程岗 . 九十年代拉美国家债务危机的缓解趋势[J]. 国际经济合作,1994(5):32-33.

③ 美洲开发银行的统计数字 . 转引自:汪慕恒 . 90 年代发展中国家的债务危机趋向缓和[J]. 厦门大学学报(哲社版),1995(3):92.

④ 高志平 . 不结盟运动应对债务危机的立场与主张析论[J]. 社科纵横,2011-5:101-102.

⑤ 陈芝芸,等 . 拉美的对外经济关系[J]. 世界知识出版社,1991:54.

⑥ 陈芝芸,等 . 拉美的对外经济关系[J]. 世界知识出版社,1991:106.

到了危急的程度,并有可能进一步恶化。"①显示了不结盟运动对相关国家整体债务状况的担忧。

1979 年 9 月,出席第六次不结盟国家首脑会议的首脑们重申对发展中国家外债激增的关切,会议通过的《经济宣言》指出:"到 1977 年底,发展中国家的外债数额估计近 3 000 亿美元,其中 1/3 以上是高利私人贷款或是一年以内的短期贷款。"②20 世纪 80 年代,发展中国家债务危机不断加剧,这是大多数发展中国家"遭受损失的十年",③发展中国家在世界经济中的地位明显下降,处境异常艰难。在这种国际背景下,1983 年 9 月,第六次不结盟国家和政府首脑会议在印度的新德里召开,印度总理英迪拉 · 甘地在会议上以《世界危机与不结盟运动的方向》为题致词道:"发展中国家的债务问题已经发展到了前所未有的规模,单是还本付息就要占去它们总收入的 1/4,因此,必须进行大规模的债务调整,改革那种被人们公认为过时的、不公平的和不适合的国际货币和金融体系,以互利的方式解决货币和金融问题。"④在会议通过的《新德里咨文》中,债务问题得到最认真的考虑,该《咨文》指出:"许多发展中国家由于无力偿还债务而处境悲惨。"会议通过的《经济宣言》指出:"当前的世界经济危机给发展中国家、特别是最不发达国家带来了严重的后果。在过去两年里,发展中国家的出口收入减少了 1 500 亿美元,而它们的债务偿还额增加了 370 亿美元。在这期间,它们蒙受的外汇损失约为 2 000 亿美元。发展中国家1980 年的产量增长率为 2. 9% ,1981 年仅为 0. 6% 。到 1981 年年底,它们的储备仅能支付两个半月的进口。目前,发展中国家的债务负担已剧增到 5 400 亿美元",⑤"而清偿债务的负担每年竟高达 1 060 亿美元。发展中国家的国际收支赤字在 1982 年为 620 亿美元,预期在 1983 年还会增加。"⑥在 1986 年第八次不结盟国家和政府首脑会议的开幕式上,不结盟国家首脑会议主席、津巴布韦总理穆加贝认为,"债务危机已经达到非常危险的程度,'据世界银行估计,发展中国家的累积债务已上升到 8 112 亿美元,而且仅偿付债务利息就占债务额的 61. 2% ',这就是债务问题引起严重关注的原因。"⑦在 1989 年南斯拉夫贝尔格莱德举行的第九次不结盟国家首脑会议上,与会首脑们对发展中国家不断恶化的经济危机和发展中国家面临的紧迫的经济困难给予了前所未有的关注。他们指出,20 世纪 80 年代以来影响发展中国家经济发展的因素并没有得到缓和,而且更加深重,尤其是发展中国家的债务问题,"它们的债务已经超过了 13 200 亿美元,很多国家的债务和付息比率都很高",⑧

---

① 35 years of non-aligned movement: documents, 1961-1996. volume 1: Bandung April 18, 1955 to New Delhi February 13, 1981, New Delhi: International Institute for Non- Aligned Studies, 1997: 281.

② 35 years of non-aligned movement: documents, 1961-1996. volume 1: Bandung April 18, 1955 to New Delhi February 13, 1981, New Delhi : International Institute for Non- Aligned Studies, 1997: 488.

③ 李琮 . 第三世界论[M]. 北京:世界知识出版社,1993:190.

④ 国外经济文献摘要编委会编 . 国外经济文献摘要选编 . 1983. 转引自:高志平 . 不结盟运动应对债务危机的立场与主张析论[J]. 社科纵横,2011-5:101-102.

⑤ 不结盟首脑会议通过〈经济宣言〉推动全球谈判 建立国际经济新秩序[N]. 人民日报,1983-03-14(6).

⑥ 中国国际问题研究所编辑部 . 不结盟运动主要文件集[M]. 北京:中国对外翻译出版公司,1987:565.

⑦ 不结盟国家首脑会议开幕讨论面临重大国际问题会议主席穆加贝发表主旨讲话[N]. 人民日报,1986-9-2(6).

⑧ 35 years of non-aligned movement: documents, 1961-1996. volume-III: Nicosia September 5, 1988 to New York September 25, 1996, New Delhi: International Institute for Non- Aligned Studies, 1997: 1327. 转引自:高志平 . 不结盟运动应对债务危机的立场与主张析论[J]. 社科纵横,2011-5:105.

这严重影响了发展中国家的经济发展。

(2)不结盟运动阐明了发展中国家债务危机的危害性。在1973年第四次不结盟国家首脑会议通过的《经济宣言》中,不结盟运动认为,"(由)支付外债重息而引起的国际收支的压力以及日益恶化的国际货币危机",[①]对联合国国际发展战略造成了较大的负面影响。在1979年9月古巴哈瓦那第六次不结盟国家首脑会议通过的《经济宣言》中,不结盟运动指出:"贷款利率趋于增高,分期偿还期限趋于缩短,这就限制了发展中国家的进口能力。"据联合国估计,1977年,这些国家用于还本付息的总数约达250亿美元,相当于该年度它们出口总额的21%。这种局面说明,财政状况的恶化也是当前世界经济形势的一个特点,它在各次谈判中都是对发展中国家的重要强制因素。[②] 在1985年9月安哥拉罗安达不结盟国家外长会议上,不结盟运动更进一步指出,发展中国家沉重的外债负担不再仅仅是一个经济问题,而且已达到"严重的政治范围",债务的还本付息对债务国的经济和社会发展已经产生了不利的影响。同时,国际金融和信贷机构所提出的措施只能使局势恶化。这些问题都威胁到大部分发展中国家的稳定状况。[③] 1983年第七次不结盟国家首脑会议通过的《经济宣言》回顾了自第六次不结盟国家和政府首脑会议以来世界经济的恶化情况,指出国际经济的危机和发达国家与发展中国家之间的差距日益扩大已成为最严重的问题;经济危机对所有国家都产生了严重的影响,但是,它对发展中国家产生了特别不利的影响。[④] 1986年第八次不结盟国家首脑会议通过的《经济宣言》指出:"与会首脑们重申,不结盟运动十分关注外债危机对不结盟国家和其他发展中国家的发展进程所带来的极其严重的后果。"[⑤]该《宣言》还单列"外债与发展"条款,比较详细地讨论了发展中国家的外债问题。与会首脑们分析了自第七次不结盟国家和政府首脑会议以来的国际经济形势之后指出,世界经济危机一直在升级,发达国家和发展中国家的鸿沟不断加深,不合理的国际经济体系严重阻碍了发展中国家经济发展的进程;商品价格的急剧下降,保护主义趋势再度抬头,发达国家单方面的、强迫性和歧视性的经济政策,货币与金融不稳定,高额外债负担和发展中国家资金倒流等现象仍旧是制约发展中国家经济发展的根本因素。

(3)不结盟运动分析了发展中国家债务危机的成因。1975年8月,不结盟国家利马外长会议通过的《利马纲领》分析了发展中国家外债形成的原因,认为在国际开发资金方面,用于发展中国家的资金转移在数量上、质量上都已经削减,支付条件、利息、抵押费用都已大大增加,而这正是发展中国家进入资本市场由于国际经济形势的原因而变得更为渺茫的时候。这样一来,就进一步加重了发展中国家的外债负担,并指出:"目前为止,并

① 35 years of non-aligned movement: documents, 1961-1996. volume 1: Bandung April 18, 1955 to New Delhi February 13, 1981, New Delhi: International Institute for Non- Aligned Studies, 1997: 106.

② 35 years of non-aligned movement : documents, 1961-1996. volume 1: Bandung April 18, 1955 to New Delhi February 13, 1981, New Delhi: International Institute for Non- Aligned Studies, 1997: 488.

③ 35 years of non-aligned movement: documents, 1961-1996. volume 1: Bandung April 18, 1955 to New Delhi February 13, 1981, New Delhi: International Institute for Non-Aligned Studies, 1997: 873.

④ 中国国际问题研究所编辑部. 不结盟运动主要文件集[M]. 北京:中国对外翻译出版公司,1987:565.

⑤ 35 years of non- aligned movement: documents, 1961- 1996. volume-Ⅱ: Algiers April 16, 1981 to Havana May 30, 1988, New Delhi: International Institute for Non-Aligned Studies, 1997: 1045.

没有采取有效措施,来减轻它们的外债负担,特别是对于那些受经济危机影响更严重的发展中国家尤其如此。”[①]1983 年正当拉美债务危机越演越烈的时候,第六次不结盟国家首脑会议分析了导致发展中国家经济恶化的原因,指出全世界的流动资金减少,外汇储备下降,债务不断增加,还本付息负担加重,利率增高,财政条件更加严格,发达国家对发展中国家的进口商品强行设置保护主义壁垒,商品价格暴跌,粮食供应不足,技术转让条件苛刻等都是导致发展中国家经济恶化的重要原因。1985 年夏季,在古巴哈瓦那,拉美和加勒比海地区国家的政治家及社会各界名人约1 200人聚会,进行了一次关于如何解决这些国家外债问题的“大陆对话”。与会者的注意力集中到拉美外债的三个全球问题上来,即:沉重的外债负担实际上是所有新独立国家所面临的问题;帝国主义应该为此受到谴责,正如卡斯特罗在这次对话中所说的那样,沉重的外债负担是由帝国主义所引起的一个癌肿瘤;沉重的外债负担容易引起第三世界巨大的社会动荡。导致发展中国家经济恶化的原因主要有:第一,新兴自由国家对外部市场和外国资金和技术资源的完全依赖;第二,新殖民主义在国际经济关系领域对新兴国家的剥削;第三,这种依附和不平等关系是被用来将危机的恶果从资本主义中心转嫁到外围第三世界的工具[②]。1985 年 9 月 4—7 日,不结盟国家外长会议在安哥拉的首都罗安达举行,在这次会议上,不结盟运动特别详尽地审议了发展中国家的债务问题。会议通过的《经济宣言》强调,发展中国家的外债问题主要是由于国际经济体系的功能性缺陷所引起的,而不是由于短暂的原因[③]。1986 年第八次不结盟国家首脑会议明确指出:“发展中国家的外债问题是国际经济体系失灵的表现。”[④]该次首脑会议的《经济宣言》称,与会首脑们重申“他们认识到外债问题是由世界经济情况恶化直接造成的,而这种情况正是现存的种种不平等现象和不公正的国际经济秩序的反映;首脑们注意到,发展中国家的外债问题已具有严重的政治和社会影响,而国际货币、金融和贸易制度的种种不平衡所造成的激烈冲击,则使这些影响变本加厉;首脑们批判了用狭隘的办法来解决外债问题,认为这种办法只考虑到外债问题的经济特性或技术方面,因而是不适当的,例如:把应用以解决外债和发展危机的措施仅限于筹款偿还外债,而不是针对基本的结构性问题;他们重申,在目前的情况下,发展中国家对发达国家的债主和多边金融机构所承担的债务已达到不堪容忍的程度,此外,除非国际社会找到紧急、公正和持久的解决办法,否则某些国家的经济能力将无法应付这些债务;首脑们重申,IMF 解决债务问题的政策已证明是不适当的,因为它们没有把发展中国家的长期发展和社会发展前景考虑在内;首脑们同意,外债问题不仅关系到它们本国的财政状况,而且由于货币基金组织和其他多边金融机构所规定的重新磋商办法,这个问题也是一个有关国家对其自然资源和经济活动的主权的严重问题。关于这一点,他们指出重新磋商过程绝对不得附带条件,

---

① 35 years of non- aligned movement: documents, 1961-1996. volume 1: Bandung April 18, 1955 to New Delhi February 13, 1981, New Delhi: International Institute for Non- Aligned Studies, 1997: 163.

② Ivan Kovalenko, Rais Tuzmukhamedov, The non-aligned movement: the Soviet view, New Delhi: Sterling Publishers Private Limited, 1987: 110、121.

③ 35 years of non-aligned movement: documents, 1961-1996. volume-Ⅱ: Algiers Aprill 16, 1981 to Havana May 30, 1988, New Delhi: International Institute for Non-Aligned Studies, 1997: 873.

④ 中国国际问题研究所编辑部. 不结盟运动主要文件集(第二集)[C]. 北京:世界知识出版社,1992:94-95.

不得剥夺别国制定自己政策的权力及分配投资和消费资源的权力，因为这是它们行使发展权利和防止本国人民已经穷困的生活水平进一步下降所必不可少的；首脑们还强调，发展中负债国已作出重大努力进行调整，以应付它们的外部环境，而这样做已为它们带来了严重的社会和政治后果。然而，不结盟国家和政府首脑们感到遗憾的是，调整过程在总体上仍然不对称和不公平。因为发达国家并没有作出相应的努力，协调一致地采取和执行适当的经济政策，消除贸易限制和出口补贴，或有效地减少财政方面的不平衡；这些不平衡致使实际利率偏高，目前已远远超出历史水平。"①

2）不结盟运动应对债务危机的主张

早在 1970 年第三次不结盟国家首脑会议上，不结盟运动就主张"应采取适当的措施来减轻发展中国家的债务负担"。此后，不结盟运动在其历次重要会议所通过的宣言中都提出了应对债务危机的主张。

（1）主张各负债国均有不可剥夺的权利自由选择其经济制度。在 1986 年第八次不结盟国家首脑会议上，与会首脑们确认了负债国在债务方面所承担的国际义务；再度坚持各国均有不可剥夺的权利自由选择其经济制度，调整其经济活动，自行决定它们认为适合应付危机和促进发展的政策，包括偿付债务的政策；重申必须在增长和调整的基础上处理债务问题。②

（2）主张发展中国家之间合作。1976 年第五次不结盟国家首脑会议通过的《经济合作行动纲领》就强调发展中国家的合作"应该敦促发达国家取消最不发达的和其他受影响最严重的发展中国家的债务，特别是遭受过外国占领和侵略的国家的债务。"③在 1983 年 9 月的第七次不结盟国家首脑会议上，不结盟运动第一次有实现集体做法的迹象，④这次会议通过的《对发展中国家极为重要的领域采取应急措施的方案》建议："发展中国家间应就他们有关外债的谈判，以及在此种谈判中值得期待的合作等交换情报；为重新安排发展中国家的债务负担开展一个全面的平等的多边体制，以便国际上对可能出现的严重债务危机作出有条不紊的反应；迅速全面执行贸易和发展理事会第 165（S-IX）号决议，并将提供给最不发达国家的尚未清偿的所有双边官方发展援助贷款改为赠款。"在此，对比之下，我们可以发现，当时不结盟国家关于"将提供给最不发达国家的尚未清偿的所有双边官方发展援助贷款改为赠款"的呼吁，在 1985 年的贝克方案中并没有得到及时响应。而是直到 6 年之后的 1989 年，在布雷迪计划中才有所体现。⑤

（3）主张加强债务国和债权国之间的对话与合作。更是早在 1977 年 4 月新德里不结

---

① 35 years of non-aligned movement：documents，1961-1996. volume-Ⅱ：Algiers Aprill 16，1981 to Havana May 30，1988，New Delhi：International Institute for Non- Aligned Studies，1997：1045-1046.

② 35 years of non-aligned movement：documents，1961-1996. volume-Ⅱ：Algiers Aprill 16，1981 to Havana May 30，1988，New Delhi：International Institute for Non- Aligned Studies，1997：1046.

③ 35 years of non-aligned movement：documents，1961-1996. volume 1：Bandung April 18，1955 to New Delhi February 13，1981，New Delhi：International Institute for Non- Aligned Studies，1997：241.

④ Subrata Banerjee. The Tightening Debt-Noose. D. R. Goyal，Non- alignment，concept and concerns，Delhi：Ajanta Publications（India），1986：139. 转引自：高志平．不结盟运动应对债务危机的立场与主张析论[J]．社科纵横，2011-5：105.

⑤ 35 years of non-aligned movement：documents，1961-1996. volume-Ⅱ：Algiers Aprill 16，1981 to Havana May 30，1988，New Delhi：International Institute for Non-Aligned Studies，1997：725.

盟国家协调局部长会议上通过的《最后公报》中,不结盟运动就决定:“外债问题应该依据普遍适用的原则一揽子解决,而不能依据债务国的愿望逐案解决。”它重点强调:“减免债务应该被看做为转移资源而不应被看做为克服国际收支暂时困难的方法。”①类似的呼吁还不断出现在以后的会议上。比如,在 1985 年不结盟国家的罗安达外长会议上,不结盟运动通过了一项特别的“关于外债的决议”,该决议强调指出,发展中国家的外债问题是“现存的不平等和不公正的国际经济秩序”的结果,它需要采取政治性和全球性的方法。因此,它呼吁债权国、国际金融和银行机构能与发展中国家进行政治对话,并提出了解决这一问题的具体原则。② 在 1986 年第八次不结盟国家首脑会议上,与会首脑们着重指出:关于在提议的新一轮多边贸易谈判范围内的贸易问题,必须制订相应和互相配合的办法,以解决有关货币和金融,包括外债等问题。他们强调发达国家必须以建设性态度积极支持这个办法。与会首脑们强调,解决债务问题必须采取政治性和全球性的办法,而发展中负债国、发达债权国以及分担责任解决发展中国家负债问题的国际财务和金融机构都应参与这种办法。与会首脑们呼吁发展中负债国政府、发达债权国政府和国际财务和金融机构与发展中国家进行政治对话,共同为发展中国家的外债问题寻求真正的解决办法。③ 1987 年 3 月,在圭亚那首都乔治敦召开的不结盟运动协调局部长级特别会议上,与会者再次呼吁债务国和债权国对话解决债务问题,会议发表的声明要求立即进行债权国和债务国之间的对话,寻求解决债务问题的最终途径,并指出:“债务安排要考虑各国的实际偿付能力。”④在 1989 年第九次不结盟国家首脑会议的全体会议上,不结盟国家领导人发言,主张尽快解决债务危机。科威特国家元首主张债权国免除外债利息,取消最不发达国家的债务,建议联合国秘书长在六个月内召开最不发达国家、其他债权国以及国际货币基金组织和债务国参加的国际会议,制定解决债务危机的原则和方法。

(4)主张召开专门会议,成立专门机构,帮助解决发展中国家债务问题。时任印度总理英迪拉 · 甘地在 1983 年第七次不结盟国家首脑会议的开幕式致辞中指出,“发展中国家的债务问题已经发展到了前所未有的规模,单是还本付息就要占去它们总收入的 1/4,因此,必须进行大规模的债务调整。同时,货币和金融问题也加重了北方国家的负担,因而它应该以互利的方式加以解决。现在迫切需要召开一次关于货币和金融为发展服务的国际会议。这样的会议应该建议彻底改革那种被人们公认为过时的、不公平的和不适合的国际货币和金融体系,应该为动员开发资金以用于粮食、能源和工业发展等关键领域的投资创造条件。”在强调必须立即采取行动之后,英迪拉 · 甘地说道:“长远的解决办法需要时间和准备。眼前的问题已刻不容缓。现在有些国家已陷入绝境,它们已不能等待到整个世界社会采取行动了。我们的运动对它们负有义务,而且这并没有超出我们现有的

① 35 years of non-aligned movement: documents, 1961-1996. volume 1: Bandung April 18, 1955 to New Delhi February 13, 1981, New Delhi: International Institute for Non- Aligned Studies, 1997: 284.

② 35 years of non-aligned movement: documents, 1961-1996. volume-Ⅱ: Algiers Aprill 16, 1981 to Havana May 30, 1988, New Delhi: International Institute for Non- Aligned Studies, 1997: 902-903.

③ 35 years of non-aligned movement: documents, 1961-1996. volume-Ⅱ: Algiers Aprill 16, 1981 to Havana May 30, 1988, New Delhi: International Institute for Non- Aligned Studies, 1997: 1041. 1046.

④ 不结盟协调部长级特别会议呼吁债务国债权国通过对话解决债务问题[N]. 人民日报, 1987-3-16(6).

人力、技术、工业能力，以至财源。自力更生应从我们中间最薄弱的地方开始，援助的目的是自我发展。”①时任巴基斯坦总统齐亚·哈克在这次首脑会议上还“敦促工业国家共同拆除自由贸易壁垒，通过共同的协议来建立一种有秩序的和公平的债务处理办法”②与会首脑们在会上要求立即召开一次为经济发展筹措资金的国际会议，建议成立一个国际债务委员会，帮助解决发展中国家债务问题。1985 年 11 月在第3 届不结盟问题国际圆桌会议上，代表们要求进行“南南合作”共同解决债务危机。1986 年第八次不结盟国家首脑会议的与会首脑们欢迎秘鲁政府愿意担任东道国，在利马举行有关各国交换在外债问题方面经验信息的专家协商会议，“在这方面，他们促请不结盟的发展中国家和其他发展中国家派遣高级专家参加上述会议。他们建议把专家会议的报告提交即将举行的不结盟国家部长会议。首脑们赞赏地注意到 77 国集团在联合国所作的努力和所采取的行动，使发展中国家的外债危机和发展问题经常备受注意。鉴于这个问题的重要性，不结盟国家和政府首脑们决定应在即将举行的联合国大会常会上充分审议‘外债危机与发展’问题。他们满意地注意到 77 国集团已在纽约采取必要的步骤，把‘外债危机与发展’问题作为一个特定项目列入联合国大会第 41 届会议议程。他们支持 77 国集团在纽约就这方面采取的进一步行动。首脑们还满意地注意到最近 24 国集团主管国际金融事务部长第 33 次会议就债务、资源转移、国际货币改革和其他方面提出的结论和建议。他们请 24 国集团继续努力，为困扰国际货币和金融关系的种种迫切问题寻求解决办法。”③

总体而言，债务问题一直是困扰发展中国家的一大难题，冷战时期，作为发展中国家的国际组织，不结盟运动一再强调解决债务问题的重要性，在 1973 年第四次不结盟国家首脑会议通过的《经济合作行动纲领》中，不结盟国家首脑们呼吁“应该以适当的国际行动来抵消由于条件苛刻的外债负担而给发展中国家当前和今后发展带来的不利后果；世界银行应在其可行的方面为解决债务问题发挥有效的作用；解决债务问题应在总的政策措施范围内考虑到债务国的经济状况和外债的根源；应该采取适当措施来减轻偿债的沉重负担，包括重新安排还债期限的办法。” ④应该说，不结盟运动的不断呼吁逐渐有效，比如，2005 年 7 月，G8 峰会就宣布取消了 400 亿美元的非洲和其他国家的债务。⑤

3.2 美国债务危机的成因及应对

美国国债，一般是指美国财政部代表联邦政府发行的国家公债。根据发行方式不同，美国国债可分为凭证式国债、实物券式国债（又称无记名式国债或国库券）和记账式国债

---

① Mathur, Pradeep, Non- aligned movement: New Delhi and beyond, New Delhi: Sterling Publishers Private Limited, 1984: 70.

② 不结盟国家呼吁进行全球谈判要求国际组织采取措施帮助发展中国家[N]. 人民日报, 1983-3-11(6).

③ 35 years of non- aligned movement: documents, 1961- 1996. volume-Ⅱ: Algiers Aprill 16, 1981 to Havana May 30, 1988, New Delhi: International Institute for Non- Aligned Studies, 1997: 1047.

④ 35 years of non- aligned movement: documents, 1961-1996. volume 1: Bandung April 18, 1955 to New Delhi February 13, 1981, New Delhi : International Institute for Non- Aligned Studies, 1997: 113. 转引自：高志平. 不结盟运动应对债务危机的立场与主张析论[J]. 社科纵横, 2011-5: 105.

⑤ 钟忆成. 八国集团减免非洲债务另有它图[J]. 国外理论动态, 2005(9).

3 种。根据债券的偿还期限不同,美国国债大致可分为短期国库券(T-Bills)、中期国库票据(T-Notes)和长期国库债券(T-Bonds)3 类。美国经济学家萨缪尔森(Paul A. Samuelson)对美国国债有一个很简洁的定义:"内债就是一个国家欠其国民的债,而外债则是一个国家欠外国的债。"①

在现代资本主义的债务经济中,发达国家根据国际信贷的通用规则,常常使用国际资本市场的资金,因而互相欠债,并习以为常。比如美国在 1914 年尚欠英国 37 亿美元债务,1919 年,却一跃而成了世界上的头号债权国。到了 1985 年,美国失去了头号债权国的地位,负外债 1 119 亿美元,从此又成了世界上头号债务国,1988 年对外净债务额为 5 325 亿美元。同时,美国在世界银行持有的股份又最多,占 17. 86% ,在 IMF 交纳的基金份额也最多,因此享有的表决权也最大。此外,美国在国际清算银行、伯尔尼联盟、巴黎俱乐部及伦敦俱乐部等与债务问题有密切关系的重要国际金融机构中,也处于举足轻重的地位。② 所以在当今世界,美国债务危机不同于发展中国家的债务危机,有其自身的特殊性。

3. 2. 1 美债危机的基本概况

当代的美债危机往往围绕债务上限问题而展开,这是它的一个鲜明特点。而美国从法律上确定债务上限则始于 1917 年。在此之前,美国政府每当需要借款时,都要向国会一事一报,在获得国会批准和授权后,方能实施筹融资计划。这一原则是对当届政府或将出现过度透支,而对下届政府不负责任行为的限制。第一次世界大战期间,为应对战时经济之需,国家财政必须有更大的灵活性,因此美国国会也授予政府一揽子借款权限,但条件是,联邦政府(不包括地方政府)的借款总额要小于国会当下规定的总量限制。1917 年美国参战,鉴于政府为战争而支付的费用飙升,美国政府的债务迅速上升,按照美国宪法规定,政府支出必须经国会审议批准。同年,国会以立法形式确立国债的限额发行制度。实施这一制度的法律依据是美国的《第二次自由债券法案》。因为在战争期间,国会频繁行使表决权势必会带来不便,于是美国国会授权政府的可开支上限,最初定为 115 亿美元。这就是国债上限的来历。由此可见,当年设立国债上限的初衷是国会合理约束以总统为代表的行政部门的支出。③ 在第二次世界大战期间的 1941—1945 年期间,美国债务上限被限制在 3 000 亿美元。二战结束后的一段时间,美国债务上限曾一度有所下降。一直到 1962 年,才又重新回到接近 3 000 亿美元的水平。但 1962 年以后,这一上限不断提高,占 GDP 的比重也不断上升。但总的来看,从 1940—1970 年,美国政府的预算赤字与债务利息支付尚能基本持平。

第二次世界大战结束之后,美国国债总额为 GDP 的 122% 。此后即快速下降,到20 世纪 70 年代美国公共债务总额对 GDP 之比保持在 40% 以下的低水平。据萨缪尔森说,在 1980 年代,因外贸入超,美国被列入了净债务国名单,从一个债权国变成了债务国。到

---

① Paul A. Samuelson, William D. Nordhaus: Economics-16th ed. The McGraw-Hill ompanies, Inc, 1998: 650.

② 周培年. 世界范围的外债问题[J]. 世界经济与政治, 1992(5): 16-22.

③ 孟春, 高伟. 美国爆发债务危机的根源、影响及应对建议[J]. 经济研究参考, 2012 (1): 58-61.

1996 年美国所欠外债已接近 1 万亿美元。[①] 值得一提的是 1998 年财政年度，克林顿政府曾成功地实现了 692 亿元的预算盈余。这是美国联邦政府在此之前的 30 年里第一次取得预算盈余。1999 年财政年度联邦预算盈余更是达到 1 227 亿美元，创造了美国历史上的最高纪录。但 2000 年美国公共债务时为 6.9 万亿美元，为 GDP 的 57.3% 。[②]

而在进入 21 世纪以后，美国财政从克林顿时期的盈余转为赤字，债务也随之增加。尤其是金融危机爆发以后的数年里，美国债务的增长速度更是快得惊人：2005 年 1 月，小布什总统连任时，美国国债为 7.6 万亿美元。而时任总统奥巴马于 2009 年 1 月上任后已升至 10.6 万亿美元。2008 年和 2009 年，美国国债上限分别为 10.61 万亿美元和 12.10 万亿美元，分别占 GDP 的比重为 70% 和 84.1% 。而 2010 年的情况更加恶化：按 2010 财年预算，美国 GDP 总额为 14.62 万亿美元，而债务上限为 14.29 万亿美元，相当于 GDP 总额的 98% ；2010 年的财政收入为 2.16 万亿美元，支出为 3.56 万亿美元，当年财政赤字占 GDP 的比例已接近 10% 。而实际运行的结果则反映在美国财政部在 2011 年初公布的报告中，该报告显示到 2010 年底美国的国债已突破 14 万亿美元，在近 7 个月的时间里就由 13 万亿美元迅速蹿升到 14 万亿美元。[③]

据美国财政部资料显示：自 1960 年以来，美国国会已近 80 次提高债务上限，平均每 8 个月提高一次。其中，49 次是在共和党总统任期内，31 次是在民主党总统任期内。进入 21 世纪，这一频率又有所加快。小布什总统在两届任期内共计 7 次提高债务上限。自奥巴马 2009 年 1 月 20 日就任美国总统以来，国会也已经 3 次提高债务上限，提高总额为 2.979 万亿美元。其中一次上调债务上限是 2010 年 2 月 12 日，当天奥巴马签署通过将债务上限从 12.4 万亿美元提高到 14.294 万亿美元的法案。[④] 而那天，正是美国政府债务违约大限的最后关头，美国会两党终于通过提高债务上限和削减赤字法案。当天国会批准将美国债务上限提高了 2.1 万亿美元，同时削减赤字规模为 2.4 万亿美元。[⑤]

2011 年 2 月 22 日，在可供发债余额仅剩 2 180 亿美元的时候，由于美国国会未就提高上限达成一致，终于在 2011 年 5 月 16 日，美国国债触及国会所允许的 14.29 万亿美元上限。当月，财政部开始采取非常规措施管理财政，以使政府债务在最后期限 8 月 2 日到来之前不至“断供”。2011 年 7 月 31 日，美国众议院终于通过提高债务上限的议案，方使美债违约的警报暂时解除，根据两党达成的协议，允许奥巴马政府分三步提高总额为 2.1 万亿至 2.4 万亿美元债务上限。同时规定，美国政府要在 10 年内至少削减 2.1 万亿美元的开支。[⑥] 至此，两党持续数月的美国债务上限纷争暂时得以平息。但该次债务上限和削减赤字法案只能将美国的债务危机向后拖延，并不能从根本上解决美国高债务、高赤字的顽疾。到 2014 年初，美国国会再次面临提高债务上限的难题。果不其然，据美国《星条旗

① Paul A. Samuelson, William D. Nordhaus: Economics-16th ed. The McGraw-Hill ompanies, Inc, 1998: 651.

② 这里指公共债务（Gross Debt）不是联邦政府的净债务（即减去政府不同部门相互拥有的债务、债权后的债务）。参见：余永定．美国的公共债务危机[J]．三联生活周刊，2011-08-22：3-5.

③ 乔磊．美国政府收支与债务纠结[J]．今日财富（金融发展与监管），2011（4）：22.

④ 孙时联．美国债务上限的由来及发展趋势[J]．理论参考，2011（10）：2.

⑤ 黄秀海，滕清秀．美债危机对我国经济冲击效果的动态分析[J]．中国证券期货，2011-10：181.

⑥ 刘刚，吴迪．从中美经济相互依存看我国高额外汇储备管理[J]．吉林金融研究，2012（6）：8.

报》2014年1月17日报道,“奥巴马总统于联邦拨款告罄的前一天签署了一项1.1万亿美元的开支法案,该法案将为美国政府运作至当年9月底提供资金。据称美国国会两院在本周以压倒性票数通过了这项折中法案,它将为联邦政府每个机构拨款,同时缩小自动减支的规模……这项法案批准的开支低于奥巴马提出的数量,但高于共和党人的要求。两党议员都决心要避免重复造成政府关门的政治摊牌。”①

值得一提的是,2011年7月底美国国会两党的谈判僵局却导致华尔街遭遇了2008年以来最惨一周。8月5日国际评级机构标普公司宣布,将美国主权信用评级从“AAA”下调至“AA+”,评级展望为负面。这是美国历史上首次失去3A主权债务信用评级。标普同时指出,调降评级主要是由于美国政府与国会达成的债务上限协议不足以稳定政府的中期债务状况。此举再度令本已十分脆弱的市场信心遭受重创。美国股市三大股指和纽约油价单周的跌幅都达到了4%左右。而市场恐慌情绪指数则一周内上涨9%。由于市场对全球经济再度下滑的担心情绪导致投资者迅速撤离,故而欧洲三大股指一周跌幅也均超过3%。②

2013年1月6日美国财政部长盖特纳写信给国会,告知国会当触及债务余额上限时,财政部尚有一定的周转空间,大概能维持几周时间,随后如果仍然不能提升,那么美国政府承担的一些义务将可能得不到偿付。4月4日,盖特纳再次致信国会,说明到2013年5月16日可能触及债务余额上限,随后财政部的周转可能维持到7月8日。5月,美国政府公债余额达到14.29万亿元的债务余额上限,后由于美国政府的收入状况在短期内好于预期,所以政府不能维持正常偿付义务的时点被推后至8月2日以后。但不久,美国政府又宣称,在2013年10月15日前,美国公共债务须上调至16.7万亿美元,否则债务违约就难免。9月30日午夜前,共和党占优的众院48小时内3次通过临时拨款议案,却全部在民主党控制的参院碰壁,原因是这些议案都禁止给奥巴马医改方案拨款或要求医改延迟实行。就在“大限”前大约10分钟,白宫通知各政府部门,准备按预案“有序关门”。10月1日为美国新财年第一天。先前,就奥巴马医改方案存废,民主与共和两党在国会激烈角力,导致预算案难产,直至最后时刻。美国国会参众两院于16日晚分别投票通过议案,给予联邦政府临时拨款,同时调高其公共债务上限。17日是美国债务违约期限的最后一天,奥巴马在最后一刻签署了参议院以及众议院通过的财政法案,从而暂时结束了美国政府长达16天的闭门歇业状态。该法案内容是将持续地为政府注入运营资金至2014年1月15日,并将举债上限的最后期限推迟至2014年2月7日。同时,设立的一个谈判委员会将单独负责制订中长期财政解决方案。③ 2014年2月12日,美国国会参议院以55票对43票通过无条件提高联邦政府债务上限17.2万亿美元至2015年3月15日的法案,交由美国总统奥巴马后签署生效。当日,美国联邦政府债务总额已至17万亿美元左右。提高债务上限法案生效后,美国联邦政府可在2015年3月15日前自行提高发债额度。④

---

① 奥巴马签拨款法案避免政府关门[N]. 参考消息,2014-1-19(2).

② 李波,陈鹏. 美债危机背景下中国经济发展方式的思考[J]. 湖北社会科学,2012(10):88.

③ 编者. 美国政府关门[N]. 京华时报,2013-10-18.

④ 夏晓阳. 美众院通过延长债务上限法案[N]. 文汇报,2014-2-13(4).

3.2.2 美债危机的原因

美债危机的产生缘于美国长期的财政收支不平衡,即支出大于收入。据萨缪尔森说,美国的政府开支包括三个层面:联邦、州和地方政府开支。它们构成了所谓财政联邦制的不同财政责任。当然他们之间的边界并不十分清晰,但一般来说,联邦政府负责事关全国的类似国防、空间和外国事务的开支,地方政府负责儿童教育、街道治安、垃圾清理等事务开支;州政府则负责公路建设、大学运转、社会救助等事务开支。1994 年,联邦政府开支是 14 120 亿美元,州政府是 5 500 亿美元;地方政府(包括县)为 7 100 亿美元。其中联邦政府在总支出中占大头是后来才有的现象。在 20 世纪之前,地方政府在三者中的支出占大头,联邦政府只是负责军费、国债利息和少许一些公共事务。其收入来源也主要取自烟酒税和关税。但是由于两次热战和一次冷战的开支巨大,并伴随着社会保险和医疗保险转移支付量的上升,以及联邦政府把 1913 年开征的收入所得税扩充为自己的资金来源,州和地方政府的开支比例就下降了(表 3 -7)①。

表 3 -7 美国联邦政府的开支构成(1998 财政年度)

项 目	预算(10 亿美元)	占总支出的百分比(%)
1. 社会保险	384. 3	22. 8
2. 国防、退伍军人、国际事务	315. 3	18. 7
3. 健康、医疗	345. 3	20. 5
4. 收入保障	247. 5	14. 7
5. 政府债务利息	249. 9	14. 8
6. 教育、培训、就业和社会服务	56. 2	3. 3
7. 运输、商业、住房	42. 6	2. 5
8. 能源、自然资源、环境	24. 6	1. 5
9. 科学、空间、技术	16. 5	1. 0
10. 政府日常开支	12. 9	0. 8
11. 农业	12. 3	0. 7
12. 杂项开支和收入	-19. 9	-1. 2
总计	1 687. 5	100

资料来源:Paul A. Samuelson, William D. Nordhaus: Economics-16th ed. The McGraw-Hill Companies, Inc, 1998:289.

由表 3 -7 可以看出,在 1998 财政年度美国联邦政府的开支构成中,社会保险、健康医疗、国防等项开支分别占 22. 8% 、20. 5% 和 18. 7% ,而社会保险是财政支出中最大的一项。同样令人注意的是政府债务利息要占当年总开支的 14. 8% ,接近 2 500 亿美元。我们知道,美国联邦政府的债务主要包括如下两个部分:一是联邦政府向公众发行债券,为已经出现的预算赤字融资,这被称为公众持有的国家债务;二是联邦政府因某些支出增加了债务,向财政的透支。这些支出包括军费、社会救灾、安保、医疗和运输费用等,这被称为

① Paul A. Samuelson, William D. Nordhaus: Economics-16th ed. The McGraw-Hill Companies, Inc, 1998: 288-289.

政府账户产生的债务。这两部分债务的加总即为联邦政府债务总和。假如按美国 5 年期债券收益率 4% 来计算,那么美国联邦政府 1998 年的总负债大致为 6.25 万亿美元的水平。而 2013 年 8 月则已突破 14.3 万亿美元。[Ⅲ]还有材料说明,美国的一个民间机构早些年曾专门开设了"美国债务钟"的网站,在其首页的最中间显要位置,还列出了美国社会的总债务:约 55 万亿美元。用 2010 年美国 GDP 总额 14.5 万亿美元来比较,这个数值将近是美国全年 GDP 的 4 倍。平均每个美国家庭负债 66 万美元,每位美国公民负债额达到 17.6 万美元。① 由此来看,美债危机的爆发并不是突发事件,而是美国经济内在"痼疾"长期积累的结果。

3.2.2.1 美债危机的内因

1)借贷消费过度

马克思曾在《资本论》中指出:"在货币对资本的转移起中介作用时,不管它是充当购买手段(流通手段)还是充当支付手段,它都是资本。……同时它也可以在商人和消费者之间执行支付手段的职能,只要提供信贷,从而收入可以先被消费,后被支付。"②马克思很早就指明了借贷消费存在的可能性。而借贷消费无疑能加速商品流通,起到扩大消费需求的作用。在这方面,美国就是一个比较典型的借贷消费国家。而借贷消费的经济模式之所以在美国被普遍接受,则可以追溯到工业革命时期的 19 世纪 50 年代,当时缝纫机这一家庭"大件",开启了借贷消费的历史。在 1855 年,当时最大的缝纫机公司——I. M. Singer 公司发现其销售量很难再增长。时任公司市场营销总监的克拉克(Edward Clark)想出一招:"我们为什么不让美国家庭先用上缝纫机,然后分期付款呢?"因为当时,美国人只有 2% 左右的收入花在耐用消费品上。分期付款的方式使得美国大众得以提前消费价格相对昂贵的耐用消费品。经济由此快速发展起来。而在此后的近百年时间里,美国的经济增长也开始由生产驱动向消费驱动的模式转型。但同时,借贷消费的经济增长模式也使美国人养成了一种卯吃寅粮的生活习惯和模式。上至政府,下至普通人民,绝大部分都是靠借贷来消费的。③ 消费者每年的消费支出约占社会经济总支出的 70% 左右。但也正是这种过度的借贷,超前的消费,积累了大量的债务,最终导致了债务危机。④它反映了美国经济增长模式的困境。

2)货币政策失当

2008 年金融危机以后,美国凯恩斯主义的救市政策盛行,美国政府采取了扩张性的财政政策以刺激经济,而非常规货币政策的实施则为这种扩张性财政政策的推行提供了保障。所谓非常规货币政策,是指在常规的货币政策因利率传导机制受阻而失效、经济面临长期萧条时所采取的以修正市场利率预期和恢复货币政策传导机制为目标的非常规的货币政策操作。⑤ 当经济形势差时,政府大量发行国债,增加政府开支刺激经济增长,这必然

---

① 苏曼丽,吴敏. 中国万亿美债面临缩水,分析师称抛售等于金融自杀[N]. 新京报,2011-8-10.

② 马克思. 资本论[M]//马克思恩格斯全集:第 25 卷. 北京:人民出版社,1956:501.

③ 王博. 浅议美债评级下调的原因和影响[J]. 时代金融, NO. 2,2012:2023.

④ 龚勇. 关于美债危机的思考[J]. 经营管理者,2011(22):89.

⑤ 戴金平,邓郁凡. 美债危机的实质、影响与中国对策[J]. 高校理论战线,2012-1:33.

增加政府赤字。但经济形势好时政府又难以及时收缩开支,其结果必然是国债规模越积越高。尤其是2001年小布什接替比尔·克林顿入主白宫后,在此后的8年时间内,针对阿富汗以及伊拉克的两场代价高昂的战争使些许盈余消耗殆尽。美国的国家债务在过去10余年内以指数级速度攀升,美国债务上限也被迫迅速提高。2005年1月,小布什连任时,美国国债为7.6万亿美元,奥巴马总统上任后已升至10.6万亿美元。2008年金融危机后,经济急转直下,税收大受影响。奥巴马敦促国会通过的7 000亿美元刺激计划,将财政赤字推高到经济总产出的10%以上。当时,美国财政支出的每1美元中,就有0.4美元是借来的。更糟糕的是这种状态并无改善之势:美国国会预算办公室就曾警告,到2021年,联邦政府的债务总额可能达到美国经济年产值的100%,到2035年则可能达到190%。如此大规模举债,爆发债务危机是必然的。[①]

3)经济复苏乏力

美国经济复苏乏力主要表现在经济增长、就业状况、传统工业、消费者信贷水平等若干方面。

(1)经济增长缓慢

2008年金融危机之后,美国经济复苏乏力,经济增长缓慢。2008年第四季度,美国经济负增长6.2%,降幅为25年来之最;2009年一季度继续下滑6.1%。2011年第一季度,美国GDP仅增长0.4%,二季度略升至1.3%。而2011年美国年增长率仅为1%,2012年二季度美国经济增长率从IMF预计的2%左右下降至1.3%,更加剧了市场对美债偿还前景的担忧。[②]

(2)就业状况不佳

美国劳工部2011年6月数据显示,失业率从4月份的8.9%升至5月份的9.4%,为25年来的最高点。进入7月份,华尔街再度裁员。7月19日,高盛集团表示,在2011年可能在全球范围内逐步裁减1 000名员工。摩根士丹利也宣布在第一季度已经裁员300人的基础上,进一步缩减财富管理部门的经纪人数。美国2012年12月的失业率略有好转,为7.8%,2013年10月又下降为7.3%。[③]

(3)传统制造业遭受打击

美国供应管理协会(ISM)2011年8月1日公布,7月制造业指数降至50.9,低于预期的54.9,为2009年7月以来最低,6月曾为55.3。该数据低于50表明制造业萎缩。在金融危机的冲击下,三大汽车巨头中的克莱斯勒和通用汽车相继申请破产。2012年12月美国的制造业指数仍为50.7,2013年10月方恢复到56.4。[④]

(4)消费者信心受到打击

美国2011年4月消费信贷创下历史第二大跌幅,减少157亿美元。这一数据显示,美国消费者的信心受到打击。同月,美国的咨商会消费者信心指数为65.4,2011年8月下降

① 孟春,高伟. 美国爆发债务危机的根源、影响及应对建议[J]. 经济研究参考,2012(1):58-61.

② 杨晓莉. 2012年二季度美国经济增长率下修至1.3%[N]. 经济参考报,2012-09-28.

③ 上海东方财富证券研究所. 美国失业率. 东方财富网,2014-1-10.

④ 上海东方财富证券研究所. 美国ISM制造业指数. 东方财富网,2014-1-2.

为 44.5,2011 年 10 月又进一步降到 39.8。2012 年 10 月虽有所恢复,上升为 72.2,2013 年11 月又下降到 70.4。①

(5)产业空洞化

如果说,美国经济有其发展不均衡的一面,那就是轻视制造业。在过去 10 年里,美国制造业正逐渐面临“产业空洞化”的危险境地,仅制造业就业机会就减少了 600 万个。由于制造业衰退,美国人的日常生活用品严重依赖进口,特别是依赖中国、印度等新兴市场,所以美国的贸易逆差现象比较严重。

4)预算赤字过大

第二次世界大战以后,美国财政赤字观发生过从平衡预算到赤字财政,到充分就业的预算盈余,到潜在产值的预算平衡,再到预算准则的四次转变。各届美国政府在各自的财政赤字观的影响下,不断地创造了财政赤字和政府债务的记录。② 2011 年 8 月 2 日美国国会参议院最终以 74 票赞成、26 票反对的投票结果通过了一项计划,同意调高联邦政府现为 14.3 万亿美元的借债上限。同意提高债务上限就意味着美国政府的债务水平短期内还要攀升,财政状况仍将恶化。按该次达成的提高债务上限的规模推算,奥巴马 4 年任期积累的负债总额,已达到约 6 万亿美元,创历届美国总统之最。③ 对此,美国一家债券基金(Lommis Sayles)副总裁布莱恩·霍里根(Brian Horrigan)评论说:“从短期来看,债务危机形成的原因在于 2008—2009 年遭遇的经济大衰退。较低水平的就业及收入情况导致税收的水平降低,并令紧急支出的规模大增。结果就使这些国家拥有庞大的预算赤字,且债务占 GDP 的比重也在不断升高。在一些国家,支持受损银行体系的成本也令经济衰退的情况加剧。从长期来看,美国和欧洲都存在人口老龄化的问题。这些国家有庞大的退休金及养老金支持方案。这些福利政策将导致政府支出占 GDP 的比例大幅上扬。结果就是形成越来越庞大的预算赤字,而这只有靠加税和大幅削减支出来解决。”Ⅳ④

5)美元霸权的滥用

对美国政府而言,今天的债就是明天的税。因为政府偿还债务的合法手段就是收税,而一旦税收无法满足偿还要求,就不得不求助于货币的发行。自 20 世纪 70 年代初布雷顿森林体系崩溃后,美元不再与黄金挂钩。客观地说,美国开始滥用美元国际货币的地位,不负责任地乱发钞票。尤其是美国推行的几轮量化宽松政策,其实就是使美国国债货币化,在全世界范围内征收铸币税。2011 年 8 月 1 日,时任俄罗斯总理普金就曾指责美国是依赖美元垄断地位的“寄生虫”!而如果我们再细究一下就可以发现,美国之所以能沿用这种债务模式,还取决于美元的国际循环路径。因为美元如要作为世界货币在全球范围内循环,主要依赖于两个渠道:一是通过贸易渠道来投放,经由金融渠道来收回,比如大量进口世界各地的初级产品、燃料、原材料而抛出美元,同时通过吸引外国政府用美元储备购买美国政府债券来收回美元;另一条渠道则相反,即通过金融渠道来投放,经由贸易

① 上海东方财富证券研究所. 美国 ISM 制造业指数. 东方财富网,2013-11-26.

② 李翀. 财政赤字观和美国政府债务的分析[J]. 经济学动态,2011(9).

③ 王博. 浅议美债评级下调的原因和影响[J]. 时代金融, NO.2,2012:20-23.

④ 宋玥. 论美债危机及其影响[J]. 经济研究导刊, No.35,2011:135-136.

渠道来收回,比如通过量化宽松政策,使美元贬值,同时通过出口美国的高附加值产品而回收美元。在此过程中,美国一方面消费了其他国家的廉价商品与服务;另一方面又在境外留下大量的美元债券和其他形式的美国金融资产。通过这两个渠道,美国的高收入只需主要通过虚拟资产的交易,而不是通过实物生产创造出来。利润空间巨大且获得方式相对简单,这样美元的国际循环就有了新的动力,然而正是这种动力也为美国经济的发展埋下了隐患。①

6)债权人不买账

2008 年金融危机爆发后,美国大量国债的发行导致国债市场供给增加,国债收益率上升,融资成本上升,进而加大了政府财政负担。为了降低融资成本,美联储相应推出了量化宽松的非常规货币政策。一方面,通过中央银行直接购买美国国债来降低国债收益率,联邦政府就能在不付出额外成本的前提下发行超量国债。另一方面,美国向全世界发行货币,用通货膨胀来弥补政府的支出膨胀。量化宽松的货币政策既导致美元进一步贬值,实际上又稀释了美国政府的债务负担,也就是说是让全球共同为美国的债务危机买单。比如,到 2010 年底,在 14 万亿美元的美国国债中,国际投资者持有的比例高达 31.6%,美联储和各级政府持有的比例为 40.3%。这些数据意味着,在 14 万亿美元的国债中,超过三成由外国投资者持有。而在美国国内,美国国债的持有者则以机构为主,约占 90%,机构投资者主要包括退休基金、共同基金、银行、保险公司、中央银行以及主权基金等,个人持有量仅占 10%,也就是说普通老百姓持有的并不多。所以,一旦美国爆发主权债务危机,受冲击的不仅包括美国国内的机构,还包括国际社会。② 从而引起国际社会的警惕,促使国际社会,包括美国国内的一些机构(比如金融危机爆发后,美国银行业的"惜贷"现象就十分严重)对美债危机的发展持谨慎的观望态度,对美国政府的进一步融资计划不买账,甚至提前抛出部分美国政府债券,以求减少预期损失。

7)政党分歧严重

应该说,作为世界上经济总量最大的国家,美国政府税源充足,本不应该出现债务危机。但是由于政客们代表不同的利益集团,为讨好特定选民,作出过多的减税、增支承诺,从而导致美国债务不断上升。美国是实施行政、立法、司法"三权"分立的国家,在三权分立的宪政体制下,代表行政的总统可以提出预算方案,但是代表立法的国会掌握着财政大权,任何预算最终必须经过国会批准才能生效。然而,由于总统和国会在选举方式、选民基础和任期长短上不一样,结果有可能总统属于一个政党,而国会参众两院同时由另外一个政党控制,这就容易形成"府院之争"。还有一种情形就是另外一个政党只控制了国会的众议院或参议院,结果是不仅国会有"两院之争",白宫与国会之间还有"府院之争"。比如,奥巴马执政的美国政府就处于这样一种双重纠结状态:民主党控制白宫和参议院,而共和党控制众议院。由于党派不一样,选民基础、意识形态和政策纲领就会不一样,而党派政治必然又会影响政府决策。这样就不难理解在国会和总统分属两党时,国债余额

① 张婷. 美债危机与欧债危机的区别及前景分析[J]. 现代经济信息,2012(10):3.

② 戴金平,邓郁凡. 美债危机的实质、影响与中国对策[J]. 高校理论战线,2012-1:33.

上限问题往往成为政治博弈的筹码。[①] 比如2013年10月美国民主、共和两党围绕国债的纷争就包括三大内容：本次债务上限提高的金额；减少未来10年赤字的方式；哪些部门减支。正是由于在这些问题上分歧巨大，达不成协议，最终导致谈判破裂，引发主权债务危机。尤其是两党最后时刻才达成共识，打破了美债上限在债务到期日前较长时间就会上调的常规预期，没有给市场充分消化的时间，最后时刻才揭晓谜底的做法引发了投资者恐慌情绪的蔓延。[②]

3.2.2.2 美债危机的外因

1）经济规律使然

中国学者戴金平等认为，2008年以来的美国金融和经济危机是资本主义发展到国家垄断资本主义，并由国家垄断资本主义向国际金融垄断资本主义过渡过程中必然发生的危机。而美债危机作为2008年美国金融和经济危机的深化和发展，则是国家垄断资本主义向国际金融垄断资本主义过渡中断后再次深入渗透美国经济体系、发挥重大经济调节作用的必然结果。马克思主义关于资本主义经济危机必然性的理论认为，资本主义发生经济危机的根源在于资本主义的基本矛盾，即生产的社会化趋势与生产资料私人占有之间的矛盾。20世纪30年代大危机的发生实现了自由资本主义向国家垄断资本主义的过渡，也导致了国家垄断资本主义的经济理论代表——凯恩斯主义的盛行。凯恩斯主义理论指导的国家垄断资本主义的盛行，带来了20世纪60年代和70年代美国资本主义的滞胀危机。而这期的滞胀危机比历史上任何一次危机都更持久，表明资本主义经济危机的不可逆转性。滞胀危机促使国家垄断资本主义向国际金融垄断资本主义过渡，而经济全球化和金融资本全球化则有助于美国资本主义走出滞胀危机，但是由于没有解决生产的社会化和生产资料私人占有之间的基本矛盾，资本主义经济全球化孕育着下一次更猛烈的危机。凯恩斯主义指导的国家垄断资本主义危机救助行为虽在短期解决了流动性危机、需求不足危机、金融混乱的问题，但与此同时国家垄断资本主义的肆意张扬则会使金融危机迅速延伸为政府债务危机，美债危机便是如此。[③]

2）强势货币溢出效益的连带效应

所谓强势货币的溢出效益是指一种可被广泛接受的主币的发行国通过发行该种强势货币从本国之外获得的铸币税。而美国之所以会步入债务危机，在相当程度上是受强势货币的溢出效益所驱使。这是因为，一方面，美国作为唯一强势国际货币——美元的发行国，在布雷顿森林货币体系存续期间，它通过以固定比价与黄金挂钩的方式保证了其唯一的国际货币地位。而在布雷顿森林体系解体之后，美国又转而通过长期贸易逆差和充当债务国的方式，以保证美元的唯一国际货币地位。在这种情况下，美元就必须要从美国尽可能流出。而当其他国家持有大量美元又需选择较为安全的投资模式时，由于在大萧条和历次经济危机中美国的信用从未受影响，因而美国国债自然成为全球绝大多数投资者

---

① 孟春，高伟．美国爆发债务危机的根源、影响及应对建议[J]．经济研究参考．2012(1)：58-61.

② 王琳璘，张磊．美债危机的成因、影响及我国未来的经济政策走势分析[J]．商业经济，2011(20)：1-2.

③ 戴金平，邓郁凡．美债危机的实质、影响与中国对策[J]．高校理论战线，2012-1：33.

的必然选择。① 这就不难理解为什么即使2011年4月18日标普公司将美国的长期主权债券评级由3A降为2A+，美国政府债券仍属于零风险债券。同样不难理解为什么自2008年金融海啸以后，虽然美元的国际地位不断下降，但仍然是国际货币流通的主要币种，因此美国仍然可以利用美元的霸权地位获得强势货币的溢出效益；另一方面，其他购买美国国债的国家也在"美元陷阱"的作用影响下被迫起了一定程度的支撑作用。这是因为美国作为世界第一强国，无论是政治军事力量还是经济实力在国际上都是首屈一指的。并且，从总体上来看，美国一直以来的信用记录也是相对较好的。所以，很多国家愿意购买美国政府发行的债券，以此作为自身外汇资产的保值增值手段，这也从一定程度上鼓励了其国债的过度发行。② 从这一角度来看，中国用外汇储备不断购买美国政府债券的情况就比较能说明问题。

比如，中国在20世纪50年代初，因生产力水平较低，需不断投入资本进行恢复性生产及促进生产力水平的提高，但当时资金匮乏，外汇储备极低。③ 在20世纪80年代改革开放之前，外汇储备最低的1973年为负的8 000多万美元，最高的1977年也仅为10亿美元，直到改革开放后的1985年，外汇储备达到了119.13亿美元。但从整体看，这一阶段中国仍然缺少外汇储备，同时对美国的金融市场也极不熟悉，因此没有购买美债。随着中国的外汇储备的不断增加，以及外汇储备资产对于安全性等方面的考虑，从1985年起中国开始购买美债，但初始阶段购买数额较少，并且以短期投资为目的，买入美债后不久即会选择进行交易。

从1994年开始到1999年，中国对美债的购买数量开始大幅度增加，大多数月份的购买数量都达10亿美元以上，但总体数额仍不高。但从2000年开始，中国对美债的购买数量大幅度增加，并于2008年9月美债持有量首次超过日本，成为美国政府的最大债权人。表3-8为2000—2011年的十余年间，始终位列于美债持有国前二名的中国与日本美债持有量的对比情况。

表3-8　中国持有美债比例及与日本持有量的对比　　单位：亿美元

时间	美债发行总额	中国美债持有额	日本美债持有额	中国占美债持有额比例
2000	56 221	603	3 177	1.10%
2001	58 075	786	3 179	1.30%
2002	62 282	1 184	3 781	2.00%
2003	67 832	1 590	5 508	2.30%
2004	75 961	2 229	6 899	2.90%
2005	81 704	3 109	6 690	3.80%
2006	86 802	3 980	6 227	4.60%
2007	92 292	4 776	5 812	5.20%

① 孙杨．美债危机对中国的影响及应对措施[J]．西南民族大学学报(人文社会科学版)．2011 (12)：137-138.

② 宋玥．论美债危机及其影响[J]．经济研究导刊，No.35，2011：135-136.

③ 外汇储备(Foreign Exchange Reserve)，又称为外汇存底，是指一国政府对其所持有的国际储备资产中的外汇部分，即一国政府保有的以外币表示的债权部分。

续上表

时间	美债发行总额	中国美债持有额	日本美债持有额	中国占美债持有额比例
2008	101 200	7 274	6 260	7. 20%
2009	123 113	8 948	7 657	7. 27%
2010	140 252	11 601	8 823	8. 27%
2011. 6	143 431	11 655	9 110	8. 13%
2013. 11	—	131 700	118 600	—

资料来源：①根据 http：/ /www. treasurydirect. gov/govt/reports 相关资料汇总所得。转引自：孙杨．美债危机对中国的影响及应对措施[J]．西南民族大学学报(人文社会科学版)，2011 (12)：137-138. ②美官方数据提前泄露：中国去年十一月持美债创新高[N]．参考消息，2014-1-17(5 版).

从表 3 – 8 的数据中可以看出，从 2000 年开始，中国对美债的持有量不断攀升。2008 年，即使在美国爆发金融危机，中国的企业生产特别是出口导向型企业遭受重创、外汇储备积累不断下滑的情况下，中国仍没有减少对美债的购买，并于 2008 年 9 月以 6 182亿美元的美债持有额首次超过日本的 6 175 亿美元，成为美国最大的债权国。当年年底，中国持有美债占美债发行总额的 7. 2% ，与 2006 年相比上升了 2. 6 个百分点。之后中国对美债的持有继续攀升，截止到 2011 年 6 月达到 11 655 亿美元，占总额的 8. 13% 。而此时美债发行额已上升至 14. 34 万亿美元，已超过当时国会批准的法定债务上 14. 29 万亿美元。①

应该说，任何经济主体获得强势货币溢出效益的反面，就是对其他经济主体造成的负面溢出效应。如果一个主体有所得，那么相对应的其他主体必有所失。同样以中国的外汇储备为例，2012 年 12 月中国拥有的外汇储备高达 3. 31 万亿美元。在这些资产中，70% 以上为美元资产。作为美债最大的债权国，一旦美债降级，美元估值下跌，则中国以美元为主的外汇资产必然缩水。据此推测，中国投资美国国债的账面减值将达 20% ~ 30% ，如按美国财政部公布的中国对美债 1. 165 5 万亿美元的持有量计算，这将涉及 3 000 亿美元左右的外汇资产浮亏。② 而截至 2013 年 11 月，中国又增持美债 122 亿美元，至创纪录的 1. 317 万亿美元。③ 同年 12 月底，外汇储备更达到 3. 82 万亿美元，外汇资产浮亏的量将更大。④

我们知道在国际贸易中，财富和货币的流向是相反的，即货币出去财富进来，反之，财富出去货币进来。也就是说，一旦中国持有的外汇美元资产损失 3 000 亿美元，那就意味着 3 000 亿美元等量的财富即变成被美国无偿占有。此外，更为两难的是，由于美债危机必然导致美元持续贬值，美元走软又会造成外汇储备实际购买力的下降，致使中国通过连年的贸易顺差累积起来的美元外汇资产随之遭到价值流失。而中国央行如果为维护本国的经济利

① 孙杨．美债危机对中国的影响及应对措施[N]．西南民族大学学报(人文社会科学版)，2011(12)：137-138.

② 范晶晶．美债危机对中国经济的影响研究及政策建议[J]．时代金融，NO. 9，2011：188.

③ 美官方数据提前泄露：中国去年十一月持美债创新高[J]．参考消息，2014-1-17(5).

④ 瑞士新苏黎世报 1 月 26 日：货币储备增长过于强劲[N]．参考消息，2014-1-28(5).

益,入市干预反而又会掉入"美元陷阱"。[①] 或许这种局面的出现,美国可能很早就预见到,并且可能这种结果本身就是美国想要的,正如1971年美国时任财长约翰·康纳利(John Connally)对法国时任总统戴高乐(Charles de Gaulle)批评美元不负责任的做法时反唇相讥的那样:"我们的货币,你们的问题"。[②]

而从理论上说,美国是一个享有无限信用额度的国家,可以随心所欲地举债。债务增加时,可以通过发新债偿旧债,或由央行直接购买政府债券解决。这样美国债务规模就越滚越大。同时美国政府在大量印制美钞的同时,似乎有意识地要让美元贬值,以将债务转移至其他国家。根据相关测算,如果美国通胀年率达到6%,只要经过四年,美国的国债余额/GDP比就可以下降20%。另外,美国依靠的是一个资源配置效率极高的自由市场体系,以调动或配置世界上的资源,并使其他国家对其产生严重的经济、金融依赖。不仅在不必担心其国际收支状况和汇率水平的情况下可以为所欲为地使用货币政策来实现国内经济目标,而且美国强大的金融市场保证了美元资金回流,使得世界各国在国际贸易方面不得不依附于美国,以此来维持一种不均衡的经济体系来占有世界的资源、商品和财富。[③] 同时,反过来看,受美债危机所带来的全球市场财富缩水、购买力下降、美元贬值趋势加强等因素影响,那些对美出口贸易占比较大的国家,比如中国、韩国的一些对美出口产品(如纺织品、服装等)的出口增速受到抑制的因素将再度被加码。因为美国资产价格下跌将直接冲击美国消费者的信心,一旦陷入低迷,美国经济复苏的进程将会大幅放缓,从而打击中韩纺织品服装对美市场的出口。[④] 然而,美债危机带来的更为严重后果是,国际大宗商品的金融属性越来越明显,其风险转移、价格波动日趋激烈。特别是当股票市场波动、美元贬值、经济低迷等情况出现时,国际大宗商品市场便成了资金的"避风港",其自身的保值性和增值性更使得该市场成为机构和个人投机者热捧的对象。因此,过剩的流动性并未进入到实体经济中进行投资,而是有相当大一部分进入了国际大宗商品进行投机,特别是涌入原油、大豆等资源型产品市场和部分农产品市场,从而推高其价格。[⑤] 简而言之,美债危机发生的深层原因还在于长期以来美国为获得强势货币的溢出效益而对铸币税权的滥用及其产生的连带效应。

3.2.3 美债危机的应对

从历史上看,美国针对债务危机处理方面的财政政策已经历过五次考验,分别在独立时期、1812年美英战争时期、内战期间及之后、一战期间和二战期间。1917年出台国债上限的根本原因也在于对政府的融资额度做出限制,防止政府随意发行国债以应对增加开支的需要,避免出现债务膨胀后"资不抵债"的恶果。而一旦联邦政府债务总额接近法定上限,美国财政部则必须采取非寻常措施来满足承担的义务。[⑥] 一般而言,针对债务危机,

① 陈晶,等. 美债危机下的我国外汇储备风险应对策略探究[J]. 中国新技术新产品,NO. 20,2011:224.

② 刘刚,吴迪. 从中美经济相互依存看我国高额外汇储备管理[J]. 吉林金融研究,2012(6):8.

③ 龚勇. 关于美债危机的思考[J]. 经营管理者,2011(22):89.

④ 李敏. 当前美债危机对我国纺织品服装贸易的影响[J]. 山西财经大学学报,2011-11:116.

⑤ 李禹成,等. 美国债务问题与中国通货膨胀研究分析[J]. 现代商贸工业,2012(1):97.

⑥ 孙时联. 美国债务上限的由来及发展趋势[J]. 理论参考,2011(10):2.

美国联邦政府可用的对策包括财政增收（对富裕阶层征税）、财政节支（改革社保及医疗开支）、债务货币化（美联储购买及通胀）、债务金融化（债务重组）、变现资产（出售政府持有的各类资产）等。① 而针对2011年以来债务危机所采取的具体措施则包括提高债务上限、减少开支、增加税收以及债务货币化（实行货币宽松政策）、在市场上再融资等，具体表现如下：

1）提高债务上限

提高债务上限，以获得及时的资金注入是美国政府避免债务违约的最便捷手段。比如，针对2011年的债务危机，美国的做法是促使国会同意将债务上限提高了2.1万亿美元，以满足美国直至2013年的需要，以此避免了债务违约情况的出现。奥巴马在2011年7月31日对此评论说："两院的两党领袖已就削减赤字和避免违约的协议达成一致。这一妥协朝着我们所需要的赤字削减迈出了重要的第一步。最重要的是，它将让我们避免违约。"②而针对2013年5月美债余额实际上已超过14.29万亿美元的债务余额上限，在2013年10月15日前，美债上限须上调至16.7万亿美元，否则难免债务违约的风险时，美国国会通过的法案内容是将持续为政府注入运营资金至2014年1月15日，并将举债上限的最后期限推迟至2014年2月7日。而2014年2月12日，美国国会再次无条件通过提高联邦政府债务上限17.2万亿美元至2015年3月15日的法案。③ 也就是说，提高债务上限成了首要手段。

2）在市场上再融资

在美债危机成为世界经济焦点之际，美国也曾酝酿和尝试在市场上再融资，以尽可能降低美债危机的消极影响。比如，2011年8月4日，美国财政部宣布"将拍卖三年期国债320亿美元、10年期国债240亿美元及30年期国债160亿美元；进行季度再融资720亿美元，募集476亿美元现金，再融资244亿美元到期证券。"并暗示有可能再次利用拍卖国债的方式来缓解债务危机。④ 由此可见，在市场上再融资无疑是一种既可以避开国会对债务上限规定的制约，又可以在短期内融通少量资金的有效应急办法。

3）减少开支与增加税收

美国债务问题由来已久。从发展趋势看，人们很难对美债前景抱以乐观态度。这是因为一方面，美国财政减支和减赤的空间非常有限。比如，2011年度，美国政府支出的最大项目依次为，社保和医保（33.5%）、国防（20.1%）和债务利息支付（5.7%）。政府收入（相当于支出的64%）仅能勉强支撑这些必需项目（59.3%），而能够被削弱的仅仅是海外援助（不到1%）以及包括农业补贴在内的所有农业项目（1%）。⑤ 针对2011年的债务危机，美国政府在获得将债务上限提高2.1万亿美元授权的同时，允诺在未来10年内削减2.4万亿美元政府赤字。但问题是，美国政府每每在究竟如何减少开支与增加税收的问题

---

① 张岸元，李世刚．关于美债危机相关问题的几个观点[J]．中国物价，2011-9：50-51.

② 宋玥．论美债危机及其影响[J]．经济研究导刊，No. 35，2011：135-136.

③ 刘劼，樊宇．美国国会通过无条件提高债务上限法案．新华网，2014-2-13.

④ 宋玥．论美债危机及其影响[J]．经济研究导刊，No. 35，2011：135-136.

⑤ 周景彤．美债危机：树欲静而风不止[J]．中国金融，2011(16)：50.

上，一直内部争论不休，相互掣肘不断。这也与美国两党政治的制度有关。具体来说，当联邦政府债务接近该上限时，美国政府就必须和国会达成协议以提高上限。但国债上限的提高通常伴随附加条件，此时占据国会多数席位的党派就可以向政府施压，以贯彻自身的政治意图。因为从传统上来讲，在政治谱系上，美国民主党是中间偏左的，他们重视平民阶层的利益，并寻求通过建立一个"大政府"来保障平民阶层的利益。从财政收支方面来看，他们重视教育、医疗与社会保障等公共产品的供给，并号召通过"劫富济贫"式的税收体系来为财政支出融资。相比之下，美国共和党是中间偏右的。他们更加信奉自由市场的作用，认为政府应该仅仅扮演市场经济"守夜人"的角色，过度增税与过于优厚的社会福利会挫伤美国人的劳动积极性与创造力，因此应该通过削减财政支出来压缩政府规模。由于2011 年以及2013 年的债务危机都处在民主党控制美国政府与参议院，而共和党则在众议院占据多数席位之际。这就营造了两党在联邦债务问题上陷入僵局的环境。事实上，两党人士都承认，当时居高不下的财政赤字与政府债务未来将难以为继，必须通过努力降低财政赤字与政府债务的规模。但争论的焦点在于究竟通过何种方式来压缩财政赤字。民主党认为应该通过增税尤其是增加对富裕阶层的税收来平衡财政预算，他们反对大规模削减财政支出，尤其是养老与医疗方面的支出。与之针锋相对的是，共和党反对任何形式的增税，声称必须通过削减财政支出来平衡预算。而在社会保障、老年人医保与低收入阶层医保等方面的应享权益支出，恰恰是美国财政赤字居高不下的主要因素，必须予以削减。而与此同时，在美国次贷危机爆发后突然崛起的茶党，更是成为国债问题的搅局者。作为政治谱系的极右方，他们反对任何企图扩大政府角色及影响力的努力，并不惜以牺牲美国经济复苏为代价。但最终无论如何，为避免党派纷争损害国家利益，各党议员最后还是会就如何减少开支与增加税收达成妥协。[①] 比如，2011 年8 月达成的美债框架协议就包括在未来 10 年内削减4 万亿美元财政赤字的内容，其中 3 万亿美元以削减财政支出的方式实现，另外 1 万亿美元以征税的方式实现。特别是其中的一个初步协议，确定了可以立即实施的 5 000 亿美元赤字削减方案，它包括冻结国会薪资、出售未使用的联邦房产、废止 2010 年美国医疗改革提出的长期医护保险等。[②]

4）实行货币宽松政策

提高债务上限的潜在代价，就是美国通货膨胀的长期化。比如中国学者曹远征认为："美国通过借债开动印钞机，向市场上大量供应美元，只要美联储印钞机一直转，美国国债信用就不会崩溃。但问题是，这样做最终会使美元购买力不断下降，金价从 35 美元/盎司涨至目前的 1 600 多美元/盎司，就是美元购买力下降的重要体现。"而对这种显而易见的风险，美国有识人士也有同感。比如，美国前审计长、智库机构 "唤回美国计划"负责人华克（David Walker） 2011 年 8 月 4 日针对国会批准提高债务上限后说："我们还没脱离债务危机。尽管我们永远不会违约，因为我们可以印出钞票。但与此同时，利率将大幅上升，货币风险很大，随着时间的流逝，通胀风险也会越来越高。"[③]果不其然，2012 年 9 月 13 日

---

① 何劲松．变美债危机为中国发展契机[J]．时代金融．2011(9)：187.

② 张明．美债危机背后的政治博弈[J]．理论参考，2011-10：36-37.

③ 傅美政．从美债危机看中国外汇储备问题[J]．经济论坛，2011-9：25.

美联储宣布，为了刺激经济复苏和就业增长，美联储决定推出第三轮量化宽松（QE3），V主要包括如下举措：(1)每月新增购买400亿美元抵押贷款支持债券（MBS）。(2)继续实施利率扭曲操作，以压低长期利率。(3)继续将所持联邦机构发行债券的到期本金收入，重新用于购买联邦机构新发行债券。(4)只要就业市场没有充分好转（未确定具体指标），美联储就将持续实施上述政策措施。(5)将零利率（0% ~0.25%）政策延长至2015年中。① 由此不难看出，美联储将到期资金投资于期限更长的国债，从而可以压低长期利率，而将零利率政策延长，则可以降低商业银行存款准备金利率水平，活化现有商业银行巨额超储，既可以刺激银行信贷，又可以压低短期利率。而对美国政府而言，延长国债平均持有期，可在相当程度上减轻财政部的短期还款压力，以解债务危机之急；同时，刺激投资者持有风险资产，还有利于压低收益率曲线，在长远上有利于刺激实体经济。② 总的来看，奥巴马政府推出的第三次量化宽松的货币政策，额度大约在7 000亿美元左右，虽帮助美国度过了困难期，却向全世界转嫁了危机。

5)其他措施

奥巴马政府应对美债危机采取的其他措施包括：(1)刺激经济。2011年为支持就业，美国政府拿出4 470亿美元用于恢复经济，为社会提供更多的就业岗位，以平民怨，其中减税额度为2 400亿美元。(2)对国债进行“卖短买长”操作。2011年卖出短期债转为长期债，总额度为4 000亿美元，延长美国政府使用其他国家债权的期限。③ (3)逐步收回救市资金。至2011年，美国政府在2008年金融海啸中投入的救市资金（约1.7万亿美元）中还有相当部分在各大银行和企业里“钱生钱”，逐渐收回后对政府是一笔不菲的财政收入。因为早在2009年12月24日美国财政部就曾宣布，问题资产救助计划（TARP）已带来至少160亿美元的收益。④ (4)政府非核心部门关门以节省支出。比如，2013年9月30日午夜前，共和党占优的众院在48小时内3次通过临时拨款议案，却全部在民主党控制的参院碰壁，原因是这些议案都禁止给奥巴马医改方案拨款或要求医改延迟实行。在“大限”前大约10分钟，白宫通知各政府部门，准备按预案“有序关门”。据报道，在此后的16天里，大约100万联邦雇员被迫无薪休假或延迟领薪。总统行政办公室雇员中，大约1 200人放假，430人上班，其中15人只能为白宫提供“最低限度支持”。司法部11.4万雇员中，大约1.8万人被迫休假。此外，多座国家公园以及华盛顿多处景点在内的许多旅游场所和公共设施停止开放，包括黄石国家公园、史密森学会下属各博物馆、林肯纪念堂、国会图书馆、自由女神像等。⑤

---

① 新浪．美联储推出QE3每月额度400亿美元[J]．证券之星，2012-9-14.

② 张岸元，李世刚．关于美债危机相关问题的几个观点[J]．中国物价，2011-9：50-51.

③ 陈永昌．美债危机带来的反思和启示[J]．北方经贸，2011(11)：2.

④ 中国需制定美债危机综合性应对方略[J]．财经界，2011-10：67.

⑤ 美国政府非核心部门关门[N]．绍兴晚报，2013-10-2.

3.3 欧洲债务危机的成因及应对

3.3.1 欧债危机的基本概况

欧债危机即欧元区主权债务危机，是指在2008年金融危机发生后，希腊等欧盟国家所发生的债务危机。所谓主权债务是指一国以自己的主权为担保向世界银行(WBG)、IMF以及其他国家所借的债务。随着某国债务比重大幅度增加，当它无力以其主权作为报酬偿付其债务，以致出现主权违约时，就会发生主权债务危机。而从这次欧债危机的前因后果来看，其爆发与此前发生的美国次贷危机(或称金融危机)又有相当程度的关联。[①] 这是因为：第一，为应对美国金融危机，世界各国都普遍采取了货币与财政双宽松的刺激政策，这在一定时期内有效地抑制了全球经济的下滑。[②] 但同时，由于许多债务国的财政收支状况持续恶化，并依靠举债运作和刺激经济，从而使其债务负担积重难返并屡破新高。尤其是在全球金融危机逐渐扩散、债务风险逐渐升高之际，一些欧洲国家由于受本身实体经济衰落、人口结构逐渐老龄化等因素的影响，债务负担极其沉重，财政状况雪上加霜。正是在这样的背景下，由希腊引发并扩大到欧元区的债务危机既偶然又必然地爆发了。[③] 第二，在2008年9月，以雷曼兄弟公司宣布破产为标志，表明美国金融危机升级，金融海啸已达到空前高潮。随即，欧洲也拉响了国家主权债务问题的警报。具体表现在，继欧美大型金融机构落难后，北欧小国——冰岛的国民经济和银行一同卷入金融危机漩涡，整个国家濒临破产，从而成了被美国次贷危机掀起的金融风暴刮倒的第一个主权国家。随后"多米诺骨牌效应"显现，以匈牙利、罗马尼亚和波罗的海沿岸国家为代表的中东欧多国主权信用评级遭到下调，外债压力骤升，货币全面贬值，股价跳水，银行相继倒闭。只是由于这些国家多为欧洲"边缘国家"，经济影响力较小，危机救助及时，其主权债务问题才未突显出来。而2009年12月爆发的希腊主权债务危机则正式拉开了此次欧债危机的序幕。[④] 严格来说，欧债危机的发生直至作者撰写本书时尚未结束，但大致可以分为四个阶段。

3.3.1.1 欧债危机的第一阶段

2009年10月，希腊新任首相乔治·帕潘德里欧(Georgios Papandreou)宣布，其前任隐瞒了大量的财政赤字，随即引发市场恐慌。11月，希腊新政府正式公布了上届政府掩盖了的真实财政状况，随即宣布将财政赤字由预期的6%上调至12.7%，这大大超过欧盟《稳定与增长公约》规定的3%的上限。消息披露后，惠誉、标普与穆迪等信用评级机构相继迅速下调了希腊主权债务评级：12月8日惠誉首先将希腊信贷评级由A-下调至BBB+，前景展望为负面。受此打击，12月15日，希腊原为筹集部分资金需发售的20亿欧元国

---

① 现代历史上比较有影响的主权债务违约有：20世纪90年代阿根廷主权债务事件和2009年11月发生的迪拜主权债务事件。参见：南昌大学MPA中心联合课题组．欧债危机对中国的影响及治理对策研究——以中国出口贸易为例[J]．市场经济与价格，2012(7)：26.

② 周逢民．欧债危机成因及对我国的启示[J]．哈尔滨金融学院学报，2012-2(2)：1-4.

③ 冯永华．欧债危机的演化及应对策略[J]．未来与发展，2012(1)：21-22.

④ 景维民，杨恒．欧债危机对中国经济转型与发展的影响及启示．[J] 河北经贸大学学报，2012-7：9-10.

债，被迫将债券利率从当时欧债市场上通行的5.197%提高了250个基点。12月16日标普也将希腊的长期主权信用评级由“A－”下调为“BBB＋”，紧接着12月22日穆迪宣布将希腊主权评级从A1下调到A2，评级展望为负面。受此接连打击，投资者开始抛售希腊国债，并造成了爱尔兰、葡萄牙、西班牙等国的主权债券收益率也大幅上升，出现再融资困难。此后，随着事态的发展，欧洲其他一些国家也开始陷入危机，包括比利时等一直被外界认为较稳健的国家及经济实力较强的西班牙，都预报了在未来三年预算赤字可能居高不下的窘状，至此整个欧元区都开始受到债务危机的困扰。截至2009年底，欧洲金融机构持有共计10万亿美元的欧洲债券，其中，1.8万亿美元来自希腊、葡萄牙、爱尔兰、意大利和西班牙（简称PIIGS国家，本书称为有问题债务国）；法国、德国、英国和日本金融机构持有的欧洲债券也均在1万亿美元以上。[①]

危机随后蔓延到爱尔兰、葡萄牙、西班牙和比利时。2010年1月11日穆迪警告西班牙若不采取有效措施控制赤字将调降该国债信评级。因为其当年的财政赤字约占GDP的9.1%，而西班牙是欧元区第四大经济体。2010年2月4日西班牙财政部称，西班牙2010年整体公共预算赤字恐将占GDP的9.8%，从而引发西班牙市场惶恐，次日西班牙股市急跌6%，创下15个月以来最大跌幅。同年2月4日德国预计2010年预算赤字占GDP的5.5%。2月9日欧元空头头寸增至80亿美元，创历史最高纪录。2月10日巴克莱资本（Barclays Capital）表示，美国银行业在希腊、爱尔兰、葡萄牙及西班牙的风险敞口达1 760亿美元，从而引发市场进一步恐慌。面对主权债务即将违约的形势，2010年4月23日，希腊正式向欧盟与IMF申请援助。4月27日，标普在希腊政府公布高于预期的预算赤字后，更将其债务评级从BBB＋降到了BB＋，即正常情况下根本得不到融资的垃圾级。[②] 为阻止欧元汇率继续下滑，5月2日欧元区各成员国财长和IMF同意向希腊提供总额为1 100亿欧元的救助贷款。但作为获得贷款的交换条件，希腊政府承诺采取更为严厉的政府赤字削减措施，降低当时政府赤字占据国民生产总值近14%的高债务水平。至5月10日，由于希腊财政部长称，希腊在5月19日之前需要约90亿欧元资金渡过危机，于是欧盟成员国的财政部长于10日凌晨达成了一项总额高达7 500亿欧元的稳定机制（European stabilization mechanism to safeguard euro），以避免危机蔓延，其中IMF将提供2 500亿欧元资金救助希腊。稳定机制很快发挥作用，正如希腊财政部5月17日宣称的那样，参与希腊救助机制的IMF已经于上周向希腊提供55亿欧元的第一笔救助贷款。这笔贷款可以完全满足希腊政府5—6月期间的支出需求。而在5月19日支付给金融市场85亿欧元后，希腊政府仍需面对的支出为2011年3月，三年期国债支付项目，其支付总额为86亿欧元。5月18日欧盟发言人阿马德·阿塔法吉（Amadeu Altafaj）在布鲁塞尔称，欧盟已经于当日向希腊提供第一笔总额为145亿欧元的紧急救助贷款，这使得希腊可以完全有能力支付金融市场中5月19日到期的85亿欧元国债，避免发生政府违约事件。[③]

---

① 张明，郑英，敬云川．欧债危机的现状评估、政策选择与演进前景［R］．中国社会科学院世界经济与政治研究所国际金融研究中心研究报告，2012W02：4-7，14-17.

② 周逢民．欧债危机成因及对我国的启示［J］．哈尔滨金融学院学报，2012-2（2）：1-4.

③ 欧盟已向希腊提供第一笔145亿欧元救助贷款．腾讯财经，2010-5-18.

9 月 7 日欧元区财长又批准为希腊提供第二笔贷款，总额为 65 亿欧元。但时隔不久，9 月 30 日穆迪宣布将西班牙主权债务评级从最高的“Aaa”级下调至 Aa1 级。而早在同年的 4 月、5 月，西班牙已经先后失去另外两家国际评级机构，即标普公司和惠誉国际信用评级有限公司的“3A”主权评级。

3.3.1.2　欧债危机的第二阶段

这厢火刚灭那厢火又起。2010 年 11 月 24 日标普宣布将爱尔兰长期主权债务评级从“AA -”调降至“A”，短期评级由“A-1 +”调降至“A-1”。同时标普称，将该国短期和长期债信评级纳入负面观察名单。不难理解，以爱尔兰为代表的第二轮欧元区主权债务危机再度引发了市场的动荡和恐慌，因为多重的债务危机已使国际社会对欧盟国家的信誉和偿债能力的信任度锐减。一些机构也下调了欧盟的信誉等级，特别是一些国家纷纷减持和抛售相关国家的国债或买入信用违约掉期（CDS：Credit Default Swap，或称信用违约互换）以对冲违约风险。但投资者越是抛售欧元区国家的国债，危机国的国债利率就越是不断攀升，从而导致了债务危机的进一步恶化。其中欧洲金融市场的相关数据就显露了市场的普遍担忧和恐慌情绪。2010 年 11 月10 日，爱尔兰国债收益率升至欧元诞生以来的最高水平，10 年期的爱尔兰国债较德国国债收益率之差扩大至 652 个基点，葡萄牙 10 年期国债也上涨 484 个基点。11 月 24 日，西班牙 5 年期主权 CDS 费率扩大 10 个基点，涨至 312 个基点；葡萄牙主权 CDS 费率扩大 21 个基点，涨至 510 个基点；比利时主权 CDS 费率扩大7 个基点，涨至 155 个基点；爱尔兰主权 CDS 费率扩大 16 个基点，涨至 595 个基点。过高的市场融资成本不仅加重了危机国的财政负担，也使国内企业的融资成本随之上升，导致实体经济出现融资困境，而企业的紧缩效应又进一步传导给金融机构和政府，最终使欧元区主权债务危机陷入一种恶性循环当中，唯有通过寻求外部援助方能缓解债务危机。[①]

2010 年 11 月 29 日，欧盟各国政府向爱尔兰提供了 850 亿欧元（约合 1 130 亿美元）的援助贷款，同时还就有关强迫债券持有人承担未来援救成本的提案达成了妥协，希望借此消除市场上的混乱状况。[②] 但不可逆的现象是，随着爱尔兰债务危机的爆发，虽然欧盟和 IMF 对希腊和爱尔兰都进行了救助，还专门制订了“欧洲金融稳定安排”，但市场仍然对欧洲主权债务危机的进一步发展持悲观态度，从而又导致葡萄牙、西班牙和意大利等国的国债收益率大幅上升。对此，葡萄牙、西班牙等国政府均表示，如果国债收益率持续高位，他们极有可能因融资困难而步希腊和爱尔兰的后尘，向 IMF 和欧盟申请援助。[③] 与此同时，希腊的债务危机烽烟又起。2011 年 1 月 14 日惠誉下调希腊主权信贷评级由 BBB - 级下调至 BB + 级，评级展望为负面。3 月 7 日穆迪将希腊国债评级从“Ba1”下调至“B1”，评级前景为负面。3 月 29 日标普将希腊主权信用评级由“BB +”下调至“BB -”。

2011 年 3 月 10 日穆迪再次将西班牙主权债务评级下调一档，即从 Aa1 级至 Aa2 级，前景展望设为负面。穆迪在一份声明中说，之所以下调西班牙主权债务评级，是因为担心大规模银行重组方案会使西班牙政府负担过重，“最终可能超出政府预期，增加公共债务

① 宋学红．欧债危机对欧盟经济的影响与启示[J]．经济纵横，2012(4)：96-99.

② 文武．爱尔兰获得 1 130 亿美元援助市场压力未能缓解．新浪财经，2010-11-29.

③ 冯永华．欧债危机的演化及应对策略[J]．未来与发展，2012(1)：21-22.

占国内生产总值的比重”。声明还说，考虑到西班牙中央政府对地方政府财政的控制有限，“中央政府实现可持续、结构性财政改善的能力令人担忧”。①

2011 年 4 月 5 日，穆迪宣布将葡萄牙的长期主权信用评级从 A3 下调一级至 Baa1 级，并表示将视葡萄牙获得中期融资的能力来决定是否进一步下调对其评级。同年 4 月 6 日上午，葡萄牙财政部标售了超过 10 亿欧元的半年期和 1 年期短期国债，但其预期收益率较上次标售同类型债券显著增长，其中半年期国债的预期收益率甚至翻了一番，成本大大高于向欧盟和 IMF 申请金融援助需要支付的利息。其 5 年期国债的预期收益率甚至一度突破了 10% 的门槛。4 月 6 日当日，穆迪再次下调葡萄牙 7 家银行的信用评级。而另据统计，当年 4—6 月，葡萄牙大约需要支付 95 亿欧元的到期债务，葡萄牙急需获得资金。通过市场融资已经不现实，向欧盟和 IMF 申请援助虽然代价不菲，但却是唯一的途径。也就是在 4 月 6 日同日，葡萄牙看守政府总理苏格拉底宣布，将向欧盟申请金融援助。当日晚，欧盟委员会发表声明证实，苏格拉底已经向欧盟委员会主席巴罗佐提出金融援助请求。至此，葡萄牙成为继希腊和爱尔兰之后第三个申请金融救助的欧元区国家。② 5 月 6 日，葡萄牙在关键的大选前成功敲定了与 IMF、欧盟以及欧洲央行的援助协议，协议规定葡萄牙将在 3 年内获得 780 亿欧元（约 1 160 亿美元）的金融援助，其中，IMF 负责提供 260 亿欧元。③ 而在欧盟决定对葡萄牙援助方案的规模之后，欧元区国家为对抗债务危机所需要的紧急贷款项目总额已经达到了 2 560 亿欧元。④

3. 3. 1. 3 欧债危机的第三阶段

2011 年 5 月 21 日，标普将意大利的债务评级前景下调至负面；24 日，惠誉将比利时评级前景下调至负面，同年 6 月，意大利政府债务问题使危机再度升级。而在欧债危机的发展进程中，随着产生危机国家的增多、问题的相继浮现以及评级机构不时调降主权信用，整个欧盟都受到债务危机的困扰，欧元汇率大幅下跌，欧洲股市暴挫，欧元区面临成立 11 年以来最严峻的考验，全球经济也由此增加了更多的不确定因素。当时在欧元区 17 国中（拉脱维亚于 2014 年 1 月 1 日才加入欧元区，成第 18 个成员国）⑤，主权债券信用评级较低的国家——有问题债务国：葡萄牙、意大利、爱尔兰、希腊、西班牙的债务问题最为严重，其公共赤字也都超过了 3%。这 5 个国家共欠债约 3 万亿欧元，其中有违约风险的占 50%。⑥ 此时，希腊债务危机的处理也正处于关键时期。2011 年 6 月 29 日 希腊议会通过了为期 5 年的财政紧缩方案，这为欧元区出台新一轮救助方案奠定了一定的基础。但7 月 4 日标普还是将希腊长期评级从“B”下调至“CCC”，主要理由是以新债换旧债计划或令希腊处于选择性违约。7 月 21 日 欧元区决定向希腊提供第二轮救助贷款，最终贷款总额达到 1 300 亿欧元。该计划还包括私营部门对其持有的希腊债务进行“自愿减记”，它将使希腊的债务负担减少 1 000 亿欧元以上。贷款到期时间从 7 年半延长到 15 年至 30 年；利

① 大洋新闻．穆迪下调西班牙主权债务评级[N]．广州日报，2011-03-11.
② 孔军．欧债危机“撂倒”葡萄牙[N]．人民日报，2011-4-8.
③ 山晓倩．葡萄牙获得援助 欧元反应平平．新华 08 网，2011-12-20.
④ 葡萄牙获得援助 欧洲内部间隙再次扩大．腾讯财经，2011-5-6.
⑤ 赵广俊．欧盟批准拉脱维亚 2014 年 1 月 1 日加入欧元区[N]．光明日报．2013-06-10(4).
⑥ 冯永华．欧债危机的演化及应对策略[J]．未来与发展，2012(1)：21-22.

率从 4.5% 降低至 3.5% 。银行等私营机构同意在 2014 年前经由回购希腊债券等方式出资大约 500 亿欧元援助希腊。针对希腊解决债务危机所采用的“自愿减记”等方案，7 月 27 日 标普再次下调希腊评级至“CC”，展望为负面。

此时，在希腊债务危机继续恶化的影响下，越来越多的国家卷入其中。2011 年 10 月 17 日，信评机构穆迪对法国信评发出警告，称法国 Aaa 顶级信评面临被调降的风险。而意大利的债务危机迅猛发酵。11 月 9 日，意大利 10 年期国债的收益率突破了 7% 的重要关口，在 7.4% 附近徘徊，成为欧元区诞生以来的历史最高点，标志着意大利也陷入到了主权信用危机。而与此同时，西班牙的债务危机也一触即发。因为西班牙的国债总额从 2007 年的 3 806 亿欧元增加到 2011 年的 7 350 亿欧元，债务总额相当于 GDP 的比例由 36.1% 增加到 68.5% ，高于《稳定与增长公约》所规定的 60% 的上限。虽然西班牙财政赤字相当于 GDP 的比重，已从 2010 年的 9.2% 降至 2011 年的 4.8% ，但仍未达到欧盟 3% 的要求。① 特别是随着欧债危机影响面的日益扩大，德国等欧元区的龙头国都开始感受到危机的影响，德国银行业压力也与日俱增，德国央行 2011 年 11 月公布的《2011 年金融稳定报告》认为，由于欧债危机蔓延，德国银行业面临巨大压力，欧洲的金融稳定正经受考验。德国经济前景明显趋暗，德国政府预计，受世界经济降温和金融市场持续动荡影响，2011 年德国经济虽可实现 2.9% 的增长，但 2012 年增长率将锐减至 1% 。② 2011 年 10 月底，具有218 年历史的美国期货交易商全球曼氏金融（MF Global）因投资 63 亿美元的欧洲债券失利而申请破产，这是首家因欧债危机而倒下的大型金融机构。③ 而随着意大利及西班牙国债危机逼近，11 月 28 日穆迪称，欧洲的债务危机正在威胁全部欧洲主权国家的信贷情况，意味即使 Aaa 评级的德国、法国、奥地利和荷兰也都有危险。④ 因为欧债危机爆发后，这些国家的金融机构陆续遭到巨大的资产损失。

2012 年 1 月 13 日，标普下调了欧元区第二大经济体法国的主权信用评级，将法国的 AAA + 下调至 AA + ，与此同时，银行暂停了与希腊之间就有关债务重组的谈判进程。与法国同时被下调一个信用评级的还有奥地利、马耳他、斯洛伐克和斯洛文尼亚，更有被下调两个信用等级的塞浦路斯、葡萄牙、西班牙和意大利等国。紧接着在 1 月 16 日标普发布公告将欧元区临时救助机制——欧洲金融危机稳定工具（EFSF）的信用评级下调一级，即从最高的 AAA 级下调至 AA + 级。⑤

应该说，国际评级机构对意大利、法国、西班牙甚至欧洲金融危机稳定工具连续下调评级标志着欧债危机又发展到了新阶段，并使危机呈现出如下特点：第一，欧债危机已从欧洲边缘的希腊、爱尔兰发展蔓延到欧元核心区，特别是法国被下调信用等级直接标志欧债危机已经蔓延到欧元核心区。欧债危机扩散呈现出由点到面、由最初的少数和影响不大的国家扩散至影响巨大的国家，这使危机呈现了愈演愈烈、愈演愈重的态势。第二，欧

---

① 周必健．希腊和西班牙主权债务危机考察报告［R］．浙江省经信委政研室，2012-04-10.

② 罗巧云．欧债危机对中国的出口影响及对策［J］．中国商贸，2012-4：223.

③ 张明，郑英，敬云川．欧债危机的现状评估、政策选择与演进前景［R］．中国社会科学院世界经济与政治研究所国际金融研究中心研究报告，2012W02：4-7，14-17.

④ 王军强．欧债危机对中国经济的影响及启示［J］．现代商业，2012（2）：154-155.

⑤ 李本松．当前欧债危机的危害和中国应对之策［J］．湖北社会科学，2012（5）：85-88.

债危机的新爆发点在 2011 年岁末和 2012 年年初，其时欧洲债务庞大，仅意大利的国债就将近 1.9 万亿欧元，占欧元区总债务的比重高达 23%；同时 2012 年欧洲到期的债务有 1.1 万亿欧元，仅第一季度就有 2 500 亿～3 000 亿欧元。欧债缠身，失业严重，这也使 2012 年成为欧洲经济最为艰难的一年。第三，随着欧债危机发展到新形式，危机已经引发了欧洲的经济、政治、社会、信任和信心等多种危机，这使危机又呈现出了综合性危机的特点。①

2012 年 3 月初，希腊政府宣布成功落实债务重组计划。在受希腊法律管辖的 1 770 亿欧元债券中，约 1 520 亿欧元债券的私人持有人表示将参与债券置换计划，参与率达到 85.8%。由于该债券置换计划包括只要参与率超过三分之二，希腊政府就能强迫所有债权人参与债务置换的“集体行动条款”，这意味着债务重组计划能够成功实施。根据这一计划，希腊国债的私人债权人将接受 53.5% 的账面损失。债务重组计划顺利通过后，希腊政府也成功地获得了来自 EFSF 与 IMF 的第二轮总额 1 300 亿欧元贷款援助协议。尽管债务重组让希腊危机再次缓解，但希腊金融机构也因此遭遇重创，希腊最大的四家商业银行将就其持有的希腊国债进行总额为 250 亿欧元的减记，导致它们在 2011 年的累计亏损达到 279 亿欧元。②

3.3.1.4 欧债危机的第四阶段

在希腊得到第二轮 1 300 亿欧元援助贷款获得“喘息”之后，葡萄牙与西班牙又进入了欧债危机风暴眼。葡萄牙 2012 年 1—2 月核心公共赤字达 7.99 亿欧元。全国城镇面临 90 亿欧元的债务违约，其中大部分为银行债务。加之该国 5 年期、10 年期国债收益率仍处于历史高位，外界担心该国无法实现既定预算目标。虽然葡萄牙 2011 年 5 月曾与 IMF、欧盟和欧洲央行达成救助协议，该国将在 3 年内获得 780 亿欧元的援助，但随着该国经济衰退情况不断恶化，780 亿欧元资金显然不够葡萄牙安然度过债务危机。因此葡萄牙财政大臣加斯帕表示希望能及时再融资，以化解即将于 2013 年 9 月到期的 970 亿欧元债务的风险。③ 而西班牙由于在欧元区经济中的占比较希腊为高，西班牙债务问题的解决和经济的走势也一直是欧元区经济的焦点之一。2012 年全年西班牙的到期债务约为 1 475 亿欧元。不过西班牙政府此刻偿还到期债务压力有所减轻：一是欧洲央行两次向银行业发放了巨额低息贷款缓解了流动性不足；二是当年西班牙已经连续 11 次以较低的利率成功发行了 530 亿欧元国债，约相当于当年到期债务总额的 36%。但西班牙经济却面临着两大难题，一是减赤，二是如何在紧缩的同时实现经济复苏。因为西班牙 2012 年减赤目标为 5.3%，需实施高达 350 亿欧元的财政紧缩，有相当的难度。④

2012 年 6 月 9 日，欧元区财政部长会议同意向西班牙银行业提供至多 1 000 亿欧元的贷款，用于帮助对那些在房地产市场泡沫崩溃期间遭受重创的银行进行资本补充。西班牙由此正式成为欧元区第四个寻求救助的国家。而自 2010 年以来，欧洲为救助希腊、爱

---

① 李本松．当前欧债危机的危害和中国应对之策[J]．湖北社会科学，2012(5)：85-88.

② 张明，郑英，敬云川．欧债危机的现状评估、政策选择与演进前景[J]．经济社会体制比较，2012(3)：24-39.

③ 吴乐珺，丁大伟．西葡资金紧张 欧债危机“防火墙”扩容成焦点[N]．人民日报，2012-03-26.

④ 吴乐珺，丁大伟．西葡资金紧张 欧债危机“防火墙”扩容成焦点[N]．人民日报，2012-03-26.

尔兰、葡萄牙已经花费了3 860亿欧元。① 西班牙财长奎多斯(Luis de Guindos)对此表示,西班牙获得的是金融援助贷款,并不是救助,“我们获得的条款比市场更好”。他强调,贷款将通过ESM(欧洲稳定机制)或EFSF获得,资金将注入FROB(西班牙银行有序重组基金)。他同时还澄清,IMF只是发挥顾问、支持的作用,不会提供资金。② 2012年12月12日,西班牙经济部发言人确认,作为2012年早些时候提出的银行业援助申请的后续,西班牙已经获得来自欧盟的约400亿欧元(520亿美元),针对该国已经被国有化的部分银行的援助贷款。③

在欧债危机的发展中,比较出人意料的是塞浦路斯债务危机的出现。据新华社记者黄亚男2012年6月27日来自尼科西亚的专电:“塞浦路斯最大的银行塞浦路斯银行27日向政府申请5亿欧元救助,这使政府在本月底前必须给银行再注资的金额由之前的18亿欧元上升至23亿欧元,占塞国内生产总值173亿欧元的13%,塞浦路斯金融危机加剧。而按照欧洲银行管理局的要求,塞浦路斯在6月30日前必须筹集18亿欧元,给塞第二大银行大众银行进行再注资。由于受希腊债务的拖累,塞主要银行2011年曾遭受巨大亏损,其中大众银行亏损额最大。塞浦路斯银行之前曾表示可以自筹资金渡过难关。但自救显然行不通。在塞浦路斯银行提出救助仅数小时之后,欧元区国家就接受了塞浦路斯提出资金救助的申请。”④塞浦路斯从而成为第5个请求欧盟援助的国家。但作为获得救助的条件,塞浦路斯财政紧缩规模将达其国内生产总值(GDP)的4.5%。而该国一年的GDP仅为173亿欧元左右。据欧盟预计,2013年塞浦路斯公共债务占GDP的比率将达93.1%,到2014年这一比率将达97%。而该国需在2018年将公共债务占GDP之比降至欧盟成员国平均水平。欧元集团主席杰伦·戴塞尔布卢姆2013年3月16日宣布,当日结束的欧元集团会议同意对塞浦路斯实施救助,救助计划规模约为100亿欧元。⑤

但值得肯定的是,在欧债危机爆发4年之后,爱尔兰的债务危机出现了转机。据新华社都柏林2013年12月15日电,在接受IMF、欧盟和欧洲央行“三驾马车”救助3年后,15日爱尔兰正式退出救助,成为首个退出救助的欧元区国家。当然,这并不意味着爱尔兰经济和财政问题已得到彻底解决。根据2010年11月底欧盟成员国财长特别会议通过的总额850亿欧元的爱尔兰救助方案,爱尔兰获得的外援实为675亿欧元,远低于希腊的1 100亿欧元。爱尔兰国际与欧洲事务研究所主席布伦丹·哈利根称,爱尔兰选择在这个时候退出救助,时机把握得非常好,因为爱尔兰经济形势有了明显改善,得益于外部救助和内部改革。爱尔兰经济2011年恢复增长,2012年增长率达0.9%,高于欧元区平均水平。爱尔兰2013年经济增长0.2%,2014年预计增长2%。同时,爱尔兰连续三年致力于增加税收和削减开支,2013年财政赤字占GDP的比例降至7.3%,2014年预计降至4.8%,2015年降至2.9%,低于欧盟设定的3%的警戒线。此外,随着经济形势好转,爱尔

---

① Eurogroup statement on Spain. From europa. eu,9 June 2012.

② 欧元集团宣布将向西班牙提供1 000亿欧元贷款. 网易财经,2012-06-10.

③ 西班牙获得欧盟约400亿欧元援助贷款. 腾讯财经,2012-12-12.

④ 黄亚男. 塞浦路斯银行向政府申请救助. 新华财经,2012-06-28.

⑤ 陈听雨. 欧元集团同意救助塞浦路斯规模约100亿欧元[N]. 中国证券报,2013-3-18.

兰失业率连续17个月下降。国债收益率下降使政府融资成本降低,10年期的国债收益率已由高峰期的14.5%降至3.49%。[①]

在爱尔兰退出救助之后仅1个月,据德新社布鲁塞尔2014年1月22日电,西班牙也准备于22日午夜退出救助计划,从而使它成为欧元区5个受援国中第二个不再需要外界援助的国家。2012年中期,西班牙政府曾得到1 000亿欧元(约合1 380亿美元)贷款的一揽子援助,用于支撑其陷入困境的银行业,但最终只用了413亿欧元。西班牙经济在2013年第三季度摆脱了衰退,在2014年预计将实现至少0.5%的增长率。[②] 而在西班牙退出救助计划后不到4个月,葡萄牙总理科埃略在5月4日宣布,葡萄牙将完全退出由欧盟、欧洲央行和IMF组成的"三驾马车"国际救助计划。由此葡萄牙成为继西班牙之后第三个退出国际救助计划的欧元区国家。[③]

3.3.2 欧债危机的原因

如前所述,欧债危机爆发的原因是综合性和整体性的,但就任何一个问题债务国而言,其原因也各有特点,并表现在内外两个方面。

3.3.2.1 欧债危机的外因

1)国际金融危机的连锁反应

欧债危机是在起源于美国的全球金融危机尚未结束,世界进入到后金融危机时代的背景下,国际金融危机在欧洲的继续及不同的发展形式。比如,西班牙主要的房地产部门就是在全球金融危机期间崩溃之后,其银行业因背负了房地产不良资产,致使该国陷入了历时6年的经济衰退期。同期,西班牙的失业率在欧元区内属第二高,仅次于希腊。根据欧盟统计局的统计数据,西班牙的失业率在2013年11月仍维持在26.7%的高位。[④] 再如,塞浦路斯之所以也出现债务危机则是由于受希腊债务的拖累,塞主要银行2011年曾遭受了巨大亏损。而如进一步反观希腊,则不难发现,在2010年初,也是为应对金融危机,希腊政府被迫出台了大规模的刺激政策,导致其财政赤字和政府债务大幅上升,从而引发了市场恐慌。再加上希腊在加入欧元区时,曾在赤字问题上做了一些手脚,后来在市场上暴露出来影响了希腊政府的信誉,由此希腊债务危机才正式爆发。[⑤]

我们通过分析以上例子还可以发现国际金融危机连锁反应的传导渠道,即当国际金融危机引发欧债危机之后,它自身又进入了下一轮传导:首先是向欧洲银行业的传导,欧债危机导致相关国家的国债贬值,使深陷其中的欧洲银行的资产质量大幅下降,同时,政府与银行的紧密联系,又使二者融资成本呈现出显著的正向关联。其次是向非金融私营部门的传导,债务危机直接导致欧元区政府债券收益率攀升,使融资成本大幅上升。最后,主权债务的信用危机又传导到主体市场,给整个国家的宏观经济运行蒙上阴影,致使

① 新华社都柏林12月15日电.爱尔兰率先退出欧洲纾困机制[N].东方早报,2013-12-16(1).

② 德新社布鲁塞尔1月22日电.西班牙将脱离救助计划[N].参考消息,2014-1-24(4).

③ 严建卫.葡萄牙退出国际救助体系[N].文汇报,2014-5-6(3).

④ 德新社布鲁塞尔1月22日电.西班牙将脱离救助计划[N].参考消息,2014-1-24(4).

⑤ 李京阳.欧债危机对中国的影响及国际货币体系的改革思考[J].财经科学,2012-3:1.

其融资成本提高，实体经济因之受损，进而在资本市场对私人部门产生“挤出效应”，大大抑制民间投资，减缓经济增长。① 所以说欧债危机的爆发是国际金融危机的连锁反应。

2）虚拟经济的过度膨胀

如果说第一次世界大战前的全球化是以欧洲的生产要素即资本、技术、知识和劳动力跨越大西洋的相对全面的全球化，那么第二次世界大战后的全球化则是以资本全球化为核心的绝对全面的全球化。由于资本具有逐利性，借助于金融的快速发展及其推动作用，使得发达国家资本得以在全球范围内寻求价值增值和垄断利润，为此，发达国家积极倡导并引领了贸易自由化、金融扩张化、美元霸权化和证券国际化的潮流。资本全球化又使得金融进一步得到发展，而金融的迅速扩张则促进了虚拟经济的繁荣。虽然虚拟经济对实体经济的发展具有一定的推动作用，但是为了快速获得超额利润，一些发达国家过度追逐并放大了虚拟经济的作用，从而产生了极大的副作用。这是因为，一方面，由于本国劳动力成本增加、为保护本国资源以及由资本的逐利性所决定，发达国家往往通过跨国公司将低端高消耗产业转移到新兴国家，而自身规模不断缩小的实体经济却导致其国内失业率提高，劳工工资的增长远远跟不上资本回报率的增长，国民贫富差距扩大，国内矛盾加剧；另一方面，发达国家在实体经济规模不断缩小的同时却对虚拟经济的依赖度越来越高，比如，欧元区金融资产占 GDP 的比例从 1995 年的 180% 上升至 2005 年的 505% 。由此可见，欧洲国家虚拟经济不断扩张，投机需求不断增大，易获的高收益率使得资本不断从实体经济部门向股市、房市转移。而高成本又使得资本不断从本国实体经济部门向新兴国家转移，导致了其本身实体经济规模的缩小。同时，虚拟经济过度膨胀，又引起货币购买力提高，汇率被高估，形成泡沫经济，从而增加了实体经济的融资成本。在此情况下，一旦价格上涨预期逆转，就会导致泡沫经济破裂，引发严重的债务问题和经济衰退，最终爆发主权债务危机。因而虚拟经济过度膨胀的副作用是引发欧债危机的一个重要原因。②

3）货币政策与财政政策的失衡

欧元区一直以来是当代世界区域货币合作最成功的案例，但其代价则是所有欧元区国家必须让渡其原有的本币铸币权。然而，欧债危机也凸显了欧元区统一的货币政策和各国分散的财政政策的失衡所带来的严重后果，即：货币政策的统一使欧元区国家在面临经济问题时，无法通过本币贬值来缩小债务规模和增加本国出口产品的国际竞争力，而只能使用财政刺激手段，而且带有扩大财政赤字的内在倾向，最终造成政府债台高筑，这使原本就不景气的经济状况雪上加霜。③ 尤其是当欧洲央行在制定和实施货币政策时，因需要平衡各成员国的利益，导致利率政策调整总是比其他地区慢半拍，更不够到位，从而容易造成部分国家货币政策与财政政策的错配。因此，在统一的货币政策应对危机滞后的情况下，各国政府为了尽早走出危机，最简易的做法往往是通过扩张性的财政政策来调节经济。比如，当希腊遇到问题时，对外既不能通过货币贬值来刺激出口，对内又不能通过

---

① 南昌大学 MPA 中心联合课题组．欧债危机对中国的影响及治理对策研究——以中国出口贸易为例[J]．市场经济与价格，2012(7)：26.

② 景维民，杨恒．欧债危机对中国经济转型与发展的影响及启示[J]．河北经贸大学学报，2012-7：9-10.

③ 冯永华．欧债危机的演化及应对策略[J]．未来与发展，2012(1)：21-22.

货币扩张来削减政府债务,因而只能无奈选择四处举债而致债台高筑,积重难返。同时,欧元区统一的货币使得资本更便于在成员国内自由流动。这一方面虽然大大降低了政府的举债成本,但另一方面也导致一些财政赤字国家为借助区内其他顺差国的资本输入平衡财政,更加放松了对债务规模的控制。特别是当有些欧元区成员国违反了《稳定与增长公约》中公共债务占 GDP 比重上限 60% 的标准时,欧元区也没有真正意义上的惩罚措施,客观上产生了负向激励效应,激发了成员国的预算赤字冲动。[①] 此外,为了维护欧元的稳定,财政状况较好的核心成员国事实上为其他成员国提供了一种隐性担保机制,再加上《马斯特里赫特条约》和《稳定与增长公约》缺乏强制约束力,在一定程度上鼓励了欧元区边缘成员国财政政策不负责任的短期行为。[②]

当然,本书认为货币政策与财政政策的不统一虽会导致欧元区内经济政策协调的失衡,但并不认为这本身是一种制度缺陷。这是因为政策失衡是可以通过主观努力而达到再度平衡的,而制度缺陷却是客观存在而无法纠正的。比如尽管有问题债务国没有独立的货币政策,但却可以将财政政策力求做到与既定的货币政策相匹配,以达到两者在新高度上的平衡,这样债务危机也能得到缓解。尽管这样做要付出的代价要比拥有独立的货币政策和财政政策时要高一些,但却是一种积极的、向上的平衡。比如,爱尔兰和西班牙在本国严重的债务危机发生几年后,在仍然没有独立货币政策的情况下,主要采用紧缩的财政政策,还是较快地走出了债务危机的阴影。两国经济也因此再度得以更良性的振兴和发展。

4)经济一体化与政治一体化的不同步

欧元区的成立实际上是二战后欧洲经济一体化的大趋势所结出的果实,各成员国让渡出自己的一部分主权,主要是货币主权,组成了一个共同的单一货币联盟。当然,欧元区的成立在促进欧元区成员国间的经济一体化方面也确实已发挥许多积极作用。成员国在加入欧元区之后,享受到了欧元区使用单一货币的好处,比如消除汇率浮动、促进跨境贸易和促进跨国就业等,使得政府和企业在国际资本市场上融资更加便利,与其他国家之间的资本流动更加顺畅等。但欧元区债务危机的发生却不仅是欧洲经济一体化中发生的经济危机,它也是欧洲一体化进程中遭遇的政治危机,体现了欧洲一体化进程中的不均衡状态。据说,法国作家维克多·雨果(Victor Hugo,1802—1885)曾预言:“总有一天,到那时,……所有的欧洲国家,无须丢掉你们各自的特点和闪光的个性,都将紧紧地融合在一个高一级的整体里;到那时,你们将构筑欧洲的友爱关系……”[③]这说明,欧洲人欲将欧洲融为一体的想法由来已久,并且是根深蒂固的。同时我们也必须承认,从历史上看,在欧洲这块土地上,各国间无论是在共同推行汇率稳定政策,还是最终形成单一的货币目标,其背后也的确存在明显的政治动机。[④] 比如,有不少学者认为,德国之所以要全力推动统一货币区的目的是要重新融入欧洲机制,改善她与邻国,尤其是法国的安全环境。因为早

① 周逢民. 欧债危机成因及对我国的启示[J]. 哈尔滨金融学院学报,2012-2(2):1-4.

② 彭路. 欧债危机成因及其对我国影响研究[J]. 海南金融,2012(6):9-12.

③ 未克. 欧洲联盟概况. 新华网,2004-5-9.

④ Sebastian Edwards, Capital Controls Exchange Rates and Monetary Policy in World Economic, The World Bank, 1995:93.

在1952年，由德国、法国、意大利、比利时、荷兰和卢森堡等六国工业行业组成的欧洲煤炭和钢铁联盟（European Coal and Steel Community）的部分原因就是出于政治考虑，[①]即：在二战以后，欧洲的两个主要政治对手，德国和法国应该走到一起以避免第三次世界大战。[②]对此，美国学者威雷斯（Vries，Tom De，1976）在研究《欧元货币体系的未来含义》的一文中也指出："一个易于忽视的历史事实在于：尽管货币一体化常被视为技术性的，但只有在出现新的政治因素后才可能形成新的重要设想"。[③] 也就是说，他认为，欧元的诞生与欧洲一体化的推进中的政治因素有着十分密切的关系。但我们必须看到，欧元区各成员国毕竟是主权独立的欧洲民族国家，历史传统和文化差异在短时期内是很难融合的，各民族国家的利益冲突也仍然客观存在。因此，欧洲的政治一体化一直都远远落后于经济一体化，在共同外交与安全政策、共同司法与内务合作、共同防务政策等方面的进展仍然非常有限。如按照加入欧盟和欧元区的标准，欧元区似乎可以作为一种主权国家的一体化模式。但与经济一体化相比，欧洲政治一体化的进程仍大大地落后。而如果没有政治联盟作为基础，经济联盟的发展就始终存在着难以逾越的障碍。[④]

5）法德等国施救态度迥异

客观地说，危机发生后在欧元区内实施自救要比外援更加自然和有效。但在区内对是否要对身陷危机的国家及时施以援手则主要取决于两大强国德国和法国的态度。一方面，法国似乎是坚决支持对危机国实施救援的，因为法国银行持有相当数量的欧元区债券，如果这些国家违约的话，法国的损失将会非常惨重。另一方面，德国是欧元区第一大经济体，其经济发展强劲很大程度上得益于严格的成本控制。在欧元开始成为统一货币的10余年里，德国国内工资上涨速度缓慢（年均2%左右），导致国内消费不振，但是赤字控制得比较好，德国这些年忍受着福利削减，工资长期不上涨的痛苦，如果要让它去拯救那些享受高福利高工资的国家，本国民众显然会心有不甘。而为了获得更高的民众支持率，德国政府在做决定时必须考虑到民众的呼声。但是如果不救的话，又会面临本国银行业出现流动性危机，甚至导致大量银行倒闭，危及本国经济，这个局面又是谁都不愿意看到的。由此来看，欧债危机爆发后，法国与德国在救援问题上的迥异态度，使得危机的缓解长期处于胶着状态。[⑤] 当然，当法国自身也被卷入债务危机时，更有些自顾不暇了。

6）经济政策不协调和经济趋同不稳定

中国学者文学等人研究认为，欧元区各成员国的实际情况不同所导致的经济政策不同，也是欧元区一体化发展的重大障碍。虽然成员国在经济趋同上都曾达到了指标的要求，但是这种趋同仅仅是表面经济数据的统一和接近，欧元区真正需要的经济政策的协调

① German Interests in European Monetary Integration，By Karl Kaltenthaler Rhodes College，JSMS 2002 Volume 40. Number 1：69-87.

② Tom van Veen，European Economic and Monetary Integration and the Euro，The Australian Economic Review，vol. 35. no. 4：455-62.

③ Vries，Tom De "On the Meaning Future of the European Monetary System"，In ：Essays in International Finance，New Jersey：Princeton University Press，（1976）No. 138：1.

④ 文学，郝君富．从经济学与政治学双重视角看欧债危机的起因[J]．新金融，2012（1）：23-26.

⑤ 冯永华．欧债危机的演化及应对策略[J]．未来与发展，2012（1）：21-22.

统一还远远没有到来。因为成员国的税收制度各不相同,失业保障以及养老金制度也不统一,成员国不同的通货膨胀水平与相同的利率之间还存在很大程度上的不协调,成员国稳定物价的要求与放弃部分经济主权后调控手段受限制之间也有难以解决的矛盾。此外,成员国经济政策的不协调还严重影响了欧洲央行的独立性。按照欧盟条约的规定,欧洲央行应该是具有高度独立性的金融机构,它对欧元起到保证币值稳定、抑制过高通货膨胀的作用,是关系到欧元能否稳定运行的关键和基础。但是从后来的实际情况来看,利益的差异性使欧洲央行的独立运作大打折扣。虽然欧洲理事会控制着欧洲央行的人事安排,它是由各国央行的行长和董事会成员组成的,但这些成员却都代表本国经济利益说话。由于各国对货币政策的要求不同,因此都会尽可能影响欧洲央行采取对本国有利的货币政策,从而威胁到了欧洲央行的独立性。有些国家在失去货币调控的手段后,只能利用其他手段来适应本国经济发展的要求,这些手段也经常与欧洲中央银行的货币政策相抵触,从而大大降低了货币政策的效果。由此可见,除了经济政策的不协调以外,成员国经济趋同的不稳定也是发生欧债危机的一个重要原因。①

7)缺乏退出机制且协商成本高

由于在建立欧元区的时候并没有充分考虑退出机制,这就给危机处理留下了难题。当个别成员国在遇到债务危机后,即使到了非常严重的局面也基本没有退出欧元区的选项,而只有一再挽救的选项。并且对于究竟如何挽救,也只能通过欧盟及欧元区内部的一再开会讨论来协商解决,从而降低了效率和效果。比如在此次危机的救助中,正因为法国与德国的救助意见迥异,导致整个欧元区甚至欧盟区成员国的意见各异,使得欧债危机的缓解长期处于胶着状态,而市场也随着一次次的讨论而跌宕起伏,并最终使问题的解决又添加了变动因素。② 特别是这样上至欧盟首脑,各成员国的总统、总理,下至各成员国相关各部部长、央行行长、世界银行行长、IMF 总裁的频繁聚会与协商的成本本身就很高,在一定程度上也加重了债务国的财政负担。

3.3.2.2 欧债危机的内因

欧债危机的内因主要包括过度举债、超前消费、实体经济空心化、区域经济差异、制度缺陷、政局不稳与政府更替频繁等。

1)政府部门与私人部门长期过度举债

债务危机顾名思义是债务过多,以至超出了债务国的偿还能力。假定一国政府在让渡铸币权以后,那么理论上即已失去获取铸币税的手段。政府如果要偿还既有的主权债务就只能通过财政盈余来实施。而要实现财政盈余就必须通过节省财政开支和增加税收的渠道来进行。但如果财政开支受硬约束条件(如社会保险、健康、医疗、教育、培训、就业和社会服务、军费、国债利息等刚性开支)限制,同时增加税收又因国内经济增长缓慢甚至倒退而无法实现,并且 GDP 增长的红利又抵不上债务利息的支出,那么两者相抵就难免出现财政亏空。而要继续维持国家机器的运转,就只能通过继续借债的方式来维持,于是就出现财政赤字。而财政赤字本身就是拿未来的或有收入用作当前的开支,因而也是一

---

① 文学,郝君富. 从经济学与政治学双重视角看欧债危机的起因[J]. 新金融,2012(1):23-26.

② 周逢民. 欧债危机成因及对我国的启示[J]. 哈尔滨金融学院学报,2012-2(2):1-4.

种欠债。如此必然导致债务越滚越大。就欧债危机而言，根据欧盟《稳定与增长公约》的规定，政府财政赤字不应超过国内生产总值的3%，而在危机形成与爆发初期的2007—2009年，各债务国政府的赤字数额均急剧增加。仅以希腊为例，从2001年加入欧元区到2008年危机爆发前夕，希腊年均债务赤字达到5%，经常项目赤字年均为9%。2009年，希腊外债占GDP比例已高达115%，实际上已经到了国家破产边缘。[①] 而在这前后期间，欧元区各国政府债务与GDP比率也不容乐观。表3-9显示了2005—2011年间欧元区各国政府债务与GDP比率的变化情况。

表3-9 欧元区各国政府债务与GDP比率的变化情况 单位：%

国家 \ 年份	2005年	2006年	2007年	2008年	2009年	2010年	2011年
欧盟27国	62.8	61.5	59.0	62.5	74.8	80.0	82.5
欧元区17国	70.1	68.5	66.3	70.1	79.9	85.3	87.2
德国	68.6	68.1	65.2	66.7	74.4	83.0	81.2
法国	66.4	63.7	64.2	68.2	79.2	82.3	85.8
意大利	105.4	106.1	103.1	105.7	116.0	118.6	120.1
西班牙	43.1	39.6	36.2	40.2	53.9	61.2	68.5
葡萄牙	62.8	63.9	68.3	71.6	83.1	93.3	107.8
爱尔兰	27.2	24.7	24.8	44.2	65.1	92.5	108.2
希腊	100.0	106.1	107.4	113.0	129.4	145.0	165.3

资料来源：Eurostat. 转引自：张明，郑英，敬云川. 欧债危机的现状评估、政策选择与演进前景[J]. 经济社会体制比较，2012年(3)：26.

从表3-9中可以看出：(1)从2005年起，无论是核心国德国与法国还是欧元区17国，其政府债务与GDP比率都超过了《稳定与增长公约》规定的60%的限制。事实上，正是德国与法国超标后未受惩罚的事实，增强了对欧元区外围国家扩张政府债务的激励；(2)一些有问题债务国的政府债务水平存在显著差距。希腊与意大利的负债水平过高，分别为100.0%~165.3%，103.1%~120.1%；葡萄牙与爱尔兰的负债水平与欧元区其他国家相当，分别为62.8%~107.8%，24.7%~108.2%；而西班牙的负债水平则显著低于欧元区的平均水平，36.2%~68.5%。不过，葡萄牙、爱尔兰与西班牙又各有各的问题：葡萄牙的外债过高；爱尔兰与西班牙均经历了本国房地产泡沫的破灭；爱尔兰政府选择替本国商业银行的不良资产埋单，导致政府债务迅速飙升(6年上升3倍)；西班牙房地产泡沫破灭后失业率居高不下(长期超过22%)。此外，从欧元区17国的整体来看，2011年底公共债务与GDP之比达到87.2%，整体上超过了《稳定与增长公约》规定的60%的限制。

此外，如果从希腊、葡萄牙、西班牙三国2000—2010年10年间财政赤字占GDP比重以及公共债务占GDP比重两项指标的对比来看，显然有一个累积的过程，即财政赤字的累计增大了债务偿还的压力，见表3-10。比如，2000年希腊、葡萄牙、西班牙三国的财政赤字占

① 冯永华. 欧债危机的演化及应对策略[J]. 未来与发展，2012(1)：21-22.

GDP 比重分别为 -3.69%、-2.93%、-1.00%，至 2010 年则分别上升为 -10.63%、-9.8%、-9.34%，同期公共债务占 GDP 比重也由 103.44%、48.36%、59.35% 分别增加到 142.76%、93.44%、61.17%。而发生债务危机的其他国家也有相似的情况。同时，财政赤字的累计还使得持有债务问题五国债务的相关国家的债务敞口越来越大，见表3 -11。

表 3-10　希腊、葡萄牙、西班牙财政赤字和公共债务占 GDP 比重

年　份	财政赤字占 GDP 比重(%)			公共债务占 GDP 比重(%)		
	希腊	葡萄牙	西班牙	希腊	葡萄牙	西班牙
2000 年	-3.69	-2.93	-1.00	103.44	48.36	59.35
2001 年	-4.44	-4.31	-0.66	103.72	51.07	55.57
2002 年	-4.84	-2.94	-0.48	101.45	53.68	52.58
2003 年	-5.71	-3.08	-0.23	97.27	55.70	48.79
2004 年	-7.42	-3.400	-0.34	98.84	57.46	46.26
2005 年	-5.58	-5.86	-0.96	100.29	62.53	43.17
2006 年	-5.96	-4.06	-2.01	106.11	63.69	39.68
2007 年	-6.67	-3.21	-1.90	105.41	68.27	36.3
2008 年	-9.74	-3.71	-4.15	110.72	71.58	40.17
2009 年	-15.56	-10.17	-11.2	127.10	83.05	53.93
2010 年	-10.63	-9.8	-9.34	142.76	93.44	61.17

资料来源：国研网。转引自：景维民，杨恒．欧债危机对中国经济转型与发展的影响及启示[J]．河北经贸大学学报，2012-7:10.

表 3-11　2011 年欧洲各国持有债务问题五国的债务敞口　　单位：亿欧元

国别	德国	法国	英国	意大利	西班牙	葡萄牙	爱尔兰	荷兰	比利时	瑞士	总计
希腊	278	410	88			74	59	32		25	966
爱尔兰	1 060	380	1 240						380		3 060
葡萄牙	276	257	175	33	596	39	42				1 418
西班牙	1 386	1 257	852	193		178	188	544			4 598
意大利	1 223	3 095	451		228		305	344			5 646
总计	4 223	5 399	2 806	226	824	291	594	920	380	25	15 688

资料来源：根据《银行间市场交易商协会数据库．Wind》（转引自：漆鑫，庞业军．欧债危机的根源、前景与影响[J]．中国货币市场，2011(10):21）中的数据计算。

表 3 -11 中的数据一方面表示债务国所欠各国债务的或有违约规模，其中希腊最少为 966 亿欧元，意大利最多为 5 646 亿欧元；另一方面也表示债权国可能遭受的或有损失，其中德国为 4 223 亿欧元，法国最多为 5 399 亿欧元。而 2011 年欧洲各国持有债务问题五国的债务敞口达到 15 688 亿欧元。此外，有债务问题五国除欠欧洲各国的债务以外，还欠世界其他国家、地区以及金融机构的债务。截至 2011 年底，欧洲五国主权债务余额合计为 3.51 万亿欧元，其中意大利为 1.84 万亿欧元、西班牙为 7 350 亿欧元、希腊为 3 556 亿欧元、葡萄牙为1 843 亿欧元、爱尔兰为 4 000 亿欧元。2012 年则是欧洲

五国的还债高峰期，全年到期债务约为5 715亿欧元，其中意大利、西班牙与希腊的到期债务约为4 800亿欧元。①Ⅵ此外，就金融机构的情况来看，欧洲银行业仅在2012年一季度就有2 300亿欧元（约合3 000亿美元）的银行债券到期，偿债高峰的来临让流动性面临更大的压力。②

2）税制不一引发资本同趋势流动

由于欧盟国家只统一了对外关税税率，并没有让渡公司税税率，因此至今各国公司税税率仍高低不一。比如，法国、比利时、意大利、德国均在30%左右，其他边缘国家及东欧国家的公司税率则普遍低于20%。由资本的逐利性所决定，资本一般会从高税率国流向低税率国。问题是这些税率较低的国家本来就不发达的工业和制造业很少受到资金的青睐，资金便主要集中在房地产业和旅游业上，从而导致了经济的泡沫化，并在国际金融危机下由于需求不足，而出现破裂，造成经济发展乏力。③ 更为严重的问题是在金融危机发生后，欧元区一些国家信贷萎缩，实体经济难以获得所需资金。而为了应对信贷紧缩，欧元区多国政府不得不向金融体系注入了大量的流动性和低成本借款。这虽然缓解了企业的债务问题，却把债务转移到了政府的资产负债表上，并导致企业的违约转移到了政府违约。④

3）人口的老龄化与不可持续的福利制度

应该说，社会福利制度是人类社会迈向文明社会的重要标志。只要它本身是建立在社会已实现财富公正分配的基础上，是可以持久的，并且在一定条件下它对经济的发展不是起制约而是起推动作用。因为从历史发展的角度考察福利制度与经济发展的关系，不难发现一个基本规律，即当一国的经济发展面临动力不足或出现发展停滞时，福利制度一方面可以发挥保障性作用，即通过维持低收入群体的基本生活，防止其落入贫困境地，维持社会稳定；另一方面，可以发挥刺激性作用，即通过转移性收入分配，提振人们的消费信心和对未来的预期，从而尽快摆脱经济停滞的局面。比如，19世纪末，德国先后制定了疾病保险法、工伤保险法和老年与残疾保险法，从而成为全世界第一个建立社会保险制度的国家。社会保险制度通过劳资双方缴费，共同抵御劳动者在工业化背景下的收入风险，缓和了劳资关系，提高了劳动生产率，成为德国社会市场经济的基本要素。社会保险制度也有力地推动了德国的工业化进程，帮助德国从一个社会矛盾尖锐突出、较为落后的资本主义国家成为欧洲最强大的国家之一。⑤ 同样，美国和英国的社会福利制度也发挥了类似的积极作用。Ⅶ

但社会福利毕竟是一项以社会供养为主要特征的公共支出，其能够持久实施的前提是，在整个社会财富不断创造与增长的过程中，留有足够的合适比例用于支撑这项社会公共支出。所谓合适的比例是指在扣除整个社会简单再生产所需的财富留存量以外，在剩

① 张明，郑英，敬云川．欧债危机的现状评估、政策选择与演进前景［J］．经济社会体制比较，2012（3）：24-39.
② 徐红芬，孟寥筠．欧债危机的影响分析及前景展望［J］．金融理论与实践，2012（7）：57-60.
③ 周逢民．欧债危机成因及对我国的启示［J］．哈尔滨金融学院学报，2012-2（2）：1-4.
④ 彭路．欧债危机成因及其对我国影响研究［J］．海南金融，2012（6）：9-12.
⑤ 郑功成．社会保障学——理念、制度、实践与思辨［M］．北京：商务印书馆，2000：128.

余部分中保持支出与积累的匹配关系。如果支出部分合理并有相当部分积累,那么整个社会的扩大再生产就可以持续。反之如果支出部分过大而基本没有积累,那么整个社会的扩大再生产就难以为继,福利制度就走向了反面,从而成为不可持续的福利制度。由于支出部分主要是与社会福利水平和规模直接相关的,而在福利水平一定的情况下支出的规模则是由享受福利待遇的人口决定的。那么在此情况下,一个国家的老龄化水平如何就在相当程度上决定了该国福利支出的规模、比例以及是否能持续等状况。就欧洲的具体情况而言:(1)受长期低出生率和生育率、平均预期寿命延长和二战后生育潮人口大规模步入老龄化等因素影响,从 20 世纪末开始,欧洲大多数国家人口结构开始快速步入老龄化,欧洲各国生育率与人口死亡率逐渐降低,而与老年人相关的政府支出,包括养老金、医疗保险金等大大增加。欧盟 27 国的老龄化依存比率(即 65 岁以上的老龄人口和 15 ~65 岁的劳动人口的比率)2000 年已达到 22%,2007 年为 37%,预计 2050 年将接近 50%。① 随之而来的便是欧洲的社会负担越来越重。(2)在面对国家经济不景气,社会压力大的情况下,欧洲公众却不愿改变高消费、高福利的格局,个别成员国政府以及公众甚至不顾本国财政情况,一味寻求与发达国家同样的高福利。数据显示,欧盟各国的社会福利占 GDP 的比重有趋同的趋势,许多南欧国家由占比小于 20% 逐渐上升到 20% 以上,其中希腊和爱尔兰较为突出。2010 年,希腊社会福利支出占 GDP 的比重为 20.6%,而社会福利在政府总支出中的占比更是高达 41.6%。这样,在外力冲击下,当本国经济增长停滞时,就会出现问题。从 2008 年到 2010 年,爱尔兰和希腊 GDP 都出现了负增长,西班牙同期也出现了负增长,而这些国家的社会福利支出却并没有因此减少,这导致其财政赤字猛增。2010 年,希腊财政赤字占 GDP 比重达到了 10.4%,而爱尔兰这一比重更是高达 32.4%,为债务危机埋下了巨大隐患。② (3)高福利制度又使得居民要求劳动获得更高的报酬,无形之中在劳动力市场设置了过高的“最低工资”标准,从而扭曲了劳动力市场,增加了企业的运营成本。(4)支撑高福利所需的高额税收不仅减少了企业利润,更使得劳动密集型的企业纷纷转移到劳动力成本低廉的新兴国家,进一步导致本国实体经济规模缩小。(5)欧洲各国选举的参选党派都把更高的福利作为承诺,如果竞选成功兑现承诺,又会导致债务增加。以上这些因素循环往复,相互影响,使得欧洲国家财政赤字越滚越大,债务负担也越来越重。③

4)积累较少和盈余不足

高福利制度还间接导致欧元区有的国家居民惰性膨胀化,缺乏工作意愿,而高消费又导致居民储蓄意愿不强。表现在居民个体身上为人均储蓄较少甚至为负,表现在国家整体上则为经常账户盈余较少甚至为负。比如,有债务问题的欧洲国家中,冰岛的人均储蓄为 -4 400 欧元,希腊为 -2 400 欧元,意大利为 -300 欧元,葡萄牙为 -1 400 欧元,同时整个国家的经常账户盈余额分别为 95 280 万欧元, -2 299 400 万欧元, -2 743 440 万欧元, -1 236 570 万欧元,见表 3 -12。

---

① 彭路. 欧债危机成因及其对我国影响研究[J]. 海南金融,2012(6):9-12.

② 周逢民. 欧债危机成因及对我国的启示[J]. 哈尔滨金融学院学报,2012-2(2):1-4.

③ 景维民,杨恒. 欧债危机对中国经济转型与发展的影响及启示[J]. 河北经贸大学学报,2012-7:9-10.

表 3-12 2010 年部分欧盟区各国储蓄消费的差异表

国 别	人均储蓄(欧元)	人均消费(欧元)	经常账户盈余额(百万欧元)
丹麦	2 400	118 540	12 381.1
芬兰	1 800	72 643	2 345
瑞典	4 200	173 287.3	20 950.5
冰岛	-4 400	5 320.1	952.8
挪威	12 100	130 787.6	952.8
爱尔兰	400	17 673	29 772.1
希腊	-2 400	48 879.9	-22 994
西班牙	300	279 001	-22 994
意大利	-300	414 728.4	-27 434.4
葡萄牙	-1 400	53 462.3	-12 365.7
法国	1 000	9 153	-45 345
德国	2 400	1 159 800	135 450

资料来源:欧盟统计局. 转引自:唐杰. 欧债危机的分析与展望[J]. 和讯外汇,2012-3-19.

而从一个国家经济正常运转的机理来说,前一个经济周期一定的储蓄和一定的经常账户盈余是该国得以在下一个周期进行扩大再生产的基础,也是驱动下一轮经济增长的源泉。如果没有前期一定的储蓄和经常账户盈余则只能维持简单的再生产。但如果这两项都为负,这只能预示下一个经济周期生产的萎缩,即国民经济发展的倒退。在此情况下,如果要靠借入外债来填充这个基础,而建立在借外债基础之上的经济发展获利又不足以冲抵外债利息支付,那么借入外债就是一种典型意义上的饮鸩止渴。由此来看,有问题债务国之所以出现债务危机正是由于出现了这种不利局面。

5)区域经济差异与实体经济空心化

欧元区各个国家的区域经济发展水平本身存在较大差异,特别是希腊、意大利等南欧国家在经济体制与运行方式上与德、法等国家也有着较为明显的差异。可以这样说,在欧元区内部,经济强国的发展优势与弱国的发展劣势越来越突出,两极分化的趋势也变得越来越明显。尚未能改观的问题是,经济强国带动不了弱国,弱国的放缓却同时拖慢了强国的发展。其中,希腊、葡萄牙、西班牙、意大利等国既没有特殊的地域优势,也没有很丰富的自然资源,在科学技术方面更没有明显领先的优势。以希腊为例,其经济发展比较畸形,实体经济的支撑作用很低,房地产泡沫相当严重。希腊的劳动力、能源等生产要素市场竞争不充分,资源配置效率不高,处于垄断地位的希腊公共企业改革阻力较大,公用事业市场开放相对滞后。希腊的国有企业不仅自身效率低下,服务质次价高,成为财政包袱,而且政府为了拉拢选民,赢得大选,还不得不大力扩展公共部门,进一步降低了资源配置效率。由于希腊低迷的经济不能支持其庞大的财政支出,最终导致经济泡沫逐渐破裂,失业率居高不下,银行业坏账率激增,债务危机的爆发也就难以避免。① 同时,欧元区各成

① 文学,郝君富. 从经济学与政治学双重视角看欧债危机的起因[J]. 新金融,2012(1):23-26.

员国之间经济失衡的现象也在加剧,这也是债务危机的深层原因。比如,德国、法国等核心区成员国拥有电子、汽车、机械等多个支柱性实体产业和强大的科技推动力,而有问题债务国因缺乏科技创新,人力资本又较高,在制造业领域受到美国、德国、法国等发达国家和新兴市场国家的双重挤压,只有依靠旅游、房地产等产业,无法推动经济持续发展,国际竞争力日益下降,负担日益加重。在此情况下,德、法等核心区成员国一方面向有问题债务国出口造成其贸易赤字,另一方面又购买其国债,加上欧洲央行对所有欧元区国家都实行相同的低利率政策,助长了有问题债务国的过度消费与借贷。① 需要指出的是,也正是因为欧元区长期实行的低利率政策,使各国易于获得低廉、充足的借贷以促进国内经济增长,从而鼓励了各国政府的借贷冲动。比如,有问题债务国五国在 1980—2009 年间基本处于负债投资状态,虽然长期的负债投资已经导致了政府巨额财政赤字和债务重负,但在一定程度上却掩盖了各国劳动生产率低但劳动成本高等结构性问题,从而延缓了各国实施相应经济改革的步伐。②

不少有问题债务国因实体经济空心化导致经济发展基础脆弱则是另一内因。一方面,从总体来看,这些国家属于欧元区中相对落后的国家,他们的经济更多依赖于劳动密集型制造业出口和旅游业。随着全球贸易一体化的深入,新兴市场的劳动力成本优势吸引全球制造业逐步向新兴市场转移,南欧国家的劳动力优势不复存在。而这些国家又不能及时调整产业结构,使得实体经济在危机冲击下显得异常脆弱。比如,以旅游业和航运业为支柱产业的希腊经济就难以抵御危机的冲击。以出口加工制造业和房地产业拉动经济的意大利在危机面前则显得力不从心。而意大利经济结构的最大特点正是以出口加工为主的中小企业(创造国内生产总值的 70%)。此外,依靠房地产和建筑业投资拉动的西班牙和爱尔兰经济本身存在致命缺陷。工业基础薄弱,而主要依靠服务业推动经济发展的葡萄牙经济基础也比较脆弱。③ 另一方面,从产业结构的角度来看,在新兴市场国家经济迅速增长的过程中,低附加值的劳动密集型产品出口占据了世界绝大部分市场,而美国、德国、日本等发达国家则几乎垄断了高科技产品市场,因此国际制造业市场中留给希腊这类国家的份额就微乎其微了。希腊进入工业化的时间相对较短,由于受到自然资源等诸多先天条件的限制,对制造业产品的进口依赖度很大,而像希腊原来的传统产业如航运和旅游等,又在国际金融危机的大背景下受到剧烈冲击,因此希腊的就业率和劳动生产率一直处于较低水平。特别是在经济低迷时期,国家只能采取积极的经济刺激政策,这又使得财政支出大幅度增加,这些原因都加大了希腊在面临经济危机时的财政压力。而在其他南欧国家,如意大利、葡萄牙、西班牙等国,其产业结构的不合理情况和希腊也很类似。这样来看,缺乏制造业支撑的产业空心化和扩张性的赤字财政政策,都是这场欧债危机的直接导火索。④

6)紧缩与宽松财政政策的矛盾延迟经济的复苏

欧债危机发生之后,多国都基本采用了紧缩的财政政策,这在一定程度上也会延迟欧

① 彭路. 欧债危机成因及其对我国影响研究[J]. 海南金融,2012(6):9-12.

② 冯永华. 欧债危机的演化及应对策略[J]. 未来与发展,2012(1):21-22.

③ 杨蜜. 欧债危机对中国出口贸易的影响及策略[J]. 中国外资,2012-9:67.

④ 文学,郝君富. 从经济学与政治学双重视角看欧债危机的起因[J]. 新金融,2012(1):23-26.

元区的经济复苏步伐。一方面,像德国这样的经济大国为了保持经济不受影响,需要欧洲央行实施紧缩的财政政策,尽早加息以减轻通胀压力。另一方面,深陷危机中的国家为了经济快速复苏则迫切要求欧洲央行维持低利率,从而减轻欧元区银行贷款负担。而欧洲央行则处于紧缩银根以控制债务规模与宽松银根以促进成员国经济复苏的两难境地,这又会进一步加重欧元区经济的结构性失衡,并从整体上延迟经济的复苏。比如,从2010 年的发展情况来看,德国、法国等少数几个国家经济复苏进程相对稳定。德国、法国的经济增长率分别为 3.6% 和 1.6% ;而希腊、爱尔兰等经济竞争力相对薄弱的国家其经济增长率分别为 -4% 和 -0.45% ,相差很大。可见,紧缩的财政政策对已发生债务危机的国家而言,会雪上加霜,大大延迟经济的复苏步伐。①

7)政局不稳与政府更替频繁

欧债危机的持续发展造成了欧洲政局不稳、政府更替频繁。这反过来导致相关各国针对债务危机的政策与措施发生因人而异的剧烈变化。比如,在意大利陷入危机之前,因欧债危机的持续发展已经导致了冰岛、爱尔兰和葡萄牙三国总理相继辞职。随着欧债危机的进一步发展,2011 年 11 月 9 日希腊总理帕潘德里欧宣布辞职,仅隔 3 天之后的 11 月 12 日,从政 17 年的意大利总理西尔维奥 · 贝卢斯科尼又宣布辞职。11 月 22 日西班牙首相萨帕特罗因债务危机持续恶化被迫在提前四个月举行的总理大选中放弃参选,反对党主席马里亚诺 · 拉霍伊获胜并出任新首相。而拉霍伊两天前(20 日)在西班牙议会发表竞选演讲时,其所阐述的针对债务危机的减赤目标及紧缩方案,包括在 2012 年削减165 亿欧元赤字,将其占国内生产总值的比率降低至 4.4% ,2013 年再降至 3% ,从而达到欧盟的要求等,显然与其赢得选票不无关联。② 这样,六个陷入欧债危机的国家总理在不到一年的时间内都是因欧债危机下台,这在欧洲形成了与欧债危机鲜明对照的政坛危机。尤其是随着欧债危机的发展,相关国家在应对危机与救助问题上矛盾重重且不断激化,也显示了相关国家政局变动对原定承诺的改变,这可以从为应对危机而频繁召开的欧盟峰会和在欧盟峰会上的争吵得到说明。③

3.3.3 欧债危机的应对

3.3.3.1 欧债危机的国际应对

1)“三驾马车”联合多国救援

欧债危机刚爆发不久,欧盟委员会就于 2010 年 3 月 3 日公布了指引欧盟发展的“欧洲 2020 战略”,④提出了欧盟未来十年的发展重点和具体目标。该“战略”虽仍然保留了 2000 年制定的第一份经济发展规划“里斯本战略”的部分内容,但相比之下,新“战略”较为现实与低调。比如,“里斯本战略”所定的目标之一是欧盟经济年均增长率为 3% ,新

---

① 郎珈艺. 欧债危机的原因及其对欧元区经济的影响探究[J]. 对外经贸,2013(8):30-31.

② 西班牙新首相拉霍伊宣誓就职宣布 2012 紧缩方案. 中国新闻网,2011-12-21.

③ 李本松. 当前欧债危机的危害和中国应对之策[J]. 湖北社会科学,2012(5):85-88.

④ EUROPE 2020:A European strategy for smart, sustainable and inclusive growth. EUROPEAN COMMISSION, Brussels, 3.3.2010.

"战略"却将此调低至 2% 。3 月 25 日,欧元区成员国领导人在欧盟峰会上讨论了新"战略",并承诺今后要增进经济政策协调,加强经济治理,维护欧元区财政稳定。① 但该"战略"的十年发展规划,因缺乏具体的执行措施,各国反应平淡,故而没有收到预期的效果。

5 月 2 日,希腊政府宣布已与欧盟及国际货币基金组织(IMF)就联合救助方案达成协议。欧元区和 IMF 在未来三年将联手向希腊提供总额达 1 100 亿欧元的贷款,帮助面临债务危机的希腊走出困境。欧元区国家向希腊提供 800 亿欧元贷款,利率约 5% ,欧元区国家将根据各自在欧洲中央银行的出资比例分摊此项救助资金。其中,德国出资最多,约 220 亿欧元。IMF 将提供余下的 300 亿欧元贷款。首笔款项拟在 5 月 19 日前到位。②

但此举并未扭转希腊的困境,相反在 5 月的第一周,欧洲国债及欧元在希腊债务压力下一泻千里,希腊被比作了"欧洲的雷曼兄弟"。据此,在 5 月 7 日的欧元区首脑会议上,首次从首脑层面承认"希腊成为欧洲的系统性问题"。相应的,5 月 9 日财长会议拿出了一份超过华尔街 7 000 亿美元救助方案的欧洲版救助方案,总金额达到 7 500 亿欧元(合 9 620 亿美元)。应该说,从 8 日凌晨欧元区首脑决定建立欧盟稳定机制,到 10 日凌晨财长会议最终宣布具体救助计划,其间过去了不到 48 小时,创造了欧盟历史上的最快决策纪录。当然,这也真正映射出欧元区债务危机的紧迫性。③

2010 年 5 月 10 日,欧盟正式决定联手 IMF 设立一项总额高达 7 500 亿欧元的稳定机制,帮助可能陷入债务危机的欧元区成员国,阻止希腊债务危机的蔓延。该稳定机制包括欧洲金融稳定基金(EFSF:European Financial Stability Facility)、欧洲金融稳定机制(EFSM:European Financial Stabilisation Mechanism)、IMF 信贷资金三个部分,目的是以欧盟预算为担保,在金融市场筹资,通过救助欧盟中经济困难的成员以确保欧洲金融稳定。④ 其中 EFSF 最高可筹集4 400亿欧元,是为了应对欧洲主权债务危机所特设的基金组织(即坏账银行),由欧元区成员国提供资金。EFSM 由 27 个欧盟成员国支持,可筹集 600 亿欧元。与 EFSF 相比较,EFSM 的资金规模较小,但两项合计可以筹集到 5 000 亿欧元,其中,4 400 亿欧元由欧元区国家根据相互间协议提供,为期三年(当时,4 400 亿欧元救助款项还被赋予了一个全新名字:"特别目的工具");⑤另 600 亿欧元来自于欧盟财政预算,将以欧盟《里斯本条约》相关条款为基础,由欧盟委员会从金融市场上筹集。Ⅷ 同时,IMF 提供 2 500 亿欧元(与救助希腊相似,IMF 也参与到欧盟这套危机应对机制当中,但出资金额将为欧元区成员国出资总额的一半,即至多 2 500 亿欧元)。⑥ 这样,EFSF 及 EFSM 连同国际货币基金(IMF)、欧洲央行(ECB)就构成了所谓欧债救助的"三驾马车",总援助金额为

---

① 贾凤兰,欧洲 2020 战略[J]. 求是,2010(10).

② 欧盟—IMF 1 100 亿欧元联合救助希腊贷款方案出炉 . 中国商务部网站,2010-5-4.

③ 袁雪 . 欧盟 7 500 亿"救心丸"出台始末 没有其他的选择[N]. 21 世纪经济报道,2010-05-11.

④ The Council of the European Union has issued COUNCIL REGULATION (EU) No 407/2010 of 11 May 2010 establishing a European financial stabilisation mechanism; published OJEU 12. 5. 2010 L 118/1.

⑤ 2009 年中东欧国家陷入主权债务危机时,欧盟曾用类似的名称"欧洲危机基金"向匈牙利、拉脱维亚和罗马尼亚提供了超过 100 亿欧元的贷款。参见:袁雪 . 欧盟 7 500 亿"救心丸"出台始末:没有其他的选择[N]. 21 世纪经济报道,2010-05-11.

⑥ 刘明礼 . 欧盟和 IMF 斥资 7 500 亿欧元救助欧元区成员国 . 中国广播网,2010-05-10.

7 500 亿欧元。

在 2010 年 6 月 7 日召开的卢森堡会议上，欧元区各国财政部长首先敲定了总援助金额为7 500 亿欧元中4 400 亿欧元(约合5 260 亿美元)的国家担保计划为支持的援助资金方案(即“特别目的工具”)。与此相对应，欧元区财长还在这次会议上决定设立一个“特殊目的机构”，负责从金融市场上筹集4 400 亿欧元提供给需要救助的成员国，这笔资金将由欧元区国家以政府间协议的形式提供担保。而这一“特殊目的机构”(即欧洲金融稳定性机构 EFSF)，将发售以国家担保计划为支持的债券，并利用筹集到的资金向有需要的欧元区国家提供贷款。根据这项新机制，只有在某个国家提交援助申请以后，欧洲金融稳定性机构才将出于向该国提供贷款的理由而发售债券。财长会议还呼吁，信用评级服务公司应将该机构所发行债券的信用评级定为“AAA”级，这些债券将有资格使用欧洲央行的再融资业务。财长会议最终决定，所有欧元区国家都计划成为这家机构的股东，每个国家所持有的股份将与其在欧洲央行储备资金中所占比例相同。这也就决定了欧元区各成员国在4 400 亿欧元资金援助方案中的出资比例。同时，关于财政监管问题，财长会议还根据上述救助方案提出四点建议：一是各成员国政府在每年春天向欧盟提交下年度财政预算，由欧盟及其他成员国共同对各国的经济增长、通胀水平、财政收支进行总体把关；二是对违反赤字规定的国家提前进行处罚，按欧洲理事会(European Council President)主席范龙佩(Van Rompuy)的说法就是，把对“闯红灯者”的处罚提前至对“闯黄灯者”的处罚；三是加强对各国债务水平的监管；四是要求各成员国的数据统计必须独立，不受政府和政党操纵。关于增强竞争力，各国财长提议欧盟统一“过问”各国经济政策，确保各国经济的竞争力，以防止成员国在加入欧元区后“睡大觉”。同时，为显示对欧元的信心，欧元区各国财长还“特意”宣布同意爱沙尼亚在 2011 年 1 月 1 日加入欧元区。①

6 月 30 日，欧盟委员会又出台了关于在欧盟内部强化财政纪律和加强经济治理的改革方案，对多次违反规定且不积极削减高额财政赤字的成员国拟实施多项惩罚措施，并从 2011 年开始实行对欧盟成员国预算的评议制度。

2011 年 1 月 5 日由欧盟与 IMF 联合成立的紧急救助基金——欧洲金融稳定机制(EFSM)也开始正式启动。

2)推出欧洲稳定机制

自 2010 年 5 月，IMF 和欧盟启动经济救助机制，为帮助希腊走出危机，向希腊提供了总额 1 100 亿欧元贷款。但外部的救援并没有挡住债务危机蔓延的步伐：同年 11 月，爱尔兰债务危机爆发；2011 年 3 月，葡萄牙债务危机爆发。由此可见，尽管欧盟在提出经济增长目标的同时，加强了财政纪律约束，但要使处于债务危机困扰下的成员国实现削减赤字和经济增长两项目标的平衡确实是个较大的难题。欧盟成员国因经济增长乏力而放松财政致使欧债危机再度升级或因实施紧缩财政使经济疲软的情况皆有可能出现。而反观既有的救助机制，由于 EFSF 以及 EFSM 都属于临时性组织，并且在欧盟各成员国相关法律法规上对它们一直存在合法性的质疑。比如 EFSF 就是欧盟在南欧各国债务问题迅速恶

① 欧元区财长敲定 4 400 亿欧元资金援助方案. 21 世纪网，2010-06-08.

化的背景下仓促设立的临时性组织，其成立的基础是欧元区各国签署的政府间协议，而非欧盟立法。由于缺乏必要的法律基础，EFSF 在成立之初就确定其在完成阶段性融资目标后，将于 2013 年 7 月终止存在。[①] 对此，欧盟领导人认为有必要在 2013 年以后成立一个永久性的救助机制——欧洲稳定机制（ESM：European Stability Mechanisim），以在必要时协助成员国渡过金融或财政危机、保障欧元区的金融稳定。[②]

ESM 于 2011 年 3 月 25—26 日的欧洲峰会上获批，它由 800 亿欧元现金入股资本及 6 200 亿欧元通知即缴资本组成，总额计 7 000 亿欧元（其中包括不能用于借贷的资本缓冲），计划在 2013 年年中前取代 EFSF。欧盟领导人还同意，如果实收资本因吸收放贷损失而大大减少，只要欧元区财长以简单多数投票通过，即可召集缴纳承诺资本。当然，ESM 的主要任务还是为欧盟成员国提供金融救助，并保持受助国国债的可持续性，同时提高受助国从金融市场自筹资金的能力。它主要通过贷款方式进行救助，但必要时可直接购买债务国国债。EMS 总部也设在卢森堡，理事会由欧元区 17 国财长组成，其运营的重大决策由各国财长做出。欧元区成员国财长将成为 ESM 管理委员会的成员。同时，欧盟经济和货币事务委员以及欧洲央行总裁担任观察员。各国财长将决定 ESM 是否提供金融援助，提供援助的条件，贷款规模以及工具。

应该说，这一救助机制填补了欧元区救助结构上的缺口，在欧元区具有一定的历史意义。对此，EFSF 机构首席执行官兼 ESM 总裁雷格林还把 ESM 正式生效称作“里程碑”。外界也普遍认为，这是欧债危机爆发以来，欧元区各国在艰难中不断前行的“一大步”。因为欧元区国家终于在重大问题上达成了共识，并在应对债务危机中取得了一些具有实质性意义的进展。与此同时，美国信用评级机构惠誉和穆迪也对 ESM 作出了 AAA 级的最高评级，为提振市场信心起了重要作用。[③] 而在 ESM 总额为 7 000 亿欧元的资金中，第一批 320 亿欧元的入股资本拟在 2012 年 10 月就位，这使 ESM 即刻获得约 2 000 亿欧元的融资能力；剩余入股资本将分两次至 2014 年上半年到位，届时该机构的借贷能力可达到 5 000 亿欧元（合 7 090 亿美元）的上限。

但此时欧债危机的发展也已进入了高峰期，并对欧元区的整体经济状况带来负面影响。比如，欧元区在 2011 年第二季度的经济增长率仅为 0.2%，明显低于第一季度的 0.8%；作为欧盟经济龙头的德国第二季度经济增长率仅为 0.1%，而法国经济则为零增长。[④] 同年 8 月，意大利和西班牙 10 年期国债收益率急剧上升，成为受“多米诺骨牌效应”影响而倒下的“两块新牌”；2011 年 9 月，由于 IMF 和欧盟认为希腊年内财政赤字控制的目标难以实现，对希腊第二轮救助一度面临搁浅，欧洲债务危机愈演愈烈。[⑤] 10 月 12 日，欧盟委员会称，欧洲稳定机制（ESM）应该在 2012 年 7 月正式生效，而不应该是原计划的 2013 年中。欧洲各国政府也认为，独自拥有资金的 ESM 将会以更加有效的方式分配援助

---

① 马素红．债务危机现转折点 中欧合作有新机遇[N]．上海证券报，2012-10-23.

② 证券时报网快讯中心．多方点评多国央行放水：货币政策宽松达巅峰时刻．证券时报网，2012-9-19.

③ 袁志丽．“欧洲稳定机制”具有实质意义[N]．经济日报，2012-10-11.

④ 宋学红．欧债危机对欧盟经济的影响与启示[J]．经济纵横，2012(4)：96-99.

⑤ 景维民，杨恒．欧债危机对中国经济转型与发展的影响及启示[J]．河北经贸大学学报，2012-7：9-10.

贷款。① 10 月 27 日,第二轮欧盟峰会终于就希腊债务减记、EFSF 扩容、银行业资本状况等三个议题达成了全面共识。②

2012 年 1 月 16 日,标普将 EFSF 长期信用评级由"AAA"调降至"AA +"。而这一举动似乎已在外界预料之中。因为就在三天前,标普曾将塞浦路斯、意大利、葡萄牙、西班牙的长期信贷评级下调 2 个级距;并将奥地利、法国、马耳他、斯洛伐克、斯洛文尼亚长期信贷评级下调 1 个级距。评级遭到调降后,法国评级为 AA +,西班牙评级为 A,意大利评级为 BBB +,奥地利评级为 AA +,葡萄牙评级为 BB。而法国信用评级遭降令 EFSF 的处境更难,付出的代价更高,因为该基金自身的"AAA"评级取决于担保国的信用评级。对此,范龙佩 1 月 16 日在与意大利总理蒙蒂(Mario Monti)会谈后表示:"由于欧洲债务危机不断恶化,欧洲稳定机制(ESM)将提前至今年 7 月生效。" ③

3 月 30 日,欧元区财长会议上还曾就金融"防火墙"扩容问题达成一致意见,同意将 EFSF 规模扩大至 8 000 亿欧元(约合 1.06 万亿美元)。但欧盟屡次扩大救助基金规模也遭到了一些国家的反对。比如,北欧的一些富裕国家对升级 EFSF 就有较大的抵触情绪。④

2012 年 10 月 8—9 日,欧元区财长会议于当地时间在卢森堡举行, ESM 在会议第一天宣布生效。这标志着欧元区永久性金融"防火墙"在经历了一年半的磋商论证后,终于从计划变成现实。欧元区国家将按照欧洲央行(ECB)实收资本原则,对 ESM 贡献出资。但人均 GDP 少于欧盟平均水平 75% 的那些国家,将在加入欧元区后的 12 年里减少出资。这些国家将依照以下公式贡献出资:

ESM 份额 = ECB 原则份额 - 0. 75 × [ECB 原则份额-国民总收入(GNI)份额]⑤

援助启动的程序是,一经某国提出要求,ESM 就会启动财务援助流程。欧元区财长首先将请求欧盟执委会与欧洲央行和 IMF 一道,对申请国的债务可持续性作出评估。执委会、欧洲央行与 IMF 将评判申请国需要多少资金,民间部门应如何参与其中。欧元区财长接下来会请执委会、欧洲央行和 IMF 与申请国进行商洽,达成谅解备忘录(MOU)。谅解备忘录一经签署,且欧元区财长批准资金援助,执委会、欧洲央行和 IMF 就将监控协议的合规情况,贷款也会根据报告分批次发放。⑥ 相比 EFSF, ESM 的运作有以下几个特点:一是既能救助危机国政府,也可直接向危机国银行业注资,具体救助方式包括干预一级和二级国债市场、提供援助性贷款和融资担保等。二是 ESM 实际上是替代 EFSF 的一种替代品,未来一年时间内,ESM 将与临时性欧洲金融稳定工具(EFSF)同时运作,但任何新的救助项目将由 ESM 负担。三是 ESM 的放贷能力仍存在扩容空间,如果按照 EFSF 使用杠杆工具后的 4 倍扩容率计算,杠杆化后的 ESM 可调动的救助资金将达到 2 万亿欧元,而是否扩充 ESM 贷款规模,主要取决于西班牙和意大利等边缘国家的债务及银行业危机是否继

① 小武. 欧盟:应向希腊发放第六笔援款,ESM 应尽快生效. 汇通网,2011-10-13.

② 郑熙春. 欧债危机对出口贸易的影响及企业应对对策[J]. 国际贸易,2011(12):108.

③ 欧洲:标普调降 EFSF 信用评级至"AA +" ESM 将提前至 7 月生效. 钢之家 SteelHome,2012-01-17.

④ 冯永华. 欧债危机的演化及应对策略[J]. 未来与发展,2012(1):21-22.

⑤ 启动 ESM 是否"画饼充饥"?[N]. 工人日报,2012-10-11.

⑥ 罗默. 欧洲稳定机制全面解析,汇通网,2011-3-28.

续恶化并触发更大的救助需求。四是享受 ESM 救助资金的成员国,需履行承诺,进行财政和结构性改革。①

根据 2012 年 10 月 9 日,欧元区财长会议对 ESM 贡献出资的规定,欧元区 17 个成员国的出资比例,见表 3-13。

表 3-13 欧元区 17 个成员国在 ESM 援助方案中的出资比例 单位:%

国家	奥地利	比利时	塞浦路斯	爱沙尼亚	芬兰	法国	斯洛伐克	希腊	爱尔兰
出资百分比	2.783	3.477	0.196	0.186	1.797	20.386	0.824	2.817	1.592
国家	意大利	卢森堡	马耳他	荷兰	葡萄牙	德国	斯洛文尼亚	西班牙	合计
出资百分比	17.914	0.250	0.073	5.717	2.509	27.146	0.428	11.904	100

资料来源:①罗默. 欧洲稳定机制全面解析,汇通网,2011-3-28;②马素红. 债务危机现转折点,中欧合作有新机遇[N]. 上海证券报,2012-10-23.

其中,德国占 27.1%,出资额为 1 900 亿欧元,法国、意大利和西班牙的出资占比分别为 20.3%、19.9% 和 11.9%。但即使按此比例,对一些小国来说,负担并不小。比如,爱沙尼亚在该机制中的分摊比例为 0.18%,按照救助计划,爱应出资 1.488 亿欧元,其中应当年支付的金额为 6 000 万欧元。但由于,爱在"EFSF"中的分摊比例为 0.26%。因此按照整个救助计划,爱应分摊的资金总额为 13 亿欧元,相当于爱 2011 年 GDP 的 8.1%、当年财政收入的 22%,爱国民将人均出资 1 000 欧元,约为年平均工资的 10%。②

此外,为了应急备用,欧元区国家还曾计划允许 ESM 像 EFSF 那样动用自身资本杠杆,将其放贷能力从此前的 5 000 亿欧元扩大至 2 万亿欧元。但也有不少欧元区国家不同意杠杆化方案。比如,芬兰就担心如果未来欧元区某个成员国出现债务重组或违约,其他成员国政府须通过在 ESM 的投资份额率先承担损失。芬兰的出资金额占 ESM 总资本的 1.8%,该国在其对欧元区援助基金的风险敞口问题一直持谨慎态度。[IX]③

3)组合使用各种援助工具

据中国学者王志萍等的研究,自欧债危机以来,欧元区各国多次联手拯救陷入债务泥沼的有问题债务国,除了实施传统的降息政策以外,还推出各种救助工具,包括 SMP、LTRO、EFSF、EFSM、ESM、OMT 等。这些工具在一定程度上帮助了有问题债务国暂时性渡过难关,稳定了金融市场,为欧元区国家整体解决危机争取了更多时间。

(1)关于证券市场计划(SMP)及运行机制

根据欧洲央行的定义,证券市场计划(SMP)是通过对公共及私人债券市场进行干预,确保出现经济失衡的国家拥有足够的流动性。其目的是恢复货币政策传导机制,从而能够实施以稳定价格为导向的货币政策。从上述定义可以看出,SMP 是以货币政策影响为途径的援助机制,欧洲央行通过二级市场购买出现危机的国家的国债,扩大央行的资产负债表来为其提供流动性,以此确保二级市场上出现危机国家的国债收益率的稳定,进而稳

① 马素红. 债务危机现转折点 中欧合作有新机遇[N]. 上海证券报,2012-10-23.

② 爱沙尼亚在"欧洲稳定机制(ESM)"中的出资比例为 0.18%. 商务部网站,2012-07-20.

③ ESM 贷款能力或增至 2 万亿芬兰坚决反对[N]. 国际金融报,2012-9-25.

定市场信心。

欧债危机爆发以后，欧洲央行在 2010 年 5 月启动了 SMP，以购买政府债券。截至 2012 年 7 月 6 日当周，欧洲央行通过 SMP 购买了 2 113 亿欧元主要债务国的政府债券。从实施效果来看，SMP 操作所产生的影响往往在计划实施的一个星期内再被央行取消。这是由于欧洲央行为实现价格稳定的货币政策目标，往往在 SMP 实施后通过冲销手段来重新吸收之前释放出的流动性，消除这些干预措施的影响，从而不对其货币供应产生影响。欧洲央行每周都会发行固定期限存款工具来对冲 SMP 所提供的流动性。①

(2)关于长期再融资操作(LTRO)及实施效果

长期再融资操作(LTRO)是欧洲央行的传统金融工具，旨在增加银行间流动性，维持欧洲银行业金融稳定性。根据 1992 年通过的《马斯特里赫特条约》，欧洲央行不能直接购买各国的国债。因此，欧洲央行以欧洲银行为中介，间接购买国债，迂回地进行救市。欧债危机爆发以后，至 2012 年 3 月，欧洲央行已实施了 2 轮 3 年期的 LTRO 操作(其余的 LTRO 操作期限较短)。第一轮 LTRO 操作于 2011 年 12 月 21 日拍卖，总量涉及 523 家欧洲银行 4 890 亿欧元贷款(其中仅 2 100 亿欧元是净流入投标银行的)，贷款利率为 1%。第二轮 LTRO 操作于 2012 年 2 月 29 日拍卖，800 家银行竞拍，涉及 5 295 亿欧元。两轮 LTRO 操作使得欧洲央行向系统注入了 1 万亿欧元的 3 年期资金。

LTRO 操作的流程是，由欧洲央行为欧洲银行提供低息贷款(1%)，然后鼓励银行购买高息的债务国国债，以赚取利差收益。欧洲央行的本意是想让欧洲银行获得低息贷款后去购买高息的债务国国债，从而达到两个目的：一是通过套利息差来补充欧洲银行的流动性；二是压低出现危机国家的国债收益率，降低其借贷成本。

应该说，LTRO 操作在实施初期对降低西班牙等国的国债收益率有一定效果，帮助欧元区国家度过了偿债高峰期，但整体上仍未完全达到欧洲央行的预期效果。这是因为，第一，两轮 LTRO 操作后，西班牙、意大利的 10 年期国债收益率并未有效下降，且一度重回 LTRO 操作之前的高位。第二，市场流动性并未充分流入。有数据显示，在欧洲银行投标 LTRO 后，有将近一半的资金又重新被存回欧洲央行。在 LTRO 推出之后，欧洲银行在欧洲央行的隔夜存款接连创出历史新高。问题是不少欧洲银行获得从欧洲央行的低息贷款后，并没有完全用于购买国债，而是选择将所得资金偿还已有的债务，或是留到明年应付融资困境。这主要是出于维护银行自身声誉考虑，同时购买国债也会使得银行账面上获得更大的债务风险敞口，增加从其他融资渠道融资的成本。②

(3)关于 EFSF 及运行机制

EFSF 的主要任务是通过向欧元区国家提供融资以保持金融市场稳定，其中的措施包括向出现危机的欧元区国家提供贷款、干预债券市场，以及向欧元区国家金融机构提供贷款等。

①EFSF 的信用结构

EFSF 依赖于贷款担保机制，并不要求欧元区各国拿出现金。每个担保国的担保份额比

---

① 王志萍．欧债危机下欧洲央行的政策选择[N]．期货日报，2012-07-18.

② 王志萍．欧债危机下欧洲央行的政策选择[N]．期货日报，2012-07-18.

例根据该国在欧洲央行认缴资本比例确定。EFSF 扩容以前，承诺担保资金总额为4 400 亿欧元。2012 年 3 月 30 日，欧元区财长会议同意将 EFSF 规模扩大至 8 000 亿欧元。

②EFSF 运行机制

EFSF 采用的是公司化治理方式，成员国分别派出董事以监管该机构的运行，公司所发放的每一笔贷款均需得到所有董事的一致同意。为了获得最高信用评级，EFSF 采用了超额担保措施。在 EFSF 扩容以前，担保比例为 120%，即 EFSF 每发行 10 亿欧元的债券，就必须由欧元区政府提供 12 亿欧元的担保，且 EFSF 只能出借 10 亿欧元中自身拥有最高信用评级的国家所担保的那部分资金。2011 年 10 月 EFSF 扩容后，担保比例上升为 165%。

根据 EFSF 的规则，EFSF 在发放贷款给需要融资的国家时，要求申请援助国家要在贷款前交纳现金准备，并根据贷款额的 0.5% 交纳服务费，每笔贷款发放时再扣除一定比例的损失准备，同时将所积累的资金（自身资本、服务费、贷款损失准备）投资于安全性较高且容易变现的资产。EFSF 的放贷利率相对债券融资利率会保持合理溢价，确保贷款保本微利。当然，EFSF 这样做一方面是为了防范道德风险，另一方面也是考虑到平衡救助方的利益。

③EFSF 实际贷款规模

EFSF 以发行债券的形式向国际金融市场筹集资金。经过欧元区 17 国议会投票通过后，截至2011 年10 月中旬，资金规模已从原来的4 400 亿欧元（可贷资金约2 500 亿欧元）增至7 800亿欧元（可贷资金约 4 400 亿欧元）。相应地，担保比例由原来的 120% 上升至 165%。由于希腊、爱尔兰和葡萄牙三个危机国家不参与 EFSF 担保方案，因此扩容后的 EFSF 将获得7 260亿欧元的担保，其中 AAA 级国家提供 4 500 亿欧元的担保。该计划使得 EFSF 从之前单纯提供贷款，到后来允许 EFSF 购买债券。截至 2012 年 6 月 5 日，EFSF 实际援助爱尔兰、葡萄牙及希腊已耗费可贷资金达 2 233 亿欧元（包括已拨付部分和已承诺但未拨付部分）。

（4）关于欧洲金融稳定机制 EFSM

EFSM 的贷款规模总共为 600 亿欧元。EFSM 采用对欧元区国家发行债券或提供限额贷款的方式来筹款。和 EFSF 一样，EFSM 发行的债券以 5 年期至 10 年期的基准债券为主。截至 2012 年 6 月，只有爱尔兰和葡萄牙接受了 ESFM 的救助，总计动用了 485 亿欧元的 EFSM 贷款。其中，对爱尔兰的援助为 225 亿欧元，葡萄牙为 260 亿欧元。

（5）关于欧洲稳定机制 ESM 及其运行机制

为了将金融稳定机制长效化，2010 年年末欧洲理事会修改了《欧洲联盟运行条约》第 136 条，为设立永久性的危机应对机制提供了法律支持。ESM 实质上是将 EFSF 机制长期化，在欧元区内形成具有 IMF 职能的长效机制，进而保障欧元区各国金融的稳定性。[①]

①ESM 运行机制

根据欧元集团的声明，EFSF 原则上只适用于 2012 年 7 月之前启动的项目。从

① 王志萍．欧债危机下欧洲央行的政策选择[N]．期货日报，2012-07-18.

2012 年 7 月开始，ESM 成为新项目的主要融资工具。ESM 自 2012 年 7 月启动，成为欧元区国家金融救助的主要工具。

在出资份额原则上，欧元区国家将按照欧洲央行（ECB）实收资本原则，对 ESM 贡献出资。根据 2012 年 6 月 29 日欧盟峰会达成的共识，欧洲领导人同意 ESM 基金可以直接参与银行的资本重组，不过前提是建立欧洲银行的统一监管机构。同时根据规定，ESM 机制的形成需要出资国中出资比例超过 90% 的国家审批通过。2012 年 10 月 8 日，继荷兰上院和奥地利议会已批准了 ESM 之后，欧盟核心成员国德国议会也批准了 ESM，至此欧洲稳定机制正式生效。

②“欧洲防火墙”资金规模

根据欧元区集团 2012 年 3 月的声明，欧元两大援助基金总体资金上限已从 5 000 亿欧元扩张至 7 000 亿欧元，其中 5 000 亿欧元来自永久性援助基金，即 ESM，2 167 亿欧元则来尚在运行的 EFSF。加上 EFSM 的 485 亿欧元和已对希腊投放的 529 亿欧元，“欧元区金融防火墙”总额上升为 8 000 亿欧元。截至 2013 年 3 月，相关国家已动用的援助资金情况，见表 3 – 14。

表 3 – 14　欧债危机中相关国家已动用的援助资金情况

国别	人口（万人）	2011 年 GDP（亿欧元）	2011 年负债与 GDP 之比（%）	救助金额（亿欧元）	商定时间	备注
希腊	1 080	2 150	165	1 100	2010. 5. 2	救助贷款
				1 300	2012. 2. 21	救助贷款
爱尔兰	470	1 560	108	850	2010. 11. 28	救助贷款
葡萄牙	1 080	1 710	108	780	2011. 5. 3	救助贷款
西班牙	4 700	11 000	68. 5	1 000	2012. 6. 9	救助贷款
塞浦路斯	100	170	93. 1（2013 年）	100	2013. 3. 15	救助贷款
合计				5 130	其中 IMF 提供 460. 2 亿欧元	

资料来源：根据①《参考消息》2012 年 6 月 12 日 4 版；②陈听雨．欧元集团同意救助塞浦路斯规模约 100 亿欧元[N]．中国证券报，2013-3-18．等材料整理。

由表 3 – 14 可知，相关国家已动用的援助资金总额已达 5 130 亿欧元，扣除 IMF 提供的 460. 2 亿欧元（其中希腊：201 亿欧元；葡萄牙 133. 3 亿欧元；爱尔兰 125. 9 亿欧元），由欧洲稳定机制本身提供的援助资金总额为 4 669. 8 亿欧元，约占欧元区两大可援助基金总额 7 000 亿欧元的 66. 71%。

需要说明的是原来 ESM 的最大放贷上限只有 5 000 亿欧元，然而仅有问题债务五国资产负债表上的总负债就总计达到了 3. 4 万亿，仅靠 5 000 亿欧元的救助资金显然不能完全覆盖。对此，2012 年 3 月 30 日在欧元区财长会议上再次就欧元区金融“防火墙”扩容问题达成一致意见，同意将欧洲救助基金规模扩大至 8 000 亿欧元（约合 1. 06 万亿美元）。根据会后发表的声明，欧元区国家对欧洲稳定机制（ESM）和欧洲金融稳定工具（EFSF）的放贷上限进行“重新评估”，“以进一步提高市场信心”。ESM 和 EFSF 合并后放贷上限为 7 000 亿欧元（约合9 301 亿美元），加上欧洲金融稳定机制（EFSM）的 490 亿欧元（约合

651 亿美元)和已经对希腊投放的530 亿欧元(约合704 亿美元)贷款,“欧元区金融 防火墙 的总额约为8 000 亿欧元,超过1 万亿美元”。①

(6)关于直接货币交易(OMT)

2012 年9 月6 日,欧洲央行宣布“直接货币交易”计划,在二级市场上无限量购买欧元区成员国主权债券。该计划主要特点有:一是无限量购债计划。二是严格的约束条件。要达到参与OMT 计划的资格,受助国需要参加EFSF 或者ESM 救助计划,并接受内含条件。三是完全冲销式。在购入不超过3 年期中央或地方政府债券的同时,出售那些不能达标国家的债券。四是放宽抵押品担保。取消抵押品担保所需的最低信用评级的限制,扩大可用于担保的资产范围至欧元区持有或发行的非欧元资产。OMT 推出后,欧洲有14 个国家的10 年期国债收益率走低,其中,西班牙和希腊分别下跌30 个基点和18 个基点,尤其是西班牙国债收益率(5. 66%)自2012 年5 月15 日以来首次回落至6% 以下。

(7)关于统一银行业监管

2012 年12 月13 日,欧盟就建立统一的银行业监管机构达成协议,但欧元区核心成员国德、法两国针对银行业单一监管机制的几项重大分歧尚未得到解决。欧洲银行联盟的下一步将是建立统一的银行清盘机制。②

4)推出刺激经济增长计划

2012 年6 月29 日在布鲁塞尔举行的欧盟夏季峰会上,各国领导人通过了“增长与就业契约”,并推出促进增长的“一揽子”计划,同时宣布允许欧元区救助工具直接注资银行业并可以购买努力削减赤字和债务的国家的国债。欧洲理事会主席范龙佩在闭幕后的新闻发布会上宣布,欧盟27 国领导人正式通过了“增长与就业契约”,以作为此前已经通过的旨在加强财政纪律的“财政契约”的补充。据他介绍,该“契约”的核心内容是一个价值1 200 亿欧元(约合1 520亿美元)的“一揽子”刺激经济增长计划。范龙佩说,1 200 亿欧元的增长计划有一半来自欧洲投资银行(EIB)。欧盟领导人已经同意为欧洲投资银行增加资本金100 亿欧元(合127 亿美元),通过“杠杆效应”将其借贷能力增加到600 亿欧元(合760 亿美元)。他还说,“这些钱将投向欧盟所有国家,尤其是那些处于困境的国家,以帮助它们通过增长步出危机。”另外550 亿欧元(合697 亿美元)来自为缩小欧盟各国贫富差距而设立的“结构基金”,这笔钱将主要用于支持中小企业发展以及年轻人就业。剩余的50 亿欧元(合63 亿美元)来自拟于2012 年夏季开始发行的“项目债券”,这笔钱将主要用于能源、交通与宽带等基础设施建设。与此同时,欧盟领导人还通过了被欧盟委员会主席巴罗佐称为“几个月之前还根本无法想象”的防止危机“传染”的一些重要措施。③

5)签署财政契约

2011 年12 月9 日,欧元区成员国曾同意签署一项新的政府间条约,约束政府借贷并对违规者进行惩罚。而2012 年3 月签署的《欧洲经济货币联盟稳定、协调和治理公约》(简称“财政契约”)则已得到12 个欧元区成员国议会的批准,并于2013 年1 月1 日正式

---

① 欧元区救助基金规模攀升至8 000 亿欧元. 深圳证券时报网,2012-3-30.

② 海口中心支行. 欧债危机主要救助措施. 中国人民银行海口中心支行官网,2013-03-29.

③ 欧盟峰会决定采取切实措施促进经济增长. 新华新闻,2012-6-29.

生效。“财政契约”是首次赋予欧洲法院判定一国是否遵守财政纪律的权力，为建立欧洲政治联盟打下了基础。根据“财政契约”中的自动惩罚规定，欧洲法院有权对结构性赤字超过国内生产总值0.5%的国家进行处罚，最高金额不超过该国国内生产总值的0.1%。契约还规定，成员国必须在契约生效后的一年内，即2014年1月1日前将平衡预算的内容加入到成员国的法律体系（一般是在宪法中）。欧盟法院可以监管成员国预算执行情况，其决定对成员国具有约束力。在成员国拒不执行的情况下，欧盟法院可对其进行处罚，罚金归欧洲稳定机制处置。而没有加入“财政契约”的国家将无法获得永久性救助机制——ESM的救助。[①]

6）其他救助方案

当欧债危机发生，金融市场频频告急，并且欧元区核心国家开始被“感染”时，针对究竟如何解救危机的方案，欧元区乃至欧盟成员国各执一词，莫衷一是。应急峰会接二连三，专家学者也众说纷纭。比如，2011年8月24日“欧元之父”罗伯特·蒙代尔在德国林道接受专访时说，欧洲央行购买欧元区国家国债是必需之举，但要从根本上解决欧洲债务问题，欧洲必须在三大关键领域取得突破。他认为，欧洲至少要在三个领域展开行动：（1）存在严重债务问题的欧元区国家必须做好“自我调整”，努力改善自己的财政状况。与此同时，全力确保经济增长，“对于债务危机，保持经济增长是终极之道”。（2）欧元区必须找到有效的流动性机制。除欧洲央行外，欧元区必须设法提供足够流动性支持，以确保不会有成员出现债务违约，从而引发灾难性后果。（3）快速完善欧元区财政管理体系。当前欧盟《稳定与增长公约》在要求各国遵守财政纪律方面显然缺乏有效性。“欧元区必须做出不留情面的决定，敦促所有成员做正确的事。”而要实现这一点，德国和法国必须首先做出妥协达成一致。[②] 同年8月26日，他还对如何解救债务危机开出了三个药方，即：（1）财力充裕的国家对资金紧缺的国家实施援助以避免其陷入破产；（2）后者要将福利项目调整到与其财力匹配的水平，实现预算平衡，以赢得其他成员国的支持；（3）中长期要在欧洲建立一个超政府的财政机构，以弥合欧元区管理结构上的裂缝。[③] 而随着欧债危机“病情”的加重，三张“官方”开出的新“药方”也开始浮出水面，并且与蒙代尔的设想基本一致。

（1）财政联盟

这是在德国政府坚持下，德法这两个欧元区最大经济体正在努力的方向。德方认为，欧洲国家建立财政联盟是解决欧债危机的根本之道，因为欧元区虽然执行统一的货币政策，但各成员国在怎么花钱和如何收税等财政政策上却各行其是，纪律松散，这是造成欧债危机的“断裂带”所在。应该说德法两国官员所酝酿的是欧盟财政一体化的政策建议，并曾计划在2011年12月上旬的欧盟峰会上正式提出框架方案。但是，推进财政一体化意味着各国要向欧盟让渡更多的财政主权，需要部分修改欧盟条约，而要取得欧盟27国一致同意，这绝非易事，而且是远水解不了近渴。鉴于在欧盟整体推进方面的难度，德国财长朔伊布勒2011年11月27日就曾表示，德国的目标是先争取在欧元区17国尽快建立

---

① 海口中心支行．欧债危机主要救助措施．中国人民银行海口中心支行官网，2013-3-29.

② 韩墨，胡小兵．“欧元之父”蒙代尔：应对欧债危机“三管齐下”[N]．经济参考报，2011-8-26.

③ 张涵．蒙代尔：IMF和欧盟会在接下来10天内救助希腊[N]．21世纪经济报道，2011-9-28.

旨在强化财政纪律的“稳定联盟”。另据德国媒体报道,德国政府的另一个选项是彻底绕开修约的“蜀道”,以“申根协定”为模板,争取部分欧元区国家先行一步,通过互相签订国家条约先建立一个“精英联盟”。但是,这么做势必会造成一个双速甚至多速发展的欧洲。“双速欧洲”或“多速欧洲”在德国一直是禁忌话题,但危机迫使德国转变了思路。而德国执政的联盟党在其党代会最后文件中也引人注目地强调欧洲有关人员自由流动的“申根协定”就是部分条件成熟的国家先行推进一体化的先例。

(2)欧元区共同债券

这是在意大利等欧元区核心国家涉险后欧盟委员会提出的一个应急方案。但德国政府认为在没有建立严格纪律的财政联盟之前,发行欧元区共同债券只会给那些债台高筑的国家减轻改革压力,无助问题的根本解决。由于德国坚决反对,发行欧元区共同债券一时难以实现。在这种情况下,这种方案也诞生了一个“精英版”:德国《世界报》援引欧盟高级外交官的话报道说,德国政府在考虑联合欧元区其他 5 个 AAA 级信用评级的国家发行所谓“精英债券”。这样既可以帮助这些国家抵御市场冲击,也可以通过严格的交换条件在必要时帮助意大利和西班牙等国融资。

(3)欧洲央行挺身而出

美、英两国曾较早呼吁欧洲央行动用“重炮”,通过无限制购买欧元区重债国国债,帮助稳定市场。经济合作与发展组织(OECD)2011 年 11 月 28 日也曾呼吁欧洲央行在应对欧债危机方面发挥更大作用。但德国政府和欧洲央行仍坚守央行政策独立性,不愿意通过大举增加流动性的方式干预市场。因为德国的考量是通过欧洲央行不定期地购买有限数量的欧元区重债国国债既不会造成严重通货膨胀,也可以在必要时应急,并对问题国家保持压力。但不少人认为,在欧洲金融稳定工具杠杆化不能取得理想效果的情况下,欧洲央行还是应该扮演“最后贷款人”的角色。① 而从整个欧债危机解救的轨迹上来看,事实上除共同债券外,其他两张“处方”,即:对资金紧缺的国家实施援助和他们须消减福利支出都已经被用了。

7)可能的政治一体化

欧债危机发生后,是否需要统一欧元区的财政政策,以避免各国违反“财政趋同标准”就变成了一个迫切需要解决的问题。而如果欧元区要有一个“一体化的财政政策”,目前急需解决的就是国家主权的部分让渡问题。因为国家对货币税收的管辖权不仅是国家重要的经济职能,更是一国主权的重要内容。对于加入欧元的国家而言,它们已经让渡了发行货币的主权,但是仍然保持税收和国家经济决策的权力。这不是单一的经济一体化所能解决的,更加需要政治一体化的发展来解决。由于欧元区经济一体化和政治一体化的不同步性,各成员国的国家利益与欧元区共同利益经常存在冲突。作为多种增长模式和多种发展速度共存的经济联合体,欧元区成员国经济发展差异很大,特别是近年来随着欧元区的东扩,转轨中的中东欧国家逐渐加入欧元区,更加剧了区域内经济发展的不平衡。特别是国际金融危机之后,欧元区各国经济复苏步伐不统一,德国、法国的经济开始回归正常,而希

---

① 班玮. 欧债危机的三张新“药方”. 新华网,2011-11-29.

腊、爱尔兰、西班牙等国由于房地产泡沫的破裂,经济复苏之路曲折。各成员国对欧元区货币政策的诉求也不尽相同,但欧洲央行显然难以同时兼顾所有成员国的利益,这一问题在单一货币体制下难以得到有效解决。如果有一个好的政治决策机制,当某个成员国主权债务风险上升时,欧元区应该能够果断地寻求一种合适的解决办法。这就是倒逼欧元区走向政治一体化的诱因(此部分内容将在第6章再作详述)。①

3.3.3.2 欧债危机的国内应对

我们已经看到的历史过程是,在经历了国际金融危机的冲击后,欧盟经济刚刚出现复苏的迹象,却又遭受了主权债务危机的侵袭。在此情况下,一方面,要保持欧盟各成员国经济恢复初期的经济增长势头,就需要继续实施扩张性的经济政策来拉动经济增长和扩大就业;另一方面,扩张性经济政策的持续实施又必然会导致财政赤字增大和政府债务负担的加重,使债务危机继续恶化。但为应对债务危机,欧盟各成员国还是纷纷出台了财政紧缩政策。同时,欧元区国家还需要解决债务危机的深层次问题——经济结构失衡,以实现经济的有效增长和债务危机的根源性治理。这就意味着欧元区国家在相当长的一段时期内要同时完成紧缩财政和结构调整两项任务。② 这次危机还迫使有问题债务国进行了一系列改革。但与以往福利国家的改革相比,这些国家的改革既有欧债危机背景下的特殊性,也有与以往改革类似的共性。总的来看,各国采取的措施主要包括增加税收、削减赤字、延长工作时间、提高退休年龄、强化对富人的财产管理等。

1)希腊的应对

2010年5月2日,希腊政府宣布将在未来三年内削减财政预算300亿欧元,实施结构性改革,包括增加税收、减低工资和养老保险等。③ 2011年希腊减少了4亿欧元的政府支出。对高级官员超过1.2万欧元的收入部分征收累进税,民选官员每年少发一个月工资,公务员三年内禁止加薪。个人所得税起征点从年收入1.2万欧元降至8 000欧元,房地产税的起征门槛从40万欧元降至20万欧元。向所有纳税人征收特别危机税,税率依收入从1%到5%不等。对自谋职业者设立征税下限,打击逃税问题。对部分国有资产进行拍卖,实施大规模私有化战略。女性退休年龄提高到与男性一致,从62岁提高到65岁。退休后领取全额退休金,必须先缴满40年社保税。④

这里必须重点指出的是,希腊在缓解自身债务危机中还使用了并不符合市场经济原则的办法,即要求债权人直接减免债务,而类似做法以前在这个曾经诞生苏格拉底、柏拉图、亚里士多德,奠定西方文明社会道德基础的国度里是难以被人所接受的。比如,2012年3月9日希腊政府宣布,已经与私人债权人达成债务置换协议。其中85.8%的私人债券持有人已"自愿"接受希腊议会2月底通过的有关债务置换计划"集体行动条款"。根据这一条款,只要参与率超过三分之二,希腊政府就可启动该条款,强迫所有私人债权人参与债务置换计划。在私人债权人持有的2 060亿欧元希腊国债中,约有1 770亿欧元

① 文学,郝君富. 从经济学与政治学双重视角看欧债危机的起因[J]. NEW FINANCE,2012(1):23-26.

② 宋学红. 欧债危机对欧盟经济的影响与启示[J]. 经济纵横,2012(4):96-99.

③ 宋学红. 欧债危机对欧盟经济的影响与启示[J]. 经济纵横,2012(4):96-99.

④ 孙涛,臧秀玲. 欧债危机与资本主义福利国家新变化[J]. 财经科学,2012(6):5.

是由希腊政府根据希腊法律发行的。因此,希腊政府最终决定启动“集体行动条款”,强制持有这部分希腊国债的私人债权人参与债务置换计划。而根据达成的协议,参与债务置换的私人债权人能够得到等同于其原来所持国债面值15%的现金和31.5%的希腊新国债。分析人士认为,债券置换计划将使希腊政府债务减少约1 050亿欧元。不过,希腊国债私人持有人自愿接受这一协议实际上是形势所迫,因为如果不参与债券置换,结果很可能是希腊国债出现无序违约,他们持有的希腊国债将变成废纸一张,因此,所谓自愿实属无奈之举。① 此外,在希腊的要求下,2012年11月27日欧元集团主席容克还宣布了欧元区财长会议达成的决议:通过降低贷款利率、延长还款期、央行放弃所持希腊债券利润等措施,对希腊债务减免约400亿欧元。②

2)意大利的应对

2010年5月25日,意大利政府通过了今后两年内削减240亿欧元公共开支的财政紧缩计划。③ 意大利在2011年7月和9月又分别通过480亿欧元和540亿欧元紧缩计划。从2012年下半年开始将增值税上调两个百分点,打击逃税问题。重新征收首套房房产税,对超过10 m的船只和豪华汽车征收新税。对年收入30万欧元以上的富人征收特别税。最迟在2014年将在私人企业工作的女性退休年龄从60岁提高到65岁,实现男女同龄退休。部分养老金发放不再与物价指数挂钩,这意味着许多退休老人实际收入将减少。

3)葡萄牙的应对

2010年11月26日,葡萄牙政府宣布,从2011年起政府将削减公务员工资5%、把增值税税率从当时的21%提高至23%、冻结养老金增长、削减卫生和教育等部门预算经费。此外,葡萄牙政府还计划全面削减公共领域的投资和支出。④ 2012年削减赤字至4.5%。征收更多消费税、个人所得税、财产税、企业所得税和增值税,取消部分税收优惠措施和社会福利待遇,取消公共服务部门月薪或退休金在1 000欧元以上人员的节假日奖金和休假补助,减少公共福利支出。允许企业每天延长员工半小时工作时间。⑤

4)西班牙的应对

2010年5月12日,西班牙宣布了150亿欧元的财政紧缩计划,包括公务员减薪、冻结退休金规模、取消新生儿和老年人补贴等措施。⑥ 而2010年以后西班牙政府推出的多个紧缩计划主要集中在削减政府公共投资和公共机构规模等方面,但为应对增长的减赤压力和可能继续恶化的经济形势,随后对公共医疗和教育领域也进行了调整和改革。虽然大规模的紧缩政策对西班牙经济的增长带来一定的负面影响,比如2012年3月西班牙的失业率已经为欧洲最高的23%。但西班牙政府最后还是推出了金融业和劳动力市场改革,力图改变经济结构性问题,以提高竞争力。⑦ 政府还希望依靠进一步的紧缩措施来完

---

① 吕思言. 希腊债务置换难消市场疑虑 还需结构性的改革[N]. 经济日报,2012-3-11.

② 师琰. IMF与欧元区再救希腊减免400亿债务[N]. 21世纪经济报道, 2012-11-28.

③ 宋学红. 欧债危机对欧盟经济的影响与启示[J]. 经济纵横,2012(4):96-99.

④ 丁大伟. 葡萄牙全力以赴重建市场信心[N]. 人民日报,2010-11-28(3).

⑤ 孙涛,臧秀玲. 欧债危机与资本主义福利国家新变化[J]. 财经科学,2012(6):1-9.

⑥ 宋学红. 欧债危机对欧盟经济的影响与启示[J]. 经济纵横,2012(4):96-99.

⑦ 吴乐珺,丁大伟. 西葡资金紧张 欧债危机“防火墙”扩容成焦点[N]. 人民日报,2012-3-26.

成2012年5.3%的赤字目标,上一年这一数据曾经高达8.9%。而此前,欧盟坚决要求西班牙在2013年达到赤字占GDP 3%的要求。① 为此,西班牙政府2012年再次削减了165亿欧元赤字,使其占GDP比重降至4.4%,2013年降至3%。西班牙政府推行的新紧缩措施涉及劳动制度、金融、医疗、教育、能源、公共管理及旅游等方面;实施了稳定预算、减少财政支出和改善就业市场的紧急改革;将增值税的水平全面提高,最高税率从16%提高至18%;削减数十亿欧元公务员工资,冻结养老金;减少3亿欧元残疾人补助金,取消已实行了3年的向每个新生儿提供2 500欧元奖励的政策;将男性退休年龄从65岁提高到67岁。②

5)爱尔兰的应对

2010年11月24日,爱尔兰政府为获得欧盟和IMF的救助资金,公布了一份为期四年拟削减财政赤字150亿欧元的财政紧缩计划,其中包括削减福利开支、减少最低工资、提高税收等措施。③ 2010年当年,爱尔兰即启动了规模为40亿美元的财政开支削减计划。主要是爱尔兰的公务人员被降薪,而单身妈妈、残疾儿童所在家庭等人群的补助金也被削减。还有一项针对海外爱尔兰富人的税收(爱尔兰媒体称之为"波诺税",波诺是爱尔兰人、著名乐队U2的主唱)也被用于帮助充实国库。就连与美国总统奥巴马薪酬相等的爱尔兰总理布赖恩·考恩,也面临20%的降薪。④ 2012年爱尔兰政府还进一步实行了38亿欧元的紧缩计划。在2012年的增税计划中,销售税从21%提高至23%,资本所得税从25%提高至30%,存款利息税从27%提高至30%,增值税从21%提高至23%,公司所得税仍然维持在12.5%,以保持企业竞争力。削减公共部门职位24 750个,降低公共部门新雇员10%的工资,削减12亿欧元公共部门工资,大幅削减28亿欧元社会福利开支。⑤

6)塞浦路斯的应对

2013年3月16日欧元集团宣布,同意对塞浦路斯实施救助,计划规模约为100亿欧元(约合130亿美元)。而塞浦路斯政府先前与欧盟委员会、欧洲央行和IMF构成的"三驾马车"就救助问题谈判时,同意实施强有力的财政整顿与结构性改革计划,并将财政紧缩规模达到其GDP的4.5%。而欧元集团还呼吁塞新政府继续推进相关进程,并加快私有化进程。⑥ 据欧盟称,2013年塞浦路斯公共债务占GDP的比率会达93.1%,到2014年这一比率将达97%。该国需在2018年将公共债务占GDP之比降至欧盟成员国平均水平。此外,塞浦路斯银行也需参与分担救助成本。塞浦路斯政府宣布,自2013年3月19日开始,即对该国居民及非居民储户存款征税,其中10万欧元以下存款税率为6.75%,10万欧元以上存款税率为9.9%。塞浦路斯政府预计,存款税可筹集58亿欧元资金。该国还将提高企业税税率。⑦

---

① 袁源. 西班牙300亿紧缩出台或为获得千亿援助前提条件[N]. 国际金融报,2012-7-6.

② 孙涛,臧秀玲. 欧债危机与资本主义福利国家新变化[J]. 财经科学,2012(6):1-9.

③ 宋学红. 欧债危机对欧盟经济的影响与启示[J]. 经济纵横,2012(4):96-99.

④ 王慧卿. 富国财政瘦身陷入两难爱尔兰总理面临20%降薪[N]. 第一财经日报,2009-12-23.

⑤ 孙涛,臧秀玲. 欧债危机与资本主义福利国家新变化[J]. 财经科学,2012(6):1-9.

⑥ 李雪姣. 欧元集团同意救助塞浦路斯计划规模约为100亿欧元[N]. 中国日报(国际在线专稿),2013-03-16.

⑦ 陈听雨. 欧元集团同意救助塞浦路斯规模约100亿欧元[N]. 中国证券报,2013-3-18.

7)德国的应对

德国作为欧盟及欧元区经济实力最强的国家,本身并没有陷入债务危机,但它却无法置身事外。一方面,为应对欧债危机,2010 年 7 月 7 日,德国政府也出台了 4 年期的拟开源节流 800 亿欧元的财政紧缩计划,以作表率。① 另一方面,德国的态度在如何处置整个欧元区债务危机的政策选择上具有十分重要的影响。简而言之,德国在应对欧债危机中的犹豫表现和选择以财政紧缩为中心的方案,有其固有的原因:它既受到了德国经济治理理念的影响,同时也表明德国政府的行动能力在国内受到了各种制约因素的限制,②从而在一定程度上决定了缓解欧债危机的过程和走向。

(1)反通胀与秩序自由主义经济治理理念

德国一直认为,解决债务危机的唯一方案只能是德国式的,即财政紧缩高于一切。《财政契约》也深深打上了德国的烙印。③ 因为早在欧债危机爆发前,德国就在 2009 年初的联邦制改革中,把"债务刹车"写入了《基本法》第 143d 条第(1)款中,目的在于限制德国的国家负债,以及对联邦和各州预算赤字的降低做出强制规定(2009 年 8 月 1 日起生效)。此外,德国政府拒绝欧元债券,拒绝把欧洲央行变成最后贷款人。虽然在这些议题上德国总理默克尔(Angela Dorothea Merkel)受到了欧盟机构、欧元集团主席和其他成员国的强大压力,甚至在部分重债国引发了仇视德国的情绪,但默克尔依然不为所动。至于迫于意大利和西班牙的压力,默克尔在银行救助问题上的立场有所松动,允许欧洲稳定机制可以直接向银行提供资金,但也不能表明其完全偏离了原有立场:因为人们仔细研读该峰会公报就可以发现,救助的前提条件是,必须在欧洲央行的领导下,建立起统一的银行监管机制。而先建立监管机制,再引入银行的共同担责,这依然符合德国立场的基本原则。而且,默克尔在欧元债券问题上丝毫没有退让的意思。比如在 2012 年 6 月 29 日峰会召开前,默克尔甚至义正词严地回绝了欧盟有关把债务共同体化的建议,她曾明白无误地表示:"只要我活着,就不会有欧元债券"。

客观地说,默克尔政府这一几乎不容谈判的立场不能仅仅理解为出于德国追逐本国利益的需要,而是与德国的经济治理理念有着密切关系的。这是因为,首先,魏玛共和国时期以及二战后初期恶性通货膨胀的梦魇依然铭记在德国人苦涩的集体记忆中,这形成了德国人的稳定文化,或者说反通胀文化;其次,作为德国社会市场经济基础的秩序自由主义理念,通常拒绝在经济衰退过程中使用扩张型财政与货币政策来应对危机,相反,它认为财政紧缩才是建立可持续经济增长的基础,而且德国战后至今所取得的经济成就更增强了德国人的这一信念。④ 默克尔的一番话也说明了这一点:"我们拥护一种特别的稳定与经济增长文化,但我们是在欧洲的精神里这样做"。⑤ 应该说,德国的观点之所以最后

① 宋学红.欧债危机对欧盟经济的影响与启示[J].经济纵横,2012(4):96-99.

② 郑春荣.从欧债危机看德国欧洲政策的新变化[J].欧洲研究,2012(5):5.

③ Gisela Müller-Brandeck-Bocque,t"Deutschland-Europas einzige Führungsmacht?",Aus Politikund Zeitgeschichte,2012-10:21. 转引自:郑春荣.从欧债危机看德国欧洲政策的新变化[J].欧洲研究,2012(5):6.

④ Sebastian Dullien and Ulrike Guéro,t"The Long Shadow of Ordoliberalism: Germany's Approachto the Euro Crisis",ECFR Policy Brief,No. 49,European Council on Foreign Relations,February 2012.

⑤ Gisela Müller-Brandeck-Bocque,t"Deutschland-Europas einzige Führungsmacht?,pp. 17-19.

占据了主导地位，是因为德国经济思想的说服力使然，而不是德国仅仅为了本国利益而滥用其强大经济地位的结果。反观当初欧元区成立的过程，当时联邦德国就曾主张应在先实现高度的经济趋同以后，再推行固定汇率以及发行单一货币，强调经济趋同是货币稳定的基础，此观点也称“经济先行”。但后来德国让步于“货币先行”的观点，赞同先成立欧元区，然后促进经济趋同。而至欧债危机发生后，在一定程度上正说明“经济趋同”这个欧元稳定的基础发生了问题，所以德国反过来再次坚持必须有严格的财政纪律，应该说是其一贯思维的反映。①X

(2)内政因素的影响

德国政治体制中的各个否决玩家(veto player)②明显制约了德国政府的作为，这在两德统一以来尤为明显。同样，据观察，20 世纪 90 年代以来德国欧洲政策的一个关键变化就是出现了影响政府决策的“强制性要求”(compelling demands)，③这些要求包括反转的公众舆论、联邦宪法法院的判决等，它们使德国政府甚至能够向欧盟伙伴提出不容谈判的要求。④ 而就这次欧债危机的 ESM 而言，2012 年 9 月 12 日德国宪法法院裁定，欧元区永久性救助机制——欧洲稳定机制(ESM)和欧盟最新“财政契约”符合德国宪法，但附加了一定的条件，其中包括未经德国议会允许，该国政府须确保对 ESM 的出资额不超过 1 900 亿欧元。这才为 ESM 的正式启动扫除了最后障碍。随后欧元集团主席容克才能宣布，欧元区计划于 10 月 8 日召开 ESM 理事会首次会议，预计 ESM 正式启动的时间不会早于 2013 年 1 月 1 日等。⑤ 这正说明了德国在决定欧债危机的缓解上究竟采取何种对策上所具有的至关重要的决定性影响和实力。

注　释

Ⅰ 由于数据来源的不同，发展中国家 1982—1988 年外债余额有些差异。比如，有数据表明，发展中国家的外债总额从 1982 年底的 8 310 亿美元增大到 1988 年底的 13 200 亿美元，六年内增加了 4 890 亿美元，约增长 60%。参见：日本大西圆，《“布雷迪计划”的背后：发展中国家对外债务的现状》，见日本《贸易振兴会信息》，1989 年 7 月号。转引自：杨维中．发展中国家债务危机问题初探[J]．南洋问题研究，1990(1)：1.

Ⅱ 路透社哈瓦那 12 月 9 日电：俄罗斯和古巴悄悄签署了协议，免除古巴欠苏联的 320 亿美元债务的 90%。这个协议结束了 20 年的争论，为更多投资和贸易开辟了道路。协议要求古巴在 10 年时间里支付 32 亿美元，以换取俄罗斯免除 320 亿美元债务的剩余部分。参见：《参考消息》，2013 年 12 月 11 日 3 版。

Ⅲ 由于统计口径的不同，也有数据说明，截至 2007 年 10 月 1 日，美国审计署计算的美国政府长期债务达到了 52.7 万亿美元。为便于理解，审计署把它分解成以下数字：美国居民每个人 17.5 万美元(2007 年美国的人均 GDP 是 46 280 美元)，每个全职员工 41 万美元，每个家庭 45.5 万美元。为了应付债务，美国政府每天都得对付 18.6 亿美元的新债。参见：刘丽娜．谁

---

① Matthias M. Matthijs, Germany's Role in Crafting a Solution to the 2010 EMU Sovereign DebtCrisis: Persuading with Power or the Power of Persuasion, Paper to be presented at the Twelfth Biennial International Conference of the European Union Studies Association(EUSA), Boston, Massachusetts, 2011-3-4 :23.

② George Tsebelis, Veto Players: How Political Institutions Work, Princeton, NJ: Princeton University Press, 2002.

③ Simon Bulmer and William E. Paterson. “Germany and the European Union: from ‘Tamed Power’ to Normalized Power?”, International Affairs, Vol. 86, No. 5, 2010: 1051-1073.

④ Matthias M. Matthijs, Germany's Role in Crafting a Solution to the 2010 EMU Sovereign DebtCrisis: Persuading with Power or the Power of Persuasion, Paper to be presented at the Twelfth Biennial International Conference of the European Union Studies Association(EUSA), Boston.

⑤ 出资额上限 1900 亿欧元德宪法法院有条件裁决 ESM 合法[N]. 中国证券报, 2012-9-13.

来为美国还债?[J]. 中国经济周刊,2009年10期。

Ⅳ 也有学者认为,如果跟中国作一个时比的话,中国不包括土地出让金,不包括国有企业的利润,更不包括国有企业的股权出让、买卖给财政部应该带来的一些收益,单说预算内的财政税收,2011年可能会超过10万亿元人民币。如果2011年中国GDP在40万亿元人民币左右的话,这10万多亿元人民币的财政税收,就相当于中国GDP的25%左右。而美国联邦政府同年的财政税收大概是22 000亿美元,相当于美国今年GDP的14.5%。也就是说,美国政府收到口袋里面的只占GDP的14.5%,而中国政府预算的财政税收,占到了中国GDP的25%,中间相差10%~10.5%这样一个水平。如果看2011年的财政赤字的话,美国大概为GDP的12%,差不多是1.6万亿美元,中国同年的财政赤字与GDP比例大概为2%多一点。换而言之,如果美国政府征税的强度跟中国一样,美国2011年的财政赤字也维持在2%~3%的水平,跟中国完全是一样的。参见:陈志武. 美债危机是藏富于民使然[J]. IT Time Weekly,2011-9-20:16.

Ⅴ 与前两次QE相比,QE3有以下几个方面的特点:首先,QE3没有明确量化宽松的规模上限。QE1总规模为1.75万亿美元,包括3 000亿美元国债,1.25万亿美元MBS和2 000亿美元机构债,共计1.75万亿美元;QE2仅购买6 000亿美元的长期国债,且总规模远小于QE1;而QE3只是要求每月可购买400亿美元MBS,直至就业明显改善为止,并没有一个明确的规模上限,以至于市场分析人士对于QE3数量多少的分析相差甚大。其次,QE3的持续时间不定。QE1的实施时间为2009年3月至2010年3月(共计13个月);QE2为2010年8月底至2012年6月(共计23个月);而美联储对QE3的表述为,只有在就业明显改善的时候才会停止,但就业条件改善是一个相当不确定的概念,给了市场更多的想象空间,也给美国的货币政策变化提供了更多的回旋余地。最后,QE3购买的资产品种不同。QE3购买的债券品种仅为MBS,这表明美国住房市场有某种程度上的复苏。而QE1包括国债、MBS和机构债;QE2只有国债。而在前两轮QE中,美联储已采购了价值2.3万亿美元的国债和MBS。2012年9月美联储还在执行所谓的扭曲操作(OT),将总值6 670亿美元的短期国债置换为较长期国债。参见:新浪. 美联储推出QE3每月额度400亿美元. 证券之星,2012-9-14.

Ⅵ 由于资料出处不一,另一说法是:"希腊、葡萄牙、意大利、爱尔兰、西班牙五个国家2012年的到期债务有4 061亿欧元,长期债务规模有4万亿欧元之巨。"参见:臧秀玲. 欧债危机与资本主义福利国家新变化. 财经科学,2012(6):1-9.

Ⅶ 20世纪30年代,美国曾遭遇严重的经济危机,生产过剩导致产品滞销、大量劳动者失业。为了应对经济危机,罗斯福政府于1935年出台了《社会保障法》,建构了以老年人、残疾人、失业者和儿童为主要对象的社会保障体系。作为"罗斯福新政"的重要内容,这部法律的出台与实施确保了弱势群体的基本生活,对美国摆脱经济危机发挥了重要的作用。20世纪40年代,英国遭受第二次世界大战的重创,社会经济全面凋敝。针对此种困境,工党提出建立覆盖全民、待遇均等、项目齐全的福利国家制度,迅速提振了国民的信心,巩固了社会团结,拉动了相关基础设施和服务设施的建设,提供了大量的就业岗位,帮助英国很快从二战的废墟中走出来,成为全世界第一个福利国家。随后,福利国家模式风靡整个欧洲,很多西欧和北欧国家先后成为福利国家。因此,从全球范围内社会保障制度发展的历史看,福利制度的产生与发展不仅不是经济危机的致因,而且常常成为缓解经济危机,恢复经济发展的良方。参见:鲁全. 欧债危机是社会保障制度导致的吗?——基于福利模式与福利增长动因的分析[J]. 中国人民大学学报,2012(3):95-101.

Ⅷ 比如,2011年1月4日上午,中国国务院副总理李克强开始对西班牙、德国和英国三国进行正式访问,表示中国将购买60亿欧元的西班牙国债,如果加上此前购买的希腊债券,中国已出手上百亿欧元购买欧债。参见:ESM今日启动欧债危机迎"转折点"[N]. 经济参考报,2012-10-8.

Ⅸ 欧元区为ESM设计了两套杠杆化方案:第一套方案是由EFSF向欧元区成员国发行的债券提供相当于债券面值20%~30%的担保,向债权人提供保护;第二套方案是成立一个特殊目的工具,以吸引公共和私营部门的投资者,通过在一级市场买入债券的方式向成员国直接提供融资,并承诺根据损失份额约定率先承担损失。参见:ESM贷款能力或增至2万亿芬兰坚决反对[N]. 国际金融报, 2012-9-25.

Ⅹ 德国和荷兰之所以会采取"经济先行"的相同立场,可能与其具有财政政策实施效果的相似性有关。比如,在德国和荷兰,增强通货膨胀的不确定性会降低实际的通货膨胀水平。而在意大利、西班牙,甚至在一定程度上对法国,增强通货膨胀的不确定性则会提升实际的通货膨胀水平。据称这种现象的存在与各国中央银行的独立程度比较相一致。参见:S. Fountas, A. Ioannidis, M. Karanasos, Inflation, Inflation Uncertainty and a Common European Monetary Policy, The Manchester School Vol. 72 No. 2 March 2004, 1463-6786, 221-242.

第4章　金融泡沫与金融危机

4.1　金融泡沫

所谓泡沫,即虚幻,不真实的现象。而金融泡沫(Financial Bubbles)则是指金融资产的价格过度膨胀,超出由实体经济所决定的资产基本价格的现象。由于价格是用货币来表示的,因而总资产价格之差也就是表征资产的货币总量之差,显然这部分货币总量之差也是由于超出由实体经济所决定的资产基本价格所导致的。根据财富是货币的本源、货币是财富的表征之一般关系及"有效货币与实体财富的对应原理"(详见5.1.3.2货币与财富的关系总结)来判断,由于超出有效货币的那部分货币并没有相应的实体财富所对应,因而这超出部分所对应的必然是虚拟财富,是不真实的。只有当泡沫破裂,虚华去尽,剩下的才是真实财富。但现实的问题是,在金融泡沫形成、膨胀到破裂的过程中整个社会往往会经历一个表面繁荣、经济亢奋、虚拟财富萎缩的过程,并会对实体经济造成打击,同时也会对人们的心理产生严重的负面影响。历史上比较著名的金融泡沫事件主要有1636年发生的荷兰"郁金香泡沫"、1719—1720年发生的法国"密西西比泡沫"、伦敦"南海泡沫"等事件。而20世纪80—90年代以来,典型的金融泡沫事件还有日本、美国金融泡沫、东南亚金融泡沫等。[①]

4.1.1　历史上金融泡沫的典型案例

4.1.1.1　荷兰郁金香泡沫事件

"喔,公民们,这就是狂热的报应!"——卢梭(Jean-Jacques Rousseau,1712—1778)这句话是对当年荷兰郁金香泡沫事件中受害的人们无情的讽刺。而该事件,则是人类历史上出现的第一次金融泡沫,它沉重地打击了荷兰,也对世界经济的发展产生了深远影响。[②]

据说在很久以前,骑在骆驼背上的商人就通过丝绸之路,把郁金香带到了土耳其。16世纪中叶,郁金香传入奥地利,继而传向整个西欧。但其中的荷兰,很快就因其独特的气候和土壤条件,成为世界上一个主要的郁金香栽培国。当时,因郁金香被引种到欧洲的时间尚短,数量非常有限,加上它的形象典雅美丽,十分符合欧洲人的审美品位,故而很快就风靡了欧洲的上层社会,价格极其昂贵。当时,在晚宴上佩戴一枝郁金香珍品,被人们视为地位和身份的象征。王室贵族和贵妇人们纷纷趋之若鹜,争相购买最稀有的郁金香品种。17世纪的荷兰已是欧洲的经济强国之一,当时经济十分繁荣,并成为极具魅力的新兴市场。许多富

---

① 名词解释·什么是金融泡沫?[J]. 农场经济管理,2008-6:57.

② 章凝. 荷兰郁金香泡沫[J]. 金融博览,2009(3):16.

商家族和贸易公司都集中在那里。不仅如此,还早在 100 年前,荷兰就形成了组织有序的证券市场。而当郁金香开始在荷兰流传后,一些机敏的投机商就开始大量囤积郁金香球茎以待价格上涨。不久,在舆论的鼓吹之下,人们对郁金香表现出一种病态的倾慕与热忱,并开始竞相抢购郁金香球茎。

1634 年底,荷兰的郁金香商人们组成了一种类似产业行会的组织(college),基本上控制了郁金香的交易市场。该行会还强行规定:任何郁金香买卖都必须向行业缴纳费用。从而其在一定程度上垄断了郁金香的交易及其价格。

若有人想在 1635 年秋季的巴黎购买一枝上好的郁金香花茎,需花费相当于 110 盎司黄金的货币,这在当时,是一笔不小的开销。然而,就在一片香艳奢靡风气的背后,郁金香的价格静悄悄地升腾起来。郁金香所带来的巨大利润迅速吸引着人们的眼球。在那些日子里,荷兰几乎所有的家庭都建起了花圃,用来种植郁金香。贵族、市民、农民、工人、海员、马车夫、女仆甚至清洁工,大家都摇身一变,成了栽培郁金香的行家里手。这以后,不仅珍贵品种,几乎所有郁金香的价格都飞涨起来。比如,同样在 1635 年,一种叫 Childer 的郁金香品种单株卖到了1 615弗罗林(florins,荷兰货币单位)。而 17 世纪早期的荷兰,买 4 头公牛,只要花费 480 弗罗林,1 000 磅(约 454 公斤)的奶酪也只需 120 弗罗林。可是,郁金香的价格还在继续上涨。1636 年,一株稀有品种的郁金香(当时的荷兰全境只有两株)竟以 4 600 弗罗林的价格售出,购买者还需额外支付一辆崭新的马车、两匹灰马和一套完整的马具。[①]

也就在 1636 年,为了方便郁金香交易,人们干脆在阿姆斯特丹的证券交易所内开设了固定的交易市场,并创造了"期货选择权"——1636 年可以卖出 1637 年出产的郁金香球茎,交割前不需要付款,交割时只需交割证券市场差价,而且推出交易杠杆,允许买空。到 1637 年,郁金香的价格已涨到了骇人听闻的水平。与上一年相比,有的品种的郁金香总涨幅高达5 900%。现在人们常说的"看涨"、"看跌"、"期权"、"期货"等名词,就是那时候被人们创造出来的,曾被广泛用于郁金香的交易中。

终于,郁金香泡沫形成了。在 1636 年 12 月到 1637 年 1 月之间,所有品种的郁金香价格全线上升。以一种稀有品种 Goudo 为例,其价格 1634 年仅为每盎司 1.5 弗罗林,1635 年底也不过为每盎司 2 弗罗林。但随着郁金香投机市场的形成,Goudo 在 1636 年 11 月价格猛升至7 弗罗林,随后回跌至 1.5 弗罗林。在该年 12 月 12 日其价格再度强烈反弹,直上 11 弗罗林。1637 年开始,郁金香泡沫趋严重化。该年 1 月 2 日,一株 1.5 磅重的 Witte Croonen 球茎市价为 64 弗罗林,到 2 月 5 日就飙升到了 1 668 弗罗林。短短的一个多月内价格抬高了二十多倍。与此同时,大量热钱也从德国、法国等地涌进荷兰,加入炒作的行列。1637 年 2 月,一株名为"Semper Augustus:永远的奥古斯都"的郁金香售价高达 6 200 余弗罗林,这笔钱足以买下阿姆斯特丹运河边的一幢豪宅,而当时荷兰人的平均年收入只有 150 弗罗林。[②]

其实,投机者们并不想真的占有他们所买进的东西,只是希望能以理想的价格转手卖

① 次贷危机研究课题组. 次贷危机正在改变世界[M]. 北京:中国金融出版社,2009:266.

② 赵涛、彭龙编著,金融史其实很有趣[M]. 上海:立信会计出版社,2010:前言.

给后面的接盘者。而荷兰政府也适时颁布法律,设置郁金香交易的特别公证人,指定郁金香交易的固定场所,力图规范郁金香的交易活动。但由于郁金香的价格继续以令人目眩的速度攀升,不断加入的买方力量推动着郁金香的价格以更快的速度上涨。致使不动产被抵押,用来保证它的主人获得投机郁金香价格继续上涨的权利。当时在整个荷兰,几乎每一个人都在为郁金香而疯狂。后来的法国作家大仲马(Alexandre Dumas, père, 1802—1870)在他的世界名著《黑郁金香》中,曾这样赞美一种名叫"黑寡妇"的黑色郁金香:她"艳丽得让人睁不开眼睛,完美得让人透不过气来",该小说也因郁金香而弥漫着一层浪漫的情调。然而,泡沫终归是泡沫,就像一阵风,投机狂热总会刮过去的。郁金香泡沫的高峰期仅维持了一个多月。当人们意识到自己参与的只是一种投机活动,并不真正创造财富时,总会有人清醒过来。最后,一个偶然的事件导致了郁金香的多米诺骨牌效应。一天,一位"乡巴佬"式的外国水手,将一个昂贵的郁金香球茎错当成洋葱头,就着熏鱼吃掉了。愤怒的球茎主人把水手告到法官那里,引起了一场动静不小的法律纠纷。但这名外国水手憨厚可笑的举动,却无意中戳穿了漂浮不定的郁金香泡沫。人们开始怀疑,郁金香真的值那么多钱吗?于是,原先坚固无比的信心防线迅速坍塌,无人敢再去接手郁金香。1637 年 2 月中旬以后,郁金香价格开始大幅度下跌。

1637 年 2 月 24 日,花商们在阿姆斯特丹开会决定,在 1936 年 12 月以前签订的郁金香合同必须交货,而在此之后签的合同,买主有权少付 10% 的货款。但这却进一步加剧了市场混乱,荷兰政府不得不出面加以干预,并拒绝批准这个提议。1637 年 4 月 27 日,荷兰政府决定终止所有合同,一年之后,又通过新规定,允许郁金香的最终买主在支付合同价格的 3.5% 之后中止合同。按照这一规定,如果郁金香最终持有者已付清了货款,则其损失可能要超过初始投入价款的 96.5%,而如果还没有支付货款,则只需支付合同货款的 3.5%,那么,卖主就要遭受非常严重的损失了。此后,市场一蹶不振,再没有恢复元气。例如同样以名贵品种 Semper Augustus 为例,1637 年 2 月 5 日,其最高价达到 6 290 弗罗林,但 100 年之后的 1739 年,仅为每盎司 0.1 弗罗林,见表 4 - 1。

表 4 - 1 荷兰郁金香泡沫中郁金香价格变动表 单位:弗罗林

品 种	1637 年 1 月 2 日	1637 年 2 月 5 日	1739 年
Admirael de Man	18	209	0.1
Gheele Croonen	0.41	20.5	0.025
Witte Croonen	2.2	57	0.2
Switsers	1.0	30	0.05
Semper Augustus	2 000	6 290	0.1
Gheele ende Roote van Layden	17.5	136.5	0.2

资料来源:徐滇庆,等. 泡沫经济与金融危机[M]. 北京:中国人民大学出版社,2000:55.

由表 4 - 1 可知,当时荷兰郁金香泡沫中郁金香价格都经历了一个过山车似的波动。仅几天的工夫,有的品种价格竟狂跌到最高价位的 0.005%。此后,民间有关郁金香的债务诉讼案堆积如山,法庭却无力审理,成千上万的投资者在浩劫中倾家荡产。而当时的欧洲金融中心、东方贸易霸主荷兰,也因一枝小小的郁金香而遭受了沉重的打击。这就是人类历史上第一次有记载的金融泡沫。据说,当今经济学界流行的术语"泡沫"一词,也是源自300多年以前发生的那场郁金香投机风潮(Tulipmania)。①

最终,荷兰政府决定终止所有合同,禁止投机式的郁金香交易,从而彻底击破了这次历史上空前的金融泡沫。郁金香投机泡沫结束之后,荷兰陷入了很长时间的经济萧条。更为糟糕的是,郁金香事件不仅沉重打击了举世闻名的阿姆斯特丹交易所,更使荷兰经济陷入一片混乱。这个曾经繁荣一时的经济强国开始走向衰落。同时,由于与荷兰有着密切的贸易关系,这场风波所导致的经济萧条甚至蔓延到周边的大都市,包括巴黎和伦敦也未能幸免。②

4.1.1.2 法国密西西比泡沫事件

在荷兰郁金香泡沫迸裂的80年后,1719年又出现了法国密西西比股市泡沫。这两桩泡沫事件的相同之处是:法国股票市场的价格和当年郁金香价格一样在很短的时期内大起大落。比如,从1719年5月开始,法国股票价格连续上升了13个月,股价从500里弗尔涨到1万多里弗尔,涨幅超过了20倍。然后,法国股市从1720年5月开始崩溃,连续下跌13个月,跌幅为95%。然而,密西西比股市泡沫和郁金香泡沫的不同之处在于:荷兰郁金香泡沫基本上是民间的投机炒作,但密西西比股市泡沫却有着明显的官方背景。同时,郁金香泡沫所炒作的只不过是一种商品,牵涉到的人主要是投机商,而密西西比股市泡沫却发生在股票和债券市场,把法国广大的中下阶层民众都卷了进去。这次事件从本质上来说,是法国政府为了获取巨额的铸币税,而密西西比公司则是为了获取不当得利所致。据《货币史:从公元800年起》的作者乔恩的研究,密西西比泡沫事件的发生与一个名叫约翰·劳(John Law)的投机家有直接的关系。乔恩称之为:"约翰·劳,一个苏格兰人,实际上却成了法国的财政部长乃至于首相,并且是第一个在欧洲主持不可自由兑现(为金银)的纸币试验的人。"③

据说约翰·劳在意大利图灵时,在阿姆斯特丹银行开了一个账号,账上的个人资产有109 000英镑,1712年他在海牙买下了一幢房子,并创办了一家豪华的博彩馆。一年之后,他带着他的那份事业离开那里前往法兰西。1715年9月1日,路易十四世(Louis-Dieudonné、Louis XIV)去世,而此前不久,因他的儿子及孙子已双双离他而去,所以由他年幼的曾孙接替王位,成为路易十五世(le Bien-Aimé15,1710—1774),而其叔父奥尔良公爵,也是约翰·劳的老朋友则成了摄政王。也就是在他摄政的五年里,约翰·劳的所作所为就作为反面教材而被永远载入了金融史册。

首先需要说明的是,在路易十四世执政的54年里(1661—1715),法国国力曾变得极为强盛。但其统治下的繁华也掩盖了社会的动荡与不安。当时全国上下,腐败猖獗,私人部门的那只"看不见的手"想方设法地伸向国家的大钱袋攫取公共财产。当时,法国国债的规模已达到20亿里弗尔,每年的利息就有8 000万里弗尔,公共收入为1.45亿里弗尔,而公共开支(不含利息)则为1.42亿里弗尔。在前国王死后,约翰·劳迅速地活动起来,

① 李炜光.郁金香风潮与金融泡沫[J].书屋,2010(3):16-18.

② 赵涛、彭龙编著,金融史其实很有趣[M].上海:立信会计出版社,2010:前言.

③ 约翰·F·乔恩.货币史:从公元800年起[M].李广乾,译.北京:商务印书馆,2002:336.

在两个月的时间里，他同奥尔良公爵及其他相关人员就他的"点纸为金"的计划进行讨论。约翰·劳认为在当时就业不足的情况下，增加货币供给可以在不提高物价水平的前提下增加就业机会并增加国民产出。一旦产出增加之后，对货币的需求也会相应跟上来。而在实现了充分就业之后，货币扩张还能够吸引外部资源，进一步增加产出。他认为纸币本位制要比贵金属本位制更好，因为纸币本位制具有更大的灵活性，给了发行货币的银行更多的运转空间和控制宏观经济的能力。值得一提的是，他所说的货币供给中包括了政府法定货币、银行发行的纸币、股票和各种有价证券。该计划得到了摄政王的支持。①

1716年，年幼的路易十五世在奥尔良公爵的主持下，为获取铸币税，对法兰西货币进行了重铸，使货币贬值了1/5。当时法国的税制极不健全，不仅对法国王室贵族豁免税收，而且其他地方的漏洞也很多。于是时任的一位大法官坎伯拉发动了一场广泛的清理农场主偷税漏税的运动。这场运动共收缴到1.8亿里弗尔罚款，但其中只有8 000万里弗尔用于偿还国债，另外的1亿里弗尔则进了官僚们的腰包。由于在该场清洗运动中政府宣布检举有功者可获得丰厚的回报，于是许多诚实的商人也跟着倒了霉。他们为了证明自己的清白不得不白白地浪费精力，花费可观的钱财。这就给了约翰·劳以天赐良机，他于是就提出了发行纸币、开办银行的建议（纸币既可以兑换硬币，也可以用来缴纳赋税和罚款）。奥尔良公爵则向议会游说请求支持约翰·劳的建议，最后在1716年5月1日获得通过。5月5日，国王发布公告，批准成立约翰·劳公司（Law & Company）以及一家私人银行——通用银行（Bangue Genarale，后改为中央银行）。规定通用银行拥有发行货币的特权，其货币可以用来兑换硬币和付税。银行的资本金为600万里弗尔，分1 200股，每股5 000里弗尔。通用银行建立后经营得非常成功，资产总额迅速增加。同当时的英格兰银行一样，它获得了政府给予的诸多特权，但作为回报，它承担了部分国债购买义务。而其所募集的股份中，1/4必须以硬币支付，其余的以国家钞票支付。由于钞票的面额大约只值金币的4成，因此实际筹集的资本金只有330万里弗尔，其中包括实际支付的150万里弗尔现金。值得注意的是，由于该银行发行的钞票可以用来支付税款，这是典型的法定货币地位的"定义"。因此该银行事实上也行使了中央银行的职能。当然，或许可以说银行的最初设想是好的：钞票以硬币作为信用担保，并可自由地兑换为发行时流通的硬币。②

话分两头。约翰·劳除在1716年5月成立通用银行以外，在1717年8月又取得了在北美的路易斯安那的贸易特许权和在加拿大的皮货贸易垄断权，为此又成立了西印度公司。当时，路易斯安那是属于法国的领地，由于路易斯安那位于密西西比河流域，因此人们便把西印度公司称为密西西比公司，此后，由约翰·劳一手导演的泡沫经济也被称为密西西比泡沫。密西西比公司成立时的资本金为1亿里弗尔，分为20万股，每股500里弗尔，这些股本可全部用国家钞票并按面值支付。但这些钞票在流通中对硬币都大打折扣（折扣范围在58%～72%），所以每股的实际资本大约为140～160里弗尔。公司的大部分资产用来承担政府债务而不是用作贸易资产。此后，密西西比公司的资产同约翰·劳的银行（中央银行）的资产紧密地联系到一起了。随后，约翰·劳又建立了西方公司

---

① 约翰·F·乔恩. 货币史：从公元800年起[M]. 李广乾，译. 北京：商务印书馆，2002：:336-338.

② 约翰·F·乔恩. 货币史：从公元800年起[M]. 李广乾，译. 北京：商务印书馆，2002：339.

(Companied' Occident)。该公司在1718年取得了烟草专卖权。1718年11月又成立了塞内加尔公司(Senegalese Company)负责对非洲贸易。

据乔恩研究,就在1718年,“摄政王奥尔良公爵发现建立(中央银行)已经带来了非同寻常的利润,于是决定将其纳入他的摄政王陛下的手中。……这项决定……不可能会让约翰·劳满意——但他知道反对摄政王的意愿是不会得到好处的。”[①]为此,1718年12月14日,国王发布《关于将通用银行改组为皇家银行的公告》,宣布银行将改名为皇家银行(Banque Royale),从而组建了真正意义上的中央银行。国王偿还了以前股东的股份(全部用硬币,因而让这些股东获利不少),并表示今后将由自己对钞票承担信用责任。国王同时还保证,钞票不可能会出现贬值的情况,因为它们可自由地兑付为硬币,而且约翰·劳公司的股东都将得到全额的支付。约翰·劳则被任命为董事长,并继续负责业务。皇家银行在1719年开始发行以里弗尔为单位的纸币。

1719年5月,密西西比公司同东印度公司合并,并接管了对东印度、中国和南海地区的贸易专营权,合并而成的新公司取名“印度公司”(Compagnie des Indes),垄断了法国所有的欧洲以外的贸易。该公司新增5万股,与原始股地位相同。这些现在被称之为“Meres”的股票,名义价值为每股500里弗尔,并可全部以国家钞票按面值支付,而且这些股票承诺每年支付红利200里弗尔。由于约翰·劳所主持的垄断性的海外贸易可以为他的公司源源不断地带来超额利润,所以对其股票的订购数量超过计划发行数量的6倍,而且在拖延了几个星期之后才公布股票订购清单,当时人们为了得到该公司的股票,一度出现了疯狂抢购的局面。这样约翰·劳在贸易和金融两条战线上同时出击,节节取胜,声望鹊起。而在货币发行方面,或许出于约翰·劳的本意,或许受到指使,在1719年1月5日到12月20日的这段时间里,银行发行的钞票达到了10亿里弗尔,而到1720年5月1日银行又再次发行了16.96亿里弗尔。皇家银行的摊子到这时显然绝对地摊大了。[②]

1719年7月25日,约翰·劳向法国政府支付了5 000万里弗尔,取得了皇家造币厂的承包权。为了取得铸造新币的权力,印度公司发行了5万股股票,每股面值1 000里弗尔。由于约翰·劳的股票在市场上非常受欢迎,股票价格很快就上升到1 800里弗尔。

1719年8月,约翰·劳又取得农田间接税的征收权。他一直认为法国的税收体制弊病很严重,征税成本太高,漏洞太多,直接影响到了法国政府的财政收入。因此,约翰·劳向政府建议,由他来承包法国的农田间接税,实行大包干,每年向政府支付5 300万里弗尔。如果征的税赋收入多于这个数字,则归印度公司所有。由于这个数字大大高于法国政府的税收岁入总额,奥尔良公爵何乐而不为?在约翰·劳的主持之下,印度公司简化征税机构,降低征税成本,尽力扩大税基,取消了对皇室贵族的免税待遇。当然,为此约翰·劳也得罪了不少贵族豪强。但印度公司在法国的声名却因此大噪,促使其股票价格连连上涨。在1719年10月约翰·劳的印度公司又接管了法国的直接税征税事务,其股票价格也一举突破了3 000里弗尔。

1719年约翰·劳决定通过用印度公司发行股票的办法来偿还15亿里弗尔的国债。

---

① 约翰·F·乔恩. 货币史:从公元800年起[M]. 李广乾,译. 北京:商务印书馆,2002::339.

② 约翰·F·乔恩. 货币史:从公元800年起[M]. 李广乾,译. 北京:商务印书馆,2002:342.

为此印度公司连续三次大规模增发股票:在 1719 年 9 月 12 日增发 10 万股,每股面值 5 000里弗尔。股票一上市就被抢购一空。股票价格直线上升。1719 年 9 月 28 日印度公司再增发 10 万股,每股面值也是 5 000 里弗尔。1719 年 10 月 2 日第三次增发 10 万股。股票价格一涨再涨,持续上升。这样,印度公司的股票面值在 1719 年 4 月只不过为 500 里弗尔,在半年之内被炒作到 18 000 里弗尔。①

1720 年初,约翰 · 劳攀上了他一生的事业顶峰。1720 年 1 月,约翰 · 劳被任命为法国的主计长和监督长。他一手掌管政府财政和皇家银行的货币发行,另一手控制法国海外贸易与殖民地发展。他和他的印度公司负责替法国征收税赋,持有大量的国债。随后,印度公司干脆接管皇家银行的经营权。在人类历史上还从来没有任何一个经济学家有如此好的机会来实践自己的理论。印度公司的股票价格猛涨不落,吸引了大量欧洲各国的资金流入法国。皇家银行和密西西比公司的业务到这时就相互关联起来了。当然,这样做的结果是,密西西比公司的股票价格继续上升,而这些股票的购买价款则来自银行扩大发行的钞票。还有一个买进和卖出部门专门负责将密西西比公司的股价维持在 9 000 里弗尔。据乔恩研究,相比之下,“英格兰对于密西西比公司相类似的南海公司的政策,则截然不同:英格兰银行保持中立态度,成功地阻止了收购南海公司的行为,而且它所发行的钞票仍然可以自由地兑现为硬币。另一个差别是,法国没有相互竞争的‘泡沫公司’,一切都受到约翰 · 劳的有效控制。唯一的问题就是钞票持有者仍然有权要求以硬币支付。……皇家银行虽然没有面临挤兑的风险,但是一些狡猾的营私舞弊者和精明的投机商很快即将其利润调换成硬币,并偷偷地将其运出法国。”②

值得一提的是,约翰 · 劳为了抬高印度公司股市行情,确曾声明其股票的红利与公司的真实前景无关。但他这种深奥莫测的说法进一步鼓励了民间的投机活动。而空前盛行的投机活动必然极大地促进对货币的需求。于是,只要印度公司发行股票,皇家银行就跟着发行货币。每次增发股票都伴随着增发货币。这是因为约翰 · 劳坚信存在这样的可能性:增发银行纸币→换成股票→最终可以抵消国债。1719 年 7 月 25 日皇家银行发行了 2.4 亿里弗尔货币,用以支付印度公司以前发行的 1.59 亿里弗尔的股票。1719 年 9 月和 10 月,皇家银行又发行了 2.4 亿里弗尔货币。由于到这时法国所有的支付已都得用纸币了,因而在 1720 年 2 月至 5 月间,就印了 15 亿里弗尔的钞票,它们当然不能自由兑现。虽然这些钞票得到国家的担保,但银行的利润却转给了印度公司。1720 年 5 月,据计算,流通中劳所发行的钞票,共有 26 亿里弗尔,超过硬币的 2 倍。③ 随后出现的问题是,在大量增发货币之后,虽然经过了一个很短的滞后期,但通货膨胀终于光临法国(因为通货膨胀说到底是一种货币现象)。在 1719 年法国的通货膨胀率为 4% ,到 1720 年 1 月就上升为 23% 。如果说在 1720 年之前只是一些经济学者们对约翰 · 劳的政策表示怀疑,而通货膨胀则直接给广大民众敲响了警钟。随着民众信心的动摇,1720 年 1 月印度公司的股票价格开始暴跌。

---

① 王磊. 股市:不在泡沫中疯狂,就在泡沫中崩溃[N]. 中国青年报,2007-8-28.

② 约翰 · F · 乔恩. 货币史:从公元 800 年起[M]. 李广乾,译. 北京:商务印书馆,2002:343.

③ 约翰 · F · 乔恩. 货币史:从公元 800 年起[M]. 李广乾,译. 北京:商务印书馆,2002:344.

为了维持印度公司的股票价位，约翰·劳动用了手中所掌握的财经大权。他把股票价格强行固定在9 000里弗尔，并且维持在这个价位上达两个多月。但约翰·劳的政策又使得股票货币化，进而迅速推动了通货膨胀。1720年3月25日货币发行扩张3亿里弗尔，4月5日扩张3.9亿里弗尔，5月1日再扩张4.38亿里弗尔。这样，在一个多月的时间内货币流通量增加了一倍。而到了1720年5月21日，约翰·劳实在支持不下去了。他发布了规定，计划分7个阶段将股票的价格从9 000里弗尔降到5 000里弗尔，同时也使纸币的价值按面值减半。这项规定在全国几乎引发了一场革命，因而不久即被废除了。但是，到5月27日，各银行就开始停止以银币支付了。这样，约翰·劳和他的印度公司制造经济奇迹的神话就突然破灭了。由于约翰·劳的规定导致民众的恐慌，他们为了保住自己的资产，争先恐后地抛售股票。股价在1720年9月跌到2 000里弗尔，到12月2日跌到1 000里弗尔，1721年9月跌到500里弗尔，重新回到了1719年5月的水平。①

总的来看，正是由于约翰·劳的公司联同法国政府在密西西比泡沫事件中为获取巨额铸币税而超发货币，导致了严重的通货膨胀。同时，密西西比开发也成泡影，股票很快就成为废纸。法国整个货币制度也因此而崩溃，而在股票崩盘中倾家荡产的法国人也认定约翰·劳是头号骗子。1720年底约翰·劳在获得赦免之后曾一度回到英格兰，1729年于贫病交加中死于威尼斯。② 马克思评价约翰·劳说，他有一种“令人愉悦的特质，混合了骗子和先知的角色”。③

4.1.1.3　英国南海泡沫事件

南海泡沫事件发生在英国，具体过程非常类似在法国发生的密西西比泡沫事件，或者可以说这两件事情几乎同时发生并曾互为影响。④

据乔恩研究，直到1710年，英格兰人还一直在新教继承者的统治下安居乐业。尤其是在货币制度方面，自1696年以来，该国曾一直实行稳健的货币制度。其中，1694年成立的英格兰银行与辉格党政府紧密联系在一起并成为财政部金融操作的不可或缺的一部分是一种特色。但西班牙王位继承战争(1702—1714)却使政府财政开始吃紧。因为经过长年的对外战争，军费花销巨大，英国背负了沉重的巨额国债负担，民众对政府的信心也与日剧减。

1710年8月，罗伯特·哈利(Robert Harley，1st Earl of Oxford，1661—1724，即后来的牛津伯爵)推翻了马尔伯勒和戈多尔芬领导的辉格党内阁，成为财政大臣，同年10月又被选为首相。1710年哈利出版了两本小册子：《论信用》和《论贷款》。他的首要任务之一是应付财政问题和处理军需过程中的腐败问题和投机倒把问题，并以他在“十月俱乐部”中的支持者希望排挤的“有钱人”作为目标。为此专门设立了一个专家委员会，其中绝大部分成员都是哈利的密友。但由于英格兰银行长期由辉格党人控制，并且它还指望辉格党能继续掌权，因此哈利几乎不可能从该银行得到任何帮助。与此同时，一个与英格兰银行相

① 罗文．密西西比泡沫事件[R]．沈阳化工大学证券投资学教学案例，2013-01-21.

② 梁小民．形形色色的西方经济学家[J]．招商周刊，2005(9).

③ 阮崇晓．金本位制下的黄金博弈战[M]．重庆：重庆出版社，2011(13节).

④ 圳峰．南海泡沫事件始末[N]．证券市场导报，1996(9).

敌对的金融集团(即刀剑与刀片公司)正暗自等待着机会,希望政府更替能给它以挑战英格兰银行实际垄断地位的机会。[①] 而为了解决国债问题,1711 年当战争仍在进行时,英国议会采纳了哈利的建议,授权组建了南海公司(South Sea Company)。该公司表面上是一个专营英国与南美洲等地贸易的特许公司,但实际上是一所协助政府融资的私人机构,分担政府因战争而欠下的巨额债务。[②] 此时政府大约有 900 万英镑的流动负债。而作为对比的数据是,政府的总负债则由 1688 年的 66.4 万英镑增加到了 1714 年的 3 600 万英镑。

话分两头。关于刀剑与刀片公司,其原来的刀剑业务这时已经变得无利可图了,以致于停产歇业。但早在 1700 年,一位名叫约翰·布伦特的掮客,接管了该公司的经营执照(即成立了现在所说的“壳公司”)。他继续利用该公司经营他的辛迪加(包括乔治·卡斯韦尔公司、伊莱亚斯·特纳公司和雅各布·索布里奇公司)的金融业务。1707 年,当英格兰银行的经营特许证快要到期必须更换新证时,刀剑与刀片公司企图夺取其在公共财政方面的垄断地位,但未能取得成功。英格兰银行反而一度成功地把它排除在银行业务之外。但是几年后,刀剑与刀片公司却摇身一变成了刀剑与刀片银行(the Sword Blade Bank),成为南海公司的官方银行。而所谓南海公司,则是 1711 年由首相哈利策划建议并设立的一家新特许经营公司,哈利自己也是该银行的董事之一,主要目的在于为政府的流动债务提供资金。就股权结构而言,那些原来持有政府债券的人可以把债券换成对南海公司的股权:如果他们不想要股权,也可以将其出售套现,从而以现金清偿债务。同时,南海公司与英国政府协议债券重组计划,由南海公司认购总价值近 1 000 万英镑的政府债券。但作为回报,英国政府对南海公司经营的酒、醋、烟草等商品实行永久性退税政策,并给予对南海(即南美洲)的贸易垄断权。[③]

值得一提的是,17 世纪末到 18 世纪初,英国正处于经济发展的兴盛时期。长期的经济繁荣使得私人资本不断集聚,社会储蓄不断膨胀,但投机机会却相应不足,大量暂时闲置的资金有待寻找出路,而当时股票的发行量极少,拥有股票还是一种特权。[④] 因此,人们认为持有公司的股票可以获得较大的盈利。加之南海公司的董事们又利用自己与政府的特殊关系散布出若干有利于自己的政治谣言,并大肆鼓吹其美妙的发展前景,这大大提高了公众对其的信任,由此推动了南海公司的股票价格的上扬。[⑤]

而就南海公司的方案而言,政府又如何能从中获利呢?总额 900 万英镑的短期债务将被转化成单一的长期债务,每年支付利息总额 576 532 英镑,即:年息 6% 加上一定的管理费用。这使得财政管理从日常琐碎的金融业务中解脱出来,政府也因此恢复了信用。当时许多短期债务都采用由海军供应方提出的短期信用形式,尽管并非所有接受这种安排者都是出于自愿的。同时,可以理解的是投资者希望将到期的政府短期债务转换成对

---

① 约翰·F·乔恩. 货币史:从公元 800 年起[M]. 李广乾,译. 北京:商务印书馆,2002:225.

② 刘芸芸."南海泡沫事件"研究[D]. 山东大学硕士论文,2011:6.

③ 约翰·F·乔恩. 货币史:从公元 800 年起[M]. 李广乾,译. 北京:商务印书馆,2002:226.

④ 仇远."南海泡沫事件"的几点启示[N]. 中国证券报,2006-2-8.

⑤ 石自强. 历次金融危机解密[M]. 北京:龙门书局,2011:35.

南海公司的股权后，能得到南海公司支付的红利。而在这种经营层次上，南海公司唯一的收入来源是政府的利息支付。即使人们认为南海公司的发起人个个都是诚实并富于公共精神的绅士，管理费和董事会支出也会吞噬一些现金流。但问题是投资者为什么不直接把钱借给政府而绕过中介呢？据乔恩研究，答案有两点：第一，在那个时代，股份公司股票比政府债券更容易销出去。第二，为提高对投资者的吸引力，政府往往会把垄断权或贸易特权（在这里是把贸易特权赋予南海公司）作为甜头授予某些公司。因此投资者可以希望得到超过债券利息的利润。

应该说南海公司的计划并不是首创，它是基于当时已存在的一个约定成俗的惯例。1694 年，政府向英格兰银行授予经营特许权，作为回报得到了英格兰银行提供的 120 万英镑的资金，之后政府又于 1696 年通过“账目合并”计划再次挪用了 100 万英镑。1698 年为取得经营特许权，东印度公司向政府提供了 200 万英镑，而 1702 年索德 · 布兰德公司也为此提供了 200 万英镑。但 1711 年，南海公司计划的特别之处并不在于它的原创性而在于它的规模，因为在这次交易中，南海公司计划转换政府债券的规模竟超出英格兰银行和东印度公司十多年来的转换总规模。①

按照南海公司的计划，该公司被授予了对南美洲东海岸、奥里诺科河以南以及整个西海岸进行贸易的经营垄断权。但当时的问题是，只要西班牙还在有效地控制这些区域，这些特权就一文不值。这样政治、外交、战争和南海公司的贸易前途就难解难分地搅和在了一起。实际上南海公司自身的贸易规划也从未取得过成功，并且其为委曲求全，还不得不接受了与西班牙的《阿西恩托贸易协定》。该协定规定 25% 的利润须分给西班牙国王（这是可以理解的，也能得到尊重和被接受），但是另外的分成则有点让人吃惊：22.5% 的利润给安妮王后；7.5% 的利润给米尼瑟斯 · 吉利甘（毫无疑问他是众多交易争端调解者和廷臣们的代表）；剩下的才是南海公司的。②

南海公司到 1711 年 7 月底收到了 310 万英镑的股票认购款，到同年底时收回了近 920 万英镑的款项。但南海公司最初从政府收入中提取费用时也不是一帆风顺的，而且政府还拖欠利息。平均来看，转换成南海公司股票的政府债券的公开市场价格是 68 英镑，即比面额减少了 32 英镑。因此，尽管名义认购价格是 100 英镑，但是实际价格是68 英镑。

起初，政府所筹集到的资金并未完全满足政府的借债要求。在随后三年又筹集到 600 万英镑，但这绝大部分是通过财政证券的方式进行的。到 1714 年 9 月，政府的长期债券已经累积到了 4 000 万英镑。其中欠南海公司大约 900 万英镑，英格兰银行和东印度公司 300 多万英镑。此时，政府开始系统地对债务进行现代化的重组，以提高股权转化的效率，同时还建立了清偿本金的偿债基金。相比之下，以往年金证券的一个不利之处是：尽管年金证券持有人在 99 年内（典型的期限）每年可得到 5 英镑的报酬，但年金证券到期时却得不到收益。现在 100 英镑的初始投资在 99 年后仍归还 100 英镑，虽然其现值还不到年金证券现值的 1%（对上述旧的年金证券而言）。但是这点差别对有些投

① 约翰 · F · 乔恩．货币史：从公元 800 年起[M]．李广乾，译．北京：商务印书馆，2002：226-227.

② 约翰 · F · 乔恩．货币史：从公元 800 年起[M]．李广乾，译．北京：商务印书馆，2002：228.

资者来说却是至关重要的,因为投资者可按其投资目的分为资金储备者和资本报酬收入者。①

与此同时,政府还想把原来那些利息率较高的旧债“转换”成利息率较低的新债。而这种“转换”也可以利用合股公司轻易地实现。正如乔恩所说的那样,在那个阶段,将南海公司“看做是政府年金的领养机构也许比较恰当……金融界将南海公司的股票看做是年金率为6%的证券。”②因为自1714年以来利息率一直为5%,但许多附息贷款的利息率却在6%~8%。1715年沃波尔成为第一大臣,在他授权下,南海公司通过将政府拖欠的债务进行资本化而筹集到1 000万英镑。1717年,沃波尔又引入新的兑换计划以降低国债利息率并设立了一个偿债基金。南海公司和英格兰银行都接受了利息率由6%下降到5%的减息安排。但这种兑换却刺激了投资者,他们又看到了盈利的可能性。

1719年,议会批准将135 000英镑彩券年金转换成南海公司股票,其中购票期11年半,其收益除了11年的年收益外再加上1.25年的利息。这些年金券将在1742—1807年间的某些时候分别到期(以到期日不同,其收益率在6.77%~8.69%不等)。该操作以平价假设为前提,每当股价上升到114英镑时,股票持有者就会得到一定的账面利润。股票(证券)价值超过转换时认购它的价值就会给所有相关方面带来潜在利益。而面额和累计增加的114英镑之间的差额则来源于两方面:一是用于转换年金而发行的1 202 702英镑的股票被分配给股票持有人,他们的利润来自购买时所支付的股票面额与114英镑的市场价格之间的差额;二是南海公司的利润也以同样的方式而增长。实际上,后来又按114英镑的价格出售了面额为52万英镑的股票,共筹集到59.2万英镑的资金。但按照协定,这些钱又以5%的利率借给了政府。因而其收入中就包括了一个72 800英镑的增加额。但这部分盈余在现在被称之为不可再分配的资本储备或资本公积金,而在那时候则也被股东称为利润。

需要说明的是,尽管1719年的业务操作与最初在1711年的操作有许多相似之处,但仍然存在一个差别,而且这个差别对未来的发展具有重大的影响。因为在1711年,要让投资者购买面值100英镑的政府债券,必须打32%的折扣。如果他按照85英镑的价格将政府债券转换成南海公司的股票,那么他就相当于把一份不能实现的、可能仅仅是勉强承认的票面损失转换成一种更容易转换的票据。这种票据可以相当小的损失立即卖出,或能合理地期望它能在近几年内弥补所有损失。就今天富有经验的金融分析家来说,这个操作(1711)同1719年的转换操作没有区别,1719年的转换操作则是把价值100英镑的政府债券转换成可以114英镑交易的公司股票。③ 但也就是因为英国政府允许债券向股票进行转换,同时伴随着南美贸易障碍的清除,加之公众对股价上扬的预期,故而促进了债券向股票的转换,进而又带动了股价的上升。④ 1720年1月1日,南海股票指数为128点,

---

① 约翰·F·乔恩. 货币史:从公元800年起[M]. 李广乾,译. 北京:商务印书馆,2002:229.

② 约翰·F·乔恩. 货币史:从公元800年起[M]. 李广乾,译. 北京:商务印书馆,2002:230.

③ 约翰·F·乔恩. 货币史:从公元800年起[M]. 李广乾,译. 北京:商务印书馆,2002:230-231.

④ 仇远. “南海泡沫事件”的几点启示[N]. 中国证券报,2006-2-8.

一天之内翻了3倍。并从此以惊人的速度增长。①

1720年1月22日,英国下议院开始讨论由南海公司接管除英格兰银行和东印度公司已经持有的政府债券的所有剩余债务的提案。该提案涉及的债务估计有30 981 712英镑,包括能将20年收益进行长期(96~99年)资本化的年金证券和期限为14年的短期年金证券。计划是在1727年以后,将这些证券的利息率由5%降到4%。从此以后,这份交易每年将为政府节省305 030英镑的利息支出。而南海公司为了获得这种特权而支付了100万英镑。同时作为交易条件,政府将逐年向公司偿还债务。议会还估计,所有政府债务将在25年内全部偿清。②

但与此同时,英格兰银行也提交了一份替代性方案:向政府上缴500万英镑并提前降息。对此,南海公司不得不再准备一份更好的能被议会接受的计划,即在暗地里南海公司将其股票作为礼物赠送给相关的政府要员,连新国王乔治也得到了大量股票。③ 而对外,南海公司则声称已经以“非注册股票”的方式向靠得住的人平价发行了574 000英镑股票,从而有效减少了来自内阁和王室的反对。这些靠得住的人包括王后,据说还有艾斯勒贝大臣。实际上,这是在暗中以给定股票价格对这些人进行贿赂,实际贿赂总额达125万英镑。这就解释了票面利润是如何通过现金支付出去的(1989年的日本利库路特股票丑闻与此极为相似)。[1]股票市价从年初的128英镑一直上涨,到1720年3月达到了210英镑。自然,价差收益也被当作“资本利得”在有关各方之间分配。投资者趋之若骛,其中包括半数以上的参议员,就连国王也禁不住诱惑,认购了10万英镑的股票。当然,这些人并没有支付认购款也未承担任何风险。实际上,除了账面记录外好像没有发行过这些股票。在后来的几个月里,股市就被人为地操纵了。股票价格越来越高,而在表面上以实际资产表示就越合理——这种操作在随后的几个世纪里也屡见不鲜。

乔恩指出,与“泡沫”这个词相比,荷兰语的“windnegotie”(意思是迂回交易)更耐人寻味。要是没有出现“现金认购”(money subscription,这近乎是以现金进行贿赂),要是公司个别董事没有通过幕后操纵股市以期增加集体的分红,南海公司泡沫的形成就没有这么快。因为这些现金认购采用的是典型的“部分支付”的做法,从而给投机者以相当大的投机机会。股票价格从1720年1月下旬开始上涨,1720年4月7日当这个“现金认购”法案获得御准时,股票价格实际上曾一度由310英镑下跌到290英镑,但很快又上涨。4月14日,以300英镑每股的价格发行了第一批“现金认购”股票:只需支付20%的定金,并且其中的10%可以在两个月内以分期付款的方式支付。认购的名义金额为225万英镑,要全部支付则得花费675万英镑,但实际支付的只有135万英镑。股票价格很快上涨到340英镑。这样,“支付60英镑”就可购买到价值为100英镑的股票。

1720年4月21日,为吸引更多的人来认购,董事们决定支付10%的股息——有人认为这些股息来自资本金。4月28日,南海公司根据安排又发行了以427 849英镑的长期年金和64 126英镑的短期年金为对象的股票。这使得公司名义资本增加了9 454 744英镑。

① 石自强. 历次金融危机解密[M]. 北京:龙门书局,2011:35.

② 约翰·F·乔恩. 货币史:从公元800年起[M]. 李广乾,译. 北京:商务印书馆,2002:232.

③ 石自强. 历次金融危机解密[M]. 北京:龙门书局,2011:35.

购买者有两种选择：一种是32年收益（协议规定为20年）的长期年金债券；一种是17年收益（14年）的短期年金债券；股票以375英镑的价格发行，但部分股票需支付现金。这种安排让各方都得到了好处。

而在4月14日的成功发行之后，董事们紧接着就在4月29日启动了第二轮“现金认购”的股票发行计划：价格为400英镑，仍只需支付10%的定金，并且这10%可以在3个月内以分期付款的方式支付；认购的票面金额为150万英镑（如果按发行价全部支付的话为600万英镑，但以现金支付的只有60万英镑）。6月17日发行了第三轮“现金认购”股票，价格为1 000英镑，仍只需支付10%的定金，同样这10%可以在从1721年7月2日起的6个月内以分期付款的方式支付；票面购买总额为500万英镑（如果按发行价全部支付的话为5 000万英镑）。6月24日，股价上升到1 050英镑，达到了有史以来的最高峰。但南海公司除了收到10%的定金以外，分期付款的认购款分文也没有拿到。7月14日，南海公司再次发行可以赎回政府债券为对象的股票，共转换到11 240 145英镑，并使南海公司的账面资本获得等额增长。面额为100英镑的股票一共推出了112 401股；其中的14 050股按每股800英镑的价格分配给持股者；南海公司自己保留了98 351股。[①] 由于购买踊跃，股票供不应求，因而价格仍在狂飙，到7月底，每股又狂飙到1 000英镑以上，半年涨幅高达700%。[②] 然而公司的真实业绩与人们期待的投资回报相去甚远，公司泡沫随时都可能破裂。[③]

此刻，与同时发生在英吉利海峡彼岸的法国，并正处在高潮期的密西西比泡沫事件不一样的是，在法国几乎很少有兴风作浪，并且相互竞争的“泡沫公司”（即皮包公司），而在英国却有很多。这是因为当人们发现投机和创办公司可以带来如此巨大而又显而易见的财富时，你就不会奇怪为什么其他人也想来捞一把了。在这段时期英国大约创办了150家这类“泡沫公司”——这是英国历史上曾经出现的最大的投机狂潮。乔恩引用的一段材料则很形象地描述了这类“泡沫公司”的投机者在南海公司泡沫事件中的所作所为：“投资者A拥有面值100英镑的股票，公开声称这些股票值300英镑，投资者B对投资者A聪明的头脑和诚实的为人极为信任，所以投资300英镑入市以获得A一半的权益；后来，投资者C以500英镑入市，投资者D以1 100英镑入市，他们各自得到一价值为2 000英镑股票的1/4股权。……在这点上，投资者A获利400英镑而没有头脑的投资者D却不幸亏损了600英镑。”[④]而正是这些“泡沫公司”的推波助澜，更导致股市泡沫迅速以几何级数膨胀，几乎到崩溃边缘。

1720年6月，为了制止各类“泡沫公司”的膨胀，英国国会通过了“泡沫法案”，即《取缔投机行为和诈骗团体法》，在此法案打击下，许多泡沫公司被解散。公众开始清醒，而他们对一些公司的怀疑也逐渐扩展到南海公司本身。[⑤] 但南海公司并没有就此止步。8月

---

① 约翰·F·乔恩．货币史：从公元800年起[M]．李广乾，译．北京：商务印书馆，2002：233-236.

② 次贷危机研究课题组．次贷危机正在改变世界[M]．北京：中国金融出版社，2009：266.

③ 仇远．“南海泡沫事件”的几点启示[N]．中国证券报，2006-2-8.

④ 约翰·F·乔恩．货币史：从公元800年起[M]．李广乾，译．北京：商务印书馆，2002：234.

⑤ 仇远．“南海泡沫事件”的几点启示[N]．中国证券报，2006-2-8.

4 日南海公司再次发行的股票，不仅以可赎回的政府债券为对象，也以不可赎回的政府债券为对象：可赎回的政府债券为 2 755 265 英镑，这也使南海公司的账面资本等额地增加了（27 553 股，按每股 100 英镑的平价计算）。其中以每股 800 英镑向持股人配发 3 444 股，而公司则保留了剩余的 24 109 股。8 月 24 日又发行了第四轮"现金认购"股票：每股 1 000 英镑，只需支付 10% 的定金，而且这 10% 可以在 9 个月内以分期付款的方式支付，票面发行总额为 125 万英镑（如果按发行价，共需支付 1 250 万英镑）。但第四轮的股票的认购已遭到冷遇。

到这时，泡沫危机的泛滥也引起了南海公司自身的担心。公司的董事们企图设法维持股票的价格不至于下跌，以保护股票购买者的利益。但由于公司本身的业绩并没有为公司留下充足的资金，继续发行新股又遭冷遇，所以公司只能采用高息借贷的方式来筹措资金。而通过争取到的大量贷款（其中有些甚至是分期付款的股票），股价在 8 月 1 日前一直保持稳定，但这下贷款却高达 1 120 万英镑。此时南海公司的账面资产已达 4 000 万英镑，而在市场中，这些资产的资本化价值约为 4 亿英镑——这在当时是天文数字。而对投机者来说，这其中的很大一部分属于"意外之财"。事后看来，这种财富的增加除了体现在账面上之外，几乎不可能发现它们的真实存在。而到 8 月 18 日，股票价格滑落到 900 英镑左右。数月之内更是一落千丈，12 月份更跌至每股 124 英镑，南海泡沫由此破裂。[①]

最后，南海公司泡沫事件不可避免地引起了一场重要的政治争论。罗伯特 · 哈利的政敌希望尽可能地弥补国家利益的损失。同时要求采取强硬措施惩罚侵吞国家财产者。1720 年 12 月 20 日，英国下议院决定停止将国债转换为南海公司的股票，所有合同一律无效。1721 年 1 月 9 日，下议院任命了一个特别委员会来调查整个事件。[②] 其实它牵涉到政府、财政、民众等多个方面，涉及政府腐败、金融欺诈等问题，与国家政治密切相关，绝非一般单纯的经济事件。[③] 而我们现在则可以更明显判断出，当时英国政府将债券出让给南海公司，同时南海公司又以政府债券作抵押发行股票的行为，从本质上来说是以尚未实现的财富收入来套取现金，因此也可以说是一种间接获取铸币税的行为。

4. 1. 1. 4　20 世纪 80—90 年代日本、美国、东南亚金融泡沫

关于 20 世纪 80—90 年代日本、美国和东南亚一些国家，因土地价格、网络股价格、房地产价格升腾所导致的金融泡沫问题，由于在本章下面的金融危机部分还将加以详细分析，故在此仅概略地简述如下：

1) 日本 20 世纪 80 年代土地金融泡沫

20 世纪 80 年代，第二次世界大战后经济的飞速发展使日本成为仅次于美国的第二大经济强国，高速的经济增长和近乎为零的通货膨胀率式的乐观主义在社会上流行，而受所谓"土地不会贬值"神话的影响，日本兴起了转卖土地的投机热潮。当时乐观的观点认为，只要对土地需求高涨，那么经济就不会衰退，而且市场也鼓励人们不断购买股票，声称股票不会贬值。以日本金融泡沫时期为例，从 1986 年 1 月开始，日本股市进入疯狂状态。

---

① 仇远．"南海泡沫事件"的几点启示［N］．中国证券报，2006-2-8．

② 约翰 · F · 乔恩．货币史：从公元 800 年起［M］．李广乾，译．北京：商务印书馆，2002：237-239．

③ 刘芸芸．"南海泡沫事件"研究［D］．山东大学硕士论文，2011：6．

1987 年 1 月,日经股价指数突破 20 000 点。同年 3 月,日本股票市场的市价总额已经达到 26 880 亿美元,占全世界的 36% ,超过美国居世界第一。1989 年 12 月 29 日,日经股价指数更曾一度升至 38 957.44 点。东京、大阪等六大城市市区地带各类用地平均指数 1986 年为 40,1990 年则达到 110,4 年间上升了 3 倍。此后,随着日本政府对土地进行调控,最终泡沫破裂。①

2)美国网络金融泡沫

20 世纪 90 年代,美国信息科技公司、网络公司的表现卓越,带动经济高度繁荣,年经济增速保持在 4% 左右,通货膨胀率保持 2% 左右的低水平,失业率也降到近 30 年来的最低点。人们对美国经济增长充满信心,纷纷欢呼一个“新经济时代的来临”,尤其是“网络经济将从根本上改变这个世界”的口号不断涌现在美国的街头巷尾。投资者对网络股的投机热情不断升温,持续达 5 年之久,同时把某些本应值得怀疑的公司股票价格也推到不可思议的高度。最后,在经济学家乃至投资银行分析师的不断质疑声中,“网络经济泡沫”走向破裂。②

3)东南亚房地产金融泡沫

泰国、印度尼西亚、马来西亚、菲律宾等一些东南亚国家在亚洲金融危机爆发前,在经济高速增长的乐观气氛刺激下,资产市场投机不断增强,股价和房地产价格迅速上升,曾形成典型的“孪生泡沫”。而仅就房地产导致的金融泡沫而言,1988—1993 年间,东南亚国家的房地产价格急剧上涨,其中印度尼西亚在 1988—1991 年内房地产价格上涨了约 4 倍,马来西亚在 1988—1992 年内上涨了 3 倍,菲律宾在这段时间上涨了 3 倍,泰国也上涨了约 3 倍(表 4 -2)。

表 4 -2　东南亚四国房地产价格指数

国　别	1990	1991	1992	1993	1994	1995	1996	1997
泰国	74	82	168	367	232	192	99	7
印度尼西亚	—	119	66	214	140	112	143	40
马来西亚	113	113	126	369	240	199	294	64
菲律宾	32	34	39	81	80	87	119	59

资料来源:摩根大通银行. 亚洲金融市场. 1998. 转引自:次贷危机研究课题组. 次贷危机正在改变世界[M]. 北京:中国金融出版社,2009:275.

而在 1997 年东南亚金融危机来临之时,金融泡沫破裂,与 1996 年的房地产价格指数相比,印度尼西亚在 1 年内房地产价格指数从 143 暴跌至 40,马来西亚从 294 跌至 64,菲律宾从 119 跌至 59,泰国更是从 99 暴跌至 7。

4.1.2　金融泡沫的基础

4.1.2.1　虚拟资本

从现代金融史来看,金融泡沫在现实中往往表现出一种或一系列的金融资产,如企业

① 次贷危机研究课题组. 次贷危机正在改变世界[M]. 北京:中国金融出版社,2009:267-273.

② 次贷危机研究课题组. 次贷危机正在改变世界[M]. 北京:中国金融出版社,2009:267-273.

资产、股票、房地产、汇率等在经历了一个连续的涨价之后,市场价格大大高于实际价格的离奇现象。但金融泡沫其实也是一个古老的话题。马克思在《资本论》中就曾从虚拟性和虚拟资本的角度对资本主义金融危机进行了阐述,他在研究虚拟资本的价格决定时把虚拟资本称为名义货币资本,并把那种与投机性相联系的虚拟资本价格的惊人上升称为经济的“肥皂泡”。① 因此,可以说金融泡沫的形成对应着虚拟资本的存在。

最早提出虚拟资本这个概念的可能是英国银行家威·里瑟姆。② 他在《关于通货问题的通信》一文中针对银行汇票的产生问题阐述了汇票的虚拟性,并提出了虚拟资本的概念。他说:“汇票没有别的办法加以控制,除非防止出现货币过剩,防止出现低利息率或低贴现率,这样可以避免产生一部分汇票,并不致使汇票过度膨胀。(但)要判断汇票有多少是来自实际的营业,例如实际的买和卖,有多少是人为地制造的,只由空头汇票构成,这是不可能的。空头汇票,是指人们在一张流通的汇票到期以前又开出另一张代替它的汇票,这样,通过简单流通手段的制造,就制造出虚拟资本。在货币过剩和便宜的时候,我知道,这个办法被人使用到惊人的程度。”③马克思对汇票使用的特性也有明确的判断,他说:“真正的信用货币不是以货币流通(不管是金属货币还是国家纸币)为基础,而是以汇票流通为基础”的。④ 在此基础上,马克思引用威·里瑟姆关于虚拟资本的提法并加以发挥,并从分析生息资本角度入手,创建了虚拟资本理论。

马克思认为,在资本主义生产方式下,信用货币取得了货币资本的形式。而随着资本主义生产的发展,单个资本的积聚已经不能满足资本主义经济的扩大再生产。资本主义信用制度的日益完善使得一部分闲置的货币资本可以由银行家(货币资本家)带给职能资本家成为可能并得以实现。马克思说:“从历史上说,生息资本是作为一种现成的、遗留下来的形式存在的,……在一般人的观念中,货币资本,生息资本,至今仍被看做是资本本身,看做是真正的资本。”⑤而“在生息资本的场合,一切都表现为表面的东西:把资本预付出去,不过表现为资本由贷出者手中转移到借入者手中;已经实现的资本流回来,不过表现为借入者把资本连同利息归还或偿还给贷出者。”⑥在这个过程中,“要把自己的货币作为生息资本来增值的货币所有者,把货币让渡给第三者,把它投入流通,使它成为一种作为资本的商品;不仅对他自己来说是作为资本,而且对别人来说也是作为资本;它不仅对把它让渡出去的人来说是资本,而且它一开始就是作为资本交给第三者的,这就是说,是作为这样一种价值,这种价值具有创造剩余价值、创造利润的使用价值。”⑦而“生息资本

---

① 马克思把虚拟资本称为名义货币资本并且把它比喻为肥皂泡。他说:“只要这种贬值不表示生产以及铁路和运河运输的实际停滞,不表示已经开始经营的企业的停闭,不表示资本在毫无价值的企业上的白白浪费,一个国家就绝不会因为名义货币资本这种肥皂泡的破裂而减少分文”。参见:马克思. 银行资本的组成部分[M]//资本论:第3卷. 北京:人民出版社,1975:535.

② 杨圣明,高文书. 论虚拟资本[J]. 中国社会科学院研究生院学报,2006(1):摘要.

③ 威·里瑟姆. 关于通货问题的通信. 1840年伦敦增订第2版:43-44. 转引自:马克思. 资本论:第3卷[M]. 中共中央编译局,译. 北京:人民出版社,1975:451.

④ 马克思. 资本论:第3卷[M]. 中共中央编译局,译. 北京:人民出版社,1975:451.

⑤ 马克思. 资本论:第3卷[M]. 中共中央编译局,译. 北京:人民出版社,1975:422.

⑥ 马克思. 资本论:第3卷[M]. 中共中央编译局,译. 北京:人民出版社,1975:399.

⑦ 马克思. 资本论:第3卷[M]. 中共中央编译局,译. 北京:人民出版社,1975:384.

只有在借贷货币实际转化为资本并生产一个余额(利息是其中的一部分)时,才成为生息资本。”[①]在这里,资本流通的一般公式“G—W—G′”简化为“G—G′”,没有借助于任何中介作用的中间运动就实现了价值的增殖。而“这种自己对自己本身的关系——当我们把资本主义生产过程看作整体和统一体时,资本就表现为这样一种关系:在这种关系上,资本就表现为会生出货币的货币。”[②]这样,生息资本就成为一种虚拟的资本形式,即虚拟资本。[③] 而根据“有效货币与实体财富的对应原理”来判断,会生出货币的“货币”本身,可以是有效货币,但由“有效货币”生出的货币,而不是由增长的实体财富所对应的那部分货币增量就是虚拟资本。

虽然马克思在《资本论》中并没有明确给出虚拟资本的概念,但却从银行资本(即为经营银行业投下的自有资本,以及集中到银行的各种各样的货币资本)的组成在狭义和广义上论述了虚拟资本。在狭义上,虚拟资本主要是指以国债券和股票形式存在的资本。它们只是“资本的所有权证书”和领取收入的凭证,是资本的一种“纸制复本”;只是对其所有者来说是资本,实际上是收入的资本化。马克思说:“人们把虚拟资本的形成叫做资本化。人们把每一个有规则的会反复取得的收入按平均利息率来计算,把它算作是按这个利息率贷出的资本会提供的收入,这样就把这个收入资本化了。”[④]而在广义上,虚拟资本是指银行的借贷信用(期票、汇票、存款货币等)、有价证券(股票和债券等)、名义存款准备金以及由投机票据等形成的资本的总称。马克思说:“银行家资本的最大部分纯粹是虚拟的。”[⑤]因为“所有这些证券实际上都只是代表已积累的对于未来生产的索取权或权利证书,它们的货币价值或资本价值,或者像国债那样不代表任何资本,或者完全不决定于它们所代表的现实资本的价值”,[⑥]它们自身都没有内在价值,都不能直接作为现实生产要素或资本发生作用,而只是所有权证书,是现实资本的复本,反映着债权债务关系。它们“只有通过作为资本投入,它才能转化为一个自行保存的价值。”[⑦]由此,我们可以看出,马克思所认为的虚拟资本具有双重属性:第一,它是以现实资本为依托的,通过投入实际的生产过程而使货币资本所有者获得资本所有权收入,是现实资本的纸质副本,具有一定的现实性,表现为股票和企业债券等:第二,虚拟资本是纯粹幻想的产物,当它完全不作为现实生产要素或资本发生作用,而只是作为一种投机手段时,具有纯粹的虚拟性,表现为投机票据等。[⑧]

应该说,虚拟资本范畴是马克思在《资本论》中通过对商品价值形式的分析,尤其是通过对信用制度下复杂的金融关系的分析所做出的深刻而形象的概括。而我们现在之所以还称其为虚拟资本,首先因为它们是资本,可以定期取得收益,而且可以通过买卖

---

① 马克思. 资本论:第3卷[M]. 中共中央编译局,译. 北京:人民出版社,1975:428.
② 马克思. 资本论:第3卷[M]. 中共中央编译局,译. 北京:人民出版社,1975:386.
③ 张仲芳. 虚拟资本、虚拟经济与金融危机——基于马克思《资本论》的分析[J]. 经济论坛,2009-11:15.
④ 马克思. 资本论:第3卷[M]. 中共中央编译局,译. 北京:人民出版社,1975:528-529.
⑤ 马克思. 资本论:第3卷[M]. 中共中央编译局,译. 北京:人民出版社,1975:532.
⑥ 马克思. 资本论:第3卷[M]. 北京:人民出版社,1975:531.
⑦ 马克思. 资本论:第3卷[M]. 北京:人民出版社,1975:527.
⑧ 李静. 马克思虚拟资本理论初探[J]. 河南商业高等专科学校学报,2008(1):15.

对它们的资本价值进行补偿。然而它们毕竟与现实资本又有着本质的不同：它们本身没有价值，也不能作为价值的符号，更不能直接在生产和流通过程中发生作用。它们不是真实存在的资本，而是虚拟的、想象的资本。① 马克思对此还曾明确界定："银行家资本的最大部分纯粹是虚拟的，是由债权（汇票），国家证券（它代表过去的资本）和股票（对未来收益的支取凭证）构成的。在这里，不要忘记，银行家保险箱内的这些证券，即使是对收益的可靠支取凭证（例如国家证券），或者是现实资本的所有权证书（例如股票），它们所代表的资本的货币价值也完全是虚拟的，是不以它们至少部分地代表的现实资本的价值为转移的；既然它们只是代表取得收益的权利，并不是代表资本，那么，取得同一收益的权利就会表现在不断变动的虚拟货币资本上"。②

综上，我们可以得出以下三点结论：

（1）虚拟资本本身没有价值，有价证券的价格只是收入的资本化。在现代信用制度下，人们把凭借所有权带来的定期收入按平均利息率来计算，把它算作是按这个利息率贷出的资本所提供的收入。这就使得人们把任何凭借所有权得到的固定收入，都可以看成利息并且把收入资本化，幻想成是一定量资本带来的利息。结果，有价证券等一切所有权证书都成了一定量资本的代表，从而形成虚拟资本。

（2）虚拟资本是独立于现实的资本运动之外、能够定期带来收入的以有价证券形式存在的资本。其具体形式一般包括股份公司的股票、国家发行的公债券、企业债券等，但它们不是现实资本，只是资本的所有权证书，是"现实资本的纸制复本"。③ 各种形式的有价证券，一方面由于它们可以保证取得一定的收益，而且可以通过把它们出售得到它们的资本价值的补偿，所以它们能当作资本；另一方面它们和以货币资本、生产资本和商品资本形式存在的职能资本不同，和以货币形式存在的借贷资本不同，它们本身没有价值，也不能作为价值的符号，更不能在社会的直接生产过程中发生作用。

（3）如果我们再追踪一下虚拟资本的本源，又不难发现，虚拟资本又是随着借贷资本的出现而产生的，它在借贷资本的基础上成长，并成为借贷资本的一个特殊的投资领域。而借贷资本的出现则又需基于信用制度。

4.1.2.2 信用制度

1）信用的产生

马克思在《资本论》中对一般信用的概念，曾借用图克在《对货币流通规律的研究》一书中的定义，他说："信用，在它的最简单的表现上，是一种适当的或不适当的信任，它使一个人把一定的资本额，以货币形式或以估计为一定货币价值的商品形式，委托给另一个人，这个资本额到期后一定要偿还。"④并指出，信用和信用制度与生息资本是同生共存的。生息资本在贷出者和借入者之间的"这个运动——以偿还为条件的付出——一般的就是

① 王天义．马克思的虚拟资本理论及其当代价值[J]．学习时报，2009-8-25.

② 马克思．资本论：第3卷[M]．北京：人民出版社，1975：532.

③ 马克思．资本论：第3卷[M]．北京：人民出版社，1975：540.

④ 马克思．资本论：第3卷[M]．北京：人民出版社，1975：452.

贷和借的运动,即货币或商品的只是有条件的让渡的这种独特形式的运动。"[①]而就当代信用的内涵来看,有学者把当代信用定义为:"以协议或契约为保障的不同时间间隔下的经济交易行为",[②]也可以把它理解为以偿还为条件所形成的货币(或商品)借贷关系或债务关系。[③] 因此可以说,信用及其信用制度的产生与货币的职能是直接相关的。

(1)原始信用产生于直接借贷

信用产生的前提条件同交换一样,也是私有制和分工。生产资料私人占有制决定了每个人不能随意占有他人的生存资料,同时自然分工又决定了每个劳动者只能拥有某一种劳动产品。这就自然产生了一个突出的矛盾:劳动生产(产品所有)的单一性与生活需求(商品)的多样性之间的矛盾。即所谓"你的是你的,我的是我的,我不能随便得到你的,你也不能随便得到我的,但我必须得到你的,你也必须得到我的",解决的办法必然是:交换。但若在你有(钱)我无(货),或我有(货)你无(钱)的情况下,交换则不能实现。那么互通有无的唯一办法就只有借贷了,信用及信用关系也由此而产生。应该说,最早的原始信用产生于直接借贷。我们甚至可以想象这种直接信用的产生必然先于货币的出现,实物借贷甚至早于物物交换,但这决非马克思所论述的那种具有典型意义的信用产生的途径。[④] 原始信用可以说是一种个别信用,而不是一种普遍信用。

(2)普遍信用产生于货币执行支付手段职能

信用产生的更具普遍性、更深刻地反映经济生活的途径是:信用产生于货币与商品交换,或者更进一步说,信用和"信用货币的自然根源是货币作为支付手段的职能。"[⑤]因为货币作为"一般等价物"的出现有效地解决了物物交换中"需求的双重巧合"问题。而货币作为价值尺度并因而以自身或通过代表作为流通手段来执行职能的商品,大大地促进了简单商品交换的发展进程。但是,在商品流通的直接形式中,交易的双方必须在同一时间与空间,一手交钱、一手交货,因为"同一价值量总是双重地存在着,在一极上是商品,在另一极上是货币。所以,商品所有者只是作为现存的互相等价的物的代表来接触。"[⑥]如不能满足同一时空、钱货相交的前提,则交换仍然无法成功。只有货币职能的进一步衍生和扩张,才能不断地克服自身的束缚,促进商品交换的发展。因此,随着商品流通的发展,使商品的让渡同商品价值的实现在时间上分离开来的关系,如预付和赊销等买卖方式也发展起来了。马克思说:"对于这类先通过出售而在形式上让渡使用价值、后在实际上向买者转让使用价值的商品来说,买者的货币通常执行支付手段的职能"。[⑦] 而这种"货币形式——债权人和债务人的关系具有货币关系的形式——所反映的不过是更深刻的经济生活条件的对抗。"[⑧]由此可

① 马克思. 资本论:第3卷[M]. 北京:人民出版社,1975:390.

② 曾康林,王长庚. 信用论[M]. 北京:中国金融出版社,1993:1.

③ 黄达. 金融学[M]. 北京:中国人民大学出版社,2003:1.

④ 黄正新. 试论《资本论》中信用理论的几个问题及其现实意义. 中国经济学教育科研网. 2005年第五届经济学年会论文集.

⑤ 马克思. 资本论:第1卷[M]. 北京:人民出版社,1975:146.

⑥ 马克思. 资本论:第1卷[M]. 北京:人民出版社,1975:155.

⑦ 马克思. 资本论:第1卷[M]. 北京:人民出版社,1975:197.

⑧ 马克思. 资本论:第1卷[M]. 北京:人民出版社,1975:156.

见,普遍信用产生于货币执行支付手段的职能。①

2)信用的本质与特点

信用借助于买卖行为与借贷行为、交换关系与债权债务关系的转换而实现,其本质就是债权与债务关系的建立。

(1)买卖行为转化为借贷行为

在商品交换的直接形式中,货币执行价值尺度和流通手段职能,交易双方在同一时空交钱和交货,即G—W,这里所反映的是一种买卖行为。但当货币执行支付手段的职能时,已经不是钱和物在同一时空作相向运动,而是货币作单方面的价值转移。商品所有者出售他现有的商品,而货币所有者暂不作支付,只是作为未来货币的代表来购买这种商品。这种钱物交割在时间上的分离:G—C—W,使原来的买者演变成了实物的借入者,卖者则演变成实物的借出者,这种运动形式如果就贷出的商品或货币在贷出者和借入者之间的运动来考察,就表现为"贷和借的运动,即货币或商品的只是有条件的让渡的这种独特形式的运动。"②原先的买卖行为就转化成了借贷行为。

(2)交换关系转变为债权债务关系

在直接交换中,买卖双方的钱货同时完成交易,互不拖欠。但在赊销中,买方成为借入者即债务人,卖方成为借出者即债权人。这样,交换关系就转变成为债权债务关系。从形式上看,商品和货币的债权与债务,好像只取决于贷出者和借入者之间的协议,而与现实生产过程无关。但实际上,这种借贷关系不过是现实生产过程决定的一种特殊的交易形式而已。正如马克思所说:"债权人或债务人的身份在这里是从简单商品流通中产生的。简单商品流通形式的改变,在卖者和买者身上打上了这两个新烙印……但是在这里,货币形式——债权人和债务人的关系具有货币关系的形式——所反映的不过是更深刻的经济生活条件的对抗。"③卖者和买者之间原来平等的交换关系变成了在一定程度上具有对抗性、从属性的债权债务关系。

(3)债权债务关系本质上就是信用关系

在商品的赊购或货币的预付中,实际上是债权人向债务人提供信用即授信,而债务人接受债权人的信用即受信,所以,债权债务关系实质上是授受信关系,也就是信用关系。这种信用关系实际上是在商品生产和货币流通条件下,以商品赊销或货币借贷的形式所表现的一种经济关系,是以偿还和付息为条件的特殊的价值运动形式。马克思对此描述说:"借贷资本的回流采取偿还的形式,因为它的预付、它的让渡,具有贷放的形式。"④"如果我们从货币出发(从商品出发也是一样,因为那时我们还是要从商品的价值出发,这样商品本身要从货币的角度来考察),那就会看到,有一个货币额被支出,它经过一定时期以后,带着一个增长额流回来。"⑤

① 黄正新. 关于泡沫经济及其测度的几个理论问题[J]. 金融研究,2002(6).

② 马克思. 资本论:第3卷[M]. 北京:人民出版社,1975:390.

③ 马克思. 资本论:第1卷[M]. 北京:人民出版社,1975:156.

④ 马克思. 资本论:第3卷[M]. 北京:人民出版社,1975:385.

⑤ 马克思. 资本论:第3卷[M]. 北京:人民出版社,1975:385.

(4)信用体现借贷物所有权与使用权的二权分离

在商品赊销或货币借贷的运动形式中,赊销商品或贷出货币者是授信人,而赊购商品或借入货币者是受信人。授信人赊销商品或贷放出货币之后,经过一定时间,要将赊销商品的价值额或贷出的货币额,连同一个利息额一并收回。受信人也必须按照契约规定,到期偿还贷款和支付利息。这种利息支付的特殊方式是由借贷物的所有权同使用权的两权分离所决定的,即:借出者拥有物品的所有权,这就决定了借贷物必须要还本,而借入者拥有物品的使用权并因此而要付出代价即利息。可见利息是借出者即债权人让渡商品的使用权的价格,而不是所有权的价格。①

3)信用的形式

(1)高利贷信用

从信用产生的渊源来说,信用更是一个古老的经济范畴,在中西方的古代文献资料中对此均早有记载。比如,漫长的封建社会就是皇权进行土地分封和封建地主将土地出租给农民的高利贷信用史,它也是古代社会阶级斗争的主要表现形式。当然,高利贷信用具有历史的二重性:一重性是体现着高利贷资本对农民和小生产者的残酷剥削关系。它对债务人敲骨吸髓、重利盘剥,往往使他们陷入贫困境地甚至于卖身为奴,从而对瓦解和破坏自然经济起了相当大的作用。另一重性是“高利贷在资本主义以前的一切生产方式中具有革命的作用,只是因为它会破坏和瓦解这些所有制形式,而政治制度正是建立在这些所有制形式的牢固基础和它们的同一形式的不断再生产上的。”②而在“资本主义生产方式的其他条件已经具备的地方和时候,高利贷才表现为形成新生产方式的一种手段。”③它为资本主义新生产方式的产生和发展创造了大量的劳动力和资本这两个前提条件。

(2)商业信用和银行信用

资本主义的信用就是借贷资本的运动形态。这种信用可分为两种形态:商业信用和银行信用。其中,商业信用就是职能资本家在售卖商品过程中相互所提供的那种信用。这种信用产生于延期支付售出产品价款的形态中。例如,纺织企业在没有将它的制成品售卖以前,就常常需要购买燃料——煤炭。同时煤炭企业也极欲将煤炭售出。在这种情况下,煤炭企业就以延期支付这种方式向纺织企业提供信用。等到纺织企业的制成品售卖以后,再把煤炭的价款归还。而银行信用则是借贷资本家和银行以货币形态提供给职能资本家的信用。和商业信用不同,银行信用不是表现在商品形态上,而是在货币形态上;银行信用的提供者是借贷资本家或银行,而接收者则为职能资本家。商业信用的基础是在生产过程中发挥着职能的资本(商品资本)。银行信用的基础则不同,它主要是在资本循环过程中暂时闲置起来的货币资本。在比较发展的资本主义社会,银行信用主要是由银行来提供的。银行首先充当职能资本家的出纳员,职能资本家把企业中暂时闲置的资金,例如售出商品所得的现款,尚未到发放工资的时候,就拿去存在银行里。其次银行

---

① 黄正新. 试论《资本论》中信用理论的几个问题及其现实意义. 中国经济学教育科研网. 2005 年第五届经济学年会论文集.

② 马克思. 资本论:第 3 卷[M]. 北京:人民出版社,1975:675.

③ 马克思. 资本论:第 3 卷[M]. 北京:人民出版社,1975:675.

又吸收那些借贷资本家的货币资本,以及社会各阶层的小额储蓄,汇集到银行里,形成相当大的款额,变成了资本。职能资本家对银行信用的需要,也是商品的生产过程和流通过程的必然结果。在产业资本循环中,有时过剩的货币资本闲置起来,另外的时候又感到货币资本的不足。例如已经到了发放工资的时候,但制成品还没有卖出去,或者由于季节性的关系,必须储备较多的原料、燃料。这时就必须借助于银行信用。此外,在企业的生产规模需要扩充时,职能资本家感到自己的积累不足时,也必定要借助银行信用。① 马克思对此引用沙·科凯兰在《工业信贷和工业银行》一书中的话说:"正是这种互相借贷的增加和发展,构成信用的发展;这是信用的威力的真正根源。"②

总的来说,商业信用是资本主义信用制度的基础,它是在职能资本家之间以商品形式提供的信用。而银行信用就是在商业信用的基础上发展起来的。银行信用是银行以货币形式向职能资本家提供的信用,是资本主义信用的核心。它在资本主义信用体系中发挥着主导作用。除商业信用和银行信用之外,资本主义的信用形式还包括国家信用或公共信用、消费信用、高利贷信用和国际信用等。③

(3)信用本身寓于货币形式之中

我们还可以看到,信用和信用制度,是随着商品生产和货币流通的发展而发展起来的。因为,以货币为媒介的商品流通的发展可以使商品买卖在时间上和空间上发生分离。这种关系就是商品的卖者先让渡商品而后才得到商品价值的支付,而商品的买者只是作为未来货币的代表而赊购商品,即卖者作为债权人和买者作为债务人的关系。而信用的本质就体现在借贷行为中,其表现则是在当期进行了资金使用权的让渡,同时受让方承诺在将来的某一约定的时间以一定的条件来偿还,通常情况下是一种还本付息的偿还;而信用的本质体现在货币产生的过程中则表现为,随着货币形式的逐渐成熟,人们在接受货币作为交换媒介的同时也就认可了一种间接交易制度即 W—G—W′的交易形式,在第一次交换中,人们得到货币但并非以此为最终目的,而人们之所以愿意接受货币作为中转是因为在交换的市场中交易的各方对货币都有这样一种认可,即不论何时何地货币都可以同其他任何商品相交换,也就是说人们在得到货币的同时也得到了一种以后可以凭借货币换取自己最终想得到的商品 W′的承诺,从这个意义上说货币的本质就是信用,换句话说,信用本身寓于货币形式之中。④

4)信用制度孵化虚拟资本

(1)虚拟资本起源于信用货币的支付手段

虚拟资本的萌芽状态表现为信用货币。而"信用货币是直接从货币作为支付手段的职能中产生的。"⑤马克思说:"随着商品流通的发展,使商品的让渡同商品价格的实现在

① 彭迪先,柯高箐.货币信用论大纲[M].湖北:武汉大学出版社,2012:112-113.

② 马克思.资本论:第3卷[M].北京:人民出版社,1975:452.

③ 黄正新.试论《资本论》中信用理论的几个问题及其现实意义.中国经济学教育科研网.2005年第五届经济学年会论文集.

④ 费婧蓉.金融泡沫与信用制度的内在缺陷——基于美国次贷危机的考察[J].湖湘论坛,2009(5):76-80.

⑤ 马克思.资本论:第1卷[M].北京:人民出版社,1975:160.

时间上分离开来的关系也发展起来。"[①]在这个过程中"等价的商品和货币不再同时出现在卖的过程的两极上。"[②]其中,货币只是执行观念的购买手段的职能。比如,由契约规定所卖商品的价格,计量买者的债务,契约以债券的形式代替货币充当价值尺度的职能等。同时,"由出售商品得到的债券本身"也取得了信用货币的形式。这种债券又因债权的转移而流通。尤其是,随着信用事业的扩大,信用货币还取得了它"特有的各种存在形式,并以这些形式占据了大规模交易的领域,而金银铸币则主要被挤到小额贸易的领域中去。"[③]而当金银铸币等实物货币被信用货币(主要是纸币)代替作为主要支付手段的时候,其本身就可能已经在孕育虚拟资本。

(2)虚拟资本是生息资本发展的必然结果

虚拟资本是生息资本发展的必然结果。这是因为生息资本是通过暂时让渡资本使用权,仅仅凭借资本的所有权来获取利息的,也就是可以凭借债权证书来获取定期的收入。虚拟资本虽然和借贷资本有区别,它不是用实际的货币资本而是用票证作为生息资本,但是,它是以生息资本为基础的,都是资本主义借与贷的信用形式。马克思对此说:"生息资本的形式造成这样的结果:每一个确定的和有规则的货币收入都表现为资本的利息,而不论这种收入是不是由资本生出。货币收入首先转化为利息,有了利息,然后得出产生这个货币收入的资本。同样,有了生息资本,每个价值额只要不作为收入花掉,都会表现为资本,也就是都会表现为本金。"[④]这样,所有可以定期取得收入并且能进行买卖的所有权证书,都取得了虚拟资本的形式。

(3)信用制度的发展进一步扩大虚拟资本的规模

所谓信用制度是关于信用及信用关系的"制度安排",即对于信用活动的当事各方进行约束的规范和准则。广义的信用制度又体现为三个层次:第一是技术层次,如各种信用工具;第二是制度层次,即交易中反映信用关系的规则和约定;第三是价值心理层次,如人们的契约精神、信用观念等。而狭义的信用制度主要是指包括征信机构、征信制度等在内的征信体系。[⑤] 我们不难理解,信用制度的发展进一步扩大了虚拟资本的规模。[⑥]

首先,从货币资本到生息资本的转化中,信用制度的发展起到了重要作用。这是因为信用本身是建立在信任的基础上的,使一个人愿意把一定的资本额,以货币形式或以估计为一定货币价值的商品形式,委托给另一个人,并期望在到期后得到这个资本额的偿还。并且"如果资本是用货币贷放的,或用现金信用,或用一种对顾客开出的支取凭证贷放的,那么,就会在还款额上加上百分之几,作为使用资本的报酬。"[⑦]其次,信用和信用制度与生息资本是同生共存的。生息资本在贷出者和借入者之间的"这个运动——以偿还为条件的付出——一般地就是贷和借的运动,即货币或商品的只是有条件的让渡的这种独特形

① 马克思. 资本论:第1卷[M]. 北京:人民出版社,1975:155.

② 马克思. 资本论:第1卷[M]. 北京:人民出版社,1975:156.

③ 马克思. 资本论:第1卷[M]. 北京:人民出版社,1975:160.

④ 马克思. 资本论:第3卷[M]. 北京:人民出版社,1975:526.

⑤ 杨胜刚,等. 金融泡沫与信用制度的内在缺陷——基于美国次贷危机的考察[J]. 湖湘论坛,2009(5):76-80.

⑥ 李静. 马克思虚拟资本理论初探[J]. 河南商业高等专科学校学报,2008(1).

⑦ 马克思. 资本论:第3卷[M]. 北京:人民出版社,1975:452.

式的运动。"[①]这表明,由信用制度引起的借贷资本的运动具有独特的价值运动形式。一系列的借款、偿还、支付过程并没有导致货币或商品的所有权的转移,而仅仅是使用权的变化。这样,借贷资本就和职能资本发生了一定的分离,借贷资本实际上已经仅仅作为一种权利证书存在,不仅不再作为现实资本存在,甚至不再作为货币资本存在。"即使假定借贷资本存在的形式只是现实货币即金或银的形式,只是以自己的物质充当价值尺度的商品的形式,那么,这个货币资本的相当大的一部分也必然只是虚拟的,也就是说,完全像价值符号一样,只是对价值的权利证书。"[②]再次,当这种权利证书作为商业货币进入流通时,就已包括虚拟资本的成分。特别是随着借贷资本的扩大,出现了银行信用和银行券时,无黄金做准备金而发行的银行券所形成的追加资本,无疑具有了虚拟资本的形式。最后,当"真正的信用货币如银行券……不是以货币流通(不管是金融货币还是国家货币)为基础,而是以汇票流通为基础"时,[③]在这样的条件下,就有了空头支票的出现并进行流通。于是,通过单纯的流通手段的制造,就创造出了虚拟资本,并迅速扩大了它的规模。[④]

4.1.3 金融泡沫的成因

4.1.3.1 金融资产的定价规则导致价值偏离

我们知道,社会分工导致了商品交换的产生。随着可以用来交换的物质产品的数量、种类的不断增加,就需要一个可以用来对这些商品价值进行衡量的统一标准。而作为最早出现的金融资产原形,货币就充当了这样一个标准,成为商品交换的媒介和价值衡量的尺度。因此,金融资产是随着实体经济的发展而产生并逐渐丰富的。应该说,在货币作为最初的金融资产,并在符合"有效货币与实体财富相对应的原理"前提下,最初作为实体经济价值的外在表现形式是金融资产的基本功能之一。但随后出现的问题是,虽然金融资产的内在价值要反映实物资产的价值,但是两者在定价规则上却大不相同。一般而言,实物资产的基础价值是由该资产的生产成本、流通费用再加上社会平均利润水平确定的,这种定价方法以历史成本为基础。而金融资产的内在价值则是由其带来的未来收益的现值决定的,贴现率的高低要受实体部门风险大小的影响。此外,经济环境的易变性也决定了实体部门的风险是不断变化的。因此金融资产的内在价值也会不断调整,但是金融资产的名义价值或者说是账面价值却不能频繁变动。因而即使金融资产最初的名义价值与其内在价值是一致的,但由于内在价值特殊的确定方式,两者也会在后来的运动过程中发生偏离。例如,银行在向借款者提供贷款时,利率通常是固定的或仅有小范围调整,因此贷款的名义价值是稳定的。但借款人的违约风险以及市场利率却在不断变化,因而贷款带来的未来收益的现值即贷款的内在价值也会不断变化。而一旦发生名义价值与内在价值偏离的现象,那么泡沫的产生就成为难以避免的结果。

---

① 马克思．资本论:第3卷[M]．北京:人民出版社,1975:390.

② 马克思．资本论:第3卷[M]．北京:人民出版社,1975:576.

③ 马克思．资本论:第3卷[M]．北京:人民出版社,1975:451.

④ 黄正新．试论《资本论》中信用理论的几个问题及其现实意义．中国经济学教育科研网．2005年第五届经济学年会论文集．

4.1.3.2　金融体系脱离实体经济的自我增值

金融资产除了能够反映债权或者所有权所带来的收益的资本化价值外,还能够为投资者解决流动性问题,即投资者可以通过在金融市场中转让所拥有的金融资产来解决资金周转的不足。也就是说金融资产可以脱离实体经济在金融市场中成为独立的交易对象,从而使金融资产除了具有名义价值和内在价值外还具有市场价值。而拥有金融资产的投资者不但可以获得利息、股息收入,还可以从市场交易的买卖差价中获利。但随即产生的问题是,因金融资产的市场价值是由市场的供求状况决定的,当投资者普遍预期市场价值要上涨时,金融资产的需求会迅速增加。由于金融资产的供给具有相对稀缺性,其市场价格会被迅速抬高并能维持一段时间。这时金融资产的市场价值就会极大地偏离其内在价值,泡沫也就随之出现了。尤其是近几十年来,随着金融体系自身的发展,其脱离实体经济而独立运行的特征日益明显。比如,20 世纪 50 年代全球国际金融交易额与国际贸易额的比例是 1∶9,到了 1996 年这一比例已猛增到 80∶1。而 2000 年国际金融市场中经常调入调出的短期资本已达 1 800 亿美元。大量资金在金融体系中运动,加速了金融资产价值的自我膨胀,助长了金融体系的泡沫化程度。[①] 由此,金融体系脱离实体经济的价值运动变成了一种在金融系统内不断循环的自我增值运动。

4.1.3.3　金融资产实际价值的人为高估

除了金融资产自身的定价机制以及市场炒作外,其价值容易被人为高估也是导致金融泡沫化的重要原因。这一点在发展中国家表现得尤为突出,因为资本短缺是发展中国家普遍存在的问题。在此背景下,一些国际金融机构纷纷将资金贷给发展中国家,以求打开新的市场,获得长久利益。而在初期,这些金融机构为了竞争,往往将贷款的利率定得较低。同时,许多发展中国家为了吸引外资,改善国内的投资环境,降低投资成本,提高本国产品的国际竞争力,也都采取了利率管制的措施,将利率定在低于均衡状态时的水平。由此,市场利率已不能反映市场真实的供求状况和风险水平,而以此为基础对金融资产的乐观定价就会出现高估的情况,从而导致泡沫的产生。此外为了吸引外资、方便进行国际贸易,许多发展中国家都选择钉住汇率制,通过将本国货币与一强势货币的汇率固定来达到稳定本国币值的作用。而在这种汇率制下,汇率因不能根据外汇市场的供求及时调整也容易出现被高估的情形。[②]

4.1.3.4　金融集团逐利动机的助推

我们知道,如从金融泡沫的性质上来判断,在泡沫形成之后,政府、企业或个人因不能顺利还本付息所形成的那部分过度负债,实际上是金融系统中不能正常运转的不良资产。比如,1989 年底第三世界国家的债务总额曾逾 12 000 亿美元。但奇怪的现象是,面对与日俱增的外债,许多债务国一方面在千方百计地寻找用以偿债的资金,但另一方面却有大批的资金源源不断地从国内流向国外,甚至在负债的高峰期出现了资金净外流的情况,从而造成债务危机的进一步恶化。但问题是,当时发展中国家的资金净外流正是过去西方

---

① 蔡楠. 中国金融泡沫化研究:理论与实证分析[J]. 当代经济科学,2003-9:24-29.

② 蔡楠. 中国金融泡沫化研究:理论与实证分析[J]. 当代经济科学,2003-9:24-29.

资金以银行贷款形式大量涌入发展中国家所造成的，因为发展中国家的外债实质上正是它们以前从西方商业银行那儿获得的，但如今却被这些银行当作呆滞资产而留在账上的那些贷款。[①] 换句话说，世界性金融泡沫的最终形成与当初西方金融集团以银行贷款形式大量涌入发展中国家，从而造成流动性过度宽松是有直接关系的。比如，虽然有诸多因素导致20世纪70年代西方商业银行对发展中国家的信贷扩张，但总的来看，首先是与它们大量运用辛迪加(银团)贷款这种信用手段有密切关系。据经济合作与发展组织统计，这类信贷资金要占到发展中国家从国际借贷市场上获得的全部资金的90%以上。银行辛迪加形式吸引了几百家乃至上千家过去从无国际业务经验的银行参加到对发展中国家的贷款中去，而发起和组织者则往往是西方的某大商业银行，比如美国花旗银行，来作为牵头银行。问题是，这些牵头银行之所以要组织辛迪加贷款的动机则主要是为了获得高收益。仅以花旗银行为例，1974年这家银行投于发展中国家的资金虽只占其资产总额的7%，却保证了它40%的利润，而其余的93%资产仅给它带来60%利润。两者相比，前者的盈利率竟比后者高8.86倍。这就是说，早在20世纪70年代初期，花旗银行便已通过对发展中国家的投资(大部分是以辛迪加贷款形式)获得了相当可观的利润收入。而据《欧洲货币》杂志1983年披露，这家银行一共有2万名雇员，分布在全世界100多个国家经办这项业务，单单巴西一国就有2 900名(99%是巴西人)。同时，其他西方大商业银行也同花旗银行一样，作为牵头银行出面组织上百家银行筹措资金，但自己也承担其中一定份额。这样做，一方面满足了发展中国家的资金需要，但另一方面也达到了对这些国家的经济进行渗透和施加影响的战略目标。此外，西方商业银行之所以对这种信贷形式发生兴趣，还因为辛迪加的利润分配对它们有利。因为参加辛迪加货款的一般商业银行关心的只是银行同业拆放利率之外的加息率(Spread)。而加息率则主要根据客户的资信和偿付能力，在签订贷款契约时商定。它与利润成正比，也就是说，加息率定得越高，银行的利润就越大，反之则越小。但是牵头银行不仅能获得应得的加息(因为它们自身也承担一部分出资额)，还可以从贷款利息总额中抽取一部分，作为出面组织银团的佣金。但也正是允许组织辛迪加贷款的牵头银行抽取佣金的做法极大地影响了西方资金流入发展中国家的进程。这是因为：(1)办理贷款的速度加快了：从接受贷款申请到正式签订协议通常只需2～3个月时间，而牵头银行却能一下子进账一大笔收益，收益最高可达它们应得利润总额的20%；(2)贷款的成功率提高了：牵头银行在同借款人就信贷条件进行谈判过程中往往以降低加息率来谋求交易成功，原因就在于一旦买卖做成，它们即可通过佣金来补偿自身在这方面的损失。可这样一来，加息率作为反映借款人偿还能力市场指标的作用便被歪曲了。加息率定得低，使参加辛迪加贷款的一般商业银行产生错觉，误认为借款人资信好，偿还能力强，于是毫无疑虑地加入到对第三世界国家的信贷扩张中去。[②] 所有这一切，都导致了不少发展中国家一度出现流动性过度宽松的局面，加速了金融泡沫的形成，同时也导致其债台高筑，而一旦临近债务偿还期，金融泡沫就面临一触即破的局面。

---

① 应世昌．西方商业银行在发展中国家债务危机中的作用[J]．世界经济文汇，1990(5)：34.

② 应世昌．西方商业银行在发展中国家债务危机中的作用[J]．世界经济文汇，1990(5)：34-35.

4.1.3.5 投资者预期行为的吹胀

金融泡沫的形成和膨胀,还往往与投资者的心理预期及其产生的后果直接相关。尽管金融市场的发展走向最初并不与投资者的预期一致,但却可能在投资者预期所导致的从众行为的推动下,走向与预期的一致,从而迅速吹胀泡沫。比如,金融行为学家发现,有这样几种心理问题在泡沫时期最容易发生:

(1)"锚定效应"。大多数泡沫具有的典型特征是,在最后一个阶段到来之前,价格和增值效应通常都会延续相当长时间,这使得投资者改变了预期,认为高价格是合理的。

(2)"羊群效应"。即便很多精明的专业投资人,也总是试图"与泡沫一起膨胀",而不是努力避免泡沫,在价格上涨过程中,他们通常认为随大溜比采取与众不同的方法更安全,循规蹈矩比特立独行犯错误的可能性更小。而这种从众的行为具有传染性。查尔斯·麦基在其《大癫狂:非同寻常的大众幻想与群众性癫狂》一书曾提到南海泡沫中投资者乐观传染的一个例子:银行家马丁在1720年8月的第三次股票认购时说,"当世界上其他人都发疯时,我们必须以某种方式效仿他们。"某些事件的发生增强了市场信心,导致市场盲目乐观,确信未来经济会繁荣,因此人们进一步认为有必要加大投资。结果,金融机构接受了在理性环境下一般不采用的流动性较低的负债结构,经济开始扩张,不断繁荣,直至经济过热。①

(3)认知失调。人们总是倾向选择那些"可以坚定我们选择"的观点,比如,金融市场在疯狂时期的特征之一是,人们对定价过高的预警,总是不感兴趣,甚至感到厌恶。

(4)灾难忽略与灾难放大。对于发生概率较小的负面事件,投资者总是侥幸地认为"很难发生在我身上",而灾难一旦发生,他又总是担心"祸不单行,更大的灾祸在后面"。②

总的来看,尽管理性预期理论假定:通过运用一些广为人们理解的经济模型,预期可以随事件发展而调整,这意味着预期可能会对一些独立事件迅速做出反应。但是历次金融危机的事件也表明,市场参与者的行为并不是按照这一预期方式调整的。这是因为市场参与者中或许有人认识到危机的发生及其可能产生的影响,市场也会出现危机爆发的各种警告,但是,由于受认知速度、认知过程的差异,以及人们乐观情绪的影响,市场仍会沉浸于盲目乐观之中。但也就在这时,一些削弱市场信心的小事,或纯粹的信息,甚至是偶然的"危机爆发器",会迫使市场改变预期,从而引发危机。③

4.1.4 金融中介与金融泡沫

由于金融泡沫一般是通过金融中介的运作而形成的,因此,金融中介的资本运作规模超出实体经济规模的多余部分就是金融泡沫形成的源泉。但如从金融泡沫的根源来判断,在泡沫形成之后,企业或个人因不能顺利还本付息所形成的那部分过度负债,实际上就是金融系统中不能正常运转的不良资产。而其实质是存款人所储蓄财富在企业投资、

① 次贷危机研究课题组. 次贷危机正在改变世界[M]. 北京:中国金融出版社,2009:275.

② 第8章金融市场中的个体心理与行为偏差//中南大学行为金融学精品课程. 长沙:中南大学,2001.

③ 金德尔伯格. 疯狂、惊恐和崩溃:金融危机史[M]. 叶翔,朱隽,译. 北京:中国金融出版社,2007:128.

经营和破产时的漏损。然而正是这种漏损使国民经济资产空虚化，并形成漏损空虚后的泡沫。①

4.1.4.1　内生金融中介理论的形成及其主要观点

所谓金融中介是指在金融市场上资金的融通过程中，在资金供求者之间起媒介或桥梁作用的人或机构，一般由银行金融中介及非银行金融中介构成，具体包括商业银行、证券公司、保险公司以及信息咨询服务机构等。据说，20 世纪初，英国国王爱德华七世(Edward Ⅶ)的私人银行家欧内斯特 · 卡塞尔爵士(Sir Ernest Cassell)曾说："当我年轻的时候，人们叫我赌徒。随着生意的做大我被称为一个投机者。现在我被称为银行家。但实际上我一直在做同样的事情。"②应该说，卡塞尔的自述，令人有很大的想象空间。因为他无论是作为一个赌徒或投机者，还是作为一个银行家，实际上一直在从事同样性质的金融中介业务，但对此人们的褒贬却随其业务规模的增长而变化。同时，我们知道，如果在赌徒和银行家之间画上等号，那么对所有将自己的钱交给他经营的人就有了很大的风险，因为人们一般相信，如把钱交给赌徒，可能会输得一点不剩；而交给银行家，则应该会有盈余。因为人们普遍相信，作为银行家的首要目标是能确保生存，他需要避免一切使自己生意失败的风险。第二个目标是要获得持续的回报率，而第三个目标当然是获得更高的回报。③ 若一个银行家不顾第一目标而直奔第三目标，则与赌徒无异，因此历史上也有很多类似雷曼兄弟银行垮台的事件发生。但问题是，人们为什么还是会把自己的钱交给银行或其他金融中介机构去经营？换个角度说，人们为什么需要金融中介？对此，需要简单介绍一下内生金融中介理论。

应该说，20 世纪 80 年代经济学中兴起的内生增长理论为金融发展理论奠定了一个微观基础，在此基础上也形成了内生金融中介理论。其代表人物有本斯维格(Bencivenga Valerie R)、史密斯(Smith Bruce D)、列文(Ross Levine)等。比如，本斯维格和史密斯(1991)的模型分析了单个投资者在面临流动性风险条件下的资产选择行为，即其既可以投资非流动但具生产性的资本，亦可以投资流动性但非生产性的资产。如果在模型中引入金融中介，以 Romer(1986)的资本外溢内生增长模型为背景，④就可以在一般均衡框架内分析金融中介的资源配置效应和经济增长效应。而通过该模型分析可知：在一定条件下，金融中介的引入，不仅能消除资本未到期兑现的现象，而且可以提高资本投资在储蓄中的份额，从而促进技术进步和经济增长。⑤ 换句话说，金融中介的活动可以促进社会经济的发展。但对于金融发展与经济增长之间的关系究竟怎样，理论层面的交锋曾经相当

---

① 周天勇．高负债发展模式的金融风险[J]．经济研究，1998，(5)．转引自：杨胜刚，费婧蓉．金融泡沫与信用制度的内在缺陷——基于美国次贷危机的考察[J]．湖湘论坛，2009(5)：77.

② RETO R. GALLATI, McGraw-Hill. RISK MANAGEMENT AND CAPITAL ADEQUACY, New York, Copyright © 2003 by The McGraw-Hill Companies, Inc. P. xvii.

③ Alexander Elder. Trading For A Living: Psychology Trading Tactics Money Management. Copyright © 1993 by Dr. Alexander Elder. Published by John Wiley & Sons, Inc. P. 258.

④ Paul M. Romer. Increasing Returns and Long-Run Growth. The Journal of Political Economy, Vol. 94 No. 5. Oct. 1986 pp. 1002-1037.

⑤ 王永中．流动性风险 金融中介与内生增长——Bencivenga 和 Smith(1991)模型评价[J]．华南金融研究，2004(1).

激烈。多数经济学家认为，银行部门利用其独特的甄别技术，可以为技术工艺最为先进的企业提供资金，从而通过鼓励技术进步来实现经济增长的目的。但也有一些经济学家却认为金融发展是经济增长的自然需求。与此同时，虽然几乎所有的实证研究都证实了金融发展与经济增长之间的正相关关系，但大多难以摆脱“逆向因果(reverse-causality)”的困境，也就是说，他们无法证明是金融发展引起了经济增长，而非经济增长推动了金融发展，或者某个共同的外部因素推动了金融发展和经济增长的共同实现。此根本问题直到20世纪末，美国经济学家列文等学者在前人的基础上，基于广义矩估计回归方法，正面证实了金融发展对经济增长的显著且巨大的影响，才算有了初步结论。① 而中国也有学者对此研究后认为，在一定条件下，金融中介的引入，不仅能消除资本未到期兑现的现象，而且可以提高资本投资在储蓄中的份额，从而促进技术进步和经济增长。②

然而，尽管研究显示，金融发展加速了经济增长(Levine，2006)，但经济学家并未就金融发展的再分配效应的理论预测达成共识。比如，一些理论认为，金融发展难以对称地帮助小企业的发展。因为固定成本可能会阻止小企业获得金融服务。相反，金融服务的改进则可能会不对称地偏向帮助大企业。③ 另据中国学者徐茂魁等的研究，20世纪末的金融发展理论对金融机构与金融市场形成机制的解释主要是从效用函数入手，建立了各种具有微观基础的模型，引入了诸如不确定性、不对称信息和监督成本之类的与完全竞争相悖的因素，在比较研究的基础上对金融机构和金融市场的形成做了规范性的解释。这种理论认为，内生金融中介形成的原因，是由于金融中介在资金融通中所具有的降低交易成本的功能。具体来说，金融中介从以下三个方面降低了交易成本：(1)规模经济与范围经济。比如，两位美国经济学家格利(Gurley J. G.)和肖(Shaw E. S.)将金融中介视为单个借贷者在交易中克服交易成本以寻求规模经济的联合。而金融中介之所以能降低交易成本的主要方法是利用技术上的规模经济和范围经济。若存在与任何金融资产交易相关的固定交易成本，那么和直接融资情况下借贷双方一对一的交易相比，通过金融中介的交易就可以利用规模经济降低交易成本。(2)不确定性与交易成本。金融中介形成的原因在于它能降低由投资收益不确定而产生的风险。投资者进行投资就必须承担由于投资结果的不确定而产生的风险，如果他是风险厌恶者，为降低风险，他可以进行多样化投资，从而使非系统风险相互抵消，但是多样化投资需要搜索许多投资项目，这要付出交易成本。而当投资者人数众多时，金融中介就可以减少投资者个人持有多样化组合的交易成本。(3)信息不对称与交易成本。借贷双方间的信息不对称会产生交易成本。就整个借贷过程而言，在贷款前，贷款人需要在逆向选择环境下搜寻合适的投资项目并核实项目的预期收益，这将产生搜寻和核实成本。同时，在项目实施过程中，贷款人为防止借款人不遵守借贷合同而需要监督借款人行为，这将产生监督成本。而在项目完成后，贷款人还需要对项目收益和贷款偿还进行有成本的状态检验，这将产生审计成本。显然，由金融中介来承担

① 陈雨露．金融发展不能长期滞后经济增长[N]．21世纪经济报道，2006-9-18．

② 王永中．流动性风险 金融中介与内生增长——Bencivenga和Smith(1991)模型评价[J]．华南金融研究，2004(1)．

③ THORSTEN BECK，ASLI DEMIRGUC-KUNT，LUC LAEVEN，ROSS LEVINE. Finance, Firm Size, and Growth. Journal of Money, Credit and Banking, Vol. 40，No. 7，2008-10.

监督和审计职责,可因规模经济而节省交易成本。

此外,罗纳德·麦金农(Ronald I. Mckinnon)、马克威尔·弗莱(Maxwell J. Fry)为代表的一些经济学家在总结发展中国家金融改革实践的基础上,于20世纪90年代初期提出了金融自由化次序理论。该理论认为,发展中国家金融深化的方法及金融自由化是有先后次序的,如果金融自由化按照一定的次序进行,就一定能够保证发展中国家经济发展的稳健性。[Ⅱ]还有Boot和Thakor(1997)比较了金融中介和金融市场在资金融通方面的优势。他们认为,在经济发展过程中,一般是先形成金融中介,然后再形成金融市场。这里所说的金融中介,指通过银行的间接融资;而金融市场则指通过资本市场发行股票和企业债券的直接融资。他们将金融中介和金融市场都看做是参与资金融通的当事人的集合。金融中介的当事人将资金存入金融中介,金融中介再把吸收的存款放贷出去,它要协调当事人的行为并监督生产者的行为。金融市场的当事人则在金融市场上进行竞争并购入生产者发行的股票和债券,从而为生产者提供资金,金融市场则在信息搜寻和汇总方面存在优势。因为在有效证券市场中,证券价格波动能够及时和有效地反映证券发行者的行为和业绩,从而有助于投资质量的提高。① 而格林·伍德和史密斯(Greenwood & Smith,1997)则分析了金融市场是如何随经济发展而内生形成的。他们认为,金融市场的形成和运行是有成本的,正是这个成本,导致了金融市场只能在经济发展到一定阶段才能形成。在经济发展的早期,人均收入很低,人们无力支付金融市场的运行成本。而随着经济发展,人均收入增加,有能力支付金融市场运行成本的人会逐渐增多。但是,如果参与金融市场交易的人较少,交易次数和交易额也不多,那么分担到每笔交易上的成本还是会很高。这时,人们还是没有积极性利用金融市场进行交易,金融市场也就不会形成。所以,金融市场的运行成本构成金融市场形成的"门槛"。只有当经济发展到一定程度、人均收入达到一个临界值时,才能突破这个门槛。②

值得一提的是,20世纪90年代以来,在金融发展理论中还兴起了经验研究和实证分析,从宏观、中观和微观层次上,验证了金融发展确实具有促进经济增长的功能,而且明确区分了金融中介和金融市场作用于经济增长的机理,以及决定金融发展和金融结构的制度因素。当然我们从上述关于内生金融中介理论的形成及其主要观点的简述中可以发现,它比较符合不少国家,尤其是发展中国家的金融发展实际。但问题是,20世纪90年代以来的金融深化理论可能过于强调金融体系作用的有利一面,而对其不利一面,特别是金融发展不当所导致的危害性认识不够,既没有研究金融动荡和金融危机的根源,也没有研究金融发展有可能转化为金融动荡和金融危机的机理。③ 而事实上,也正是由于金融中介的独特地位和运作方式,尤其是对金融中介机构不断开发出的信用衍生工具的滥用,使其在金融泡沫的形成过程中发挥了独特的催化作用。

---

① Boot A. Thakor. Financial System Architecture, The Review of Financial Studies, 1997(3).

② Greenwood, J., B. D. Smith, "Financial Markets in Development and the Development of Financial Market", Journal of Economic Dynamics and Control, 1997(1).

③ 徐茂魁,陈丰,张家伟,郑世蕊. 对金融发展理论的思考——以美国次贷危机为鉴[J]. 政治经济学评论,2009年(第1辑):135.

4.1.4.2 金融中介使用的金融工具诱发金融泡沫

应该说,金融中介在资金运作的过程中,本意是通过信用衍生工具的创造和使用来充分发挥资金在社会经济发展中润滑作用,有其一定的积极意义。但问题是,一旦发生对这些信用工具的过度和不当滥用,就会在金融泡沫的形成过程中产生严重的副作用,从而起到不良的催化作用。

1)信用工具的自我衍生和膨胀催生泡沫

所谓信用工具,亦称融资工具,是指资金供应者和资金需求者之间进行资金融通时所签发的证明债权或所有权的各种具有法律效用的凭证。如按信用形式划分,可分为商业信用工具,如各种商业票据等;银行信用工具,如银行券和银行票据等;国家信用工具,如国库券等各种政府债券;证券投资信用工具,如债券、股票等。而按照ISDA(国际互换与衍生品协会)的定义,①信用衍生工具是指一系列从基础资产上剥离、转移信用风险的金融工程技术的总称。即交易双方通过签署有法律约束力的金融契约,使得信用风险从依附于贷款、债券上的众多风险中独立出来,并从一方转移到另一方,其最大的特点就是将信用风险从其他风险中分离出来并提供转移的机制。在此机制之中,衍生品就是一种自身价值来源于其他一些有价证券(如股票、债券)或商品、货币等的金融工具。一般而言,衍生品有两类法律名称:期权和期货(包括远期、期货、期权和掉期四大类)。[Ⅲ]而在金融市场上,你既可以购买股票,也可以购买该股票的期权。而“看涨”期权——即在未来某一天以协议价格购买股票的权利——就是一种衍生品,因为其价值源自于基础股票的价值。相反“看跌”期权——即在未来某一天以协议价格卖出股票的权利——也是一种衍生品,因为其价值同样源自于基础股票的价值。如果说期权是一种在未来时间以协议价格进行买卖的权利,那么期货则是在未来某一天以某一价格进行这种买卖的义务,但两者都是衍生品。②

由此,我们不难看出,信用工具(包括信用衍生工具),自产生的那一刻起便由于其高度的可流通性而有了脱离实物基础的可能性。比如,虽说股票价格指数是从不同来源渠道编制的经济指数之一,是根据一国甚至全球每天商业实际发展的情况而编制的,有相当的实体财富指征,但它主要关注的毕竟是对未来的预期,本身就具有一定不确定性,因此与实物基础仍有一定的距离。而在此基础上建立的衍生产品——股票价格指数期货,则具有更大的不确定性,与实物基础相去更远。③ 特别是随着金融产品的不断衍生,当今的金融衍生系统的外延既包括远期、期货、期权、掉期四大类基础衍生产品,也包括利率、股权、外汇、商品、信用等各类联动模式;既涉及投资、套期保值、风险管理、套利、投机、对赌博弈等行为与策略,还涉及金融产品指数化、金融投资信托化、资产证券化等多种衍生过程。④ 特别是随着信用制度的发展,能够流动的信用工具也越来越多。比如,商业票据在厂商之间的背书转让、现代资产证券化业务的发展等都使得信用工具呈现出一种自我衍

① 1992年在巴黎举行的ISDA首次正式提出了一种可以用作分散和转移和对冲信用风险的创新产品——信用衍生产品(Credit Derivatives)。

② 乌戈·马太,劳拉·纳德. 西方的掠夺:当法治非法时[M]. 苟海莹,译. 北京:社会科学文献出版社,2010:43.

③ Alan R. Shaw. Market Timing and Technical Analysis. Smith Barncy, Harris UphamΘCo. Inc. 1991:315.

④ 周复之. 金融衍生品五级分类监管体系的构建. 中华会计网校论文,2010-1-22.

生、自我膨胀的特性,而正是这种特性为泡沫的产生提供了可能。如果说泡沫的载体(如房产等)一般具有供给弹性小、替代性差的特点。① 那么相对地,信用工具本身的供给弹性在理论上却可以达到几乎没有限制的程度。而当两种供给弹性不对称的事物相交换时,其比例或者说由此决定的相对价格的不确定性则会大大提高。一旦有投机活动指向这种供给弹性小的资产时,用信用工具所表现的该资产的价格在一定程度上就可以脱离束缚而没有限制。而当这种价格毫无根据地快速上扬之时,泡沫就产生了。我们可以想象,当任何两种实物直接进行交换的时候,在短时期内二者的供给弹性都不可能达到无限大,这在无形之中就给二者的交换价格限定了范围。但是信用工具的自我衍生和自我膨胀能力却使得这种限定不复存在,从而迅速地催生了金融泡沫。②

2)信用机构的行为催长泡沫

信用机构产生后,③一方面,与信用机构发生信用关系的个人将自有资金授信于信用机构代为运用,信用机构的行为特点便代替了原有众多个人的行为特点,巨大的资金池还使信用机构的活动方式以一种统一的、强势的作用力对整个社会经济产生影响。但由于少数人的行为通过信用制度放大而成了多数人的行为,这种影响在结果上便同从众行为产生的影响相同。另一方面,信用制度又为投机提供了便利的制度条件。一般而言,投机活动追求买卖差价,在瞬息变化的价格走势中把握投机机会盈利的特性要求投机资本量大并具有很高的流动性,同时投机的对象本身也能够迅速地达成交易。由于信用制度的不断发展和信用机构在处理信息上的优势所在,越来越多的人都将自己的储蓄通过间接投资来达到保值增值的目的,这样社会储蓄就有很大一部分在信用机构处得到储存,加之资本市场上的信用工具(包括股票、债券等有价证券)中有一部分专门以小额的方式面向散户投资者,这样参与信用活动的资金门槛变得越来越低,也使得能够用于投机的资金变得富余起来。同时,随着金融对经济的渗透力量不断加强,经济的货币化程度越来越高,而以资产证券化为代表的信用工具流动性的提高更为投机者使用信用工具参与投机活动提供了巨大的便利。比如,值得注意的一种现象是,信用机构向住房消费者提供了抵押贷款,等同于信用机构间接地投资于房地产市场。这些贷款只是证明信用关系的凭证,但是信用机构可以自身的信用为凭靠,将这些贷款打包售出,或者以这些贷款为抵押发行有价证券,由此筹集的资金可以再度投向房地产市场;同时当市场参与者对于这些证券广为接纳,这些证券本身也可以成为交易的对象。当今每天就约有数万亿元美元的类似期权和期货等的衍生证券在进行着交易和套利活动。④ 在此情况下,经济货币化连同信用工具流动化就可以使大量的资金指向单一的资产或是细分市场,而这正是投机的温床。简单来说,在没有信用制度的时候,某个人如进行投机活动,这只是他个人的行为;而当这个人的行为成为某种信用组织的行为,或者说这个人通过信用组织得到信用资金从事投机活动

---

① 张灿. 金融泡沫理论研究[M]. 上海:上海财经大学出版社,2003:51.

② 杨胜刚,等. 金融泡沫与信用制度的内在缺陷——基于美国次贷危机的考察[J]. 湖湘论坛,2009(5):76-80.

③ 信用机构,即金融机构,是指专门从事货币信用活动的中介组织。以中国为例,按地位和功能可分为四大类:中央银行;银行,包括政策性银行和商业银行;非银行金融机构,主要包括国有及股份制的保险公司、城市信用合作社、证券公司、财务公司等;在境内开办的外资、侨资、国内外合资金融机构。

④ Stephen F. LeRoy, Jan Werner, Principles of Financial Economics, @ March 10, 2000: viii.

的时候，其结果就相当于在无信用制度的情况下，这些信用资金的所有者按照这一个人的投机行为来确定自己的行为，于是很快地催长了金融泡沫。[①]

3)信用制度形成的委托代理关系吹大泡沫

信用行为的发生伴随了资金所有权和使用权的分离，这样授信方同受信方之间实质上形成一种委托代理关系，而信用工具就是委托代理契约。受信方虽然受到信用条款的约束，有在未来指定的时间里向授信方支付一定的现金流的义务，但是现代经济活动中的经济主体通常以有限责任实体的身份参与经济金融活动(或者有类似于存款保险制度这样的措施)，这样受信方对于资金运用的损失只承担有限责任，而对于资金运用于高风险项目所带来的高额收益则享有完全占有或大部占有的好处。这种潜在利益分配的不对称为受信方实施风险转嫁提供了动力。另一方面，委托代理关系中存在着典型的道德风险和信息不对称现象。原来无法获得抵押贷款的边缘授信方可以利用资产证券化对经济金融的不断渗透进入信贷市场；而受信方则可以利用自己的信息优势谋求自身利益而不顾授信方可能遭受的损失，这种信息不对称为受信方实施风险转嫁提供了可能性，从而从双面催大了金融泡沫。[②]

4.1.5 流动性过剩与金融泡沫

所谓流动性(Liquidity)在这里是指整个宏观经济的流动性，即在经济体系中货币的投放量的多少。而流动性过剩(Excess Liquidity)则是指一个国家的实际货币供给增长率显著地超过了既定的、经验的这一增长率与其本国 GDP 增长率之间比例(即超货币供给增长率)的一种经济现象。从全球范围来看，流动性过剩加剧形成了全球过多的货币资产日益狂热地追逐虚拟的金融资产和稀缺的实物资产(并以此为基础创造出对应的金融性资产，如商品期货)的现实。而与此所对应的所谓金融泡沫经济(Financial Bubble Economy)特指金融经济(主要指以金融产品生产和交易为特征的经济)偏离实体经济(主要指以实物产品生产和经营为特征的经济)而形成的一种泡沫经济。它在相当程度上可以说是与流动性过剩直接相关的。尤其令人注意的是，金融泡沫经济所具有的加速膨胀或收缩的特性已越来越成为全球关注的焦点之一。由于金融泡沫经济是在金融泡沫广泛性、常态性的基础上形成的。因此人们又把金融泡沫看成是金融资产或金融性资产的市场价格脱离其内在价值(由基本要素决定的价值)而生成，并具有膨胀、收缩甚至破裂特性的一种经济现象。特别是当金融经济充分发展，发达的金融经济偏离实体经济成为现实时，那时的金融泡沫从金融原生产品到衍生产品，再到金融性的其他产品，已经渗透到了金融活动的方方面面，并呈现出独立发展的态势，由此往往生成金融泡沫经济。[③] 由于金融泡沫经济的形成在相当程度上与流动性过剩有关，因此探究流动性过剩的原因则成为研究金融泡沫的前提之举。特别是当流动性过剩已成为一种比较普遍的世界经济现象时，关注其产生的原因已变得十分紧迫。

---

① 史永东，赵永刚．信用衍生品的国际发展机理研究[J]．财经问题研究，2008(10)：54-60.

② 杨胜刚，等．金融泡沫与信用制度的内在缺陷——基于美国次贷危机的考察[J]．湖湘论坛，2009(5)：76-80.

③ 李方．全球经济失衡下的金融泡沫经济[J]．国际金融研究，2007-4：63-68.

4.1.5.1 经济失衡刺激全球流动性过剩

全球经济失衡加剧首先表现在美国与亚洲主要国家和地区的贸易失衡不断加深。长期以来美国因其经济政策的负面效应和经济运行的弊病累积逐渐成了全球经济失衡的主导方。比如,美国长期以来进口超过出口,特别是在20世纪初已变成每天必须从国外吸纳20亿美元才可以弥补其巨额贸易逆差。而从更深的层面来看,美国贸易赤字是由其财政赤字所导致的,而这一"孪生赤字"又是其国内公共支出膨胀、税收减免和居民过度消费、储蓄率极低的必然结果。美国仅在2004年财政年度(2004.10—2005.9)的赤字就高达4 130亿美元,经常项目赤字超过6 000亿美元,2007年则进一步扩大为9 000多亿美元,占GDP的比重也从2.4%上升至6.9%。与之相对应的盈余则集中在另一部分国家,主要是亚洲新兴市场经济体和石油出口国。根据IMF的统计,从2000—2005年新兴市场和发展中国家的经常账户余额增加了4倍多,特别是2005年的数据在上一年的基础上翻了一番,达到4 247亿美元。2007年这一余额为6 389亿美元。另据IMF的统计,在全球国际储备净值排行中,排名前15位的国家和地区中,有11个来自于亚洲。

然而,正如本书在前一章(3.2.3美债危机的应对)中所阐述的那样,美国在对付自身"孪生赤字"方面,在其货币体系软约束下仍有不断扩大货币供给的冲动,这主要是通过以下途径来实现的:第一,为了促进本国经济发展和增加就业,美国在一个较长时期内实行低利率政策,特别是在过去的基础货币发行量与通货膨胀之间的直接关系表现出弱化的条件下,形成了持续的货币供给的宽松惯性,由此造成了国内消费过度旺盛,并使得经常账户严重恶化;第二,为了弥补不断扩大的经常账户出超,需要不断增加资本、金融账户入超,以维持国际收支平衡,对此美国凭借自己在世界经济发展中的第一经济体地位,在长期内仍能吸引全球资金流入。而一般来说,资本、金融账户的入超越大,一国的货币供给也就越大。数据表明,2000年以来美国的货币供给增长率都要超常态地大于GDP的增长率,见表4-3。

表4-3 1998—2005年美国广义货币(M2)和GDP增速 单位:%

项 目	1998	1999	2000	2001	2002	2003	2004	2005	均值
广义货币增速	8.7	6.0	6.0	10.4	6.3	4.9	5.7	4.0	6.5
GDP增速	4.4	4.8	4.1	1.0	1.8	2.8	3.8	3.4	3.26

资料来源:①Annual growth of the Real Gross Domestic Product(GDP) of the United States from 1990 to 2013, http://www.statista.com/statistics/188165/. ②IMF, Global Financial Stability Report, September 2006.

由表4-3可见,在1998—2005年间,美国的GDP增长率在1.0%~4.8%之间,而M2的增长率则在4.0%~10.4%之间,后者的均值为前者的2倍。特别是1998年、2001年尤甚。①

据中国学者李方等的研究,在"美元本位"的国际货币体系下,现在大约有60%的美元在美国之外流通,有50%以上的美元政府资产由外国人持有。超美元供给增长率使得在美国之外流通的美元和由外国人持有的美元资产在不断增加。这种流动性扩张的势头即使在美联储从2004年中期开始的连续17次加息以来仍在持续。而我们如从问题的另

① 李方. 全球经济失衡下的金融泡沫经济[J]. 国际金融研究,2007-4:64-65.

一方面来看,全球经济失衡的同时也加剧了与美国贸易有大量盈余的对方国的货币供给面临不断扩大的压力。这是因为,第一,为了实现汇率相对稳定的目标,经常账户入超国,特别是经常账户和资本、金融账户双入超国要从市场上吸纳过多的美元而投入大量的本国货币。为此,这些国家所谓的"外汇占款"在不断膨胀,冲销政策实施的成本在不断加大。第二,国际收支双入超国这时往往正处在经济发展过热和货币供给偏大时期,双顺差给所在国控制货币供给带来更大的困难。比如,中国作为与美国贸易有大量盈余的国家,2001 年以来货币供给就持续面临日益增大的流动性过剩的压力(表 4 – 4)。中国在 1998—2005 年间的 M2 增速在 12.3% ~ 19.6% 之间,年均为 16.01% 。与此同时,在全球经济失衡的背景下,中国以外的一些发展中国家(包括新兴市场经济体)和除美国以外的一些发达国家的货币供给都出现两位数的增长率(表 4 – 4、表 4 – 5),远远超过了实际 GDP 的增长率。

表 4 – 4 新兴市场和发展中国家的广义货币(M2)增速 单位:%

地区	1998	1999	2000	2001	2002	2003	2004	2005
新兴市场和发展中国家*	18.5	17.6	16.5	15.4	15.9	16.2	17.1	19.2
按地区划分								
非洲	18.0	19.3	19.9	20.8	21.0	21.0	18.7	22.7
撒哈拉以南地区	16.4	21.4	22.5	21.8	24.2	25.4	21.7	26.5
中、东欧	36.8	36.9	24.3	37.8	10.9	10.4	15.7	15.8
独立国家联合体	44.1	53.2	57.3	37.9	34.0	38.7	34.8	35.2
俄罗斯	50.2	48.1	57.2	35.7	33.9	39.4	33.7	35.5
除俄罗斯以外的独联体国家	24.8	70.3	58.2	43.2	34.2	36.7	37.8	34.0
亚洲发展中国家	18.7	13.9	12.1	14.6	14.0	16.3	13.5	16.9
中国	14.8	14.7	12.3	17.6	16.9	19.6	14.4	17.9
印度	19.1	15.9	16.1	14.6	16.3	13.3	19.2	20.2
除中印以外	22.9	11.7	9.4	9.2	8.2	10.0	11.9	13.2
中东	8.5	10.6	12.6	13.1	16.8	13.2	18.5	21.3
西半球	10.4	10.2	12.1	6.1	15.5	13.3	17.6	17.8
巴西	4.1	6.9	15.5	12.6	23.2	3.7	18.6	18.9
墨西哥	24.6	22.8	16.2	13.7	12.6	11.7	13.5	15.1

注: * 根据 IMF 的定义,是指除发达经济体之外的所有其他 145 个国家。

资料来源:IMF, World Economic Outlook, September 2006. 转引自:李方. 全球经济失衡下的金融泡沫经济[J]. 国际金融研究,2007-4:65.

表 4 – 5 部分发达国家广义货币(M2)增速 单位:%

项目	1998	1999	2000	2001	2002	2003	2004	2005
广义货币增速	6.8	5.9	4.9	8.0	5.6	5.3	5.5	5.6
美国	8.7	6.0	6.0	10.4	6.3	4.9	5.7	4.0

续上表

项目	1998	1999	2000	2001	2002	2003	2004	2005
欧元区	5.0	5.7	4.1	8.0	6.9	7.1	6.6	7.4
日本	4.0	2.7	1.9	3.3	1.8	1.6	1.8	2.0
其他发达国家	9.4	9.1	6.7	8.1	6.1	7.1	6.4	9.0

资料来源:IMF,Global Financial Stability Report,Sptember 2006. 转引自:李方．全球经济失衡下的金融泡沫经济[J]．国际金融研究 2007-4;65.

比如,据2005年9月的联合国贸易与发展会议发表的《贸易和发展报告》称,2004年,世界经济增长率接近4%,已是2000年以来的新高,但进入2005年则复归为3%左右。① 反过来看,就全球范围而言,在此期间,货币的增长率一直是经济增长率的数倍,严重背离了"有效货币与实体财富的对应原理",形成了所谓全球性流动性过剩现象。② 而由表4-5则可以看出,相对而言,在1998—2005年间,除美国以外的欧元区、日本以及其他发达国家的货币增长率分别在4.1%~8.0%,1.6%~4.0%,6.1%~9.4%之间,没有超过两位数,但由于这些国家在同期的经济增长率仅在1%~3%,因此,货币超发以致造成流动性过剩的现象还是存在的。尤其是因为发达国家的经济体量大,其一位数的货币超发量对全球流动性过剩所造成的影响要远远大于其他发展中国家两位数货币超发量所造成的影响。

而在日趋严重的全球经济失衡和流动性过剩的情况下,世界的商品流、贸易流、资本流在为新兴经济体国家带来机会和财富的同时,也注入了大量的流动性,从而加剧了这些国家的流动性过剩风险,仅以2005年中国外汇储备新增2 089亿美元为例,当年大致形成了1.67万亿元的人民币的外汇占款。③ 其中大部分作为存款存放于商业银行。由于中国实行的是强制结售汇制度,在此制度安排下,央行需要不断买入商业银行卖出的外汇,这带来外汇储备的不断增长,同时也意味着相应的基础货币的释放。比如,有学者选取2001—2006年的数据,经实证分析后证明中国商业银行的过剩流动性与存款有正向关系。④

4.1.5.2 流动性过剩加剧金融泡沫的膨胀

20世纪与21世纪之交,由美国超宽松的货币政策产生的越来越多的"过剩"美元,加上其他一些国家超货币供给增长所形成的全球性流动性全面过剩,导致了全球性金融泡沫经济的生成和发展,并已呈现以下几个基本特点:(1)经济金融全球化使原在一国范围内的金融泡沫超越国界,金融泡沫国际化了;(2)经济金融开放政策的推动使一国市场,特别是金融市场对外开放,金融泡沫渗透到了各大市场;(3)货币自由兑换的程度越来越高,由此形成了巨大跨境货币流,其中的大部分进入了金融经济,特别是虚拟的金融经济;(4)作为最主要的国际货币——美元已大大超越了为实体经济服务的职能,越来越多地在虚拟金融经济中扮演重要角色,从中美元本身也越来越虚拟化了。⑤

① 刘军．全球经济增长速度放慢[N]．光明日报,2005-9-5.
② 李方．全球经济失衡下的金融泡沫经济[J]．国际金融研究,2007-4;65.
③ 李方．全球经济失衡下的金融泡沫经济[J]．国际金融研究,2007-4;63-68.
④ 谢罗奇,龚伟强．对2001—2006年间我国商业银行流动性过剩成因的实证分析[J]．济南金融,2007(3);6.
⑤ 李方．全球经济失衡下的金融泡沫经济[J]．国际金融研究,2007-4;63-68.

我们知道,在统计学上,如果要想通过对部分(样本)的检查来获得整体的有效信息,那么样本的选择就必须有代表性以尽量避免统计的误差。同样,如要弄清全球性的金融问题就必须通过对能够有效反映全球金融状况的典型指标来判断。① 比如,对于全球性金融泡沫经济在金融产品的产生和交易方面的状况,我们就可以通过外汇市场的数据来加以说明。据世界银行提供的资料显示:在2004年,全球的商品交易额尚不到7万亿美元,而货币交易额却已超过了700万亿美元。而货币交易额中只有2%多一点与生产经营性活动相关,其余大多为虚拟金融活动。这就是说,21世纪初期的虚拟金融经济规模已经是实体经济的将近100倍。此外,美国双赤字居高不下及超美元供给增长率所形成的美元流动性过剩还造成了其币值不断降低的趋势。IMF在2006年7月的一份报告中认为,美元实际汇率被严重高估,尤其是在考虑到美国净外债前景恶化的情况下。IMF研究人员根据宏观经济面所做的评估认为,美元被高估幅度达到15%~35%。而这种高估大多是在金融市场上实现的,比如,2005年美元兑欧元上涨达了15%,而兑日元上涨了19%,这时的平均日交易量达到了2万亿美元。

此外,流动性过剩所产生的影响,还直接从虚拟经济转向了实体经济中的大宗商品市场。比如,进入21世纪后,在金融资本的作用下,原油市场已由传统上的以原油生产企业和消费国占主导,转向原油公司、对冲基金与投资银行、消费者三角关系形成的新格局。其中,对冲基金、投资银行不仅进行原油期货交易,而且还通过购买原油储量、能源公司股票及相关的债券,收购和兼并能源类资产等方式参与到能源投资中。据能源经济学家小菲利普·佛利的估算,从2002年以来,对原油期货合约的投资翻了5番,已经超过了1 000亿美元。美国商品期货交易委员会2006年中期的数据也显示:以对冲基金为主的非商业交易商所持有的原油期货仓位最高时曾达到32.9%,远高于以往。尤其是投资、投机资金的进入,还使得全球三大基准原油价格产生大幅波动。德意志银行2006年的分析资料也表明,世界原油交易中的投机活动在过去的两年中增加了一倍。比如,美国能源部曾测算原油的成本约15美元,加上一倍左右的利润,原油的合理价格应在30~34美元之间。而2006年中期世界原油的市场价格已超过这个合理价格的一倍以上。进入8月世界原油的市场价格又急剧下跌,高点与低点相差超过25%。OPEC在其网站上也曾发表声明表示:市场价格的波动已经脱离了供需基本面的因素,投机开始主导价格的波动。所有这一切,都表征流动性过剩对全球性金融泡沫膨胀所带来的激化作用②

4.2　金融泡沫的破裂

4.2.1　金融泡沫破裂前的膨胀速度

4.2.1.1　金融资产积累系数和金融资产膨胀指数

金融资产(Financial Assets)是实物资产的对称。一般理解为单位或个人所拥有的以

---

① Dominick Salvatore, Derrick Reagle. Theory and Problems of Statistics and Econometrics. Copyright © 2002 by The McGraw-Hill Companies, Inc. p. 1.

② 李方．全球经济失衡下的金融泡沫经济[J]．国际金融研究,2007-4:63-68.

价值形态存在的资产，包括一切代表未来收益或资产合法要求权的凭证（亦称金融工具或证券）。但金融资产总额与货币总量（即流动性）之间的关系似乎是一种扑朔迷离的关系。虽然根据凯恩斯的货币需求理论，在金融资产中债券、股票等的交易本身存在一定的货币需求量。但这并不能说明金融资产总额与货币总量之间的关系。为便于分析金融资产总额与货币总量之间的直接关系，我们有必要设定相关的评价指标。为此，作者曾在2008年版的《财富本源与世界统一货币》一书中定义了金融资产积累系数和金融资产膨胀指数这两个指标。

所谓金融资产积累系数是指在全球、一国或一定地域内金融资产总额与货币总量之比。若设 F 为金融资产积累系数，A 为金融资产总额，M 为货币总量，则有：

$$F = A/M \tag{4-1}$$

由公式（4－1）可见，金融资产积累系数也代表每一单位货币所对应的金融资产积累额。主要表征人类以金融资产所积累的财富对应于货币价值量的放大。

本书再把以自然数 e 为底数，以某一观察期的金融资产积累系数（F_i）为半径的球体与以基期金融资产积累系数（F_0）为半径的球体体积之比值（R）为幂的指数函数定义为金融资产膨胀指数（E_x）。主要表征人类以金融资产所积累的财富对应于货币价值量放大后所产生的膨胀效应。据此定义，我们有：

$$E_x = e^R \tag{4-2}$$

其中：

$$R = \frac{4/3 \cdot \pi \cdot F_i^3}{4/3 \cdot \pi \cdot F_0^3} = \frac{F_i^3}{F_0^3} = \left(\frac{F_i}{F_0}\right)^3 \tag{4-3}$$

由公式（4－3）可见，金融资产膨胀指数实际为在一定时期内金融“泡沫”膨胀前后以“泡沫”的体积之比为幂的自然指数。而由公式（4－3）可知，在具体计算时又可简化为以观察期的金融资产积累系数（F_i）与基期金融资产积累系数（F_0）比值的三次方为幂的自然指数。

4.2.1.2 金融资产总额与货币总量的关系

借助金融资产积累系数和金融资产膨胀指数这两个指标，我们在已知一定年份的世界货币总量和金融资产总额的情况下，可比较方便地判别当时金融资产总额与货币总量的关系。

比如我们已知2002年的世界货币总量为65 970 356.77百万美元。[①] 另据美国咨询机构麦肯锡公司（Mackenzie）2005年3月3日公布的调查数据，2003年末，全球金融资产（包括银行存款、政府及民间的债券、股票等）为118万亿美元。这一数值在1993年为53万亿美元，1980年仅有12万亿美元。该机构同时预测全球金融资产总额到2010年，将有望超过200万亿美元。[②] 将以上数据等经验算并代入公式（4－2）、（4－3）后，可得出相关结论，见表4－6。

---

① INTERNATIONAL MONETARY FUND, International Financial Statistics, yearbook, 2003.

② 2010年全球金融资产将破200万亿美元[N]. 第一财经日报. 2005-3-7(1).

表4-6 1993—2010年全球金融资产积累系数和金融资产膨胀指数估算结果

年份	1993	2003	2010
全球金融资产积累系数(F)	1.464	1.713	2.148
与前节点相比的差额	0	0.249	0.435
差额近似排列形态	0×0.24	1×0.24	2×0.24
金融资产膨胀指数(E_x)	1	4.953	23.53
与前节点相比的差额	0	3.953	18.577
差额近似排列形态	4^0	4^1	4^2

表4-6的数据显示，在1993—2010年的17年间，以世界货币作为表征的全球金融资产积累系数前10年差额约为0.249，后7年的差额约为0.435；如包括1993年本身的积累系数差额为0，则大致有如下排列：0×0.24，1×0.24，2×0.24，即呈算术级数增长的形态；与此同时，如以1993年的金融资产膨胀指数本身为1，膨胀指数本身的差额为0，则大致有如下排列：4^0，4^1，4^2，即呈现几何级数增长的形态。它表征了金融泡沫破裂前的增长速度。①

4.2.1.3 金融资产总额与货币总量关系的经济学解释

从以上对全球金融资产积累系数和金融资产膨胀指数计算结果的排列来看，在经济学上的解释应该是：人类以金融资产所积累的财富对应于货币价值量的放大会以算术级数的形态增长，但人类以金融资产所积累的财富对应于货币价值量放大后所产生的膨胀效应却会呈几何级数增长。如果我们将前者看成是金融资产财富积累的较为真实的自然现象，那么后者与前者的差额就是虚幻的增值部分，也就是金融泡沫，而人们梦幻破灭的梦醒时分，也就是这个泡沫的破裂之日。应该说，这种理论解释也是对戈德斯密斯关于金融深度指标假定（参见第5章：5.2.2 戈氏财富理论与现实悖论的解析）的较好注脚。

在此顺便应该提及的是，在人类其他的经济领域，也存在类似的"泡沫"现象。比如，在20世纪70年代，在实物商品市场，尤其是金银贵金属市场就有过投机泡沫，当银价从每盎司3美元上涨到30美元及更高时，人们甚至于融化他们祖传的银器在市场上出售。②而在美国次贷危机爆发后，在世界范围内出现经济放慢、通胀加剧、美元大跌、油价猛涨的现象，不少经济学家判断这种情况非常类似于20世纪70年代后出现经济泡沫破裂的情况。对此，中国独立经济学家谢国忠认为，"从美国的楼市开始，世界经济中的众多资产泡沫已逐个破裂。随着从其他市场上幸存下来的资产迅速涌入商品市场，今后两年可能会形成有史以来最大的商品泡沫。"③而当全球各央行为打击通胀而一起收紧货币政策之时，这个泡沫就会破裂。

① 曹钟勇．财富本源与世界统一货币[M]．北京：中国铁道出版社，2010：439.

② LEIGH STEVENS. ESSENTIAL TECHNICAL ANALYSIS Tools and Techniques to Spot Market Trends. Copyright © 2002 by Leigh Stevens.

③ 谢国忠．商品市场是"最后的泡沫"[N]//香港：南华早报．2008-2-27//参考消息．2008-3-1(4).

4.2.2 金融泡沫经济的基本特征和影响

4.2.2.1 金融泡沫经济的基本特征

1）金融泡沫经济和实体经济的非对称发展有强化趋势

有越来越多的数据表明，全球经济中的财富价值结构已呈明显的“倒金字塔”机构。在这个金字塔的底部是以各种实物形式存在的物质产品，然后是以这些物质产品为基础的商品交易和服务贸易，再上面是股票、债券、现金和各种商品衍生交易，最后是处于顶层的各种衍生金融工具。在此，我们可以通过比较全球衍生金融工具的交易规模和名义GDP的规模来说明问题。数据表明：2003、2004和2005年全球各个国家名义GDP的总额分别为367 577.3亿美元、412 531.6亿美元和444 330亿美元，而同期全球在有组织的交易所内交易的金融衍生品交易额分别达到8 811 513亿美元、11 522 588亿美元和14 084 134亿美元。[①] 这表明后者远超过前者，分别是前者的24倍、28倍和32倍。同期的金融衍生品交易若加上场外产生额，那规模就更加惊人。全球金融衍生品市场上的交易规模的大规模放大，其增长率远远超过了GDP的增长率。这足以说明金融泡沫经济和实体经济间呈现出的非对称发展，并日益表现出强化的趋势。

2）发达国家将金融风险转移至他国

当发达国家虚拟资本的积累大大超过在本国的现实资本积累就产生了货币资本国际化的要求。当在一个经济体内产生的两个资本积累严重失衡时便通过在世界经济体系中寻找平衡，并有可能使这些国家的金融泡沫经济借助于其他国家或地区的实体经济的支撑。在这种情况下，发达国家由金融泡沫可能引起的金融动荡就会相应减弱，而可能爆发的金融危机也可能一时被化解了。但这样一来，金融泡沫可能带来的危害则被转移到了其他国家和地区。比如，作为世界上金融经济最发达的经济体，美国正是在以全球的实体经济的发展为基础，并正在享受全球实体经济发展所带来的好处。但就全球范围来讲，这个过程正说明金融泡沫呈现出了新的发展态势，从而可能导致全球性金融泡沫经济的形成。

3）大宗资源性商品市场的金融特性日益强化

全球流动性过剩致使全球资产价格出现大幅波动，不仅涉及了金融市场上的传统产品和衍生产品，还触及资源性商品市场。比如，进入21世纪后，我们看到原油市场、贵金属市场、基础金属和其他基础原材料市场的发展已使其交易的特征在实物属性的基础上，越来越多地体现出其金融属性，金融性产品的生产和交易势如破竹，形成了原油金融市场、基础金属金融市场等新型金融市场。其主要方式就是将更多的金融工具引入这些市场，进行即期或远期的金融衍生品交易，金融资本已将原油等基础原材料作为投资组合中的一部分。但过多的货币（主要是美元）涌入稀缺的世界资源市场，使得稀有金属、基础金属、原油等战略物资的市场价格跌宕起伏。

4）美国在全球性金融泡沫中仍处于主导地位

21世纪初期国际金融市场上的价格走势越来越反映出主要国家央行，特别是美联储

---

① 李方．全球经济失衡下的金融泡沫经济[J]．国际金融研究，2007-4：66.

决策所形成的流动性程度。美国在全球金融泡沫经济中一是通过超美元供给增长率造成全球性流动性过剩，由此进一步汇集了全球越来越庞大的资本流量；二是通过变动利率操控了全球的流动性，影响到跨境资本的流动速度和流向的切换，而这一过程正是引起全球资产价格剧烈震荡的过程。而由美国宏观经济政策变化所引导的巨量美元及其他货币的跨境游资在全球各大金融市场及各国资产市场上闯荡，加剧了市场上的投机性，致资产价格上蹿下跳，构成了金融泡沫经济特有的、惊心动魄的场面。

5）国际私人资本成全球性金融泡沫的主要力量

全球流动性过剩形成了越来越庞大的私人资本，其中相当大的部分实施跨境流动。比如，2005 年底，私人资本的流动约占全球资本流动的 1/3。在此背景下，一方面是巨额资金从以美国为代表的发达经济体流入以中国为代表的新兴市场经济体，进一步放大了新兴市场经济体的流动性过剩问题；另一方面是新兴市场经济体向其他主要国家尤其是美国输出资本，维持了美国经济的繁荣。而国际私人资本大多是以机构投资者的身份出现的，其中对冲基金又是最强悍的主力。据《对冲基金情报》2006 年公布的调查显示，全球对冲基金总资产已经超过1.5 万亿美元，仅美国就占了其中的 2/3。这种情况表明，国际私人资本凭借其流量日益增大，流速不断加快，流向切换迅速的特点，已在全球性金融泡沫经济中扮演越来越主要的力量。

4.2.2.2 金融泡沫经济对世界各国的影响

1）金融泡沫加剧了世界各国经济金融的脆弱性

由全球经济失衡所导致的全球流动性过剩的加剧，进一步助长了金融泡沫经济的膨胀。尤其是美国的巨额双赤字严重损害了“美元本位”国际金融秩序的基础，形成了对美元的“寻找其真实价值的下行运动”，这一过程极有可能引发美元汇率大幅波动，并触动金融及金融性的资产市场价格的动荡，由此严重冲击世界经济。由于美国的巨额双赤字在事实上必须依靠其他国家来补贴的可持续性难以保证，由此产生的不确定性日益加深，因而形成了国际金融市场的脆弱性。而且这一潜在的威胁将加剧不稳定性并进一步恶化世界各国经济的脆弱性，特别是对新兴市场经济体的冲击尤甚。同时，全球流动性过剩的不断加剧，还使得日益庞大的国际游资成为引起金融泡沫加速膨胀、收缩甚至破裂，导致各国经济发展受损的突出因素之一。总的来看，全球性金融泡沫经济的生成和发展，已越来越强有力地影响着各经济体，特别是新兴市场经济体，其广度和深度在世界经济发展中前所未有，在此背景下，各主要经济体经济金融的脆弱性则进一步显化了。

2）金融泡沫导致了世界经济膨胀和紧缩并存

全球性金融泡沫的发展，已使全球各大市场出现了美元长期贬值趋势和通货膨胀、通货紧缩并存的现象。一方面，在商品劳务市场上，特别是消费品价格持续相对处于低位，尤其是美欧等主要发达国家消耗的巨量相对低价的进口消费品，缓和了美欧国家的通货膨胀压力。另一方面，在要素市场上，因能源、基础金属、贵金属和其他基础原材料的价格不断上涨，致使新兴市场经济体，特别是中国等以消费品制造业为主的国家成本持续上升，加剧了通货膨胀的压力。而在上述由美元持续贬值所引致的以消费品为主的商品劳务价格相对走低和以能源为主的要素市场的价格持续走高的双重作用下，美元汇率越是走低,消费品等价格不断走低,能源等价格持续上涨,无疑会对基础原材料缺乏的消费品生产国带来巨大的压力。比如,中国纺织业、轻工业的出口就面临如此的压力。

3)金融泡沫造成非贸易资产价格扭曲

全球经济失衡不仅具体表现在贸易领域中的失衡,而且还体现在非贸易领域的失衡。比如,全球流动性过剩所形成的大量跨境资本,受逐利因素的驱动,会集中进入一个国家的非贸易领域,使该国的产权价格出现大幅波动,如房地产价格,企业资产价格等,从而造成该国国内投资结构的失衡。而20世纪90年代中开始的大规模的国际并购,以及进入21世纪的世界各国经济结构的调整,特别是新兴市场经济体经济局势剧烈震荡都充分说明了这种投资结构失衡所带来的巨大影响。尤其是全球经济结构失衡的恶化还使经济金融全球化过程中孕育着潜在的不确定风险。在此背景下,各经济主体趋利避险的动机得到强化,它们更加热衷于博取差价、投机逐利,导致非贸易领域内资产价格非理性的大幅波动。此外,金融泡沫经济的高度发展还会损害世界各国,尤其是新兴市场经济体内部金融市场融通资金和资源优化配置的功能,加剧市场投机氛围,特别是当泡沫破裂时还会引发巨大的社会经济成本。①

综上,如果我们结合上述对金融泡沫内含的剖析,再预见其破裂,则不难理解,金融泡沫的破裂,往往先导致债务危机的出现,而债务危机一旦出现,则可能是金融危机的先兆。

4.2.3 金融泡沫破裂的过程和机理

比较典型的金融泡沫形成和破裂的简单过程是:在金融投机引发的虚假繁荣中,或在经济调整发展阶段,以股票、房地产为抵押取得的贷款又大批回流到高收益的房地产市场、股票市场,使虚拟资本的价格远大于实际资本的价值,这便是“金融泡沫”的形成。而当泡沫膨胀到一定程度,由于某事件的引发,使投机者预期价格不再上涨,投资者便卖出资产以收回资金,引发价格暴跌狂潮,已贷款投入的资金大部分不能收回,造成银行大量呆账,从而阻碍经济的正常发展,甚至出现经济倒退,这便是“金融泡沫”的破裂。② 以下关于美国、日本和东南亚一些国家金融泡沫破裂的实例就比较形象地印证了这个基本过程。

4.2.3.1 金融泡沫破裂的基本过程

1)美国金融泡沫形成和破裂的基本过程

美国金融泡沫的形成和破裂源于房市泡沫的形成和破灭,而房市泡沫的形成和破灭又与美国特定时期的经济政策有关。20世纪90年代,美国经历了一个互联网繁荣时代,2001年互联网泡沫破灭。为了使美国经济走出网络泡沫破灭带来的经济衰退,时任美联储主席的艾伦·格林斯潘(Alan Greenspan)在2002年将抵押贷款市场称为美国经济强有力的稳定力量,希望借助房地产市场使美国经济摆脱困境。在此政策刺激下,相继出现了以下一些现象:(1)2003年以后,在市场竞争和高额利润的强烈驱动之下,美国的一些抵押贷款机构认准房地产热的巨大商机,千方百计吸引房贷客户,并不惜降低贷款门槛;(2)一

① 李方. 全球经济失衡下的金融泡沫经济[J]. 国际金融研究,2007-4:63-68.

② 李树杰. 日本、东南亚“金融泡沫”成因及启示[J]. 日本问题研究,1999(2):21-24.

些评级机构也开始放松对贷款者信用等级的审核和控制，放弃中立立场，转而去指导多种抵押贷款支持证券的打包专家，教他们如何通过 AAA 的最高评级以迷惑众多衍生品的投资者；(3)次级债务危机前的空前繁荣对市场监管问题的掩盖导致了市场监管的缺位和失灵，导致监管部门对劣质资产及其潜在风险没有任何提示和警告；(4)抵押贷款经纪人为了得到更多的佣金，不择手段地忽悠顾客买房买好房而无视购房者的还款能力，诱惑借款人对现有抵押贷款过度再融资，甚至教唆借款人在自身经济条件没有任何改善的情况下，通过一些不正当的技巧和手段提高信用分数以轻松得到比较优惠的更多的房贷；(5)在贷款人的压力下，房屋估值公司虚抬房屋净值，将房价推向虚幻的新高以刺激次级债市场的异常火暴；(6)一些投资银行家凭借众所周知的专业术语和推销术，通过“无懈可击的解说和华丽的演示”，让世界各地的投资者在似懂非懂的状态中投下赌注，陷入次级债金融创新的陷阱之中；(7)正是在这么多参与主体的共同作用之下，美国的房地产市场不断升温，房市泡沫不断膨胀。20 世纪 90 年代美国房价年均增幅不到 3%，而 2000—2006 年年均增幅接近 9%。[①] 房价的持续上涨，强烈地吸引着借款人投机炒作，将次级贷款作为融资手段，买卖房屋套现牟利；(8)即使那些无稳定收入、抗风险能力极低的人群也在甚为宽松的贷款条件下，不顾忌支付风险，大胆申请次级贷款购房，因为他们坚持着一个虚幻假设，认定房价会一直上涨，月供不起时卖掉房子还完贷款还会有盈余赚上一笔。在房市狂热时期，次级贷款和次级债的链条上的所有人几近癫狂，他们把房子当作取款机。比如在 2006 年初，“人们普遍认为，房价绝不会在美国下跌，楼市和住房抵押市场不该有大麻烦。”[②]

在上述八种现象的叠加中，几近失控的房地产热，诱致金融泡沫与房市泡沫一同生长，相互推演。特别是那些寄生在次贷之上的纷繁复杂的次级债衍生品，正是马克思所揭示的那种远离现实资本的虚拟资本，“作为纸制复本，这些证券只是幻想的，它们的价值额的涨落，和它们有权代表的现实资本的价值变动完全无关，尽管它们可以作为商品来买卖，因而可以作为资本价值来流通。”[③]然而，就在次贷链条上的参与者盛宴狂欢之时，孕育已久、难以避免的危机却一朝爆发了。还是在格林斯潘任内，为了防范经济过热的风险，美国从 2004 年开始了美联储加息周期，在一年半中 17 次提升基准利率，还贷利息的不断加重终于压垮了市场预期利率将长期走低因而偏好浮动利率的那些次级贷款借款人，按揭违约率不断飙升，房价也因此不断下跌，一旦房屋市值缩水到房贷成本之下，房地产投资者和投机者就竞相杀价出局而购者寥寥。有统计资料显示，2004—2007 年美国银行共发放了 1 500 万个不良抵押房贷，其中约 2/3 可能违约。[④] 2007 年初，美国部分地区房市泡沫开始破裂，次级抵押贷款和次级债的资金链条相继断裂。随后，由于房市下跌速度超出预期，华尔街危机很快铺天盖地而来，从而导致金融危机的出现。当然，不可否认的是，在美国金融泡沫的破裂，既有输家，也会有赢家，正如帕雷托(Vilfredo Pareto)早在 20 世纪初就指出世界上由 20% 的人控制 80% 的财富定律那样，在金融泡沫破裂的过程中，估计

① 辛乔利，孙兆东．次贷危机[M]．北京：中国经济出版社，2008：126.

② 辛乔利，孙兆东．次贷危机[M]．北京：中国经济出版社，2008：96.

③ 马克思．资本论：第 3 卷[M]．北京：人民出版社，1975：540-541.

④ 方祥生．金融危机当前的几个关注点[N]．光明日报，2008-10-27(8).

仍有 20% 的人会赢,但 80% 的人却输了。①

从以上过程来看,美国金融危机形成的基本过程是:房地产市场刺激金融市场→宽松的次级抵押贷款促进房市泡沫的形成→层出不穷的金融衍生品的金融泡沫又加速房市泡沫的膨胀→最终房市泡沫破裂造成金融泡沫破裂。②

2)日本金融泡沫形成和破裂的基本过程

日本的泡沫经济可以说始于 1985 年 9 月召开的“广场会议”。这次会议的目的在于通过国际协调以使美元贬值,从而使美国减少与日本和欧洲国家(主要是西德)之间的大幅的国际收支经常项目逆差。随着日元的升值,日本出口企业为了生存,拼命地进行战略性投资。在极低的筹资成本下,在 1988—1989 年间,民间的设备投资平均增长率为 14.1%,客观上要求银行贷款的投放。同时,由于日本国土狭小,商业区集中,随着经济的高速发展,土地价格随之上涨,最终引发了泡沫的形成。而对金融泡沫形成起决定作用的因素则还是银行贷款的大量投放。因为自 20 世纪 80 年代以来,日本一直在实行金融自由化的改革,解除了利率限制,银行业与证券业分业经营的模式被打破,使商业银行面临的竞争加剧。同时又缺乏政府强有力的宏观调控,利率风险机制无法平衡,银行便将大量资金投入到高收益的房地产市场、股票市场。1989 年,日本银行购入的股票价值占日本股票价值的四分之一。银行资金的大量入市,使股票价格陡然上涨,而银行资本金增加,又使可贷资金增加,从而使贷款的过度发放成为可能。随着房地产市场、股票市场的高涨,投机者受利益的驱使,纷纷以股票、房地产为抵押继续向银行取得贷款,再投入到高收益的房地产市场和股市。从而形成了“泡沫增加贷款,贷款创造泡沫”的恶性循环。在 1987—1989 年间,日本的货币供应量(M2+CD)年均增长率分别为 10.8%、10.2%、12%。但由于大量资金被投入到房地产市场、股市,所以使日本的股价上涨了 3 倍,地价迟一年后也上涨了 3 倍,日经股票指数则从 13 000 点上升到 35 000 点,地价最高值达 150 000 亿美元。而另一方面,同期的消费物价的上涨只保持在 1% 以下。由于较长时期内商品价格没有上涨,所以政府容忍了泡沫的存在,才出现了物价稳定和资产价格严重膨胀并存的现象。也正是因为只注意到消费物价的平稳而没有抑制资产价格的上涨,导致了虚拟资本与实际资本价值的严重脱离,而其罪魁祸首又在于长期的超低利率政策促使货币的过量投放,并最终引发了金融泡沫的形成。1990 年 2—4 月,当人们从超低利率的神话中醒来,才发现法定利率已从 2.5% 上升到 4.25%,长期利率从 5.5% 升到 7.2%,并且据说还要上升;日经平均股价从 3.8 万日元跌至 1990 年 2—4 月的约 2.9 万日元;日元汇率瞬间降到 1 美元兑 129 日元。此后,土地价格也大为回落,企业时有倒闭发生,银行放贷不能收回,呆、坏账成堆,出现严重银行周转危机,金融泡沫最终破裂,进而又严重扼制了经济的正常发展,日本 1992 年实际经济增长率只有 0.4%,1993 年进一步降为 0%,1994 年虽略有回升,但增长乏力,仅为 0.6%,1995 年为 1%,1996 年亦不足 2%。③

---

① JAY CONRAD LEVINSON, MICHAEL W. McLAUGHLIN. GUERRILLA MARKETING FOR CONSULTANTS Breakthrough Tactics for Winning Profitable Clients. Copyright © 2005 by Jay Conrad Levinson and Michael W. McLaughlin. P. 17.

② 李如鹏. 美国次贷危机的房地产警示[J]. 江苏商论,2009-2:160.

③ 李树杰. 日本、东南亚“金融泡沫”成因及启示[J]. 日本问题研究,1999(2):21.

如果我们再从日本金融泡沫的成因方面进一步来分析，就可以发现，20 世纪 80 年代初期，日本由于出现了大量外贸顺差，导致日元升值，加上 1987 年 10 月美国股市暴跌的影响。于是，日本开始放松银根，大量增加货币供给量。同时，长期以来日本的国民储蓄率都很高，在 1985 年以后，日本金融机构拥有大量的过剩资金，于是积极向房地产经营者提供贷款，但大量货币的投放鼓励了金融投机活动的高涨，促使固定资产的价格迅速上升。同时，过度扩张的金融政策还使得贷款特别容易，导致原来就不健全的银行体制变得更为脆弱。而在房地产市场出现狂热的同时，日本的股票市场也被炒得沸沸扬扬。1986—1989 年间，由于股票和土地价格猛涨，资产收益几乎等于名义国民生产总值。股市和房地产市场同时狂热，致使日元币值也一再被拉升。在此情况下，日本的泡沫经济被迅速吹了起来。但物极必反，日本的泡沫经济的繁荣期维持了不到三年，终于在 1990 年底崩溃了。表 4 – 7 为 1993—2006 年日本所有商业银行公布的坏账数据，总数达到了 345.1 万亿日元，占 2006 年日本 GDP 5 066 870 亿日元的 68.11%。[①]

表 4 – 7 1993—2006 年日本所有商业银行公布的坏账数据 单位：万亿日元

年份	1993	1994	1995	1996	1997	1998	1999	2000	2001	2002	2003	2004	2005	2006	总计
坏账	12.8	13.6	12.5	28.5	21.8	29.8	29.6	30.4	32.5	42.0	34.8	26.2	17.5	13.1	345.1

注：本表为日本的财政年度，“坏账”的定义曾经在 1996 和 1998 年进行过两次调整。转引自：李众敏．日本泡沫经济崩溃及其启示[J]．国际经济评论，2008-2：11.

值得一提的是，日本在泡沫经济崩溃之前，股市和房地产市场都曾一度呈现出繁华景象，国民经济增长率最高达 7%。[②] 但金融泡沫崩溃后日本随即在经济萧条中挣扎了近 10 年。[③]而日本金融泡沫形成和破裂的基本过程是：泡沫经济破裂→经济不景气→低利率→资本外流→需求低迷→银行呆账坏账增加→维持低利率→资金不回流→需求更低迷→银行危机→经济衰退。[④]

3）东南亚金融泡沫形成和破裂的基本过程

东南亚地区的经济泡沫，起源于 20 世纪 80 年代末特别是 90 年代初的银行信贷过度扩张。有资料表明：1995 年与 1980 年相比，银行对私人部门提供的贷款占国民生产总值的比重有不同程度的上升，如泰国由 27.5% 升至 80.7%，印尼由 8.4% 升至 49.1%，马来西亚由 33.1% 升到 76.9%，韩国由 31.2% 升到 55.7%。但东南亚的信贷扩张又与各国的宏观经济政策、外资过度流入、资本市场状况及银行体制状况有一定的关系。

（1）20 世纪 80 年代的经济增长确实给东南亚的一些国家带来了经济繁荣，但是这些国家却被成绩冲昏了头脑，在制订和实施宏观经济政策特别是产业政策时变得好高骛远，不顾国内实际情况，盲目追求技术、资本密集型产业，大力开发房地产业，摊子铺得过大，致使投资极度膨胀，在当时各国储蓄率在 20% 多的情况下，仍存在着巨大的资金缺口，如当时泰国的储蓄率已达到了 30%，而投资率却高达 40%。在此情况下，政府为银行提供

① 新华网北京 12 月 28 日电．2006 年日本占全球 GDP 比重跌至新低．新华社（北京），2007-12-29.

② 李众敏．日本泡沫经济崩溃及其启示[J]．国际经济评论，2008-2：1.

③ 钟佳．金融泡沫的形成机制、经济效率与有效预警[J]．浙江金融，2005-5：26-27.

④ 钟佳．金融泡沫的形成机制、经济效率与有效预警[J]．浙江金融，2005-5：26-27.

担保,银行据此向海外借款。但银行在向企业贷款时,基本上是在政府的"指导"下投放的,缺乏风险意识。

(2)在80年代后期,发达国家经济不景气,投资回报率低,于是其投资者纷纷到海外寻找机会,而此时债务危机过后的亚洲国家和地区,一度比较普遍地调整了其经济结构,由进口替代型经济模式向出口导向型经济模式转化,吸引了外国投资者。在国内固定资产投资总额中,外商直接投资比重由1988年之前的2%~3%,增加到1991年的9%。但后来情况起了变化,无论是直接投资,还是银行贷款或证券投资,除直接被用于进口外,最终都以各种方式注入银行体系,导致银行体系流动性大幅增加,使银行得到了前所未有的信贷扩张能力。

(3)以取消利率管制、降低存款准备金和放宽业务经营范围为主要内容的金融自由化措施,以及日趋激烈的竞争和对经济前景的不断看好,在缺乏有效监管的情况下,使银行的信贷扩张轮番上涨。其中更深层次的与资本市场相关联的原因是供给弹性小的资本品价格上涨和随之引发的投机。因为在东南亚国家,总的情况是人多地少,土地资源相对稀缺,与人少地多的国家相比,在同样的发展水平下价格较高。由此,造成房地产泡沫的原因是:在经济发展过程中,随着社会总需求的上升,供给弹性越小的要素,其价格上涨得越快。而在所有的生产要素中,土地的供给弹性最小,所以大家预期土地价格会很快上升。为赚取地价上涨的利润,许多人将资金投入房地产业,从而推动了地价上涨的趋势。当大家看到地价只涨不跌时,便大胆地以地产为抵押,向银行贷款再投向房地产业。同时银行以为房地产抵押万无一失,所以发放了大量房地产贷款。如泰国引入的大量外资,不是投入到贸易部门,而是投入到了非贸易部门,且多数是在政策导向下投入到了房地产市场,投入房地产业的外资占730亿美元外债的1/3。

(4)股市融资在东南亚国家并不发达,因为光是银行间接融资就占了60%。在房地产市场的带动下,股票价格一路飙升,远远大于其实际价值,并且在良好的经济形势下,银行允许投资者以股票为抵押获取贷款,最终形成了与房地产市场相同的贷款促泡沫、泡沫拉贷款的局面。这一切之最终酿成,无不与银行体制缺陷有关,即政府的过度保护和银行体系不健全是引发东南亚经济泡沫的关键因素。特别是在缺乏适当的监督和担保的情况下,银行经营中出现了严重的败德行为,即银行发放贷款时,漠视风险,以贷款收益的期望最大值为唯一放款审查因素,造成对许多风险项目的过度投资。另外,仅凭对未来美好前景的预测,将贷款投向了当时效益并不好的企业,结果造成企业的过度负债和资产价格泡沫性膨胀。比如在泰国,利率很高,向海外借款很容易,从而在开放资本市场的情况下大举借债,而政府对外债又缺乏有效的监管,对外债结构和投向放任自流,结果大部分资金分布在四个风险很大的领域:房地产市场、消费贷款(主要是汽车贷款)、个人抵押贷款和证券贷款。1996年在这几方面投入的资产占总资产的54%,最终形成了1996年底200亿美元的房地产呆账。

(5)随着泰国出口产品竞争力下降,1996年经常项目赤字加大。以前的国际收支平衡依靠的资本项目下的短期资金的流入情况不再,而当经常项目收支状况恶化时,投资者竞相撤走短期资金,从而使国际收支总体失衡,引发了泡沫的破裂,资产价格大幅下跌,银行呆账堆积成山。①

如果我们再进一步对东南亚金融泡沫的成因进行分析，也不难看到，1997 年 7 月 2 日，泰国之所以会成为金融风暴的第一个牺牲者，其原因是泰国吸引了大量外资，使得原来一向缺乏资金的泰国居然出现了资金过剩的现象，借贷非常容易。当然许多缺乏资金的中小企业得到了资金以后，创造出许多工作机会。产业部门一度得到了较快的发展，人民生活水平也得到了相应的提高。但是，随着时间的推移，其负面影响也越来越严重。因为在金融自由化的旗号下，泰国央行对外债几乎不加任何管制，使得外资源源不断地流入泰国，迅速吹起了股票市场的经济泡沫。而在泡沫经济时期泰国所引进的外资大多是短期资本，直接投资项目并不多，长期项目投资更少。大量外资流入增加了国内消费水平，却没有提高国内储蓄率和资本利用率。尤其是 1993 年以后，大量资本转而流入股票和房地产市场，这一方面导致外汇储备上升，泰国非居民存款大幅度上升；另一方面致使国内信贷扩张，经常项目的赤字进一步增加。

值得一提的是，在东亚金融危机发生前夕，金融市场和经济形势也都呈现出空前的繁荣。如泰国泡沫破裂前房地产膨胀，股市狂热，超前消费，超额放贷，抑制了实质性产业的发展，泡沫经济严重地扭曲了泰国的金融体系，削弱了泰国在国际市场上的竞争能力。而在泡沫破裂后，房地产股票累积跌幅达 85%，泰国经济因此大量失血，失业率上升，消费和投资下降。外资大量出逃，金融系统遭到破坏。同时，对于其他相关国家而言，金融泡沫的崩溃也一样造成了一系列负效应。泡沫留下了大量金融系统的不良债务，不良贷款占了贷款总额的大部分。此外，非银行系统的坏账率也非常厉害，各国政府为了挽救金融系统欠下的巨额内债，在内债和外债的双重压力下，内外交困，举步维艰。最终，商业银行出现了大面积亏损，投资和消费大幅度下降，失业率和贫困人口大量上升。②

总的来看，东南亚金融泡沫形成和破裂的基本过程是：股市和房地产过度投资→泡沫经济→大肆举债→大规模投资→生产部门利息过重→出口能力衰竭→外贸逆差→经常项目赤字→金融体制呆账严重→金融风暴袭击→本币贬值。③

4.2.3.2 金融泡沫破裂的机理

1）金融扩张速度大大超过 GDP 增长速度

自 20 世纪 70 年代以来，因布雷顿森林体系解体和汇率、利率的全面放开，导致金融市场经常产生剧烈震荡，危机频发。这使得越来越多的机构投资者及各类银行企图借助于场内期货、期权市场规避和转嫁风险，从而推动了金融期货、期权市场的规模不断扩张，这一趋势在进入 21 世纪后变得尤为强烈。据美国期货业协会公布的资料，2007 年全球的场内衍生品成交总量达 152 亿张，比 2006 年增加了 28%，增长幅度创 2003 年以来的新高。2006 年比 2005 年增加了 19%，而 2005 年、2004 年的成交量仅分别增加 12% 及 9%，全球场内衍生品市场在金融期货、期权的带动下形成了一段飞速发展的时期。由于利率期货交易的流动性要远高于场外 OTC（Over The Counter，柜台交易市场）市场上的利率远

① 李树杰．日本、东南亚“金融泡沫”成因及启示[J]．日本问题研究，1999(2)：22.

② 钟佳．金融泡沫的形成机制、经济效率与有效预警[J]．浙江金融，2005-5：26-27.

③ 钟佳．金融泡沫的形成机制、经济效率与有效预警[J]．浙江金融，2005-5：26-27.

期交易,致使很多银行都青睐于运用利率期货交易对其资金风险头寸和风险敞口进行保值操作。①

20 世纪末,场外 OTC 金融衍生品市场的快速发展则得益于银行间的激烈竞争,日趋白热化的竞争势态使得传统信贷业务无利可图,很多银行将业务重点转向 OTC 衍生品市场。OTC 衍生品业务作为新的利润增长点被越来越多地用于替代传统信贷业务。同时 OTC 衍生品业务也可作为传统信贷业务的重要补充,银行运用 OTC 衍生品进行资产—负债管理(ALM),降低筹资成本和解决到期日不匹配问题,降低信贷风险敞口,以提高传统信贷业务的竞争力。各类银行由此成为 OTC 衍生品市场上的主要参与者,并且许多银行还充当市商。

金融衍生品的创设与经营很快就成为银行中间业务的重要组成部分,同时也是银行表外业务的重要组成部分。值得一提的是,对银行而言,其表外业务有利于自身增加收入、分散风险、提高核心竞争力,同时还可以满足客户日益增加的金融服务需求,提高货币资金的配置效率。20 世纪 80 年代以后,西方银行表外业务以惊人的速度膨胀,特别是全球场内、场外衍生品市场的蓬勃发展,使得以金融衍生品业务为重要组成部分的表外业务迅猛增长。比如,花旗、美洲等 28 家国际知名大型银行的表外业务 1982 年仅占整个业务的 48. 5% ,1998 年即上升到了 76. 8% ;同期,日本银行表外业务以年均 40% 速度递增,德国银行表外获利占总利润的 45% 以上,瑞士银行表外盈利占总盈利的 60% ~ 70% 。这些均说明金融衍生品业务已成为国际各类银行的主要利润增长点。

应该说,系统内交易只使风险来回转移,但不会减少。而金融衍生品的复杂性和规模效益使得其交易从普通企业、散户转向了机构投资者。除了对冲基金、共同基金、养老基金外,发行 MBS(Mortgage-Backed Security,抵押支持债券或者抵押贷款证券化)的政策性金融机构、推出 CDO(Collateralized Debt Obligation,债务担保证券)的投资银行、经营 CDS(Credit Default Swap,信用违约互换)的保险公司(如 AIG),甚至各类商业银行均成了次贷衍生证券的巨额持有者。这表明金融衍生系统主要是在各金融机构之间进行交易、流转,而非真正意义上的风险对外分散体系,而是将风险积聚于金融系统之内。

此外,值得一提的是,金融衍生品盈利之所以快主要靠的是高杠杆率,这种高杠杆率不仅投行在普遍使用,而且商行也紧随其后。例如 2000 年国际前 10 大投行的杠杆率一直处于20 倍以上,2007 年甚至达到 30 倍。但问题在于这种放大效应是双向的,既放大收益也放大亏损,这样一来,就是超大型金融机构也会因某个部门或业务线亏损而导致整体倒闭。比如像美国雷曼兄弟公司(Lehman Brothers Holdings)2008 年第一季度的财务杠杆率曾达到 31. 7,使得原本次贷证券损失的一些微小变化造成了净资产的巨亏,结果影响到自身股价不断下跌,随后进一步放大了损失,最终使之资不抵债而迅速破产。

尤其令人注意的是,多次衍生的复杂性使风险更加隐蔽,危害也更大。因为多次衍生的金融产品会使风险更难辨别和追踪。例如以次贷为基础的 MBS 和 CDO,其原始形态是相对简单和安全的房贷 MBS,但银行为了扩大业务规模,投资者为了追求更高回报,共同

① 周复之. 金融衍生品五级分类监管体系的构建. 中华会计网校(会计文苑),2010-1-22.

促成了 CDO、CDO_2、CDO_n 等一系列多次衍生品的问世，并将次级房贷组合其中。结果使得原来可以有效降低银行风险的产品，最终蜕变为扩散特异性风险和放大系统性风险的产品。

而现代金融的紊乱使衍生品呈现"倒金字塔"的情况更令人担忧。总的来看，全球金融扩张的速度已大大超过 GDP 增长速度，比如，2004 年金融衍生品交易的名义本金之和已是 GDP 的 5 倍，2007 年又迅速上升到 12.5 倍。这样，虚拟经济和实体经济之间呈典型的"倒金字塔"形态，严重扰乱了实体经济的流动性均衡，使之经常处于大起大落的状态：即当衍生市场看好时，资本多级增值，造成流动性过剩；而当衍生市场看跌时，资本则多级减值，带来流动性短缺。①

2)信用制度本身的缺失

中国学者杨胜刚等认为，次贷危机中美国信用制度方面本身的一些缺失，也加速导致了金融泡沫的破裂。主要表现在以下几个方面：

(1)美国信用工具的催化作用

在美国的次贷危机中，信用工具催生、放大了美国经济中的"泡沫"，其过程大致可以通过三个阶段来分析，即：泡沫累积阶段、泡沫膨胀阶段和泡沫破裂阶段。

①泡沫累积阶段

在泡沫累积阶段，随着低利率的持续和房价持续上涨的预期，银行等信用机构在利润的驱使下纷纷放宽贷款标准，加大了"ALT-A"贷款和次级贷款。而在美国，根据个人客户信用评级等标准，按揭贷款可分为三个层次：优质贷款市场(Prime market)、超 A 贷款市场(ALT-A：Alternative A)和次级贷款市场(Subprime market)。其中，优质贷款市场面向信用等级高(信用分数在 660 分以上)、收入稳定可靠和债务负担合理的优良客户，其主要选择传统的 30 年或 15 年固定利率按揭贷款。次级贷款主要面向信用分数低于 620 分、收入证明缺失、负债较重的客户。"ALT-A"贷款则是介于二者之间，既包括信用分数在 620～660 分之间的阶层，又包括高于 660 分的高信用度客户中的相当一部分人(它泛指那些信用记录不错或很好的人，但却缺少或完全没有固定收入、存款、资产等合法证明文件)。一般而言，"ALT-A"贷款市场和次级贷款市场客户获得住房抵押贷款的难度较大，且利率较优质客户要高 1～3 个百分点。据统计，在危机爆发前的 2006 年仅一年，"ALT-A"贷款和次级贷款产品总额就超过 4 000 亿美元，约占美国房地产按揭贷款总额的 40% 以上。若从 2003 年算起，则"ALT-A"贷款和次级按揭贷款总额超过 2 万亿美元，在此过程中，房地产泡沫已经不断累积。②

②泡沫膨胀阶段

在泡沫膨胀阶段，从房价的轮番上涨中，放贷机构、投资银行、保险公司等信用机构都获利丰厚。放贷机构通过出售资产抵押债券(ABS：Asset-Backed Securitization，即资产支撑证券)，从投资银行等获得融资，投资银行等再通过加强信用和借助证券结构化设计并出售债务抵押债券(CDO)等金融衍生品，从保险公司、对冲基金等金融机构获取资金来

① 周复之．金融衍生品五级分类监管体系的构建．中华会计网校论文，2010-1-22.

② 袁敏．美国评级业监管发展动向及述评[N]．证券市场导报，2008(1)；21.

源,又由于房地产市场和信用衍生产品的巨大盈利性及衍生产品的高流动性,众多的投资银行、对冲基金等机构又根据次级债券等级进行分割和处理,进一步构造出多种衍生品,如 CDO_2、CDO_n 等,并进一步投向国内国际市场,由此导致信用衍生工具市场不断膨胀和扩散。由于投资者对市场一致看好,又推动房价不断上涨,房地产的繁荣带动其他行业繁荣,美国的经济形势一片大好,但泡沫隐患也越吹越大。① 在此也可以明显看出,所有金融衍生产品的价值归根结底是建立在房产的抵押价值基础之上的。如果房产价值持续上升,则建立在此价值链基础之上的金融衍生产品的价值一直可以连带上涨。反之,则连带下降。

③泡沫破裂阶段

在泡沫破裂阶段,由于美联储连续加息(从2004 年6 月到2007 年9 月,美联储一改2001 年1 月到2003 年6 月期间连续降息的做法,连续17 次提高基准利率,利率从1% 上升到5.25% 并在最高位运行了大约一年的时间),房价下降,使购房者的偿付能力极度恶化,许多借债过度的购房者房产净值由正转负,既无力偿还借款到期本息又无法再融资。结果,一方面借款者偿付能力恶化与房价下跌形成一个恶性循环。另一方面众多金融机构因无法收回到期的抵押贷款本息,致使建立在这些抵押贷款之上的金融衍生产品的价值也摇摇欲坠。最终殃及那些投资于抵押贷款及其衍生产品的金融机构因亏损巨大,引发流动性危机,或因资不抵债而倒闭。比如,原来占美国房贷市场约50% 贷款总额的房地美、房利美于2008 年7 月已是亏损近700 亿美元,于9 月7 号正式被美国政府接管。华盛顿互惠银行于9 月25 日被美国联邦存款保险公司(FDIC)接管,成为美国历史上倒闭的最大规模储蓄银行。而美国五大投资银行中的第三大投资银行美林证券则因受次贷危机影响,于2008 年9 月被美国银行收购;第四大投资银行雷曼兄弟2008 年9 月因收购谈判“流产”而申请破产;第五大投资银行贝尔斯于2008 年3 月被摩根大通收购。此外,全球最大保险公司美国国际集团(AIG)于9 月16 日被收归国有。而这些素来可以被称为美国“金融大鳄”的机构的垮台,则标志着由房地产和次级贷款形成的金融泡沫的最终破裂,并引发了金融危机。②

(2)美国信用机构的不良作为

美国次贷市场参与者主要包括放贷机构、投资者、信用评级机构、信用增级机构等信用机构。伴随美联储持续的低利率政策和房价的不断上涨,房产升值激发了投资者的投资热情,并逐渐演变为投机目的。而放贷机构为了竞争也纷纷向低信用居民放贷,这就使其市场中可用于投机的资产池不断增大。同时,放贷机构出于风险转移、维持自身流动性和减少监管资本的考虑,偏好通过资产证券化手段来发行以次贷资产为基础资产的抵押贷款支持债券(MBS)。其时,为提高次级产品的信用等级,降低发行成本,放贷机构在证券化结构设计中还会引进信用评级、增级机构。然后将次贷资产剥离给投资者,这些投资者主要包括投资银行、保险公司和对冲基金等机构。但深谙个中风险的投资银行在利润的驱使下则借助一系列“金融创新”,对平均信用等级偏低的 MBS 进行分割处理,构造成

① 杨胜刚,等. 金融泡沫与信用制度的内在缺陷——基于美国次贷危机的考察[J]. 湖湘论坛,2009(5):78.

② 杨胜刚,等. 金融泡沫与信用制度的内在缺陷——基于美国次贷危机的考察[J]. 湖湘论坛,2009(5):79.

不同品级的抵押债务凭证(CDO),并在得到信用评级后出售给全球范围内不同风险偏好的投资者以维持自身流动性和获取更高的发行收益。在这一系列的过程中,房地产和信用衍生品等金融资产的泡沫不断膨胀。与此对应的是,信用工具的广泛应用加大了投资者面临的信息不对称性和信息的复杂程度,而信用评级机构作为次级债券市场的重要参与者,其信用评级作为投资者投资决策的重要甚至唯一依据,便成了次贷产品进入资本市场的"通行证"。[①] 比如,若达不到最高信用评级(AAA),CDO之类的次贷产品根本不可能进入退休基金、保险基金、教育基金等大型机构投资者的资产组合。但令人遗憾的是,信用评级机构在次贷产品"质检"中的表现并不"称职",或在自身利益的驱动下而有意为之。首先,CDO等结构性融资产品的构建本身是以评级为导向的,除了支付高额评级费用外,投资银行在产品构建过程中往往还会购买评级机构提供的咨询服务,以寻求获得较高评级的方法。如此一来,评级机构不但为次贷产品评级,而且还直接参与次贷产品的构建,从而使评级的独立性与公正性大打折扣。其次,CDO等结构性融资产品构造异常复杂,在经过多次组合与分层后,评级机构也很难完全了解其本来面貌。在结构性融资产品评级这一新领域,评级机构的经验和历史数据积累有限,往往一味依靠信贷机构和投资银行提供的数据,加之美国市场信用评级业务过度集中,市场缺乏竞争性,使得评级结果的偏差难以暴露和改进,众多原因都极易导致评级结果失真。而危机前后评级机构的迟缓反应,亦表明其内部的跟踪评级制度没有发挥应有的作用。[②] 最后,放贷机构、投资者、信用评级机构、信用增级机构等信用机构,在各自利益驱动下,在金融泡沫形成、膨胀的不同过程中各自发挥了不同的作用,但这些作用的负面效果只有当泡沫快破裂时才会显现出来,但往往其时已晚。

(3)信用制度形成的委托代理关系的扭曲

由于证券化技术在次贷市场的广泛应用,致使次贷市场长期存在着突出的信息不对称问题和道德风险。主要表现在:一是随着次贷债券产品创新的深入,提高了交易复杂程度,加剧了授信者与受信者之间的信息不对称性;二是基于贷款出售和证券化技术的"发放—转移"信用风险管理方式的应用,使贷款人降低了贷款标准和放松了对借款人的申请审查和贷后行为监督,进一步加剧了借款者的道德风险和借款人的信用信息缺失;三是提高了投资者对于信用评级信息的依赖,但是信用评级本身存在偏移问题,这就使得次贷投资者难以对次贷借款人信用行为进行有效监督和对次贷资产信用风险进行客观评价,致次贷投资具有较大的冒然性。在这样的背景下,一方面次贷市场中授信者和受信者之间的委托代理关系被扭曲,更多的次贷借款人出于市场房价上涨的预期,以及信贷市场次贷标准的放松和"过度放贷"行为,获得了更多的次贷,因而社会上次贷规模迅速膨胀,同时也积累了更多的信用风险。另一方面,受信方对于次贷资产运用的损失只承担有限责任,而对于资产运用于高风险项目所带来的高额收益则享有完全占有的好处,这就迎合了机构投资者追求收益的偏好,诱使这些机构过度放贷并不断进行衍生品的开发设计,放大杠杆比率,从而降低了自身抗风险能力。因而可以客观地说,次贷借款人和投资者对风险的

---

① 张德栋. 次贷危机对商业银行信用风险管理的启示[J]. 经济师,2008(10):10-12.

② 张亦春,郑燕洪,雷连鸣. 国外信用评级制度与对我国的启示[J]. 河南金融管理干部学院学报,2005(5):54-56.

偏好及利润的追求，虽然增加了次贷市场的需求，但也加大了危机传导的速度和规模。[①]

3)金融监管体系发展的滞后

从20世纪80年代以来，随着发展中国家债务危机的不断深化以及金融创新的方兴未艾，导致国际商业银行的经营风险大幅度增加，严重地威胁着它们的生存。为了确定一个统一标准来协调各国金融管理当局对银行的资本金政策，消除国际商业银行在国际金融市场上的不平等竞争，设在瑞士巴塞尔的国际清算银行(BIS)的银行法规和监理委员会(亦称巴塞尔委员会)经过同12个发达国家中央银行行长的反复酝酿和商讨，于1988年7月正式公布了“关于统一国际银行的资本计算和资本标准的协议，即所谓的“巴塞尔协议”。[②] 它表明国际金融监管体系虽已对金融风险问题有所警觉，但主要还是针对传统银行系统资本金问题本身的，而对层出不穷的金融衍生品的风险管控却无能为力。据中国学者樊纲的研究，也正是从20世纪80年代以后，国际金融市场经历了不同寻常的发展，除了市场本身的规模化和机构化之外，各种金融衍生工具被广泛地用来对冲避险，国际股票市场、债券市场、外汇市场和期货市场之间的联系和融合也因金融创新而不断加深。其中，对冲基金作为机构投资者重要性的不断上升，以及跨国金融机构大规模地使用对冲避险策略等等，都被视作为“金融全球化”加速的迹象。在此过程中，越来越多的发展中国家的金融市场成为以现代国际惯例而开放的“新兴金融市场”，资本流动性和全球化经营程度颇高的跨国投资银行、对冲基金和其他各种金融机构不断地将这些“新兴金融市场”融入金融全球化进程中。据称在此过程中全球金融市场的效率和国际金融资本的回报率大大提高了。在这样的全球化背景下，由于相比之下将资本注入实体经济部门显得太过保守，因而人们不断寻找可在短期内获得高收益的投资方式。鉴于投资基金可观的回报率，诱使投资机构大量拆出资金以求获得高额回报，在此情况下，对于以对冲基金为代表的投资基金来说，融入相当于其资本金20倍以上的资金已是很寻常的事情。

随后显现出来的问题是，尽管人们开始意识到金融风险可能随着金融资本的规模化和衍生化而急剧上升，但是国际金融监管体系并没有随着金融全球化的发展而同步发展，而是发展严重滞后。其原因可能是，经济界一般认为，既然金融全球化似乎使得金融市场运转得更富有活力，既然资本自由流动是相当一部分经济学家所信奉的理念，此时呼吁更严格的监管体系岂非不合时宜？因此尽管金融资本在膨胀，经营杠杆率在升高，保证金率在降低，市场持续牛态，但陈旧的金融监管仍然没有变革。例如对对冲基金离岸注册和“黑箱”运作方面的放纵，已经导致了对其他金融机构总体监管效能的弱化，但是针对各种金融机构进行差别性监管的教条却没有放弃。[③]

4.3 金融危机

所谓金融危机(financial crisis)，是指整个社会的金融体系运转失调而引发的金融大

① 杨胜刚，等．金融泡沫与信用制度的内在缺陷——基于美国次贷危机的考察[J]．湖湘论坛，2009(5)：76-80.

② 杨晓影，庄勤．巴塞尔协议和德国银行资本金政策[J]．世界经济研究，1992(3)：49-53.

③ 樊纲．全球金融泡沫的破裂和亚洲金融危机[J]．中国外汇管理，1999(6)：7-11.

动荡。它集中表现为全部或大部分短期利率、证券、房地产等金融指标急剧地恶化;企业和金融机构大量破产、倒闭;投资者基于资产价格急剧下降的预期而大量抛售不动产或长期金融资产,以兑换成货币。需要说明的是:金融危机不等于经济危机。经济危机包括金融危机,而金融危机则是经济危机的重要内容。①

4.3.1 20世纪以来与美国或美元有关的三次国际金融危机

据不完全统计,1900—2008年的一百余年间,全世界共发生各类比较严重的金融经济危机20多次,平均每4~5年一次。其中比较典型且与美国或美元有关的金融危机主要有三次:1929—1933年金融危机(经济危机);1997—1998年亚洲金融危机;2008年全球性金融危机。这三次金融危机都比较严重,其中2008年的金融危机是人类有史以来最严重的一次金融危机,至今尚未完全结束。②

4.3.1.1 与美国或美元有关的三次国际金融危机的基本概况

1)1929—1933年国际金融危机

1929—1933年国际金融危机习惯上被叫做世界经济大危机,是当时在主要资本主义发达国家发生的、涉及范围广、持续时间长、破坏性很大的一次世界性生产过剩危机。第一次世界大战以后,世界资本主义经济曾经历了20世纪20年代相对稳定的发展时期,但随着各国进行大规模的固定资本更新以及开展“产业合理化”运动,生产迅速扩大,而底层广大民众有支付能力的需求却在相对缩小,这一对资本主义社会的基本矛盾日益尖锐。在此背景下,从1929年起,资本主义世界陷入了历史上最深刻、最持久的一次经济大危机。危机首先在实力最强大的资本主义国家美国爆发,然后迅速波及整个资本主义世界。1929年10月24日(星期四)美国纽约股市的大暴跌,成为此次大危机的导火线。而在10月28日,被人们称为黑色星期一的那一天,则发生了西方股市大崩盘。美国道琼斯股票指数在一天内暴跌12.75%,相当于2004年10月道琼斯股票指数下跌1 244点。其中,高盛公司股票跌了44%;第一国民银行股票跌了70%,花旗银行股票跌了34%。后来成为英国首相的温斯顿·丘吉尔先生当时炒股亏了一万英镑,相当于2004年10月的43万英镑;好莱坞明星格劳乔·马克思贷款25万美元(相当于230万欧元)炒股,结果血本无归。像其他人一样,当时的英国经济学家凯恩斯也没有预料到1929年的大崩盘,他自己积累的财富在那年的崩盘时受到重创,几乎变得两手空空。[Ⅳ]10月29日,美国股市股价续跌,标志着经济危机的到来。值得一提的是,1929年的股价下跌一直持续了三年,在此期间,美国钢铁公司的股票从每股262美元下降到22美元,通用汽车公司的股票从每股73美元下降到8美元。③ 此后,危机迅速从美国蔓延至加拿大、日本以及西欧各国,以后又程度不同地席卷了所有的资本主义国家,而且还波及殖民地半殖民地国家和地区。这次危机历时近五年,其间资本主义各国工业生产急剧下降,各国企业大批破产,失业人数激

---

① 姜爱林.三次代表性国际金融危机异同比较研究[J].无锡商业职业技术学院学报,2009-8:7-11.

② 姜爱林.20世纪以来三次国际金融危机比较[J].金融教学与研究,2009(3):10-14.

③ 斯塔夫里阿诺斯.从史前史到21世纪:全球通史[M].董书慧,王昶,徐正源,译.北京:北京大学出版社,2005:692.

增,失业率高达 30% 以上。此后,资本主义农业危机与工业危机交织激荡,农副产品价格大幅度下跌,农业生产严重衰退。同时国际贸易严重萎缩,各国相继发生了深刻的货币信用危机,货币纷纷贬值,相继废止了金本位制,使资本主义国际金融陷入混乱之中。由于商品严重滞销,市场问题变得异常尖锐,主要资本主义国家争夺市场的斗争持续激烈,至 1933 年危机逐渐结束。

2)1997—1998 年亚洲金融危机

(1)亚洲金融危机的简况

1997—1998 年的亚洲金融危机又称东南亚金融危机,是当时在泰国等东南亚国家之间由泰铢贬值引发的一场金融风暴。1997 年 5 月中旬泰铢贬值,由此引发了一场由局部蔓延全球的金融风暴。自泰铢贬值开始,马来西亚、印度尼西亚、菲律宾、新加坡、台湾、香港等国家和地区的货币和股票市场都受到了不同程度的冲击。中国由于未开放资本项目,基本未受影响。这次危机波及范围广,持续时间长,是继 1995 年墨西哥金融危机以后最严重的区域性金融危机。它造成了东南亚国家的股市动荡,大批金融机构破产,货币严重贬值,抑制了东南亚国家经济的发展。1997 年 10 月下旬,东南亚金融动荡曾一度引发全球性金融市场波动,几乎世界各国都因此调低了对 1998 年经济增长率的预期。这场危机从 1997 年 5 月开始,大约到 1998 年底结束,大体上可以分为三个阶段。第一阶段:1997 年7 月 2 日,泰国宣布放弃固定汇率制,实行浮动汇率制,引发了一场遍及东南亚的金融风暴;第二阶段:1998 年初,印尼金融风暴再起,面对有史以来最严重的经济衰退,IMF 为印尼开出的药方未能取得预期效果;第三阶段:1998 年 8 月初,乘美国股市动荡、日元汇率持续下跌之际,国际炒家对香港发动新一轮进攻。在此期间,有亚洲"四小虎"之称的泰国、马来西亚、菲律宾,印度尼西亚为保卫本币所消耗的外汇储备数量在 16 亿 ~ 220 亿美元之间,而有亚洲"四小龙"之称的韩国、中国台湾、中国香港、新加坡所消耗的外汇储备数量在 50 亿 ~ 150 亿美元之间,见表 4 - 8。

表 4 - 8 亚洲金融危机期间各国或地区为保卫本币所消耗的外汇储备数量 单位:亿美元

"四小虎"				"四小龙"			
泰国	马来西亚	菲律宾	印度尼西亚	韩国	中国台湾	中国香港	新加坡
220	30	20	16	100	50	150	—

资料来源:谢世清. 东亚金融危机的根源与启示[M]. 北京:中国金融出版社,2009:81.

(2)亚洲金融危机的背后

英国经济学家菲里普 R · 雷(Philip R. Lane)认为,经济全球化是当今世界发展的一个主要趋势。它一方面表现为国际贸易的持续扩展;另一方面是国际资本流动速度加快,甚至大大快于商品流通速度,从而导致大量的跨境债权和债务的产生。这种变化既隐含着跨国家和地区金融的联系更加紧密,同时也代表着经济危机的冲击会迅速传导。① 而亚洲金融危机的爆发以及此后发生的情况表明,菲里普 R · 雷的观点是正确的。

① Philip R. Lane and Gian Maria Milesi-Ferretti, Europe and global imbalances Institute for International Integration Studies, Economic Policy July 2007.

应该说,亚洲金融危机的爆发,固然有多方面的原因。比如,亚洲一些国家本身市场体制发育还不成熟;这些国家为维持固定汇率被迫长期动用外汇储备来弥补逆差,从而导致外债增加;外债结构不合理;外汇政策不当;国内存在透支性经济高增长和不良资产膨胀的现象;出口替代型模式本身存在缺陷等。如果说,前述原因为自身原因,那么诸如受国际金融市场上游资的冲击、经济全球化中的国际分工、贸易和货币体制不合理等则是外部原因。当然,再详细对这些原因进行分析显然已超出本书的研究范围和研究目的,但如果仅就一国究竟应该采用固定汇率还是浮动汇率,以及当时的亚洲经济是否已存在严重的泡沫这两方面的问题而言,结论无疑是十分明确的。因为一方面,正如弗里德曼(Milton Friedman,1953)和蒙代尔(Robert A. Mundell,1961)的观点那样,对一个经济体而言,在遇到外部金融冲击时,若采用浮动汇率则可起到缓冲器的作用。但反之,若采用固定汇率就要求货币当局被迫采用盯住政策,其结果是来自外部的金融负面冲击就必然要由国内的实体经济来承受。而亚洲金融危机的一个主要原因正是由于受害国为了片面追求汇率稳定而导致的。比如,泰国在 1984 年 1 美元: 14 泰铢,和美元建立固定比价,实行固定汇率制度。出于进口替代政策的考虑,这个比价高估了泰铢的币值。随着时间的推移,泰国国内通货膨胀有所发展,且 1 美元: 14 泰铢的比价不变,为维持这个比价只有在外汇市场进行干预或提高利率以吸引外资。这样做的结果是:①促使泰国外汇储备的减少或外债增加;②促使外国短期资本套利活动的增加;③加剧泰国的通货膨胀。[①] 从而最后演变成金融危机。而货币的汇率问题实际上又属于货币价值的衡量和交换问题,本身也属于财富的度量和交换问题。另一方面,亚洲金融危机的爆发在相当程度上也体现出严重的泡沫经济所导致的对财富价值判断的严重失真问题,比如以日本为例,在 20 世纪 80 年代中期,日本的股票指数(Nikkei)为 10 000 点左右,但 12 年之后,即金融危机爆发之际,股票指数已快速上升为 40 000 点左右,也就是说股价市值增长了 300% 。[②] 这充分说明当时的金融泡沫问题已十分严重。值得一提的是在亚洲金融危机之后,为防备类似的金融风险再次发生,一些国家不得不又重新选择走大量储备外汇之路。但由于外汇储备的结构中又是以美元为主的,从而导致了一定程度上“布雷顿森林体系”的复活。[③] 这样一来,类似 20 世纪 70 年代的美元危机又可能重演。

3)2008 年全球金融危机

(1)2007 年 8 月 3 日的美国次贷危机(黑色星期五)

2007 年 8 月 3 日,美国股市又遭遇黑色星期五。因美国受次级抵押贷款市场危机(简称次贷危机)冲击,造成股市价值普遍暴跌。当日,美国道琼斯股票指数下跌 281.42 点,跌幅为 2.09% ,纳斯达克指数下跌 64.73 点,跌幅为 2.51% ,标准普尔 500 指数下跌 39.14 点,跌幅为 2.66% (表 4 -9)。[V]

---

① 刘舒年. 国际金融[M]. 北京:对外经济贸易大学出版社,2005(3):506.

② Franklin Allen, FINANCIAL CRISES , ECO 575 (Part Ⅱ), Bendheim Center for Finance, Economics Department, PRINCETON UNIVERSITY, March 24, 2003.

③ Joshua Aizenman & Jaewoo Lee, International Reserves: Precautionary Versus Mercantilist Views, Theory and Evidence, Open Econ Rev (2007) 18:191-214.

表 4－9　2007 年 8 月 3 日(黑色星期五)美国股市暴跌情况

股指名称	美国道琼斯	美国纳斯达克	美国标准普尔 500
下跌点数	281. 42	64. 73	39. 14
报收点数	13 818. 91	2 511. 25	1 433. 06
跌　　幅	2. 09%	2. 51%	2. 66%

资料来源:《新民晚报》,2007 年 8 月 11 日,B1 版;《青年报》,2007 年 8 月 12 日第 2 版。

此次危机的始作俑者为新世纪金融公司(New Century Financial Corp)。作为美国第二大次级抵押贷款(简称次贷)企业,新世纪金融公司因现金流断裂,于 2007 年 3 月 13 日被纽约证券交易所停牌,半月之后,由于逾 84 亿美元的流动性债务和华尔街放弃对其希望,该公司正式向美国联邦法院提出破产保护申请。此后,犹如多米诺骨牌,一个个次贷公司接连倒下。截止 8 月 5 日,美国已有 30 余家次贷公司停业。8 月 6 日,美国第十大抵押贷款公司(American Home Mertgage)宣布申请破产保护,次贷危机愈演愈烈。而那些上市的次贷公司股价则几乎是直线下跌,设有次贷部门的银行的股价也不断走低。除了与新世纪金融公司相似的经营次贷业务的机构将被迫停止业务或倒闭以外,次贷危机也波及那些持有次级抵押贷款(包括证券化的)资产的公司,包括共同基金、对冲基金、大型银行与保险公司(此时美国房屋抵押贷款约有 4/5 已被证券化——作者注)。[①] 其中,全球最大的保险公司 AIG 也告知因投资了次贷公司债务的抵押债券(CDO),有可能造成23 亿美元的损失。[②]

为阻止股市的暴跌,美联储在 2007 年 8 月 10 日开市前发布声明说,将采取一切必要措施,避免股市失控,其中包括“提供必要的储备”来增加金融市场流动性,以保证金融市场正常运转。并称“美联储正注入资金,以促进金融市场有序运转”。[③] 当日,美联储连续三次注资,总额达 380 亿美元。但危机的影响已经显现。8 月 10 日一天内,日经 225 指数、香港恒生指数、伦敦《金融时报》指数等还是不同程度地下跌了 1. 48% ~ 3. 71%(表 4－10)。

表 4－10　2007 年 8 月 10 日全球一些主要股市暴跌情况

股票指数	日经 225 指数	香港恒生指数	澳大利亚 S&P/ASX200 指数	伦敦《金融时报》指数	巴黎股市 CAC40 种股票指数	法兰克福 DAX-30 股票指数
下跌点数	448. 64	672. 33	159. 40	232. 90	176. 15	110. 33
跌幅	2. 61%	3%	2. 6%	3. 71%	3. 1%	1. 48%

资料来源:《21 世纪经济报道》,2007 年 8 月 6 日,第 15 版;《新民晚报》,2007 年 8 月 11 日,B1 版。

2007 年 8 月 15 日,美林分析师肯尼恩·布鲁斯发布报告称全美最大的抵押贷款公司(Countrywide)将“可能破产,”并将其评级降为“卖出”。同日,Countrywide 公司的股价由

① 王梓,周慧兰.“次按危机”启示[N]. 21 世纪经济报道,2007-8-27(4).

② 邢莉云. 美次级按揭危机最高损失可达 5 000 亿美元[N]. 21 世纪经济报道,2007-8-6(15).

③ 新华社纽约 8 月 10 日专电. 受美国次级抵押贷款市场危机冲击:世界主要股市普遍暴跌——世界各地央行注资 3 262亿美元救市[N]. 青年报. 2007-8-12(2).

7月27日的每股30美元左右跌破每股20美元。①

毫无疑问,在经济全球化的今天,如同作为最主要的国际金融中心的美国的利率调整会影响国际市场上的资本流动一样,[Ⅵ]美国因受次贷危机冲击所造成的本国股市价值暴跌,也会随后引发全球其他主要股市价值的暴跌及资本的异常流动。而当资本的异常流动破坏了原来的国际货币协议的维持条件时,其他国家就会被迫作出相应的决策以维持这些条件。② 因此,针对美国的救市行动,欧洲央行于10月9日创纪录地向欧元区银行系统注资948亿欧元(约合1 299亿美元),10日,欧洲央行宣布再注资610.5亿欧元(约合836.4亿美元)。同日,为应对危机,日本央行也向金融系统紧急注入1万亿日元(约合85亿美元),澳大利亚央行则注资49.5亿澳元(约合41.9亿美元)。③

据美国花旗银行分析师估计,美国次贷危机所造成的行市首轮下跌已使联邦国民抵押贷款协会(Fannie Mae,房利美)和联邦住房抵押贷款公司(Freddie Mac,房地美)所持次贷证券的价值缩水了47亿美元。由于房地美总共持有1 240亿美元由其他公司发售并由次贷支持的打包债券,房利美则持有580亿此类债券。此外,美国还有不少企业同样持有这类证券。而此类资产的减值幅度估计又不少于三成。④ 因此,估计美国由这次次级债引发的直接损失可能高达3 000亿~5 000亿美元。⑤

另据日本共同社2007年11月17日报道,截止2007年第三季度,美国次贷危机给美国、欧洲和日本金融机构造成的损失已超过630亿美元,其中,美国金融机构的损失约为450亿美元,欧洲金融机构的损失约为153亿美元,日本金融机构的损失约为45亿美元。[Ⅶ]

令人遗憾的是,2007年的次贷危机又延续到了2008年。1月22日,美联储宣布,联邦基金利率即银行间隔夜拆借利率将由4.25%降到3.5%,下调0.75个百分点。美联储这一行动是它可以发出的最强烈的信号之一,表明它对美国潜在的衰退感到担心。因而美国衰退以及可能出现的次贷危机后续效应开始在投资者中形成恐慌。当日,道·琼斯工业股票指数下挫超过300点,而亚洲所有股市几乎都随即直线下跌。上海股市下跌7.2%,澳大利亚股市下跌7.1%,东京股市下跌5.6%,首尔股市下跌4.4%,印度股市下跌9.75%。在亚洲股市大跌之后,欧洲股市也跟着大跌。为此,英国富时(Eurofirst)300指数的市值蒸发了3 390亿欧元(合4 900亿美元),同时,富时100指数的市值减少了760亿英镑(合1 480亿美元),这是该指数在1983年创立以来的最大跌幅。⑥ 而受美元暴跌影响,石油、黄金等商品的价格则创下新高。3月7日,纽约商品交易所的原油4月主力合约站上了105美元/桶的关口,黄金交易所的黄金价格则突破1 000美元/盎司。⑦

---

① 周默鸣.次按风暴眼:全美最大的抵押贷款公司告急[N].21世纪经济报道,2007-8-20(15).

② Kathleen R. McNamara, Consensus and Constraint: Ideas and Capital Nobility in European Monetary Integration, Journal of Common Market Studies. September 1999, Vol. 37, No. 3 pp. 455-76.

③ 新华社纽约8月10日专电.受美国次级抵押贷款市场危机冲击:世界主要股市普遍暴跌——世界各地央行注资3 262亿美元救市[N].青年报,2007-8-12(2).

④ 黎敏奇.信用违约掉期是沉睡威胁:美次按预言家:优先级贷款危机在2—3月也将爆发[N].21世纪经济报道,2008-1-10(16).

⑤ 邢莉云.美次级按揭危机最高损失可达5000亿美元[N].21世纪经济报道,2007-8-6(15).

⑥ 冯康.连环暴跌风潮席卷全球股市[N].参考消息,2008-1-33(1).

⑦ 王小明."熊出没注意":次按阴霾再袭全球股市[N].21世纪经济报道,2008-3-10(13).

2008年4月8日，IMF公布的《全球金融稳定报告》中称，缘于美国的次贷危机可能在全球造成9 450亿美元的巨额损失。这是对已经受到次贷危机影响的机构的潜在资产损失作出的预测。该报告还认为，在减记和损失总额达9 450亿美元的巨额损失中，包括5 650亿美元的美国住房贷款和相关证券以及2 400亿美元的商业房地产证券的损失。报告还称："预计公司贷款损失达1 200亿美元。此外，消费贷款损失有可能达200亿美元。"这使得损失总额达到9 450亿美元，占信贷市场23万亿美元的4%。IMF还称，全世界的银行可能会承担约一半的损失，即4 400亿~5 100亿美元。保险公司、养老基金、货币市场基金和其他机构投资者将承担其余部分的损失。[Ⅷ]

截至2008年6月底，全球50个国家股市总市值减至52.6万亿美元，与2007年10月底股市市值的历史高峰相比，约减少了10万亿美元，降幅高达17%。也就是说，大约有相当于日本2007年GDP两倍的资产蒸发掉了。①

应该说，在这场次贷危机中，金融机构本身的财富损失最为惨烈。2008年1月15日美国花旗银行正式公布2007年第四季度业绩的当天，其在纽交所的股价就曾应声下挫了7.3%，收报于每股26.94美元，也意味着从近一年来最高点的每股55.55美元下跌了51.5%。即使美联储在2008年1月22日紧急减息75个基点之后，当天的美国股市低开后反弹，但花旗银行却继续跌势，收报于每股24.40美元，又下跌0.2%。1月24日，美国花旗银行又公布了前一周的业绩报告。该报告显示，银行资产中相关次贷的拨备达181亿美元，使亏损达到98.3亿美元。② 同年1月30日，瑞士银行集团(UBS AG)也宣布，计提140亿美元资产减值。由此表明，其第四季度亏损额已达到创纪录的125亿瑞士法郎(约合114亿美元)。瑞士银行集团还称其将冲减的近140亿美元的次贷相关资产中，有120亿美元直接与次贷投资相关，还有20亿美元与美国楼市相关。③

(2)美国次贷危机的连锁反应

关于美国次级房贷危机产生的原因，世界银行前负责经济发展的高级副行长兼首席经济学家约瑟夫·施蒂格利茨(Joseph E. Stiglitz)2007年8月20日在其《对美国是残酷的惊醒》一文中认为，此次次贷危机起源于2001年的经济衰退。当时美国总统布什虽在美联储主席格林斯潘(Alan Greenspan)的支持下推行最令富人受益的减税政策，可是并没能使美国经济走出网络泡沫带来的经济衰退。此后，美联储为了促进经济增长和就业，除了降低利率别无他法。为此，美联储连续13次大幅下调联邦基金利率，从2001年1月的6%下调到2003年6月的1%。④ 通常来说，低利率会促使企业更多地借钱，更多地投资，再用收益更好的资产来偿还增加的债务。同时，有关的研究也表明，就一般的民众投资偏好而言，人们投资于房产类的家庭资产会更甚于常规类的风险投资。⑤ 因此，低利率也促

① 日本经济新闻7月27日电．世界交易所联合会统计显示——全球股市总市值大幅缩水[N]．参考消息，2008-7-28(4)．

② 潭璐，查晓磊．花旗财报深水炸弹：负资产按揭或达754亿美元[N]．21世纪经济报道，2008-1-24(16)．

③ 陆羽．次按风暴再袭：瑞银集团第四季度巨亏114亿美元[N]．21世纪经济报道，2008-1-31(9)．

④ 约瑟夫·施蒂格利茨．对美国是残酷的警醒[N]//法国：回声报．2007-8-20//参考消息，2007-8-23(4)．

⑤ TORBEN LÜTHE and LUKAS MENKHOFF, WHAT DRIVES HOME BIAS? EVIDENCE FROM FUND MANAGERS' VIEWS, INTERNATIONAL JOURNAL OF FINANCE AND ECONOMICS, Int. J. Fin. Econ. 12: 21-35 (2007).

使美国家庭更多地贷款买房和负债消费,从而促进了房地产业的持续繁荣。作为表征的是,美国平均房价 2003 年到 2006 年间涨幅超过 50% ,1995 年到 2006 年间房价翻了一番多。[IX]但美国政府可能认为,光这样做还不足以刺激经济,为了让更多人借到更多的钱,美国原有的放贷标准曾不断放宽,由此导致次贷发放额也不断上升。据美国学者格兰特后来的研究,根据贷款标准,美国人口中大约有 30% 的人口,其贷款额度是应该受到限制的,但众多银行显然大大放低了标准。① 应该说格林斯潘对次贷发放额放量上升所可能带来的风险是有所警觉的。因为,2001 年他在英国财政部所作的一次演讲中就提出了关于"世界金融和风险控制"(World Finance and Risk Management)的观点,而他对风险控制提出的主要建议则是通过让全球持股人分散持股来分摊企业和银行过分集中的风险。②

但问题是,一方面房地产泡沫最终破裂,导致房价下跌,不少贷款人发现他们借的贷款远远高于他们所拥有房产的价格。比如,据 2007 年第四季度《花旗业绩简报》显示,仅花旗银行一家在对一手楼房的按揭贷款总值就达 1 514 亿美元,其中按揭贷款额/房屋价值 >90% 就占 20% ,二手楼房按揭贷款总值为 630 亿美元,其中按揭贷款额/房屋价值 >90% 则占 34% (表 4 - 11)。另一方面,由于利率后来提高,即从 2004 年 6 月到 2006 年 7 月,美联储持续 17 次加息,美国联邦基金利率也从 1% 上升至 5.25% ,最优惠贷款利率则从 4% 上升至 8.25% 。这就意味着,房贷客户的利息支出在两年之中就要增加一倍多。[X]因此,一些面临双重压力的美国家庭已经无力偿还贷款。此外,还有一些美国人在制定家庭预算时也没有留出余地。比如,一份由美国学者詹姆斯(John A. James)等人针对美国蓝领阶层储蓄状况的调查表明,在20 070个家庭样本中仅有 10 254 户有家庭储蓄,占全部样本数的 41.5% ,其余 58.5% 的家庭并没有家庭储蓄。③ 同时,一些放贷机构受利益驱使也没有提醒人们注意借贷的风险。④ 而上述潜在的风险直到 2006 年底和 2007 年初才发作,是因为大多数房贷客户已过贷款优惠期,并进入偿债高峰期。因此,次贷危机就此爆发。由此可见,次贷危机爆发的主要原因也是由于对财富的价值——房产价值的判断存在误区所致。即假如房价如当初购房时估算的那样持续上涨,房贷客户就可以最终通过卖出房屋来还贷,并可能有盈余。但一旦房价走势相反,结局就变了。这正是房地产泡沫特有的现象。

表 4 - 11 2007 年 11 月花旗银行按揭贷款与楼宇价值对比

一手楼按揭总值:1 514 亿美元	占比(%)	规模(亿美元)
按揭/房屋价值 <80%	71	1074.94
按揭/房屋价值 80%~90%	9	136.26

---

① Charles Grant, Estimating credit constraints among US households, Oxford Economic Papers 59 (2007), 583-605.

② MARCUS MILLER, OLLI CASTREN and LEI ZHANG, 'IRRATIONAL EXUBERANCE' AND CAPITAL FLOWS FOR THE US NEW ECONOMY: A SIMPLE GLOBAL MODEL, INTERNATIONAL JOURNAL OF FINANCE AND ECONOMICS, Int. J. Fin. Econ. 12:89-105 (2007).

③ John A. James, Michael G. Palumboy, and Mark Thomas, Consumption smoothing among working-class American families before social insurance, Oxford Economic Papers 59 (2007).

④ 约瑟夫·施蒂格利茨. 对美国是残酷的警醒[N]//法国:回声报. 2007-8-20//参考消息,2007-8-23(4).

续上表

一手楼按揭总值:1 514 亿美元	占比(%)	规模(亿美元)
按揭/房屋价值　　>90%	20	302.8
二手楼按揭总值:630 亿美元	占比(%)	规模(亿美元)
按揭/房屋价值　　<80%	50	315
按揭/房屋价值　　80%~90%	16	100.8
按揭/房屋价值　　>90%	34	214.2

资料来源:《花旗业绩简报》(Fourth Quarter 2007 Earnings Review),转引自《21 世纪经济报道》2008 年 1 月 24 日,16 版。

有分析人士关注到,次贷危机爆发后短短一年的时间里,市场就已经历了四轮冲击,而且危机很快从最初的次贷领域向整个金融市场和美国经济基本面蔓延。其中,第一轮始于 2007 年 8 月。大批与次贷有关的金融机构纷纷破产倒闭,美联储被迫进入“降息周期”;第二轮始于 2007 年年底和 2008 年年初,花旗、美林、瑞银等全球著名金融机构因次贷危机出现巨额亏损,市场流动性压力骤增,美联储和一些西方国家央行被迫联手干预;第三轮是 2008 年 3 月,美国第五大投资银行贝尔斯登濒临破产,迫使美联储紧急向其注资,并大幅降息 75 个基点。第四轮则在同年 7 月,美国两大住房抵押贷款融资机构——房利美和房地美陷入困境。① 9 月,已有 158 年历史的美国第四大投资银行雷曼兄弟公司(Lehman Brothers)宣布破产。②

毫无疑问,由房市泡沫导致的次贷危机最终也会促使房价的理性回归和需求量的下降。据美国商务部 2008 年 1 月 28 日公布的数据显示,美国 2007 年的新屋销售量为 77.4 万户,为 1996 年以来最低水平,与 2005 年的销售峰值 128.3 万户相比,美国 2007 年的新屋销售量萎缩了 39.6%。③ 同时,美国新屋房价在 2007 年 12 月中下跌,至每套 21.92 万美元,比 2006 年同期下跌 10.4%。④ 它表明作为家庭财富主要标志的房产价值的泡沫成分正被部分挤出。但值得人们反思的是,在美国次贷危机发生之后,所有评论家都把手指向结构性投资工具(SIV),认为它就是罪魁祸首。然而就在危机爆发前不久,SIV 还被认为是一项出色的金融创新产品而受到投资者追捧。因为从结构上说,SIV 的特点是分散了风险。它把高风险的次贷债权切割后与其他金融产品和风险安排组合打包成新的债券,而后者可能又被组合进其他更复杂的产品中。经过重组和打包之后的产品在既有主流的风险评级模型下能获得很高的评级,尤其是在房地产市场景气的时候,回报可观。正如有的学者所指出的那样,持续的金融创新会限制政府对风险控制的影响力,同时又会刺激民间风险承担力度的加大。⑤ 但问题也正在于,当 SIV 把高风险的次级债切割并层层打包后,使得下游产品的投资者难以直观地评估隐藏在其中的真实风险,很容易追随着短期高收益带来的乐观气氛而盲目投资;而当房地产泡沫破裂时,由于受损的次级债被直接或

① 连建明. 次贷危机第四波冲击来袭![N]. 新民晚报,2008-7-19(B1).

② 吴晓鹏,郑博宏. 华尔街九日风云惊变[N]. 21 世纪经济报道,2008-9-17(3).

③ 卢薄康,陆益峰. 透视美国次级信贷危机:救市:伯南克握住手中牌[N]. 文汇报,2007-8-24(4).

④ 潭璐. 1243 亿美元!汇丰控股陷得最深:高盛揭底亚洲银行次按头寸[N]. 21 世纪经济报道,2008-1-30(16).

⑤ Wolf Wagner, International Risk Sharing and Government Moral Hazard, Open Econ Rev (2007) 18:577-598.

间接组合进了很多产品，投资者难以评估自己所持有的产品到底会有多大损失，从而造成了盲目恐慌，最后引发金融系统所固有的信心崩溃后的正反馈式连锁反应，表现为类似对商业银行的挤兑。①

(3)美国次贷危机引发的全球金融危机

2008 年全球金融危机，又称金融海啸，是指由美国次贷危机引发，2007 年 8 月开始浮现到 2008 年上半年正式爆发，并蔓延到其他国家的全球金融危机。其主要发展路径是：美国次贷危机引起美国金融危机→美国金融危机引起全球金融危机→全球金融危机引发全球性经济危机。② 2008 年美国金融危机的具体演变进展简况，见表 4 - 12。

表 4 - 12　美国金融危机演变进展(2007—2009 年)

时间	标志性事件	时间	标志性事件
2007 - 07	全球金融市场震荡	2008 - 09	华盛顿互惠银行倒闭
2007 - 08	贝尔斯登总裁辞职	2008 - 10	美国救市法案正式生效
2008 - 01	全球金融机构相继爆巨亏	2008 - 10	英五千亿英镑救市
2008 - 03	美联储 2000 亿美元救市	2008 - 10	全球六大央行联手降息
2008 - 03	贝尔斯登猝死	2008 - 11	美政府注资花旗 200 亿美元
2008 - 09	两房危机，美政府出手	2008 - 11	美联储新增 8 000 亿美元救市
2008 - 09	雷曼兄弟破产	2008 - 12	美联储降息至 0 ~ 0.25% 区间
2008 - 09	AIG 国有化	2009 - 01	美国会批准第二批救市资金
2008 - 09	美五大投行均成历史		

资料来源：姜爱林．20 世纪以来三次国际金融危机比较[J]．金融教学与研究，2009(3)：11.

结合表 4 - 12 中的具体事件，可以发现，2007 年 8 月美国次贷危机爆发后，全球金融市场开始震荡，并以美国第五大投资银行与主要证券交易公司贝尔斯登的总裁辞职作为标志性事件，[XI]投资者开始对按揭证券的价值失去信心，引发流动性危机。期间，即使多国中央银行多次向金融市场注入巨额资金，也无法阻止这场金融危机的爆发。直到2008 年，这场金融危机开始失控，并导致多家大型的金融机构倒闭或被政府接管。这次金融危机的演变进展以美国为代表，自全球金融危机正式爆发以后，第一波在 2008 年底接近尾声；2009 年 2 月开始，第二波金融危机袭来，而且其冲击要远远大于第一波金融危机。③ 可以说，2008 年的那场金融危机直至作者撰写本书时的 2014 年尚未结束，而本书在第 3 章(3.2 美国债务危机的成因及应对，以及 3.3 欧洲债务危机的成因及应对)中就已指出，美国当今的金融危机与其 2007 年的次贷危机有相当关联，而现时的欧洲债务危机则在相当程度上又起源于 2008 年的美国金融危机。

① 周飚．美国次贷危机和搭积木游戏[N]．21 世纪经济报道，2008-3-21(3)．

② 张维武．美国次贷危机与亚洲金融危机的对比分析[EB/OL]．2008-10-12．转引自姜爱林．20 世纪以来三次国际金融危机比较[J]．金融教学与研究，2009(3)：11.

③ 任志刚．警告：金融海啸第二波正浮现震荡或更强烈[EB/OL]．中新网，2009-01-22．转引自姜爱林．20 世纪以来三次国际金融危机比较[J]．金融教学与研究，2009(3)：11.

4.3.1.2 与美国或美元有关的三次国际金融危机异同比较

1)金融危机的相同点

据中国学者姜爱林的研究,金融危机的相同点可以参照一定的标准进行概括,如参照标准不同归纳概括的相同点也不尽相同。如从宏观层面看,三次代表性国际金融危机的共同点有:股价暴跌、货币贬值、金融机构倒闭、房地产缩水、失业剧增、经济增速下滑、经济衰退、部分地区局势动荡等。从行为表现层面看,三次代表性国际金融危机的共同点有:一是强制清理旧债;二是商业信用剧烈缩减;三是银行资金呆滞;四是存款者大量提取存款;五是部分金融机构连锁倒闭;六是有价证券行市低落;七是有价证券发行锐减;八是货币短缺严重,借贷资金缺乏,市场利率急剧提高,金融市场动荡不安。从危机征兆看,三次代表性国际金融危机发生前的典型特征主要有:一是经济持续多年高增长;二是外部资金大量流入;三是国内信贷快速增长;四是普遍的过度投资;五是股票、房地产等资产价格快速上涨;六是贸易持续逆差并不断恶化;七是币值普遍被高估。其中,1997 年与 2008 年两次国际金融危机发生的共同原因:一是全球经济的一体化;二是国际金融市场的内在不稳定性;三是流动性过剩且资本流动水平很高。即在现代货币信用机制下,信息的不对称导致危机的发生,只要现代市场经济存在,市场经济所固有的货币信用机制就可能导致金融危机。

2)金融危机的不同点

三次代表性国际金融危机既有相同点,但也有许多不同之处,包括:危机影响范围大小、持续时间长短、产生原因、表现特点、演变阶段、影响程度、震源点、股价跌幅、政府态度、解决对策等都有所差异,见表 4-13。

表 4-13 20 世纪以来与美国或美元有关的三次国际金融危机异同比较

区别项目	1929—1933 年金融危机	1997—1998 年金融危机	2008 年金融危机
时间长度	1929—1933	1997—1998	2007—
范围大小	资本主义国家	东南亚国家	全世界
主要原因	生产过剩;股市暴涨	金融自由化;国际炒家干扰	金融全球化;过度超前消费
基本特征	金本位制度崩溃;纸币制度确立	金融市场开放;金融自由化	金融产品创新繁乱;房地产次贷过度
严重后果	经济倒退、生活水平下降;二战爆发	经济倒退、生活水平下降;部分国家政府解体	经济倒退、生活水平下降;部分国家政府解体;其他尚未明朗
直接导火线	美国纽约股市暴跌	泰铢贬值	美国房地产次贷危机
政府态度	自由放任主义	政府积极干预	政府快速积极干预
是否影响中国	影响很小	影响不大	影响很大
演变阶段	三个	三个	尚未明朗
解决对策	罗斯福新政;经济军事化政策	改革金融体制、强化金融监管	多元化措施

资料来源:姜爱林. 三次代表性国际金融危机异同比较研究[J]. 无锡商业职业技术学院学报,2009-8:9.

对照表 4-13,我们可以对与美国或美元有关的三次代表性国际金融危机的异同点进一步比较如下:

(1)金融危机的影响范围不同

1929—1933 年金融危机主要是资本主义发达国家,包括美国、英国及西欧、日本。1997—1998 年金融危机主要是东南亚国家,波及部分其他国家与地区。2008 年全球金融危机则是包括美国在内的全世界大部分国家。前两次金融危机对中国的影响不大,而 2008 年的金融危机则对中国带来很大影响。

(2)金融危机持续时间长短不同

1929—1933 年金融危机从 1929 年 10 月开始,到 1933 年底结束,共计 5 年。1997—1998 年金融危机从 1997 年 5 月开始,到 1998 年底结束,共计 1 年半。2008 年全球金融危机从 2007 年7 月开始,目前仍在继续,到底何时结束尚未可知。

(3)金融危机的具体特点不尽相同

1929—1933 年金融危机的具体特点表现在:一是经济危机导致金融危机,先经济危机再金融危机;二是生产过剩导致产品积压,引起金融市场动荡;三是范围特别广,影响到整个资本主义世界及各生产部门;四是时间特别长,从 1929—1933 年,前后差不多5 个年头;五是破坏性特别大,整个资本主义世界生产下降了 1/3 以上,贸易总额缩减了 2/3;六是货币贬值的币种多,涉及范围广,包括英国、美国在内,全世界有 40 多个国家的货币先后贬值;七是主要影响地区是发达资本主义国家,对当时的中国基本上没什么影响。1997—1998 年东南亚金融危机的具体特点表现在:一是金融危机导致经济危机,先金融危机再经济危机;二是泰铢贬值引发泰国金融秩序混乱,危机蔓延别国,触发全球危机;三是传导速度快,影响后果严重;四是时间不太长,前后差不多 1 年半;五是主要波及东南亚以及部分资本主义国家,对中国当时有一定影响但不大。相比之下,2008 年全球金融危机出现了新特点,具体表现在:

①2008 年全球金融危机第一波危机的特点:一是系统性。美国和欧洲金融体系出现了系统性崩溃的风险,所有的金融部门,不管是投行、商业银行都没有幸免。二是全球性。原来是美国的,很快变成全球性的危机。三是联动性。危机不仅仅涉及金融行业,还波及股票市场、汇率市场以及大宗商品市场,特别值得注意的就是油价,在金融危机发生以前,2008 年上半年油价由每桶 100 美元涨到 147 美元。金融危机爆发以后,油价跌到了 36 美元以下,下降幅度是 75% 。四是综合性。金融危机导致全球经济的衰退,还对一些国家的政治、社会产生了严重冲击。五是不确定性。自从 2007 年夏天发生次贷危机以来,出现了好多次高潮,2008 年也出现好多次高潮,但是下一波什么时候来临,难以预测。因为希腊、塞浦路斯等国尚未退出债务救助机制,并不时有新的困难出现。

②2008 年全球金融危机第二波危机的特点:一是这一波危机是在各国政府大力度救市政策出台的情况下发生的。2008 年 11 月,IMF 把 2009 年世界经济的增长率调低到 2. 2% ;仅仅两个月后的 2009 年 1 月,又把增长率大幅降至 0. 5% ;到了 2 月底,又进一步调整为零增长。这不但表明世界经济形势的严峻程度,也表明国际金融机构对这场危机的把握能力与驾驭能力极其有限。二是实体经济与虚拟经济正出现明显的负面互动。美国、欧洲、日本这三大经济体同时出现了深度的经济衰退,而且衰退的程度在不断加深。在金融系统全面收缩并自身难保、实体经济面临严重和持续的资金短缺、整个社会都节衣

缩食的情况下，实体经济势必面临越来越大的困境，而这种困境都不可避免地向金融企业乃至整个虚拟经济传导，导致实体经济与虚拟经济的恶性循环。三是大型金融机构曾出现越救越亏的严重局面。比如，美林公司在被美国银行收购后，2008 年第四季度仍然巨亏 158.4 亿美元。四是新的危机爆发点也跟着不断出现。美国次贷危机已经爆发，信用卡危机也开始出现，汽车等耐用消费品的贷款也都不风平浪静，新的危机爆发源还在不断出现。比如，随后而至的欧债危机就证明了这一点。五是货币贬值将成为各国应对危机的一种趋势。当前货币贬值成为各个国家应对危机的重要手段。韩国货币一年内几乎贬值了一半，俄罗斯不但货币大幅贬值，而且其外汇储备也大幅缩水。① 特别是美国随后三轮货币宽松政策的出台更加剧了这种预期。

（4）金融危机产生的具体原因不完全一样

1929—1933 年金融危机产生的具体原因主要是：投资过度，导致经济高涨；需求不足，导致生产过剩；证券市场高涨，投机狂热；信用紧缩，生产衰退。1997—1998 年东南亚金融危机产生的具体原因主要是：经济长期过热，产业结构不合理；举债规模过大，结构不合理；金融自由化步伐过快，金融制度不健全且缺乏监管，导致金融秩序混乱，信用危机出现；宏观调控出现失误；国际金融投机者的攻击，加速了危机的爆发。2008 年全球金融危机产生的具体原因表现在：美国房地产市场泡沫破裂是引发次贷危机的直接原因；住房金融管制放松和资产证券化为次贷危机爆发埋下了隐患；监管缺失是导致金融动荡的重要制度因素；以美元为核心的国际货币体系是导致美国金融动荡的深层次原因。

（5）金融危机的影响后果与程度轻重不一

1929—1933 年金融危机影响后果与程度：美国经济水平倒退 10 年；美国采煤业生产倒退 28 年，炼铁业生产倒退 36 年，炼钢业生产倒退 31 年；美国失业人口达到 1 700 万，平均每四个人中就有一人失业。1997—1998 年金融危机影响后果与程度：①金融危机爆发仅一年，韩国经济倒退约 7 年，国民生活水平下降约 12 年。②当金融风暴袭来时，印度尼西亚数十家银行倒闭，工商业陷于停顿，企业资本大幅缩水，人均收入从 1 000 余美元锐减至 400 多美元，失业和贫困人口大幅增加。2008 年全球金融危机影响后果与程度：一是冰岛政府濒临破产。而在一年前，冰岛还在全球最富有的国家之列。危机爆发后，冰岛股市持续暴跌，本币克朗也大幅贬值，冰岛政府只能寻求俄罗斯借债 40 亿欧元以渡过难关。② 二是英国成为首个陷入衰退的发达经济体。英国 2008 年 10 月 24 日宣布第三季度 GDP 环比下降 0.5%，该国成为第一个陷入衰退的主要发达经济体。三是乌克兰政府肩负千亿美元外债压顶。IMF 宣布大手笔提供 165 亿美元给水深火热中的乌克兰，不过这对于背负 1 000.62 亿美元外债的乌克兰来说，可能只是杯水车薪。

（6）应对金融危机采取的政策措施不一

1929—1933 年金融危机应对政策措施：英美法等国主要采取国家干预政策；德国日本主要采取军事化政策，实施对外侵略。1997—1998 年金融危机应对政策措施：改革金融体

---

① 韩志国．全球金融危机第二波的五个新特点[N]．上海证券报，2009-3-6．转引自姜爱林．20 世纪以来三次国际金融危机比较[J]．金融教学与研究，2009(3)：13.

② 张敏．冰岛，国家破产？[J]．世界知识，2008(11)：32.

制;加强金融监管;制定金融法规。2008 年全球金融危机应对政策措施:应对措施五花八门,各有利弊。主要措施包括:金融监管、国有化、高管限薪、扶助就业、降息、退税、注入资金、收购股权、提供贷款、政府接管公司等。2008 年 10 月以后,欧美地区部分国家救市政策措施包括:欧盟批准德国应对危机措施、俄国政府动用 10 万亿卢布、德国汽车业向政府求救、美政府 60 亿美元救援通用、波兰央行降息 75 个基点、IMF 向拉脱维亚提供贷款、加拿大 40 亿加元援助汽车工业、意大利 800 亿欧元救市、西班牙推百亿欧元计划、欧盟出台 2 000 亿欧元救市、挪威加大出口信贷担保、荷兰推 60 亿欧元刺激计划、瑞士央行降息 100 个基点、英国央行史无前例大降息、冰岛政府担保国内银行;英国扩大货币发行、法国车商救市政策获成效、英国央行降息预期增强、德国拟千亿欧元帮助企业、巴西发行 10 亿美元债券、智利 40 亿美元刺激经济、布朗拟新创 10 万就业机会、奥地利接管梅迪西银行。① 与此同时,亚太地区部分国家和地区的救市政策措施包括:香港成立经济机遇委员会,印尼出新政应对货币贬值,韩美签订美元货币互换协议,日本再出 2 750 亿美元救市,亚太央行呼吁联合监测危机,中国、日本、印度央行降息;新加坡 23 亿新元财政刺激方案、越南央行下调基准利率 1%;韩国国有金融机构力挺银行、日本政府拟出新招救银行、日本批 88.5 万亿日元预算并探讨收购银行所持股份、香港金管局五度注资;韩国拟创造百万就业岗位、菲律宾拟海外发行政府债券、中国一揽子计划应对危机,启动4 万亿元救市计划等。②

4.3.2 俄罗斯的两次金融危机

1998 年和 2008 年俄罗斯先后爆发了两次大规模的金融危机。这两次金融危机对俄经济社会造成巨大冲击,并曾对世界经济造成一定影响。对于俄罗斯 1998 年和 2008 年的金融危机,我们可分别从产生的原因、造成的影响以及采取的对策措施三方面来分别阐述。

4.3.2.1 1998 年俄罗斯金融危机

1)1998 年俄罗斯金融危机的成因

俄罗斯 1998 年的金融危机原因包括内部、外部原因两部分,其中又与苏联的解体有直接的关联。因此可以说,该次金融危机的爆发以内部原因为主。

(1)内部原因

①宏观经济失衡

1991 年 12 月 25 日苏联正式解体,俄罗斯联邦成立。1992 年俄罗斯开始向市场经济过渡,采取的是休克疗法的激进过渡方式,主要内容为“三自一化”,即:自由价格,自由贸易,自由兑换和私有化。我们分析一下当时的客观条件就可以发现,俄罗斯休克疗法的政策措施在经济学上有些犯忌:它是在商品短缺的条件下一次性放开价格,在生产下降的条件下实行财政货币紧缩政策,在缺乏原始资本的条件下大规模推行私有化,在外汇枯竭的条件下放开汇率,结果造成通货膨胀恶性发展,汇率狂跌不止,社会生产大幅度下降。因而俄罗斯经济全面危机最初是作为休克疗法转轨的后果而出现的。其经济衰退主要体现

---

① 欧美近期救市一览. 中国新闻网,2009-2-28.

② 亚太近期救市一览. 中国新闻网,2009-2-28.

在国内生产总值(GDP)上,按可比价格计算,俄罗斯的GDP在1990年到1997年之间累计下降了41%,到1998年危机前,工业生产规模比1989年累计下降超过50%(表4-14)。①

表4-14 1991—1998年俄罗斯主要宏观经济指标

按可比价格计算的对上年的正负百分比(前6项)	1991	1992	1993	1994	1995	1996	1997	1998
GDP(%)	-5	-14.5	-8.7	-12.1	-4.1	-3.4	0.9	-4.9
工业产值(%)	-8	-18	-14	21	-3.3	-4.5	2.0	-5.2
农业产值(%)	-5	-9	-4	-12	-8	-7	0	-13
固定资本投资(%)	-15	-40	-12	-24	-10	-18	-5	-12
通货膨胀率(%)	160.4	2 508.8	839.9	215.1	131.3	21.8	11	84.4
居民实际收入(%)	29	-50.7	19.8	15.4	-14.5	0.9	6.2	-15.5
M2增长速度(%)	—	568.1	409.4	200	125.8	33.7	26.7	19.8
统一预算赤字占GDP百分比(%)	—	3.4	4.6	10.7	3.0	4.2	4.4	—
M2/GDP(经济货币化程度)(%)	—	22.33	12.77	11.55	9.68	11.46	15.05	16.7
汇率(1美元比卢布)	—	125.26	1 059	1 989	4 553	5 119	5 782	6.2*

注:*1998年以后是新卢布,1新卢布等于1 000旧卢布。

资料来源:Е. Г. Ясин. Российская:Истоки и панорамарыночных реформ. Москва:Издатеъство ГУВ ШЭ,2002. С. 292,417;В. В. Попков. Банки наперех оДе. Излательско Консалтинговая Компания"ДеКА",2001. С. 171. 转引自:张肇中. 对俄罗斯两次金融危机的思考[J]. 西伯利亚研究,2011-10:36.

就金融方面而言,1992年当年,俄罗斯的通货膨胀率就高达2 500%,尽管此后通货膨胀率逐年下降,但通货膨胀问题始终未能得到根本解决。此外,由表4-14还可知,1992年的汇率(1美元比卢布)为1:125.26,而到了1997年则变为1:5 782,卢布大幅贬值。1998年1月1日俄罗斯开始发行新卢布,1新卢布等于1 000旧卢布,一下去掉了三个"零",同时,原来面值为50万至200万一张的卢布也开始消失,而久违多年的戈比又回来了,这给俄罗斯人的心理多少带来了一些平衡。②

值得一提的是,为了遏制休克疗法引发的恶性通胀,俄罗斯不得不长期实行紧缩政策,导致投资大幅度下降(转轨以后仅一年即累计下降72%),三角债不断增长,经济中的货币流通量严重不足(一般货币量应为国内生产总值的60%~80%,而俄仅为12%),居民实际收入下降,消费市场萎缩。此后,为了缓解紧缩政策造成的负面影响,促使经济恢复增长,切尔诺梅尔金政府从1997年起全面调整改革政策,经济形势出现某种转机,在通胀率得到控制的条件下社会生产停止下降并微弱增长。然而,进入1998年,特别是随着三月份政府更迭,经济形势迅速全面恶化,社会生产重新转为负增长。③

②金融系统脆弱

俄罗斯金融系统的脆弱主要表现在以下几个方面:第一,财政预算出现赤字危机。俄

① 张肇中. 对俄罗斯两次金融危机的思考[J]. 西伯利亚研究,2011-10:36.

② 唐修哲,孙润玉. 俄罗斯新卢布问世[N]. 光明日报,1998-1-4.

③ 许新. 俄罗斯金融危机及其影响[J]. 国际经济评论,1998(26).

罗斯的财政体制运行呈现国家经济发展与税收状况密切相关的特点。由于生产长期衰退,加上多数企业经营亏损,俄罗斯自转轨以后税收征缴情况一直不佳。1997 年税收征缴率在有所好转的情况下,也仅达到 60. 2% 。1998 年 2 月 19 日,俄罗斯国家税务总局宣布,80 万家企业共欠税 555 万亿旧卢布,甚至超过了当年国家财政预算总额。由于预算资金来源得不到保障,财政预算一直处于高赤字状态。1992—1994 年,中央银行通过增发货币来弥补预算资金,但造成了严重的通货膨胀。1995 年以后改为依靠发行国家短期债券和举借外债来弥补财政赤字,虽然降低了通货膨胀的可能性,但又增加了新的债务负担。第二,国债不断累积。发行国债是弥补财政赤字的一种方式,同时也可为经济发展提供安全且流动性强的金融工具。但俄罗斯财政部发行国债的政策却导致对有价证券这一工具的滥用,使得俄罗斯陷入债台高筑的困境。首先,相对于俄罗斯下滑的经济而言,债务增长速度过快。截至 1998 年 6 月,俄罗斯内债余额达到 4 360 亿卢布(约合 700 多亿美元),占当年 GDP 的 25. 6% 。外债,包括从苏联继承的外债,到 1998 年 1 月为止共 1 500 亿美元,达到 GDP 的 49. 8% 。[①] 其次,国家为了吸引资金,为短期债券定下了过高的收益率,1998 年上半年每月须偿还的国债本息占当月 GDP 的 10% ~ 15% ,财政部和央行不得不用举借新债偿还旧债的方法来应付眼前的危局。最后,债券中很大比重被外国投机者所持有。1996 年俄罗斯对非居民开放国债市场,外资的广泛介入大大增加了俄罗斯经济对世界金融市场的依赖程度,而卢布的可内部自由兑换即对外资“C”型账户(“C”账户是指授权商业银行为非居民投资购买俄罗斯国内有价证券而开立的卢布专用账户,分为“投资 C”账户和“兑换 C”账户两种)的放松管制更为“热钱”的流入和出逃提供了机会。第三,资本逃逸现象严重。有资料显示,1992—1999 年,俄罗斯资本逃逸总额从狭义上讲是 1 150亿美元,从广义上讲是 1 800 亿美元,如果把走私计算在内数额将更大。如此大规模的资本流出,吞噬了大量资金和贷款,对于本已举步维艰的俄罗斯经济来说无异于雪上加霜。第四,出现支付危机。俄罗斯转轨以后信奉西方货币主义,为应付通货膨胀实行货币紧缩政策,造成经济运行中货币短缺、易货贸易盛行等问题。1998 年危机前,由于实行“外汇走廊制”,俄罗斯中央银行通过外汇干预的方式抑制卢布汇率下跌,使卢布处于被高估的状态,造成对外贸易收支平衡恶化。到 1998 年,IMF 的扩大贷款以及外汇储备这两种用以支持汇率的来源也基本枯竭,卢布贬值成为唯一的选择。第五,储蓄无法有效转化成投资从而造成投资危机。俄罗斯在转轨过程中,金融系统一直未能发挥好将储蓄转化为投资的功能。由于居民实际收入不足,加之对银行缺乏信任,导致储蓄来源匮乏。更重要的是,银行体系与实体经济脱节,大量储蓄被用于资本和外汇市场投机业务的投资。第六,经济美元化造成困局。长期的通货膨胀、货币贬值,加之政局动荡,造成卢布信誉度下降,使美元在俄罗斯货币结构中占据了相当重要的地位。[②] 1997 年底,卢布货币量为 3 850 亿卢布,而俄罗斯美元量兑换成卢布计算为 3 250 亿卢布,二者基本相当。1998 年 8 月以后金融危机爆发,卢布贬值,美元在俄罗斯的存量已经大大超越了卢布。两币并存,而美元更是在完全缺乏监管的情况下在俄罗斯境内流通,大大增加了金融系统乃至整个

---

① 许新. 叶利钦时代的俄罗斯: 经济卷[M]. 北京: 人民出版社,2001:224.

② 徐向梅. 俄罗斯银行制度转轨研究[M]. 北京: 中国金融出版社,2005:165.

俄罗斯经济的不稳定性。[①]

③政局动荡

在实体经济领域衰退、金融系统脆弱不堪的情况下，政局不稳和政府更迭进一步加剧了民众及外国资本对俄市场的不信任。1998 年 3 月切尔诺梅尔金由于"经济原因"被叶利钦总统解除总理职务。此后，经过国家杜马三次投票，最终通过由基里延科继任总理。但基里延科得不到国家杜马的支持，就职后政令不通、举步维艰。1998 年 7 月，俄罗斯财阀又对叶利钦公开表示不满，要求其辞职并提前举行总统大选。政局动荡之中，俄政府和中央银行的行为能力受到极大抑制，更不利于对危机的预防和应对。

(2)外部原因

俄罗斯前经济部长亚辛在总结 1998 年金融危机发生的原因时曾说："我认为危机是不可避免的，90% 应该在最近两三年之内发生，但它发生得早了些。危机之所以形成这么大的规模、造成如此严重的后果，这是由外部原因决定的。"[②]由此可见，外部因素对于俄罗斯 1998 年金融危机大规模爆发具有比较重大的影响。1997 年石油和天然气国际市场价格大幅下滑，1997 年下半年到 1998 年年中，石油世界市场价格从每桶近 200 美元跌破 100 美元，俄出口又十分依赖这两种能源，1998 年上半年由于能源国际价格下降致俄损失了 70 多亿美元的收入。此外，由于 1997 年 10 月之后爆发的亚洲金融危机恶化了整个世界经济形势，俄罗斯的出口产品需求下降。出口收入减少，进一步恶化了俄罗斯的支付平衡，增加了财政赤字和外债偿还带来的内部压力。[③]

2)1998 年俄罗斯金融危机的影响

(1)对国内的影响

1998 年 5 月，俄罗斯金融局势开始发生动荡，突出表现为卢布对美元的比价由 6:1下跌到 6.3:1以及短期国债收益率突破 80%。1998 年 8 月 17 日，俄罗斯政府和中央银行发表七点声明，其主要内容包括：提高卢布"外汇走廊"上限，即把原来 5.1 ~7 卢布兑 1 美元的限制，提高到 6 ~9.5 卢布兑 1 美元，卢布实际贬值幅度高达 50%；暂停偿还 1999 年 12 月31 日以前到期的国家有价证券，将为其重新办理手续并转换为新的有价证券。"八一七"声明表明俄罗斯政府和央行已经无力偿还外债。[④] 从 1998 年 8 月 17 日到 9 月 4 日，俄罗斯的股市、债市和汇市基本上陷于停盘交易状态，银行已无力应付居民提款兑换美元，整个金融体系和经济运行几乎陷于瘫痪。由此带来俄罗斯企业和银行倒闭、物价飞涨、经济衰退，爆发了以俄罗斯政府和中央银行宣布卢布贬值及延期偿还短期国家债券为标志的金融危机。一时之间，长期以来积累的俄银行体系和金融市场的各种问题集中爆发出来。"八一七"声明后，俄罗斯债市场陷入瘫痪状态，国家短期债券的持有者因国债延期偿还和重组共损失 450 亿美元，而其中 70% 是本国投资者的损失。"八一七"声明允许卢布汇率在 6:1到 9.5:1之间浮动等于变相宣布卢布贬值，"外汇走廊"失去了作用。8 月

① 张肇中. 对俄罗斯两次金融危机的思考[J]. 西伯利亚研究，2011-10:37.

② 徐向梅. 俄罗斯银行制度转轨研究[M]. 北京：中国金融出版社，2005:166.

③ 张肇中. 对俄罗斯两次金融危机的思考[J]. 西伯利亚研究，2011-10:36.

④ 徐向梅. 俄罗斯银行制度转轨研究[M]. 北京：中国金融出版社，2005:172.

18日外汇交易市场开盘仅35分钟，卢布的汇率就一路跌至9.5∶1这一新放宽的外汇走廊上限。国债市场的瘫痪和外汇市场的动荡很快波及股票市场。而俄罗斯股票市场本已遭受经济和信心上的双重打击，加上外资在危机期间大举抽逃，股票市场很快陷入崩溃状态。俄罗斯交易系统指数到1998年8月17日已经跌至109.43点（1997年10月6日的历史最高点是571.66点）。

（2）对国外的影响

俄金融危机的加深和整个经济的衰退，对世界经济产生了一定影响，世界一些国家的金融市场接连出现动荡，范围波及美国、欧洲、亚洲和拉美国家。卢布贬值和金融危机加剧，引起美国股市和债市大幅下挫，成为近10年来美股市遭受的最大挫折。而德国是俄罗斯的最大债权国，银行大量债权变成了坏账，股指曾创1997年10月以来的最低点。同时，俄罗斯金融危机与东亚危机交互作用，还使东亚的危机被深化和延长。俄罗斯金融危机加剧了资本撤离边缘地区国家的过程，资本大量撤离的现象曾蔓延到巴西，哥伦比亚比索也遭贬值，其他拉美国家也面临同样危险。影响更直接的是独联体国家，乌克兰货币贬值35%，白俄罗斯货币贬值70%，其他国家的货币也不同程度地贬值。此外，由于俄罗斯是乌克兰的第一大贸易伙伴，白俄罗斯出口的70%面向俄罗斯，其他国家对俄贸易相对也较大，因此俄罗斯危机使这些国家的相互贸易也受到了严重影响。至于俄罗斯对东欧国家方面的影响，除造成这些国家股指和汇率下跌外，还使它们对俄罗斯的出口减少，并引致外资从波兰等国撤资。

总的来看，俄金融危机影响的传导途径包括金融、贸易和“心理因素”。由于长期经济衰退导致俄罗斯的经济规模较小（1997年国内生产总值4 400亿美元，为美国的5.5%，世界的1.5%），外贸数额不大（进出口总额1 550亿美元，只占世界的1%），外商投资较少（总共约500亿美元），因此其对世界经济的影响主要不在经济因素，而在心理因素，且总的来说比东南亚金融危机的影响要小。①

3）俄罗斯对1998年金融危机的应对措施

面对1998年的金融危机，俄政府和中央银行主要通过外汇政策调整及对银行业重组来化解危机。采取的措施包括：

（1）外汇政策的调整

1998年金融危机迫使俄罗斯中央银行放弃自由化政策，采取一系列措施加强对外汇市场业务的监控。俄罗斯中央银行先后颁布了几十项与强化外汇监管、稳定卢布汇率相关的法令和条例，调整汇率机制、交易规则和结售汇制度及限制各种外汇投机和资本外流。

①对汇率机制、交易规则和结售汇制度的调整

第一，改变汇率机制。俄罗斯决定放弃“外汇走廊制”，执行新的相对更自由的、有管理的浮动汇率制。放弃“外汇走廊制”，意味着允许卢布贬值。但卢布汇率三次贬值，在刺激出口的同时也抑制了进口，俄罗斯对其他独联体国家的出口贸易顺差在1999年8月达

① 许新．俄罗斯金融危机及其影响[J]．国际经济评论，1998(26)．

到184亿卢布。第二,改变交易所市场交易规则。俄罗斯中央银行于1998年9月15日对在交易程序上更为自由的电子交易系统正式认可。1998年9月28日,俄罗斯中央银行颁布《关于在外汇交易所设立专门交易》的条例,从交易规则的角度重新对市场参与者的行为予以规范。第三,改变出口企业结售汇规则。1998年9月16日,规定出口企业外汇进款的50%必须在银行间外汇交易所出售,以加强对出口外汇进款的出售进行监督。12月31日,出口企业结售汇指标又从50%提升到75%,结售汇的时间限制也从14天减少到7天。①

②加强外汇监管,限制外汇投机和资本外流

第一,针对国内机构、企业在进出口业务中的各种逃套汇形式采取措施,设立专门账户加强对居民法人买汇的管理。第二,针对银行从事的外汇投机业务采取措施,对商业银行自营外汇交易实行监管,对商业银行的外汇买卖业务实行专项检查,对从事外汇投机的银行予以处罚。第三,针对非居民撤资采取措施:修改"C"账户的管理办法,禁止非居民动用其在俄罗斯商业银行往来账户上的资金购买外汇,防止非居民任意撤资,加强对携带外币现金出境的监管。②

(2)对银行体系实行重组

俄罗斯在1998年金融危机之后对银行体系的重组,只是对商业银行体系的重组,还不能称为完全意义上的银行体系重组,主要做法包括:

①建立银行体系重组的法律和制度

1999年2月25日俄罗斯联邦《信贷组织破产法》生效,2000年1月又通过了新的《联邦信贷组织破产法修改和补充草案》。考虑到IMF和世界银行的建议,俄罗斯中央银行和联邦政府同时也对《俄联邦中央银行法》、《俄联邦银行及银行活动法》进行了修改。为了恢复存款人对银行的信任,2002年11月14日,俄罗斯联邦政府通过了《俄联邦自然人银行存款保险法》草案。这些都为银行体系的重组创造了良好的法律环境。

②银行体系重组的具体措施

1998年11月17日,俄罗斯中央银行经理理事会通过了《俄联邦银行体系重组措施》草案。俄罗斯中央银行和联邦政府重组银行体系的主要措施包括:实行银行财务健康化计划,充实银行资本金,克服流动性危机。对问题银行进行联合、合并或者破产清算,完备市场退出机制。从危机后到2001年初,共有357家银行被其他银行兼并。经过一系列的调整之后,俄罗斯经济基本摆脱了金融危机所造成的生产衰退,经济又步入增长的快车道。尽管难以避免再次陷入危机,但危机后快速增长的几年的确证明了这些调整措施的效果。

4.3.2.2 2008年俄罗斯金融危机

进入21世纪以后,在多方面因素的作用下,俄罗斯经济呈现持续快速增长,总体经济状况明显好转,2007年跻身世界十大经济体之列,2008年俄罗斯政府还制定了到2012年的发展目标:建立创新型经济,将莫斯科建设为重要金融中心,将卢布发展为区域储备货币,俄罗斯可以成为在最后时刻寄予希望的放贷国。特别是在时任总统普京(Владимир

① 徐向梅. 俄罗斯银行制度转轨研究[M]. 北京:中国金融出版社,2005:96.

② 申健. 俄罗斯金融市场研究[D]. 哈尔滨:黑龙江大学,2003:46.

Владимирович Путин)“强国富民”的治国理念下,俄罗斯正在重新崛起的苗头在世界经济和国际政治舞台上随处可见。但2008年9月开始迅速蔓延的国际金融危机和随之而来的全球实体经济衰退,打断了俄罗斯大国崛起的梦想,并使俄罗斯陷入了又一次金融危机。①

1)2008年俄罗斯金融危机的成因

俄罗斯2008年的金融危机原因也包括内、外部原因两部分,其中与正在爆发的国际金融危机有直接的关联。因此可以说,该次金融危机的爆发以外部原因为主。

(1)内部原因

①经济结构问题

造成2008年金融危机的一个重要内部原因就是俄长期以来一直存在的经济结构问题。经过1998年金融危机的阵痛,由于俄政府和中央银行采取有力的调整措施,俄银行体系得以重建,金融市场在改革中发展,国民经济也迈上了快速发展的道路。俄罗斯经济的快速发展主要仰仗出口业务,2005年出口收入占国民收入的比重是31.9%,2006年占30.8%,2007年仍然占27.7%。而在所有出口商品中,能源原材料占极大的比重。以2007年为例,能源原材料产品占出口商品的近80%,其中仅石油和天然气两项就占出口总额的64%。但俄罗斯的国内生产总值过分依靠出口,导致经济高度脆弱。当国际能源市场行情急剧下跌时,俄罗斯能源产业遭遇重创又没有其他实体部门能够形成有效的支撑,因而经济迅速陷入危机是不可避免的。

②外债增加导致的银行系统脆弱

由于进入银行账户的出口收入大增,信贷机构的业务迅速扩张,导致负债经营急剧增加。2005年到2007年三年间,银行系统负债总量每年增长近40%。信贷总量增加主要依靠长期低信用金融产品,这样又增加了银行系统的风险性;且私人负债量急剧增加,2008年仅私人外债就高达4 980亿美元。银行系统负债过多,随时会导致银行清偿能力下降以致资金链断裂,而陷入债务危机之中。

(2)外部原因

随着经济全球化广度与深度的拓展,世界上各个经济体之间的联系愈加紧密。尤其是像美国这种在世界经济中扮演消费者的高度发达国家,一旦出现经济波动,必然会对充当生产者的新兴市场经济国家造成影响,甚至引发其出现经济波动。当次贷危机升级演化为世界金融危机时,对外依存度过高的俄罗斯经济自然难以幸免。金融危机席卷全球,国际资本市场出现严重的流动性问题,俄罗斯银行立即就面临着还本付息的债务难题,而用以抵押的资产又因为国际市场行情的暴跌而大幅贬值。此外,国际能源市场价格大幅下滑也是导致俄罗斯金融危机的重要外部原因。

2)2008年俄罗斯金融危机的影响

(1)直接影响

金融危机对俄金融体系造成了直接冲击,主要表现为银行流动性危机以及股市的

---

① 关雪凌.透视国际金融危机中的俄罗斯经济困境[J].俄罗斯中亚东欧研究,2010(1).

暴跌。①股市暴跌。俄股市与世界股市联系紧密,对国际金融的波动十分敏感。美国次贷危机爆发后,全球股市大跌,俄曾一度成为世界经济的“安全岛”。为了规避风险,一度有大量外资涌入,短时间内推动俄股市上涨,并于2008年6月3日使俄罗斯证券交易所指数(RTS指数)升至历史最高的2 451点。但全球“去杠杆化”浪潮最终还是波及了俄罗斯,俄股市终于一跌再跌,不可收拾。从2008年5月至10月,俄股票市场市值蒸发了2/3,跌幅约为70%。②银行体系流动性危机。危机爆发前,西方国家银行贷款利率大大低于俄国内的借贷利率,俄商业银行和企业因此转而向海外大举借贷。有数据显示,金融危机前俄银行资产中至少1/3是靠国外“热钱”涌入形成的。仅2008年上半年,俄银行的外债就增加了291亿美元(2007年同期俄银行外债仅增加97亿美元)。[①] 全球金融危机使国际金融市场资金严重短缺,俄资本外逃在加速,资本外逃的同时又无法像过去那样举借外债,瞬间引发了流动性危机。③资本外逃致使卢布贬值压力加大。随着国际油价的下跌和全球金融危机的深化,资金撤离的规模不断扩大和速度不断加快。2008年8—9月俄罗斯资本外逃达330亿美元,10月增加到500亿美元。外资流入的规模却在大幅下降,2008年1—9月俄罗斯利用外资总额为758亿美元,同比下降13.8%。[②] 与此同时,美元的需求量因投资者抛售卢布而不断增大,再加上各类企业偿还到期债务需要兑换数额巨大的外汇,导致卢布贬值的压力加大。2009年1月31日至2月1日官方汇率为:1美元兑35.414 6卢布,1欧元兑45.663 6卢布。这是俄罗斯官方汇率首次突破美元1:35卢布和欧元1:45卢布的界限。据俄罗斯官方统计,两个月之内卢布已贬值大约30%。

需要说明的是,为保持卢布汇率的可控贬值,俄罗斯央行曾投入大量外汇用于干涉汇市,导致俄外汇储备急剧下降。截至2009年1月1日,俄罗斯外汇储备为4 270.8亿美元,同比减少10%,2009年1月16日外汇储备降为3 962亿美元,回到了2007年5月的水平。与2008年8月8日历史峰值的5981亿美元相比,俄外汇储备已减少超过2 000亿美元。此外,卢布贬值还令外债负担加重,银行体系面临崩溃危机。俄罗斯当时所欠外债达4 650亿美元。仅2009年俄银行和公司就需偿还本息近1 400亿美元。

同时,为抑制资本外流,稳定汇率,遏制通货膨胀,俄罗斯一再提高利率。2008年下半年后,俄罗斯央行即连续上调利率:11月11日隔夜回购利率由7%上调至8%,11月28日起继续上调至9%,2009年2月10日再次上调至10%。这与世界多国降低利率以刺激经济的情况成鲜明对照。但俄罗斯这样做却效果不佳。提息导致公司偿债能力下降,银行不良贷款增加,银行面临流动性难题。其时,因缺乏流动资金,无力执行清算,很多银行陷入难以运转以致濒临破产的窘境。自2008年8月到2009年6月,俄罗斯共有近30家银行失去了执照。同时,由于业务萧条,许多银行利润猛降甚至亏损,连效益表现最好的俄罗斯外贸银行2008年第三季度净亏损也达3.63亿美元,纯收入额仅为970万美元。[③]

① 刘军梅.全球金融危机对俄罗斯的影响:传导机制、应对措施及中俄金融合作的空间[J].俄罗斯研究,2008(6):21.

② 刘军梅.全球金融危机对俄罗斯的影响:传导机制、应对措施及中俄金融合作的空间[J].俄罗斯研究,2008(6):23.

③ 李敏捷.全球金融危机下的俄罗斯经济及其前景[J].国际问题研究,2009(3).

(2)间接影响

①对俄罗斯经济增长的影响

受此次金融危机的影响,2008 年 11 月俄罗斯 GDP 增速大幅放慢,与上月环比仅增长 2.1%,是自 1999 年 4 月以来最低的月增速。2009 年上半年,俄罗斯 GDP 开始出现负增长,同比下降 10.1%。金融危机的冲击使俄罗斯的经济增长方式也被迫调整。俄罗斯一直坚持发展创新型经济,然而金融危机和国际石油价格下跌导致其经济增长的两大引擎失灵,使这一经济增长模式的缺陷暴露无遗。

②对实体经济的影响

第一,产业萎缩。由于金融危机的冲击,俄罗斯工业主要部门的生产均开始萎缩。2008 年11 月俄罗斯国内工业增加值与 10 月相比下降了 10.8%,比 2007 年同期下降了 8.7%。[①] 第二,企业亏损。俄罗斯有近 2/3 的企业利用贷款作为流动资金,金融危机使信贷紧缩造成其资金周转困难;很多俄罗斯企业通过抵押企业股票向国际市场融资,股市暴跌后,这些企业遭遇了融资困境。这种情况在冶金、机器制造、建筑和汽车制造业领域尤为严重。[②] 第三,失业率上升。俄罗斯失业率在 2008 年 10 月上升了 8.7%,失业人数达到 460 万人。[③] 一些俄罗斯企业除裁员外,还被迫采取了缩短上班时间、强制性地实行职工不带薪休假等措施。第四,俄罗斯政府在危机中面对股市下跌,曾动用资金试图回购一些被市场低估的企业资产,但同时也导致了这些企业的产权重组和国有股份的增加。

③对居民生活的影响

金融危机引发的实体经济衰退导致居民生活水平下降。首先,居民消费价格上涨,生活成本提高。俄罗斯的通货膨胀率持续走高。2008 年全年的通货膨胀率为 133%,是 2002 年(15.1%)之后的最高点。对居民生活影响最大的食品价格上涨 16.5%。其中最主要消费食品如面包、通心粉等 2008 年 1—11 月的价格上涨 26% ~36%,葵花籽油的价格上涨 50%,肉类产品的价格上涨 22%,谷物和豆类上涨超过了 28%。自 2009 年 1 月 1 日起莫斯科居民天然气价格上涨 25%。其次,俄罗斯居民收入多年来首次下降,工资拖欠问题严重。2008 年11 月居民(包括在职职工、退休人员、个体业者等)平均收入只有 15 509 卢布,同比下降 6.2%。2008 年 1—11 月俄罗斯居民收入同比增长 5%,远低于 2007 年同期 11.9% 的增幅。与此同时,企业拖欠工资问题加剧。至 2008 年 12 月 1 日,俄罗斯各类机构和组织拖欠工资总额为 77.65 亿卢布,比 11 月 1 日增加 37.41 亿卢布,增幅为 93%。在这当中,机构由于缺乏资金拖欠工资额为 73.9 亿卢布,占拖欠工资总额的 95.2%,比 11 月 1 日增加 94.2%;各级国家机构未能及时发放工资总额为 3.69 亿卢布,增长 70.5%。其中联邦拖欠工资额为 1.72 亿卢布,增长 28.8%,联邦主体拖欠工资额为 0.83 亿卢布,增长 6 倍,地方拖欠工资额为 1.14 亿卢布,增长 65.8%。再次,失业问题严重。从 2008 年 10 月到 2009 年 2 月,仅登记在册的俄失业人口就增加了 110 万人,还有 580 万人没有固定收入。截至 2009 年 2 月 24 日,俄罗斯正式登记的失业人口数量为

---

① 田春生. 国际金融危机:俄罗斯经济的困境与前景[J]. 俄罗斯中亚东欧研究,2009(2).

② 刘军梅. 全球金融危机对俄罗斯的影响:传导机制、应对措施及中俄金融合作的空间[J]. 俄罗斯研究,2008(6):24.

③ 刘军梅. 全球金融危机对俄罗斯的影响:传导机制、应对措施及中俄金融合作的空间[J]. 俄罗斯研究,2008(6):24.

189 万。居民对政府处理经济问题不力造成他们生活水平下降严重不满。2009 年 2 月初，俄罗斯全国数十个城市爆发了反普京政府示威游行。示威者认为，时任总理的普京政府应对经济危机的能力和措施欠佳，造成俄失业率上升、通胀加剧、物价上涨等严重问题。[①]

④对外汇储备的影响

由于欧元汇率的变化、俄罗斯中央银行为维持卢布汇率抛售美元和央行救市等一系列原因，俄罗斯外汇储备大幅缩水。根据俄罗斯央行统计，仅 2008 年 8 月到 11 月 14 日外汇储备就由 5 980 亿美元减少到 4 535 亿美元，2009 年 1 月 16 日进一步降为 3 962 亿美元。随后，至 2009 年 8 月俄罗斯的外汇储备才逐渐恢复至 4 019. 78 亿美元。[②]

3)俄罗斯对 2008 年金融危机的应对措施

(1)稳定金融体系

2008 年 10 月 20 日，俄罗斯时任总统梅德韦杰夫下令成立直属总统的金融市场发展委员会，协调包括关税保护政策在内的商品市场稳定问题，支持本国企业的需求和供应，为受到全球危机影响的各经济领域制定系统性的反危机行动措施。这些措施包括：

①增强银行流动性，稳定银行体系

俄罗斯政府和中央银行通过各种方式增强银行流动性。2008 年 9 月 17 日，俄中央银行下调存款准备金率 4 个百分点，10 月又再次大幅下调各类银行存款准备金率。连续的大幅调整，为银行系统释放部分流动性货币，缓解了银行体系的流动性短缺问题。[③] 2008 年 9 月 16 日—10 月13 日期间，俄中央银行通过公开市场业务向商业银行注资，共进行了 38 笔国债回购业务，投放资金达 28 773. 47 亿卢布。俄财政部还把预算盈余作为短期存款存入商业银行，商业银行则通过拍卖获得存款，从 9 月 16 日到 10 月 13 日前，财政部委托中央银行共进行了九次有效竞拍，银行体系共获得财政部短期存款 1 万亿卢布。[④] 同时，作为稳定银行体系的一部分，俄政府和中央银行也十分重视银行资金转化投资的问题，敦促商业银行向企业贷款。俄财政部和中央银行向商业银行注资后，为了能使资金顺利进入实体经济部门，中央银行还向获得政府资金支持的商业银行派出全权代表，监督检查其对实体经济的贷款和担保规模、贷款利率等。

②稳定金融市场

面对股票市场连续的大幅震荡，俄政府对股市涨跌停作出规定：一旦股指涨跌幅达到 5%，市场将暂停交易一小时；一旦股指涨跌幅达到 10% 以上，市场将全天停止交易。2008 年10 月 25 日，俄财长库德林表示俄政府将动用石油美元储备，从国民福利基金中拿出 1 750 亿卢布用于购买公司股票，以拯救股市。俄罗斯政府于 2009 年 6 月 19 日公布《2009 年俄罗斯政府反危机措施纲要》，修改了债券发行规则。为提高公司债券市场的稳定性将交易所债券锁定期从一年延长至三年。不仅允许开放式股份公司发行交易所债

① 李敏捷．全球金融危机下的俄罗斯经济及其前景[J]．国际问题研究，2009(3)．

② 刘军梅．全球金融危机对俄罗斯的影响：传导机制、应对措施及中俄金融合作的空间[J]．俄罗斯研究，2008(6)：24．

③ 田春生．国际金融危机：俄罗斯经济的困境与前景[J]．俄罗斯中亚东欧研究，2009(2)．

④ 马一可，王桂兰．俄罗斯应对金融危机的举措及对我国的启示[J]．对外经贸实务，2010(1)．

券,其他一般经营性公司甚至国家公司也都可以发行交易所债券。[①]

③稳定卢布汇率

为控制卢布贬值幅度,俄罗斯中央银行投入大量外汇干预汇市。2008 年 9—10 月,央行为维持卢布汇率而耗费的外汇储备就达 575 亿美元。2008 年 11 月 11 日俄中央银行宣布将逐步扩大卢布对多币种外汇篮子汇率波动区间到 4% 。截至 2009 年 1 月 23 日,卢布汇率的浮动范围最高上限已由 37. 2 卢布上调到 41 卢布。由于俄罗斯采取了“平稳贬值”的汇率政策,经过几个月的努力后终于使卢布汇率基本趋稳。

④出台相关法案

2008 年 10 月 13 日,俄罗斯总统梅德韦杰夫签署《支持金融体系补充措施》法案,并修改相关法律,利用各种方式向银行注资,化解流动性风险。2009 年 6 月下旬,俄罗斯政府还公布了《2009 年俄罗斯政府反危机措施计划》。其中提到要把强大的金融体系打造成为俄罗斯经济发展的可靠基础,制定有助于构建对国内外投资者具有吸引力的稳固的金融市场,为刺激长期投资创造条件;还要采取措施保持卢布汇率的稳定,减少预算赤字,降低通胀率,控制日用必需品价格和住宅市政服务费率等。[②]

(2)扶持实体经济发展

为了减轻金融危机对实体经济的冲击,梅德韦杰夫总统要求政府制定具体措施,以保证国家划拨资金快速进入实体经济领域。普京总理在 2008 年 12 月 15 日表示,国家将援助 1 500 家对国家经济有重大影响的企业(其标准为年营业额不低于 150 亿 ~ 160 亿卢布,职工人数不少于 4 000 人,或者是城市及地区的支柱企业)。12 月 26 日俄罗斯政府提高经济稳定发展委员会公布了 295 家将获得国家支持的企业名单。政府救助大企业的措施具体包括国家信贷、国家担保、优惠利率、债务重组、国家订单、海关税费政策优惠等。尤其对于石油、天然气这样的支柱产业,俄联邦政府不遗余力地提供援助,向大型石油天然气公司拨款,并降低石油的出口关税税率。[③] 由于食品进口占国内食品消费的 60% ,对农业的扶持关系到国家的食品安全,因此,俄罗斯政府也向农业领域提供了大量援助性贷款。此外,俄政府还采取改善民生的福利计划、发展人力资本、加强与其他转轨国家之间的合作等措施,以应对和扭转金融危机造成的不利局面。[④]

同时,为扶持实体经济发展,在 2009 年 6 月下旬,俄罗斯政府公布的《2009 年俄罗斯政府反危机措施计划》中,还提到:①激活对俄罗斯国产商品的内需。国家将在住房建设、运输和国防工业的投资和采购方面发挥重要作用;②采取措施保护国内市场,为国内厂家提供特别优惠;③激励经济创新和经济结构改造。加大对包括企业技术更新和提高资源能源利用率在内的革新方案的支持力度;④完善重要的市场机制,清除经营障碍,为经济增长创造有利条件。而为了落实反危机计划,俄政府计划总共拨款 1. 4 万亿卢布。如果考虑减税措施的影响以及俄中央银行和其他资金来源,俄政府用于应对金融危机和发展经济的资金总额

---

① 高际香. 俄罗斯应对国际金融危机措施述评[J]. 俄罗斯中亚东欧研究,2009(2):9.

② 关雪凌. 透视国际金融危机中的俄罗斯经济困境[J]. 俄罗斯中亚东欧研究,2010(1).

③ 马一可,王桂兰. 俄罗斯应对金融危机的举措及对我国的启示[J]. 对外经贸实务,2010(1).

④ 张肇中. 对俄罗斯两次金融危机的思考[J]. 西伯利亚研究,2011-10:35-40.

估计达3万亿卢布。[①]

4.4 金融危机生成的机理

从美国由次贷危机引发本国金融危机并上升和演变为一场全球性金融危机的过程来看,美国的金融危机只是第一张多米诺骨牌,危机后美国经济发展明显放缓,美国政府连续降息、大幅度减税,美元加速贬值,如此强烈的连锁反应,使得全球经济也深受影响,从而引发了学界对金融危机爆发深层次原因的研究。但相比之下,马克思的金融危机理论对现实仍有深刻的诠释意义。对此,中国学者徐琳琳等也认为,相应的研究需回归到马克思的理论。[②]

4.4.1 金融危机产生的条件

4.4.1.1 危机产生的前提条件

我们知道,所谓前提条件是指事物发生或发展的先决条件。[③] 而金融危机产生的前提条件则与货币的出现及货币承担的职能有关。顾名思义,金融必与货币有关。如果货币没有出现,并且货币不承担"流通手段"、"支付手段"以及"世界货币"的职能,则不可能发生金融危机。但货币及其承担的职能并非是金融危机发生的必要条件和充要条件,只有满足冲要条件后,才必然发生金融危机。但从前提条件的角度来讲,货币及它承担的职能隐含着发生金融危机的体内细胞,即可能性。因为在商品经济初期,产品数量较少,人们只是为了满足自身生活的需要而进行简单的物物交换,此时商品的价值通过被广泛接受的一种商品或多种商品的使用价值表现出来,但同时商品使用价值与价值之间的内在矛盾也体现了出来。而货币的出现则使存在于商品内部的矛盾体现为商品和货币的外部对立。因为货币的使用使卖和买的行为有可能在时间和空间上脱节,从而潜伏了危机的可能性,这就促使了商品的内在矛盾进一步发展了。这又具体体现在货币承担"流通手段""支付手段"及"世界货币"的职能上。

1)从"流通手段"分析货币引发危机的可能性

商品的流通过程是:商品→货币→商品,即 W→G→W,流通使得商品得以交换,即买和卖在时间上和空间上分裂成为两个对立的过程,货币在流通过程中充当商品交换媒介。买者有货币,卖者有商品。商品所有者在卖出商品后,可以选择将货币以贮藏手段贮藏起来或者继续在流通中运作,买进其他商品。这就容易引起买卖脱节,从而加深商品使用价值和价值的矛盾,产生危机的可能性。但"这种可能性要发展成为现实,必须有整整一系列的关系,从简单商品流通的观点来看,这些关系还不存在。"[④]只有在资本主义商品经济条件下,危机才能从可能转变为现实。

---

① 关雪凌. 透视国际金融危机中的俄罗斯经济困境[J]. 俄罗斯中亚东欧研究,2010(1).

② 徐琳琳,谭晓军. 马克思的金融危机理论[J]. 学理论,2009(25):120-121.

③ 中国社会科学院语言研究所词典编辑室编. 现代汉语词典[M]. 北京:商务印书馆,1996:1011.

④ 马克思. 资本论:第1卷[M]. 北京:人民出版社,1975:133.

2)从“支付手段”分析货币引发危机的可能性

“支付手段”是商品在退出流通手段之后货币执行的职能。此时,货币不再是过程的媒介,它作为交换价值的绝对存在,或表征一般商品独立的结束这一过程。货币在执行此职能时,可形成两条链条:其一是债权人和债务人链条。简单解释为 A 从债务人 B 那里得到货币,然后付给他的债权人 C。其二是抵消支付链条。简单解释为 A 欠 B 6 万元,B 欠 C 3 万元,C 欠 A 2 万元,则得出,最终 A 付 B 3 万元,付 C 1 万元。由以上两个链条不难看出,由于商品生产者可以互相赊账买卖,常常使许多商品生产者之间互相欠债,形成一系列的链条反映,使整个信用关系遭到破坏,从而使经济危机的可能性有了进一步发展。但“这种货币危机,只有在一个接一个的支付的锁链和抵消支付的人为制度获得充分发展的地方,才会发生。”[①]显然,这里的人为制度指的就是资本主义的信用制度。[②]

3)从“世界货币”分析货币引发危机的可能性

作为世界货币除了在国际范围内执行价格尺度的职能之外,还有以下职能:(1)作为一般支付手段,用以平衡国际贸易差额;(2)充当一般购买手段,在国际市场上由一国单方面购买另一国的商品;(3)作为社会财富的代表,由本国转移到他国,如以货币作为对外贷款或援助。“世界货币”这一职能扩大了货币的流通范围,一旦国家间有很频繁的贸易往来,一个国家引发金融危机必定会带给其贸易国一定影响,但国家间的贸易往来,在简单的商品经济条件下基本不会存在,因此,引发危机的可能性很小。

4.4.1.2 危机产生的必要条件

所谓必要条件是指:如果无 A 必无 B,且有 A 未必有 B,则 A 就是 B 的必要而不充分的条件。[③] 就发生金融危机的必要条件而言,如果货币仅是作为货币,而不是作为货币资本,并且没有进一步衍生为生息资本和金融资本,那么金融危机虽有可能但却未必会发生。具体来说:货币是资本的最初表现形式,是商品流通后的最后产物。从历史上看,资本主义以前的商人资本和高利贷资本都是采取货币形式。马克思说:“现在每一个新资本最初仍然是作为货币出现在舞台上,也就是出现在市场上——商品市场、劳动市场或货币市场上,经过一定的过程,这个货币就转化为资本。”[④]在此情况下,货币的性质已悄然发生了变化。

1)作为货币的货币与作为资本的货币之区别

(1)循环形式不同

货币的运动形式是 W→G→W',以卖开始,以买结束,运动的起点和终点都是商品,货币是整个过程的媒介;资本的运动形式是 G→W→G',以买开始,以卖结束,运动的起点和终点都是货币,商品则是这个过程的媒介。

(2)运动的目的和结果不同

作为货币的货币发挥购买手段和支付职能,媒介商品交换,获取等量使用价值;而货

---

① 马克思. 资本论:第 1 卷[M]. 北京:人民出版社,1975:158.

② 刘璐,金素. 从虚拟经济看当代国际金融危机[J]. 商业研究,2010-10:134.

③ 辞海编辑委员会. 辞海[M]. 上海:上海辞书出版社,1980:91.

④ 马克思. 资本论:第 1 卷[M]. 北京:人民出版社,1975:168.

币资本作为购买手段和支付手段的目的是为了谋取新的利益和价值增值。

(3)具有不同的使用价值和价值

作为货币的货币有别于一般商品的特殊的使用价值和价值,所谓特殊的使用价值是指使用它可以购买到其他所有的商品和劳务,所谓特殊的价值则是指“货币的购买力”;而货币资本的特殊使用价值是指它作为生产资料和劳动力的黏合剂,并产生新价值和价值的增值,所谓特殊的价值是指货币资本具有特殊的“价格”即用利息率表现出来。在资本运动 G→W→G’中,G’ = G + ΔG,ΔG 就是增殖的部分,马克思称之为剩余价值。货币只有作为带来剩余价值时,才成为资本。

2)货币资本化的几种形式

货币资本化一共有四种形式:职能(产业)资本、商业资本、生息资本和金融资本。而在我们探讨金融危机的生成机理时,主要涉及后面两种资本,即生息资本和金融资本。

(1)生息资本。即为了获取利息而暂时贷放给他人使用的货币资本。其运动公式是G→G′(G + ΔG),即货币——更多的货币。这一公式表明:货币资本 G 贷放出去,到一定时期,它连同一个新增加的货币额(ΔG)一起收回来。这个新增加的货币额,就是货币资本的借入者作为使用它的报酬而付给贷出者的利息。生息资本有两种形式:借贷资本和高利贷资本。其中借贷资本是生息资本的资本主义形式,它的形成和发展以资本主义经济的产生和发展为基础。而高利贷资本则是生息资本的古老形式。它的产生和发展是以商品货币经济的一定发展为前提的。

(2)金融资本。随着市场经济的高速发展,货币作用范围的进一步扩大,以及金融市场的形成和发展,货币本身也演变成了一种可供交易的商品,也成为一种投资对象,即可以通过自身持有的货币投资于不同的货币、准货币或所谓金融衍生品而获取更多的货币利益。这就是金融资本。可以说到目前为止,这是货币资本化的最高级形态。①

4.4.1.3 危机产生的充分条件

所谓充分条件是指:如果有 A 必有 B,则 A 是 B 的充分条件。② 而充分条件一定能保证结果的出现。就金融危机发生的充要条件而言,在已有货币,并且承担“流通手段”、“支付手段”以及“世界货币”职能的前提条件,又有货币变成货币资本,并进一步衍生为生息资本和金融资本的必要条件下,如果再加上为求剩余价值而促成市场竞争、为求在竞争中获胜而加速资本积累、为加速资本积累而滥用信用,并最终致信用关系断裂的充要条件,那么金融危机就必然发生。

1)为求剩余价值而促成市场竞争

在资本主义社会中,资本家生产的直接目的都是追求剩余价值,实现价值增值,在这一过程中会不可避免地促成市场竞争。而市场竞争,一方面会促使同质商品在市场上的极大丰富及商品价格的走低,但同时也会导致市场的无序及商品的过剩,从而导致由过剩的商品所代表的那部分资本价值的无回报。这样,竞争的最终结果往往是商品价格以及由价格带来的资本利得的均值化。由于资本主义生产是分散生产,单个资本的生产是资

① 徐琳琳,谭晓军. 马克思的金融危机理论[J]. 学理论,2009(25):120-121.

② 中国社会科学院语言研究所词典编辑室编. 现代汉语词典[M]. 北京:商务印书馆 1996:349.

本所有者支配的，单位商品的价值是由包含在其中的劳动或生产它的劳动时间来决定的，但在市场竞争中，商品的价值则是由生产商品的社会必要劳动时间决定，单个资本的价值被否定，利润被平均化，资本虚幻的独立性被扬弃，在此前提下，虽然原先分散的单个资本的生产因此而相互联系起来，但却已经隐含着其中必然有部分单个资本的生产所对应的超额虚幻价值被抹掉。而资本的超额虚幻价值被抹掉的过程反映在金融领域则往往是金融危机的开始。

2）为求在竞争中获胜而加速资本积累

资本积累是价值规律和资本主义内在本质在生产运动中的集中体现。单个资本为了在市场竞争中获胜、实现利润最大化，必须加快资本积累。资本积累一方面是剩余价值的资本化；另一方面也包括资本的合并与集中。而资本越是集中，所产生的资本的超额虚幻价值就会越大，由此在金融危机爆发时所表现出来的烈度就越强。

3）为加速资本积累而滥用信用

在资本积累的过程中，各种信用无论在生产领域还是消费领域都得到极大的发展。其中，商业信用指职能资本家之间用赊账的方式买卖商品时，用延期付款方式所形成的借贷关系；银行信用是银行资本家向职能资本家贷出货币而形成的借贷关系，在此，银行家成了货币资本的总管理人；消费信用是商店、企业、银行或其他信用机构向缺乏货币购买力的消费者提供贷款的活动，其主要采用分期付款和消费信贷两种形式，前者大多对于消费者而言，后者大多对于企业而言。在资本积累过程中由于企业自身积累的限制，企业总是利用商业信用和银行信用，利用债券、股票的发行广泛吸收资本，以此作为突破资本积累限制的手段，这一方面大大加速了积累过程，但同时对信用的滥用则可能导致金融危机的产生。这是因为，信用制度使本来可以再伸缩的再生产过程在这里被拉紧到了最极端的界限。信用的发展造成了生产和流通的虚假繁荣。其中，商业信用使商业资本在商品未销售出去之前继续赊购商品；银行信用使商业资本在货币短缺时，取得大量贷款，在商品未销售出去之前可以继续购买商品。而消费信用则使消费者在自有货币不足时仍能购买自己想要的商品。在信用高度发展的情况下，如果消费者不论是否有支付能力都可以随意地购买自己想要的商品，那么到最后可能因付不起本息而导致支付链条断裂。而消费信用中贷出的货币难以收回，会使货币流通与信用关系发生混乱，商业信用急剧缩减，银根奇紧，其他贷款滞流，从而引发金融系统危机。

马克思在分析资本主义信用制度与经济危机的关系时，就认为货币经济发展到信用经济形式时，包含金融危机在内的经济危机随时都会成为现实。虽然信用不是危机爆发的原因，但它对于危机的发展却起着促进和强化的作用，是“生产过剩和商业过度投机的主要杠杆”。① “信用制度加速了生产力的物质上的发展和世界市场的形成，同时，信用加速了这种矛盾的暴力的爆发，即危机，因而加强了旧生产方式解体的各种要素”②。这就是说，信用一方面促进了资本主义生产的扩大；另一方面，信用造成了一种虚假的需求，隐蔽了生产过剩的事实，促使了资本主义生产的盲目扩大和投机活动，最终必然导致生产的过

① 马克思．资本论：第3卷[M]．北京：人民出版社，1975：498.

② 马克思．资本论：第3卷[M]．北京：人民出版社，1975：499.

剩,这个时候会出现债务偿付危机,信用出现紧缩。在这种情况下,“货币会突然作为唯一的支付手段和真正的价值存在,绝对地和商品相对立”①。人们对货币的追求成为一个普遍的现象。在“一个接一个的支付的锁链的抵消支付的人为制度”②遭到破坏的时候,信用危机转化为货币危机,金融危机也就进入了全面爆发的阶段。

4)信用关系断裂而致金融危机

马克思把股票、债券和一切不动产抵押证券,统称为有价证券。反过来说,有价证券就指具有一定面额值、代表资本所有权或债权的凭证。而以有价证券形式存在的,并能给持有者定期带来一定收入的想象的资本,即成为虚拟资本。虚拟资本与现实资本有本质的区别。现实资本无论是处在实物形态还是处在货币形态上,都是职能资本,本身具有价值。但虚拟资本却不一样,本身没有价值,也不在再生产过程中实际发挥作用,而只是资产所有权和受益权的证书。这样,虚拟资本将价值与价格完全分离了,非劳动所形成的物品(没有价值)有了价格,而且能同货币交换转化为价值,正是在这里资本主义经济起了变化。这个变化就是在生产之外,产生了一个虚拟资本市场。虚拟资本市场把社会的闲置货币资本吸引进来,形成一轮又一轮的市场价格上涨和波动。更难把握的是,虚拟资本本身已经变成商品,它的市场价值主要由资本市场上的货币资本和虚拟资本的供求决定,因而它的市场价值更加变动不定,使这种金融商品交易带有很大的投机性质和预期成分。同普遍商品相比,虚拟资本和普通商品一样有买卖分离的风险;另外,它本身又是信用工具(商品),因而建立了更为广泛的信用和债务关系(如抵押贷款等),而信用关系一旦断裂,必然爆发危机。马克思在《资本论》就货币的支付手段职能中说:“本文所谈的货币危机是任何普遍的生产危机和商业危机的一个特殊阶段,应同那种也称为货币危机的特种危机区分开来。后者可以单独产生,只是对工业和商业发生反作用。这种危机的运动中心是货币资本,因此它的直接范围是银行、交易所和财政。”③换句话说,独立的货币金融危机来自金融系统内部(银行、交易所和财政)的紊乱,尤其是在资本主义进入发达阶段后,金融系统的发展有暂时超越和背离生产系统而自我发展的趋势,而且独立的金融危机并不以经济危机爆发为先决条件,只要当社会的再生产过程到达极致、全面的生产过剩尚未发展到临界程度时就会产生。④

马克思还认为,发达的资本主义经济是信用经济,这种信用经济就是虚拟资本的膨胀发展运动,是虚拟经济。因为信用和信用货币不是真正的货币,不是真实的财富,和普通商品一样最终要向货币转化。根据马克思的分析,虚拟资本市场的过度膨胀和银行信贷的过度增长,即金融系统超常发展,就是独立的货币金融危机发生的基础和条件。这就是说,同非独立的货币金融危机相比,所引致的金融膨胀程度会更高,可以用“金融过剩”来概括。在这种金融系统超常发展条件下,只要证券市场的资本注入停顿、银行收缩信用、金融投机者或金融机构投机失败,都会直接触发金融危机。特别是资本主义国家不仅在

① 马克思. 资本论:第3卷[M]. 北京:人民出版社,1975:585.

② 马克思. 资本论:第1卷[M]. 北京:人民出版社,1975:158.

③ 马克思. 资本论:第1卷[M]. 北京:人民出版社,1975:158(页注).

④ 陈丹琳.《资本论》经济理论与社会主义经济理论研究——基于马克思货币金融理论的分析[J]. 总裁,2009(9):98.

国内而且在国际范围内运用信用和虚拟资本,作为突破生产限制的手段,这种信用的国际扩张会推动一切国家出口和进口膨胀,导致生产过剩。而国际信用膨胀和各国生产过剩,使一切国家都具备了金融危机发生的条件。因此当一国出现危机,已具备危机条件的相应国家将依次发生危机。①

4.4.2 金融危机的形成机制

马克思在《资本论》等著作中,不仅分析了经济危机的可能性、现实性以及可能转化为现实的条件,分析了经济危机的根源、实质及其周期性,而且从不同方面也论及了经济危机的生成和运行问题。对此,中国学者张作云依据《资本论》的研究方法和马克思向我们提供的思路,结合资本主义经济运行的现实,阐述了危机的生成和运行机制大体包括原生机制、动力机制、加速机制、传导机制和实现机制等五个相互连接、循序渐进的部分。② 而如果我们再进一步将金融危机的形成机制与金融危机的四个不同发展阶段:危机的潜伏阶段、危机爆发阶段、危机扩散阶段以及危机平息后经济复苏阶段结合起来进行分析,则可以发现,这五个机制中,除类似于具有基因固有属性的原生机制以外,其他四种机制会分别在金融危机演变过程的四个阶段中分别发挥作用或表现最为突出,而在每一阶段中又会表现出一些有规律的特征。③

4.4.2.1 金融危机的原生机制

所谓危机的原生机制是指危机发生的根源。正如遗传学中人的遗传性疾病发生的根本原因在于遗传基因中具有发病的基因一样,如果人的遗传基因中不含有这种发病的基因,人体便不会发生这种遗传性疾病。资本主义经济作为发达的商品经济,系由简单商品经济发展而来,带有简单商品经济的胎记。而简单商品经济所包含的滋生危机并使危机具有可能性的因素,便成为资本主义经济中危机的遗传基因。因此,正如马克思分析资本主义经济要从商品开始一样,我们对资本主义金融危机、经济危机原生机制的研究,也不能割断历史,而必须从简单商品经济开始。④ 比如,马克思认为,在简单商品经济中存在着危机的可能性,但这只是抽象的和潜在的可能性。这种可能性来源于商品经济的基本矛盾,即私人劳动和社会劳动的矛盾。商品经济的这一基本矛盾,使"生产者的私人劳动真正取得了二重的社会性质。一方面,生产者的私人劳动必须作为一定的有用劳动来满足一定的社会需要","另一方面,只有在每一种特殊的有用的私人劳动可以同任何另一种有用的私人劳动相交换从而相等时,生产者的私人劳动才能满足生产者本人的多种需要"。然而,由于私人生产者的私人劳动的这种二重的社会性质,"只是反映在从实际交易,产品交换中表现出来的那些形式中,也就是把他们的私人劳动的社会有用性,反映在这些在物质上不同的物即劳动产品具有共同的价值性质的形式中",⑤这样,私人劳动的二重性质就

① 吴宁,冯旺舟. 资本主义全球金融危机与马克思主义[J]. 马克思主义研究,2012(1).
② 张作云. 从《资本论》看国际金融危机的生成和运行机制[J]. 管理学刊,2012-4:25.
③ 次贷危机研究课题组. 次贷危机正在改变世界[M]. 北京:中国金融出版社,2009:272.
④ 张作云. 从《资本论》看国际金融危机的生成和运行机制[J]. 管理学刊,2012-4:17.
⑤ 马克思. 资本论:第1卷[M]. 北京:人民出版社, 1975:90.

使商品生产者生产的商品具有了二重性，即使用价值和价值这两个既互相区别又互相联系的因素。而商品在获得了使用价值和价值这二重性质之后，又引发了商品交换过程的二重性。“商品在能够作为使用价值实现以前，必须先作为价值来实现。”“另一方面，商品在能够作为价值实现以前，必须证明自己是使用价值”①。在商品交换中，“每一个商品所有者都只想让渡自己的商品”，“交换对于他只是个人的过程。另一方面，他想把他的商品作为价值来实现，也就是通过他所中意的任何另一个具有同等价值的商品来实现”，因而，交换对于他又是“一般的社会的过程”②如果交换的个人过程和社会过程不能统一起来，商品占有者的商品就不能让渡，商品的使用价值和价值就不能得到实现。这样，商品经济的基本矛盾就派生了使用价值生产和使用价值实现、价值创造和价值实现的矛盾。而在货币产生之后，商品交换发展为以货币为媒介的商品流通，上述矛盾也具体化为生产与消费、供给与需求、商品与货币的矛盾，继而，又集中表现为买和卖的矛盾。随着商品经济的发展，商品生产、商品交换规模和范围的扩大，货币支付手段的职能应运而生。货币支付手段职能的产生，一方面解决了商品生产和交换过程中货币短缺的问题，促进了商品经济的发展；另一方面，又产生了债权与债务的矛盾。但“在这里，货币形式——债权人和债务人的关系具有货币关系的形式——所反映的不过是更深刻的经济生活条件的对抗。”③因而在商品经济发展中，上述矛盾的对立一旦达到一定程度，包括货币危机在内的经济危机将是不可避免的。虽然这时的危机只具抽象的和潜在的可能性而不具现实性，如马克思所说：“这些形式包含着危机的可能性，但仅仅是可能性，可能性要发展为现实，必须有整整一系列关系，从简单商品流通的观点来看，这些关系还根本不存在。”④但危机的因子已经作为后来资本主义经济发生危机的遗传基因而存在。而且一旦商品经济发展为资本主义商品经济，这种遗传基因就会发生变异，现实的危机就会呈现在世人面前。尤其是随着商品经济的发展，商品生产者的两极分化，雇佣劳动关系的出现，劳动力成为商品，货币转化为资本，简单商品经济发展为资本主义商品经济，隐藏在简单商品经济中的滋生危机的基本因素——商品经济的基本矛盾作为遗传基因在资本主义经济中就被继承下来，转化为资本主义社会的基本矛盾。于是，在简单商品经济中造成的危机的抽象或潜在可能性的原生机制，就发展成为资本主义金融危机和经济危机的原生机制，资本主义社会基本矛盾及其深化发展，也就成为资本主义金融危机和经济危机的源头或根本原因。

张作云认为，由资本主义基本矛盾具体化和派生的矛盾及其体系，又可分为4个层次：第一层是资本主义社会的基本矛盾，这是资本主义一切矛盾的根源。第二层是资本主义基本矛盾的具体化，也就是企业生产的组织性与整个社会生产无政府性的矛盾同生产无限扩大的趋势与劳动群众购买力相对缩小的矛盾。第一层和第二层相互结合，构成危机的根本原因。第三层是资本积累与人口过剩、资本规模扩大与劳动群众日益贫困化、生产扩大与价值增值、人口过剩与资本过剩的矛盾，也就是资本主义生产与消费、供给与需

① 马克思. 资本论：第1卷[M]. 北京：人民出版社，1975：103.
② 马克思. 资本论：第1卷[M]. 北京：人民出版社，1975：104.
③ 马克思. 资本论：第1卷[M]. 北京：人民出版社，1975：156.
④ 马克思. 资本论：第1卷[M]. 北京：人民出版社，1975：133.

求、剩余价值生产与剩余价值实现的矛盾。这些矛盾是构成危机的具体原因。第四层是虚拟经济与现实经济的矛盾。这一层次的矛盾是资本主义经济过程的焦点,也是构成危机的直接原因。上述4个层次的矛盾,层层递进,相互联系,相互作用,共同构成危机的原生机制。特别是随着经济全球化、金融自由化的发展,上述矛盾体系便由国内延伸到国际,于是,国内危机的原生机制便发展为国际危机的原生机制。只要资本不灭,资本主义制度犹在;引发危机的原生机制犹存,金融危机、经济危机就不可避免。①

4.4.2.2 金融危机的动力机制

原生机制虽然是形成危机的根本原因,并且危机本身是资本主义经济过程一系列矛盾的现实综合、强制平衡和集中表现,但矛盾本身并不是危机。这就像一台机器,如果不给它输入动力,它便不会发动。同样,资本主义过程内在的基本矛盾以及由此派生的一系列矛盾及其体系,如果没有一定的动力,也不能深化、发展并演化为危机。然而,在资本主义经济发展过程中,是一种什么动力促使其内含的基本矛盾以及由此派生的一系列矛盾不断深化和发展,并经过一个或长或短的过程使其中的对抗达到爆发的程度,演化为现实的危机呢?

(1)马克思在分析作为资本的货币流通与单纯作为货币的货币流通的本质区别时指出,作为资本的货币流通的"有意识的承担者,货币占有者变成了资本家。他这个人,或者不如说他的钱袋,是货币的出发点和复归点。这种流通的客观内容——价值增值——是他的主观目的。只有在越来越多地占有抽象财富成为他的活动的唯一动机时,才成为资本家或作为人格化的、有意志和意识的资本执行职能。"②"决不能把使用价值看作资本家的直接目的。他的目的也不是取得一次利润,而只是谋取利润的无休止的运动"。"这种绝对的致富欲,这种价值追逐狂,是资本家和货币贮藏者所共有的,不过货币贮藏者是发狂的资本家,资本家是理智的货币贮藏者"。③ 马克思在《关于自由贸易问题的演说》中,还直接指出了资本增值与危机的关系。他说:"生产资本越增加,它就越是迫不得已地为市场(这种市场的需求它并不了解)而生产,生产就越是超过消费,供给就越是力图强制需求,结果,危机的发生也就越猛烈而且越频繁。"④在《资本论》第3卷中,马克思直截了当地指出了资本增值即生产利润的目的与危机的关系。他说:"因为资本的目的不是满足需要,而是生产利润,因为资本达到这个目的所使用的方法,是按照生产的规模来决定生产量,而不是相反,所以,在立足于资本主义基础的有限的消费范围和不断地力图突破自己固有的这种限制的生产之间,必然会不断发生冲突。"⑤为了进一步揭露资本及其人格化的资本家对利润的贪欲,马克思在分析资本原始积累过程时,还特地在"注释"中引用了英国工会活动家和政论家邓宁的一段话:"资本家害怕没有利润或利润太少,就像自然界害怕真空一样。一旦有适当的利润,资本就胆大起来。如果有10%的利润,它就保证到处被使

---

① 张作云. 从《资本论》看国际金融危机的生成和运行机制[J]. 管理学刊,2012-4:18-19.

② 马克思. 资本论:第1卷[M]. 北京:人民出版社, 1975:174.

③ 马克思. 资本论:第1卷[M]. 北京:人民出版社, 1975:174-175.

④ 马克思恩格斯选集:第1卷[M]. 北京:人民出版社,2009:752.

⑤ 马克思. 资本论:第3卷[M]. 北京:人民出版社, 1975:285-286.

用;有 20% 的利润,它就活跃起来;有 50% 的利润,它就铤而走险;为了 100% 的利润,它就敢践踏一切人间法律;有 300% 的利润,它就敢犯任何罪行,甚至冒绞首的危险。"[①]可见,马克思是把资本主义生产的动机和目的——无休止地追求最大限度的利润或剩余价值,作为资本主义社会基本矛盾以及由此派生的一系列矛盾深化和发展,演化为金融危机、经济危机的动力的。

(2)资本主义生产的目的即无休止地实现最大限度利润的道路,并不是平坦的。资本主义经济关系是由许多因素和各种复杂关系组成的有机整体。资本主义生产目的的实现过程"表现为资本以及其他一切由资本决定的生产关系和交往关系的相互作用",[②]表现为各个资本主体之间的竞争。在资本主义再生产中,竞争把资本主义经济关系总体内部各个因素、各种关系联结起来,作为商品经济基本经济规律的价值规律和资本主义基本经济规律的剩余价值规律以及其他经济规律的实现形式发挥作用。竞争作为资本之间"互相施加的压力"[③],不仅成为"资本贯彻自己的生产方式的手段",成为"资产阶级经济的重要推动力"[④],而且也与剩余价值规律互相联系、互相促进,共同推动资本主义社会基本矛盾以及由此派生的一系列矛盾的深化和发展,成为金融危机、经济危机的动力机制。这一动力机制使资本家成为"价值增值的狂热追求者","肆无忌惮地迫使人类为生产而生产,从而去发展社会生产力,去创造生产的物质条件","使资本主义生产方式的内在规律作为外在的强制规律支配着每一个资本家","使他不断扩大自己的资本来维持自己的资本,而他扩大资本只能靠累进的积累"。[⑤] 资本的累进式的积累,为先进技术的采用、劳动生产力的发展提供了物质条件。而这种物质条件与资本的累进积累的互相作用,又使资本获得了"突然膨胀力"。同时,马克思说:"生产规模突然的跳跃式的膨胀是它突然收缩的前提。"[⑥]资本的突然膨胀力的增长,使资本"有可能以最大的规模迅速地把剩余产品转化为追加的生产资料"[⑦]。这些"随着积累的增进而膨胀起来的并且可以转化为追加资本的大量社会财富",一旦"疯狂地涌入那些市场突然扩大的旧生产部门,或涌入那些由旧生产部门的发展而引起需要的新兴生产部门",就必然会打乱社会再生产的正常秩序,造成"生产规模突然的跳跃式的膨胀"或"突然收缩",形成"现代工业特有的生活过程,由中等活跃、生产高度繁忙、危机和停滞这几个时期构成的、穿插着较小波动的十年一次的周期"。[⑧] 同时,由这一动力机制所形成的资本的内在动力和外在的强制性压力,使资本的累进式积累与先进技术的采用、劳动生产力的发展相伴而行。这一复合现象的产生,使资本有机构成的提高成为积累过程的必然趋势。而这种趋势不仅为资本规模的扩大提供物质技术条件,而且还造成资本对劳动力需求的减少和劳动力供给的增加。其结果又使工人人口本

① 马克思 . 资本论:第 1 卷[M]. 北京:人民出版社, 1975:829(页注).
② 马克思恩格斯全集:第 46 卷(下)[M]. 北京: 人民出版社,1979:160.
③ 马克思 . 资本论:第 3 卷[M]. 北京: 人民出版社,1975:995.
④ 马克思恩格斯全集:第 46 卷(下)[M]. 北京: 人民出版社,1979:47.
⑤ 马克思 . 资本论:第 1 卷[M]. 北京:人民出版社, 1975:649-650.
⑥ 马克思 . 资本论:第 1 卷[M]. 北京:人民出版社, 1975:694.
⑦ 马克思 . 资本论:第 1 卷[M]. 北京:人民出版社, 1975:693.
⑧ 马克思 . 资本论:第 1 卷[M]. 北京:人民出版社, 1975: 694.

身在生产资本积累的同时,也以日益扩大的规模生产出使他们自身成为相对过剩人口的手段,由此便产生了"资本主义积累的绝对的一般规律"。[①] 在资本主义积累的一般规律的作用下,资本主义基本矛盾以及由其派生的生产无限扩大的趋势和劳动群众购买力相对缩小、剩余价值生产与剩余价值实现、生产与消费的矛盾便不断激化,以致发生生产过剩的危机。[②] 由剩余价值规律和竞争规律相互结合而形成的动力机制,在推动不同产业部门不等的利润率平均化,实现等量资本在相等的时间内提供等量利润的客观要求的同时,也为危机的发生准备了条件。问题是,尽管生产过剩危机似乎是发生在生产领域和流通领域,一旦发生危机首先受到冲击的应该是职能资本,而不是相对独立的货币资本,而马克思却指出,一旦再生产过程"内部的依赖性和外部的独立性"发展到一定程度,"内部联系要通过暴力即通过一次危机来恢复。因此,在危机中可以看到这样的现象:危机最初不是在和直接消费有关的零售商业中暴露和爆发的,而是在批发商业和向它提供社会货币资本的银行中暴露和爆发的。"[③]

(3)在由剩余价值规律和竞争规律相互结合而形成的动力机制的作用下,利润率不断下降和利润的绝对量不断增加的二重性规律,使剩余价值生产条件与其实现条件的分离进一步扩大,使"前者只受社会生产力的限制,后者受不同社会生产部门的比例关系和社会消费力的限制","受到追求积累的欲望,扩大资本和扩大剩余价值生产规模的欲望的限制",[④]从而使资本主义经济运行陷入了生产力发展、利润率下降、资本总量增加——资本价值贬值——资本物质要素的使用价值增加又成为资本间接增值手段的循环之中。同时,资本积累刺激的劳动人口的增加,在资本有机构成水平提高的同时,又造成了人为的过剩人口。上述恶性循环以及人为的过剩人口在深化发展资本主义社会基本矛盾的同时,派生并加深了资本主义的一系列矛盾,诸如生产扩大与价值增值、人口过剩与资本过剩、资本过剩与生产过剩的矛盾等。这些矛盾以及其中包含的各种要素,时而主要在时间上并行地发挥作用,时而主要在时间上相继发生作用,从而使剩余价值生产和剩余价值实现、资本主义生产目的与其目的实现的手段发生激烈的对抗和冲突,以致最终通过"暴力"即危机来解决。[⑤] 即马克思所说:"危机永远只是现有矛盾的暂时的暴力的解决,永远只是使已经破坏的平衡得到瞬间恢复的暴力的爆发。"[⑥]

值得注意的是,由剩余价值规律和竞争规律结合而形成的动力机制,在职能资本母体中又派生了一种新型的资本,即生息资本。生息资本的出现,造成了资本所有权与使用权的分离,以及所有权资本与职能资本、货币资本家与职能资本家的对立。与此同时,职能资本的平均利润也分割为利息和企业主收入。由于利润分割的需要,在商品市场和劳动力市场之外,又造就了一个资本市场,并出现了专门经营资本的新型企业即庞大的银行网和证券交易所。在此基础上,资本形态进一步具体化和多样化起来,从而使资本进一步分

---

① 马克思. 资本论:第1卷[M]. 北京:人民出版社, 1975:707.
② 张作云. 从《资本论》看国际金融危机的生成和运行机制[J]. 管理学刊,2012-4:20.
③ 马克思. 资本论:第1卷[M]. 北京:人民出版社, 1975:340.
④ 马克思. 资本论:第1卷[M]. 北京:人民出版社, 1975:273.
⑤ 马克思. 资本论:第1卷[M]. 北京:人民出版社, 1975:278.
⑥ 马克思. 资本论:第3卷[M]. 北京:人民出版社, 1975:278.

裂为虚拟资本和现实资本，使所有权资本与职能资本的对立发展成为虚拟资本与现实资本的对立。资本市场的产生、虚拟资本与现实资本的对立和发展，造就了“一种新的金融贵族，一种新的寄生虫”，①产生出了一整套投机和欺诈活动。这些投机和诈骗活动使资本主义社会的基本矛盾以及由此派生的一系列矛盾得到进一步深化和发展，从而使资本主义经济过程固有的对抗和冲突发展到了一触即发的地步。一旦某个环节出现断裂，危机就会发生。20 世纪 70 年代中期以来世界接连发生的一次次金融危机，也是由剩余价值规律和竞争规律形成的动力机制发生作用的结果。

尤其值得注意的是，资本的本性就是追求价值增值。而资本的这一本性，转化成一种动力，就形成了资本的“文化”。在这一“文化”的推动下，无论是个别资本还是社会资本，无论是国别资本还是国际资本，无不贪婪成性。美国历史上著名的电影《华尔街》中的一句经典台词——“贪婪是财富”，②就是对“资本”本性的写照。正是资本的这一本性，才使华尔街的这些大鳄们把最大限度的利润当做他们至高无上的追求，他们通过大量贷款，使用杠杆效应炮制出日益繁多的金融衍生品，最终导致金融市场产生信用危机。

(4)如果我们将金融危机的发生机制和危机的不同发展阶段结合来看，金融危机的动力机制主要体现在金融危机爆发之前的潜伏阶段。这一阶段，在动力机制作用的驱动下，危机国家往往会在先期表现出经济持续增长、外部资金大量涌入、信贷投放快速增长、投资规模极度膨胀、资产价格迅速飙升、投资者情绪普遍乐观等明显特征。其中，尤其值得警惕的是，在各种经济数据一片向好声中会催生投资者的乐观情绪，于是市场开始出现投资狂热，非理性投资行为占据了主导位置。对此，美国经济学家金德尔伯格曾指出，此时的投资者往往经历两个阶段：第一阶段是理性投资阶段，投资者对外部冲击的反应是理性的、有限的，一般是为了追求长期效益；第二阶段，资本收益起着主导作用，“最初的胃口只是要求高利息，但很快这就退位为第二位的要求，第二步则是通过出售资本金获得高收益”。③

4.4.2.3 金融危机的加速机制

我们知道，在自然界中任何物体的加速运动，都需要一定的力的作用。人类经济社会发展过程中诸种事物的运动也是如此。资本主义社会基本矛盾以及由此派生的一系列矛盾深化发展以致演变为金融危机、经济危机的过程，除了剩余价值规律和竞争规律的作用这一强大的动力之外，信用作为上述矛盾体系深化发展的加速器，对这一矛盾体系的集中爆发，缩短危机由可能转化为现实的途程，也起着至关重要的作用。对此，马克思在《资本论》及其相关著作中，曾作了大量的分析和论证。

(1)马克思借用资产阶级学者沙 · 科凯兰在《工业信贷和工业银行》中的一段话，说明信用威力的源泉。沙 · 科凯兰说：“在任何一个国家，多数信用交易都是在产业关系本身范围内进行的……在产业关系内，借和贷不断交替发生，它们互相结合，错综复杂地交叉在一起，正是这种互相借贷的增加和发展，构成信用的发展”。而信用的增加和发展，则

---

① 马克思．资本论：第 3 卷[M]．北京：人民出版社，1975：496.

② 林汶奎．美国金融危机的幕后元凶[M]．北京：中国商业出版社，2009(10).

③ 金德尔伯格．疯狂、惊恐和崩溃：金融危机史[M]．叶翔，朱隽，译．北京：中国金融出版社，2007：30.

必然对社会再生产过程产生巨大的反作用。“这是信用的威力的真正根源”。[①]

(2)马克思论证了信用对危机发生作用的根据。他指出:资本主义“再生产过程的全部联系都是以信用为基础的”,[②]信用渗透于资本主义的全部经济关系之中,只要信用突然停止,资本主义的社会经济联系发生中断,再生产过程内含的各种矛盾的对抗就会外在地表现出来,危机就会发生。信用作为资本主义再生产过程经济联系的纽带和基础,对再生产过程危机的发生和传播起着重大的影响作用。

(3)马克思论证了信用对危机发生的杠杆作用。他指出:“一种崭新的力量——信用事业,随同资本主义生产而形成起来,起初,它作为积累的小小的助手不声不响地挤了进来,通过一根根无形的线把那些分散在社会表面的大大小小的货币资金吸引到单个的或联合的资本家手中,但是很快它就成了竞争斗争中的一个新的可怕的武器。最后,它转化为一个实现资本集中的庞大的社会机构。”[③]他又说:“随着资本主义生产和积累的发展,竞争和信用——集中的两个最强有力的杠杆,也以同样的程度发展起来。”“积累的增进”“使可以集中的材料即单个资本增加,而资本主义生产的扩大,又替那些要有资本的预先集中才能建立起来的强大工业企业”,“创造了社会需要”,“创造了技术手段。”[④]信用为强大工业创造的“社会需要”,为生产扩张创造的技术手段,必然会促进资本主义再生产过程矛盾的积累和发展,引起生产的过剩,从而为危机的发生提供条件。

(4)马克思分析了信用对资本分配、实现资本主义生产盲目扩张和过度膨胀,引发危机的作用。他说:“银行制度从私人资本家和高利贷者手里夺走了资本分配这样一种特殊营业,这样一种社会职能。但是,这样一来,银行和信用同时又成了使资本主义生产超出它本身界限的最有力的手段。”“信用制度和银行制度把社会上一切可用的、甚至可能的、尚未积极发挥作用的资本交给产业资本家和商业资本家支配。”[⑤]这就必然“促使每个生产领域不是按照这个领域的资本家自有资本的数额,而是按照他们生产的需要,去支配整个资本家阶级的资本”,[⑥]为资本主义生产的盲目扩张和过度膨胀创造了条件,使生产的发展不顾有支付能力的需求而跳跃式的增长,为日后更加严重的危机奠定基础。

(5)马克思分析了信用对加速商品流通和货币流通,节约流通费用,增加社会财富,推动资本主义生产规模的扩大,使生产与有支付能力的需求相脱离,从而引发危机的作用。他指出:“由于信用,流通或商品形态变化的各个阶段,进而资本形态变化的各个阶段加快了,整个再生产过程因而也加快了。”“流通手段减少了”,“必须经常以货币形式存在的那部分资本缩减了”,“准备金缩小了”,从而媒介再生产的流通费用大大节约了。[⑦]“只要那些和信用制度一起发展的辅助工具发生这种作用,它们就会直接增加资本主义的财富,这或者是因为大部分社会生产过程和劳动过程因此会在没有实在的货币的参与下完成,或

① 马克思. 资本论:第3卷[M]. 北京:人民出版社, 1975:452.
② 马克思. 资本论:第3卷[M]. 北京:人民出版社, 1975:554.
③ 马克思. 资本论:第3卷[M]. 北京:人民出版社, 1975:687.
④ 马克思. 资本论:第3卷[M]. 北京:人民出版社, 1975:687.
⑤ 马克思. 资本论:第3卷[M]. 北京:人民出版社, 1975:686.
⑥ 马克思. 剩余价值理论:第2册[M]. 北京:人民出版社,1975:233-234.
⑦ 马克思. 资本论:第3卷[M]. 北京:人民出版社, 1975:493.

者是因为实际执行职能的货币量的作用能力会提高。服务业的主要作用是减少非生产费用,而不是创造价值。"从而使资本主义再生产的规模得以扩大。[①] 而信用通过流通费用节约对资本主义再生产规模扩大的推进作用,必然使资本主义生产与有支付能力的需求之间的矛盾得到强化和发展,促进危机的发生。

(6)马克思分析了信用对生产过程和流通过程分离、掩盖生产过剩、引发危机的促进作用。他指出,商业信用形式使生产过程和流通过程分离开来。票据贴现或以当时卖不出去的商品作抵押进行贷款的银行信用形式更使这种分离得以扩大、强化和发展。银行信用"创造出使商品资本向货币转化得以预先实现的形式",[②]"使货币形式上的回流不以实际回流的时间为转移","在回流实际上已经消失以后,总是会由于已经发生作用的信用,而在较长时间内保持下去",[③]使实际的生产过剩被掩盖起来,一旦回流迅速而可靠的假象也消失了,危机便会发生。[④]

(7)马克思分析了信用对生产过剩、投机和诈骗、加速危机来临和强化危机的杠杆作用。他指出:"如果说信用制度表现为生产过剩和商业过度投机的主要杠杆,那只是因为按性质来说具有弹性的再生产过程,在这里被强化到了极限。"[⑤]同时,由于银行制度从私人资本家和高利贷者手里剥夺了资本分配这样一种特殊营业和社会职能,也就使自己成了"使资本主义生产超出它本身界限的最有力的手段",成了"引起危机和欺诈行为的一种最有效的工具"。[⑥] 各种投机行为,都属于"人为的使再生产过程猛烈扩大的体系",[⑦]它们"常常是发生在生产过剩已经非常严重的时期。它是生产过剩的暂时出路,但是,这样它又加速了危机的来临和加强危机的力量"。[⑧]

(8)马克思还指出了信用引发危机的关节点。他说:"在危机中可以看到这样的现象:危机最初不是在和直接消费有关的零售商业中暴露和爆发的,而是在批发商业和向它提供社会货币资本的银行中暴露和爆发的。"[⑨]"在再生产过程的全部联系都是以信用为基础的生产制度中,只要信用突然停止,只有现金支付才有效,危机显然就会发生。"[⑩]如果联系当代资本主义金融危机和经济危机的现实,马克思的论述无不具有极大的准确性。就由 2007 年美国次贷危机引发的全球金融危机来说,正是发达的信用体系和信用制度,推动并导致美国房地产和其他产业过度扩张所造成的生产过剩和超前消费。而此后危机的爆发也正是因为大量次级贷款者无力还贷,导致违约率急剧上升,次贷链条断裂,金融放款机构和投资银行破产倒闭,一场罕见的金融危机乃至经济危机随即发生。同时,在当今经济全球化、金融自由化、世界市场一体化、国际信用充分发展的大背景下,这场金融危机和经济危机,像决了堤的

① 马克思．资本论:第 2 卷[M]. 北京:人民出版社, 1975:384.
② 马克思恩格斯全集:第 49 卷[M]. 北京:人民出版社,1985:293.
③ 马克思．资本论:第 3 卷[M]. 北京:人民出版社, 1975:507.
④ 张作云．从《资本论》看国际金融危机的生成和运行机制[J]. 管理学刊,2012-4:22.
⑤ 马克思．资本论:第 3 卷[M]. 北京:人民出版社, 1975:499.
⑥ 马克思．资本论:第 3 卷[M]. 北京:人民出版社, 1975:686.
⑦ 马克思．资本论:第 3 卷[M]. 北京:人民出版社, 1975:553.
⑧ 马克思恩格斯全集:第 7 卷[M]. 北京:人民出版社,1962:492.
⑨ 马克思．资本论:第 3 卷[M]. 北京:人民出版社, 1975:340.
⑩ 马克思．资本论:第 3 卷[M]. 北京:人民出版社, 1975:554-555.

洪水一样迅速泛滥开来,使危机具有了国际的性质。历史和现实还充分说明,信用及信用制度作为一种外在的动力,对资本主义矛盾的加速发展,对金融危机和经济危机的加速形成和爆发,起着重要的杠杆作用。

(9)如将金融危机的发生机制和危机的不同发展阶段结合来看,金融危机的加速机制主要体现在危机的爆发阶段。由于任何一次金融危机基本都遵循这样一个逻辑:经济政策放松、信贷扩张→经济繁荣、资产价格泡沫形成→经济政策反转、预期改变→资产泡沫破裂、金融危机爆发→金融机构破产、信贷(流动性)紧缩→危机向实体经济扩散(导致经济下滑或衰退)。因而在危机爆发阶段,在金融危机加速机制的作用下,市场一般表现出两大特征:第一,预期变化直接引发危机,即投资过热,经济繁荣之后,由于外部冲击或其他某种因素改变了市场参与者的预期,导致资产泡沫破裂,金融危机爆发。第二,房市、股市及外汇市场大幅波动是金融危机爆发的主要导火索。①

4.4.2.4 金融危机的传导机制

金融危机的发生需要前面已经述及的前提条件、必要条件和充分条件。同样它由点到面、由一个国家到另一个国家乃至向世界各国的蔓延和发展,也需要一定的传导条件,其中包括空间广延、中介传递、作用机制等条件。这些条件相互联结、相互依存、相互作用,形成综合性、立体性的有机系统。

(1)危机的空间广延条件是指决定危机发生、蔓延空间及其联结链条的条件。在以社会化的商品经济为前提的国度,危机发生、蔓延空间的大小是由社会分工的发展、生产专业程度的高低、国民经济体系结构和门类的繁衍、国民经济各部门各产业经济链条的长短以及经济联系的紧密程度决定的。一般来说,生产社会化程度愈高,社会分工和专业化协作愈发展,国民经济门类愈多,国民经济各部门各产业之间的经济链条愈长,其内在的经济联系愈广泛而且愈紧密,危机发生的几率就越大,蔓延的空间范围也越广。因此,生产社会化程度、国民经济众多门类、国民经济各部门各产业之间的经济链条及其内在的经济联系,即成为危机传导的空间广延条件。

(2)危机传导的中介条件,实际上是指危机的传导途径或传导渠道。随着社会化商品经济的发展,商品关系愈益普遍化,各类商品市场、要素市场以及为商品市场和要素市场提供服务的基础设施、组织机构、服务手段和服务工具,以及政府部门为商品经济平衡、顺畅、高效运行所采取的宏观政策、调控手段等越发齐全。在经济运行过程中,是这些因素把属于社会分工各个环节的国民经济各部门、各产业有机地联结了起来;是这些因素不断巩固、发展和密切了国民经济各部门各产业之间的经济联系;是国民经济各部门各产业之间的内在联系,沿着按照经济规律形成的国民经济各部门各产业之间的经济链条,把经济运行的各种矛盾和众多信息传递到再生产的各个环节和各个角落。因此,各类商品和生产要素之间的交换,以及作为交换场所的各类市场,为媒介交换而提供服务的各种信用、各种信用工具、各类信用机构、各类信用商品以及政府部门的调控政策、调控手段、调控杠杆等,相互联系、相互作用、相互配合,即形成了危机传导的中介条件。

---

① 次贷危机研究课题组. 次贷危机正在改变世界[M]. 北京:中国金融出版社,2009:272.

(3)危机传导的作用机制就是促进危机发生、发展和迅速蔓延的机制。在发达的商品经济中,这种机制就是商品经济的基本规律即价值规律的作用机制,包括竞争机制、价格机制、供求机制、利率机制、汇率机制、风险机制等。其中,竞争机制是这一机制体系的核心,价格机制和供求机制是这一机制体系的主体。这一机制体系通过市场主体之间的利益竞争,运用利益最大化的内在动力和失败破产的外部压力,引发市场价格、供求、利率等要素的相互作用,进而对社会再生产和整个经济过程发生影响,促进资本主义基本矛盾以及以这一矛盾为核心的矛盾系统的深化和发展,最后导致这一矛盾系统内在的各种对抗关系的总爆发,引发一场场具有破坏性的危机。①

(4)当今世界经济全球化、金融自由化的趋势正在加强,国际经济社会的发展出现了一系列崭新的特点。在经济方面,科学技术的进步和生产力水平的提高,使分工和协作的国际体系不断深化,世界上不同国家和地区之间的经济联系不断加强;国际贸易在地域上不断扩大,相互作用的密集程度日益增加,各国经济相互联系、相互渗透、互为补充,日益成为世界性的有机整体,统一的世界市场业已形成;跨国公司在全球范围内投资和生产,绕过关税壁垒,分散经营风险,在扩大市场份额、实现规模经济的同时,实现了利润最大化;金融市场的开放,外汇管理的松弛,促进了基金投资机构的兴起,融资证券化乃至银行离岸业务迅速发展;金融市场国际网络化的发展,利率自由化、金融资产多元化格局的形成,政府干预能力的弱化,促进了短期投资,加快了资本流通,使外汇投机和金融衍生品投机常态化;世界贸易组织、国际货币基金组织、巴塞尔银行监管委员会、世界银行等国际经济组织以及相关国际协议,在促进国际贸易、金融市场开放、方便资本流动的同时,成为西方国家推行霸权、干涉别国内政、实行新殖民主义的工具;国际金融市场的扩大,跨国银行的扩张,在推动国际资本流动的同时,也促进了全球性经营网络的形成和发展;发达的现代电子信息技术和网络技术,打破了国际贸易和金融交易的时空限制,在降低交易成本、提高交易效率的同时,进一步深化和发展了资本主义的各种国际矛盾,并使之与其国内矛盾交织在一起,成为资本主义不可克服的经济震荡乃至危机的源头。②

(5)也正是因为当今世界的经济全球化、金融自由化、统一的世界市场、资本主义基本矛盾及其派生的一系列矛盾的国际化,为金融危机的国际传导提供了空间广延条件;国际贸易、国际信用、国际资本流动、各国银行的跨国业务、跨国公司及其全球经营网络、各类基金和投资机构的投机欺诈行为、各国的关税制度和宏观调控政策等,则为金融危机,乃至经济危机的国际传导架起了中介桥梁;国际各类市场运行过程中的竞争、价格、供求、利率、汇率、风险等,则是国际经济各个主体经营状况、金融危机、经济危机等各类信号在国际传导的载体和作用机制。而危机传导的国内系统又是国际系统的起点、前提和基础,国际系统则是国内系统延续、扩大和发展的结果。二者既相互区别,又相互联系和相互作用,共同构成当代金融危机、经济危机国内国际传导的有机系统。这个系统可表示为:危机的空间广延→中介传导→市场机制→资本主义社会基本矛盾→衍生矛盾体系→金融危机乃至经济危机。

---

① 张作云. 从《资本论》看国际金融危机的生成和运行机制[J]. 管理学刊,2012-4:23.

② 王洛林. 全球化与中国金融[M]. 北京: 经济科学出版社,2010:35.

(6)如将金融危机的发生机制和危机的不同发展阶段结合来看,金融危机的传导机制主要体现在危机的扩散阶段。这是因为,随着世界经济的发展,各国在经济、金融方面的联系越发紧密,金融危机扩散日渐成为一种普遍现象。在此基础上,在传导机制的作用下,危机一旦爆发,将不仅限于危机国家内部,而且会迅速扩散到其他国家和地区,演变成区域性甚至全球性金融危机。在这一阶段中,一般会表现出以下特征:第一,金融危机由虚拟经济向实体经济不断扩散,危机发生国的经济发展会出现不同程度的放缓,从而导致世界经济发展态势的总体下滑。第二,政府参与救市。当危机发生国政府意识到危机的严重性,会被迫发起救市,如向市场注入流动性,接管经营困难的金融机构等。其目的是要尽快恢复市场信心、避免更加恶劣的局势出现,而降息、减税、注资、坏账剥离、接管一切可能出现倒闭的问题银行等措施,已成为最大的救市特点。

4.4.2.5 金融危机的实现机制

马克思认为,世界市场的危机是资本主义一切矛盾的集中表现,同时,也是资本主义各种矛盾充分展开的结果。[①] 在当代资本主义条件下,资本主义的各种矛盾无不带有国际性的特点,这就决定了近些年发生的历次金融危机和经济危机均具有国际的性质。因此,金融危机、经济危机的实现机制,实际上就是危机在其原生机制、动力机制以及形成和传播危机的各种因素的作用下,由点到面、由一国到多国乃至向世界各国蔓延、发展的过程。具体来说:

(1)原生机制和动力机制是金融危机的发酵前提。前已述及,资本主义的基本矛盾具体化和派生的矛盾及其体系构成了金融危机的原生机制。只要资本不灭,资本主义制度犹在,引发危机的原生机制犹存,金融危机、经济危机就不可避免。而在动力机制中,“生产剩余价值或赚钱”是资本主义生产方式的绝对规律。在“生产剩余价值或赚钱”的过程中,又贯穿着各资本家之间的激烈竞争,“生产剩余价值或赚钱”的内在动力与资本家为“生产剩余价值或赚钱”而进行激烈竞争的外在压力,使资本家“肆无忌惮地迫使人类去为生产而生产,从而去发展社会生产力,去创造生产的物质条件”,[②]结果造成生产无限扩大的趋势。由于资本“按照生产力的发展程度(也就是按照用一定量的资本剥削最大量劳动的可能性)进行生产,而不考虑市场的现有界限或有支付能力的需要的现有界限”,[③]“生产力按几何级数增长,而市场最多也只是按照算术级数扩大”,[④]就是说,在“有限—有限”模式基础上进一步考察现代市场经济,就会发现由于有扩张难易程度的明显差别,经济中一直存在生产能力大于消费能力的倾向。换言之,社会生产和消费的“有限—有限”模式在现代市场经济中更为准确地实际呈现,是“大—小”模式。生产能力大于消费能力,二者的差距就是生产过剩。简而言之就是:生产能力 > 消费能力→生产过剩。[⑤] 于是,随着产品总量的增加,扩大市场需要的增长,市场变得愈加狭窄,剩下的可供榨取的市场愈

① 马克思.剩余价值理论:第2册[M].北京:人民出版社,1975:610.
② 马克思.资本论:第1卷[M].北京:人民出版社,1975:649.
③ 马克思.剩余价值理论:第2册[M].北京:人民出版社,1975:610.
④ 恩格斯.英文版序言[M]//资本论:第1卷.北京:人民出版社,1975:36.
⑤ 卢映西.经济学革命:从稀缺性假设到双约束假设[J].经济纵横,2013(6).

益减少,生产与市场的矛盾愈益尖锐和突出起来。这一矛盾如果得不到解决,发展到一定程度,就会引起生产过程的混乱、停滞和危机。危机的频繁发生,使资产阶级不得不采取这种解决矛盾、克服危机的办法,即"一方面不得不消灭大量生产力,另一方面夺取新的市场"。[①] 而当国内可供榨取的市场已被占完时,对国际市场的开拓就势在必为。但随着资本对国际市场的不断开拓,各国的国内市场便逐渐失去了以往的独立性,此时,互为条件、互相依存、互相包容、相互交错、统一的世界市场便已形成。与此同时,资本主义的基本矛盾以及由此派生的一系列矛盾,便获得更加广阔的运动空间,由国内延伸到国际,再转化为国际资本主义的基本矛盾,由此派生的一系列具体矛盾也具有了国际的性质,从而使国际性危机的发生具有了现实的可能性。[②]

(2)传导机制和加速机制是金融危机发生的催化条件。就传导机制而言,世界市场是在各国国别市场基础上形成的,是各国国别市场互为条件、互相依存、相互包容、相互交错的有机整体,是商品交换关系突破国家界限,向世界范围扩展的结果,是世界各国之间通过对外贸易、相互投资和其他经济关系建立起来的交换场所和领域。发达的商品流通、对外贸易的发展、世界市场的形成,既是资本产生的历史前提,又是资本发展的必然结果。在当今世界市场上,国际贸易高度发展,已成为国别经济、国际交往主要的和重要的组成部分。在发达的国际贸易中,由于各国生产水平、资源禀赋和历史文化传统的差异,不平衡的情况会经常发生。国际贸易的不平衡会导致参与贸易的各个国家国际收支的不平衡。而国际收支的不平衡,无论是盈余还是赤字,都会对国别经济产生巨大而深刻的影响。为了维护本国独立的经济利益,促使本国经济稳定而顺畅地发展,各国政府都要依据本国的国情,在贸易自由和贸易保护之间适时做出政策选择。然而,贸易自由和贸易保护政策的选择不是绝对的,而是依据世界市场的变化和国内经济发展的需要择机调整的。不同国家有不同的政策选择,同一国家在其发展的不同阶段和不同时期有不同的选择,同一国家在其发展的同一阶段和同一时期在不同的贸易项目和不同品种上也有不同的选择。因而,关税制度、关税政策乃至关税壁垒则是世界各国为捍卫和维护本国经济利益、政治利益经常使用而不可缺少的工具。但是,关税制度及其政策的作用却是二重的。一方面,保护了本国的民族产业,促进了本国经济的发展;另一方面,又使自己国家处于相对封闭的状态,不利于各国之间互相交流、互通有无、吸收国外先进技术和经济社会发展方面可以借鉴的经验,结果在某种程度上又阻碍了本国经济的发展。而就加速机制而言,资本对剩余劳动的贪得无厌的追求和不可遏止的扩张的冲动,随着资本主义的发展变得愈益强烈起来,从而与愈益显得狭小的市场发生激烈的对抗和冲突。于是,按照其自身发展的逻辑,资本必然要以资本输出为武器,冲破民族或国家的屏障而走上世界舞台。自资本主义发展到垄断资本主义以来,资本输出具有了特别重要的意义。一方面,它绕过或突破民族或国家设置的各项壁垒,在输入国投资办厂,直接生产、直接销售,以获取丰厚的利润;另一方面,又把这些丰厚的利润带回国内,缓和国内经济、政治以及阶级等方面的矛盾,维持国内经济、政治的稳定,促进本国经济的发展。资本输出又有借贷资本输出和生

① 马克思恩格斯选集:第1卷[M]. 北京:人民出版社,1995:278.

② 张作云. 从《资本论》看国际金融危机的生成和运行机制[J]. 管理学刊,2012-4:23.

产资本输出之分。其中,借贷资本的输出,促进了货币资本的国际化。生产资本的输出,促进了生产资本的国际化。借贷资本和生产资本的输出,在促进国际信用产生和发展的同时,又产生了经营网络遍布全球的统一的金融市场。金融市场的产生和发展,在方便和推动国际资本流动、促进世界经济发展的同时,又催生了一系列金融商品和名目繁多的金融衍生商品。在金融市场上,这些金融商品及其衍生商品的价格,随着供求关系和利率的变动而上下波动。由于这些金融商品价格波动的差额含有丰厚的利润和巨大的风险,于是,在乱象环生的金融市场上,又催生了一系列金融投机诈骗行为和一批专靠金融投机和欺诈聚敛社会财富的金融赌棍。这些金融赌棍和投机家利用与官方千丝万缕的利益关系,搜集和利用各种经济、政治信息,策划于密室,点火于市场,呼风唤雨,掀起一轮轮价格波动的浪潮,吹起一层层金融气泡,不断深化和发展着与信用、信用制度相伴的虚拟经济和现实经济的矛盾。而虚拟经济与现实经济的矛盾是资本主义一切矛盾的焦点,是资本主义各种矛盾充分发展、全面展开和现实的综合,是危机由可能到现实的量的发展向质的爆发的过渡点。一旦这一矛盾发展到一定程度,连接虚拟经济各个环节的链条在其某一薄弱点发生断裂,金融危机就会发生;一旦金融危机波及现实经济,使现实经济内含的产业链和产品链发生断裂,一场包括金融危机在内的全面经济危机就会降临;一旦某一国别的经济危机打乱了国际经济运行的秩序,使国际经济链条的某个环节发生断裂,致使国际经济关系失衡,一场席卷全球的金融危机和经济危机就不可避免。这种危机给各国经济带来了巨大灾难。它导致股市暴跌,房地产价格迅速下滑,资本外逃,货币贬值,金融机构破产,证券市场关闭;使现实经济受到重创,工厂停工,商业破产,工人失业,使整个社会经济呈现一片凋零景象。政府当局为了挽救经济的颓势,维护社会稳定,纷纷出招,采取救市措施。各种国际会议一个接着一个,共商救市大计,以求联手应对。各国政府当局独立采取或联手采取的各项对策,虽然在一定程度上缓解了资本主义的各种矛盾,使经济在一定程度上得到恢复和发展,但引发危机的根源和矛盾依然存在,在剩余价值规律和竞争规律这一动力机制的作用下,引发危机的根源和各种矛盾必然会进一步深化发展并再次发作,新一轮更加深重的危机必将再次发生。在国际垄断资本主义生产关系和经济制度占统治地位的当代世界背景下,危机的周期律具有不可抗拒和难以超越的特点。①

(3)我们如果再将金融危机的发生机制和危机的不同发展阶段结合来看,金融危机的实现机制主要体现在危机平息后经济复苏阶段的前夕。这是因为,当金融危机的实现机制发生作用时,表征着危机的发生已到顶点,此后即会进入危机平息后的经济复苏阶段。在该阶段中,所有危机状况严重的国家所面对的关键问题是,如何抚平金融危机的影响,提高金融体系的效率和稳定,促进和保证受到打击的世界经济能够恢复发展。从历史的经验分析,金融危机爆发一段时间后,都会引起危机国家实体经济的下滑或衰退,然后,经过政府的救市以及经济的自我调节,经济开始逐步恢复稳定,市场利率降低,市场上升态势开始显现,在这一阶段危机的负面影响即将结束。随后,市场参与主体的信心逐步恢复,对未来的经济形势不再过度悲观,投资者的投资热情开始被市场调动,消费者的消费

---

① 张作云.从《资本论》看国际金融危机的生成和运行机制[J].管理学刊,2012-4:24-25.

潜力也逐步被市场挖掘,整个市场逐渐恢复一幅欣欣向荣的景象。①

综上,通过以上对金融泡沫、金融危机和危机发生机制的关联研究,我们可以得出这样的结论:如果说,金融泡沫的破裂,往往导致债务危机的出现,而债务危机的出现,则可能是金融危机的先兆。那么,金融危机的到来,则表明债务危机已到了极度恶化的程度。因此,金融危机实际上是债务危机恶化的代名词。但无论是金融危机还是债务危机,其本质还是货币问题。同样,无论是金融危机生成的原生机制、动力机制、加速机制、传导机制,还是实现机制都与货币的职能、货币的运用及货币逐利的动机有关。因而货币问题是处理金融泡沫、金融危机的核心问题。而根据"有效货币与实体财富的对应原理"来判断,金融泡沫与金融危机之所以会产生也正是因为违背了这一原理。

4.4.3 对当代金融发展理论的一些反思

4.4.3.1 若干西方金融危机理论模型及其反思

1)若干西方金融危机理论模型

自20世纪70年代始,国际经济一改几十年平稳较快发展的局面,进入了金融动荡、危机频发时期,其中对国际经济具有全局性影响的就有20世纪70—80年代的拉美货币危机、90年代初期的欧洲货币危机以及90年代中后期发生的亚洲金融危机等。据中国学者王洛林等的研究,这3次金融危机唤出了西方四代金融危机理论,同时也产生了相应的理论模型。②

(1)第一代金融危机理论模型

克鲁格曼(Paul Krugman)在1979年发表的"A Model of Balance-of-Payments Crises"一文中构造了货币危机的最早的理论模型。该模型认为:扩张性的宏观经济政策导致了巨额财政赤字,为了弥补财政赤字,政府只好增加货币供给量,同时为了维持汇率稳定而不断抛出外汇储备,一旦外汇储备减少到某一临界点时,投机者会对该国货币发起冲击,在短期内将该国外汇储备消耗殆尽,政府要么让汇率浮动,要么让本币贬值,最后,固定汇率制度崩溃,货币危机发生,从而揭示了固定汇率政策与国内经济过度扩张的矛盾以及由这一矛盾引发危机的路径和过程:在市场主体具有完全预见能力的前提下,国内经济过度扩张→政府财政存在大量赤字→中央银行增发货币为财政赤字融资→货币供应量增加→外币升值、本币贬值→公众调整资产结构,抛售本币,购买外币→外汇市场投机攻击→政府干预外汇市场→政府外汇储备枯竭→固定汇率崩溃,金融危机发生。该理论比较成功地解释了20世纪70—80年代的拉美货币危机。

(2)第二代金融危机理论模型

1992年,英镑危机发生,当时英国不仅拥有大量的外汇储备(德国马克),而且其财政赤字也未出现与其稳定汇率不和谐的情况。第一代货币危机理论已无法对其作出合理解释,经济学家开始从其他方面寻找危机发生的原因,逐渐形成第二代货币危机理论。第二代货币危机模型最具代表性的是由茅瑞斯·奥伯斯法尔德(Maurice Obstfeld)于1994年

---

① 次贷危机研究课题组. 次贷危机正在改变世界[M]. 北京:中国金融出版社,2009:272.

② 王洛林. 全球化与中国金融[M]. 北京:经济科学出版社,2010:229-230.

提出的。他在寻找危机发生的原因时强调了危机的自我促成(Self-Fulfilling)的性质,引入了博弈论,关注政府与市场交易主体之间的行为博弈。他在“Models of Currency Crises with Self-Fulfilling Features”一文中设计了一个博弈模型,说明了动态博弈下自我实现危机模型的特点,并呈现出“多重均衡”性质。该模型认为:一国政府在制定经济政策时存在多重目标,经济政策的多重目标导致了多重均衡。因而政府既有捍卫汇率稳定的动机,也有放弃汇率稳定的动机。在外汇市场上有中央银行和广大的市场投资者,双方根据对方的行为和掌握的对方的信息,不断修正自己的行为选择,这种修正又影响着对方的下一次修正,形成了一种自促成,当公众的预期和信心的偏差不断累积使得维持稳定汇率的成本大于放弃稳定汇率的成本时,中央银行就会选择放弃,从而导致货币危机的发生。其引发危机的路径和过程:汇率稳定目标与政府经济扩张、财政赤字增加的政策不协调→投机者预期本币最终将会贬值而提前抢购外汇→国内经济状况提前恶化→政府维护汇率成本增加→货币危机提前到来。该危机理论较好地解释了1992年英镑危机,当时英国政府面临着提高就业与维持稳定汇率的两难选择,结果放弃了有浮动的固定汇率制。

(3)第三代金融危机理论模型

1997年下半年爆发的亚洲金融危机呈现出许多新的特征,这次危机发生之前,亚洲许多国家都创造了经济发展的神话,而且大多实行了金融自由化。显然,第一、二代模型已经无法较好地解释这场金融危机。而且更难理解的是,这些国家和地区经济(尤以韩国为例)在危机过后很短时期内就实现了经济复苏,某些方面甚至还好于危机之前。在此背景下,麦金农(Ronald Mekinnon)和克鲁格曼提出了第三代货币危机模型,该模型强调了第一、二代模型所忽视的一个重要现象:在发展中国家,普遍存在着道德风险问题。普遍的道德风险归因于政府对企业和金融机构的隐性担保,以及政府同这些企业和机构的裙带关系。从而导致了在经济发展过程中的投资膨胀和不谨慎,大量资金流向股票和房地产市场,形成了金融过度(Financial Excess),导致了经济泡沫。而泡沫破裂或行将破裂所致的资金外逃,将引发货币危机。该一模型的特点是把金融危机置于一个完整的宏观经济周期的框架之中,认为金融自由化、大规模外资流入、金融中介信用过度扩张、风险投资过度、资产泡沫化、金融中介资本充足率低、缺少金融监管等是与危机相伴发生的经济现象,资产泡沫化、道德风险、金融恐慌、外资诱导等是产生危机的原因,金融机构尤其是金融中介对危机的产生起着重要作用。危机产生的路线图可概括为:金融自由化→国际资本流入→宏观经济过热→泡沫经济产生→财务结构脆弱→银行信贷资产风险上升→利息率上升→金融崩溃。

(4)第四代金融危机理论模型

第四代货币危机模型是在已有的三代成熟的货币危机模型上建立起来的。该理论认为,如果本国企业部门的外债水平越高,“资产负债表效应”越强,经济出现危机的可能性就越大。这一模型的重要之处,在于它揭示了国内资产价格的信心效应所造成的自我实现的悲观主义情绪与投资崩溃、金融危机的关系,其理论逻辑是:企业持有大量外债→导致国外的债权人会悲观地看待这个国家的经济→减少对该国企业的贷款→使其本币贬值→企业的财富下降→能申请到的贷款下降→全社会投资规模下降→经济陷入萧条。当然，第四代危机模型目前尚不成熟，还有待进一步完善。①

2）对西方金融危机理论的反思

由以上对一至四代金融危机理论模型的介绍中，我们可以看到，这些理论模型主要分析了外汇市场上投机攻击与宏观经济基础变量之间的关系，揭示了固定汇率政策与国内经济过度扩张的矛盾，以及这一矛盾与金融危机之间的关系，在一定程度上揭示了金融危机的原因；通过对政府固定汇率政策目标选择与国内经济过度扩张政策的矛盾引发金融危机的路径分析，在一定程度上揭示了金融危机的生成和传导机制；以金融自由化为前提，分析了国际资本自由流动、金融中介信用扩张、风险投资膨胀、资产泡沫化、金融监管乏力等因素与金融危机的关系，披露了西方竭力奉行并在全世界推广新自由主义政策的弊端，在一定程度上揭示了虚拟经济与现实经济之间的关系，反映了国际经济运行的现实及其存在的问题。然而，上述理论模型也存在明显的缺陷和非科学性。(1)只谈危机的继发性、间接性和具体性原因，回避危机发生的原发性和根本性原因，从而把危机描述为没有原生病源、随机发生的经济现象。(2)片面强调市场上的投机性攻击，不谈引发市场投机的资本本性、剩余价值规律和竞争规律在危机发生过程中的推动作用，从而使危机变成无动力机制的偶发性经济悲剧。(3)只注重对危机运行过程的现象描述，诸如金融自由化、国际资本流动、金融机构信用扩张、资产泡沫化、金融监管乏力等，而没有分析在这些现象背后隐藏的深层次的和本质性的问题，不能透过经济运行过程表面的、复杂的、令人眼花缭乱的现象，去揭示主宰经济运行过程、决定过程走向和趋势、已经人格化的资本本质和罪恶目的，从而把危机的原因归结为制度漏洞、政策失当、监管不到位等脱离经济基础的纯上层建筑的主观制度性因素。(4)只注重分析影响经济过程、促进危机发生的外部因素，如汇率政策目标选择、政府经济和信用过度扩张、市场投机等，而没有分析经济过程内部固有的和派生的各种矛盾以及这些矛盾与外部因素的联系，不去分析经济过程内部矛盾与外部因素的联系对危机发生并横向传导的作用，从而陷入形而上学的外因论，以致削弱政府治理危机、实现经济复苏的政策效应。(5)从道德风险、金融恐慌、羊群效应等角度分析金融危机发生及传导过程，把危机的发生、发展、传导、蔓延归结为市场主体的道德贪婪、信心缺失以致发生恐慌等主观因素相互作用的结果，而没有分析引发危机的经济过程内含的客观原因，从而使分析陷入主观唯心论的泥淖。须知，经济问题只能用经济学的方法来解决，不能把它诉诸所谓的永恒正义。这是因为“诉诸道德和法的做法，在科学上丝毫不能把我们推向前进”。②

总之，虽然上述理论模型在一定程度上接触到了问题的现实，但毕竟是对危机运行过程表象的描述，对危机本质方面的研究较少，离危机生成和运行机制本质机理的分析还有相当一段距离。正因为如此，所以从一代至四代的金融危机理论模型不断在修正之中。③

---

① 上述四代金融危机理论模型，参见：王洛林．全球化与中国金融[M]．北京：经济科学出版社，2010：229-230；方明．蝶变：从金融风暴走向全球共治[M]．北京：中国财政经济出版社，2009：86，102-103，122-133；宗良．危机后的全球金融变革[M]．北京：中国金融出版社，2010：2-8；次贷危机研究课题组．次贷危机正在改变世界[M]．北京：中国金融出版社，2009：269-272。

② 马克思恩格斯选集：第3卷[M]．北京：人民出版社，1995：492.

③ 张作云．从《资本论》看国际金融危机的生成和运行机制[J]．管理学刊，2012-4：26.

3) 对西方金融深化理论的反思

从东南亚数国金融危机到日本、美国金融危机的情况来看,金融危机无论是发展中国家或发达国家均会发生,其中尤以发展中国家为甚。而发展中国家之所以容易发生金融危机,则与所谓的主流经济学界关于金融的深化理论的指导有关。这是因为在发展中国家的经济发展中,无不需要首先解决两个问题:一是资本短缺与经济发展需要的矛盾;二是资本配置效率低下的问题。对此,“金融自由化”理论的始作俑者,美国经济学家罗纳德·麦金农(R. I. Mckinnon)和爱德华·肖(E. S. Show)于 1973 年提出了影响深远的金融深化论,认为发展中国家要解决上述两个问题的途径应从金融着手,摒弃传统的以低利率为特征,主要通过政府干预和信用配给资金的金融抑制政策,转而通过持续而有步骤的金融开放政策引起“金融深化”——即人们乐意持有的金融资产相对于有形资产较快增长,从而便利资本的筹集和流动,有效地解决资本的合理配置问题,促进经济的高效发展。① 但现实的问题是,也正是在金融深化理论的指导下,凡是发生金融危机的国家都曾产生严重的金融泡沫。这说明,有必要对金融深化理论进行反思。

毋庸置疑,金融深化理论本身的确对金融发展理论做出了一定贡献。中国学者徐茂魁等将其贡献概括为三个方面:其一,提出了发展中国家的金融抑制与金融深化的分析模型,由结构主义转到新古典主义,其理论贡献堪比刘易斯的二元结构论;其二,通过内生增长理论阐明了金融对实体经济的促进作用,为金融发展理论注入了新的活力和奠定了微观基础,也使研究的触角扩展到发达经济;其三,从制度分析入手,探寻金融体系自身发展的动力,从法律、政治、非正式制度等方面分析了影响金融发展的因素,为各国促进金融发展指明了制度改革方向。然而,在金融发展理论的演进过程中,却一直暗含着一个鲜明的宗旨,那就是把实行普通法系、推崇金融自由化并有着最发达金融市场的美国,作为发展中国家乃至所有发达国家学习和仿效的楷模,把美国的金融制度当作金融发展的最为理想的“圣地”。但也就是在美国,2007 年却爆发了震惊世界的次贷危机,并演化为席卷全球的金融海啸。据统计,在这场风暴中,全球共损失了超过 17 万亿美元的金融资产,发达国家与发展中国家的股市分别下跌了 54. 72% 和 42. 70% 。其中,中国的沪深股市也难幸免,分别以 65. 39% 和 63. 36% 的跌幅排在全球跌幅榜的第四和第五位。这不仅使人们对金融发展理论产生了疑问:它的理论推导和经验考证是否有疏漏? 它的结论是否可靠以及还有哪些谬误需要修正?②

4. 4. 3. 2　西方金融危机理论的若干误区

1) 未从市场体制与社会经济制度上剖析金融危机本质性原因

西方金融危机理论主要在前述第一代和第二代金融危机模型的基础上,分别提出了以由金融恐慌所驱动的金融危机模型、由经济基础变量所驱动的金融危机模型、强调金融系统不稳定性的金融危机模型等为标志的第三代金融危机模型。这些模型分别从信息不充分下因恐慌心理而撤离资金、政府隐形担保而导致国内银行巨额不良资产、银行与存款

① 傅国文. 中国金融深化还是金融泡沫. 金融科学[J]//中国金融学院学报,1997(2):35-38.

② 参见全景网:《全球股市 08 年跌幅榜》, 2008-12-31. 转引自:徐茂魁,陈丰,张家伟,郑世蕊. 对金融发展理论的思考——以美国次贷危机为鉴[J]. 政治经济学评论,2009(1):132-148.

者之间的"协调失败"而导致的银行挤兑等角度去解释金融危机的根源与原因。应该说，这些金融危机模型对危机成因的解释，有一定的合理性，但他们仅从金融层面谈金融危机问题，却没有从市场体制与社会经济制度的内在本质上，去系统地剖析金融危机的本质性原因。而马克思经济学则是以制度分析见长，它对经济问题的分析主要是深入到经济关系的本质层面进行分析，并且主要是从批判的角度，将私有制市场经济的运行机制和经济制度有机结合起来，分析剩余价值的生产、流通和社会再生产中的矛盾运动问题，并强调在此过程中，将不可避免地产生周期性的经济波动或经济危机。从这个角度上说，马克思经济学对危机的分析更为深刻。比如，在基本制度成因方面，资本主义自由市场经济制度的内在缺陷与矛盾运动的累积，以及虚拟资本的过度膨胀与过度投资，一方面会带动社会生产的过度膨胀，另一方面也会引起社会再生产中各种平衡比例关系的打破，以及社会资本运行中生产与消费、供给与需求等一系列矛盾的累积与激化。在马克思经济学看来，这些比例关系失衡与社会资本运行矛盾积累到一定程度时，必然要引发金融与经济危机。而之所以有如此逻辑关系，是在于资本主义自由市场经济制度存在自身的内在缺陷与矛盾运动。而正是这种内在的缺陷与矛盾运动，将引发各种经济比例关系的破坏与失衡，从而使市场经济运行出现周期性波动，严重时将产生金融、经济危机。但这种自由市场制度的内在缺陷在现代西方主流经济学中往往仅从市场失灵的运行层面进行描述，尤其是在主流经济学的教材中，市场失灵主要表现为外部性问题、公共产品问题、不完全信息和交易成本问题。从而避免了从体制与制度层面上对金融危机本质性原因的研究。[①]

2）忽视货币本位、误将货币与货币资本混为一谈

货币本质问题的核心其实是货币本位问题，它必须回答货币的本位到底表征什么。作者在《财富本源与世界统一货币》一书中曾指出：货币本位的本质是指"单位货币本身应包含一定量经公意约定、普遍接受、相对恒定的具体价值量，或抽象价值量"。[②] 而西方经济学理论在讨论货币问题时，已完全忽视了货币本位问题。而把本身价值并不稳定的某种国际货币（比如美元）无意识地（或是有意识地）直接看成本位货币。此外，关于货币的本质也是一个非常复杂的理论问题，至今学术界尚有争论。中国学者徐茂魁等认为，现今西方经济学中较为流行的是现代货币数量论，但它把研究重点放到了货币数量与物价的关系上，而对于货币本质等基础研究则相当薄弱，或有意忽略。这一缺陷同样也反映在金融发展理论中，对货币特别是纸币的本质与职能，对货币、货币资本及借贷货币资本等范畴，界定得不十分严格，混淆了货币、货币资本和借贷资本等不同的经济范畴。受此影响，该理论对发展中国家在金融深化过程中，如何保持本国货币的安全与稳定的研究也显得不足。这也是一些积极推行金融自由化的发展中国家和地区，多次爆发本国货币大幅贬值、物价飞涨，甚至出现货币金融体系崩溃的原因之一。

应该说，在货币金融理论发展史中，马克思的贡献是不容置疑的。他第一次深入科学地探索了货币的起源、本质和功能问题，通过货币——货币资本——借贷货币资本——虚

① 周小亮．金融危机成因的马克思主义经济学分析及其现实思考[J]．政治经济学评论，2009(1)：119.

② 曹钟勇．财富本源与世界统一货币[M]．北京：中国铁道出版社，2010-11：336.

拟资本这一科学的分析范式,明晰地界定了这些范畴的联系与区别。马克思的货币金融理论中一些科学原理和基本论点,至今也没有过时,仍发人深省。这包括:(1)货币是固定充当一般等价物的商品,具有价值尺度与流通手段的基本功能;纸币是政府强制流通使用的货币符号,纸币的发行数量应与流通中所需要的金属货币数量相符合,否则会引起货币贬值和通货膨胀。(2)货币资本是产业资本在循环过程中的三种职能形式之一,其职能是购买生产资料和劳动力,为资本主义生产做准备,货币是生产的第一推动力。(3)借贷货币资本是为了取得利息而将其使用权转让给职能资本家的暂时闲置的货币资本,它是作为商品的资本,使资本的所有权与使用权发生分离,平均利润也分割为利息与企业利润,因而利息是剩余价值的转化形式。(4)一些信用工具如商业汇票、银行汇票和银行券,还有国债、股票和企业债券等公共有价证券,本质上都不是现实资本,而是虚拟资本,虚拟资本理论也是马克思货币金融理论的最高层次。而在现代西方经济学中,则把货币、货币资本、借贷货币资本这三个概念混为一谈,在金融发展理论中也是如此。例如,肖的债务中介论就认为,在发展中国家实际货币不是社会财富货币,实际货币增长也不是社会收入增长,货币不是一种生产要素。实际货币余额的增减不影响社会收入,货币只是债务中介。相反,货币是货币体系的债务,货币是债务中介。[①] 这一观点就值得商榷。因为"财富是货币的本源、货币为财富的表征"。具体来说,货币是不是社会财富,其实不应以货币能否与物质资本相互替代为标准。如果是金属货币,自然表征社会财富;如果是纸币,仍可理解为价值的代表和社会财富的代表。货币固然不是直接的生产要素,但货币资本却是资本循环中的一种必然存在的职能形式,企业只有先进行融资,然后才能购买现实的生产要素,所以也不能将二者完全隔离开。正如马克思在阐述产业资本循环时所述,货币资本"是每个单个资本登上舞台,作为资本开始它的过程的形式。因此,它表现为发动整个过程的第一推动力。"[②]而货币的债务中介论,是将货币的流通媒介功能与信用中介功能混同了,债务中介只是针对借贷货币资本而言才是正确的。而通过重温马克思的货币与货币资本的理论,还使我们对近年来发生的全球金融危机有了更深刻的思考。比如,现在流通中的纸币来源于银行券,不过最初的银行券发行是要以黄金储备为基础的,但自从纸币发行与黄金脱钩后,它就是发币银行对社会的债务关系,其本质就是虚拟资本。随着国家干预主义的盛行,政府财政赤字政策成为刺激需求的重要工具,带动了纸币的过度发行。特别是美国,利用其强势美元地位,长期存在大量的财政和外贸的"双赤字",致使美元的超额发行和对黄金的大幅贬值。在 1971 年美元与黄金脱钩前,1 盎司黄金可固定兑换 35 美元,而至今,1 盎司黄金的牌价早已经超过 1 300 美元。仅 2008 年 10 月在美国未偿还国债总额 10. 5 万亿美元中,中国央行就持有 7 500 亿美元,成为美国国债的最大持有国。中国央行持有美国国债规模占外国央行持有美国国债总规模的 35. 4% ,[③]因而有人把美国的"双赤字"看做是全球金融体系的"定时炸弹"。

---

① 陈支农. 发展中国家经济金融关系调整的宝典——重读《经济发展中的金融深化》,转引自:徐茂魁,等. 对金融发展理论的思考——以美国次贷危机为鉴[J]. 政治经济学评论,2009(第 1 辑):132-148.

② 马克思. 资本论:第 2 卷[M]. 北京:人民出版社, 1975:393.

③ 资料来源:根据中国经济网综合, 2008-11-7.

3)未充分认识金融活动所具有的衍生性和虚拟性

虚拟资本理论或金融资产的虚拟性研究，是马克思货币金融理论中别具特色的核心内容，也是对金融活动的衍生性和虚拟性的科学概括。马克思分析的虚拟资本主要有两种形式：第一种形式是信用活动和信用票据，如商业汇票、银行汇票和银行券等，不仅它们本身的价值是虚拟的，而且它们在运行过程中，还会被重复使用，使其虚拟性得到加倍的扩张；第二种形式是各种有价证券，如国债、企业债券和股票，它们只是资本所有权的证书，是“资本的纸的副本”，而真正的资本已经到企业中去了。马克思指出，“生息资本的形式造成这样的结果：每一个确定的和有规则的货币收入都表现为资本的利息，而不论这种收入是不是由资本生出”。① 因此，一切可以获得预期收入的源泉，无论是单纯的所有权证书还是像地产一样的现实的生产要素，都被纯粹幻想地看成为资本。马克思在谈到信用和虚拟资本的二重作用时还指出：一方面它可以加快资本周转速度、节约流通的货币、促进资本的集中；另一方面也会激化资本主义生产方式的内在矛盾，并导致资本主义经济危机的爆发。而在现代金融发展理论中却少有对金融衍生性和虚拟性的论述，因而它对金融与实体经济关系的分析也是不全面的。例如，金融发展理论中的内生增长理论，虽然阐述了金融活动可以节约交易成本、提高资源配置效率，可以促进实体经济发展的观点，但却没有更多地考虑，金融产业是伴随实体经济的发展而成长起来的，金融发展必然受到实体经济的制约，正所谓“皮之不存，毛将焉附”。比如当今，美国服务业的产值占到 GDP 的 70%，其中金融产业又占了很大的比重，这种现象是否正常？其他国家能否效仿？值得怀疑。再有，马克思的虚拟资本理论还说明，由于金融衍生产品只是“想象中”的资本，其价格很容易受到人为炒作，容易制造金融泡沫，从英国 18 世纪初的南海泡沫，到当代美国的网络泡沫、次贷泡沫，莫不如此。现在严重的问题是，在金融发展理论和金融创新理论的推动下，各种金融衍生产品如期货、期权、互换合约等层出不穷。特别是 20 世纪90 年代以来，美国开创了资产证券化的新的金融创新活动，凡是有一定现金流的资产都被当做“资产池”，用来开发成新型的有价证券，加强其资产的流动性。如由美国次级房屋抵押贷款证券化而衍生出来的众多的衍生产品，包括住宅抵押贷款支持证券 MBS、资产担保证券 ADS、担保债券凭证 CDO 等，这些金融衍生产品，脱离实体经济越来越远，虚拟性越来越强，泡沫也就越吹越大。而一旦初始的现金流发生断流，必然导致派生的衍生产品依次破灭，最终导致金融危机的爆发。②

4)对政府监管与金融风险防范重视不足

金融自由化与政府的严格监管，是矛盾的两个方面，它们既是对立的又是相互依存的。金融自由化理论由于受美国新自由主义的影响，更多地强调了发展中国家实行金融自由化的重要性，而对于金融产业的风险防范和政府监管的研究则相对较弱。实际上，美国的次贷危机爆发已经引起人们对原来的金融自由化理论的深刻反思，人们正在追究美联储和证监会疏于监管的责任，要求加强政府对金融业监管已成为全社会的呼声。而对于采取金融深化战略的发展中国家来说，这是一种金融赶超的战略，在金融制度尚处于

① 马克思．资本论：第 3 卷[M]．北京：人民出版社，1975：526.

② 徐茂魁，等．对金融发展理论的思考——以美国次贷危机为鉴[J]．政治经济学评论，2009(1)：132-148.

“抑制”的状况下,加强政府监管就更为必要。这一点甚至已引起一些西方学者的关注。比如2007年,麦金农在接受中国记者采访时说,我觉得中国在金融自由化上应该三思而后行。现在中国的银行业有自己的一些业务分离的规定,我认为应该继续加强监管,慎重地规范金融业务。① 我们知道,金融产业与其他产业相比具有更大的风险性,这种风险性的根源在于,金融活动是建立在信用的基础之上的。借贷资本的本质是所有权的暂时让渡,提供在一定界限内绝对支配别人资本和别人劳动的权利,在促进资本主义经济发展的同时,也加速了资本主义生产方式内在矛盾(即危机)的爆发。因为这种信用会结成很长的债务链条,一旦某个环节出现问题,就会使整个链条崩溃。再有,银行制度本身具有的所谓“创造存款”的功能,恰类似于同一个资本可以连续用来进行多次的借贷,所谓乘数效应就指这种情况。对此,马克思曾说,随着生息资本和信用制度的发展,“一切东西都会增加一倍和两倍,以至变为纯粹幻想的怪物一样”。② 此外,金融活动的风险性,还会来源于资本市场,股票的发行与交易更容易出现各式各样的欺诈行为。正如马克思所说,股份公司的发展,“再生产出了一种新的金融贵族,一种新的寄生虫——发起人、创业人和徒有其名的董事;并在创立公司、发行股票和进行股票交易方面再生产出了一整套投机和欺诈活动。这是一种没有私有财产控制的私人生产。”③

值得一提的是,美国在20世纪20、30年代经济危机之后,制定了《格拉斯—斯蒂格尔法》,分离了投资银行和商业银行的业务,使人们可以把存款安全地存在商业银行里,对商业银行还实行了存款保险,这是各国应当借鉴的。但是,美国对于投资银行却没有这方面的限制,导致投资银行的业务风险很大,这也是各国应汲取的教训。④ 但反观有些发展中国家,尚未建立起良好的内部监管体制的基础,就快速推行金融自由化,并允许商业银行经营投资业务,结果对金融泡沫的膨胀起了极大的催化作用,为随后金融危机的到来埋下了隐患。

5)对金融开放过程中的国家金融安全问题重视不够

金融发展理论在推崇金融自由化的同时,也倡导发展中国家放开汇率管制,尽快实现金融市场的对外开放。但反观金融发展理论,对金融开放过程中国家金融安全问题的关注严重不足,从而造成不少在这一理论指导下实践的国家发生了重大损失。具体来说,由经济全球化推动的金融市场的开放,虽然是世界经济发展的总趋势,各国都会被不同程度地卷入。但由于金融产业经营的是货币资本和有价证券,具有同质性、流动性和变现性强的特点,因而是最容易实现对外开放的产业。但同时我们也必须看到,金融行业存在很高的风险性,金融大鳄会利用落后国家对外开放之机兴风作浪,因而对于在世界金融市场中处于弱势地位的发展中国家来说,国家的金融安全问题就显得极为重要。从发展中国家实行金融开放的一些实例来看,成功的极少,反而有一些国家却陷入了灾难的深渊。比

① 曹理达. 麦金农:慎行金融自由化建立良好的内部监管[N]. 21世纪经济报道,2007-09-29.

② 马克思. 资本论:第3卷[M]. 北京:人民出版社, 1975:535.

③ 马克思. 资本论:第3卷[M]. 北京:人民出版社, 1975:496.

④ 徐茂魁,陈丰,张家伟,郑世蕊. 对金融发展理论的思考——以美国次贷危机为鉴[J]. 政治经济学评论,2009(1):132-148.

如,亚洲经济危机和阿根廷的经济危机都是金融自由化和资本自由化的结果。亚洲金融危机从泰国引爆。而泰国在 20 世纪 90 年代危机爆发前的十几年中,经济年增长率超过 8% 。高增长和廉价劳动力以及廉价土地吸引来大量外资,主要流进了房地产市场和证券市场。由于金融体系内外腐败严重,银行呆账坏账十分严重。在西方国家主导的经济全球化和金融自由化的压力下,泰国过早地、过度地开放金融市场,撤掉了所有自我保护的屏障。结果爆发了一场严重的金融危机,使泰国经济很快下降到 30 年来的最低点。随后,泰国金融危机很快发展为东南亚金融危机,接着发展为亚洲金融危机,还导致了俄罗斯金融危机和巴西金融危机。再比如,阿根廷自 1989 年在对外经济活动中实行了新自由主义经济政策后,就放开了对外资的限制,没有外汇管制和信用证的限制,货币自由兑换,资本出入自由。阿根廷将比索和美元以 1∶1固定汇率挂钩,银行每发行一个比索,就要有一个美元的外汇储备做基础。相应的中央银行要无条件以固定汇率接受市场对美元的买卖要求。2001 年 3 月,阿根廷出现了一个小的偿债高峰,人们对阿根廷政府借新债还旧债的能力有些疑虑,美元也就停止进入,使得国内流通的货币减少,最终经济陷入了瘫痪状态。同年 11 月 2 日,阿根廷股票指数和国债价格大幅下跌,货币市场利率急剧飙升,银行间隔夜拆借利率竟高达 250% ~300% 。阿根廷的金融危机不仅使本国政局动荡,自 2001 年 12 月 20 日德拉鲁阿总统宣布辞职至 2002 年 1 月 1 日杜阿尔德就任新总统,短短 12 天内五易总统,政治危机严重,还殃及拉丁美洲的其他邻国。不久,阿根廷政府终于宣布放弃执行了 11 年的比索与美元挂钩的货币汇率制,比索贬值 40% 。① 所有这些例子都表明,在金融开放的过程中,如果一个国家对金融安全问题“不设防”,那必定会带来血的教训。

6)对金融活动与经济周期性关系的研究显得薄弱

自从 1825 年资本主义社会出现第一次经济危机以来,反经济周期性问题逐步成为宏观经济研究的主要课题。由于宏观经济周期性同金融发展是密切相关的,而经济危机也常常与金融危机紧密交织在一起。因此,对金融危机的研究就不能不考虑到经济周期问题。同样以美国次贷危机为例,在危机爆发前,全球经济表现为过快增长,货币供给过剩,大宗产品价格飞涨;而在危机爆发之后,却急转直下,经济大幅下滑,货币供应紧张。人们不禁要问:在流通中还是那么多的货币,可为什么在危机前表现为流动性严重过剩,而在危机后突然转为流动性严重短缺?货币资本的积累和实体经济的周期性到底是什么关系?其实,马克思早就对金融活动与经济周期性问题做过开创性的研究。他将产业周期分为萧条——好转——高涨——危机四个阶段,只是在好转和高涨两个阶段,充裕的借贷货币资本才和产业资本的显著扩大结合在一起。但是,在产业周期的开端,低利息率和产业资本的收缩结合在一起;而在周期的末尾,则是高利息率和产业资本过多地结合在一起。即在萧条和危机两个阶段,表现在利息率上的借贷资本的运动和产业资本的运动,总的说来是按相反的方向进行的。特别是在危机阶段,乍看起来好像整个危机只表现为信用危机和货币危机,问题集中表现为汇票难以兑现为现金。“但是这种汇票多数是代表现实买卖的,而这种现实买卖的扩大远远超过社会需要的限度这一事实,归根到底是整个危

---

① 徐茂魁,陈丰,张家伟,郑世蕊. 对金融发展理论的思考——以美国次贷危机为鉴[J]. 政治经济学评论,2009(1):132-148.

机的基础。”[①]因此，资本主义经济危机是由生产过剩，而不是由货币资本不足造成的。他还指出，货币资本积累的量必然总是大于现实资本积累的量。因为，货币资本的积累，只是部分来源于再生产的量。此外，货币资本的积累还有以下几种特殊来源：由于生产要素价格下降而游离出来的货币；某些商人由于营业中断而游离出来的货币；一些发了财的资本家积累了一定货币；货币资本的积累还会来自地租、工资等。“因此，从这方面看，货币资本的积累所反映的资本积累，必然总是比现实存在的资本积累更大。”[②]在现代市场经济中，政府为了弥补财政赤字而增发的纸币，将是货币更快积累的又一个重要的源泉。那么，为什么过剩的货币供给在危机爆发时突然表现为货币不足呢？马克思的解释是：经济顺利发展时期，货币会在很大程度上为信用所代替，但在经济萧条时期，现实货币将会突然作为唯一的支付手段和真正的价值存在，绝对地和商品相对立。信用紧缩和信用货币的贬值，表明大量商品难以转化为现实货币，商品生产已经超过有支付能力的需求。“这种现象在资本主义生产中是不可避免的，并且是它的妙处之一。在以前的生产方式中没有这种现象，因为在它们借以运动的那种狭隘的基础上，信用和信用货币都还没有得到发展。一旦劳动的社会性质表现为商品的货币存在，从而表现为一个处于现实生产之外的东西，独立的货币危机或作为现实危机尖锐化的货币危机，就是不可避免的。”[③]根据马克思的论述，可以将金融与经济周期的关系概括如下：(1)在经济复苏和高涨阶段，货币资本积累会快于实体资本积累；(2)过剩的货币要寻求出路，造成金融产品价格飙升和新的金融衍生物出现，从而不断创造出更多的虚拟资本；(3)金融资产膨胀不仅创造着“金融泡沫”，而且创造出虚假需求，导致实体经济过度扩张，呈现虚假繁荣；(4)一旦过度扩张的产品找不到销路，生产过剩的危机就会爆发，并首先造成信用链条崩溃，货币成为唯一的支付手段，货币短缺，利率抬高，表现为货币危机；(5)危机过后，需求萎缩、市场萧条，货币供应相对过剩，利率下降，为经济复苏做准备。按此分析，美国次贷危机是人为制造的房地产泡沫破裂造成的，过度的金融衍生物将这个泡沫成倍地吹大了。对此，中国国家统计局前局长李德水对此总结说，美国金融衍生产品发展过快，而金融监管体系没有跟上，对危机起到了推波助澜的作用。[④]

此外，一些发展中国家的情况也是如此：在金融抑制状况下，经济发展缓慢但平稳；随着金融深化，经济周期性问题也开始显现。例如，中国改革开放 30 年来，似乎每 10 年就是一个经济周期，“逢八”都出现了经济下滑。其中是否含有一定的规律性，很值得探讨。然而现代金融发展理论对此问题的研究显然是不够的。

注　释

I　利库路特股票丑闻是当时日本最为轰动的社会新闻，它是继洛克希德事件之后又一次重大贪污受贿案件，也是战后日本历史上最大的贪污受贿案件。围绕这一丑闻的幕后政治角逐更是异常激烈。这起贿赂案件的主谋江副浩正，当年 52 岁，出生在大阪市，高中毕业后考进东京大学教育系。1960 年毕业后他立即创办了一个只有三名职员的广告公司，自任经理，出

---

① 马克思．资本论：第 3 卷[M]．北京：人民出版社，1975：555.

② 马克思．资本论：第 3 卷[M]．北京：人民出版社，1975：572-573.

③ 马克思．资本论：第 3 卷[M]．北京：人民出版社，1975：585.

④ 李德水．危机根源在于美国经济过分虚拟化[N]．第一财经日报，2009-1-20.

版小报，为大学生提供租房和打工信息。三年后他创办利库路特中心（1984 年改名为利库路特公司）。经过近 30 年的奋斗，利库路特公司发展成为拥有 27 家公司、1 万名职工、年营业额达 5 000 亿日元的利库路特集团。该集团的经营范围涉及广告、信息、不动产和旅游等方面。1984 年，利库路特集团不惜花费巨款买下世界地价最昂贵的东京银座大街上一幢大楼作为总部，江副从此名声大振。他在日本政府当局公布的 1987 年高额纳税者名单中名列第 29 位，可见其经济实力上升之快。自 1984 年起，江副相继加入日本财界团体经团联、经济同支会、日经联，并分别担任干事、评议员和常任理事，以"破例的年轻岁数"在财界确立了不可轻视的地位，被称为一颗"新星"。在财界步步高升的江副，于中曾根政权后期又在政界崭露头角。从 1985 年起他先后就任日本教育课程审议会委员、税制调查会特别委员、土地临时调查会参事、大学审议会委员等要职。人们认为，江副获得的这些头衔与他的贿赂高官不无关系。1989 年 4 月 11 日，竹下登首相在日本众议院承认，他本人及其亲属 1985—1987 年期间共接受利库路特公司 1.51 亿日元的政治捐款，使舆论哗然。日本自 4 月 1 日开始征收消费税，使国民更加不满。据调查，竹下内阁的支持率下降到近 3%，是战后支持率最低的内阁之一。在此情况下，执政不满两年的竹下于 25 日引咎辞职。据日本报刊估计，行贿金额总计高达数十亿日元。前首相中曾根康弘、首相竹下登、自民党干事长安倍晋太郎、宫泽喜一和民社党委员长冢本等人都涉嫌此案。参见：①朱心坤．在利库路特股票丑闻的背后[J]．国际展望，1989(3)；②历史上的今天，人民网，2003-8-1.

Ⅱ 比如，美国经济学家 Fry(1980) 采用累计时间序列回归估计模型得出结论：在亚洲平均实际利率向均衡的自由利率每上涨 1 个百分点，经济增长率将提高 0.5 个百分点。世界银行 1989 年对 34 个样本国家的研究结果发现：正实际利率国家的投资效率（产出/资本）比负实际利率国家高 4 倍。在 53 个被研究的国家中，20 世纪 70 年代实际利率低于 -5% 的国家的经济增长率平均比正实际利率的国家低 1.4%。上述研究表明：利率自由化在理论验证上获得了肯定。参见：Maxwell J. Fry. Money, interest, and banking in economic development[J]. The Johns Hopkins University Press, Baltimore, MD, London, 1988: pp. 522.

Ⅲ 如进一步细分，信用衍生工具还可以分为远期、期货、期权和掉期四大类。其中，远期合约和期货合约都是交易双方约定在未来某一特定时间、以某一特定价格、买卖某一特定数量和质量资产的交易形式。期货合约是期货交易所制定的标准化合约，对合约到期日及其买卖的资产的种类、数量、质量作出了统一规定。远期合约是根据买卖双方的特殊需求由买卖双方自行签订的合约。因此，期货交易流动性较高，远期交易流动性较低。掉期合约是一种交易双方签订的在未来某一时期相互交换某种资产的合约。更为准确地说，掉期合约是当事人之间签订的在未来某一期间内相互交换他们认为具有相等经济价值的现金流的合约。较为常见的是利率掉期合约和货币掉期合约。其中，掉期合约中规定的交换货币如是同种货币，则为利率掉期；如是异种货币，则为货币掉期。期权交易是买卖权利的交易。期权合约规定了在某一特定时间、以某一特定价格买卖某一特定种类、数量、质量原生资产的权利。期权合同既有在交易所上市的标准化合同，也有在柜台交易的非标准化合同。

Ⅳ 虽然后来凯恩斯凭借着敏锐的判断力，到 1936 年，他靠投资股市把财富又增长到了 50 万英镑以上。但是在 1938 年的熊市中，他的资金又缩水了 62%。参见《海外编译》，北京，《产业安全预警网》出版，2007 年 6 月 26 日版。

Ⅴ 美国次级抵押贷款市场是指美国境内主要向信用分数低于 620 分，收入证明缺失、负债较重的人提供住房贷款的市场。另据美国抵押贷款银行家协会（Mortgage Bankers Association, MBA）披露的调查报告称："2006 年获得次级抵押贷款的美国人中有 30%，可能无法及时还贷，即美国有 220 万人可能因为无力还贷而失去住房。"由于贷款银行或机构担心风险过度集中，会将已形成的不良贷款处理给中介机构，以赚取利差。比如银行、信贷机构做信贷，它们一般当天贷出 100 万，当天就会把这 100 万的贷款卖给联邦住房抵押贷款公司（简称 F），F 再把它买给 G 公司，G 公司再把这些资产打成包，形成一个投资组合，分成股份，把股份向证券公司、对冲基金、保险公司、机构投资者、大学退休金公司等兜售。从而会引起债务的延伸和信用的连锁扩展。参见：邢莉云，美次级按揭危机最高损失可达 5 000 亿美元，《21 世纪经济报道》，2007 年 8 月 6 日，第 15 版。

Ⅵ 1980 年以来，国际市场上资本的流动在短期内似乎没有规律，但从长期来看，却有规律，并且与美国利率的变化有直接的关系。参见：Marco Cipriani & Graciela L. Kaminsky, Volatility in International Financial Market Issuance: The Role of the Financial Center, Open Econ Rev(2007) 18: 157, 176.

Ⅶ 新华社北京 11 月 18 日专电："次贷危机重创美欧日，金融机构损失超 630 亿美元，其中，美国花旗银行集团的损失预计接近 180 亿美元，全球最大券商美林公司仅第三季度的损失就约为 84 亿美元。德意志银行和瑞士联合银行的损失约为 36 亿美元，英国汇丰集团第三季度在美国的次贷相关业务损失达 34 亿美元，英国巴克莱银行第三季度损失约为 27 亿美元。日本野村控股公司损失达 1 456 亿日元（1 美元约合 110.82 日元），瑞穗金融集团的损失预计达 1 700 亿日元。"参见：次贷危机重创美日欧，《文汇报》，2007 年 11 月 19 日，第 3 版。

Ⅷ IMF 还称："综观历史，以美元计算，这次危机的损失规模与 20 世纪 90 年代日本银行业危机的损失规模相当。"据它估计,后者的损失高达7 500亿美元。参见:法新社华盛顿4月8日电. IMF预计:全球因信贷危机损失近万亿美元. 参考消息,2008-4-10(4).

Ⅸ “从‘9·11’以后,美国为了刺激经济增长,连续13次降低利率,房地产市场受到激励开始迅速膨胀,炒房投资盛极一时。美国平均房价2003—2006年4年涨幅超过50%,1995—2006年房价翻了一番多”。摘自:新华社电. 美国次债余震:美次级债危机警示中国炒房者. 青年报. 2007-8-12(10).

Ⅹ 参见:社评:“未雨绸缪监管房贷,规避房价暴跌风险”,《21世纪经济报道》,2007年9月26日,第1版。另有资料表明:“8月17日,美联储宣布将贴现率即商业银行向联邦储备银行举债的短期贷款下调0.5个百分点,从6.25%下调至5.75%”。参见:卢薄康、陆益峰,透视美国次级信贷危机,救市:伯南克握住手中牌,《文汇报》2007年8月24日,第4版;金蕴,美次级债危机警示中国炒房者,《青年报》,2007年8月12日。第10版;王梓、周慧兰,“次按危机”启示,《21世纪经济报道》,2007年8月27日,第4版。

Ⅺ 贝尔斯登公司(The Bear Stearns Companies,Inc.,当时纽约证券交易所原代码:BSC),成立于1923年,是美国第五大的投资银行与主要证券交易公司之一(2008年3月资料),主要从事资本市场、财富管理等领域的金融服务。总部位于美国纽约市。有85年历史的贝尔斯登,历经了美国20世纪30年代的大萧条和多次经济起落,但终于在2008年的美国次级贷款风暴中严重亏损,濒临破产而被收购。

第5章　金融、财富、货币的关系及货币供应与货币悖论

5.1　财富与货币的关系

5.1.1　国家财富

5.1.1.1　国家财富的一般定义

国家财富，即社会财富或国民财富。一般指某个社会或国家在特定时期内所拥有的物质资料的总和。它包括一切积累的劳动产品（生产资料和消费资料）和用于生产过程的自然资源（如土地、矿产、森林、水源等）。而尚未参加生产过程，未被开发的自然资源，则是潜在的国民财富。除了物质财富以外，一个社会或国家所拥有的科学理论（包括哲学、自然科学和社会科学），艺术作品、文化遗产等，构成该社会或国家的精神财富（本书除有特定的注明以外，一般将国家财富简称为财富，并视同实体财富）。[①] 据此定义可知，所有社会或国家的财富总和构成人类社会或全球财富。英国经济学家西尼尔（Nassau William Senior，1790—1864）曾把财富的概念表达为："财富这个词包括所有这些事物，也只包括这些事物：可以转移的，其供给有定限的，可以直接或间接产生愉快或防止痛苦的；或换个说法，是可以交换的；或再换个说法，是有价值的。"[②]此外，法国经济学家古尔诺（Cournot，1838）则把财富定义为："所有商业组织以及公共机关所允许加上一种交换价值的货物。"[③]

在此必须指出的是，从以上关于财富的一般定义中可以明显看出，财富的定义中存在着主体与客体之分，即如同马克思（Karl Marx，1818—1883）在《〈政治经济学批判〉导言》中所作的划分："主体是人，客体是自然……"。[④] 也就是说，在财富的一般定义中，应只包括客体，而不包括主体，即人类本身。据此，本书关于财富的定义仍将遵循这一基本划分原则，并由财富的范畴、物质本质和精神本质三个要素构成。

5.1.1.2　财富的范畴

财富的范畴是对财富的物质本质和精神本质的概括和反映。具体来说，财富是以人类本体为一方（以除人类本体以外的物质和精神世界为另一方），人类赖以生存和享用，以

---

① 许涤新．简明政治经济学辞典[M]．北京：人民出版社，1983：223.

② 西尼尔．政治经济学大纲[M]．蔡受百，译．北京：商务印书馆，1977：17.

③ 古尔诺：财富理论的原理[M]//[美]亨利·勒德威尔·穆尔．综合经济学．王祖廉，范定九，译．北京：商务印书馆，1959：128.

④ 马克思．政治经济学批判：导言[M]//马克思恩格斯选集：第2卷．中共中央编译局．北京：人民出版社，1972(2)：3.

人类的主观判断为基础,具有价值的物质和精神世界的总和。由于物质财富和精神财富,归根到底是劳动创造的。自然界为劳动提供材料,劳动把材料变为财富。因此,自然界和劳动一起是一切财富的源泉。

5.1.1.3 财富的物质本质

财富的物质本质,在于物品的使用价值或效用及人对它的心理判断价值。正如英国经济学家威廉·汤普逊(William Thompson,1689)所说,人类"生产财富的唯一理由终归是因为它能增加谋求幸福的手段。"①

人类生产财富的过程就是劳动的过程。而从本质上说,人类的劳动过程就是利用劳动工具作用于自然界的物体(劳动对象),并使之适合自己需要的过程,或者换句话说,他们创造物质财富——衣、食、住和其他个人消费品,以及劳动工具、原料、辅助材料和其他生产资料,即生产消费品。而劳动过程就是财富生产过程。②

必须指出的是,人类创造财富的本质,基于人类的创造性,即系人类将自然资源按照人类的意愿进行加工和改造,从而使物品便于人类的生存和享用。这种加工和改造的过程就是劳动。劳动的过程只是使物质转化的过程,而不是物质创造的过程。但由于这种转化是以有利于人类生存和享用为标准来判断的,所以有了价值的基础。

5.1.1.4 财富的精神本质

财富的精神本质,在于人类精神有目的的创造性及人对创造成果的心理判断价值。人类创造精神财富的本质,在于人类把对宇宙万物运行规律的认识(比如,自然科学和技术),对人类本身生存方式的进化(比如,社会科学、文化、宗教、艺术)的认识和体验进行积累和升华,从而有利于人类更好地继承和沿用。这是一种精神冶炼的过程,也是一种知识的创造过程。由于这种变化和创造也是以有利于人类的生存和享用,甚至有利于人类繁衍以及追求可知和不可知的未来为判断标准的,所以也有了价值的含量。

5.1.2 财富的货币表达式

5.1.2.1 弗里德曼关于财富的近似表达式

2001年美国经济学家米尔顿·弗里德曼(Milton Friedman,1912—2006)在《货币数量论的重新表述》一文中,对于财富的货币表达曾有一个近似的表达式。他认为,从最广泛,最一般的观点来看,总财富包括"收入"或可消费服务的所有源泉,即如果以 Y 代表收入的总流量,且以 r 代表利率的话,那么,总财富 E 为

$$E = Y/r \tag{5-1}$$

他还认为:"在这一广泛的意义上,收入不应该等同于通常测得的那种收入,因为不需要对维持人类原有的生产能力的支出加以扣除,所以,后一种收入通常是相对于人类而言的'总'收入流。"③

① 威廉·汤普逊. 最能促进人类幸福的财富分配原理的研究[M]. 北京:商务印书馆,1985:41.

② A. M. 鲁缅采夫. 政治经济学:上册[M]. 刘家辉,王德根,周新城,等,译. 北京:高等教育出版社,1985:3.

③ 米尔顿·弗里德曼. 货币数量论的重新表述[M]//米尔顿·弗里德曼,等. 货币数量论研究. 瞿强,杜丽群,译. 北京:中国社会科学出版社,2001:3.

从弗里德曼关于财富的货币表达式的原意来说，Y所代表的收入似乎就是国民净收入，但他又说“不需要对维持人类原有的生产能力的支出加以扣除”，即是指未扣除折旧的“国民收入”，也即国民总收入。由于财富总量从其本意来说，应包括增量和存量两部分，其中，当年的产出为增量，产出的历史积累为存量，并且存量应远远大于增量。如果我们把国民总收入作为增量来看，那么弗里德曼显然避开了存量部分，但却非常明智地把增量和存量作为一个总量，用增量的一定倍数的放大来表达。即用国民总收入来除以一个远小于1的利率（Y/r）来计算。应该说，这种表达方法在经济意义上能基本表达财富总量的经济含义，但却是不精确的，因而本书称其为关于财富的近似表达式。

但与此同时弗里德曼关于“一定时期一国的名义国民收入等于这一时期的货币供给量与货币流通速度之积”的观点，[①]无疑为我们寻求货币数量与国民收入的关系，进而探寻国民收入与国民财富之间的关系提供了一个很好的视角。

5.1.2.2　本书关于财富的货币总表达式

按照本书对财富范畴的定义，财富是除人类本体以外的具有价值的物质和精神世界的总和，其中物质财富又包括自然财富和人类创造的物质财富两部分。由于人类迄今为止尽管已经积累了巨量的物质财富和精神财富，但与地球的自然财富总量相比，人类只是开发了相当部分但不是全部的财富，比如，南极洲与北极圈的资源、地下矿藏、海洋资源、大气资源等等。因而财富的划分及其表达可用图5－1来表示：

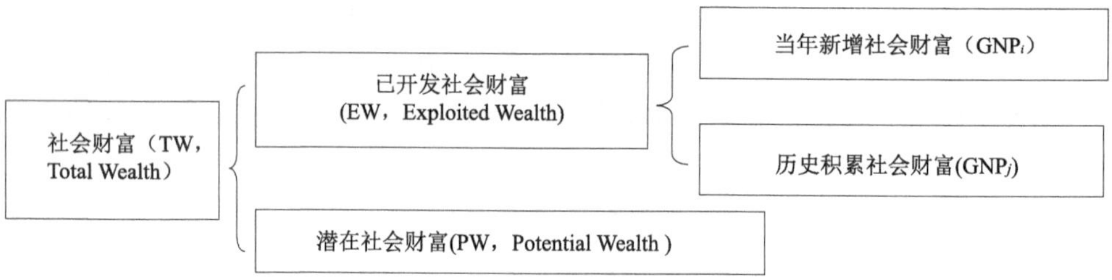

图5－1　社会财富分类图

根据图5－1，我们可建立如下的关系式：

人类总财富（TW）＝已开发社会财富（EW）＋潜在社会财富（PW），即

$$TW = EW + PW \tag{5-2}$$

其中，PW一般指广泛意义上可供人类开发的自然财富。如将已开发视同已创造，则

人类创造的财富（EW）＝当年新增社会财富（GNP_i）＋历史积累社会财富（GNP_j），即

$$EW = GNP_i + GNP_j \tag{5-3}$$

所以：

$$TW = GNP_i + GNP_j + PW \tag{5-4}$$

本书关于财富的表达式是基于以下的推论：

如果设定GDP代表当年的全球国内生产总值，GNP代表当年的全球国民生产总值，也就是全球财富增量，GDP_i为i国当年的GDP，GNP_i为i国当年的国民生产总值，NR_i为i

① 徐英富．货币银行学［M］．北京：机械工业出版社，2007：230．

国当年来自国外的初次分配收入净额，m 为全球国家（或地区）总数。因此，我们有

$$GNP_i = GDP_i + NR_i \tag{5-5}$$

但就全球而言，由于各国当年来自国外的初次分配收入净额可以相互抵消，因此

$$\sum_{i=1}^{m} NR_i = 0 \tag{5-6}$$

所以：

$$\sum_{i=1}^{m} GNP_i = \sum_{i=1}^{m} GDP_i \tag{5-7}$$

故简约式为：

$$GNP = GDP \tag{5-8}$$

也就是说，就全球而言，国民生产总值 GNP 就等于国内生产总值 GDP（以下如无特别说明，GNP 就代表全球的国民生产总值，GDP 就等于全球的国内生产总值，并且两者是等价的）。根据弗里德曼的观点，“一定时期一国的名义国民收入等于这一时期的货币供给量与货币流通速度之积。”由于全球的经济活动系由各国的经济活动累加而成，因此，假如我们能够计量一定时期全球的货币供给量与货币流通速度，那么就可以直接计量全球 GNP 的值。也就是说，我们可以通过对全球货币运动的计量来直接达到对全球财富的计量目的。反之也然。

若再设全球第 i 年新增社会财富为 GNP_i，至第 j 年人类历史积累的社会财富总量为 GNP_j（为从古至今各年实际 GNP 扣除各种最终消耗后的余额总和），则有：

$$GNP_j = \sum_{n=-\infty}^{i-1} GNP_n \tag{5-9}$$

其中 GNP_n 为历史上第 n 年的 GNP。所以

$$TW = EW + PW = GNP_i + \sum_{n=-\infty}^{i-1} GNP_n + PW \tag{5-10}$$

公式（5－10）即为人类财富的货币表达式，其中的第三项为潜在社会财富 PW，第二项为人类历史积累的社会财富 $\sum_{n=-\infty}^{i-1} GNP_n$，本书将在下一小节进行阐述。而第一项 GNP_i 则为全球第 i 年的国民收入总值，也是该年的国民生产总值，即以货币为计算尺度的该年全球生产的最终产品和劳务的市场价值。① 它在现有的世界经济数据统计和研究的条件下，是比较容易确定的。比如，根据麦肯息报告，由于 2003 年全球 118 万亿美元的金融资产是当年全球 GDP 的 3 倍，故据此估算，2003 年全球的 GNP，也就是 GDP 应为：1/3 × 118 = 39.33 万亿美元。为确证此数据的可靠性，可用联合国及世界银行的统计数据来加以佐证，见表 5－1。

表 5－1　1992—2003 年世界 GDP 增长统计资料　　单位：万亿美元

指标 \ 年份	1992	1993	1994	1995	1996	1997	1998	1999	2000	2001	2002	2003
名义 GDP	24.87	24.59	26.44	29.32	30.07	29.95	29.86	30.87	31.70	*33.28	*33.94	#34.74 ~ 35.76

---

① 加德纳·阿克利．宏观经济理论[M]．陈彪如，译．上海：上海译文出版社，1999：43.

续上表

指标＼年份	1992	1993	1994	1995	1996	1997	1998	1999	2000	2001	2002	2003
按1990年不变价格计算的GDP	23.74	23.99	24.64	25.32	26.13	27.06	27.71	28.56	29.73	*31.11	*31.72	#32.70～33.02
年增长率	1.4	1.1	2.7	2.7	3.2	3.6	2.4	3.1	4.1	*4.6	1.9	#3.1～4.1

注：带"*"的数据系根据资料②中GNI，2001年及2002年的增长率估算；带"#"的数据系根据资料①中1999年及2000年的增长率估算。

资料来源：① 2000 Data Available as of 31 January 2003, United Nations, New York, 2003, P135. ② 2004 World Development Indicators, World Bank, Washington, DC, p16.

表5－1的数据表明，2003年全球GDP为34.74万亿～35.76万亿美元，与39.33万亿美元的估算值是接近的。

表5－1同时也启发我们，由于GNP_i是第i年全球的新增财富量，是可以确定的。因此解决上述问题就转向如何来确定$GNP_j = \sum_{n=-\infty}^{i-1} GNP_n$的量的问题，即如何来衡量人类社会在数千年的历史长河中已开发并积累的财富价值问题，尽管我们知道，它在数值上应等于在这漫长的历史长河中人类的总产出减去各种最终消耗后的余额总和，但它实际上就是既有财富的本源问题。

出于表达的方便，在以后的章节中，若无特别的说明，$\sum_{n=-\infty}^{i-1} GNP_n$就代表自古以来，人类通过劳动积累的物质财富和精神财富的总和，它也等于在人类历史上可以溯及的某一年份至今的各年实际GNP扣除各种最终消耗后的余额总和。

5.1.2.3　物质财富与精神财富的货币表达式

根据本书的定义，财富是以人类本体为一方（以除人类本体以外的物质和精神世界为另一方），人类赖以生存和享用，以人类的主观判断为基础，具有价值的物质和精神世界的总和，并将财富根据人类已开发的状况分成已开发社会财富和潜在社会财富两大类。同时，我们也可以根据财富的性质进一步将财富划分为物质财富和精神财富两大类，即人类所拥有的财富（GW：Gross Wealth）系由物质财富（MW：Material Wealth）和精神财富（SW：Spiritual Wealth）构成。其中，精神财富（SW）完全由人类所创造，而物质财富（MW）则由人类劳动产品的积累和自然界的赋予两部分所构成。我们称自然界所赋予的财富为NCMW（Nature Created Material Wealth），即自然界赋予人类的一切资源，包括土地资源、生物资源（含动物资源、植物及森林资源等）、矿物资源、水资源和大气资源等。把凡由人类将自然资源按照人类的意愿进行加工和改造，即经由劳动过程所形成的劳动产品积累量的总和（包括一切生产资料和消费资料），称为人类创造的物质财富（PCMW：Person Created Material Wealth）；同时，称由人类思维和创造所形成的一切精神产品的积累量为人类创造的精神财富PCSW（Person Created Spiritual Wealth），并将人类所创造的物质财富和精神财富的总量称为人类已经积累的财富（HOW：Human Owned Wealth）。

由以上定义可知：

$$GW = MW + SW = NCMW + PCMW + PCSW = NCMW + HOW \tag{5-11}$$

由于：MW = NCMW + PCMW，所以：

$$SW = PCSW \tag{5-12}$$

由公式（5－11）、（5－12），我们可进一步得出如下结论：HOW 作为人类既有的财富，包括人类创造的物质财富（PCMW）和精神财富（PCSW）两部分，可用人类自有劳动以来所创造和积累的财富总量来表示。NCMW 作为自然界赋予人类的一切资源，则是人类将来可以开发的财富。也就是说，未来人类财富的开发，仍将大部分来源于自然财富。人类所创造的精神财富（PCSW）就等于全人类在精神领域所创造的一切财富（SW）。

1）人类创造的物质财富

人类创造的物质财富（PCMW）是指自有人类以来，由人类将自然资源按照人类的意愿进行加工和改造，即经由劳动过程所形成的劳动产品积累量的总和。在具体的物质形态上，它包括所有的建筑物、生产设备、劳动工具、生活用品、已经初步加工的原料、燃料、材料……

人类创造的物质财富是一个逐渐沉淀的量。由于统计本源及量纲的不同，也由于物质财富积累中本身的不断迭代和交叉影响，至今为止，就全球范围而言，从没有过确切的统计。但考虑到当今被世界各国所普遍接受的 GDP 和 GNP 的概念及其适用性，利用本章 5.1.2.2 节中关于财富表达的相关原理，我们仍可近似地表达人类已积累的物质财富这一重要概念。

由公式（5－3）中关于由人类所创造的财富，也就是已开发社会财富 EW 的表达式为

$$EW = GNP_i + \sum_{n=-\infty}^{i-1} GNP_n$$

根据上述对人类既有的财富 HOW 的定义，显然两者是等价的，即

$$HOW = EW = GNP_i + GNP_j = GNP_i + \sum_{n=-\infty}^{i-1} GNP_n \tag{5-13}$$

其中，GNP_i是第 i 年全球的新增财富量，是可以确定的。而 $GNP_j = \sum_{n=-\infty}^{i-1} GNP_n$ 的量，则代表在人类历史上可以溯及的某一年份一直到第 $i-1$ 年，人类通过劳动积累的物质财富和精神财富的总和，而 n 属于时间区间$[-\infty, i-1]$中的连续自然数。由于 GNP_i与 GNP_j 相比，显然应是一个非常小的数，即

$$GNP_i / GNP_j \ll 1, (j = -\infty, \cdots 1, 2, 3, \cdots i-2, i-1) \tag{5-14}$$

所以我们有理由将它在此忽略不计，这样，公式（5－13）就变成

$$HOW \approx GNP_j \tag{5-15}$$

由于在漫长的人类社会发展过程中，曾不断遭受地震、火山、风暴等自然灾害的侵扰，甚至遭受人类本身大规模战争的损害，因此人类每年财富的总产出 GNP_n是一个变数，但这并不妨碍我们仍然可以假定人类的财富产出是一个连续的过程。假如我们设定 GNP_n 是一个按时间序列的财富产出函数 $P(\xi_n)$ 的原函数，即

$$GNP'_n = P(\xi_n) \tag{5-16}$$

并将人类创造财富历史长河的区间设定为$[-\infty, i-1]$,同时将时间间隔$[-\infty, i-1]$分为任意 m 个子区间,取分点为:

$$-\infty = t_0 < t_1 < t_2 < \cdots < t_{n-1} < t_n < \cdots < t_m = i-1$$

用 $\Delta t_n = t_n - t_{n-1}$,表示第 n 时间间隔$[t_{n-1}, t_n]$的长。在子区间$[t_{n-1}, t_n]$上任取一点 ξ_n,求得 $\Delta GNP_n \approx P(\xi_n)\Delta t_n$。

将 $\Delta GNP_n (n=1,2,\cdots,m)$的近似值求和,得 GNP_j的近似值为

$$GNP_j = \sum_{n=1}^{m} \Delta GNP_n \approx P(\xi_1)\Delta t_1 + P(\xi_2)\Delta t_2 + \cdots + P(\xi_n)\Delta t_n + \cdots + P(\xi_m)\Delta t_m = \sum_{n=1}^{m} P(\xi_n)\Delta t_n ,$$

当最大的子区间 $\lambda = \max\{\Delta t_n\}$ 趋于零时,

$$GNP_j = \lim_{\lambda \to 0} \sum_{n=1}^{m} P(\xi_n)\Delta t_n$$

由积分的性质:

$$HOW = GNP_j = \lim_{\lambda \to 0} \sum_{n=1}^{m} P(\xi_n)\Delta t_n = \int_{-\infty}^{i-1} P(t)\,dt \tag{5-17}$$[①]

根据 GNP 的统计口径,它包括了三次产业的国民收入。而所谓三次产业是人们根据社会生产活动历史发展的顺序对产业结构的划分,即凡是产品直接取自自然界的部门称为第一产业,主要指农业(Agriculture,包括种植业、林业、牧业、副业和渔业);第二产业是对初级产品进行再加工的部门,主要指工业(Industry,含采掘工业、制造业、自来水、电力、蒸气、热水、煤气等行业)和建筑业;而为生产和消费提供各种服务的部门称为第三产业(Services)。第三产业一般又被分为流通部门和服务部门两大类,具体又可分为四个层次,第一层次:流通部门,包括交通运输业、邮电通信业、商业、饮食业、物资供销和仓储业。第二层次:为生产和生活服务的部门,包括金融业、保险业、地质普查业、房地产、公用事业、居民服务业、咨询服务业和综合技术服务业、农、林、牧、渔、水利服务业和水利业、公路、内河(湖)航道养护业等。第三层次:为提高科学文化水平和居民素质服务的部门,包括教育、文化、广播电视、科学研究、卫生、体育和社会福利事业等。第四层次:为社会公共需要服务的部门,包括国家机关、政党机关、社会团体,以及军队和警察等。[②]

若设第一产业、第二产业和第三产业所分别产生的国民收入为 GNP_1,GNP_2,GNP_3,显然有:

$$GNP_j = GNP_1 + GNP_2 + GNP_3 \tag{5-18}$$

而由公式(5-18),我们可知 GNP_1加上 GNP_2,或从 GNP_j中扣除 GNP_3的总量之后,即为人类已创造的物质财富部分。同公式(5-16),假如我们也设定 GNP_1是一个按时间序列属第一产业的财富产出函数 $P_1(\xi_n)$的原函数,GNP_2是一个按时间序列属第二产业的财富产出函数 $P_2(\xi_n)$的原函数,GNP_3是一个按时间序列属第三产业的财富产出函数 $P_3(\xi_n)$

① 高等数学编写组.高等数学:上册[M].上海:上海科学技术出版社,1985:221.

② 张塞等.1995 年中国统计年鉴[M].北京:中国统计出版社,1995:50.

的原函数,据此有

$$\mathrm{PCMW} = \sum_{n=-\infty}^{i-1}(\mathrm{GNP}_{1n} + \mathrm{GNP}_{2n}) = \int_{-\infty}^{i-1} P_1(t)\,\mathrm{d}t + \int_{-\infty}^{i-1} P_2(t)\,\mathrm{d}t \qquad (5-19)$$

即:

$$\mathrm{PCMW} = \int_{-\infty}^{i-1} P_1(t)\,\mathrm{d}t + \int_{-\infty}^{i-1} P_2(t)\,\mathrm{d}t \qquad (5-20)$$

公式(5－20)即为人类创造的物质财富的表达式。

2) 自然赋予财富的表达式

自然赋予的物质财富(NCMW)简称自然财富,是指无须经由人类劳动而客观存在的一切物质资源,主要包括土地资源、生物资源、矿物资源及其石油资源、水资源、大气资源等。它在数值上显然与广泛意义上可供人类开发的自然财富(PW)相等。由于生态系统是指生物群落和赖以生存的环境整体,所以,若以生态系统生物群落中的人类为一方,其余的生物群类及其环境总体为另一方。那么另一方所能提供给人类所能生存和享用的所有条件就可以看做是生态系统的服务价值,换一句话说,生态系统的服务价值就等于"人类从生态系统中获得的所有便利"。[①] 显然,自然赋予的物质财富总体就是生态系统的主要组成部分。应该说,对自然财富的价值,我们用任何一个数值来衡量都是不确切的,甚至在某种意义上说是亵渎的,但我们仍不妨暂时把它看成是一个极大数,并用Γ来表示,由此,我们有

$$\mathrm{NCMW} = \mathrm{PW} = \Gamma \qquad (5-21)$$

5.1.3 货币与财富的基本关系

5.1.3.1 货币与财富的一般关系

1)先哲对货币与财富一般关系的观点

人类自有货币以来,在如何看待财富和货币之间的关系问题上,就一直存在一种看似简单明了,但实际又模糊与矛盾的观点,很值得我们加以深入研究。问题主要集中在有的先哲认为货币本身就是财富,有的则认为不是。

(1)货币就是财富

有些先哲认为,货币本身就是财富,拥有货币就是拥有财富。比如,威廉·配第认为,金银就是财富,他在《政治算术》中写道:"产业的巨大和终极的成果,不是一般财富的充裕,而是金、银和珠宝的富足。……它们在任何时候,任何地方都是财富。"[②]而亚当·斯密也有类似的观点,他在《国富论》中写道:"财富由货币或金银构成这个通行的观点,是由于货币作为交易工具和价值尺度的两重性而自然产生的。……简而言之,通俗地说,货币与财富在任何地方都可视为同义语。"[③]至于重商主义者,他们从商业资本的运动出发,甚至认为金银即货币是财富的唯一形态,一切经济活动的目的就是为了获得金银。早期的重商主义者就曾力图在国内把货币以贮藏货币的形式积累起来,以达到积累货币财富

---

① Edward B. Barbier, Valuing ecosystem services as productive inputs, Economic Policy January 2007 pp. 177,229.

② 威廉·配第. 政治算术[M]. 陈冬野,译. 北京:商务印书馆,1978:24.

③ 亚当·斯密. 国民财富的性质和原因研究[M]. 唐日松,等,译. 北京:华夏出版社,2006:308.

的目的。这种思想被称为货币差额论,马克思又称它为货币主义。① 令人注意的是,货币即财富的思想即使在古希腊时期也曾存在,比如亚里士多德在其《政治论》中称"以货币为目的的交换"为"货殖"时,货币就是财富。[I] 我们从威廉 · 配第、亚当 · 斯密等人的观点来看,他们在财富和货币之间是直接画等号的,并认为"货币与财富在任何地方都可视为同义语"。如果说,他们的观点只是表现在政治学或政治经济学的理念上,那么,法国重商主义的代表,路易十四的财政大臣让 · 巴蒂斯特 · 柯尔贝尔(Jean-Baptiste Colbert,1619—1683)由于持"国内拥有的货币数量决定着国家的财富,决定着该国的军事和政治实力"这样的观点,并推行了一套完整的以大量获取国外货币为目的重商主义经济政策(史称柯尔贝尔主义),则说明这种观点在人类的经济生活中还进行了实践。由于重商主义至少发端于14 世纪末(比如英国理查二世(1377—1405)时期),因此可以上说,这种观点已历史相当悠久,并对后人产生了深远影响。对此,英国古典经济学家西尼尔(Nassan William Senior,1790—1864)称:"金钱似乎是(人们)共同期求的唯一目标,这是因为金钱是抽象的财富。"②

(2)货币并非财富

但另一方面,也有先哲并不认为货币本身就是财富。比如,法国经济学家布阿吉尔贝尔(Pierre le Pesant de Boisguillebert,1647—1714)认为,货币本身并非财富,除非用它能交换到丰富的生活资料,否则,一个国家纵然有许多金银,也不能说明这个国家是一个富有的国家;相反地,倒是物产丰富的国家的人民,即使金银的收入少些,他们的生活却好过得多。他说:"在社会中使用金钱,至多只是作为交换和相互让渡的保证,这就是金钱的唯一职能。"③按照布阿吉尔贝尔的看法,货币破坏了按照"真正价值"所进行的交换。因此,也就破坏了商品(或服务)的重新生产。他甚至认为:"金钱所做的,远不是为贸易和生活必需品的交换提供便利,而是变作了企业家的暴君和吸血鬼"。④

此外,曾经主张直接用劳动时间作为价值尺度来代替人为的价值尺度,也就是主张取消货币的欧文,更不承认货币为财富,相反却认为货币是一种富人实施敛财的工具。他说:"现在,货币成了一种最流行的欺诈工具。富人们用外行人所不了解的手法,利用货币从那些用繁重的劳动创造出最宝贵财富的人手里夺取这种财富,所以货币也使社会上即使不是最有害的成员,也是最无用的成员得以积累和享用财富。"⑤相比之下,米尔顿 · 弗里德曼则认为货币只是财富的物化形式而不是财富本身的说法却比较富有新意。他举例说:"石岛居民以加工石币以便支付,而文明社会以开采黄金作为储备。黄金和石头相似得可以在同一片采石场找到,其实本质并没有区别,它们不过是人类财富的物化形式而已。"⑥

2)本书对货币与财富之间关系的观点

本书在第 1 章(1.1.1 货币的定义)中,对货币的定义是:货币是公意约定并被普遍接受的一般等价物,是价值的直接体现者和社会财富的直接代表。同时,在本章(5.1.1.2 财

---

① 鲁友章,李宗正. 经济学说史:上册[M]. 北京:人民出版社,1979:69-71.

② 西尼尔. 政治经济学大纲[M]. 蔡受百,译. 北京:商务印书馆,1977:47.

③ 皮埃尔 · 布阿吉尔贝尔:谷物论、论财富、货币和赋税的性质[M]. 北京:商务印书馆,1979:85.

④ 皮埃尔 · 布阿吉尔贝尔:谷物论、论财富、货币和赋税的性质[M]. 北京:商务印书馆,1979:97.

⑤ 欧文. 新道德世界书[M]//欧文选集:下卷. 北京:商务印书馆,1965:30.

⑥ 米尔顿 · 弗里德曼. 货币的祸害[N]//徐瑾. 货币之祸. 21 世纪经济报道,2006-9-15(12).

富的范畴)中也已经阐明:财富是一个广义的概念,其要义由范畴、物质本质和精神本质三个要素组成。其中财富的范畴是指以人类本体为一方(以除人类本体以外的物质和精神世界为另一方),人类赖以生存和享用,以人类的主观判断为基础,具有价值的物质和精神世界的总和;而财富的物质本质就是财富的物质本源,在于物品的使用价值或效用及其人的心理判断价值;财富的精神本质就是财富的精神本源,在于人类精神有目的的创造性及其对创造成果的心理判断价值。但无论是财富的物质本质和精神本质都是以有利于人类生存和享用为标准来判断的,所以都有了价值的基础。而根据马克思的观点,货币本身又是一种特殊商品,因而也应同时具有使用价值和价值,即:“商品作为使用价值满足一种特殊的需要,构成物质财富的一种特殊的要素。而商品的价值则衡量商品对物质财富的一切要素的吸引力的大小,因而也衡量商品所有者的社会财富。”①也就说,任何财富又必须是具体的,并具有明确的标的,它必须同时具有相应的使用价值和价值。只有这样,才谈得上有利于人类生存和享用。因此,根据本书对货币和财富的两个定义,本书认为它们两者之间必然存在某种关系。但这种关系必须结合人类货币史的发展过程,以两个判断标准,即:第一,货币本身是否同时具有价值和使用价值;第二,是否有利于人类生存和享用,分实物货币、代用货币和信用货币等不同情况来阐述。

(1)等同或似同于财富的货币

①原始实物货币(原始物品 X)等同于财富

我们已知,货币是由最早的实物形态,慢慢发展为用它的替代物,最后到现代的信用货币的。货币产生于社会分工后剩余产品交换的需要。最初充当货币的往往是“没有人会拒绝接受的”某些物品,比如劳动工具、牲畜、粮食、盐、装饰品……。本书把这些物品用一个专用名词“原始物品 X”来表示。我们不难想象,在以物易物的人类经济生活早期,凡是能够充当一般等价物的原始物品 X,必然是符合“有利于人类生存和享用”这个判断标准的物品。并且可以进一步地说,在当时的情况下,这些物品不仅是有利于人类生存和享用的物品,甚至可能是人类赖以生存的物品。同时,我们又不难理解,这些物品本身不仅具有价值(尤其指普遍愿意接受的交换价值),而且必然也具有使用价值。我们甚至可以理解,对这样的物品,早期的人们可能看中其使用价值更甚于价值。由此我们可以判断,在由原始物品 X 充当货币的阶段,货币必然是财富。也就是说,原始实物货币(原始物品 X)等同于财富。

②金属实物货币似同于财富

亚当·斯密在《国富论》中曾指出,由于“不可抗拒的原因”,人类最后选择了金属,尤其是金银等贵金属作为货币。尽管亚当·斯密当初并没有解释人类之所以选择金属货币的“不可抗拒的原因”究竟是什么,但我们现在应该能够回答,这个原因应该是人类在漫长的经济活动中逐渐认识到能够充当价值尺度、流通手段、贮藏手段、支付手段、世界货币等职能的一般等价物最好由具有普遍接受性、价值稳定性、均质可分性、轻便和易携带性等特性的实物来充当货币。正是根据这些特性,人类的货币由最初的劳动工具、牲畜、粮食、

① 马克思. 资本论:第1卷:上[M]. 中共中央马克思恩格斯列宁斯大林著作编译局,译. 北京:人民出版社,1975:153.

盐、装饰品等自然物品，逐渐过渡并发展到金、银、铜、铁、铅、锡等金属块或金属铸币。其中又以金和银最为适宜并最具典型性。对此，马克思曾特别阐述道："'金银天然不是货币，但货币天然是金银。'这句话已为金银的自然属性适于担任货币的职能而得到证明。但至此我们只知道货币的一种职能：它是商品价值的表现形式，或者是商品价值量借以取得社会表现的材料。一种物质只有分成的每一份都是均质的，才能成为价值的适当的表现形式，或抽象的因而等同的人类劳动的化身。另一方面，因为价值量的差别，所以货币商品只能有纯粹量的差别，就是说，必须能够随意分割，又能够随意把它的各部分合并起来。金和银就天然具有这种属性。"[①]由于马克思在这段话中已明确说明金和银"是商品价值的表现形式，或者是商品价值量借以取得社会表现的材料"，因此也就说明了金和银本身具有的价值。同时，金和银本身具有实际的使用价值也是不言而喻的。比如，人类在很早的时候就已使用银来做器皿、装饰品等，至于金的使用价值就更大。马克思对此曾表述道："货币商品使用价值两重化了。它作为商品具有特殊的使用价值，如金可以镶牙，可以用作奢侈品的原料等等，此外，它又取得一种由它的特殊的社会职能产生的形式上的使用价值。"[②]而古希腊人则对黄金还有一种更为特殊的用途，如美国史学家伯恩斯（James MacGregor Burns）所称："雅典人有一个优点，那就是，他们的黄金储备总是没有闲着。每个公民都可以去帕台龙神庙欣赏希腊胜利女神的雕像。"[③]同时，人们对于金和银，"除直接的贮藏形式以外，还有一种美的贮藏形式，即占有金银制的商品"。[④]

由上我们可以看出，以金银充当的实物货币本身具有价值和使用价值是确切无疑的。但若以是否有利于人类生存和享用这条标准来看，金和银在相当程度上满足的是人类的享用需要，而不是生存需要。因此，它们可以说是似同财富，而不能说是等同财富。

（2）表征或象征财富的货币

①代用货币表征财富

我们所称的代用货币一般指替代实物货币使用的纸制凭证。从严格意义上来说，这种代用货币必须有十足的金银等贵金属作为保证，可以自由地用纸币向发行机构兑换成实物货币，如金银等。结合中国和世界一些国家的货币形态及其演化情况来看，这种代用货币在开始时往往是由各国政府用强制力来推动流通的。马克思对代用货币的性质也有过非常精辟的判断。他说："这里讲的只是强制流通的国家纸币。这种纸币是直接从金属流通中产生出来的……信用货币的自然根源是货币作为支付手段的职能。国家把印有1镑、5镑等货币名称的纸票从外部投入流通过程。只要这些纸票确实是代表同名的金额来流通，它们的运动就只反映货币流通的规律。纸币流通的特殊规律只能从纸币是金的代表这种关系中产生"。[⑤] 也就是说，代用货币作为金的代表，其所代表的价值就是金的价值，并且价值量随金而固定。但正因为它只是代表金的价值而不是金本身，因此它就不具

① 马克思：资本论：第1卷[M]. 中共中央编译局，译. 北京：人民出版社，1975：107－108.

② 马克思：资本论：第1卷[M]. 中共中央编译局，译. 北京：人民出版社，1975：153.

③ 伯恩斯(1928年，第348页)//约翰·F乔恩. 货币史：从公元800年起[M]. 李广乾，译. 北京：商务印书馆，2002：177.

④ 伯恩斯(1928年，第348页)//约翰·F乔恩. 货币史：从公元800年起[M]. 李广乾，译. 北京：商务印书馆，2002，154.

⑤ 马克思：资本论：第1卷[M]. 中共中央编译局，译. 北京：人民出版社，1975：146－147.

有金的使用价值。此外,如就是否有利于人类生存和享用这条标准来看,也不符合。由此可以说代用货币只能通过金来表征与金相一致的财富,即代用货币表征财富。

②信用货币象征财富

我们所称的信用货币是指当今世界各国普遍采用的,由一国政府或金融管理当局发行的信用流通工具(包括辅币、现金或纸币、银行存款、电子货币等)。一般而言,信用货币本身的价值远远低于其货币价值,而且与代用货币不同,不再代表任何贵金属。与实物货币和代用货币相比,应该说,信用货币已经只剩下一个货币的躯壳,或仅成为一种价值符号,本身并不具有任何使用价值。同时,信用货币的存在与否与是否有利于人类生存和享用也已经没有任何直接的关联。但需要指出的是,虽然在质的方面,单位的信用货币不再固定地代表由货币单位所规定的财富价值。但在量的方面,信用货币还是可以在价值量的判断上有所区别的,比如在某时某地,同一种信用货币的200个单位所代表的价值量必然是100个单位的两倍。因此,信用货币乃是财富的象征,或者说信用货币象征财富。

5.1.3.2　货币与财富的关系总结

综上,我们可以发现,人类自有货币以来,尽管存在实物货币、代用货币和信用货币三种形态,但在货币与财富之间确实一直存在着某种随着货币形态的演变而不断递进的关系,这种关系可以用表5-2来表示。

表5-2　不同货币形态下货币与财富的关系

货币形态		判断标准		货币与财富的关系判断
		货币本身具有价值/使用价值	是否有利于人类生存和享用	
实物货币	原始物品X	价值/使用价值	符合	货币等同财富
	金属货币	价值/使用价值	部分符合	货币似同财富
代用货币		金所规定的价值	不符合	货币表征财富
信用货币		符号所代表的价值	不符合	货币象征财富

由表5-2我们可以看出,在实物货币阶段,货币与财富的关系可归类为等同或似同财富的关系,是一种比较直接的关系;而在代用货币和信用货币阶段,货币与财富的关系又可归类为表征或象征财富的关系,是一种比较间接的关系。但通过这四种关系的递推,我们又可以进一步发现,由于财富系客观存在并且先于货币而存在,人类的生存和繁衍可以没有货币,却不能没有财富,因此,财富是货币的本源,而货币则是财富的表征。这就是广泛意义上货币与财富的一般关系(见图5-2)。而此一般关系则奠定了一个基本原理:即一定的货币必须对应一定的实体财富。此渊源也即"有效货币与实体财富的对应原理"之出处。

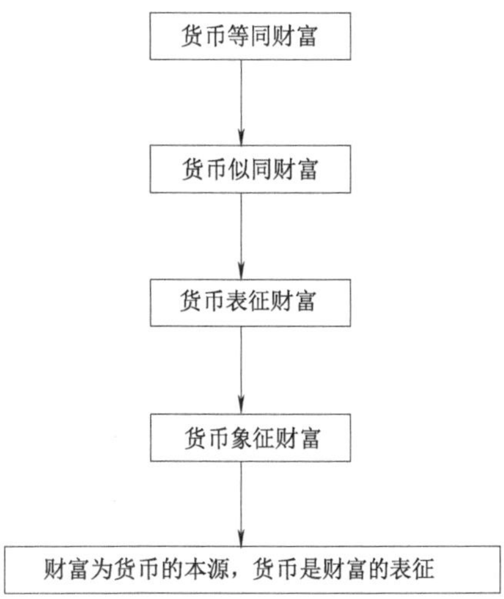

图5-2　货币与财富的关系总结

由货币与财富的关系总结中,我们反过来可以再次印证关于货币的扩充性定义,即货币是公意约定并被普遍接受的一般等价物,是价值的直接体现者和社会财富的直接代表。

5.1.4 财富表达中的误区

5.1.4.1 财富价值的骤然升腾或蒸发

财富是什么?简而言之,财富即是有价值的东西。这样,人们自然而然就会想到用能衡量价值的货币来表达财富。而在当今的世界经济秩序中,似乎任何有价值的东西都可以用货币的价值来度量,比如,土地、房屋、黄金、石油、粮食、债券、股票……,甚至包括外汇(货币本身)。但一般而言,任何有价值的东西,如果其使用价值或效用相对稳定,那么其价值也应该相对稳定。即使考虑市场供求的影响因素,用货币来度量的任何东西的价格,也应只在围绕其价值的一定范围内波动。也就是说,任何有价值的东西不应在短期内(比如,几个月,几天,甚至几个小时)出现价值骤然升腾或蒸发的现象。但在当今世界的经济体系中,这种现象却屡见不鲜。在这方面股票作为有价证券的例子,是非常能说明问题的。因为人们一般认为,就一个比较正常的股票市场而言,开盘价、收盘价、日最高价以及日最低价应有内在的一致性,因此实时定价具有相应的合理性(同样,债券和外汇市场的基本原理也是如此)①。但正如美国经济学家亨利 · 考夫曼(Kaufman,2001)所说的那样:"在市场保持合理稳定期间这一做法是站得住脚的。但是,一旦市场开始剧烈起伏,某一证券的前一次报价对后面的交易就没有任何指导价值。"②比如,美国能源交易商安然公司的股票(即企业资产——财富的市价),曾被作为绩优股,2000 年底,该公司的股价曾高达每股 84.44 美元。但在 2001 年 8 月9 日,其股价骤然从每股 80 美元左右跌到 42 美元。到 11 月30 日,安然股价又惨跌至 0.26 美元。即股票价值在近 3 个月的时间里跌了 99.75% 。如暂时撇开安然公司倒闭的具体原因,单就股票作为一种财富范畴的标的物的价值变化如此之剧烈本身而言,人们应该可以怀疑这样的财富表达或计量方式本身的准确性。

如果说,安然公司股价的惨跌表征出财富价值的骤然蒸发现象。那么,与此相对应的另一种现象则是财富价值的骤然升腾,比如,2008 年上半年当世界原油价格从每桶不到 100 美元上升到 140 美元后,一些同样是能源交易商的石油公司的股票价值就陡然上升。而对于这些现象,无论是从物质不灭、财富不灭(一般理解,财富只会转移)、效用递减等原理上是难以解释的,似乎只能从供需原理,或从人们心理价值的判断上去解释。德国哲学家西美尔(Georg Simmel,1858—1918)曾说:"价值的个性特点在于与实在相比较而出现的主观性。"③但这种主观判断的依据又是什么呢?如果人们承认现在的价值判断是正确的,那么也就认定以前价值的判断是错误的。反之,如果认为以前的价值判断是正确的,那么也就认定现在的价值的判断是错误的。问题是,这种价值判断错误的事例,就全世界范围而言是经常发生的。以下是一些个人、企业财富价值骤然升腾或蒸发的具体实例。

---

① YIN-WONG CHEUNG. AN EMPIRICAL MODEL OF DAILY HIGHS AND LOWS[J]. INTERNATIONAL JOURNAL OF FINANCE AND ECONOMICS,Int. J. Fin. Econ. 12:1-20 (2007).

② 亨利 · 考夫曼. 考夫曼论货币与市场[M]. 孙忠,译. 海口:海南出版社,2001:228.

③ 西美尔. 货币哲学[M]. 陈戎女,译. 北京:华夏出版社,2007:63.

1)财富价值骤然升腾或蒸发的具体实例

(1)2000—2001 年美国一些企业投资价值的暴跌

2000—2001 年,美国的一些企业,比如保罗 · 艾仑公司、Tate&Furst 公司、Janus Funds 公司等均曾发生投资价值在短期内发生巨大变化的事例,见表 5 - 3。

表 5 - 3　美国一些企业投资价值的短期变化情况

投资公司	保罗 · 艾仑(美国微软公司共同创办人之一)	约翰 · 马龙控制的 Liberty Media	约翰 · 马龙控制的 Liberty Media	地区电话公司	希克斯 · 缪斯下属的 Tate & Furst	Goldman Sachs 和其他华尔街投资人	Janus Funds
投资项目	主业为宽带业务的 RCN 公司优先股	新兴电信公司 IC 和 Teligent 股份	欧洲有限电视股份	Metro Media 宽带股份	电信新兴公司 Rhythms Net Connections 和 Vialeld	Web Van 网络销售公司股份	Web MD
投资日期	2000 年 2 月	1999—2000 年	1999 年起	2000 年 3 月	1999—2000 年	1998—2000 年	2000 年 1 月
投资原价	16.5 亿美元, 62 美元/股	15 亿美元	16 亿美元	7.17 亿美元, 14 美元/股	10 亿美元	8.5 亿美元	9.3 亿美元
2001 年底价值	1 亿美元, 4 美元/股	4 000 万美元, 0.5 美元/股	4 000 万美元	2 亿美元, 1 美元/股	0 美元	0 美元	7 500 万 ~ 14 000万美元, 10 美元/股
最高股价与年份	70 美元/股 2000 年 12 月	—	—	—	—	—	62 美元/股 2000 年 1 月

资料来源:建苗. 风险投资失败案例启示录[J]. 经济管理文摘,2002(2).

从表 5 - 3 中可以看出,保罗 · 艾仑公司投资 RCN 公司的财富价值在 2000 年 2—12 月的 10 个月中,先增值 12.9% [(70 - 62)/62 × 100% = 12.9%],但在随后一年里又贬值 93.55% [(62 - 4)/62 × 100% = 93.55%]。而 Janus Funds 公司投资 Web MD 股票,也在 2000 年的一年内贬值 83.87% [(62 - 10)/62 × 100% = 83.87%]。Tate&Furst 公司以及 Goldman Sachs 公司 则分别在一至两年内把手中原值 10 亿美元和 8.5 亿美元的股票跌得一文不值。

(2)2001 年美国安然公司的噩梦

美国安然公司 2000 年营业总收入高达 1 010 亿美元,名列《财富》杂志"美国 500 强"第七名;掌控着美国 27% 的电能、石油和天然气交易。2000 年底,该公司的股票价格曾高达每股 84.88 美元,公司市值超过 600 亿美元。安然公司的财务报告(简称财报)中称:2000 年第四季度,"公司天然气业务成长翻升了三倍,公司能源服务零售公司业务翻升5 倍。"直到 2001 年第一季度,公司财报还称:"季营收成长 4 倍,是连续 21 个盈余增长的财季。"但 2001 年 10 月 28 日公布的第二季度财报却突然披露亏损了 6.18 亿美元。据查,最初造成安然公司巨额亏损的主要原因是 2001 年以来国际能源价格的下跌。只是在随后引发的对该公司的调查中才发现了诸如经营亏损、管理层疏于职守、虚报账目、将巨额资金挪作风险投资等问题。应该说,美林和标普公司2001年11月28日将其公司评级调低至"垃圾债券级",只不过是一种对其股票所对应的公司资产已资不抵债状况的真实披露,而其结果则导致了安然公司的股票价值在3天内骤跌了99.75%。2001年11月30日,股价跌至每股0.26美元,总市值由800亿美元跌至2亿美元。

(3)2007年4月19日中国股市的暴跌

作为一个初级市场,中国股市价值的波动比较具有戏剧性。比如,在2007年4月18日之前的4个交易日,由于中国股市行情看好,投资者新开设了90多万个A股账户,超过2005年全年新增的开户数。上海股票综合指数(简称上证综指)18日在开盘阶段就站上了3 600点整数关口,以3 611.63点开始了一天的交易,并以3 611.87点报收,较前一交易日微涨0.43%,全天振幅高达3.13%。但就在2007年4月19日,由于中国国家统计局推迟公布第一季度的宏观经济数据,引发股市恐慌性抛盘,致使上海和深圳两地股市遭遇罕见暴跌,总市值一天蒸发6 870亿元(约合900亿美元)。[Ⅱ]

(4)2007年8月30日股票持有人身价的巨变

由于拥有股票的价值直接代表股票持有人所拥有的财富价值,因此股票价格的瞬间涨跌还会顷刻影响到一个人的身价。比如,2007年8月30日,中国上海股市中有一个称作*ST金泰的股票[Ⅲ],该股票从7月9日的原来每股3.18元起,经42个涨停板之后,8月30日上涨到每股25.31元。但到8月31日(星期五),在当日开盘后,又经历了最后的第43个涨停板,股票价格上升至每股26.58元。因而*ST金泰股票的主要持有人(即持有该股票增发的70亿股中的80%的新恒基集团总裁黄俊庆先生),[Ⅳ]仅凭此股票所代表的财富,其身价就一度达到1 488亿元以上。但就在最后的涨停板仅支撑8分钟之后,该股票瞬间又直奔每股24.04的跌停板。① 也就是说,从涨停板到跌停板,股票持有人的身价从增长了88.9亿元到减少了88.9亿元,瞬间177.8亿元的财富就灰飞烟灭了。②

2)财富价值骤然升腾或蒸发现象的背后

从1929年10月的纽约股市大崩溃、1997年的亚洲金融危机、2001年美国安然公司的噩梦,一直到2007年8月的次贷危机及此后的欧债危机,我们都可以看到,由于个人、企业或一个国家拥有的债券、股票或外汇价值的大幅变动会导致其实际拥有财富价值的相应变动。因此,个人的身价可能在瞬间从天上掉到地下;企业可能从原来名列《财富》杂志"美国500强"的前茅一夜之间进入破产企业序列;甚至一个国家也可能由原来欣欣向荣的局面一下面临经济崩溃的局面。问题是,人们对这种现象似乎已经司空见惯。正如美国纽约华尔街对投资人所作的警示那样:"警示——股票价格可能升,但也可能降!"③但如果我们就把美国安然公司作为一个典型例子,深入分析一下其所拥有的财富价值发生剧烈波动的原因,得出的结论却是令人深思的。

我们知道,导致安然公司如此悲惨结局的最初原因不是别的,而是适时的国际原油价

① 徐宏文. *ST金泰第43个涨停突变跌停[N]. 青年报,2007-9-1(15).

② 连建明. *ST金泰:又一个神话故事[N]. 新民晚报,2007-9-8(B1).

③ David Vise. Wild Days on Wall Street// The World Year Book, Chicago: World Book Inc. ,1988:145.

格没有达到其主观期望值。因为安然公司当时认为原油的价格将会很快突破 30 美元/每桶,并把大量资金用于原油期货的购买上。而实际上 2001 年 6—10 月的原油价格,却从 26. 10 美元/每桶跌到了 19. 64 美元/每桶(作为对比的是,2008 年 3 月 7 日,纽约商品交易所的油价却达到了 105 美元/桶,[①]至 6 月 6 日又上升到 139. 12 美元/桶。作者注)[②]。也就是说,假如当时国际原油的价格达到或超过其期望值,比如只要达到每桶 30 美元的价格,安然公司就会赢。由此可以看出,问题在于安然公司本身对能反映其所拥有的财富价值的原油价格有一个主观期望值(其他风险投资更是如此),而且这种主观期望值是以某种对市场的预期为基础的,但被事实最后证明却是错的。同理,持有安然公司股票的股民,由于信息不对称,并不知道安然公司的资产已被掏空,因而手中股票的价值——个人财富,早已大大缩水。换句话说,股民对其价值的主观判断,由于种种原因,也可能是错的。而在当今由人类本身所建立的比较脆弱的世界经济体系中,这种价值判断的错误还会引起多米诺骨牌效应。比如,安然公司的最终破产,引发了连锁反应:大通摩根因原来拥有安然公司 5 亿美元信用债权和 4 亿美元担保债权而蒙受巨额损失;英国 Abbey 国民银行则声称,该行因拥有 1. 64 亿美元的债券而出现 1. 36 亿美元的亏损;而日本大和银行则因拥有 1. 40 亿美元的安然债权还面临破产的威胁。[③]

安然公司的例子非常容易使人联想起美国经济学家沙伊贝(H. N. Scheiber)在《近百年美国经济史》一书中描绘过的那种情况,即早在 19 世纪中叶,美国的铁路行业就曾因遭受“虚股”(渗水股票)而造成巨大损失。主要原因是各铁路公司的资本额早已远远超过实际资本的增加,而使那些本来可以再三经受住经济恐慌或萧条的公司,都面临破产的危险。[④] 再比如,据彭博新闻社 2014 年 7 月 11 日发表的题为《世界最富有的人损失 330 亿美元》的文章称:由于标准普尔 500 种股票指数经历了当年 4 月以来最糟糕的一周,全世界最富有的 300 人的资产净值损失了 330 亿美元。[⑤]

总之,我们无论从上述一些个人、企业财富价值的骤然升腾或蒸发的具体实例,还是结合本书第 4 章(4. 3. 1 20 世纪以来与美国或美元有关的三次国际金融危机)的背景情况,都可以看出,在当今的世界经济体系中明显存在着对财富真正价值的判断误区。

5. 1. 4. 2　财富表达误区的扩大

随着经济全球化时代的到来,人类的经济活动规模及与之相对应,并作为表征的金融活动的规模也骤然放大。若仅以股市为例,如果说,1929 年只有 2% 的美国居民购买股票,那么 2004 年就已有 47% 的美国人口是股民。而在世界范围内,凡是采用市场经济体制的国家,股民人数莫不在大增。另外,资料还表明,全球金融资产中,以往由资产集中程度相对较高的银行占大头的状况已经改变,资产分散化趋势加剧。比如,银行占全球金融资产的比例从 1980 年的 45% 下降到 2003 年的 30% ,就代表更多的资本已由债券和股票构

---

① 王小明. “熊出没注意”:次按阴霾再袭全球股市[N]. 21 世纪经济报道,2008-3-10(13).

② 黎敏奇. 原油武斗:大摩高盛点燃抢购风[N]. 21 世纪经济报道,2008-6-11(13).

③ 王丹. 安然神话为何破灭[J]. 经济管理文摘. 2002,1(308):25-26.

④ H. N. 沙伊贝,H. G. 瓦特,H. U. 福克纳. 近百年美国经济史[M]. 彭松建,雄必俊,周维,译. 北京:中国社会科学出版社,1983:185.

⑤ 王煜源. 标普 500 令世界富豪亏惨 墨首富资产大增引关注. 参考消息网,2014-7-14(4).

成。但由于现在的很多股票并不在股民自己手中,而是由养老基金等公司控制,因此泡沫成分会比20世纪20年代时更多,其涉及面也会更大。比如,据世界交易所联盟统计,从2002—2008年,全球股票交易额从33万亿美元提高到113.2万亿美元,与GDP之比从1.8增加到5.1,①表明大量证券市场的资本流动与实体经济领域并不具有直接的联系,世界虚拟经济正以前所未有的速度扩张。而至2010年,包括证券、债券和银行资产在内的美国资本市场规模也已达GDP的4.4倍(表5-4)。尤其是在美国持续的扩张性货币政策的推动下,华尔街还不断进行金融创新,其资本积累也从根本上越来越依赖于资产价格的上涨——股市的繁荣到住房市场的扩张而不是实体财富的增长。而与此相对应的则是,20世纪以来与美国或美元有关的三次国际金融危机也表明,这种资产价格的上涨中有很大成分是虚拟资产的自我空转与膨胀。

表5-4　2010年资本市场规模的选择指标　　单位:10亿美元

经济体	GDP	总储备减黄金	证券	债券	银行资产	债券、证券、银行资产	债券、证券、银行资产之和/GDP(%)
世界	62 911.3	9 639.3	55 102.1	94 842.2	100 126.9	250 071.2	397.5
美国	14 526.6	121.4	17 283.5	32 534.5	14 336.1	64 154.1	441.6
日本	5 458.8	1 061.5	4 099.6	14 153.5	11 280.9	29 533.9	541
欧元区	12 142.6	300.2	6 236.1	24 812.9	27 750.7	58 799.8	484.2
欧盟	15 161.4	431.5	10 689.9	31 233.2	41 678.3	8 3601.5	551.4
法国	2 562.7	55.8	1 758.7	5 167.6	7 841.1	14 767.4	576.2
德国	3 286.5	62.3	1 429.7	5 362.5	4 984.6	11 776.8	358.3
希腊	305.4	1.3	67.6	685.4	587.1	1 340.0	438.8
爱尔兰	207.0	1.8	60.4	838.4	992.1	1 890.9	913.5
意大利	2 055.1	47.7	598.4	4 359.0	3 072.5	8 029.9	390.7
葡萄牙	229.2	3.7	87.8	546.0	717.9	1 351.7	589.9
西班牙	1 409.9	19.1	1 171.6	3 258.4	2 830.1	7 260.1	514.9
英国	2 250.2	68.3	3 613.1	4 782.3	12 107.8	20 503.2	911.2
新兴市场国家	21 535.8	62 94.6	12 535.8	8 878.9	19 213.2	40 628.0	188.7

资料来源:廖泽芳,雷达.欧债危机背后的货币博弈[J].国际金融研究,2012-11:43.

尤其值得注意的是,与美国的金融扩张情况相似,欧元区国家在欧元诞生之后也很快走上了经济金融化和虚拟化迅速扩张之路。比如,欧元诞生10余年来,欧盟经济的虚拟化程度就大大提高,2010年,欧元区国家的资本市场(证券、债券和银行业资产)总值为其GDP的4.84倍,欧盟为5.5倍。其中,经济失衡比较严重的爱尔兰和英国甚至高达9倍以上,这意味着欧元区和欧盟的经济虚拟化程度都已经超过了美国和世界平均水平,更是远远超过新兴市场国家1.88倍的水平(表5-4)。更为严重的问题是,欧元区经济的虚拟化在很大程度上还依赖于欧元国际货币地位的债券和银行市场的扩张,特别是在欧元诞生

① 参见WFE统计数据库.转引自:廖泽芳,雷达.欧债危机背后的货币博弈[J].国际金融研究,2012-11:42.

之后,欧元国际债券就迅速增加,并在 2003 年就超过了美元国际债券。在国际债券市场中,欧元占比已经从 2000 年的 29.5% 增到 2012 年 6 月的 42.7% ,这一占比在 2007 年甚至高达 48.9% ;而美元占比则从21 世纪初的 50% 以上降至 40% 以下。可以说,欧元的加盟在增加储备货币供给的同时,也加剧了信用本位体系下的国际货币竞争,加速了全球虚拟经济的扩张。①

足以令人深思的是,在现代世界经济体系中,如果说债券市场的作用是将政府、金融机构以及工商企业等为筹集资金向社会发行的债券,分散发行到投资者手中,是一种财富的租赁形式;那么外汇市场的作用是政府、机构、企业、自然人对各种不同货币相互之间进行交换,是一种财富的交换形式;而股票市场的作用则是对已经发行的股票按时价进行转让、买卖和流通,因而是一种财富的让渡形式。但由于债券市场、外汇市场,尤其是股票市场往往被作为一国乃至全球经济发展的“晴雨表”,这些市场的运作既包含了产业界和金融界财力的交融,又反映了政府、企业和自然人博弈的力量交汇。因此,当今世界市场的债券、外汇和股票市场对财富价值的判断标准理应在相当程度上反映全球经济领域对财富的判断状况。但现在这种“晴雨表”似乎已经失去其应有的作用。正如美国经济学家哈伯勒(Gottfried Haberler)在《繁荣与萧条》一书中所称的那样:“总产量总消费量逐渐增长是人口增加的自然结果。……但显然,在货币价格与价值方面,情况却完全不同。价格与价值的不断提高,并不是物质进步的一个必要特征”。② 此外,长期被人们作为撬动资本流动方向的经济杠杆——利率,在财富价值的判断已存在严重误区的情况下,也难以发挥其应有的作用。比如,根据经济学的一般原理,对所有的市场参与者而言,包括银行、立法机构和金融机构,对利率价格结构的估算一直是一个关键因子。它不仅对所有固定收入型证券的保值和估价是必要的成分,而且对财政计划和货币政策的执行也是必不可少的。但在美国次贷危机发生之后,无论利率怎么调整,由次贷债权切割后与其他金融产品和风险安排组合后打包成的债券价格,就像断线的风筝一直在往下掉。③ 这与金融泡沫的挤出过程是相一致的。

由此,我们可以认为,如果股市、债券和外汇市场中存在对财富价值的误判,那么在相当程度上就反映了人类对财富价值的判断误区。而且,我们还可以进一步断定,人类的经济活动规模及作为表征的金融活动的规模越大,人类对财富价值的判断误区也可能越大。

5.2　金融与财富的关系

5.2.1　戈德斯密斯金融深化理论概要

1969 年美籍比利时经济学家雷蒙德 · 戈德史密斯(Raymond W. Goldsmith)出版了

① 廖泽芳,雷达. 欧债危机背后的货币博弈[J]. 国际金融研究,2012-11:43.

② 哈伯勒. 繁荣与萧条[M]. 朱应根、王锟、袁绩藩,译. 北京:商务印书馆,1963:295.

③ GONZALO CORTAZAR EDUARDO S. SCHWARTZ and LORENZO F. NARANJO,TERM-STRUCTURE ESTIMATION IN MARKETS WITH INFREQUENT TRADING,INTERNATIONAL JOURNAL OF FINANCE AND ECONOMICS Int. J. Fin. Econ. 12:353-369 (2007).

《金融结构与金融发展》一书。在该书中，他以长达百余年、多达 35 个国家的统计资料，对金融结构和金融发展进行了横向和纵向的比较研究，以此来揭示金融发展过程中一些带有规律性的结论。他为了研究的方便，将各种金融现象归纳为三个方面：金融工具、金融机构与金融结构。其中金融工具作为对其他经济单位的债权凭证和所有权凭证，大部分由金融机构发行和持有；金融机构即金融中介机构，指资产与负债主要由金融工具组成的企业；金融结构是一国现存的金融工具和金融机构之和。他认为，各国金融结构的差异反映在不同的金融工具及金融机构相继出现的次序上、它们的相对增长速度、对不同部门的渗透程度，以及对一国经济结构变化的适应速度和特点等方面。而从金融上层结构、金融交易以及国民财富、国民产值等方面在数量规模和质量特点的变化中，则可以看出各国金融发展的差异。他还认为金融理论的职责就在于找出决定一国金融结构、金融工具存量和金融交易流量的主要经济因素，并阐明这些因素是怎样通过相互作用而促进金融发展的。[①] 为了揭示金融发展的规律，戈德史密斯提出了金融结构理论。他认为，金融发展的实质是金融结构的变化，研究金融发展就是研究金融结构的变化过程和发展趋势。他通过比较分析得出了这样的结论：世界上只存在一条主要的金融发展道路，在这条道路上，金融结构的变化呈现出一定的规律性。尽管不同国家的起点（起始时间、发展速度）各不相同，但它们很少偏离这条道路，只有战争和通货膨胀例外。[②] 其理论概要可主要归结如下：

1）金融结构理论研究的 8 个方面

戈德史密斯根据对 35 个国家金融发展史的研究，使用了近 30 个指标来衡量。他通过比较各国金融发展的不同特点后认为，各国金融结构的差异表现在不同金融工具和金融机构相继出现的次序、相对增长速度和它们在不同经济部门的渗透程度。他对金融结构的研究大体可从以下 8 个方面进行归纳：

（1）金融结构最主要的方面体现为金融相关比率（Financial Intervnational Ratio，FIR，也称金融深度指标），即金融资产的市场价值总额与国民财富的市场价值总额之比。在研究最初时，这是一个存量概念，但是在其后来的计算中则更多地使用了流量指标，即金融资产的市场价值总额与各该当年国内生产总值之比。由于国内生产总值（GDP）属于财富的范畴，并且我们前面已经证明，就全球范围而言，GDP = GNP，因而戈德史密斯在提出金融相关比率概念的同时，实际上已提出了金融与财富之间的关系问题。[③]

（2）在金融相关比率相同的国家，由于金融工具结构上的差异，金融发展也会具有不同的形式。这可以通过各类金融资产的比例和金融资产总额在主要经济部门中的分布状况进行分析。

（3）金融资产总额和各种金融工具余额在各个经济部门之间的分布，反映了不同金融工具在经济中各个部门的渗透程度和各个部门对金融工具的偏好。

（4）各种金融中介机构所持金融资产在所有金融机构总额中的比例及其在何种金融

---

① 戈德史密斯．金融结构与金融发展[M]．周朔，译．上海：生活·读书·新知三联书店，1994：5-10.

② 张东祥．金融结构理论的贡献与启示[J]．中南财经大学学报，1999(4).

③ 曹钟勇．财富本源与世界统一货币[M]．北京：中国铁道出版社，2010-11：31.

工具总额中的比例,可以衡量一国金融结构中各种金融机构的相对重要性。

(5)金融中介率从流量上看,是国内金融机构在一定时间内所获取的国内非金融部门和国外发行的金融工具净额资产总额中所占的比率,或者简单地说是所有金融机构在金融资产总额中所占的比例,是显示一国金融过程机构化程度的最简单、最全面的指标。

(6)把所有金融资产存量按金融工具种类和经济部门分类组合达到一个金融相关矩阵,可以使各种金融过程,也就是金融工具的发行、交易和持有过程一目了然地表现出来。

(7)由于某一时期的流量可以被当作该时期终点和始点的存量之差,而存量也可以被视为前期流量变化的结果。所以,有关金融结构的存量和流量之间存在着密切的联系。如前所述,金融相关比率的流量指标即为金融资产发行额与国民生产总值之比。

(8)通过分析不同部门内部融资与外部融资在金融账户中总资产或总负债中所占的比重,可以为研究金融结构、测定各部门之间资产来源与运用情况提供一个微观基础。这在各国的现金流量表中得到了一定程度的体现。

2)金融发展的三种类型

为了说明和比较经济发展,金融发展与金融结构之间的具体关系,戈德史密斯还从历史分析中归纳出金融结构,或者说金融发展的三种类型:

(1)金融发展初期的金融结构

如18世纪和19世纪中叶的欧洲和北美,金融相关比率较低(为0.2~0.5),债权凭证在所有金融工具中占主导地位,直接金融盛行,金融机构在全部金融资产余额中所占比重较低,而商业银行在参与金融过程中又是所有金融机构的主体。

(2)在20世纪上半叶中普遍存在于大多数非工业化国家中的金融结构

在这种金融结构中,上一种类型的主要特点依然存在,如金融相关比率低,债权工具大大超过股权工具的作用,表现出混合经济的特色。尽管储蓄率与投资率似乎还比较低,但金融中介比率比较高了,由外国人所拥有和投资的大型股份公司也已经大量存在。

(3)主要出现在20世纪初以来的工业化国家中的金融结构

这种金融结构的主要特点是:金融相关比率较高,但变化幅度较大,在1~2之间浮动;虽然债权工具仍然占金融资产总额的大部分份额(60%)以上,但股权工具在金融过程中的作用大大上升;金融中介率有了更大提高,[①]而金融机构呈多样化的趋势,银行机构的作用开始相对下降而各种非货币性金融机构的作用上升。

3)现代金融发展在不同国家呈现的12条规律

通过对35个国家近百年金融发展史的分析,在对大量数据进行整理和处理的基础上,戈德史密斯还归纳了现代金融发展在不同国家呈现的12条规律:

(1)在经济发展过程中,金融部门的增长要比实体经济部门的增长更快,因而金融相关比率会呈现不断上升的趋势。

(2)金融相关比率的增长并非是没有止境的。一般而言,当金融相关比率达到1~1.5左右时就会趋于稳定。

① 金融中介率是指在金融市场上资金融通过程中,有金融中介参与资金供求者之间交易的数量所占总交易数量的比重。

(3)经济欠发达国家的金融相关比率比经济发达国家低得多,这可以看做是第一条规律的逆命题。

(4)决定一国金融发展的主要因素在于各个经济单位与经济集团之间储蓄功能与投资功能之间的分离程度。如果以非金融部门新发行的债务和股权证券与国民生产总值的比率来测量储蓄与投资的分离程度,那么金融发展就意味着赤字经济部门希望而且能够在多大程度上运用种种现存的金融工具向盈余部门借款,以及赤字部门能够在多大程度上依靠外部融资满足自身发展对资金的要求。当然,财富的分配状况、投资能力、储蓄倾向等也是影响金融增长的因素。总之,从非金融部门的负债与国内生产总值的比率高低中也可以窥视储蓄与投资究竟分离到什么程度。

(5)在许多国家,即使金融相关比率已经停止增长,但是由于金融机构在金融资产的发行额与持有额中所占份额随着经济发展大大提高,金融中介率还可以继续上升。而金融中介化趋势与近年直接金融增长趋势并无矛盾,因为很多直接金融也需要包括投资银行和证券公司在内的金融中介机构提供相关的服务。

(6)金融过程中介化趋势在不同金融工具中的发展程度是不同的。与股票相比,债券的中介化过程发展较快。这在一定程度上与随着金融发展政府对金融过程,特别是对金融机构经营范围不断强化的监管有关。

(7)现代金融增长都是以银行制度的发展为起点,而且依赖于经济货币化而提高的。但是两者的发展在金融增长中都表现为迅速上升到逐渐平稳,甚至下降的过程。

(8)在经济发展过程中,银行在整个金融机构资产总额中所占比重会逐步下降,而非货币性金融机构在全部金融机构资产总额中所占比重则相应上升,并最终会超过银行资产。事实上,正是由于金融机构、金融资产乃至各种金融工具功能的多样化,才能调动不同需要的潜在投资者和储蓄者的投资和储蓄动机,最终实现金融增长和金融深化。很显然,在金融相关比率达到临界值以后,金融增长也会从量的扩张发展到质的完善。

(9)外国融资作为国内资金不足的补充手段或作为国内剩余资金的出路,在许多国家的发展或增长中都发挥过重要作用。在一些时期,其增长速度还曾大大超过国内金融增长,以至那时人们在筹措资金时首先想到的不是国内融资而是国外融资,甚至大大低估或忽略了国内融资的增长潜力。而金融深化理论则重新强调了挖掘国内金融潜力的意义。

(10)在许多国家金融发展过程中,先进国家对后发展国家具有强烈的示范作用。金融工具的引进和金融机构的设立,甚至金融管理的经验和技术的传播是比较容易实现的。但是,一国的金融结构,特别是各类金融工具和金融机构在金融发展过程中所发挥的作用却是根本无法也不可能模仿的,只能由一国的经济发展水平和社会发展状况来决定。

(11)在金融发达国家,包括利率和各种费用在内的融资成本要明显低于金融欠发达国家。这是因为金融制度的完善程度本身就会降低金融过程的交易成本,提高金融机构的效率,而且金融机构之间的激烈竞争和金融资源的充分调动都会改善金融市场的供求态势,从而进一步降低融资成本。在这一点上,金融欠发达国家也是不可以轻率模仿的,否则就会造成金融压制。

(12)戈德史密斯认为在经济与金融发展之间存在着大致平行的关系。它们在总体规模水平和结构复杂程度上会呈现近乎同步的增长或发展,而且从不同国家的历史经历看,经济飞速增长时期一般也是金融发展速度较高的时期。不过他也坦承,究竟是金融发展推动了经济发展,还是经济发展支撑了金融发展的结论还不得而知。①

值得注意的是,在戈德史密斯首次对金融结构的演变过程和金融发展的道路进行分析的近20年之后,随着东南亚金融危机的爆发,学术界对金融结构的转型及演变的研究也日趋深入。比如,中国学者白钦先(1989)在《比较银行学》中指出,一国金融结构的演变实际是从初级到高级、从间接融资为主(金融倾斜)发展到以直接融资为主(金融倾斜的逆转)的过程,即"金融倾斜及其逆转"的过程。② IMF经济学家克劳迪娅·兹奥贝克和约翰K·加勒特(Claudia Dziobek and John K. Garrett, 1998)提出了金融系统的趋同问题,比如,美国转向全能型银行,而德国则加强了其市场导向的融资,这两种金融系统看起来似乎要趋同于一种共同的中间模式。③ 而这两种观点均认为金融系统的结构变迁遵循一定的规律,只不过,前者总结为金融倾斜及其逆转,相当于说从银行主导型趋向于市场主导型,后者则认为金融系统的结构变迁趋向于银行和证券市场的混合。④

但严重的问题是,2011年9—10月由美国民众发起的"占领华尔街运动"似乎已在向人们昭示,在金融危机不断蔓延的今天,发达国家的金融大亨们享受着金融发展带来高收入的好处,而民众却在承受着由金融大亨们制造的金融泡沫破灭所带来的痛苦。从中我们更可以看到,金融的发展,虽然会促进社会经济的发展,但也会带来社会收入差距扩大和分配的不公平问题。而解决好金融发展和收入分配不公平的问题不仅是至关重要的,并且是维护社会稳定和公正的重要前提。⑤

5.2.2 戈氏财富理论与现实悖论的解析

如前所述,戈德史密斯在其《金融结构与金融发展》的著作中,提出了一个金融相关比率(或称金融深度指标)的重要概念,并从数量上论证了金融发展与经济增长之间的关系。在此,有必要再引申一下:由于就全球范围而言,GDP = GNP,故而,所谓金融相关比率,也就是指金融资产价值与全部实体财富(即国民财富)价值之比。其中,全部实体财富大致可以用当期国民生产总值(GNP)表示,而金融资产主要包括金融部门,非金融部门和国外部门发行的金融工具。他认为,在一国经济的发展过程中,金融相关比率变动的基本趋势是上升的,有时甚至会发生"爆发运动",但达到一定程度时,这一比率会逐步稳定。在通过大量的比较分析和统计验证的基础上,他总结出了前述12条规律,其中的第2条称:"金融相关比率的增长并非是没有止境的。一般而言,当金融相关比率达到1~1.5左右时就会趋于稳定。"由于全球范围的金融相关比率可以由世界各国的金融相关比率进行加

---

① 孙杰. 区域经济一体化:基于区域债券市场的研究[M]. 北京:社会科学文献出版社,2013:2-6.

② 白钦先. 比较银行学[M]. 郑州:河南人民出版社,1989:10.

③ Claudia Dziobedk and John K. Garrett: Convergence of Financial Systems and Regulatory Policy Challenges in Europe and in the United State, 1998. 转引自:北京奥尔多投资研究中心. 金融系统演变考[M]. 北京:中国财政经济出版社, 2002:299-321.

④ 辛祥晶,张玉恒. 金融结构变迁的社会化研究[J]. 河北经贸大学学报,2007-9:11-16.

⑤ 高汉. 从占领华尔街运动看美国的金融发展与收入分配[J]. 兰州学刊,2012-2:38-42.

权平均求得,所以 1~1.5 的范围大致也应是全球趋于稳定的金融相关比率。① 但由于戈德史密斯的理论主要涉及金融财富和国民财富之间的比例关系,因此本书将此理论简称为戈氏财富理论。

5.2.2.1 戈氏财富理论与现实的悖论

戈德史密斯的金融相关比率理论长期以来一直被作为一个国家乃至全球金融体系发展态势是否健康的参照值。但这个参照值在当今的金融体系下显然已迅速失去了其意义。比如,2005 年 3 月 3 日,美国《基督教科学箴言报》上一篇题为"新经济秩序中更多的资金、更多的风险"的文章中,披露了一份麦肯息(Mackenzie)全球研究所发布的对 100 多个国家金融资产的分析报告。该报告称:"全球金融资产目前已超过 118 万亿美元——比 1993 年(53 万亿美元)增长了一倍还多,是 1980 年(12 万亿美元)的近 10 倍。其中,全球 80% 的金融资产都掌握在四个地区手中:美国、欧元区、日本和英国。美国仍是最大的持有者,其金融资产为 44 万亿美元,占全世界金融资产的 37%,日本为 18 万亿美元,占 15.25%,中国为 5 万亿美元,占 4.23%,却是世界上增长最快的金融市场之一。"②该报告还预测全球金融资产总额到 2010 年,有望超过 200 万亿美元,并且还认为,金融市场的"影响力正在加深,流动性在增大,一体化的程度日益提高。"③其中,影响力加深的具体表现是,1980 年以来,全球金融资产的价值已从与全球 GDP 大致相当的水平增长到全球 GDP 的 3 倍。即在 1980—2003 年间,全球的 GDP 增长率为 257%,而金融资产增长率则高达 888%。④ 从 1980—2003 年的 23 年间,世界范围内并没有爆发大规模的战争和灾难,并且世界经济总体发展水平,即 GDP 的增长一直在1.1%~4.6% 之间。⑤

如果我们采用较为简单的复利公式对 1980—2003 年的 23 年间 GDP 的增长速度和金融资产的增长速度进行对比的话,就可以发现:

(1)由式:$(1+i)^{23}=257\%$,可以验证,全球 GDP 的年增长率 i 的均值在 4.19%,也即说明全球的实体财富量固然在增长,但很明显是以一个较低的速度在增长。

(2)由式$(1+i)^{23}=888\%$,可以求出,全球金融资产价值量的年增长率 i 的均值是 9.96%,是 GDP 增长速度的 2.4 倍。

如果我们再结合金融市场的价值量与全球 GDP 的比例在 23 年间从 1:1 跃升到 3:1 的情况来看,显然,金融相关比率已超出戈德史密斯设想的域值上限 1.5 的两倍。由于金融资产是既有财富的表征,它在性质上是指向(但并不等于)财富存量的。因此,金融相关比率过高即意味着财富存量似乎在以惊人的速度增长。对于这种现象的解释应只有两种:一是对财富存量的价值由于种种原因出现了高估;二是金融资产本身发生了超常的衍生。而这两种解释的背后都取决于人类对财富价值的主观判断正确与否。而由此引发的关键问题是,人类应该怎样来判断财富,或者说怎样来看财富的本源?

---

① 曹龙琪. 货币银行学[M]. 北京:高等教育出版社,2000:461-462.

② 美国基督教箴言报 3 月 3 日. 新经济秩序中有更多的资金、更多的风险[N]. 参考消息. 2005-3-8(8).

③ 美国基督教箴言报 3 月 3 日. 新经济秩序中有更多的资金、更多的风险[N]. 参考消息. 2005-3-8(8).

④ 编者. 麦肯锡报告揭示全球金融大趋势[N]. 第一财经日报. 2005-3-7(1).

⑤ 2000 Data Avariable as of 31 January 2003, United Nations, New York, 2003:135.

5.2.2.2　悖论的解析

如何来解释戈氏理论中金融相关比率 1.5 的上限与现实世界此比例已被大大突破，并已超出 1.5 的两倍，是解析这一悖论问题的关键。

戈氏理论似乎要告诉我们，在正常情况下，如果 GNP 代表某个国家一定时期的财富增量和经济规模，那么其财富存量的规模应该与此成一定比例。由于金融财富是指向一定的财富存量的，因而在 GNP 一定的情况下，不会凭空产生过多的金融财富。但是现代经济的虚拟化趋势却使得大量的虚拟财富需要用金融财富来表达。而这种虚拟财富的主要特点就是以财富为基础通过财富来创造财富。① 换句话说，财富的虚拟化正是解析戈氏悖论问题的答案。

若设第 i 年全球金融资产总量为 FA_i，第 j 年全球金融资产的增量为 $FA_j(j\neq i)$，第 i 年金融相关比率为 FIR_i，根据戈氏理论，显然有

$$FA_i = \sum_{j=-\infty}^{i} FA_j \qquad (j = -\infty, \cdots 1, 2, 3, \cdots i-1, i) \tag{5-22}$$

$$FIR_i = \frac{FA_i}{\mathrm{GNP}_i} = \frac{\sum_{j=-\infty}^{i} FA_j}{\mathrm{GNP}_i} \tag{5-23}$$

由公式(5-22)和(5-23)可知，FA_i 是一个不断增长的历史积累量，当其在量值上与第 i 年的定值 GNP_i 相比时，必然会出现以下几种情况：

$$FIR_i\begin{cases} <1 \\ \geqslant 1, \leqslant 2 \\ >2 \end{cases} \tag{5-24}$$

根据世界经济及金融体系的发展过程，我们不妨再进一步定义：

(1) 当 $FIR_i<1$ 时，由于金融资产规模过小，远不能参与到世界经济发展的全过程，故可称其为欠发达的金融体系。比如，根据戈氏的划分，18 世纪和 19 世纪中叶的欧洲和北美，属于金融发展初期的金融结构，其金融相关比率较低(为 0.2 ~ 0.5)。

(2) 当 $1\leqslant FIR_i\leqslant 2$ 时，由于金融资产规模适度，并已比较充分地参与到世界经济发展的全过程，故可称其为相对稳态的金融体系。比如，20 世纪初以来的工业化国家中的金融结构，其金融相关比率较高，但变化幅度较大，在 1 ~ 2 之间浮动。

(3) 当 $FIR_i>2$ 时，由于金融资产规模过大，过度活跃地渗透到世界经济发展的全过程，故可称其为超稳态的金融体系。对此，戈氏显然没有预见到。反过来说，金融结构已严重偏离戈氏关于金融相关比率达到 1 ~ 1.5 之间，该比率就将趋于稳定的假设。

由以上定义可知，当世界金融体系进入超稳态的时期以后，由于 FIR_i 本身是一个历史积累量，并由于金融体系本身的投机、衍生和虚拟化过程所致，因此，金融资产会以相当的乘数效应放大，而当 GNP_i 以一个相对比较缓慢的数值增长时，FIR_i 就必然会在短期内突破 1.5 ~ 2 的上限。与此相应地还会出现另一种情况，即人类以金融资产所积累的财富对应

---

① 熊仁宇．"欧元化"无助于减缓全球通涨：用"欧元化"解决美元贬值是饮鸩止渴[N]．21 世纪经济报道，2008-7-29（时论 3）．

于货币价值量的放大会以算术级数的形态增长,但人类以金融资产所积累的财富对应于货币价值量放大后所产生的膨胀效应却会呈几何级数增长。关于这个结论,本书已在第4章(4.2.1.1 金融资产积累系数和金融资产膨胀指数)中予以证明。而从1980—2003年的23年间,当 FIR_i 从1上升到3,就已充分显示了这个过程。此外,麦肯锡报告中预测的另一个结论,即到2010年 FA_i 将会达到200万亿美元,只是说明这种趋势还会继续。此外,欧元区金融资产占GDP的比例从1995年的180%上升至2005年的505%,[①]更说明如此。而2007年底,中国仅股市市值就达到32.71万亿元人民币,已是GDP 24.6万亿元的1.326倍,则表明中国的金融相关比率已经达到甚至超过多数中等发达国家的水平。[②]

那么,人们不禁要问:FIR_i 有无极限值?或其极限值是什么?

由于金融资产从本质上说,只是人类部分财富的一种表达符号,因而它极致的实际价值应在于能比较充分真实地表达而不是幻化相应财富的实际价值。根据这个原理,我们有:

$FA_i \leqslant \mathrm{GNP}_i + \mathrm{GNP}_j$,也即

$$FA_i \leqslant \mathrm{GNP}_i + \sum_{n=-\infty}^{i-1} \mathrm{GNP}_n \tag{5-25}$$

其中,$\mathrm{GNP}_j = \sum\limits_{n=-\infty}^{i-1} \mathrm{GNP}_n (n = -\infty, \cdots 1, 2, \cdots i-1)$

当公式(5-25)中的等式成立时,就意味着人类社会已开发财富几乎全部用金融资产来表示。我们知道,戈氏最初是将金融相关比率定义为金融资产的市场价值总额与国民财富的市场价值总额之比。在研究最初时,这是一个存量概念($\sum\limits_{n=-\infty}^{i-1} \mathrm{GNP}_n$),但是在其后来的计算中则更多地使用了流量指标($\mathrm{GNP}_i$),即金融资产的市场价值总额与各该当年国内生产总值之比。由于 $\mathrm{GNP}_i/\mathrm{GNP}_j \ll 1$,这就犯了一个致命的错误,即戈氏可能为求计算方便而把分母由一个极大数换成了一个较小数。这样做的结果会无限放大金融相关比率,从而一下子突破1.5的比例上限。如果我们还其本来面目,将流量指标(GNP_i)换回存量概念($\sum\limits_{n=-\infty}^{i-1} \mathrm{GNP}_n$),由此可以确定 FIR_i 的上限:

$$FIR_i \leqslant \frac{\mathrm{GNP}_i + \mathrm{GNP}_j}{\mathrm{GNP}_j} = 1 + \frac{\mathrm{GNP}_i}{\sum\limits_{n=-\infty}^{i-1} \mathrm{GNP}_n} \tag{5-26}$$

公式(5-26)告诉我们,金融相关比率的上限等于当年新增财富与人类积累的历史财富的比值加1。这就是金融与财富正常关系的阈值。任何时候,超出这个比率上限的金融资产即为与虚拟财富所对应的金融泡沫。而反映在GNP的统计上即为包括已经被大幅放大的金融业产值在内的 $\mathrm{GNP}_i/\sum\limits_{n=-\infty}^{i-1} \mathrm{GNP}_n > 0.5$。

① 景维民,杨恒. 欧债危机对中国经济转型与发展的影响及启示[J]. 河北经贸大学学报,2012-7:9-10.

② 徐茂魁,等. 对金融发展理论的思考——以美国次贷危机为鉴[J]. 政治经济学评论,2009(1):132-148.

5.3　财富总量和货币总量及货币供给

5.3.1　既有财富总量的判断

财富是以人类本体为一方,人类赖以生存和享用,以人类的主观判断为基础,具有价值的物质和精神世界的总和。但从严格意义上说,目前关于既有财富的统计,还没有一种统一的并被全球认同的方法。在现实中,出于一个国家对本国财富或联合国对各国财富总量统计的需要,大致存在三种不同的计算方法:一是将既有的资产总额直接地表达为一个国家或地区,包括自然财富以及人类所创造的物质和精神财富的总额,即国民资产总额等于国家财富;二是将 GDP 的累积作为一个国家或地区的财富总额;三是将自然资本、人造资本、人力资本与社会资本等加总作为一个国家或地区的财富总额。

5.3.1.1　国民资产总额等于国家财富

在当今世界上的一些发达国家,比如日本、英国等国,习惯上一直采用将居民、企业和政府所拥有的动产和不动产,包括现金、存款、债券与股票等金融资产的资产总额减去负债后的余额作为一个国家的财富总额。

1)日本的例子

2007 年 5 月 17 日的日本《经济新闻》在一篇题为"日本国民净资产占国家财富 80% 以上"的报道中称:"截止 2005 年底,日本家庭净资产(从家庭总资产扣除负债部分)已达 2 166万亿日元,占整个国家财富的 82% ,创下 1996 年以来的最高纪录。其中股票价格上涨是金融资产增加的主要原因。"该报道还称:"2005 年日本家庭净资产比上一年增加了 3.9% ,在国家财富中所占比重也增加了 3.4% ,从资本面看,财富向家庭集中的趋势明显。逐项来看,存款与股票等金融资产达到 1 549 万亿日元,比上一年增加 7.1% ;现金、存款下降 0.6% ,而股票资产增加了 61.8% ,达到 223 万亿日元。在股价上涨的过程中,个人把储蓄的一部分转投股市的趋势增强,家庭金融资产膨胀。"①

2)英国的例子

2005 年 7 月 26 日的英国《每日电讯报》称:"英国国家统计局当年的统计结果显示,每个英国人'值'9.7 万英镑。"该报道称:"这次英国的'总价值'是用英国 2004 年全部房屋、道路、工厂、车辆、机器等以及股票股份的资产总额,减去负债额后得出的统计净值。"报道还进一步解释说:"在这份详尽的报告上,全英的'财产明细'一目了然,包括汽车、船舶、飞机在内的交通工具的资产净值为 817 亿英镑,农业资产为 548 亿英镑;包括桥梁、公路等在内的土木建筑资产净值为 6 485 亿英镑;全部医院的资产净值为 667 亿英镑;全部学校的资产净值为 777 亿英镑;全部宾馆饭店的资产净值则为 492 亿英镑。对英国人来说,一个好消息就是这次英国'总价值'的 59% 都在住宅资产上,共为 3.4 万亿英镑,这个数额比前一年增加了 12% ,相比之下,10 年前全英的住宅资产总价值为 1.2 万亿英镑,占整个国家财富的 43% "。②

---

① 日本国民净资产占国家财富 80% 以上[N]//日本经济新闻 5 月 17 日报道. 参考消息,2007 - 5 - 18(4).

② 欧叶. 5.8 万亿英镑买下英国[N]. 上海:青年报,2005-7-27(A17).

3) 日本和英国例子的含义

日本和英国的例子说明,采用将居民、企业和政府所拥有的动产和不动产,包括现金、存款、债券与股票等金融资产的资产总额减去负债后的余额作为一个国家的财富总额的计算方法,具有相当的代表性、直观性和可操作性。但主要问题是,这种计量方法包含相当部分的金融资产。而用金融资产所表达的财富,由于本身包含"泡沫"的因素,因此往往会在短期内造成财富价值的陡增或陡减,即财富的升腾或蒸发,而这些现象已屡见不鲜。同样,以房产价值来表征的财富,在相当程度上也具有类似金融资产的"泡沫"因素。而在上述例子中,2005 年底日本家庭的净资产达 2 166 万亿日元,占整个国家财富的 82% ,创下 1996 年以来的最高纪录,充分表明在这 10 余年间,日本股票价格的上涨是金融资产增加的主要原因,从而在相当程度上导致了日本国家财富的升腾。而英国的例子也表明,2005 年 7 月英国财富总价值的 59% 为住宅资产,共为 3.4 万亿英镑,这个数额比前一年增加了 12% ,是 10 年前全英住宅资产总价值 1.2 万亿英镑的 2.83 倍。这又在极大程度上导致了英国国家财富的升腾。但随即在 2008 年的金融危机之后,这两个国家的金融资产都有相当程度的缩水,并且陷入了较长时期的经济衰退就充分证明了"泡沫"破裂之后的负效应。

5.3.1.2　GDP 的累积等于国家财富

由于各种原因,相当部分国家难以或并不侧重对国家既有财富的统计,但却比较重视既有财富的积累。反映在国家财富的计量上,主要是将 GDP 的产出及其积累看做是该国富裕程度的重要指标。这种做法在一些发展中国家尤其普遍,而且这种做法当前也为联合国所采用。表 5 – 5 为 1992—2002 年 11 年间世界各国 GDP 产出总额扣除最终消耗支出后的积累量。

表 5 – 5　1992—2002 年世界 GDP 扣除最终消耗支出后的积累量 单位:万亿美元

指标＼年份	1992	1993	1994	1995	1996	1997	1998	1999	2000	2001	2002	总计/均值
名义 GDP	24.87	24.59	26.44	29.32	30.07	29.95	29.86	30.87	31.70	32.0	33.3	322.97/29.36
按 1990 年不变价格计算的 GDP	23.74	23.99	24.64	25.32	26.13	27.06	27.71	28.56	29.73	31.11	31.72	299.71/27.24
GDP 年增长率	1.4	1.1	2.7	2.7	3.2	3.6	2.4	3.1	4.1	4.6	1.9	30.8/2.87
最终消耗支出占 GDP 的比例(%)	77.5	77.5	76.9	76.5	76.5	76.2	76.8	77.3	76.9	77.8	76.9	846.8/76.98
GDP 积累量	5.34	5.40	5.69	5.95	6.14	6.44	6.43	6.48	6.87	6.91	7.33	68.98/6.27

资料来源:① 2000 Data Available as of 31 January 2003,United Nations, New York,2003,P135;② 2004World Development Indicators, World Bank, Washington, DC, ③ INTERNATIONAL MONETARY FUND, International Financial Statistics, yearbook,2003.

由表 5 – 5 可以看出,1992—2002 年世界 GDP 产出总额扣除最终消耗支出后的积累总量为 68.98 万亿美元,年均积累 6.27 万亿美元。我们还可以从表 5 – 5 中的四个指标:即名义 GDP、按 1990 年不变价格计算的 GDP、最终消耗支出占 GDP 的比例、GDP 积累量中推出它们之间的如下关系式:

世界 GDP 扣除最终消耗支出后的积累总量 = $\sum$ 按基年不变价格计算的 GDP ×（1 - 最终消耗支出占 GDP 的比例）= $\sum$ 年名义 GDP × 年均不变价格指数 ×（1 - 年均最终消耗支出占 GDP 的比例） （5 -27）

其中,若以 1990 年作基年,在 1992—2002 年的 11 年间,年均不变价格指数的简约算法为:

年均不变价格指数 = 按基年不变价格计算的年均 GDP/年均名义 GDP × 100% （5 -28）

比如 1992—2002 年的年均不变价格指数 = 27.24/29.36 × 100% = 92.78%

根据公式(5 -27)和(5 -28),我们就可以推算出 2003—2013 年世界 GDP 扣除最终消耗支出后的积累总量,结果见表 5 -6。

表 5 -6 2003—2013 年世界 GDP 单位:万亿美元

年份	2003	2004	2005	2006	2007	2008	2009	2010	2011	2012	2013	总计/均值
名义 GDP	37.4	42.2	45.6	49.4	55.8	61.3	58.1	63.1	69.9	71.7	74.9	629.4/57.21

资料来源:①Macroeconomic Overview, in Internationally Comparable Prices, by Indicator, Country and Year 2012, UNECE Statistical Division Database;②Elham Mafi - Kreft. International Outlook for 2014. Indiana Business Review, Winter 2013:1.

由表 5 - 6 可知,2003—2013 年的世界名义 GDP 总量为 629.4 万亿美元,年均为 57.21 万亿美元,将此数据代入公式(5 -27),则有:

2003—2013 年世界 GDP 扣除最终消耗支出后的积累总量 = $\sum$ 年名义 GDP × 年均不变价格指数 ×（1 - 年均最终消耗支出占 GDP 的比例）= 629.4 × 92.78% ×（1 - 76.98%）= 134.43 万亿美元

而按 1990 年不变价格计算的,在 1992—2013 的 22 年里,世界 GDP 扣除最终消耗支出后的积累总量为:68.98 + 134.43 = 203.41 万亿美元。

如果我们再进行一下对比可知,在 2003—2013 年世界 GDP 扣除最终消耗支出后的积累总量与 1992—2002 年的情况相比,后 11 年的积累总量约为前 11 年的 1.95 倍。说明世界财富的积累规模在快速扩展。这种情况的出现一方面表明,世界各国的总体经济一直在增长;但另一方面,似乎出现了有利于快速带动整体经济增长的因子。比如 2012 年6 月 18 日美国杂志《Rana Foroohar》载文认为,这种整体经济快速增长的结果显然是与以中国为首,“金砖五国”为代表的新兴经济体的快速崛起有关的,见表 5 -7。其中,金砖国家在世界经济总量中占比已达 20%,而 2010—2012 年的年均增速在 6% ~ 8%（其中中国为 8% ~ 10%）,为美国和欧元区的 3 倍左右。

表 5 -7 世界最大经济体的经济发展态势

经济体	在世界经济总量中占比(%)	经济发展速度(2010 年)	经济发展速度(2012 年)
美国	22	3%	2%
金砖国家	20	8%（其中中国 10%）	6%（其中中国 8%）
欧元区	18	2%	-0.3%
所有其他经济体	40	—	—

资料来源:FOROOHAR, RANA, YOUR GLOBAL ECONOMIC MESS IS NOW BEING SERVED. Academic Search Premier[J]. Time, 0040781X, 6/18/2012, Vol. 179.

但值得一提的是，有许多学者认为，以 GDP 增长为中心的财富计量也存在许多问题，主要包括：

(1)从统计学角度看，GDP 假定任何货币交易都"增加"社会福利，对交易中是增加还是减少社会财富并不加以辨识，因此只反映了增长的"数量"，而无法反映其减少的"数量"。

(2)一个国家财富能否有效地增长，如从固定资本形成总额方面来看，就不仅取决于 GDP 中固定资本形成总额的大小，还取决于其质量。但现有 GDP 的统计并不考虑质量。①

(3)从社会角度看，GDP 将造成社会无序和发展倒退的"支出"均视为社会财富，不计增长过程中因人际之间不公平所造成的破坏性后果。② 并且，包括严重的金融泡沫成分。

(4)从环境角度看，它不考虑自然资源的稀缺性，不能反映环境的缓冲能力、自净能力和抗逆能力的下降，反将污染环境的经济活动算成贡献。

(5)从经济角度看，它只记录看得见的、可价格化的劳务，而其他的对社会有贡献的劳务却被摒除在外。③

由此可见，用 GDP 来表征财富，外延上既不完整，内涵上也不精准，并且难以保证人类社会可持续发展目标的实现。

5.3.1.3　自然资本、人造资本、人力资本与社会资本的加总等于国家财富

自 20 世纪 90 年代起，由于地球生态环境的恶化，人们开始关注人类的生存、发展与地球生态及环境的关系，并提出了可持续发展的观点。可持续发展涉及人类如何生存、地球生态与环境如何保护、资源如何有序开发与有效利用等诸多问题。但如果从人类财富的可持续发展观来看，它意味着同我们这代人所拥有的资本相比，后代人应该至少能够拥有同样多的人均经济、环境和社会资本。

1995 年 9 月 17 日，世界银行公布了一套基于可持续发展的新的"国家财富"或"人均资本"的计算标准，即把经济、社会和环境等因素综合起来以计算各国的财富，它包括自然资本、人造资本、人力资本与社会资本以及社会赖以正常运转的制度、组织和文化凝聚力等。其中，又将自然资本、人造资本、人力资本等 3 个主要资本作为构成一个国家财富的要素。据该年世界银行的初步估算，全世界总财富的构成中：自然资源占 20%，人造资产占 16%，人力资本占 64%。

世界银行还于 2005 年底，正式公布了《2000 年国别财富报告》。这个报告以 2000 年的数据为基础，对世界 120 个国家的财富分配情况进行全面调查，考虑了国民生产总值水平、人均收入等传统因素，还加入了自然资源的利用程度、环境损害规模、劳动力价值等因素，最终统计分析了这些国家的财富构成基础。其具体做法是，依据 2000 年人均物质财富分配水平，先算出 120 个国家和地区的物质财富总和以及人口总和，得出 9 万 210 美元

---

① 许宪春．正确理解和使用 GDP[J]//中国国家统计局国民经济核算司．数据，2006(01).

② 国鲁来．发展理论及评价指标体系的演进与全面建设小康社会——当前理论界的有关认识综述[J]．中国社会科学院农村发展研究所，2007-03-08.

③ 杨多贵，周志田，陈劭锋．发展观的演进——从经济增长到能力建设[J]．上海经济研究，2002(4).

的世界人均财富指标，然后以此为标准，判断世界各国人均财富情况。世界上人均拥有财富最多的10个国家和最少的5个国家的排名情况，见表5-8。

表5-8 世界上人均拥有财富最多的10个国家和最少的5个国家的排名情况 单位：美元

序号	最富裕国家	人均财富	序号	最贫穷国家	人均财富
1	瑞士	648 241	1	衣索比亚	1 965
2	丹麦	575 138	2	布隆迪	2 859
3	瑞典	513 424	3	尼日尔	3 695
4	美国	512 612	4	尼泊尔	3 802
5	德国	496 447	5	几内亚比绍	3 974
6	日本	493 241			
7	奥地利	493 080			
8	挪威	473 708			
9	法国	468 024			
10	比利时	451 714			

资料来源：Where Is the Wealth of Nations?：Measuring Capital for the 21st Century，December 2005 by World Bank.

表5-8的数据表明，世界上最富裕的国家与最贫穷的国家的人均财富相比悬殊，其中瑞士人均财富648 241美元，几乎是衣索比亚人均财富1 965美元的330倍。世界银行由此得出结论认为，当今世界富裕国家和贫穷国家之间的贫富差距呈继续拉大的趋势，这应该是很值得引起世界各国的社会学家和经济学家关注的。尤其是穷国将变得更穷这种趋势更值得引起政治家的关注。

令人注意的是，该研究报告还探讨了各国财富的来源问题。结果发现，越富庶的国家，有形资产所占比率越低，无形资产所占比例越高。报告中称："此次财富估算最令人意外的，是无形资本具有很高的价值。被研究的样本中，有近85%的国家，其总财富中有50%以上来源于无形资本。"①该报告还认为，一个国家无形资本的大小，主要取决于法治程度与教育水平。在中低等收入国家中，其无形资本平均有36%取决于教育水平，57%取决于法治程度。这就意味一个国家的富裕程度，同该国的法治程度及教育水平等无形资本成正比。②

应该说，世界银行从人类社会的可持续发展角度，就如何衡量各国的财富问题做出了非常积极与有益的探索，因为从世界银行的角度来讲，在具体衡量按国别区分的国家财富时，除包括自然资本、人造资本以外，还将人力资本尤其是包括受教育程度等因素考虑在内，是合理的。这样在对各国的贫富程度进行比较时就相对比较直观，也有利于提高贫穷国家对法治程度及教育水平等无形资本的重视程度。但问题是，就全人类的财富总量的计量而言，如果再包括人类本身，就好比在计量一个人的财富总量时，除计量其所拥有的动产和不动产等以外，还要计量其本身，在逻辑上必然会陷入重复计量的怪圈。由于根据

① Where Is the Wealth of Nations?：Measuring Capital for the 21st Century，December 2005 by World Bank.

② 朱相远．树立现代财富观——重视非物质无形资产财富的价值[J]．北京观察，2006(6).

本书的定义，财富是以除人类本体以外的物质和精神世界为另一方进行计量的，[①]因此，在计量全人类所拥有的财富时，是不得不剔除人力资本这个因素的。

以上分析说明，既然用国民资产总额法，GDP 的累积法，或自然资本、人造资本、人力资本与社会资本的加总法等来计量财富总量都存在某些缺陷，因此不妨采用弗里德曼的思路，先求得货币总量，以及名义国民收入，然后才求得财富总量。

5.3.2 既有货币总量的判断

5.3.2.1 世界货币总量计算路径

货币是财富的直接表征。从某种程度上来说，世界的货币总量也就是人类财富总量的直观表达或映象。由于当今世界各国或地区大多采用不同的币制，而且各种货币的本位不同，彼此间进行交换的汇率也不同等原因，造成了当今世界的货币总量难以统计，或即便统计出来，也只是一个缺乏精准价值含量的数据。但即使如此，借助于一条相对有效的路径，在已知世界各国或地区总产出 GDP 的基础上，通过世界各国或地区货币和准货币（M2）占 GDP 的比例这一关键指标，就可以反过来求出当今世界的货币总量。其基本思路如图 5－3 所示。

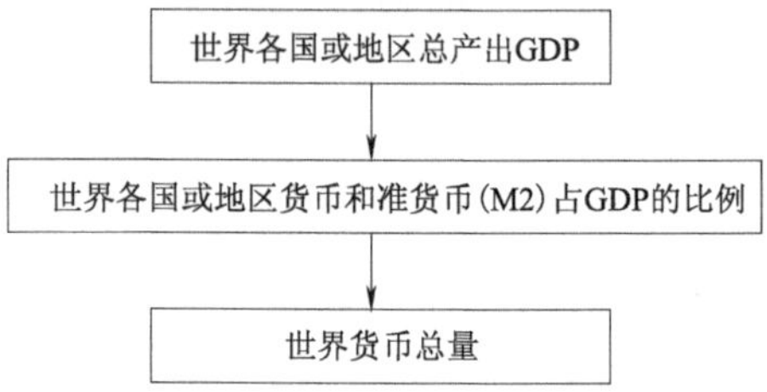

图 5－3 世界货币总量计算路径

5.3.2.2 世界各国或地区货币和准货币（M2）占 GDP 的比例

货币和准货币（M2）占 GDP 的比例系世界银行采用的一个衡量各国或地区货币总量（M2）与各国产出 GDP 比例的指标，并已根据各该当年各国或地区本币与美元的汇率关系进行统一换算。其中，货币和准货币包括银行外的通货、除中央政府外的活期存款，以及除中央政府外的居民定期储蓄和外汇存款的总和（这个货币供应定义往往被称作 M2）。同时，它与国际货币基金组织（IMF）的《国际金融统计》（IFS）中的第 34 和第 35 条相对应。而 GDP 的数据则根据国际货币基金组织的《国际金融统计》和数据文件，以及世界银行和经合组织（OECD）的 GDP 估算，故具有相当的可比性和权威性。[②] 而世界银行集团（含国际复兴开发银行（En）、国际开发协会（En）、国际金融公司（En）、多边投资担保机构（En）、解决投资争端国际中心（En））在 2014 世界银行数据库中提供的 2003—2012 年世界各国或地区货币和准货币（M2）占 GDP 的比例情况，见表 5－9。

表 5－9 2003—2012 年世界各国或地区货币和准货币（M2）占 GDP 的比例 单位：%

国家（地区）名称	2003	2004	2005	2006	2007	2008	2009	2010	2011	2012
不丹	47.8	52.1	51.4	51.6	47.9	56.8	72.8	71.7	63.1	58.5
东帝汶	14.1	14.5	16.3	21.6	25.7	27.8	32.5	31.6	28.6	30.0

① 曹钟勇．财富本源与世界统一货币［M］．北京：中国铁道出版社，2008：7.

② 世界银行集团（国际复兴开发银行（En）、国际开发协会（En）、国际金融公司（En）、多边投资担保机构（En）、解决投资争端国际中心（En））© 2014 世界银行数据库．

续上表

国家(地区)名称	2003	2004	2005	2006	2007	2008	2009	2010	2011	2012
中国	155.4	151.6	153.0	159.8	151.8	151.3	179.0	180.8	180.0	187.5
中国澳门特别行政区	174.4	146.7	143.3	144.7	127.7	114.0	124.5	107.0	101.3	109.1
中国香港特别行政区	254.5	260.7	251.7	274.8	297.4	299.6	324.4	325.4	328.2	336.1
中非共和国	14.4	16.1	17.9	15.8	14.0	15.2	16.1	17.8	19.2	18.3
丹麦	67.9	67.7	77.2	76.0	71.6	82.2	92.3	83.9	74.3	74.6
乌克兰	35.7	36.4	44.0	48.0	55.0	54.4	53.4	55.2	52.6	54.8
乌兹别克斯坦	—	—	—	—	—	—	—	—	—	—
乌干达	19.6	17.2	19.3	19.9	20.9	23.6	22.6	26.9	27.0	24.2
乌拉圭	58.4	49.0	45.3	45.6	40.6	45.1	40.6	43.7	44.1	43.6
乍得	11.6	8.2	7.2	9.8	9.7	10.9	11.1	11.5	12.1	11.9
也门共和国	36.3	35.1	32.0	34.5	29.7	28.3	33.6	31.9	32.7	38.6
亚美尼亚	14.4	15.0	16.3	18.3	22.0	19.8	25.9	26.3	29.8	33.7
以色列	94.9	93.7	98.3	92.3	95.4	99.1	99.0	82.3	86.7	—
伊拉克	—	27.0	20.2	20.8	24.5	23.5	35.8	36.7	33.1	30.7
伊朗伊斯兰共和国	37.7	36.6	36.8	39.9	40.2	34.3	41.1	19.7	10.2	12.4
伯利兹	54.1	57.3	58.0	61.8	67.3	71.8	78.2	74.8	73.9	77.7
佛得角	71.1	76.2	84.0	87.7	77.6	75.6	77.5	80.1	78.5	81.9
俄罗斯联邦	29.9	31.1	33.4	37.6	42.8	39.4	49.2	51.4	51.4	51.8
保加利亚	46.3	51.2	55.5	61.9	69.9	66.1	69.9	72.0	75.6	79.0
克罗地亚	56.3	56.9	58.4	63.2	68.3	66.1	68.7	78.5	78.5	81.1
关岛	—	—	—	—	—	—	—	—	—	—
冈比亚	32.9	32.2	33.9	41.7	41.2	45.1	46.2	49.0	54.9	53.2
冰岛	57.3	60.3	69.0	97.0	91.6	107.0	108.3	95.0	96.2	89.7
几内亚	16.1	18.4	18.7	25.8	19.7	22.7	25.3	38.3	36.4	—
几内亚比绍共和国	11.3	15.8	17.3	18.2	20.8	23.6	24.2	28.6	40.5	38.8
列支敦士登	—	—	—	—	—	—	—	—	—	—
刚果(布)	12.9	12.8	13.1	15.3	18.0	18.1	22.3	22.4	27.0	31.5
刚果(金)	3.2	5.1	4.5	6.0	7.2	8.7	9.9	10.6	11.0	11.5
利比亚	36.4	29.4	27.7	26.0	29.6	33.9	58.0	47.6	131.6	61.0
利比里亚	13.4	18.6	20.6	24.5	27.0	32.4	31.7	34.8	40.1	34.9
加拿大	144.9	143.5	148.0	158.1	112.1	122.7	—	—	—	—
加纳	31.0	32.7	32.1	23.3	25.7	27.5	28.2	29.6	30.5	30.5
加蓬	16.1	16.3	18.0	18.8	18.2	15.9	20.4	19.4	20.0	21.4
匈牙利	51.1	49.3	52.0	54.8	57.6	58.9	63.0	63.4	64.9	60.8
北马里亚纳群岛	—	—	—	—	—	—	—	—	—	—
南苏丹	—	—	—	—	—	—	—	—	—	—

续上表

国家(地区)名称	2003	2004	2005	2006	2007	2008	2009	2010	2011	2012
南非	63.2	64.3	69.9	76.2	82.7	84.8	80.9	77.9	76.9	75.6
博茨瓦纳	47.9	46.9	44.4	41.6	48.1	51.7	53.5	45.9	42.8	44.1
卡塔尔	53.4	47.8	48.7	49.7	53.0	43.9	60.4	58.1	50.1	55.1
卢旺达	16.6	17.8	17.6	—	—	—	—	—	—	—
卢森堡	584.2	600.0	662.7	658.7	655.0	596.4	601.7	536.0	499.1	480.3
印度	62.1	63.5	64.5	67.4	71.0	75.8	77.7	76.2	76.4	75.6
印度尼西亚	47.4	45.0	43.4	41.4	41.8	38.3	38.2	38.3	38.8	40.2
危地马拉	43.0	43.6	45.4	46.4	44.9	43.2	46.2	46.5	44.8	46.1
厄瓜多尔	18.2	21.1	22.3	22.3	24.2	24.8	26.4	29.1	29.8	31.6
厄立特里亚	146.1	128.9	129.2	123.9	127.7	141.3	121.5	123.2	114.7	—
古巴	—	—	—	—	—	—	—	—	—	—
吉尔吉斯斯坦	17.5	20.6	21.2	28.4	30.4	—	—	—	—	—
吉布提	69.7	74.1	77.6	79.5	78.3	80.1	78.5	93.5	81.4	85.7
哈萨克斯坦	21.1	28.1	27.2	36.0	36.0	39.0	44.0	38.9	35.4	34.7
哥伦比亚	27.3	28.9	30.7	32.1	33.6	35.7	36.7	37.9	39.6	42.8
哥斯达黎加	46.3	48.7	53.1	54.0	55.1	56.0	56.4	50.1	48.9	49.1
喀麦隆	15.9	16.2	16.3	16.5	18.1	19.0	20.9	22.4	22.8	20.3
图瓦卢	—	—	—	—	—	—	—	—	—	—
土库曼斯坦	—	—	—	—	—	—	—	—	—	—
土耳其	35.2	34.6	40.5	42.3	43.8	48.6	54.6	56.1	54.7	55.4
圣卢西亚	82.7	81.3	86.4	90.5	86.0	89.6	92.7	88.9	88.7	90.0
圣基茨和尼维斯	107.7	116.1	115.1	112.3	114.9	107.2	116.5	127.0	132.4	147.5
圣多美和普林西比	31.2	27.2	33.3	33.9	39.2	38.8	35.6	38.1	35.8	36.9
圣文森特和格林纳丁斯	73.3	70.9	69.9	66.0	63.7	65.2	65.9	67.0	68.8	70.4
圣马丁(荷属)	—	—	—	—	—	—	—	—	—	—
圣马丁(法属)	—	—	—	—	—	—	—	—	—	—
圣马力诺	—	—	—	—	—	—	—	—	—	—
圭亚那	96.1	97.2	97.4	64.4	60.3	60.9	63.8	66.3	65.8	67.0
坦桑尼亚	23.0	22.6	26.6	28.8	29.7	30.1	31.1	34.1	34.7	32.8
埃塞俄比亚	45.7	46.2	44.6	43.3	40.5	34.6	—	—	—	—
基里巴斯	—	—	—	—	—	—	—	—	—	—
塔吉克斯坦	9.7	10.6	14.4	16.2	21.3	15.1	18.2	18.0	19.7	19.6
塞内加尔	32.0	34.0	34.0	35.7	36.4	33.5	36.9	39.7	39.8	40.4
塞尔维亚	21.7	23.4	27.3	32.4	39.7	37.3	44.3	47.2	46.8	49.0
塞拉利昂	14.0	14.0	15.1	15.4	15.7	17.1	20.7	20.8	21.7	20.5
塞浦路斯	174.5	171.4	177.0	189.9	206.7	270.5	280.7	283.4	268.8	263.7

续上表

国家(地区)名称	2003	2004	2005	2006	2007	2008	2009	2010	2011	2012
塞舌尔	111. 2	104. 2	96. 8	89. 8	67. 0	64. 9	55. 5	61. 9	57. 9	52. 5
墨西哥	26. 6	26. 6	26. 9	25. 8	26. 2	26. 6	30. 0	30. 8	30. 9	31. 7
多哥	26. 7	30. 0	28. 1	33. 4	37. 2	37. 5	41. 3	45. 6	46. 8	45. 2
多米尼克	73. 1	72. 3	77. 4	81. 4	83. 1	80. 0	82. 6	86. 1	85. 4	94. 3
多米尼加共和国	50. 2	39. 4	37. 8	34. 3	35. 1	32. 0	34. 1	33. 8	34. 2	34. 4
大韩民国	110. 7	109. 0	111. 1	119. 0	122. 1	129. 1	136. 0	131. 2	131. 4	133. 3
奥地利	153. 7	157. 5	166. 7	171. 5	181. 1	197. 3	201. 9	193. 6	187. 1	175. 5
委内瑞拉玻利瓦尔共和国	23. 9	21. 2	22. 6	30. 5	31. 3	28. 8	35. 6	31. 6	36. 6	43. 7
孟加拉国	50. 9	52. 4	54. 5	58. 5	58. 4	58. 9	62. 9	67. 4	68. 7	69. 7
安哥拉	16. 8	14. 9	15. 9	18. 3	18. 4	22. 4	38. 5	34. 4	35. 9	34. 5
安提瓜和巴布达	98. 2	97. 8	96. 1	94. 1	92. 8	91. 8	92. 5	98. 5	100. 7	97. 5
安道尔共和国	—	—	—	—	—	—	—	—	—	—
密克罗尼西亚联邦	39. 9	40. 7	39. 7	35. 9	37. 1	37. 5	41. 1	38. 7	38. 2	41. 3
尼加拉瓜	32. 2	32. 9	31. 5	30. 3	31. 1	28. 0	30. 9	33. 5	32. 5	33. 2
尼日利亚	20. 2	18. 3	17. 7	19. 0	28. 0	36. 4	40. 8	20. 6	20. 0	20. 9
尼日尔	12. 2	14. 5	13. 8	15. 1	17. 3	16. 5	18. 5	20. 3	20. 1	23. 1
尼泊尔	52. 3	54. 2	54. 2	57. 1	60. 9	75. 4	80. 7	73. 2	75. 8	78. 0
巴哈马	55. 9	59. 8	61. 0	63. 6	67. 3	71. 5	76. 6	78. 0	79. 6	76. 6
巴基斯坦	46. 4	48. 4	49. 2	44. 6	47. 4	43. 5	40. 3	41. 1	37. 5	39. 9
巴巴多斯	98. 9	103. 0	108. 5	103. 2	119. 2	119. 8	119. 2	—	—	—
巴布亚新几内亚	27. 1	30. 9	33. 4	41. 1	47. 9	44. 9	54. 1	50. 6	52. 0	52. 0
巴拉圭	25. 6	26. 0	25. 7	25. 6	28. 7	33. 3	41. 1	40. 7	42. 7	46. 1
巴拿马	80. 2	79. 2	78. 9	87. 2	82. 1	79. 5	84. 1	84. 1	79. 0	77. 0
巴林	66. 4	58. 2	58. 5	58. 0	68. 8	69. 6	82. 5	81. 4	74. 5	74. 1
巴西	49. 6	50. 7	54. 3	58. 0	61. 3	63. 4	69. 0	68. 7	74. 0	81. 0
布基纳法索	26. 0	22. 8	19. 4	20. 2	23. 6	22. 9	26. 6	27. 4	29. 0	30. 3
布隆迪	23. 8	22. 1	23. 0	26. 1	24. 3	24. 9	25. 9	27. 0	23. 9	23. 0
希腊	82. 1	83. 9	91. 8	93. 3	98. 4	108. 9	115. 5	108. 0	97. 9	100. 3
帕劳	—	—	—	—	—	—	—	—	—	—
库拉索	—	—	—	—	—	—	—	—	—	—
开曼群岛	—	—	—	—	—	—	—	—	—	—
德国	174. 8	177. 4	182. 2	182. 3	183. 0	188. 1	193. 4	184. 2	178. 6	173. 3
意大利	87. 1	89. 8	94. 6	99. 9	113. 6	126. 0	140. 9	152. 5	153. 6	165. 1
所罗门群岛	22. 0	23. 0	30. 3	34. 3	36. 7	33. 3	38. 0	37. 7	39. 3	41. 7
拉脱维亚	34. 8	37. 9	43. 3	49. 3	42. 7	37. 3	44. 9	51. 4	46. 7	44. 1
挪威	55. 0	53. 7	53. 6	55. 9	—	—	—	—	—	—

续上表

国家(地区)名称	2003	2004	2005	2006	2007	2008	2009	2010	2011	2012
捷克共和国	56.6	55.8	58.2	61.1	65.0	70.2	72.1	72.8	74.2	77.3
摩尔多瓦	30.9	36.8	42.0	43.7	51.2	50.3	54.1	51.5	49.8	56.1
摩洛哥	77.8	80.0	88.4	96.0	106.9	107.9	107.3	110.3	112.7	113.9
摩纳哥	—	—	—	—	—	—	—	—	—	—
文莱达鲁萨兰国	72.5	72.1	57.8	51.3	54.1	53.6	76.8	74.5	65.9	65.9
斐济	53.6	54.5	58.4	67.6	71.7	63.6	68.8	65.9	67.5	66.6
斯威士兰	21.1	20.2	21.1	21.7	24.5	24.4	28.9	29.2	29.2	29.0
斯洛伐克共和国	54.9	56.7	54.7	56.3	56.9	54.9	—	—	—	—
斯洛文尼亚	51.9	53.1	53.8	53.9	64.9	64.3	76.9	82.7	80.7	76.3
斯里兰卡	39.4	41.1	41.7	41.0	39.3	34.6	37.4	37.4	38.1	38.7
新加坡	115.3	107.2	103.6	111.7	109.7	122.6	132.6	125.0	128.6	132.6
新喀里多尼亚	—	—	—	—	—	—	—	—	—	—
新西兰	79.0	76.5	79.4	84.0	86.2	94.3	91.3	94.7	—	—
日本	206.5	205.7	206.6	204.0	202.8	209.1	227.0	226.1	238.0	241.9
智利	78.0	74.9	73.4	74.3	80.0	77.3	71.7	67.1	75.3	77.8
朝鲜民主主义人民共和国	—	—	—	—	—	—	—	—	—	—
柬埔寨	18.0	20.0	19.3	23.4	32.2	28.4	37.5	41.6	39.1	50.0
格林纳达	88.8	106.1	85.2	86.6	90.2	87.1	96.4	99.5	98.9	91.2
格陵兰	—	—	—	—	—	—	—	—	—	—
格鲁吉亚	12.8	15.6	16.9	20.3	24.1	23.2	26.5	29.9	29.2	30.2
比利时	121.9	123.3	123.2	123.3	125.7	128.5	140.9	136.2	134.1	136.5
毛里塔尼亚			26.5	21.8	24.4	26.7	35.0	31.7	32.3	35.4
毛里求斯	95.6	101.2	102.2	97.2	98.1	100.0	99.5	100.4	98.9	100.5
汤加	39.0	41.7	47.2	43.4	48.0	45.4	44.0	43.6	39.5	43.2
沙特阿拉伯	51.4	50.0	44.6	46.9	51.0	48.1	64.6	55.3	49.3	52.4
法国	110.5	114.3	118.0	123.5	133.2	140.2	145.9	150.2	158.5	157.8
法属波利尼西亚	—	—	—	—	—	—	—	—	—	—
法罗群岛	—	—	—	—	—	—	—	—	—	—
波兰	42.4	40.2	43.5	46.9	47.8	52.4	53.7	55.4	57.9	57.8
波多黎各	—	—	—	—	—	—	—	—	—	—
波斯尼亚和黑塞哥维那	37.4	42.6	46.3	51.2	54.7	50.3	52.8	55.0	56.1	58.1
泰国	119.2	114.7	111.4	108.9	106.4	109.1	117.0	116.1	128.2	131.1
津巴布韦	70.2	31.4	45.4	101.4	—	—	—	—	—	—
洪都拉斯	47.3	49.4	50.9	55.1	56.8	53.0	50.7	51.3	51.5	51.0
海地	47.9	43.1	42.4	37.0	37.0	36.6	38.9	49.3	46.4	45.9
澳大利亚	74.8	77.4	78.5	83.5	90.6	97.8	94.5	101.1	100.6	102.0

续上表

国家(地区)名称	2003	2004	2005	2006	2007	2008	2009	2010	2011	2012
爱尔兰	128.7	166.2	209.1	235.4	234.2	207.9	232.4	191.5	167.9	160.8
爱沙尼亚	31.6	57.9	62.9	61.4	56.5	57.0	60.2	59.6	68.4	67.4
牙买加	61.5	64.3	62.7	61.6	55.9	54.0	53.2	52.0	50.9	47.1
特克斯科斯群岛	—	—	—	—	—	—	—	—	—	—
特立尼达和多巴哥	38.6	40.1	41.0	42.6	40.2	36.6	62.1	57.9	50.8	62.0
玻利维亚	56.2	46.3	49.1	51.1	57.4	60.1	66.7	67.6	68.7	73.8
瑞典	64.6	65.9	75.2	81.0	92.3	91.8	99.8	85.0	87.1	85.2
瑞士	140.0	139.4	144.8	142.8	138.6	137.3	151.4	154.6	168.3	188.0
瓦努阿图	90.3	93.5	98.6	93.7	97.9	97.2	92.4	83.3	81.5	78.1
白俄罗斯	16.1	17.7	19.3	22.1	25.2	23.9	27.7	30.6	37.4	30.4
百慕大	—	—	—	—	—	—	—	—	—	—
科威特	72.9	66.7	55.5	54.0	58.2	55.4	81.7	74.6	62.6	57.6
科摩罗	25.1	24.0	24.1	26.3	27.2	28.5	30.4	34.1	34.9	38.3
科特迪瓦	22.0	23.6	24.1	25.3	29.9	28.6	32.3	36.6	40.5	39.0
科索沃	17.8	24.6	28.8	29.3	32.6	35.2	38.0	40.3	39.8	40.6
秘鲁	30.6	28.3	30.4	29.1	32.3	35.8	35.7	37.8	37.0	38.9
突尼斯	51.3	52.0	53.5	54.7	56.4	58.4	61.9	64.1	68.3	67.4
立陶宛	31.1	35.5	41.2	44.0	44.9	39.6	48.6	50.9	47.5	47.4
索马里	—	—	—	—	—	—	—	—	—	—
约旦	127.9	126.2	138.9	131.0	129.6	122.1	139.9	137.8	129.6	118.4
约旦河西岸和加沙	19.2	18.6	17.5	18.7	21.8	23.7	21.0	19.6	18.1	17.1
纳米比亚	36.5	37.1	37.6	41.7	39.9	41.7	64.6	63.2	63.8	55.8
缅甸	20.4	22.9	—	—	—	—	—	—	—	—
罗马尼亚	27.6	32.7	33.6	32.1	35.6	33.8	37.9	38.7	38.8	37.8
美国	71.5	70.9	71.9	74.0	79.2	84.3	90.4	84.8	87.1	87.5
美属维京群岛	—	—	—	—	—	—	—	—	—	—
美属萨摩亚	—	—	—	—	—	—	—	—	—	—
老挝	19.9	20.6	19.1	20.1	24.1	24.3	30.8	35.9	—	—
肯尼亚	39.0	39.3	38.9	39.7	42.3	42.5	43.9	49.7	50.0	51.2
芬兰	75.1	79.1	84.9	89.4	92.3	100.4	108.1	110.6	114.8	118.0
苏丹	15.7	17.0	20.8	23.3	21.5	20.2	23.3	23.4	23.3	26.0
苏里南	45.1	48.2	44.2	38.4	44.3	44.6	46.7	45.9	46.9	49.1
英国	113.2	117.7	127.3	137.4	150.4	173.0	178.4	177.0	163.5	162.5
荷兰	157.5	166.9	184.3	187.8	194.8	198.5	222.2	226.0	233.0	238.5
莫桑比克	29.3	26.8	28.9	30.0	32.3	33.6	40.2	42.4	39.4	45.6
莱索托	31.3	29.8	29.8	36.3	36.3	36.3	39.7	41.3	37.0	37.4

续上表

国家(地区)名称	2003	2004	2005	2006	2007	2008	2009	2010	2011	2012
菲律宾	57.3	56.3	54.3	60.7	60.5	59.4	62.1	61.4	60.0	58.9
萨尔瓦多	50.8	50.1	48.1	48.9	53.0	49.1	52.1	50.3	45.5	44.7
萨摩亚	40.4	39.1	43.0	44.0	46.0	45.0	50.1	52.3	47.3	44.6
葡萄牙	111.7	110.5	110.3	114.8	126.1	150.6	176.1	186.1	202.5	198.5
蒙古	38.5	35.9	37.5	38.2	48.4	34.6	43.7	55.6	57.8	54.4
西班牙	105.7	117.5	141.0	165.5	184.6	194.2	210.1	212.0	204.8	193.8
贝宁	26.8	23.5	26.8	29.5	32.9	37.0	38.2	39.2	40.0	38.0
赞比亚	20.6	21.5	18.0	21.5	22.5	23.4	21.4	23.1	23.4	24.2
赤道几内亚	10.5	8.7	7.6	7.4	9.0	8.3	16.8	17.3	14.4	20.1
越南	57.1	63.7	71.0	79.2	100.6	93.7	105.6	114.9	99.8	106.5
阿塞拜疆	14.3	17.7	14.7	18.3	20.8	21.2	23.8	24.8	26.7	31.1
阿富汗	—	—	—	23.1	23.6	29.3	32.9	35.2	36.4	31.9
阿尔及利亚	60.3	56.7	50.2	53.3	60.0	58.8	67.4	62.9	61.3	61.0
阿尔巴尼亚	65.0	65.7	68.7	74.4	78.3	75.5	76.2	79.1	82.3	84.1
阿拉伯叙利亚共和国	82.8	77.7	72.8	69.0	65.6	—	—	—	—	—
阿拉伯埃及共和国	97.0	96.6	97.1	97.3	96.2	88.4	83.1	80.7	75.8	74.1
阿拉伯联合酋长国	43.9	45.8	48.9	49.0	59.7	58.2	79.1	74.5	64.5	61.2
阿曼	34.2	31.0	30.0	31.4	37.9	32.3	42.5	38.8	36.6	36.2
阿根廷	24.9	25.6	25.8	24.8	24.3	21.0	22.4	23.2	23.0	26.0
阿鲁巴	61.3	57.0	58.0	57.5	54.6	59.9	70.7	71.4	68.3	
马其顿王国	31.7	34.8	37.2	42.8	49.1	48.3	51.0	54.2	56.0	58.6
马尔代夫	38.1	44.2	53.0	48.0	50.4	50.0	54.5	58.1	60.4	61.6
马恩岛	—	—	—	—	—	—	—	—	—	—
马拉维	15.2	16.2	16.6	14.8	16.8	23.2	24.5	28.5	35.7	36.6
马来西亚	132.3	131.7	125.0	129.3	125.2	119.6	139.2	133.6	138.0	141.2
马绍尔群岛	—	—	—	—	—	—	—	—	—	—
马耳他	161.1	150.7	147.5	147.6	152.1	160.0	162.6	164.9	165.0	168.8
马达加斯加	23.4	24.4	20.1	21.7	22.6	21.8	23.3	23.5	25.0	24.7
马里	31.0	29.8	30.0	28.4	28.9	25.5	27.0	27.5	29.6	32.4
黎巴嫩	213.5	225.3	231.7	243.9	243.2	238.0	233.6	242.1	242.1	240.2
黑山	12.0	13.3	22.5	41.7	66.4	51.9	48.9	48.5	47.4	52.5

注:1. 货币和准货币包括银行外的通货、除中央政府外的活期存款,以及除中央政府外的居民定期储蓄和外汇存款的总和。这个货币供应定义往往称作 M2;它与国际货币基金组织(IMF)的《国际金融统计》(IFS)中的第 34 和第 35 条相对应。

2. GDP 根据国际货币基金组织的《国际金融统计》和数据文件,以及世界银行和经合组织(OECD)的 GDP 估算。

3. 2008 年津巴布韦因恶性通货膨胀,当年其货币和准货币(M2)占 GDP 的百分比为 4 855 455 892 921 150.0。

资料来源:世界银行集团(国际复兴开发银行(En)、国际开发协会(En)、国际金融公司(En)、多边投资担保机构(En)、解决投资争端国际中心(En)),© 2014 世界银行数据库。

由表 5-9 可知,2003—2012 年世界各国和地区(213 个经济体)在货币和准货币

(M2)占 GDP 比例上的变化跨度很大,大致可以分为以下六种情况:

1)货币和准货币(M2)占 GDP 比例在 50% 及以下

货币和准货币(M2)占 GDP 比例在 50% 及以下的国家或地区主要有:马里、东帝汶、中非共和国、乌干达、乍得、也门共和国、亚美尼亚、伊拉克、伊朗伊斯兰共和国、几内亚、几内亚比绍共和国、刚果(布)、刚果(金)、利比里亚、加纳、加蓬、卢旺达、印度尼西亚、危地马拉、厄瓜多尔、吉尔吉斯斯坦、哈萨克斯坦、哥伦比亚、喀麦隆、圣多美和普林西比、坦桑尼亚、埃塞俄比亚、塔吉克斯坦、塞内加尔、塞尔维亚、塞拉利昂、墨西哥、多哥、委内瑞拉玻利瓦尔共和国、安哥拉、密克罗尼西亚联邦、尼加拉瓜、尼日利亚、尼日尔、巴基斯坦、巴拉圭、布基纳法索、布隆迪、所罗门群岛、拉脱维亚、斯威士兰、斯里兰卡、柬埔寨、格鲁吉亚、毛里塔尼亚、汤加、海地、白俄罗斯、科特迪瓦、科索沃、秘鲁、立陶宛、约旦河西岸和加沙、缅甸、罗马尼亚、老挝、苏丹、苏里南、莫桑比克、莱索托、萨摩亚、贝宁、赞比亚、赤道几内亚、阿塞拜疆、阿富汗、阿曼、阿根廷、马拉维、马达加斯加、马里等 76 个经济体。

在上述 76 个经济体中,在 2003—2012 年 10 年间,有些国家的货币和准货币(M2)占 GDP 比例非常低,如刚果(金)2003 年仅为 3.2%,2012 年才达到 11%,说明该国货币短缺现象曾极为严重。从该指标平均来看比较有代表性的国家,如墨西哥在 26.2%~37.1% 之间,而最高的塞尔维亚 2012 年则达 49%,同年柬埔寨则达 50%。但从总体来看,凡货币和准货币(M2)占 GDP 比例在 50% 及以下的均属发展中国家或地区,且属于中低收入水平的较多。

2)货币和准货币(M2)占 GDP 比例在 50% 以上及 100% 以下

货币和准货币(M2)占 GDP 比例在 50% 以上及 100% 以下的国家或地区主要有:不丹、丹麦、乌克兰、乌拉圭、以色列、伯利兹、佛得角、俄罗斯联邦、保加利亚、克罗地亚、冈比亚、匈牙利、南非、博茨瓦纳、卡塔尔、印度、吉布提、哥斯达黎加、土耳其、圣卢西亚、圣文森特和格林纳丁斯、圭亚那、多米尼克、多米尼加共和国、孟加拉国、尼泊尔、巴哈马、巴布亚新几内亚、巴拿马、巴林、巴西、挪威、捷克共和国、摩尔多瓦、文莱达鲁萨兰国、斐济、斯洛伐克共和国、斯洛文尼亚、新西兰、智利、格林纳达、沙特阿拉伯、波兰、波斯尼亚和黑塞哥维那、洪都拉斯、爱沙尼亚、牙买加、特立尼达和多巴哥、玻利维亚、瑞典、瓦努阿图、科威特、突尼斯、立陶宛、纳米比亚、美国、肯尼亚、菲律宾、萨尔瓦多、萨摩亚、蒙古、越南、阿尔及利亚、阿尔巴尼亚、阿拉伯叙利亚共和国、阿拉伯埃及共和国、阿拉伯联合酋长国、阿鲁巴、马其顿王国、马尔代夫、黑山等 71 个经济体。

在上述 71 个经济体中,在 2003—2012 年 10 年间,不少国家的货币和准货币(M2)占 GDP 比例由低到高,变化幅度较大,比如俄罗斯联邦 2003 年该指标仅为 29.9%,到 2012 年才达到 51.8%,说明货币短缺的情况已有相当改观。在该系列国家或地区中,该指标最高的为以色列,2008 年曾达到 99.1%。而从该指标平均来看比较有代表性的国家,如南非为 63.2%~84.8%、瑞典为 64.6%~99.8%。其中,非常值得注意的是,美国该指标的水平为 70.9%~90.4%,但如果考虑到在其体外的庞大的欧洲美元以及各国的美元储备,而这些美元并不反映在美国本国的 M2 的数据上,因此可以断定美国在该指标上的水平将远远超出 100%。从总体来看,凡货币和准货币(M2)占 GDP 比例在 50% 以上及 100% 以下的除美国、瑞典、挪威等少数几个发达国家外,大部分属于发展中国家或地区,收入属于中高水平。

3）货币和准货币（M2）占 GDP 比例在 100% 以上及 200% 以下

货币和准货币（M2）占 GDP 比例在 100% 以上及 200% 以下的国家或地区主要有：中国、中国澳门特别行政区、加拿大、厄立特里亚、圣基茨和尼维斯、大韩民国、巴巴多斯、希腊、德国、意大利、摩洛哥、新加坡、比利时、毛里求斯、法国、泰国、澳大利亚、瑞士、约旦、芬兰、英国、越南、马来西亚、马耳他等 24 个经济体。

在 2003—2012 年 10 年间，在上述 24 个经济体中，有些国家的货币和准货币（M2）占 GDP 比例由低到高，变化幅度也较大，比如中国 2003 年该指标为 155.4%，到 2012 年则达到 187.5%，说明货币供应已经相当充足，甚至过于宽松。而在该系列国家或地区中，该指标最低的为毛里求斯，2012 年为 100.4%。最高的为德国，2009 年为 193.4%。而从该指标平均来看比较有代表性的国家，如加拿大为 122.7%~158.1%。但值得注意的是，塞舌尔 2003 年该指标值为 111.2%，2012 年则降为 52.5%。查塞舌尔的经济系以旅游、渔业和少量手工业为主。其中旅游业为经济第一支柱，创造七成以上的 GDP。而粮食、生活用品和生产资料则依赖进口，价格昂贵。该国还实行免费教育、医疗、终身保健制度等高福利政策。根据联合国开发计划署 2009 年度人类发展报告，塞在世界 182 国中排名第 57 位，在非洲排名第一，属最适合人类居住的国家之一。但 2008 年前后，受国际粮油价高涨和金融危机影响，经济陷入严重危机，资金外流严重，从而造成政府财政拮据，外汇短缺，外债偿付出现困难。2011 年该国曾被迫与所有债权国达成债务重组协议。估计货币和准货币（M2）占 GDP 比例指标值的陡降与此背景有关。而从总体来看，凡该指标在 100% 以上及 200% 以下的大部分经济体属于发达、较发达，或者近来经济发展较快的国家或地区，收入属于中高、较高或高水平。

4）货币和准货币（M2）占 GDP 比例在 200% 以上

货币和准货币（M2）占 GDP 比例在 200% 以上的国家或地区主要有：中国香港特别行政区、卢森堡、塞浦路斯、奥地利、日本、爱尔兰、荷兰、葡萄牙、西班牙、黎巴嫩等 10 个经济体。

在 2003—2012 年 10 年间，上述 10 个经济体的货币和准货币（M2）占 GDP 比例一直都很高，而在该系列国家或地区中，该指标最低的为奥地利，2009 年为 201.9%（2012 年降到 175.5%）。最高的为卢森堡，长期处于 480.3%~655.0% 的水平。从该指标平均来看比较有代表性的国家或地区，如日本为 202.8%~241.9%，中国香港特别行政区为 251.7%~336.1%。值得注意的是，在这 10 个经济体中，其中中国香港特别行政区、塞浦路斯、日本、爱尔兰、葡萄牙、西班牙等 6 个经济体都曾深陷 20 世纪 90 年代的亚洲金融危机和 21 世纪初的世界债务危机，说明该指标过高，表征的是虚拟资本与实体财富的严重脱节，并且过多的货币和准货币中有相当部分来自外部，流动性极强。而从总体来看，凡货币和准货币（M2）占 GDP 比例在 200% 以上的，除黎巴嫩外，大部分属于发达、较发达的国家或地区，收入属于较高或高水平。

5）货币和准货币（M2）占 GDP 比例剧烈变化

在 2003—2012 年 10 年间，货币和准货币（M2）占 GDP 比例剧烈变化的国家主要有津巴布韦和朝鲜。其中津巴布韦 2003 年该指标为 70.2%、2004 年为 31.4%、2006 年为

101.4%、2008年则巨变为4百万亿倍。说明该国出现了超乎想象力的通货膨胀。而对朝鲜的具体指标虽然不详，但仅从2010年12月，在平壤市场的大米价格每千克约900朝元，比货币改革之前的2009年11月下旬上涨了3 990%；以及朝鲜自2009年11月30日起实行货币改革，以新币换旧币，100朝元新币可兑换旧币1万朝元，但受到高达4 000%的通货膨胀的影响，新币100朝元的价值只相当于旧币250朝元等情况来看，货币和准货币（M2）占GDP比例的变化肯定非常剧烈。其中。朝元官方对美元的汇率为141:1，但黑市汇率为2 500:1甚至更高，就很能说明问题。①

6）乌兹别克斯坦等30个经济体的情况不明

由于缺乏数据，乌兹别克斯坦、关岛、波多黎各等30个经济体的情况不明。

5.3.2.3　世界各经济体既有货币总量

根据表5-7（世界最大经济体的经济发展态势）和表5-9，我们可以按美国、金砖国家、欧元区和所有其他经济体四类，分别计算各经济体货币和准货币（M2）占GDP比例的均值及按其产出占世界经济总量的比重和总均值。其中，将美国单列为全球第一大经济体，它在世界经济总量中占比为22%；第二类为金砖国家，包括中国、巴西、俄罗斯、印度、南非，它们合计在世界经济总量中占比为20%；第三类为欧元区，包括奥地利、比利时、芬兰、法国、德国、爱尔兰、意大利、卢森堡、荷兰、葡萄牙、西班牙、希腊、斯洛文尼亚、塞浦路斯、马耳他、斯洛伐克、爱沙尼亚、拉脱维亚，它们合计在世界经济总量中占比为18%；第四类为所有其他经济体。同时考虑在发达国家和发展中国家，兼顾各大洲分布及经济发展状况等因素，分别选取了日本、英国、加拿大、澳大利亚、韩国、墨西哥、沙特阿拉伯、尼日利亚、肯尼亚、智利等10个国家，他们所代表的所有其他经济体在世界经济总量中占比为40%。②（表5-10）

表5-10　各经济体货币和准货币（M2）占GDP比例的均值及按其产出占世界经济总量的比重和总均值

国家名称	2003	2004	2005	2006	2007	2008	2009	2010	2011	2012	M2占GDP比例的均值	GDP占世界经济总量比重/M2占GDP比例的总体均值
美国	71.5	70.9	71.9	74.0	79.2	84.3	90.4	84.8	87.1	87.5	80.16	22/80.16
金砖国家												
中国	155.4	151.6	153.0	159.8	151.8	151.3	179.0	180.8	180.0	187.5	165.02	20/83.21
巴西	49.6	50.7	54.3	58.0	61.3	63.4	69.0	68.7	74.0	81.0	63.0	
俄罗斯	29.9	31.1	33.4	37.6	42.8	39.4	49.2	51.4	51.4	51.8	41.8	
印度	62.1	63.5	64.5	67.4	71.0	75.8	77.7	76.2	76.4	75.6	71.02	
南非	63.2	64.3	69.9	76.2	82.7	84.8	80.9	77.9	76.9	75.6	75.24	

① 张哲．媒体称朝鲜货币改革后通货膨胀[N]．郑州晚报，2010-12-1（A26）．

② FOROOHAR，RANA，YOUR GLOBAL ECONOMIC MESS IS NOW BEING SERVED. Academic Search Premier[J]. Time，0040781X，6/18/2012，Vol. 179.

续上表

国家名称	2003	2004	2005	2006	2007	2008	2009	2010	2011	2012	M2 占 GDP 比例的均值	GDP 占世界经济总量比重/M2 占 GDP 比例的总体均值
欧元区												
奥地利	153.7	157.5	166.7	171.5	181.1	197.3	201.9	193.6	187.1	175.5	178.59	18/158.64
比利时	121.9	123.3	123.2	123.3	125.7	128.5	140.9	136.2	134.1	136.5	129.36	
芬兰	75.1	79.1	84.9	89.4	92.3	100.4	108.1	110.6	114.8	118.0	97.27	
法国	110.5	114.3	118.0	123.5	133.2	140.2	145.9	150.2	158.5	157.8	135.21	
德国	174.8	177.4	182.2	182.3	183.0	188.1	193.4	184.2	178.6	173.3	181.73	
爱尔兰	128.7	166.2	209.1	235.4	234.2	207.9	232.4	191.5	167.9	160.8	193.41	
意大利	87.1	89.8	94.6	99.9	113.6	126.0	140.9	152.5	153.6	165.1	122.31	
卢森堡	584.2	600.0	662.7	658.7	655.0	596.4	601.7	536.0	499.1	480.3	587.41	
荷兰	157.5	166.9	184.3	187.8	194.8	198.5	222.2	226.0	233.0	238.5	200.95	
葡萄牙	111.7	110.5	110.3	114.8	126.1	150.6	176.1	186.1	202.5	198.5	148.72	
西班牙	105.7	117.5	141.0	165.5	184.6	194.2	210.1	212.0	204.8	193.8	172.92	
希腊	82.1	83.9	91.8	93.3	98.4	108.9	115.5	108.0	97.9	100.3	98.01	
斯洛文尼亚	51.9	53.1	53.8	53.9	64.9	64.3	76.9	82.7	80.7	76.3	65.85	
塞浦路斯	174.5	171.4	177.0	189.9	206.7	270.5	280.7	283.4	268.8	263.7	228.66	
马耳他	161.1	150.7	147.5	147.6	152.1	160.0	162.6	164.9	165.0	168.8	158.03	
斯洛伐克	54.9	56.7	54.7	56.3	56.9	54.9	—	—	—	—	55.73	
爱沙尼亚	31.6	57.9	62.9	61.4	56.5	57.0	60.2	59.6	68.4	67.4	58.29	
拉脱维亚	34.8	37.9	43.3	49.3	42.7	37.3	44.9	51.4	46.7	44.1	43.24	
其他经济体代表性国家												
日本	206.5	205.7	206.6	204.0	202.8	209.1	227.0	226.1	238.0	241.9	216.77	40/94.07
英国	113.2	117.7	127.3	137.4	150.4	173.0	178.4	177.0	163.5	162.5	150.04	
加拿大	144.9	143.5	148.0	158.1	112.1	122.7	—	—	—	—	138.21	
澳大利亚	74.8	77.4	78.5	83.5	90.6	97.8	94.5	101.1	100.6	102.0	90.08	
韩国	110.7	109.0	111.1	119.0	122.1	129.1	136.0	131.2	131.4	133.3	123.29	
墨西哥	26.6	26.6	26.9	25.8	26.2	26.6	30.0	30.8	30.9	31.7	28.21	
沙特阿拉伯	51.4	50.0	44.6	46.9	51.0	48.1	64.6	55.3	49.3	52.4	51.36	
尼日利亚	20.2	18.3	17.7	19.0	28.0	36.4	40.8	20.6	20.0	20.9	24.19	
肯尼亚	39.0	39.3	38.9	39.7	42.3	42.5	43.9	49.7	50.0	51.2	43.65	
智利	78.0	74.9	73.4	74.3	80.0	77.3	71.7	67.1	75.3	77.8	74.98	

注:1. 金砖国家:高盛首席经济师 Jim O'Neill 在 2001 年提出“金砖四国”,包括巴西、俄罗斯、印度和中国,2010 年时南非加入,变为“金砖五国”。

2. 2002 年 7 月,欧元成为欧元区唯一的合法货币。欧元区共有 18 个成员国,包括奥地利、比利时、芬兰、法国、德国、爱尔兰、意大利、卢森堡、荷兰、葡萄牙、西班牙、希腊、斯洛文尼亚、塞浦路斯、马耳他、斯洛伐克、爱沙尼亚、拉脱维亚,人口超过 3 亿 3 千万。

资料来源:根据世界银行集团(国际复兴开发银行(En)、国际开发协会(En)、国际金融公司(En)、多边投资担保机构(En)、解决投资争端国际中心(En)© 2014 世界银行数据库)的数据计算。

由表5－10的计算结果可知,2003—2012年各经济体货币和准货币(M2)占GDP比例的均值分别为:第一类美国的均值为80.16%。有必要指出的是,如前所述,尽管美国在该时期的该项指标明显偏低,但就全球而言,其超出部分显然会分摊到其他经济体的指标上升上;第二类金砖国家的均值为83.21%;第三类欧元区的均值为158.64;第四类所有其他经济体的均值为94.07%。据此,我们可以把各经济体产出占世界经济总量的比重作权重,进一步求出2003—2012年世界货币和准货币(M2)占GDP比例的总均值,计算公式如下:

$$\frac{\text{世界货币和准货币(M2)}}{\text{占 GDP 比例的总均值}} = \sum \frac{\text{各经济体货币和准货币(M2)}}{\text{占 GDP 比例的均值}} \times \frac{\text{各经济体产出占世界}}{\text{经济总量的权重}} \tag{5-29}$$

将表5－10中的相关数据代入公式(5－29),则有:

世界货币和准货币(M2)占GDP比例的总均值＝80.16%×22%＋83.21%×20%＋158.64%×18%＋94.07%×40%＝100.46%

由表5－6我们已知,2012年世界GDP的产出为71.7万亿美元,故当年世界的货币和准货币总量应为:

$$\text{世界货币总量} = \text{世界货币和准货币(M2)占 GDP 比例的总均值} \times \text{世界 GDP} \tag{5-30}$$

将数据代入公式(5－29)即可得100.46%×71.7＝72.03万亿美元。

同理,2013年的世界GDP为73.98万亿美元,[①]则世界货币总量估计为74.32万亿美元。与2012年的数据相比,这个货币总量显然不是当年各国或地区发行的货币总量,而是包含2012年在内的一定时期的历史积累量。

5.3.3 基于能量本位的财富与货币总量及其价值

5.3.3.1 基于能量本位的财富总量

基于能量本位的财富总量的概念是指,人类所拥有的所有财富,包括物质财富和精神财富最终都可以统一到能量,在数值上的极限值等于人类可使用的能量总量(*HUE*)。其表达式为:

$$HUE = GEZ - GME \tag{5-31}$$

该式表明,人类所能使用的能量(*HUE*)极限值等于地球能量的总量(*GEZ*)减去一个维持地球正常运行以及生态平衡的量(*GME*),其中,*GME*必须维持在一个正常水平,也就是说,*GME*必须是一个常量。同时,如暂时忽略地球有效吸收太阳辐射能,并将部分太阳能转化为地球演化所需能量的增量(详见第1章1.4.3.5货币的爱因斯坦能量本位的求证),有式:

$$GEZ \approx EZ \tag{5-32}$$

公式(5－32)表示地球总能量(GEZ)约等于爱因斯坦能(*EZ*)。

① 2013年世界GDP排名//国际货币基金组织官网.IMF数据库,2014-4-8.

由此，我们得下式：

$$HUE \approx EZ - GME \rightarrow HUE = EZ - GME \tag{5-33}$$

公式(5-33)表明，人类可使用的能量等于爱因斯坦能(EZ)减去维持地球正常运行以及生态平衡的能量(GME)的差额。由于 EZ 和 GME 从极限上的性质都可以被判断为常量，因此，HUE 也可以被判断为一个常量。

我们在此再对公式(5-33)进行变换：

$$EZ = GME + HUE = GME(1 + HUE/GME) \tag{5-34}$$

令 $\alpha = HUE/GME$，α 表示人类作为全球生态系统的一部分所能分配到的能量占维持地球正常运行以及生态平衡的能量的比例，[V] 则有：

$EZ = GME(1 + HUE/GME) = GME(1 + \alpha)$，即

$$GME = EZ/(1 + \alpha) \tag{5-35}$$

由于我们规定，人类所拥有的所有财富在数值上的极限值就等于人类可使用的能量总量，所以有下式：

$$\mathrm{GW} = HUE \tag{5-36}$$

将上式代入式(5-35)，我们有：

$$\mathrm{GW} = HUE = EZ - GME = EZ - EZ/(1 + \alpha) = EZ \cdot \alpha/(1 + \alpha) \tag{5-37}$$

此式即为基于能量本位的财富总量的能量表达式。从维持地球正常运行以及生物多样性的角度来看，人类所能分配到能量必须是一个极小的比例，因此，$0 < \alpha \ll 1$。也就是说，从能量分配角度来讲，人类的财富总量只能是爱因斯坦能的极小部分。

5.3.3.2 基于能量本位的货币总量

由于人类的财富总量(GW)包括自然所赋予的财富(NCMW)和人类本身创造并已积累的财富(HOW)两部分，因此我们有：

$$\mathrm{GW} = \mathrm{NCMW} + \mathrm{HOW} \tag{5-38}$$

我们再对公式(5-38)进行变换：

$$\mathrm{GW} = \mathrm{NCMW} + \mathrm{HOW} = \mathrm{HOW}(1 + \mathrm{NCMW}/\mathrm{HOW}) \tag{5-39}$$

令 $\beta = \mathrm{NCMW}/\mathrm{HOW}$，$\beta$ 表示自然所赋予的财富占人类自己创造并已积累的财富的倍数，则有：

$$\mathrm{GW} = \mathrm{HOW}(1 + \mathrm{NCMW}/\mathrm{HOW}) = \mathrm{HOW}(1 + \beta) \tag{5-40}$$

另由本章公式(5-17)我们已知，

$$\mathrm{HOW} = \mathrm{GNP}_j = \int_{-\infty}^{i-1} P(t)\,\mathrm{d}t$$

从而有：

$$\mathrm{GW} = (1 + \beta)\mathrm{HOW} = (1 + \beta)\int_{-\infty}^{i-1} P(t)\,\mathrm{d}t \tag{5-41}$$

此式即为基于能量本位的财富总量的货币表达式。由于 β 表示自然所赋予的财富占人类自己创造并已积累的财富的倍数，从人类可持续发展的角度看应该是远大于 1 但却小于无穷大的数，因此，$1 \ll \beta \ll \infty$。也就是说，从货币角度看，人类的财富总量是全球既有国民生产总值积累量的若干倍数。

5.3.3.3　能量本位的货币价值

由于我们已经确定基于能量本位的货币总量表达式，因此在此基础上，我们又可以反过来导出以货币价值形态表达的能量本位。

因为我们曾设定（详见第1章1.4.3.5货币的爱因斯坦能量本位的求证）：人类的总人口数量从现在起的 t_0 时刻，直到今后很长的一段历史时期的某个时刻 t，无论以何种速度增长，总可以找到一个平均的年均增长率 i，使得第 t 年的总人口数可用 $P_t = P_0 \times (1+i)^t$ 来表示；HUE/P_t 表示在 t 时刻人均可分配到的地球可使用能量。同时我们规定，人类所拥有的所有财富在数值上的极限值就等于人类可使用的能量总量，所以有公式（5－36）：$\mathrm{GW} = HUE$；则由公式（1－6）：

$HUE/P_t = EU \cdot C$，公式（1－15）：$EU = UD$，和公式（5－36）：$\mathrm{GW} = HUE$，我们有：

$$HUE = \mathrm{GW} = EU \cdot C \cdot P_t = UD \cdot C \cdot P_t \tag{5-42}$$

将公式（5－42）代入公式（5－41），则有：

$$\mathrm{GW} = UD \cdot C \cdot P_t = (1+\beta)\int_{-\infty}^{i-1} P(t)\,\mathrm{d}t \tag{5-43}$$

从而有

$$UD = \frac{(1+\beta)}{C \cdot P_t}\int_{-\infty}^{i-1} P(t)\,\mathrm{d}t \tag{5-44}$$

此式即为爱因斯坦能量本位的货币价值表达式。

由于公式（5－44）中的 $\frac{(1+\beta)}{C \cdot P_t}$ 是一个随各该当年的全球人口而变化的比例系数，而 $\int_{-\infty}^{i-1} P(t)\,\mathrm{d}t$ 则是该年期初人类既有GNP的历史积累量，也就是财富的本源。根据弗里德曼的理论，它可以通过累计的货币总量与货币流通速度的乘积求得，因此可以为今后世界统一货币与既有货币体制下各种货币本位的转换打下基础。

5.3.4　基于能量本位的货币供给

5.3.4.1　对既有货币供需理论的分析和总结

我们知道，在人类货币史上的金属货币时代，虽一直有货币需求和货币供给，但并没有严密的货币供给和需求理论。此外，由于在金属货币流通期间，无论是金币、银币或铜币，一般世界各国在发行金属货币的同时又都是允许民间自铸或融化的。因此，货币的需求量和供给量的平衡在相当程度上是可以靠民间自发调节的。但在世界各国或地区都在流通信用纸币的当今社会，由于纸币作为信用媒介是由各国或地区的政府或其授权的机构，以其权威强制地单方面发行的，民间不能私造，当然一般也不会无故融化，因此，以纸币为代表的信用货币的需求量和供给量的平衡，已完全不能靠民间的自发调节来平衡，而只能依赖于政府方面有意识地进行调控。这样，就需要相应的理论来指导。

1）既有的货币需求理论

（1）货币需求概念

人们对货币需求一般的定义是指，在一定时期内，一国或一地区社会各阶层（个人、企业单位、政府)愿以货币形式持有财产的需要,或社会各阶层对执行流通手段、支付手段和价值贮藏手段的货币需求。当然此定义是针对当今世界各国或地区都在各自发行不同的信用纸币的情况而言的。若将此定义上升为对未来世界统一货币的需求,则需将“一国或一地区”改为“各国或各地区”即可。

值得一提的是,货币需求量的概念又涉及名义货币需求和真实货币需求这两个亚概念。所谓名义货币需求是指一个社会或一个经济部门在不考虑价格变动情况下的货币需求量,一般用 M_d表示。而真实货币需求则是在扣除价格变动以后的货币需求量,也就是以某一不变价格为基础计算的商品和劳务量对货币的需求。如果将名义货币需求用某一具有代表性的物价指数(如 GDP 平减指数)进行平减后,就可以得到真实货币需求。所以真实货币需求通常可记作 M_d/p。详细讨论名义货币需求和真实货币需求之间为何会存在差额的原因显然已超出本书研究的范围。本书下面所讨论的货币需求量一般指名义货币需求量。

(2)货币需求的主要理论

①中国古代管子的观点

中国古代两千多年前的《管子》(管仲,? —公元前 645)一书中,就有“币若干而中用”的提法,意思是钱币铸造多少应以够用为宜。这反映了当时治国者在制订和执行其经济政策中,在一定程度上已包括考虑根据货币需求来铸造货币的内容。那时的货币需求函数,可以归结为:人口乘以人均所需钱币数量等于治国者所应铸造的钱币总量。①

②威廉 · 配第的观点

1667 年配第在《赋税论》中写道:“推动一国商业,需要一定数量和比例的货币,过多或过少都对商业有害。这正像小零售业中要有一定量的法寻(英国货币单位:1 法寻 = 1/4 便士,作者注)来把银币换开,以便结算用最小的银币也无法处理的账目……贸易所需要的法寻量的比例,取决于购买者的人数、他们购买的次数,首先是取决于最小的银币的价值,同样,我国商业所需要的货币(金币或银币)的比例,取决于交换的次数和支付额的大小。”②由此可见,根据配第的观点,一国货币需求量的比例取决于交换的次数和支付额的大小。但由于交换的次数与货币流通的速度有关,而支付额的大小又与商品的价值量有关,所以,配第的观点实际上是指货币需求数量与货币的流通速度和商品的价值量有关。

③亚当 · 斯密的观点

斯密曾指出:“一国每年所流通的货币量,取决于每年在国内流通的消费品的价值。每年在国内流通的消费品,不是本国土地和劳动的直接生产物,就是用本国生产物所买进来的物品。”他又指出:“无论在哪一国,每年买卖的货物要求有一定量的货币来把货物流通和分配给真正的消费者,但不能使用超过必要的量……国内流通的货物既已减少,为流通货物所必需的货币量也必减少。” ③根据斯密的说法,一国流通的货币数量主要由该国

① 巫宝三. 管子经济思想研究[M]. 北京:中国社会科学出版社,1989:241-245.

② 威廉 · 配第. 赋税论[M]//马克思. 资本论:第一卷:上. 中共中央编译局. 北京:人民出版社,1975:142.

③ 亚当 · 斯密. 国民财富的性质和原因研究:上卷[M]. 郭大力,王亚南,译. 北京:商务印书馆,1972:12.

在国内流通的商品的价值和数量来决定，并且在流通过程中还需有一定量的用于“货物流通和分配”的周转货币量。

④大卫·李嘉图的观点

李嘉图曾指出：“一国所运用的货币量，必然取决于其价值，如果只用黄金来流通商品，其所需的数量将只等于用白银流通商品时所需白银数量的十五分之一……通货决不会多到泛滥的地步，因为降低其价值，其数量就会相应地增加，而增加其价值，其数量就会相应地减少。”[①]他还指出：“一国只用铸币时，作为货币用于支付所需的金银数量，决定于(1)金属的价值；(2)支付的价值即数额；(3)支付时对支付手段的节约程度。”[②]对李嘉图观点的诠释应结合其持有的商品的劳动价值观来理解，即以黄金为代表的货币的价值应与劳动价值量决定的商品价值相等，商品的价值总量也就决定了货币的总量。他的这个观点与亚当·斯密的观点是基本一致的。同时，由于李嘉图时代的金和银的比价长期处于1∶15的比率，所以只用黄金来流通商品，其所需的数量将只等于用白银流通商品时所需白银数量的十五分之一。此外，如果采用不同的支付方式，比如汇票，也会影响实际货币的需要数量。

⑤大卫·休谟的观点

1752年苏格兰经济学家大卫·休谟(David Hume，1711—1776)在其《论货币》的一文中写道：“货币不过是劳动和商品的表示，只起评价或估计它们的方法作用。在钱币更丰富的地方代表同一数量的商品需要更大数量的货币。它不能有什么效应，或好或坏……如果不用小数字的阿拉伯记数法，而用需要很多字的罗马记数法，除在商人账簿上作些变更外，不会有其他任何后果。”[③]同时他在《论利息》的一文中又谈到这个观点：货币数量的变化只是单位变化。他说：“如果英国所有黄金一旦化为乌有，二十一先令代替每一基尼，货币会更多或利息会更低吗？肯定不。我们只是用银代替金。如果黄金变成和银一样普遍，而银和铜一样普通，货币会更多或利息会更低吗？我们可以肯定给出同一答案。那时我们的先令将是黄的，而我们的便士是白的，并且我们将没有基尼，将永远观察不到其他差别。商业、制造业、航运或利息将没有改变，除非我们想象货币的颜色有什么重要性。”[④]也就是说，休谟认为，有关货币变化的效应的结论似乎主要决定于变化实现的方式。与现代的货币数量论相比，休谟比较强调货币存量变化中的单位变化方面，以及这种变化与现实人们行为的无关性。

⑥马克思的理论

如果说，斯密和李嘉图关于货币数量的主要观点可归结为“流通中的货币数量主要由流通商品的价值和数量来决定”，并进行了定性描述，而休谟则更强调“货币不过是劳动和商品的表示，只起评价或估计它们的方法作用，”并认为货币数量的变化只是单位变化。

---

① 大卫·李嘉图．政治经济学及赋税原理[M]．郭大力，王亚南，译．北京：中华书局，1949：277.

② 大卫·李嘉图．李嘉图经济论文集[M]//曹龙琪．货币银行学．北京：高等教育出版社，2000：310.

③ 罗伯特·卢卡斯：1995年12月7日讲演[C]//王宏昌．诺贝尔经济学奖获得者讲演集：1987/1995．北京：中国社会科学出版社，1997：397-398.

④ 罗伯特·卢卡斯：1995年12月7日讲演[C]//王宏昌．诺贝尔经济学奖获得者讲演集：1987/1995．北京：中国社会科学出版社，1997：397-398.

那么马克思则在此基础上进一步作了定量表达。马克思在《资本论》中曾专门研究了货币流通问题。他总结的货币流通规律是：

商品价格总额/同名货币的流通速度 = 执行流通手段职能的货币量。①

由此，他的货币必要量理论，可以集中表现在其货币流通公式中，即

$$M = PT/V \tag{5-45}$$

其中，M 代表执行流通手段职能的货币量；P 代表商品价格水平，T 代表流通中的商品数量，PT 代表商品价格总额；V 代表同名货币的流通速度。需要说明的是，这一公式的前提是金币（或金属货币）的流通。这与斯密和李嘉图关于货币需要数量的假设前提是一致的。如果我们将公式（5－45）$M = PT/V$ 变为 $MV = PT$，并将该式左边的 MV 看做是货币按一定速度流通后的总价值量，右边的 PT 表示商品的总价值量，那么，马克思关于货币需要量的理论基点就是：货币按一定速度流通后的总价值量等于商品的总价值量。这个基点与斯密和李嘉图的理论基础是基本一致的。

同时值得一提的是，马克思还曾对当时作为金属货币之代用货币的纸币的流通数量作过研究。马克思概括的纸币流通规律是：纸币的发行限于它象征地代表的金或银的实际流通数量。这样，纸币投入越多，每一单位纸币所能代表的金量越少，即纸币贬值，物价就上涨。于是在纸币流通条件下，纸币数量的增减则成为商品价格涨跌的决定因素，即把金币流通条件下，数量与价格之间的决定关系颠倒过来了。②

⑦欧文 · 费雪的理论

美国经济学家欧文 · 费雪（Irving Fisher，1867—1947）认为经济的不稳定主要来源于现行货币制度的错误。而建立有效的货币制度的前提则是正确认识货币本来面貌。他在1911 年出版的《货币购买力》一书中认为，人们需要货币，并不在货币本身，而是因为货币可以用来交换商品和劳务，以满足人们的欲望，人们手中的货币，最终都将用于购买。因此，在一定时期内，社会的货币支出量与商品、劳务交易量的总值一定相等。据此，费雪提出了以下交易方程式：

$$MV = PT \tag{5-46}$$

式中，M 表示货币的数量；V 表示货币流通速度；P 表示物价水平；T 表示交易总量。这个方程式首先旨在表示交易两个方面的恒等关系以及纸币单位所表示的价格水平 P 的决定。依据该恒等式，P 的值自然取决于 M、V、T 三个变量。据费雪分析，V 是由制度因素决定的，但由于制度因素变化缓慢。因而它可视为常数。T 与产出水平保持一定的比例，大体上也是相对稳定的。因此，只有 P 和 M 的关系最重要。P 的值特别取决于 M 数量的变化。交易方程式虽然主要说明 M 决定 P，但当把 P 视为给定的价格水平时，这个交易方程式也就成为货币需求的函数：

$$M = 1/V \cdot PT \tag{5-47}$$

这一公式表明，在给定的价格水平下，总交易量与所需要的名义货币量具有一定的比

① 马克思．资本论：第 1 卷：上［M］．中共中央马克思恩格斯列宁斯大林著作编译局，译．北京：人民出版社，1975：139.

② 马克思．资本论：第 1 卷：上［M］．中共中央马克思恩格斯列宁斯大林著作编译局，译．北京：人民出版社，1975：139-141.

例关系。这个比例就是 $1/V$。换言之,要使价格保持给定水平,只有当货币量与总交易量保持一定比例关系才能实现。[①] 由此也可以看出,费雪的货币需求量公式与马克思的公式的形式是基本一致的,但他已将商品的价值扩展为商品和劳务的价值,并将价值的概念替换为价格,此外,加入了制度、产出等因素。如果我们将公式(5-47)$M = 1/V \cdot PT$ 也变回为 $MV = PT$,并将该式左边的 MV 看做是一定量的货币按比例放大后的总价值量,右边的 PT 表示商品和劳务的总交易量,那么,费雪关于货币需要量的理论基点就是:货币按一定比例放大后的总价值量等于商品和劳务的总交易量。

⑧剑桥学派的理论

英国剑桥大学(Cambridge school)的一些经济学家,如马歇尔、庇古,以及早期的凯恩斯和罗伯逊等人认为,处于经济体系中的个人对货币的需求,实质是选择以怎样的方式保有自己的资产问题。他们虽然也考虑社会经济整体的需求。但在他们看来,这个整体需求是个人需求的总和。剑桥学派的货币需求方程是:

$$M_d = KPY \tag{5-48}$$

式中,M_d表示货币需求量;P 表示物价水平;Y 表示总收入;PY 表示名义总收入;K 表示 PY 与 M_d的比,也就是一年中人们愿意以现金余额方式持有的货币量占商品交易量的比率。由此,剑桥方程式也称为现金余额方程式。[②] 但如果我们将 $M_d = KPY$ 变为 $1/K \cdot M_d = PY$,并将该式左边的 $1/K \cdot M_d$也看做是一定量的货币按比例放大后的总购买力,右边的 PY 表示名义总收入,那么,剑桥学派关于货币需要量的理论基点就是:货币按一定比例放大后的总购买力等于名义总收入。值得注意的是,剑桥方程式表明,货币需求量的决定已不再遵守"货币按一定速度流通后的总价值量等于商品的总价值量",或"货币按一定比例放大后的总价值量等于商品和劳务的总交易量"这两个基点,而是将货币需求量与名义总收入直接联系起来了。

⑨凯恩斯的理论

英国经济学家凯恩斯(John Maynard Keynes,1883—1946)从人们持有货币的需求出发,把决定人们需求行为的动机归结为交易动机、预防动机和投机动机三个方面。所谓交易动机是指个人或企业为了应付日常交易需要而产生的持有货币的需要。它决定人们进行交易持有多少货币。可见交易动机是建立在确认货币流通媒介职能基础上的。预防动机又称谨慎动机,指为应付可能遇到的意外支出等而持有货币的动机。它的产生主要是因为未来收入和支出的不确定性,为了防止未来收入的减少或支出增加这种意外变化而保留一部分货币以备不测。可见货币需求的预防性动机和交易动机都与收入有关。投机动机则是指人们愿意持有货币以供投机之用。其原因是相信自己对未来的看法,较市场上一般人高明,想由此从中取利,所以愿意相信自己持有货币以供投机之用。凯恩斯的货币需求函数如下:

$$M = M_1 + M_2 = L_1(Y) + L_2(r) \tag{5-49}$$

式中,M_1表示交易动机和预防动机引起的货币需求,它是收入 Y 的函数;M_2表示投机动机

① 陈平. 货币理论[M]. 北京:北京大学出版社,2003:2.

② 曹龙骐. 货币银行学[M]. 北京:高等教育出版社,2000:306-312.

的货币需求，是利率 r 的函数；L 是作为“流动性偏好”函数的代号，货币最具有流动性，所以流动性偏好函数也就相当于货币需求函数。由凯恩斯关于货币的需求函数来看，货币需求量的决定既剔除了“货币按一定速度流通后的总价值量等于商品的总价值量”，或“货币按一定比例放大后的总价值量等于商品和劳务的总交易量”这两个基点，但仍将货币需求量与名义总收入直接联系起来，而且还将“流动性偏好”作为一个主要因素引入了货币需求量的决定因素之中。从总体上来说，凯恩斯的货币需求理论的基点是人类相关经济行为（交易、预防、投机）背后的动机，是一种比较纯粹的货币需求数量理论。概括起来就是：货币需求量等于在经济活动中相关动机产生的货币需要量之和。

但如果我们对凯恩斯的货币需求理论进行更细的分析，就可以发现他提出的关于债券、股票等的交易需要一定的货币需求量的观点是对传统的货币数量论的一个突破。当然，虽然债券、股票等有价证券，可以为持有者带来收益，但它们并不是真实资本，本身并不具有什么价值，而是虚拟资本。然而在实际的经济生活中，每天各地证券交易所进行着数量很大的交易，又确实需要一部分货币作为支付手段，因此这部分货币在经济生活中也是实际的需要。基于这种分析，我们也可以对公式（5－47）$M=1/V\cdot PT$ 的含义进行扩充，即除商品交易外，劳务服务应当视同商品交易，金融资产也需要货币，所以假设商品交易数量为 C，劳务数量为 S，债券、股票数量为 B，那么，公式（5－47）也可以具体化为：

$$M=1/V\cdot(PC+PS+PB) \tag{5-50}$$[①]

由公式（5－50）中，凯恩斯关于货币需要量的理论基点也可以表达成：货币按一定比例放大后的总价值量等于商品、劳务和证券的总交易量。

⑩菲利普 · 卡甘的观点

菲利普 · 卡甘（Phillip Cagan）在其《超级通货膨胀的货币动态学》的一书中写道：“剑桥方程认为，实际现金余额在既定的条件下，是实际收入（X）的一个部分，（$M/P=Kx$；$K=$一个常数）无数的研究者已经讨论过什么是所谓的‘既定的条件’。事实上，对货币理论的任何研究都要涉及一些变量，这些变量能够决定实际的现金余额水平。最一般地说，实际余额是实际收入和其他变量的函数，但不一定是线性的。”他还进一步认为：“如果不看现金余额的绝对量，而是从百分比来看，预期价格变化率的变化对于实际现金余额也有相同的影响。这是因为预期价格变化与实际现金余额之间是一种线性关系。这样我们就可以找到一个较为合适的方程来比较准确的描述真实需求函数：

$$M/P=\gamma e^{-\alpha E} \tag{5-51}$$

其中，α（必须为正）和 γ 是常数，M 是流通中货币数量的月末指数，P 是价格的月末指数，E 代表预期的价格变化率，e 是自然数。”[②]卡甘的货币数量理论相当简洁，他把实际现金余额与商品与服务的预期价格（也可理解为预期通货膨胀率）变化直接联系起来，因此，他的理论基点也可以表达成：在商品数量一定的情况下，货币需求量与价格成正比。[③]

① 林继肯．货币数量新论[M]．北京：中国金融出版社，2004：217.

② 米尔顿 · 弗里德曼，等．货币数量论研究[M]．瞿强，杜丽群，译．北京：中国社会科学出版社，2001：25.

③ 陈利平．货币理论[M]．北京：北京大学出版社，2003：323.

⑪弗里德曼理论

现代货币主义学派是以对抗凯恩斯的革命面目出现的，其代表人物是美国芝加哥大学教授弗里德曼（Milton Friedman，1912—2006）。货币主义的货币需求函数为：

$$M/P = f(Y, W; r_m, r_b, r_e, 1/p \cdot dp/dt; U) \tag{5-52}$$

式中，M 为个人财富持有者保有的货币量，即名义货币需求量；P 为一般物价水平；M/P 为个人财富持有者保有的货币所能支配的实物量，即实际货币需要量；Y 为按不变价格计算的实际收入；W 为物质财富（非人力财富）占总财富的比例；r_m为预期的货币名义收益率；r_b为固定收益的债券收益率；r_e为非固定收益的债券（股票）收益率；$1/p \cdot dp/dt$ 为预期的物价变动率，即实物资产的名义报酬率；U 为货币的效用以及影响此效用的因素。弗里德曼还认为，如果略去 Y，W 在分配上的影响，则上式就能应用于全社会，即 M 代表社会货币需求总量，Y 代表按不变价格计算的国民收入，W 则为以财产形式所表达的总财富的那一部分。

若将上式中括号内所表示的决定因素用符号 K 表示，则有：

$$M/P = KY \text{ 或 } MV = PY \tag{5-53}$$

其中，$V = 1/K$，意即货币需求函数是货币流通函数的倒数。由公式（5－52）可以看出，弗里德曼的货币需求函数的自变量中既包括了实际收入 Y，也包括利率 r（r_m，r_b，r_e三项的合成），在这点上与凯恩斯的货币需求理论是兼容的。[①] 同时他引入了物质财富（非人力财富）占总财富的比例 W，预期的物价变动率（$1/p \cdot dp/dt$），货币的效用以及影响此效用的因素 U 等，使货币需求函数朝现实社会货币运动的模拟实证更加精细的方向迈进了一大步。[②] 但我们更感兴趣的是，他通过简约获得的公式（5－53），又回到了 $MV = PY$ 的形式。由于该式的左边 MV 可代表货币按一定速度流通后的总价值量，该式的右边 PY 就是名义总收入，因此，该式的含义可简洁地表达为“货币按一定速度流通后的总价值量等于名义总收入”。这就是弗里德曼货币需求函数简约形式（或社会形式）的理论基点。

值得一提的是，弗里德曼 1969 年在《论最适度的货币量》一文中，还曾通过经验性研究表明，美国 1892—1960 年货币需求的利率弹性仅为 －0.155，也就是说货币需求对利率变动的敏感性很差，因此他得出了“货币需求方面的研究表明，货币需求量对利率变动相当无弹性”的结论。[③]

⑫其他货币需求理论

如同经济增长理论中存在太阳黑子理论一样，在货币需求理论中也有类似货币需求的太阳黑子理论。比如，和卢卡斯—斯托克（Lucas-Stokey）的经济模型中稳定状态是唯一均衡的条件的假定一样，伍德福德（Woodford，1988）证明了货币增长率足够低时太阳黑子均衡必然存在的条件。法国经济学家 J—J · 拉丰（Jean-Jacques Laffont）则认为，“把较低

---

① 汪祖杰，管德华．西方经济学［M］．北京：中国商业出版社，1994：292-294.

② 汪祖杰，管德华．西方经济学［M］．北京：中国商业出版社，1994：292-294.

③ 弗里德曼．论最适度的货币量［M］//最适度货币量及其他论文//徐英富．货币银行学．北京：机械工业出版社，2007：227-228.

的货币增长率与太阳黑子均衡的存在以及内生环境联系起来,是这类模型的普遍做法。"①但此类模型的影响面尚比较有限,所以在此不作进一步评述。

(3) 对既有的货币需求理论的一些分析

如我们在此对既有的货币需求理论进行一下对比分析,就不难发现:

①考察对象的演变

马克思以及前人包括斯密、李嘉图等基本上重视贵金属。这与他们当时所处的金属货币时代(纸币只是处于代用货币的初期)是分不开的。费雪方程式,已将金币本身排除在外,同时开始注意存款通货。凯恩斯则较为明确地指出,他说的通货就是现钞和支票存款。而弗里德曼所说的货币已是较大口径的 M2。总之,他们的考察对象是从金到纸币再到一切可称为货币的金融资产,是一个不断演进的过程。也就是说,既有的各种货币需求理论考察对象本身的演变又是与实物货币经代用货币向当今信用货币发展的过程是相一致的。

②考察范围的扩大

费雪及其前人从宏观总量上考察货币需求,而开始于剑桥学派的思路则是转折于微观主体行为的持币动机,从而扩大了对货币需求考察的范围。这表征出既有的各种货币需求理论由原来侧重外延研究转向内涵研究的不断深化过程。

③考察变量的细化

费雪方程式阐明总支出仅仅决定于货币数量的变动,而对利率波动不具有敏感性。剑桥学派认为对实际余额的需求是与实际收入成比例的,且不排除利率对货币需求的影响。凯恩斯提出了持有货币的三种动机,他将其归结成流动性偏好理论,并认为货币需求的交易成分和预防成分同收入成比例,而货币需求的投机成分对利率及关于利率未来动向的预期极为敏感。弗里德曼的货币需求理论则将货币视作任何一种资产,并运用资产需求理论得出了货币的需求是持有货币的机会成本和恒久性收入的函数。从上述不同理论中可以看出,对影响货币需求变量考察的深化过程,实际上就是从 $f(Y)$ 发展为 $f(Y,r)$,并不断纳入更多自变量的过程。②

④考察基点的回归

如果我们对既有的各种货币需求理论的表达式及其理论基点进行比较分析,就不难发现,各种理论赖之于存在的基点虽然有区别,但相互之间却存在明显的继承性,见表5－11。

表 5－11　既有货币需求理论的表达式及理论基点的比较

序号	货币需求理论	表达式	理论基点
1	马克思	$M = PT/V$	货币按一定速度流通后的总价值量等于商品的总价值量

① J-J. 拉丰. 经济理论的进展:国际经济计量学会第六届世界大会专集:下册[M]. 王国成,等,译. 北京:中国社会科学出版社,2001:459.

② 曹龙骐. 货币银行学[M]. 北京:高等教育出版社,2000:306-312.

续上表

序号	货币需求理论	表达式	理论基点
2	欧文·费雪	$M=1/V\cdot PT$	货币按一定比例放大后的总价值量等于商品和劳务的总交易量
3	剑桥学派	$M_d=KPY$	货币按一定比例放大后的总购买力等于名义总收入
4	凯恩斯	$M=M_1+M_2=L_1(Y)+L_2(r)$ → $M=1/V\cdot(PC+PS+PB)$	货币需求量等于在经济活动中相关动机产生的货币需要量之和;或"货币按一定比例放大后的总价值量等于商品、劳务和证券的总交易量"
5	菲利普·卡甘	$M/P=\gamma e^{-\alpha E}$	在商品数量一定的情况下,货币需求量与价格成正比
6	弗里德曼	$M/P=f(Y,W;r_m,r_b,r_e,$ $1/p\cdot dp/dt;U)$ $\rightarrow MV=PY$	货币按一定速度流通后的总价值量等于名义总收入
总表达式		$M=1/V\cdot PQ$	

由表5-11关于对既有货币需求理论的表达式及理论基点的比较,我们可以发现,马克思的货币需求理论的基点是"货币按一定速度流通后的总价值量等于商品的总价值量",经费雪、剑桥学派、凯恩斯等货币需求理论的基点的延伸,一直到弗里德曼"货币按一定速度流通后的总价值量等于名义总收入"的理论基点,我们可以明显看出,这种货币需求理论基点的演变脉络,以及脉络延伸的清晰轨迹,以致它们的表达式都可以基本归结为如下的总表达式,即:

$$M=1/V\cdot PQ \tag{5-54}$$

而各种货币需求理论在总表达式可趋一致的前提下,只是V、P、Q的具体含义有所不同而已。但它表明了一种货币需求理论考察基点的回归。

2)既有的货币供给理论

(1)货币供给的概念及理论产生的背景

①货币供给的概念

根据凯恩斯的观点,"典型的现代银行体系包括一个太阳和许多行星。太阳就是中央银行,行星用美国用语来说最方便的是称为会员银行。国家货币总量一部分由公众持有、一部分由会员银行持有,还有一部分由中央银行持有。"①由此可见,在现有的货币制度前提下,所谓货币供给,就是指一国或一地区在某一时点上为社会经济运转服务的货币量,它由包括中央银行在内的金融机构供给的存款货币和现金货币两部分组成。如果说,经济学家对什么是货币供给的范畴没有疑义的话,那么对货币供给究竟是外生(exogenous)还是内生(endogenous)的争论却一直没有平息。其中货币供给的外生论者认为货币供给量是由经济运行之外的因素决定的,如执政者的意志、自然条件、政策等。而货币供给的内生论者则认为是物价、利率、产出等因素直接或间接地决定货币供给量的,也就是说,货币供给量从属或适应于货币需求。虽然详细讨论货币供给外生论和内生论之间的区别显

① 凯恩斯,货币的纯理论[M]//货币论:上卷,何瑞英,译. 北京:商务印书馆,1986:11.

然也超出了本书的研究范围,但在这里简略地指出这两种理论的产生渊源还是必要的。

②货币供给外生论的渊源

19 世纪初,以李嘉图为首的“金块论者”是早期外生论的代表。在其后的通货论争中,以奥维尔斯顿、英国首相皮尔(Sir Robert Peel,任期:1841.9—1846.7)为首的通货学派获得了胜利,他们主张“银行券的发行决定于黄金数量”,也就是认为货币供给是外生的。1844 年开始在英国实行的《皮尔条例》,使外生性的货币供给理论为多数人所接受。凯恩斯本人也认为货币供给是外生的,货币数量决定于中央银行的行动。但坚持外生性货币供给最为有力的莫过于货币主义者。根据 $MV \equiv PY$ 的恒等式(或 $V \equiv PY/M$)[VI],货币主义者在货币流通速度 V 稳定、真实产出 Y 长期内不受 M 变动影响的前提下,得出货币量(M)决定价格(P)或名义收入(PY)的因果关系。中央银行应当实行“不变增长率”的货币控制规则。因此,他们必须首先从理论上证明货币供给是能够被中央银行所控制的外生变量。货币主义者还利用一般所公认的存款与货币创造模型 $M_s = MBm$,在统计数据的支持下得出了以下几个结论:

a. 货币供给量(M_s)由基础货币(MB)和货币乘数(m)决定;

b. 基础货币(MB)与货币乘数(m)相互独立,互不影响;

c. 影响货币乘数的各因素在短期内是稳定的,长期而言也常会起反向作用而相互抵消,因而货币乘数可看作是常数;

d. 基础货币比货币乘数对货币供给量的影响要大;

e. 中央银行通过公开市场操作等政策工具,不但可以主动增减基础货币量,还可抵消货币乘数内某些系数变动的影响。由此得出结论:货币供给外生。①

③货币供给内生论渊源

内生性货币供给的思想可追溯至早期的货币名目主义者詹姆斯·斯图亚特(James Stewart,1712—1780)。他在 1767 年出版的《政治经济学原理的研究》一书中指出,一国经济活动水平使货币供给量与之相适应。这一原理后来被亚当·斯密加以继承,又被银行学派加以发展。马克思从劳动价值论出发,认为在金属货币时代是商品和黄金的内在价值决定了商品的价格,从而又同流通的商品量共同决定了社会的“必要货币量”,因此也持货币供给的内生性观点。

19 世纪中期通货主义与银行主义的“通货论争”可以说是内生货币供给理论的起源,以图克、威尔逊等人为代表的银行主义者提出的“通货数量由社会交易的商品价格总额决定”的主张,已经具备了内生货币供给理论的雏形。此后马克思论述的信用创造过程及银行资本运动的形式,以及熊彼特(J. A. Joseph Alois Schumpeter,1883—1950)提出的非正常信贷的概念,对后凯恩斯主义经济学家从内生货币供给角度理解货币的创造都有很强的启发性。但是由于凯恩斯在《通论》中采用了外生货币供给的假设,其理论又成为货币经济学中的主流理论,因此,内生货币供给理论一度消沉下来。直到 20 世纪 50 年代末期,以拉德克利夫报告为开始,一批经济学家开始对外生的货币供给理论提出质疑,从不同的

① 李晓华,徐信艳. 内生性货币供给理论述评. 中国论文下载中心,2007-3-6.

角度阐述了包括内生货币供给理论在内的一系列“新观点”。

1959 年,英国的拉德克利夫(Rad Cliffe)委员会发表了一份关于“货币体系之运转”的引起争论的报告,这就是著名的《拉德克利夫报告》,其流动性命题是对以外生货币供给为前提的传统货币政策的完全摒弃。在考察英国金融制度的状况后,委员会认为金融结构的变化改变了当局利用货币方法影响经济体系的能力,应当用流动性的概念代替货币供给的概念,因为同支出决定有关的是整个流动性状况,而不仅仅是货币供给。报告得出结论:货币供给量在很大程度上已变得不甚重要,只有对经济的一般流动性加以控制才能获得一种有效的货币政策。虽然没有明确说出,但拉德克利夫委员会所实际主张的是:货币供给是内生的,因而它是不受货币当局控制的。

同一时期,美国经济学家格利和肖(Gurley,John G. and Shaw,Edward S. ,1955,1960)从金融中介机构的类同性出发,分析了银行和其他非银行中介机构在信用创造过程中的作用,提出了现代金融中介机构理论。在他们看来,银行和非银行金融中介机构在充当信用中介的过程中并没有本质的区别,它们都创造某种形式的债权,都发挥着信用创造的作用。货币系统和非货币中介机构的竞争取决于它们所创造的金融资产间的替代程度,而货币、非货币间接金融资产具有很强的替代性,这就使得货币供给不再仅仅取决于银行体系的货币创造。据此,他们证明货币供给具有内生性,而不是一个外生变量。

托宾(Tobin,James,1963)在批判简单的基础货币模型的基础上,对货币供给进行了一般均衡分析,建立了资产选择模型,该模型突出了货币供给的内生性和货币传导过程中的资产替代性。该理论说明货币供给是受公众的资产偏好制约的,而公众的资产偏好是由包括整个金融体系在内的社会经济部门的共同活动决定的,因而并非由货币当局所能直接控制。基于以上认识,托宾批判了主流经济学中的货币乘数理论,认为它并不能反映真正的存款创造过程,真正的存款创造过程应该是一个反映银行与其他私人单位的经济行为的内生过程。托宾考察了存款—准备比率和存款—通货比率的变动情况,指出这两个比率是由经济过程内生决定的,从而货币乘数具有内生性。①

此外,后凯恩斯货币经济学家的代表人物美国经济学家西德尼 · 温特劳布(Sidney Weintraub)和英国经济学家尼古拉斯 · 卡尔多(Nicholas Kaldor,1908—1986)等在 20 世纪 70 年代提出的内生货币理论是从另外一个角度进行论证的,即中央银行不得不迁就市场的需要而使货币有所增加。比如,温特劳布认为,商品价格是在劳动成本及劳动成本之上的某种加成决定的。假定劳动生产率随时间的推移而提高的速度是相对稳定的,如果名义工资率的相对增长率超过平均劳动生产率的提高,物价就会上升,从而社会名义收入也就增加,货币需求随之增加。如果此时中央银行拒不增加货币供给,就会导致利率上升,投资、真实收入以及就业量就要缩减,以使货币需求与供给在低收入水平上被迫相等。这当然是中央银行,特别是政府当局所不愿看到的。因此,只要货币工资在谈判桌上外生地决定,货币当局就最多只能保证货币的充分供给,以消除充分就业和增长的金融障碍。

值得一提的是,美国经济学者卡拉斯(Georgios Karras)在对 18 个欧洲国家 1953—

① 张颖. 后凯恩斯主义内生货币供给理论的发展述评[J]. 经济评论,2002(6).

1990 年期间货币政策变化对经济产出结果的影响进行研究后认为,货币供给对产出的冲击并不是对称的。减少货币供给量对产出的影响要比增加等量的货币供给量来得大。摩根(Morgan,1993)在对美国联邦基金利率调整的影响研究中也得出了不对称的结论。① 此研究结果表明,假定货币供给是内生的,那么货币供给不足的危害要比货币供给过多来得大。

(2)货币供给的主要理论

①米德理论

英国经济学家米德(James Edward Meade,1907—1995)在《货币数量与银行制度》一文中阐述了各种银行制度下货币数量如何决定的问题。他将银行制度划分为三种不同类型:一是中央银行发行纸币,金币不流通;二是中央银行的纸币发行及存款负债的黄金准备比率相等;三是中央银行的纸币发行量等于其黄金存量。米德列出的在第一种银行制度下货币供给量决定的模型是:

$$G = IN + mB \tag{5-55}$$

$$N = N_1 + N_2$$

$$nD = N_1 + B$$

$$B = p(N_1 + B)$$

$$M = N_2 + D \tag{5-56}$$

$$N_2 = qM$$

$$M = G/\{n(1-q)[1-p(1-m)] + Iq\} \tag{5-57}$$

这个模型中的 I(%)及 m(%)分别代表中央银行发行银行券及对银行存款的负债的黄金准备,银行对存款负债有 n(%)的准备金,这些准备金中 p(%)以中央银行存款形式保有,其余以银行券的形式保有,货币供给量 M 等于银行存款负债 D 加上公众持有的银行券 N_2所组成,G 代表中央银行所持有的黄金,N 代表通货发行量,$N_1=(N-N_2)$表示银行所持有的银行券,B 表示中央银行对银行的存款负债,q 表示公众保有银行券占货币的比例。②

②丁百根的理论

荷兰经济学家丁伯根(Jan Tinbergen,1903—1994)在研究 1919—1932 年美国的经济循环时,推导出了一个货币供给方程式。他从联邦准备制度的资产负债表出发,资产方包括联储所持有的政府债券 P、黄金存量 G 和对商业银行的资金融通(商业银行的借入款)B;负债方包括银行存款 R 和通货发行 C。前者可分为法定准备金 R_B和超额准备金 R_E,后者可分为银行库存现金 C_V和银行以外各部门所持有的通货 C_O。由于资产 = 负债。故有:

$$R_B = R_E + C_O + C_V - (G + P) \tag{5-58}$$

式中,$(R_B - R_E)$表示商业银行对联储的净负债,其反面$(R_E - R_B)$为商业银行的储备。

丁百根认为,银行存款总额 D 的供给决定于短期利率 r_s,而商业银行对短期利率的决

① Georgios Karras,ARE THE OUTPUT EFFECTS OF MONETARY POLICY ASYMMETRIC? EVIDENCE FROM A SAMPLE OF EUROPEAN COUNTRIES,OXFORD BULLETIN OF ECONOMIC AND STATISTICS. 58,2(1996),pp. 267.

② 弗里德曼,施瓦兹. 1867—1960 年的美国货币史[M]//林继肯. 货币数量新论. 中国金融出版社,2004;222.

定则视其对联储的净负债而定，商业银行的净负债金额越大，r_s越高；反之，则越低。其关系式为：

$$r_s = f(R_B - R_E) \tag{5-59}$$

丁百根根据1919—1932年美国的实际资料得到下列经验公式：

$$r_s = 4(R_B - R_E) \tag{5-60}$$

此式表明，商业银行的净负债每增加2 500 000万美元，就会将其利率提高一个百分点。

同时由于法定准备金R_B必定与存款总额D及存款准备率u有如下关系：

$$R_B = uD \tag{5-61}$$

根据公式(5-59)和(5-60)，可将公式(5-61)转化为：

$$D = r/4u - 1/u[C_O + C_V - (G + P)] \tag{5-62}$$

由于货币供给量M系由C_O及D之和组成，故最终可得货币供给方程式为：

$$M = r/4u + 1/u[(1-u)C_O + C_V - (G + P)] \tag{5-63}$$

式中，r为短期利率，u为存款准备率。

由公式(5-63)，丁百根认为，决定货币供给量的主要因素不外乎是中央银行可以操作的存款准备率u，黄金存量G及政府债券持有量P；商业银行可以操作的对中央银行的净负债$(R_E - R_B)$及库存现金C_V，以及一般公众愿意持有的通货量C_O。一般说来，对于r、C_O、C_V，中央银行仍有一定的主动影响力，故中央银行的公开市场操作及法定存款准备率政策具有最大的支配力。

③弗里德曼和施瓦兹的理论

弗里德曼和施瓦兹两人在他们合著的《1867—1960年的美国货币史》一书中将现代社会的货币划分为两种类型：一是货币当局的负债，即通货；二是商业银行的负债，即存款。如果分别以M、C、D代表货币存量、非银行公众所持通货和商业银行存款，则有下列货币供给式：

$$M = C + D \tag{5-64}$$

而根据高能货币的定义，它是非银行公众所持通货与商业银行的存款准备金之和，故又有：

$$H = C + R \tag{5-65}$$

其中H和R分别代表高能货币和商业银行存款准备金。

由此可以得出下列公式：

$$\frac{M}{H} = \frac{C+D}{C+R} = \frac{D/R(C+D)}{D/R(C+R)} = \frac{D/R \cdot C(1+D/C)}{DC/R + D} = \frac{D/R(1+D/C)}{D/R + D/C} \tag{5-66}$$

据此，弗里德曼和施瓦兹导出的货币供给的方程式为：

$$M = H\frac{D/R(1+D/C)}{D/R + D/C} \tag{5-67}$$

由此方程式可以看出：决定货币存量的三个因素：高能货币H、商业银行存款与其准备金之比D/R，以及商业银行的存款与非银行公众所持通货之比D/C。

值得一提的是，弗里德曼(Milton Friedman，1969)还曾指出，最优货币法则应该是使得名义利率为零的紧缩的货币政策法则，通常该法则被称为弗里德曼“最优货币数量”法则。[①] 根据此法则，由公式(5－67)也可以看出，由于利率为零，公众储蓄的意愿将大大下降，手中通货的持有量就会增加，而商业银行的存款则会下降，从而使得 D/C 的影响大大减小，因而货币供给量将更多地取决于高能货币 H。

④卡甘理论

美国的经济学家菲利普 · 卡甘(Philip Cagan)在他于 1965 年出版的《1875—1960 年美国货币存量变化的决定及其影响》一书中，同弗里德曼—施瓦兹一样，也将货币定义为公众手持通货及商业银行的活期存款和定期存款。但形式略有不同，除强力货币外，他以通货比率C/M，即通货占货币存量的比率取代通货存款比率，以准备金存款比率 R/D 取代存款准备金比率 D/R，具体方程式是：

$$M = C + D \tag{5-68}$$

$$H = C + R \tag{5-69}$$

$$D/M = D/(C + D) = 1 - C/M \tag{5-70}$$

$$R/M = R/D \cdot D/M = R/D \cdot (1 - C/M) \tag{5-71}$$

$$H/M = (C + R)/M = C/M + R/M = C/M + R/D \cdot (1 - C/M) = C/M + R/D - C/M \cdot R/D \tag{5-72}$$

即
$$M = \frac{H}{C/M + R/D - C/M \cdot R/D} \tag{5-73}$$

若将 $1/(C/M + R/D - C/M \cdot R/D)$ 视作货币乘数 m，则上式可变为

$$M = mH \tag{5-74}$$

公式(5－74)表示货币存量由强力货币乘以货币乘数决定。

在货币乘数的分项因式中，通货比率及准备金存款比率都小于 1，所以，$C/M \cdot R/D$ 也必然小于 C/M 与 R/D 的任何一项，因此，除强力货币增减变化会影响货币供给量的增减变化外，通货比率及准备金存款比率的提高，一定会产生货币收缩的效果。由此可见，货币供给量的变动与强力货币数量的变动成正比例，而与通货比率或准备金存款比率成反比。[②]

(3)关于既有货币供给理论的一些总结

①货币供给模型的表达趋于统一

值得指出的是，除上述的货币供给理论以外，其他学者如乔顿、布伦钠、梅尔泽、史密斯等人都有各自货币供给理论和货币供给模型，并且相互之间都各不相同，有些差别还比较大。但有一点是一致的，即货币供给量由强力货币(也称“基础货币”)和货币乘数两个因素共同作用而成。由此形成了一个大家所普遍接受的货币供给模型，即货币供给量 = 货币乘数 × 基础货币，并约定：货币供给量用 M_s 表示，货币乘数用 m 表示，基础货币用 B 表示，则有：

$$M_s = mB \tag{5-75}$$

---

① 陈利平．货币理论[M]．北京：北京大学出版社，2003：296.

② 林继肯．货币数量新论[M]．北京：中国金融出版社，2004：221-222.

此式就是货币供给理论的一般模型。需要进一步指出的是,正像现代全部的货币需求理论研究成果都可以归结为 $PQ/V = M$,全部的货币需求理论又都是从 $PQ/V = M$ 展开的一样,现在全部的货币供给理论研究成果都可能用 $M_s = mB$ 来概括,同时全部的货币供给理论研究都是从 $M_s = mB$ 这个模型开始的。①

②货币供给与货币需求只可能瞬态均衡

弗里德曼(1969)曾经假定,在货币制度不需要成本的情况下,当货币收益率与其他资产的收益率相同时就达到最优,从而当通货减速率等于利率时就达到最优。② 其实,这也是一种关于货币需求和货币供给如何取得均衡的理想条件。因为假定货币制度不需要成本就意味着货币供给量的增加没有通货膨胀之虞。而通货膨胀历来就是一种货币现象,即持续的高通胀率必伴随一个支撑性的名义货币高增长率。③ 当货币收益率与其他资产的收益率相同时,也就是货币利率与经济增长带来的总资产收益率达到同步增长,因而对货币的追逐就会转向对其他资产的追逐,而货币的供给就可以减速。但这种理想条件的前提是货币供给量的增加没有通货膨胀之虞,并且货币利率与经济增长带来的总资产收益率要达到同步增长,这在当代金融制度条件下是无法做到的。此外,保罗·克鲁格曼(Paul R. Krugman)等人也曾对货币供给与货币需求在均衡条件下的利率问题作过探讨。他认为:可以把货币总需求关系式表示为下述等式

$$M_d/P = L(R,Y) \tag{5-76}$$

其中,M_d为货币总需求,P 为价格水平,R 为利率,Y 为 GDP,$L(R,Y)$ 被称为实际货币总需求。该货币需求表达式揭示:流通性总需求 $L(R,Y)$,不是对一定数量现金的需求,而是对一定数量的,以流动形式持有的购买力的需求。M_d/P 为这一比率以典型的商品篮子度量的人们愿意持有的货币量。这一货币量等于人们愿意持有的以流动形式表现的购买力的数量。他同时认为,如果设 M_s为货币供给,则货币市场均衡条件为:

$$M_s = M_d \tag{5-77}$$

如果上式在两边同除以价格水平,可以得到以实际货币需求来表示的货币市场均衡条件:

$$M_s/P = L(R,Y) \tag{5-78}$$

假设价格水平和产出不变,则均衡利率就为实际货币总需求与实际货币总供给相等时的利率。④

我们从保罗·克鲁格曼等人的观点中可以看出,该理论前提是假设价格水平和产出不变。但这两个条件一般是很难同时成立的,因为产出减少必然会导致价格水平上升,反之也然。此外,如果说价格水平与货币供给量是共轭的,也就是说货币供给量与价格水平的高低在相当程度上是直接成正相关的关系。而后者却未必,换句话说,货币供给量的变

① 曹龙骐. 货币银行学[M]. 北京:高等教育出版社,2000:337.

② 转引自:奥里维尔·琼·布兰查德,斯坦利·费希尔. 宏观经济学[M]. 刘树成,等,译. 北京:经济科学出版社,1998:195.

③ Oliver Holtemöller,2004,A monetary vector error correction model of the Euro area and implications for monetary policy, Empirical Economics (2004) 29:553-574.

④ 保罗·克鲁格曼,茅瑞斯·奥伯斯法尔德. 国际经济学[M]. 海闻,等,译. 北京:中国人民大学出版社,1998:346-348.

化不一定直接影响产出。比如,有研究表明,如在经济衰退中采用紧缩货币政策显然是无效的,但在信息不对称的条件下,即使采用宽松货币政策,其作用也可能是有限的。[①] 因此,该理论也只能是一种瞬态可能成立的理想假设。

③货币需求仍然受到货币供给的控制

不少经济学家认为,为达到货币供给和货币需求之间的平衡,在究竟是选择以控制货币供给还是以控制货币需求为重的问题上,显然前者的权重要明显大于后者。比如,英国经济学家杰夫里·怀特海德(Geofrey Whitehead)在《经济学》一书中写道:"根据欧文·费雪货币需求方程式:$MV=PT$,在公式的左侧:由谁控制 M? 主要是货币管理机构,即政府;而在公式的右侧:物价的涨幅受到 T(表示交易总量)的制约。"[②]如果我们把此式变一下:$M=PT/V$,就不难发现,在货币流通速度 V 一定的情况下,$M=PT/V$ 就是货币需求,而这个货币需求实际上还是最终由货币管理机构最终控制的。此外,还有学者认为,如果我们暂时忽略各种存款和各种不同定义的货币之间的差别,那么,货币供给(M)就可以看成由现金(C)和存款(D)两部分组成:

$$M \equiv C+D \tag{5-79}$$

尽管个体、银行和中央银行的行为都影响货币供给。公众对现金的需求影响现金部分 C,对存款的需求影响存款部分 D,银行的作用体现在 D 是银行对顾客的负债,但显然央行在决定货币供给方面起的作用最大,因为 M 可同时影响 C 和 D。[③]

④货币供给可主要决定于中央银行的行动

我们还可以看到,在现行货币制度下,货币供给究竟是外生还是内生的理论争论的焦点主要在于货币数量是否真正决定于中央银行的行动。前者认为,由于货币供给是外生的,因此货币数量几乎完全取决于中央银行的行动。后者认为,由于货币供给是内生的,因而它是不受货币当局控制的。介乎中间的理论则认为,在多种情况下,中央银行对货币的供给仍有一定的主动影响力,故中央银行的公开市场操作及法定存款准备率政策具有最大的支配力。但中央银行有时不得不迁就市场的需要而使货币有所增加。但本书认为,如果跳开货币供给到底是外生还是内生这个视野看问题,以下几点是可以达成共识的:

第一,在当代各国(或地区)普遍采用信用货币制度的前提下,由于货币均由各国(或地区)的金融当局发行和回笼,因此以中央银行为代表的金融机构仍是货币发行和回笼的总闸口。与此相应的是,货币基数的控制权只能由中央银行掌握。换句话说,在选择是控制货币需求还是控制货币供给的问题上,前者几乎是不可控的,而后着却是可控的。因此只能选择控制货币供给。

第二,商业银行或市场的运作会造成货币供给的波动,并往往超出中央银行的控制能力。但任何商业银行或市场一般只具有运用货币的动机,而不具有控制货币供给的动机。

---

① Georgios Karras, ARE THE OUTPUT EFFECTS OF MONETARY POLICY ASYMMETRIC? EVIDENCE FROM A SAMPLE OF EUROPEAN COUNTRIES, OXFORD BULLENTIN OF ECONOMICS AND STATISTICS, 58, 2 (1996).

② 杰夫里·怀特海德. 经济学[M]. 王晓秦,译. 北京:新华出版社,2000:378.

③ 陈利平. 货币理论[M]. 北京:北京大学出版社,2003:19.

只有中央银行才具有控制货币供给的主观意愿。

第三,研究表明,一国中央银行的货币政策与储蓄和投资之间往往呈高度相关的关系,比如货币供给量的增加一般会导致该国国内投资的增加和消费的增长(也即储蓄相对的减少),反之也然。① 因此,一国的货币政策在相当程度上可以决定该国货币流量源头的大小。虽然货币乘数的内生效应不能由中央银行绝对控制,但中央银行的公开市场操作及法定存款准备率政策仍会具有一定的控制力。

第四,中央银行若能真正有效地控制货币基数,那么凯恩斯所推崇的中央银行应当实行"不变增长率"的货币控制规则,以及弗里德曼所期望的"在保证物价水平稳定不变的条件下,由政府公开一个在长期内固定不变的货币增长率"的"单一规则"是有可能实现的。

5.3.4.2　货币供给与货币本位

货币供给与货币本位之间是否存在一种必然的关系？前人的货币理论在此方面已有一定的研究。比如,亚当·斯密曾指出:"实际上,在不同铸币金属各自价值之间的任何一种法定比例继续有效期间,所有铸币的价值是由最贵重的那种金属的价值来规定的。"②根据他的观点,既然最贵重的那种金属(比如金或银)的价值决定货币的价值,那么金银的数量也必然会决定货币的供给量。此外,19世纪初,当时作为早期"货币供给外生论"代表的李嘉图更是属于比较典型的"货币发行量决定于金的数量"的"金块论者"。而马克思也曾指出:"货币一越出国内流通领域,便失去了在这一领域内获得的价格标准、铸币、辅币和价值符号等地方形式,又恢复为原来的贵金属块的形式。"即按照马克思对典型金本位条件下的论述,贵金属铸币充当世界货币必须脱掉原有的"民族服装",还原成金银本来的面目。换句话说,越出国内流通领域而充当世界货币的,只能是金银本身。这其实也就是说,有多少作为本位货币的金银才能决定有多少世界货币。此外,米德(J·E·Meade)的货币数量理论与丁百根的货币供给方程式,都明显地建立在中央银行的纸币发行量等于其黄金存量这一理念的基础之上。只是后来,"货币度量的功能与物质内容的联系才变得松散了。"③特别是在金本位制崩溃以后,货币的供给量似乎已经完全脱离与本位的关系,反而与高能货币、商业银行存款与其准备金之比率,商业银行的存款与非银行公众所持通货之比率、通货占货币存量的比率等这些纯货币概念(弗里德曼以及卡丹的货币供给理论)相关联了。那么,到底货币供给与货币本位之间是否存在一种必然的关系,以及这种关系又是什么？要回答这个问题,还是必须结合货币形态的发展过程来回答。

1)实物货币阶段:货币供给量取决于担任货币本位的那种物品数量

我们知道,在实物货币阶段,有许多物品充当过货币。最初是牛羊或是粟帛皮贝等(本书将其定义为"原始物品X"),后来人们在长期的商品与服务交换活动中,逐渐选用起具有普遍接受性、价值稳定性、均质可分和重合性、轻便和易携带性等特性的实物来充当

---

① Caroline Schmidt, Saving - investment Correlations in Response to Monetary Policy Shocks: New Insights into the Feldstein - Horioka Puzzle? Open Econ Rev (2007) 18:347-367.

② 亚当·斯密. 国民财富的性质和原因研究[M]. 唐日松,等,译. 北京:华夏出版社,2006:26.

③ 西美尔. 货币哲学[M]. 陈戎女,等,译. 北京:华夏出版社,2007:79.

货币。与此同时,人类的实物货币也由最初的牛羊粟帛皮贝等自然物品,逐渐过渡并发展到金、银等金属块或金属铸币。这就是马克思所说的:"金和银就天然具有这种属性"这句话的含义。① 我们还可以进一步明确,在实物货币阶段中,金银铸币一旦登上历史舞台,就牢牢占据,并长期担任着本位货币的角色。② 而从货币本位规定本位货币的价值这种内在关系来看,两者是统一的。也就是说,当时金银既被作为本位货币在流通中使用,同时又被作为货币本位——货币价值的计算标准——用来衡量一切货币,包括金、银、铜币等的价值。同时,我们从实物货币阶段中还可以明显看出,尽管当时"每一个国家的铸币量取决于该国靠铸币而流通的商品的价值,"③但既然商品要靠铸币来流通,那么铸币的数量和商品的价值之间就必然存在某种关系。假定在一个国度内的某一时间,产出是相对稳定的,那么商品的价值也就相对稳定。在这种情况下,货币的供给量就完全由担任本位货币同时又作为货币本位的那种物品(原始物品 X 或金、银)的数量所决定。由此可见,任何一个国家,在货币价值一定的情况下(也就是含金量一定),有多少金、银,从理论上来讲就能发行多少金币、银币。

2)代用货币阶段:货币供给量取决于由代用货币所代表的担任货币本位的那种物品数量

应该说,代用货币在近代货币史上持续了较长时间,并且在各国用于保证兑付的贵金属也可能根据当地的情况而有所不同。比如,1824 年的英国纸币英镑是用黄金作为支付保证,中国清朝(1644—1911)的银票是由白银作为支付保证,而 1808 年的巴西钞票只能用铜币来保证兑换。但从全球来看,随着金本位制逐渐在世界各地实施,大多数国家均曾普遍采用了以黄金来保证兑换代用货币的全额准备方式。而且这种情况后来经由部分准备方式变革,直到 1971 年 8 月 15 日,当时的美国总统尼克松宣布"新经济政策",规定停止美元兑换黄金后才结束。但我们从最初作为代用货币的纸币的起源中可以明显看出,其实质还是无价值的金属货币的符号。即任何国家发行纸币,无一例外地都是用来代替流通中已经存在的金属货币。纸币上所表明的单位名称都是流通中金属货币的名称,而这种名称则代表一定的货币金属的重量。④ 在这种情况下,贵金属,尤其是黄金,它虽然已经从本位货币的角色中退出,但作为货币本位的角色却得到了日益强化。由此也可见,在代用货币阶段,货币的供给量仍然是由代用货币所代表的,担任货币本位的那种物品(金、银)的数量所决定的。

3)信用货币阶段:货币供给量取决于货币所指向的担任货币本位的那种"泛商品"数量

我们知道,现在所指一般意义上的信用货币是在世界各国先后脱离金本位和银本位,国家所发行的纸币不能再兑换金属货币之后才产生的。马克思对信用货币的产生也曾有过很精辟的阐述。他说:"既然货币流通本身使铸币的实际含量同名义含量分离,使铸币

---

① 马克思. 资本论:第 1 卷:上[M]. 中共中央编译局,译. 北京:人民出版社,1975:108.

② 约翰 · F 乔恩. 货币史:从公元 800 年起[M]. 李广乾,译. 北京:商务印书馆,2002:380.

③ 马克思. 资本论:第 1 卷:上[M]. 中共中央编译局,译. 北京:人民出版社,1975:143.

④ 徐英富. 货币银行学[M]. 北京:机械工业出版社,2007:8.

的金属存在同它的职能存在分离,所以在货币流通中就隐藏着一种可能性:可以用其他材料做的记号或用象征来代替金属货币执行铸币的职能。"[①]但我们需要注意的是,信用货币并非一定就完全不指向一定的物,比如部分准备方式之下的代用货币,其实就是准信用货币,但它仍然指向担任货币本位的金。而现代的纯信用货币尽管不再具体指向某种担任货币本位的物,但从货币抽象本位,包括阿斯吉尔等人的土地本位、李嘉图的贵金属本位、哈耶克的商品储备本位、张五常的期货本位、特别提款权的本位,还有类似商品购买力本位、主要商品本位等各种理论来说,人们似乎仍然相信,信用货币也应该有一种本位,只是没有找到那种能够被公意约定、普遍接受、内含价值恒定的"物"罢了。所以本书在此暂时将它们称为"泛商品本位"。因为无论是土地、贵金属,还是商品储备、期货、特别提款权等,都可以属于商品的范畴。由此我们也可以肯定地说,在信用货币阶段,货币的供给量实际上仍是由信用货币所指向的,担任货币本位的那种"泛商品"的数量所决定的。

顺便在此一提的是,如将本书归纳的,在信用货币阶段仍然存在"泛商品本位"的概念,用于解释通货膨胀的原因时,与"通货膨胀是太多的货币在追逐过少的商品"[②]的传统表述是基本一致的,即:"通货膨胀的根本原因在于货币的发行超过了信用货币所指向的,担任货币本位的那种'泛商品'的数量。"

综上,我们从实物货币阶段中,货币供给量取决于担任货币本位的那种物品数量;在代用货币阶段,取决于由代用货币所代表的,担任货币本位的那种物品数量;而在信用货币阶段,则取决于信用货币所指向的,担任货币本位的那种"泛商品"数量的结论来看,货币供给与货币本位之间实质上存在一种必然的关系,而这种关系简而言之就是:货币供给量取决于担任货币本位的那种"物"的数量。显然,读者会理解,这里的"物"是指宽泛意义上的物,如图 5-4 所示。

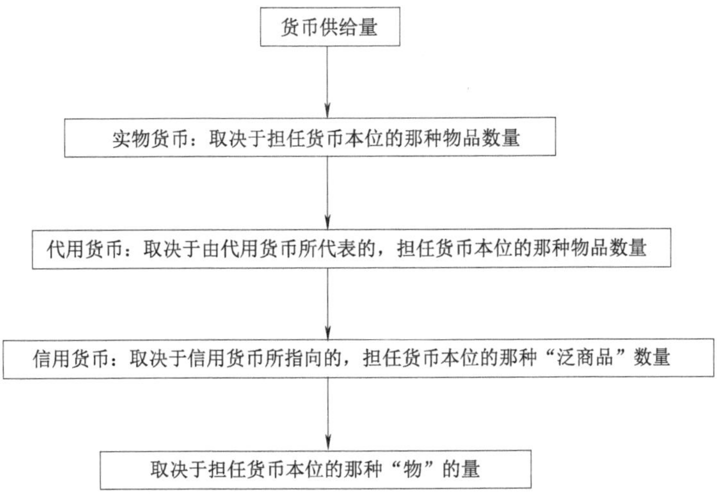

图 5-4　货币供给量与货币本位的关系

① 马克思. 资本论:第 1 卷:上[M]. 中共中央编译局,译. 北京:人民出版社,1975:145.
② 汪祖杰,管德华. 西方经济学[M]. 北京:中国商业出版社,1994:330.

5.3.4.3 基于能量本位的货币供给的基本思想

1）人类只能选择控制货币供给

人类货币的运用必然涉及货币需求和货币供给两个方面。一方面，如果暂不考虑物价变动、货币投机等因素，那么一般而言货币需求增加就意味着经济活动的活跃程度加剧，从而促成经济增长；反之，货币需求减少就意味着经济活动活跃程度降低，并造成经济滞长。另一方面，货币供给增加，则意味银根放松，但可能造成通货膨胀；反之，则可能造成通货紧缩。当然如果从理想状态来讲，应力求使货币需求（M_d）和货币供给（M_s）两者达到平衡。但客观情况未必会以人们的意志所转移。

如以 M_d代表货币需求，一般表达式为

$$M_d = 1/V \cdot PQ \tag{5-80}$$

M_s代表货币供给，一般表达式为

$$M_s = mB \tag{5-81}$$

将两者结合起来看，则可能出现三种情况，即货币供需：

$$\begin{cases} M_d < M_s \\ M_d = M_s \\ M_d > M_s \end{cases} \tag{5-82}$$

如就一国或一地区而言，从第一种情况来分析，货币需求小于货币供给，表示会出现通货膨胀和经济增长失控现象；而第三种情况，货币需求大于货币供给，则表示通货紧缩，经济增长受到限制；第二种情况则表示货币供给正好满足货币需求，表示经济增长和通货供给适度。在上述三种情况中，第二种情况比较少见，但另两种情况则比较多见，这就需要对货币需求或货币供给进行控制，才能使两者达到平衡或接近。这也就是各国（或地区）政府适时采用相应的货币政策、财政政策或直接进行公开市场操作的主要依据。

由于货币需求中的 V、P、Q 分别涉及全球市场机制、货币体制和金融体制下货币流通速度、商品和服务价格水平以及商品和服务总量的生产等诸多因素的影响，并且全球的市场机制、货币体系和金融体制又是相互依赖并交织运行的。同时从经济学角度来讲，即使全球几十亿人口中的一半以自然人或法人的方式参与各种市场经济活动和金融活动就足以使货币需求的短期变化变得扑朔迷离，难以把握，进而又造成长期货币需求趋势方向不明和总量失控。因此，从理论上来说，货币需求是难以控制的。另一方面，由于货币供给基本只涉及基础货币 B 和货币乘数 m，并且尽管关于货币供给还存在内生和外生之争，但基础货币的供给在相当程度上还是可以由货币当局控制的。此外，如果剔除汇率因素、货币投机等因素的影响，使得货币乘数的扩张效应真正与全球经济增长的速度相匹配，那么，货币乘数就变得相对容易控制。同时，如果我们有兴趣对既有的货币供给理论和需求理论进行过比较研究，那么无疑会得出这样的结论，即人类在控制货币需求还是控制货币供给的选择上，只能选择控制货币供给。

2）人类可以实现单一规则的货币供给政策

在人类必须选择控制货币供给的思想确定之后，问题可能已经变得相对简单一些。即变成是控制基础货币（强力货币）B 还是控制货币乘数 m。

（1）控制基础货币

在此问题的选择上，请允许引用作者在《财富本源与世界统一货币》一书中的有关论断，即：

①我们从货币供给的主要理论总结中可以发现，无论是弗里德曼和斯瓦兹的货币供给模型，还是卡甘的货币供给模型，其结论都是强力货币（也即基础货币）在决定货币供给量中起的作用最大。

②即使在当代各国（或地区）普遍采用信用货币制度的前提下，由于货币盖有各国（或地区）的金融当局发行和回笼，因此以中央银行为代表的金融机构仍是货币发行和回笼的总闸口。与此相应的是，货币基数的控制权只能由中央银行掌握。换句话说，基础货币是可以由中央银行加以控制的。

③商业银行或市场的运作会造成货币供给的波动，并往往超出中央银行的控制能力。正因为如此，才使得货币乘数的内生效应不能由中央银行绝对控制，但即使如此，中央银行的公开市场操作及法定存款准备率等政策仍会具有一定的控制力。[①]

（2）控制货币乘数

根据上述对控制基础货币的三点结论，我们可以看出，如果控制了货币基数，则在很大程度上已控制了货币供给。但如要达到更理想的状态，其难点就将转到对货币乘数的如何控制。我们必须看到，一方面，在经济全球化的当今时代，尽管基础货币的发行可以由各国（或地区）的中央银行在各自的范围内进行相应的控制，但由于商业银行或市场的运作并不一定界定在某一国或某一地区的范围之内，因此货币乘数的外在效应就无法由一国（或地区）的政府及其中央银行来控制。也就是说，当任何一个国家（或地区）由于无法对除本国外的货币市场的货币乘数效应进行有效控制，从而也被迫放弃对本国货币乘数效应的有效控制时，我们就可以称之为对货币供给控制的单体无序。另一方面，在全球市场化的今天，由于全球商业银行或市场的运作已进入各自相对成熟的体系进行惯性循环，只要各国（或地区）的基础货币一进入商业银行或市场，货币乘数的效应就会自动发生作用，甚至于连商业银行或市场本身也无法控制。这种情况我们可称之为对货币供给控制的整体无序。非常明显，在当今经济全球化和人类正追求全球统一市场化的时代，正是由于上百种不同的货币并由上百个不同的国家（或地区）发行的格局是造成全球范围内货币供给控制的单体无序和整体无序同时存在的根本原因。这也能解释为什么凯恩斯所推崇的“不变增长率”的货币控制规则，以及弗里德曼所期望的“货币增长单一规则”在现有的条件下是根本无法实现的。

（3）单一增长的货币乘数

本书对人类未来世界统一货币的基于能量的货币本位的理论阐述，说明了可能诞生这种未来货币供给的基本前景。关于这方面的更为具体的阐述参见《财富本源与世界统一货币》一书。在此不妨先容许我们暂时想象，假定未来的世界统一货币已经出现，而把

① 参见：曹钟勇．财富本源与世界统一货币[M]．北京：中国铁道出版社，2008：317-319.

问题集中在如何控制货币的乘数效应上。

要解决对货币供给控制的单体和整体无序的问题,关键就是如何对货币乘数效应的控制问题。在假定世界统一货币可以出现的前提下,此问题的解决就变得相对容易一些,即如何变“无序”为“有序”。

在此,有必要再回顾一下弗里德曼的愿景,即他的“单一规则”的货币政策是指:在保证物价水平稳定不变的条件下,由政府公开一个在长期内固定不变的货币增长率,这样货币增长会得到有效控制,从长期来说与实际国民收入增长相一致。① 其实,弗里德曼的“单一规则”就是针对货币供给的控制如何变“无序”为“有序”的措施。因为“单一规则”,就意味着“一是有规则,二是单一的”这两层意思。而“与实际国民收入增长相一致”的“长期内固定不变的货币增长率”则是这个“单一规则”的具体内涵。如果我们把“与实际国民收入增长相一致”的“长期内固定不变的货币增长率”设定为 i,把时间设定为 t, 把某一基础年份的基础货币设定为 B_0,在“长期内”的某一年的货币供给总量设定为 B_t,则我们显然可以将弗里德曼关于货币供给的“单一规则”表达如下:

$$B_t = B_0 \times (1 + i)^t \tag{5-83}$$

对照一下公式(5-81):$M_s = mB$,显然 $m = (1 + i)^t$,也就是说,按照弗里德曼的设想,货币乘数可以表达为一个以长期内某个固定不变的货币增长率 i 为因子的复利函数。

(4)单一增长的货币供给

至理本平凡。如同第 1 章(1.4.3.5 货币的爱因斯坦能量本位的求证)所述:“假如我们设定:人类的总人口数量从现在起的 t_0时刻,直到今后很长的一段历史时期的某个时刻 t,无论以何种速度增长,总可以找到一个平均的年均增长率 i,使得第 t 年的总人口数可用 $P_t = P_0 \times (1 + i)^t$ 来表示”的原理一样,从全球范围来看,即使在当今存在货币供给控制的单体和整体无序的情况下,我们也可以把各国(或地区)的货币供给年增长率统一换算为一个年均增长率 i,使得实际的货币乘数同样可以用 $(1 + i)^t$ 的形式来表示。但问题的关键区别在于这种算法是在“长期内”这个时间段之后,也就是说货币供给控制中的单体和整体无序问题已经发生,而采用“单一规则”的货币政策则在问题发生之前。从而能够变被动为主动,这也是人类由必然王国走向自由王国的必由之路。可以说,人类今后要避免的正是法国启蒙思想家卢梭(Jean-Jacques Rousseau,1712—1778)当初所说的那种状况:“最不幸的事是人类所有的进步,不断地使人类和他的原始状态背道而驰。”②而人类发明货币以后的走向就是如此。

值得一提的是,弗里德曼并没有将世界统一货币作为实施“单一规则”货币政策的充要条件。但本书认为,如果世界货币没有统一,“单一规则”的货币政策虽可能在一国或一地、在某一个时间段内成功,但不可能在全球范围或长期成功。只有满足世界统一货币这一充要条件,才能真正确保“单一规则”的货币政策在全球范围的持续成功。

---

① 蒋荣昌. 金本位?金属本位?足值货币?——传统货币理论质疑[J]. 西南民族学院学报:哲社版,2006(1).

② 姚丽萍,刘琳. 世界名著速读[M]. 北京:中国书籍出版社,2004:133.

5.3.4.4　基于能量本位的货币供给的基本方案

1）基于能量本位的基础货币的确定

由公式（5－81）我们已知，货币的供给模型可用 $M_s = mB$ 来表示。其中 B 为基础货币，也称强力货币（它包括公众手持通货及商业银行的活期存款和定期存款，即 M2），是货币供给的基础。同时我们也知，从货币本位和货币数量的一般关系来看，货币供给量取决于担任货币本位的那种"物"的量。根据这个原理，我们就可以建立货币本位和基础货币数量之间的定量关系。

由马克思概括的纸币流通规律："纸币的发行限于它象征地代表的金或银的实际流通数量"。同时根据货币学派的观点："银行券的发行决定于黄金的数量"（参见：第 5 章 5.3.4.1 既有的货币供应理论），由此我们可以先推出在金本位制下，信用货币的发行量与流通中黄金存量之间的关系。

我们假定在金本位制下，每单位货币的含金量为 UD_0，流通中的黄金量为 G_0，货币发行量为 N_0，显然根据 UD_0的定义，$UD_0 = G_0/N_0$，或货币发行量（N_0）为：

$$N_0 = G_0/UD_0 \tag{5-84}$$

公式（5－84）表明，如不考虑货币的流通速度，货币发行量就由作为本位（这里是金本位）的流通物（这里是黄金）的数量来决定。

同理，在发行以能量为本位的货币时，也须遵循以上的关系式。即假定在能量本位制下，设能量本位为 UD，人类可使用的能量总额为 HUE，货币发行总量为 M_s，则

$$UD = HUE/M_s \tag{5-85}$$

公式（5－85）表明，能量本位（UD）表示每单位货币含有的可供人类使用的能量。而 UD 的经济含义则由公式（5－44）所决定。其中，HUE 是一个极限量，是人类直至无限的将来才允许消耗完的能量总量。由于我们已经论证所有的货币财富都可以统一于能量，因此我们就有理由进一步假设，从古至今人类已消耗的能量为 AUE，并在此前提下，换算成以能量本位 UD 为基础，并已发行的货币总量为 M_1，则有

$$AUE = M_1 \cdot UD \tag{5-86}$$

我们将公式（5－85）和（5－86）联立：$AUE/HUE = M_1 \cdot UD/M_s \cdot UD$，则

$$M_s = M_1 \cdot HUE/AUE \tag{5-87}$$

由于我们完全有理由设定人类已使用的能量还远小于人类可使用的能量总量，即

$$AUE \ll HUE \tag{5-88}$$

令 $HUE/AUE = K$，且 $K > 1$，那么，公式（5－87）就变成

$$M_s = M_1 \cdot K \tag{5-89}$$

由此可见，公式（5－89）就是未来基于能量本位的货币发行量与既有世界货币总量之间的关系式，我们在此将 K 称为新货币乘数。由于公式（5－89）中的 M_1是既有的世界货币总量，当某个时刻，需要与基于能量本位的新货币进行转换时，新货币发行的初始总量（即基础货币 B）在价值上必须等于 M_1，即

$$B = M_1 \tag{5-90}$$

因此，公式（5－90）就代表基于能量本位的基础货币。在此必须说明的是，由于我们

已知2013年的世界货币总量估计为74.32万亿美元。如果假定世界统一货币在该年发行，那么其发行的初始总量就应该等价于74.32万亿美元。

2）基于能量本位的货币乘数的确定

由公式(5-89)确定的基于能量本位的货币供给模型$M = K \cdot M_1$中，新货币乘数K与原货币供给模型$M_s = mB$中的m性质一致，但根本的不同点是，K将是一个基于地球能量积累的复利增长系数，它的表达式为：

$$K = (1 + i)^t \tag{5-91}$$

其中，t为时间，i的理想取值为与全球实际国民收入增长相一致的长期内固定不变的货币增长率。由于当前人类的过度开发虽未危及地球的正常运行，但已危及地球生态平衡，所以在较长一段时间内，i的取值必须低于全球每年能量可能的最大积累速度1.6%，即年能量消耗增长总量不超过8.688×10^{22}J（详见"地球能量收支的差量"相关内容）①，以利地球生态的恢复。

3）基于能量本位的货币供给方程

在基于能量本位的基础货币和货币乘数的计算方法确定之后，货币供给方程也随之确定，即：

$$M_{st} = M_1 \cdot K = M_1 \cdot (1 + i)^t \tag{5-92}$$

其中，M_{st}为第t年的货币供给总量。

在此必须说明的是，如果我们将地球能量的吸收比(η)看做是地球每年能量的增长量，其表达式为：

$$\eta = \text{地球最大的能量积累量/太阳每年给予地球的能量} \tag{5-93}$$

那么，根据对地球每年能量增长量的计算结果($\eta = 1.6\%$)，②同时基于能量的世界统一货币单一增长规则的基本设想，显然，$i = \eta = 1.6\%$。但由于我们可以把货币的年增长率1.6%看成是一个在相当长时间内（比如，几十年、几百年）货币年增长率的均值，因此并不排斥在一定的年份中，允许$i > 1.6\%$或$i < 1.6\%$。但其限制条件必须满足

$$\bar{i} = \sum_{t=1}^{n} \frac{i_t}{n} \tag{5-94}$$

其中：n为货币政策调整的年份数，$\bar{i}$为整个货币政策调整期的平均货币增长率，i_t为调整期内第t年的货币实际增长率。

5.3.4.5 货币供给中与弗里德曼连续复合增长率算法的比较

如前所述，按照弗里德曼的设想，货币乘数可以表达为一个以长期内某个固定不变的货币增长率为因子的复利函数。需要说明的是，如对公式(5-92)进行变换

$$M_{st} = M_1 \cdot (1 + i)^t$$

$$\frac{M_{st}}{M_1} = (1 + i)^t$$

① 参见：曹钟勇．地球能量收支的差量[M]//财富本源与世界统一货币．北京：中国铁道出版社，2008：242-259.

② 参见：曹钟勇．地球能量收支的差量[M]//财富本源与世界统一货币．北京：中国铁道出版社，2008：242-259.

$$i = \sqrt[t]{\frac{M_{st}}{M_1}} - 1 \tag{5-95}$$

公式(5 - 95)中的 i 即为货币复合增长率 CAGR(Compound Annual Growth Rate)。它虽不等于现实经济生活中货币增长率 GR(Growth Rate)的具体数值,但却是对一个在相当长的历史时期内,将具体货币增长率转变成一个比较稳定的货币增长率的预想值的描述。从一定程度上可以说,它可以平滑在相应历史时期内的货币增长率曲线。

对比弗里德曼在其《美国货币史(1867—1960)》一书中所采用的货币连续复合增长率 CCAGR(Continual Compound Annual Growth Rate)假设,即起始日和终止日的货币存量的自然对数之差除以间隔年份,其表达式为:

$$i = \frac{\ln M_{st} - \ln M_1}{t} \tag{5-96}$$

其相应的货币增长率公式可导出如下:对公式(5 - 96)进行变换

$$\ln M_{st} - \ln M_1 = ti$$

$$\ln\left(\frac{M_{st}}{M_1}\right) = ti$$

$$M_{st} = M_1 \cdot e^{ti} \tag{5-97}$$

比如 1867 年,美国公众持有大约 5. 85 亿美元的通货和 7. 29 亿美元的商业银行存款,也就是 13. 14 亿美元的狭义货币。1960 年底,公众持有大约 290 亿美元的通货、1 100 亿美元的活期存款和 670 亿美元的定期存款,即总计为 2 060 亿美元的狭义货币。将上述数据代入公式(5 - 96)可得:

$$i = \frac{\ln M_{st} - \ln M_1}{t} = \frac{\ln 2\,060 - \ln 13.14}{93} = 0.054\,353$$

也就是说,美国在 1867—1960 年的 93 年间,采用货币连续复合增长率的计算结果是年均 5. 4% 。[①]

若采用公式(5 - 95)进行计算,则有:

$$i = \sqrt[t]{\frac{M_{st}}{M_1}} - 1 = \sqrt[93]{\frac{2\,060}{13.14}} - 1 = 0.055\,857$$

也就是说,若采用货币复合增长率的计算结果是年均 5. 6% 。显然,它的计算结果要比采用连续复合增长率的计算结果年均多出 0. 2% 。这是因为:由公式(5 - 92)$M_{st} = M_1 \cdot (1+i)^t$,即

$$\frac{M_{st}}{M_1} = (1+i)^t \tag{5-98}$$

对公式(5 - 98)两边取自然对数,有

$$\ln\left(\frac{M_{st}}{M_1}\right) = \ln(1+i)^t$$

① 米尔顿 · 弗里德曼,安娜 · J. 斯瓦茨,美国货币史(1867 - 1960)[M]. 巴曙松,王劲松,等,译,北京大学出版社,2009(1):5.

$$\ln M_{st} - \ln M_1 = t\ln(1+i)$$

$$\frac{\ln M_{st} - \ln M_1}{t} = \ln(1+i) \tag{5-99}$$

对比公式(5－96)和公式(5－99),因为

$$\ln(1+i) < i \quad (i > -1, i \neq 0) \tag{5-100}$$

所以,在间隔年份 t,年均货币增长率 i 和期初货币总量 M_1 给定的情况下,由公式(5－92)计算出的期末货币总量 M_{st} 要比由公式(5－97)确定的量要小。比如,同以美国在1867—1960 年的 93 年间,货币总量期初为 13.14 亿美元,期间年均增长率 5.4% 为例,采用连续复合增长率的计算结果是:

由式(5－97),$M_{st} = M_1 \cdot e^{ti} = 13.14 \times e^{93\times5.4\%} = 2\ 060$ 亿美元

而采用复合增长率的计算结果是:

由式(5－92),$M_{st} = M_1 \cdot (1+i)^t = 13.14 \times (1+0.054\ 353)^{93} = 1\ 804.25$ 亿美元

综上,我们可以发现,在给定相同历史时期货币年均增长率的情况下,采用复利函数中的复合增长率要比采用连续复合增长率的期末货币总量要小,即它更有利于对货币总量的严格控制。

5.4 货币悖论问题与解决之道

当今世界存在的两大货币悖论问题:一是货币属性与主权的悖论问题;二是强势货币名与实的悖论问题。同时这两个悖论问题又犹如一对深度纠结的矛盾体,造成了世界货币体系的紊乱、不公正甚至非正义现象的频发。而人类今后若要使世界货币体系走上健康、公正的道路,就必须首先解决这个矛盾体。

5.4.1 货币属性与主权的悖论问题及解决之道

所谓主权货币(或称主权信用货币),一般是指由一个独立、主权国家所发行和流通,其实际价值由该发行国实施担保和确认的货币。因历史沿革的原因,这种主权货币往往隐含着一些几乎是与生俱来的权力,即国家关于货币的主权:比如,货币发行国有确定本国货币制度之权;国家有铸造金属硬币、印制纸币、确定货币币值和发行货币之权;调控货币升值或贬值之权;实行外汇管制之权;建立货币储备之权;获取铸币税之权等。但正因为是上述这些权力或许被认为是天经地义并附属于国家主权的,故而并不用任何公认的类似于《货币宪章》来予以确认。但反过来最早在 1945 年 12 月 27 日签字生效,后又经数次修订的《国际货币基金协定》(Articles of Agreement of the International Monetary Fund)却对各会员国的货币主权有几项限制(而这些限制反过来也印证了作为主权国家发行货币所拥有的相应权利,只是在某些情况下不得再行使),这些限制主要包括:[Ⅶ]

1)限制会员国自由调整本国货币币值的权利

1945 年基金协定第 4 条规定,美元具有黄金价值,即 35 美元值 1 盎司黄金,而其他会员国的货币币值应以黄金或美元标明之,币值一经确定,是为法定币值,不得随意变动,如

果为了矫正根本性的国际收支不平衡而要变更其法定币值(即改变对外币的汇率),须经基金组织批准,擅自变更者,应受到直至令其退出基金组织之制裁。很明显,这条规定大大限制了除美国以外的所有会员国的货币主权,所以西欧国家率先进行斗争,反对加于它们的此种限制。1973 年 3 月以后,西欧共同市场(欧洲经济共同体)9 国决定不受此条限制而实行浮动汇率。此后,在第 4 条(关于外汇安排的义务)第 2 节:总的外汇安排(b)中重新规定:"根据 1976 年 1 月 1 日当时通行的国际货币制度,外汇安排可以包括:(ⅰ)一个会员国以特别提款权或选定的黄金之外的另一种共同标准,来确定本国货币的价值;(ⅱ)通过合作安排,会员国使本国货币同其他会员国的货币保持比价关系;(ⅲ)会员国选择的其他外汇安排。"但即使如此,任何一个会员国在重新确定本国的汇率制之后,不得再随意改变。

2)限制会员国实行金本位币制的权力

按照基金协定第 4 条第 2 节(b)款规定,会员国应以特别提款权或选定的"除黄金之外"的另一种共同标准,来确定本国货币的币值,此即规定,在美国宣布废除基金协定规定的以黄金确定美元的币值以后,任何国家均不得再以黄金确定其币值,换言之,即任何国家均不得发行一种其信用比美元的信用更为优越的金本位制货币。

3)限制会员国实行外汇管制的权力

基金协定第 14 条(过渡办法)第 2 节(外汇限制)中:规定会员国得采用过渡办法,得维持其成为会员国时"已实施的各种限制国际经常往来的付款和资金转移办法"。即是说会员国得保持其已实施的外汇管制办法。但该节又规定,"一旦会员国自信取得此种外汇限制后已能解决本身国际收支问题,而不致过分依赖基金的普通资金时,应即取消本节规定下所维持的各种限制。"第 3 节中则规定:"如基金发现该会员国坚持仍保留不符合基金宗旨的限制,该会员国应受第 26 条第 2 节(a)的制裁。"同时,在第 8 条(会员国的一般义务)第 3 节(避免施行歧视性货币措施)中规定:"除本协定规定或基金准许者外,无论是在第 4 条或附录 C 规定的幅度之内或之外,任何会员国或第 5 条第 1 节所述之财政机关不得施行歧视性货币措施或多种货币汇率制。"

4)限制对国家经济情报的保密

基金协定第 8 条(会员国的一般义务)第 5 节(供给资料)中规定:"(a)基金得要求各会员国提供基金认为其进行活动所需的各种资料,为了有效地实现基金的任务,至少应包括以下全国性的资料:(ⅰ)官方在国内外持有的(1)黄金,(2)外汇;(ⅱ)官方机构以外的银行和金融机构在国内外持有的(1)黄金,(2)外汇;(ⅲ)黄金生产量;(ⅳ)黄金输出入量,及输出入国别;(ⅴ)商品进出口量(价值用本国货币表示),及进出口国别;(ⅵ)国际收支状况,包括(1)商品与劳务的交易,(2)黄金的交易,(3)可知的资本往来,(4)其他项目;(ⅶ)国际投资状况,即外国人在本国境内的投资,及本国人在国外的投资,就可能范围内提供此项资料;(ⅷ)国民收入;(ⅸ)物价指数,即批发和零售市场的商品价格指数,及进出口价格指数;(ⅹ)买卖外币的汇率;(ⅺ)外汇管理情况,即加入基金时外汇管理的全面情况,以及后来变更的详情;(ⅻ)如有官方的清算安排,关于商业及金融交易待清算的数额,及此项未清算款项拖欠的时间。"问题是,以上材料基本上囊获了一个国家的财经信息。而如果一个会员国的一切财经情况都要无保留地向 IMF 提供。这无疑是对国家经济主权的极大限制。

5)限制使本国货币成为可自由使用货币的权力

基金协定第 30 条(名词说明)(f)项规定"自由使用货币"是指被基金指定的一会员国的货币,该货币:(ⅰ)事实上国际往来支付中被广泛使用的;(ⅱ)在主要外汇市场上被广泛交易的。换言之,各会员国不得自己宣布自己的货币为"自由使用货币",而是须由基金组织批准方可成为自由使用货币。因此,一会员国的货币即使满足了"在国际往来中被广泛使用"和"在主要外汇市场上被广泛交易"两个条件,未经基金组织批准也不得成为可自由使用货币。①

由以上 IMF 对会员国货币主权的若干限制中可以看出,这些规定是对参与"国际往来支付"的货币而言的,也就是说,任何一个国家发行的主权货币,只有当它与别国进行往来支付时,才会受到若干限制。反过来说,当一个国家的货币一旦越出本国国界进行"国际往来支付"时,它实际上就有了一定意义上的参照系,即充当一定意义上的世界货币职能。马克思的货币理论认为,货币在与商品交换发展过程中,逐渐形成了价值尺度、流通手段、贮藏手段、支付手段和世界货币五种职能。而随着世界贸易交往的发展,当货币超越国界,在世界市场上发挥一般等价物作用时,就执行世界货币职能。因而马克思说:"世界货币执行一般支付手段的职能,一般购买手段的职能和一般财富的绝对社会化身的职能。它的最主要的职能,是作为支付手段平衡国际贸易差额。"②而按照马克思对典型金本位条件下的论述,货币充当世界货币必须脱掉原有的"民族服装",还原成金银本来的面目。他说:"货币一越出国内流通领域,便失去了在这一领域内获得的价格标准、铸币、辅币和价值符号等地方形式,又恢复为原来的贵金属块的形式。"③从这个意义上来说,凡要充当世界货币的任何货币就不可能再有主权的属性。而本书在第 1 章(1.1.1 关于货币的定义)对货币的定义是:货币是公意约定并被普遍接受的一般等价物。即本书在将货币作为一般等价物之前,加了"公意约定"和"普遍接受"这两个充要条件。所谓"公意约定"是指某一单位的货币必须包含一定量人们共同约定标的的价值量;"普遍接受"则是指这种标的本身具有普遍认可,可以度量、相对恒定(不仅是稳定)的价值内涵;而一般等价物是指它作为等价的价值载体可与一切商品(或服务)进行交换。由以上定义及论述中可以看出,货币本身并不存在所谓的主权属性问题,主权货币实际上是主权国家对货币打上的主权烙印。而一旦主权货币要参与"国际往来支付",实际上已不存在主权问题。但人类货币当前存在的主要问题之一就是:在经济全球化与一体化飞速发展的背景下,各国都已经被卷入了这股洪流,由此各国的货币几乎都直接或间接地参与了"国际往来支付",但货币本身却仍然穿着"主权货币"外衣,而没有脱掉原有的"民族服装",这就是货币属性与主权的悖论问题。

而要解决货币属性与主权的悖论问题的唯一出路则在于使货币回归其本来的属性,

---

① Articles of Agreement of the International Monetary Fund. 2011 International Monetary Fund.

② 马克思. 资本论:第 1 卷:上[M]. 中共中央编译局,译. 北京:人民出版社,1975:164.

③ 马克思. 资本论:第 1 卷:上[M]. 中共中央编译局,译. 北京:人民出版社,1975:163.

脱掉其原有的“民族服装”,同时也就磨掉了货币的“主权”烙印。而本书在第1章(1.4.3.4 货币的爱因斯坦能量本位奠定的两个基点)就已经阐明,未来基于爱因斯坦能量本位所设想的世界统一货币,其基本含义是“每一单位货币含有定量的能量,即含一个能量单元 EU。”从这个意义上来说,显然它能够同时完整地承担价值尺度、流通手段、贮藏手段、支付手段、世界货币等五种货币职能。因为当它在履行世界货币职能时,它是唯一可以被世界各国或地区所公意约定、普遍接受的一般等价物;当它在履行贮藏手段职能时,它对每一个持有这种货币的个人而言,是定量价值的贮藏,而对全人类而言则是对人类可使用能量的贮藏;尤其是当它在充当价值尺度、流通手段、支付手段职能时,它不仅能够很好地完成这些职能,而且它还能带来对人类认识史上两大基础性理论观点的突破:一是等能量交换就是等价交换;二是等能量交换是自然界物质运动和人类社会经济活动的共同规则。

5.4.2 强势货币名与实的悖论问题及解决之道

所谓强势货币是指一国凭借其强势地位而可以从本币的发行中获得溢出效益的货币。而在当今世界中,主要是以美元为代表的强势货币虽无世界货币之名却在行世界货币之实。从历史上来看,美元作为强势货币除两次世界大战的历史背景以外(参见1.2.4 影响世界货币体系的若干国际协定),却是由《国际货币基金协定》中第30条(名词说明)中加以具体规定的:即“自由使用货币”是指被基金指定的一会员国的货币,该货币:(ⅰ)事实上国际往来支付中被广泛使用的;(ⅱ)在主要外汇市场上被广泛交易的。[Ⅷ]而在第二次世界大战刚结束的1945年,当时世界上已经没有任何一个其他国家的货币同时符合这两个条件,所以都不能被当作“自由使用货币”,而唯有与黄金直接挂钩的美元才符合这两个条件,从而使美元在布雷顿森林协定上成为了唯一的强势货币。当然,如果说战后制定的这份协定,主要限制了除美国以外所有国家的货币主权,但后来在西欧国家率先加以反对的情况下,1976年修改的协定,则使英、法、德、日在一定程度上升格为与美国平起平坐、同为可自由使用货币国家,但仍共同限制了其他国家(主要是第三世界国家)的货币主权。

其实,《国际货币基金协定》中定义的“自由使用货币”就是现代意义上的国际货币。而所谓国际货币,就是在国际市场上广泛充当计价单位、交易媒介和储藏手段的货币。我们一般可以从多维角度来衡量一国货币的国际化程度,例如在计价单位职能上,可以用其在国际贸易中充当计价货币的比例、在国际大宗商品交易中充当标价货币的比重、在国际金融交易中充当标价货币的比例、被官方作为锚货币等指标来衡量;在交易媒介职能上,可以用其在外汇交易中规模大小、国际贸易结算中的使用情况、被官方作为市场干预货币的情况等指标来衡量;在价值储藏职能上,可以用其在国际金融资产持有中的比重、官方外汇储备持有的比重等指标来衡量。不难理解,一种货币在这些维度上的地位和延展主要取决于该货币所属经济体自身的经济实力、金融市场发展程度、财政和货币的稳健性等因素。当然,随着时间的推移,一国上述因素发生变化,也会影响到该国货币的国际地位。可以说,一种货币国际地位的变动代表了国际市场各种主体对该国经济政治各方面所处状态的确认和信心。然而，由于历史发展的惯性因素，货币国际地位的变化一般是缓慢的、渐进的，短时间难以冀望发生根本性的扭转。[①] 尤其不可否认的是，即使在美元、英镑、欧元、日元等都可以在不同层面被当作国际货币的情况下，其中可以被称作强势货币的，仍然是美元，因为美元独霸的地位尚没有改变。

同样，无论是从国际货币的定义本身，还是从货币实际流通的范围来讲，国际货币决不等于世界货币，而只是具有世界货币的某些特征。因为我们如从货币的职能上进行分析就会发现，国际货币与世界货币相比，往往只能担当五项职能中的几项，而不是全部。比如，在世界上的一些国家，作为国际货币的美元或英镑就不能作为支付手段，更不能作为流通手段。而世界货币，比如在金本位制下的金币，或银本位制下的银币就可以完整地履行全部的货币职能。这也就能解释为什么在黄金已退出货币领域的情况下，仍被各国作为最后支付手段和贮藏手段的根本原因。

而值得总结的问题是，1944 年的布雷顿森林协定实际上是以美元为主体货币的金汇兑本位制。该协定规定了固定的货币平价，各会员国货币的平价一律以黄金或美元来表示，1 美元等于 0. 888 671g 黄金，美元与黄金挂钩，各会员国都要按照其货币的含金量同美元订出固定比价并不得随意变动，从而使各国货币同美元挂钩。而 1960 年，美国经济学家罗伯特 · 特里芬(Robert Triffin) 在其《黄金与美元危机——自由兑换的未来》一书中指出:“由于美元与黄金挂钩，而其他国家的货币与美元挂钩，美元虽然取得了国际核心货币的地位，但是各国为了发展国际贸易，必须用美元作为结算与储备货币，这样就会导致流出美国的货币在海外不断沉淀，对美国来说就会发生长期贸易逆差；而美元作为国际货币核心的前提是必须保持美元币值稳定与坚挺，这又要求美国必须是一个长期贸易顺差国。这两个要求互相矛盾，因此是一个悖论。”而这一内在矛盾也被称为“特里芬难题”(Triffin Dilemma)。[②]

应该说，“特里芬难题”虽然已经预示了布雷顿森林体系的运转之困，但却还是建立在布雷顿森林体系尚能正常运转的前提之上的。但布雷顿森林体系的正常运转，必须具备三个基本条件:一是美国保持国际收支顺差，美元对外价值稳定；二是美国拥有充足的黄金储备，保持美元对黄金的有限可兑换性；三是黄金价格维持在官价水平。但这三个条件的基础却在 1945—1971 年的 26 年间发生了颠覆性的变化。尤其是随着西欧和日本经济实力的恢复，美元的霸权地位不断受到挑战，再加上黄金流失也日益严重，美元自从 1960 年以来不断出现危机，不断贬值导致该体系摇摇欲坠。虽然美国联合其他国家建立黄金总库和史密斯协定来阻止其崩溃，但始终无法抑制黄金价格的不断上涨，最终不得不宣布停止美元兑换黄金，布雷顿森林体系就此消亡，但似乎其核心还在。因为当前的国际货币体系仍然可以被称作“牙买加体系”或“布雷顿森林体系Ⅱ”。其区别于国际货币史上其他时期的国际货币体系，如金本位制、英镑本位制等的核心特征是仍然是以美元为中心，提供国际价值尺度职能(即为国际交易提供计价单位)、国际流通与支付职能(即提供国际清偿力)和国际储备职能(即为各国央行提供外汇储备)，因此美元俨然成了事实上

---

① 高倩倩，郑建军. 欧债危机下的欧元国际地位及其前景[J]. 德国研究，2012(2):92.

② 李鑫. 从黄金地位转化透视当今货币体系[J]. 西北工业大学学报(社会科学版)，2011-9:1-3.

的世界货币。并且因牙买加体系对其继续履行世界货币三大职能的确认而得以延续。值得一提的是,20 世纪 80 年代出现的欧洲货币单位“埃居”和 2000 年正式诞生的欧元,为国际货币体系注入了新内涵——“美元为主,欧元为辅”的双储备货币格局。然而在该格局中,美元与欧元地位的不平等除了体现在各国央行资产负债表的外汇储备项下外,还表现为欧元的国际流动高度依赖于美国金融市场的国际风险定价功能——美国的比较优势。因为这两种储备货币实际地位的不平等而使该体系带有明显的非均衡特性,并由此引发了“双储备货币悖论”(或称“欧元的国际储备化悖论”)。具体而言,欧元的建立初衷是抗衡并最终取代美元成为唯一的世界货币,但在现实运行中,欧元的国际储备化依赖于欧元的流动性,而欧元流动性的实现是以其在美国金融市场上完成最后一笔风险定价过程为前提条件的,因而欧元的国际储备化程度反而是美元指数的一个反函数,即欧元要想成为世界货币就不能离开美元及美国金融市场。由此出现了“欧元的国际储备化悖论”。①

由以上分析可以看出,美元作为一种当今世界的强势货币,虽然其地位因布雷顿森林体系的崩溃和欧元的诞生而有所减弱,但其独霸的地位尚未动摇,它虽无世界货币之名,却仍在充当世界货币的角色,故而构成了强势货币名与实悖论的问题。

而在美元霸权地位的影响下:第一,世界贸易成了这样一种的游戏:美国发行美元纸币,世界上其他国家生产美元纸币可以购买的产品。全世界相互联结的经济体不再为了获得李嘉图式的比较优势进行贸易;它们在出口行业竞争,获取所需的美元清偿以美元标价的外债,并集聚美元储备以维持本国货币在外汇市场上的汇率。第二,在汇率自由浮动的背景下,对资本和外汇控制的总体放松使得各国货币遭受投机性攻击的情况经常发生。此后,各国中央银行一直被迫持有越来越多的美元储备,以备消除本国货币在金融市场遭受突发的投机性攻击。而从定义上看,美元储备必须投资于美元标价的资产,从而为美国经济造出资本账户盈余。因此,美元霸权阻止了出口国在国内消费其从对美贸易顺差中挣得的美元,并迫使它们为美国的资本账户盈余融资,从而把真正的财富输送到美国。而持续不断地为美国债务融资,则又进一步强化了美国经济的特权。第三,没有任何纪律约束的世界贸易储备货币,实际上是发行国通过该货币向所有参与世界贸易国征税。而美元则通过其独有的霸权而在向所有参与世界贸易国征收巨额货币税。第四,美元霸权使所有其他法定货币从属于作为关键储备货币的美元,从而剥夺了其他非美元经济体政府为国内发展而发放主权信贷的权力,使其资本变得相对或绝对匮乏。②

要解决强势货币名与实悖论问题的唯一出路则在于如何摆脱以美元为代表的强势货币霸权问题。而从现实的角度来看,改变以美元为主导的国际货币格局主要有三种方式:一是用新的国际储备货币或超国家的储备货币替代美元。二是建立多元化的国际货币体系,即建立相互制约、相互竞争的国际货币关系,从而削弱美元的霸权地位,使投资者有更多的选择,有利于发挥“良币驱逐劣币”的功能。三是建立全球单一货币体系,各国货币均退出流通。具体方案有四:

---

① 王汉儒. 欧债危机爆发根源的再思考——基于国际货币体系视角的分析[J]. 当代财经,2012(11):47.

② 廖子光. 金融战争:中国如何突破美元霸权[M]. 林小芳,等,译. 北京:中央编译出版社,2008:译序 5-11.

1）特别提款权（SDR）方案

比如2009年3月23日，中国央行网站刊发了中国人民银行行长周小川的署名文章《关于改革国际货币体系的思考》。文章认为，时发的金融危机表明当前国际货币体系存在系统性风险，必须进行改革。周小川建议创造一种与主权国家脱钩、并能保持币值长期稳定的国际储备货币。建议充分发挥SDR的作用。但在浮动汇率体制下，特别提款权目前无法成为主要国际储备资产。因为在浮动汇率制下建立超国家的储备货币存在一定困难，它的币值仍然是不稳定的，难以克服美元货币的缺点。

2）新的储备货币体系方案

目前其他国家或地区货币如欧元、日元和英镑等还无法和美元抗衡，不能够替代美元，就算将来能够替代美元，也无法从根本上改变国际货币体系。因为这几种货币也都和美元一样，都是一国主权货币，美元存在的缺点，在它们身上同样会存在，并不能从真正意义上改革国际货币体系。比如，世界银行前副行长林毅夫认为，国际收入不平衡，根源在美国；危机的根源，也在美国。“经济危机的根本原因是美元的霸权。”因此他建议，建立新的国际货币体系，以纸黄金作为各国的储备。他说，纸黄金有三个好处，第一，纸黄金不是主权货币，相对稳定；第二，避免了用黄金作为储备，实体黄金无法根据需要保证增加；第三，避免了类似欧元区出现的情况，即有的国家没有自己货币，而无法按需贬值。① 但林毅夫的方案对任何一个国家而言，又成了双币制，即各国对内使用本币，对外则使用纸黄金。由此又会引发各国本币与纸黄金的汇率稳定问题。其本质与周小川的方案差别不大。

3）多元化国际货币体系方案

多元化的国际货币体系有利于形成若干个相互竞争的国际区域货币，摆脱对某一国货币的过度依赖。比如，有学者认为自1999年欧元启动后，国际货币体系实际上已演变为一种由美元和欧元主导、日元作为小伙伴的不对称的三元国际货币格局，实质上是双寡头的国际货币格局。这种货币制度安排的优点是摆脱了国际货币对美元的过度依赖，扩大了世界各国选择流通货币和储备货币的范围，能够一定程度上解决“特里芬两难”问题，但却很难解决牙买加体系存在的不稳定性问题，相反还可能引发两种货币汇价之间的大起大落，出现此消彼长的“跷跷板效应”，势必造成国际金融市场的动荡。而相对于双寡头的国际货币体系而言，寡头垄断的对称三元国际货币体系可能更有利于国际货币体系和国际金融形势的稳定，因为对称的三元国际货币体系是由三种实力相当的国际货币构成的寡头垄断货币格局。其主要观点是，在目前国际货币的双寡头格局中，美元、欧元分别代表美洲、欧洲的国际地位和全球影响力，而在世界政治经济格局中占据重要地位的亚洲国家和地区，在三元国际货币体系中必将拥有体现自身实力的国际货币。由于欧元的示范效应，理论界开始提出亚元构想。而欧元之父蒙代尔也认为：“目前世界已形成了美元、欧元两大区域，因此亚洲也迫切需要实施共同货币。中国、日本、韩国及东盟都应该考虑建立亚洲共同货币的可能，并且着手为实现共同货币做准备。”②从现实的情况来看，多元化国际货币体系方案无疑是一种相对成熟，比较可行的方案，但它可能是全球单一货币体

① 陈翔，彭梅蕾．林毅夫：新建国际货币体系 以纸黄金作为储备[N]．广州日报，2014-6-15.

② 严恒元．听“欧元之父”说“亚元”——访诺贝尔经济学奖得主蒙代尔教授[N]．经济日报，2002-8-21.

系方案实施前的过渡方案。

4)全球单一货币体系方案

国际货币体系改革的最理想方式是在多元化国际货币体系方案已经实现的前提下，在几种主要国际货币之间实行固定汇率制，然后在此基础之上，建立超国家的储备货币，最终形成全球的单一货币。① 比如，可以构建以爱因斯坦能量本位为本位的未来世界统一货币(世元)，从而实现"一个世界、一种货币"的目标。具体做法是，在初始通过一个可被世界各国或地区广泛接受的锚定标的(SDR)完成世界各国或地区的货币与之兑换之后，由未来独立的世界中央银行发行的货币增长速度将遵循单一增长的规则，而这个货币增长率在短期内应与世界实体财富的增长速度保持一致，但在长期内则必须服从自然准则，即与地球每年能量收支的增量保持一致。② 这样才能从根本上解决货币的悖论问题。

注　释

Ⅰ　亚里士多德在其《政治论》中，曾认为，人类的商品交换是从物物交换开始，进而过渡到以货币为媒介的交换，即零售商业，继而又过渡到以获取货币为目的的交换，即大商业。但以货币为目的的交换，目的在于无限制地追求货币财富，其目的是无限度的。这种交换属于货殖，是反自然的。但他在分析"货殖"时，又明白地指出了在大商业中，货币是被当作财富来积累的。参见：亚里士多德：《政治论》，商务印书馆，1965 年版，第 31-32 页。

Ⅱ　参见：编者 . 4 天新增开户数超 2005 年全年 . 东广早新闻(精编版)，上海：smmail@ smail. cn，2007-4-18，20："在股市赚钱效应的吸引下，我国投资者以罕见的速度涌进股市：最近 4 个交易日我国投资者新开设 90 多万个 A 股账户，超过 2005 年全年新增开户数。截至今年 2 月底，我国投资者开设的 A、B 股和封闭式基金账户在 1 月份突破 8 000 万整数关口后，达到 8 323万，创历史新高。4 月 19 日，沪综指开于 3 610. 02 点，盘中最高 3 617. 44 点，最低 3 358. 93 点，收于 3 449. 02 点，跌 4. 52%；深成指开于 10 359. 96 点，盘中最高 10 359. 96 点，最低 9 603. 01 点，收于 9 857. 23 点，跌 5. 23%。"极富戏剧性的是，5 月 9 日上海的综指又开于 3 961. 10 点，盘中最高至 4 015. 22 点，最低至 3 875. 38 点，全天报收于 4 013. 09 点，升 63. 07 点，涨幅 1. 60%；深圳成指开于 11 500. 97 点，盘中最高至 11 561. 36 点，最低至 11 026. 07 点，全天报收于 11 517. 75 点，升 116. 62 点，涨幅 1. 02%。两市共成交 3 805 亿元，再创成交金额历史记录。《东广早新闻》，精编版，2007 年 4 月 19，20 日，5 月10 日。

Ⅲ　* ST 金泰本来是中国山东制药类上市公司，2001 年上市。上市半年就遭遇亏损，黄俊庆的新恒基控股集团(B. V. J)便重组入主，但一直没什么动静 . 2007 年 2 月 28 日，公司股价开始了涨停板之旅，到 3 月 5 日已经连续 4 个涨停板。随后，公司进入了漫长的停牌。7 月 9 日，* ST 发布公告称，公司将向新恒基控股集团(B. V. J)和北京新恒基房地产集团有限公司及不超过 8 家特定投资者非公开发行不超过 80 亿股 A 股，发行价格确定为 3. 18 元，其中，新恒基控股集团(B. V. J)和北京新恒基房地产集团有限公司以价值约 221 亿元(未经审计)的资产认购 70 亿股非公开发行股份，预计向其他特定投资者募集资金 25. 65 亿元。参见：连建明，* ST 金泰：又一个神话故事，《新民晚报》，2007 年 9 月 8 日，B1 版。

Ⅳ　股票简称前冠以"ST"字样，是指公司股票交易实行特别处理，适用于上市公司出现财务异常状况，或其他状况异常，可能损害投资者利益时；冠以"* ST"是"警示存在终止上市风险的特别处理"，适用于具有股票终止上市风险的公司。

Ⅴ　根据2008 年3 月31 日在泰国举行的联合国气候变化会议上公布的报告表明，已基本能确定以燃烧石油、煤炭等矿物燃料为主的人类活动，改变了地球气候系统，导致热浪、干旱、风暴和海平面上升等气候和环境问题。参见：《新民晚报》，2008 年 4 月 1 日，A16 版。并且我们已知，2004 年发达国家人均排放温室气体为 16. 1 吨二氧化碳当量，是中国的 3 ~ 4 倍，因此，我们有理由将人均排放 16. 1 吨二氧化碳当量温室气体相对应的能量设定为人均消耗能量最大值。参见：沈敏，中方认为要平衡处理：气候变化谈判四要素，《文汇报》，2008 年 4 月 2 日，第 7 版。

Ⅵ　货币流通速度 $V \equiv PY/M$，其中，Y 代表经济的实际产出，即经济中生产的物品量，P 是这些物品的价格(价格水平加权平均值)，PY 等于名义 GDP，即名义总收入，V 为货币流通速度，M 表示货币供给。参见：[美]斯蒂格利茨著 . 经济学(Joseph

① 陆前进 . 美元霸权和国际货币体系改革——兼论人民币国际化问题[J]. 上海财经大学学报，2010-2：67.

② 曹钟勇 . 财富本源与世界统一货币[M]. 北京：中国铁道出版社，2010：450.

E. Stiglitz：Economics），梁小民，黄险峰，译．北京：中国人民大学出版社，2000：682.

Ⅶ 《Articles of Agreement of the International Monetary Fund》. Adopted at the United Nations Monetary and Financial Conference, Bretton Woods, New Hampshire, July 22, 1944. Entered into force December 27, 1945. Amended effective July 28, 1969, by the modifications approved by the Board of Governors in Resolution No. 23-5, adopted May 31, 1968; amended effective April 1, 1978, by the modifications approved by the Board of Governors in Resolution No. 31-4, adopted April 30, 1976; amended effective November 11, 1992, by the modifications approved by the Board of Governors in Resolution No. 45-3, adopted June 28, 1990; amended effective August 10, 2009, by the modifications approved by the Board of Governors in Resolution No. 52-4, adopted September 23, 1997; amended effective February 18, 2011, by the modifications approved by the Board of Governors in Resolution No. 63-3, adopted May 5, 2008; and amended effective March 3, 2011, by the modifications approved by the Board of Governors in Resolution No. 63-2, adopted April 28, 2008.

Ⅷ Article XXX: Explanation of Terms (f): A freely usable currency means a member's currency that the Fund determines (i) is, in fact, widely used to make payments for international transactions, and (ii) is widely traded in the principal exchange markets. Articles of Agreement of the International Monetary Fund. 2011 International Monetary Fund.

第6章　由货币联盟推动的区域统一及由全球化催生的世界统一货币

货币是公意约定并被普遍接受的一般等价物，是社会财富的直接代表。当今世界，约有230多个国家或地区使用不同的货币。[I] 马克思认为，货币在与商品交换发展过程中，逐渐形成了价值尺度、流通手段、贮藏手段、支付手段和世界货币等五种职能。如果我们结合人类货币的发展史来看，货币所能承担的这些职能之所以能够得以体现，实际上是建立在一种普遍的不言而喻的约定之上的，即信用。如果货币不是建立在信用的基础之上，那么它就无法度量商品和服务的价值，无以在生产和消费领域流通，不具备价值贮藏的意义，从而也不能承担支付的职能，因而也就无法充当世界货币。由此可见，没有信用的货币和信用不构成货币的要件同样是不可思议的。一句话，货币就是信用的载体！它承载人类的普适信用。虽然人们可以分属不同的国家或地区，来自不同的民族、具有不同的宗教信仰、处于不同的文化背景，但在对待货币本性的认识上却具有相同的、根深蒂固的观念：都愿意接受一种彼此都必须坚守的天经地义的信用。也正是这种信用，可以演化为人们彼此经济交往的基础和文明进步的纽带，并把全人类的思维习惯联系在一起，从而推动人类社会经济发展水平甚至政治格局的进化。应该说，虽然让世界真正转动起来的关键因子是全球经济运转中商品和服务的贸易，而不是货币，但是如果没有货币，贸易将变成一种非常困难的任务。这是因为货币可以表征所有商品和服务的标准单位，从而使全球贸易即刻变得方便起来。① 而这里所指的货币，主要是指世界货币，包括国际货币。

令人注意的是，随着经济全球化、一体化进程的加快，世界货币流通领域出现了很多新的现象。一方面，作为贵金属典型代表的黄金仍然没有完全退出历史舞台，它还是国际间最后的支付手段、购买手段和社会财富的贮藏手段和转移形式。另一方面，某些国家和地域的货币，如美元、英镑、欧元等，在国际上发挥着国际货币的职能。而中国的人民币在逐渐走向国际化后，也可能成为一种新的国际货币。其主要标志是人民币能否在2016年被纳入国际货币基金组织（IMF）特别提款权（SDR）的货币篮子（目前该篮子的货币由美元、欧元、日元和英镑四种储备货币组成）。② 而本书在此要进一步研究的问题是：如从货币史的角度来看，是否存在这种必然，即一种国际货币的形成，往往最初是以货币联盟的形式在世界某一地域出现，并可能（或希望）促使该地区先经由经济统一而后走向政治统

---

① RANDY CHARLES EPPING，A BEGINNER'S GUIDE TO THE WORLD ECONOMY. VINTAGE BOOKS，A DIVISION OF RANDOM HOUSE，INC. NEW YORK，NOVEMBER 1995，Copyright? 1995 by Randy Charles Epping，P. 6.

② 《今日美国报》网站10月7日报道．跻身储备货币挑战美元霸权：中国谋求人民币加入SDR货币蓝[N]．参考消息，2014-10-9(5)．

一,也就是说政治统一的目的往往是放在背后的;推而广之,在全球化的背景下,如果人类社会的货币统合过程也是沿着先形成诸如“欧元区”、“亚元区”、Ⅱ“美元区”……的历程来走,那么在若干“货币联盟区”形成以后,是否会出现“世界统一货币”,并最终推动世界走向统一? 这种趋势既可能是解决当前世界货币悖论问题的需要,也可能是人类历史发展的必然走向,或人类自有货币以后货币本身能够承担的终极使命的使然。

6.1 历史上的一些货币联盟及其政治动因

所谓货币联盟(monetary union),广义上是指为消除两个以上的国家由于货币单位不同而引起的不便,通过相互之间签订协议,确定以各国货币制度的单本位或复本位作基础的、在货币制度方面建立共同规章制度为目标的、以各国中央银行之间的合作关系为表征的国际货币合作的方式。① 而从狭义上则是指由若干国家组成,使用同一种具有计价单位、交换媒介和价值储藏三大职能的货币的地理区域。历史上,曾出现过拉丁货币(法郎)联盟、英镑货币联盟、美元货币联盟、欧元货币联盟等不同地域的货币联盟。而其中的美元货币联盟致使美元至今在相当程度上充当了世界货币的角色,而欧元货币联盟则正处在不断扩大的进程之中。

6.1.1 拉丁货币(法郎)联盟

拉丁货币(法郎)联盟(Latin Monetary Union)产生在18世纪末19世纪初。在这期间,拿破仑(Napoléon Bonaparte,1769—1821)指挥法军横扫欧洲大陆,除英国以外的整个中欧和西欧都被纳入了法兰西的版图。拿破仑执政后先后颁布了三部法典:民法、商法和刑法,为资本主义市场经济的发展奠定了法律框架。但其时,欧洲各国使用的货币却仍然五花八门。拿破仑在庞大的帝国内先统一了法律,又统一了度量衡,随后试图统一货币。早在1806年,他在给他弟弟、荷兰国王路易 · 波拿巴的信中建议,荷兰应铸造和使用法国货币:法郎,而为了显示区别,可以在这种货币的一面铸有国王的头像,另一面铸有荷兰王国的标志。② 后来,随着法国对欧洲的军事占领,法国货币体系也被推行到了荷兰、比利时、瑞士、意大利等地。而拿破仑这种做法的思路,可能最早源于古希腊的哲学家亚里士多德,他就认为,货币是国家主权的标志物。可以说,人类历史上任何货币都是随战争催生的国家主权而产生的。战争打到哪里,货币流通的边界就扩展到哪里。但是滑铁卢一役,使这个货币统一的计划被暂时搁置了起来。③

拿破仑三世(Charles Louis Napoléon Bonaparte,1808—1873)执政期间,1865年在法国的倡导下在巴黎召开了一个会议,其“目的是采取统一的、普遍通用的铸币”。这个会议导致了拉丁货币联盟的诞生。四个成员国——法国、意大利、瑞士和比利时——当时已经在实施基于法国体系的金银复本位制。但开始时他们是由于军事占领而被迫实施的,但后

① 张庆麟. 析欧洲货币联盟的超国家性质. 中国欧洲学会欧洲法律研究会2008年年会论文集:9-20.

② 沈君克. 论拉丁货币同盟走向崩溃的原因[J]. 山东行政学院山东省经济管理干部学院学报,2006(3):102.

③ 徐诺金. 世界货币的绿色未来[J]. 绿叶,2007-7:43.

来由于使用方便转而自愿地采用了拉丁货币联盟的币制。值得一提的是,在1814年前法国还曾把这个货币体系也强加给了荷兰,但荷兰独立后就废除了这种货币体系。而1830年比利时人反抗荷兰人时,比利时又恢复了法国货币体系。其后瑞士(1848)和意大利(1861)在他们自己的货币和政治联盟中都选择采用该货币体系。①

《拉丁货币联盟条约》于1866年8月1日开始生效。不久,基督教教会国家(1866)、希腊和保加利亚(1867)也加入了该条约。其后,奥匈帝国、罗马尼亚、塞尔维亚、黑山、保加利亚等国也加入了该货币联盟。根据该条约的相关条款,条约国同意只铸造100、50、20、10和5法郎的金币以及5、2和1法郎以及50和20分的银币,其他的铸币在1869年退出流通领域。该条约还规定,作为辅助货币(面额为2法郎和不足2法郎)的银币,其成色必须达到0.835,禁止自行铸造银币。

该条约从1866年8月1日开始生效一直到1880年1月1日,并且规定如果在1879年1月1日前没有宣布解散,那么该条约将继续生效15年。②

应该说,拉丁货币联盟确实非常圆满地解决了当初由于法国严格地规定金银兑换率而产生的白银价格相对上升的问题。为成员国的金融往来和商业、旅游等带来了很大的便利。当时欧洲不少国家都想把自己的货币与这种稳定的货币挂钩,以稳定本国的币值。③

随后,为了扩大条约的影响力和范围,法国于1867年再次召开会议,讨论单一的全球货币体系问题。但问题是,虽然1865年的会议和拉丁货币联盟确实从技术上解决了某些特定的问题,但这次会议的目的却显得模棱两可。正如货币问题中所常见的那样,政治与个人的影响甚于理性的经济分析。据说,会议的提案是由路易斯·拿破仑拟定的。因为当时他正在寻求扩张法国的名声和影响力。④ 最后,法国关于建立单一全球货币的提议引起了别国的警觉,比如,当时的普鲁士宰相兼外交大臣俾斯麦(Otto Eduard Leopold von Bismarck,1815—1898)就对此表示了警惕,他"在当时可能没有对新帝国铸币进行'法国化'的打算,即使这样做会很方便……因为他视铸币国际化的计划为拿破仑的梦想"。⑤同样,虽然拉丁货币联盟也有向全欧洲扩张的企图,但当时由于受制于英国的压力而未向北欧扩张成功。⑥ 总之,由法国主导的拉丁货币联盟作为一个欧洲单一货币组织,事实上一直持续到1927年,是年法国终止金本位,并于次年颁布新货币法,拉丁货币同盟才正式消亡。

6.1.2 英镑货币联盟

1815年拿破仑战败以后,英国在国际政治和经济格局中确立了强势地位。经济史学

---

① 约翰·F·乔恩. 货币史:从公元800年起[M]. 李广乾,译. 北京:商务印书馆,2002:138-139.

② 约翰·F·乔恩. 货币史:从公元800年起[M]. 李广乾,译. 北京:商务印书馆,2002:139-140.

③ 约翰·F·乔恩. 货币史:从公元800年起[M]. 李广乾,译. 北京:商务印书馆,2002:140.

④ 约翰·F·乔恩. 货币史:从公元800年起[M]. 李广乾,译. 北京:商务印书馆,2002:140-141.

⑤ 约翰·F·乔恩. 货币史:从公元800年起[M]. 李广乾,译. 北京:商务印书馆,2002:141.

⑥ Luca L. Einaudi, From the france to the 'Europe': the attempted transformation of the Latin Monetray Union into a European Monetary Union 1865 – 1873[J]. Economic History Review, LIII,2 (2000), pp. 284-308.

家一般称 1815—1914 年为“英国霸权”(Pax Britannica Hegemony)时期。在这段近百年的历史中,英国的货币制度对世界近代货币史的发展产生过相当大的影响。1817 年英国正式采用了金为本位币,银作为辅币,英镑纸币作为代用货币的金本位制度。[①] 整个英联邦中的国家,除了加拿大和印度,几乎都加入了英镑货币联盟,并采用英镑作为本国的货币。[Ⅲ]英镑货币联盟的形成事实上在较长时期内维护了日不落帝国的强盛和英联邦的统一。[②] 同样,受英国影响,1880 年以后,主要工业国家也都实行了金本位制。这种货币制度一直维持到 1914 年第一次世界大战之前。也就是说,当时由于英国在国际政治和经济当中的核心地位,英镑凭借英国的强大国力,在世界的相当范围内(英镑区)曾担当了主要的国际货币角色。虽然该时期的国际金本位制还是传统的金币本位制,黄金是各国最主要的国际储备资产。但出于方便贸易结算的需要,当时许多国家均持有一定金额的英镑,以此作为国际储备的另一种形式。而且,相当比例的贸易结算并不是通过黄金而是通过英镑来完成的。直至 20 世纪初,英镑仍然是资本主义世界最重要的国际支付手段和储备货币,英国也从中获得了巨额的铸币税。[③] 当然,人们不难看到的是,英镑货币联盟又是与当时的“英国霸权”——由强盛的大不列颠帝国来统治世界的思维直接关联的。比如,1898 年当时英国派遣的印度总督寇松就曾直言道:国家是“争夺世界统治权大棋盘中的棋子。”[④]而货币政策也是如此。当然,自那以后世易时移。但一如既往的是,大国对外的货币政策,即便不是旨在争夺世界霸权,也是旨在争夺对个别地区的影响力。而对于货币在国际事务中的这种重要地位和特殊作用,英国政治经济学家苏珊·斯特朗也曾说:“在国际事务中,货币既是权力的来源,又是权力的目标;既是国际争论的焦点,又是可能的国际合作的手段。”[⑤]或许很值得人们回味的是,英国最初在英联邦中用英镑打压尚未独立的美国当地货币——美元的例子。因为美元兴起的历史可以为人们观察货币的政治逻辑提供一个典型的案例。

当 1620 年第一批欧洲殖民者(主要是英国新教徒)抵达今天美国的马萨诸塞州普利茅斯镇并定居下来时,他们碰到的一个首要问题是:大家互通有无彼此交换物品时应选择何种货币?由于这批移民并非富人,没有从欧洲大陆的母国带来大量可供流通的货币,于是实物货币就成了一个现实的选择。随即许多地方政府允许居民用玉米或者烟草来缴税,并且规定这些实物货币不仅可以用于公共支付,也可以用于私人交换。比如,当时马萨诸塞规定玉米为法定货币,康涅狄格为小麦,弗吉尼亚则为烟草。但是随着北美殖民地人口的增多和经济的发展,实物货币在履行计价单位、支付手段和价值储藏的功能时越来越不能满足现实的需求,因而建立殖民地自己的造币厂发行货币势在必行。但当时英国不允许殖民地开办自己的造币厂,而是要求殖民地用实物商品同英国交换以进口货币,以

---

① 约翰·哈罗德·克拉潘. 现代英国经济史:上卷[M]. 姚曾廙,译. 北京:商务印书馆,1964:482.

② 截止 2014 年 7 月,英联邦尚有 71 个成员国和地区,人口数量约 23 亿,土地面积 3.1 万余平方公里。参见:陈漫欣. BBC:英联邦运动会“苏格兰味”十足[N]. 参考消息,2014-7-25(8).

③ 曹钟勇. 财富本源与世界统一货币[M]. 北京:中国铁道出版社. 2008(11):294.

④ 亚历山大·拉林. 中国拉拢越南意在搅扰美国[N]. 参考消息,2013-10-16(2).

⑤ Strange, Susan. International Monetary Relation[C]. In: Shonfield, Andrew, eds. International Economic Relations of The Western World[J]. London: Oxford University Press, 1976. 18-359.

此来解决殖民地的货币供应问题。[①] 这对英国而言是一笔相当划算的交易。英国仅需花费少量的铸币费用就可以享有殖民地提供的大量实际资源(农产品、工业产品以及劳务),因为殖民地没有铸币权,需要使用英国的货币用于自己内部的日常交易,所以这些从英国进口的货币大多将会永久地“沉没”在殖民地,而英国不必担心这些出口到殖民地的货币会回流到英国换取英国的实际资源,只要这种货币安排一直存在,英国就可以源源不断地以少量的铸币成本享受殖民地经济发展的成果。需要指出的是,当时英国在殖民地的总督也曾一度允许殖民地的公共储蓄机构发行一些信用券来作为铸币的补充进入市场流通,但英国议会却在1751年禁止殖民地发行这些信用券,而这引起了殖民地的强烈不满。换句话说,限制北美殖民地的货币权力,成为英国和殖民地之间关系紧张的重要根源。[②] 对于北美殖民地而言,反对伦敦的动力不仅仅来自“无代表权不纳税”,而“无代表权无(义务遵守英国的)货币政策”也扮演着同等重要的角色。[③] 正因为如此,最后通过独立战争,北美殖民地才从英国人手中收回了货币权。[④]

值得注意的是,在1914年第一次世界大战前夕虽然美国已经是世界第一大经济体,但这时美元在国际货币体系中的角色却几乎可以忽略不计,当时各国政府和中央银行的外汇储备中一半是英镑,同时不仅仅法国法郎、德国马克和瑞士法郎,就连意大利里拉、比利时法郎和奥地利先令在世界官方外汇储备中的比例也高于美元。但是到了1924年,美元在各国政府和中央银行外汇储备中的比例就已经超过了英镑,而国际金融市场上发行的以美元计价的各种商业融资票据已是英镑的两倍。[⑤] 在此情况下,作为老牌资本主义强国的英国为了维护英镑的核心地位,曾经做出努力,于1926年1月1日恢复了金本位制,并规定1英镑仍然等于4.866 5美元,但这一汇率的指定明显高估了英镑当时的实际价值。而英国为了维持英镑在国际上的信用,不得不高估英镑的做法,却严重妨碍了国内经济战后的恢复,削弱了国际竞争力。同时,贸易逆差和资本快速外流则导致英国的黄金储备大大减少。最后英国不得不于1931年9月21日宣布放弃金本位制,并且实行外汇兑换管理,英镑只允许在英镑区才能自由兑换。这标志着英镑的地位已从国际核心货币沦为区域货币。当然,虽然英镑当时已沦为区域货币,但还是有很多欧洲国家对英镑给予了较大的信任,英镑也曾一度升值。

与此相对应的是,当时美国的经济实力已足以使美元成为主导货币,但是基于经济合作等方面的需要以及金本位制还没有最终瓦解,美国推迟了使美元成为国际货币的时间表,[⑥]直至1944年7月布雷顿森林会议的召开。据2014年5月美国外交关系委员会国际

---

① Barry Eichengreen, Exorbitant Privilege: The Rise and Fall of the Dollar and the Future of the International Monetary System [J]. Oxford University Press, 2011:10.

② 约翰·肯尼斯·加尔布雷斯. 货币简史[M]. 苏世军、苏京京, 译. 上海: 上海财经大学出版社, 2010:41.

③ Henry L. Bretton, The Power of Money : A Political-Economic Analysis with Special Emphasis on the American Political System, State University of New York Press, Albany, 1980, p. 29.

④ 赵柯. 货币的政治逻辑与国际货币体系的演变[J]. 欧洲研究, 2011(4):56-57.

⑤ Barry Eichengreen, Exorbitant Privilege: The Rise and Fall of the Dollar and the Future of the International Monetary System [J]. Oxford University Press, 2011:32.

⑥ 李伏安, 林杉. 国际货币体系的历史! 现状——兼论人民币国际化的选择[J]. 金融研究, 2009(5):61-62.

经济部主任本 · 斯泰尔(Benn Steil)来到上海,就他的著作《布雷顿森林货币战》作演讲时称,在布雷顿森林会议召开前夕,时任美国财政部长的小亨利 · 摩根索和美国财政部部长助理哈里 · 怀特就有一个秘而不宣的计划。"从 19 世纪下半叶开始,英国控制了全球大部分地区,它统治了全球 25% 的人口,美国认为,必须终结英国这种霸权非常态存在。"本 · 斯泰尔认为,美国之所以能这么做是因为其在 1940 年代已经控制了世界黄金储备的 80% 。"美元当时是唯一可以替代黄金的货币,因为英国深陷战争之中,英镑无法支撑这一体系。"①

但问题是,当时英国虽然已经清楚地知道美国的企图,但已经无能为力。据本 · 斯泰尔介绍说,英国时任首相丘吉尔(Winston Churchill,1874—1965),在第二次世界大战期间曾经描述过美英之间的租借法案,该法案帮助英国坚持到了战争的最后,但代价也非常高昂。据说,在租借法案签订之后,美国对英国提出了三个要求:"第一个要求是,英国必须终止其帝国贸易优惠制——英国与其殖民地、独立自治领在贸易上享受的优惠权,美国认为这是在分割世界贸易市场。美国也自认为需反对帝国体系,要求通过这场战争把英帝国肢解掉。第二个要求是,英镑必须可兑换,也就是在固定的日期按照固定的汇率可兑换。当时确定的时间是 1947 年 7 月 15 日。所以后来在 1947 年年初的时候,英国感到了巨大压力,因为英帝国范围内其他领地可能会到伦敦要求把英镑兑换成美元,这会马上耗尽其资本。第三,英国接受布雷顿森林体系,也就是接受美元作为单一计价汇率。"②对此,哈佛大学历史系教授尼亚尔 · 赋格森曾评论说:"英国人经历了 1945 年之后所学到的是,只有一个国家的实力足够强大,你的货币才会成为别人的麻烦。否则,终究这个麻烦还需要自己扛。"③

6.1.3 美元货币联盟

美国独立战争正式的结束时间是 1783 年,此后北美殖民地才从英国人手中收回了货币权。但当时货币的发行并未统一于联邦政府,各州都可以发行自己的货币,而当时的美国仅仅是一个由 13 个州组成的松散联邦,并没有统一的货币。1785 年 7 月 6 日,国会决定发行统一的货币美元,实行金银复本位制,并采用十进制。1787 年 9 月 17 日,宪法开始生效,规定只有国会才有铸币权。时任财政部长汉密尔顿(Alexander Hamilton,1757—1804)主张加强联邦政府,将 13 个州更紧密地联系起来,他将统一的货币视为一种有效的黏合剂,于 1791 年 1 月15 日向国会提交了关于建立铸币厂的报告。1792 年 4 月 2 日,国会在此报告的基础上制定通过了《铸币法案》。自此,美国才有了统一的货币。④

1879 年美国政府将货币的金银复本位制改为金本位制,并规定 1 美元含 1. 504 66 g 黄金。1879 年之后,美国的经济实力迅速增长,为美元成为国际货币奠定了坚实的经济基础。1880 年美国的工业生产年均增长速度已是英国的 3 倍。进入 20 世纪的时候,美国以

---

① 本 · 斯泰尔. 布雷顿森林货币战:美元如何统治世界[M]. 符荆捷,陈盈,译. 机械工业出版社 (2014-03). 转引自:石剑峰. 布雷顿森林体系设计师是苏间谍? [N]东方早报,2014-5-21.

② 石剑峰. 布雷顿森林体系设计师是苏间谍? [N]东方早报,2014-5-21.

③ 中央电视台《经济半小时》栏目组. 货币战争:真相与未来[M]. 北京:华夏出版社,2010:封底.

④ 约翰 · F · 乔恩. 货币史:从公元 800 年起[M]. 李广乾,译,北京:商务印书馆,2002:358,360.

其提供了世界产品总量1/3的产品而成为第一生产大国。第一次世界大战前,英国工业生产总值在世界所占的比重降到了14%,而此时美国所占的比重则高达38%。面对美国相对于英国如此悬殊的经济发展状况,1912年美国总统塔夫脱(William Howard Taft,1909—1913年在位)在国情咨文中又提出了"金元外交"政策,即大力拓展海外利益。塔夫脱总统提出要以美元代替枪弹来扩展美国商务,以支持国外的一切企业。由于美国当时的海外投资主要集中在拉丁美洲,美国政府利用"金元外交"控制了该地区的经济发展。而拉丁美洲由于需要美国的经济扶植,因此依赖于美国,并且成为以后美元的根据地,从而促使美元在成为国际货币(进而成为世界货币)之前先成为区域货币。值得一提的是,第一次世界大战摧毁了金本位制,而美国由于远离战场,本国经济未遭到破坏,并且凭借战争积累了巨额财富。①

美元的霸主地位形成于19世纪末,到1914年第一次世界大战爆发时,它的经济总量已超过了英、德、法,甚至是它们的总和。美国在当时极力恢复金本位制,而一直以来享有英镑为主导货币特权的英国由于受到战争的重创,经济实力一落千丈,当时的英国显然已无力实行金本位制来维持英镑的稳定。这就是20世纪30年代已经初步形成美元区的根本原因。到第二次世界大战时,美国的黄金储备已占世界储备总量的四分之三,从而稳占了世界头号经济强国的地位。同时,美国还拥有世界上最强大的生产能力和军事机器。②

1944年7月,第二次世界大战结束前,国际货币金融会议在美国新罕布什尔州的布雷顿森林举行,会议一致通过了《联合国货币金融会议的最后决议书》《国际货币基金协定》《国际复兴开发银行协定》,总称《布雷顿森林协定》。布雷顿森林协定确立了以美元为中心的国际货币体系的原则和运行机制。其中,以美元与黄金挂钩、其他货币与美元挂钩为核心内容。协定还规定了固定的货币平价,各会员国货币的平价一律以黄金或美元来表示,1美元等于0.888 671 g黄金,美元与黄金挂钩,各会员国都要按照其货币的含金量同美元订出固定比价并不得随意变动,从而使各国货币同美元挂钩。凭此就在事实上建立了一种形式比较独特的美元货币联盟。但人们不难联想到,美国实际上很早就曾试图建立美元货币联盟,并一直在推进以美元作为世界唯一储备货币的目标。因为早在1928年,瑞典经济学家古斯塔夫·卡塞尔就曾指出:由于世界要用一种纸币来替代黄金成为货币本位的标的物,而"成为货币本位的是美国的美元,而非金本位。美国的联邦储备委员会(就可以)通过调整贴现率而拥有决定美元的购买力的权力,因而控制着世界货币体系。"③但其中比较迷惑人的问题是关于美联储的性质,因为人们似乎一直相信,美联储是独立的,但事实上它并不是人们所认为的那样是独立于政治的,因其创立者最初设立美联储的计划是虽独立于商业银行的利益,但不独立于政府。④ 而对美国这种深层次考虑的背景含

---

① 李伏安,林杉. 国际货币体系的历史!现状——兼论人民币国际化的选择[J]. 金融研究,2009(5):61-62.

② 李增仁. 世界各国的钱币[J]. 百科知识. 2006-12:42.

③ A. 拉尔夫·埃帕森. 美联储的秘密[M]. 肖艳丽,译. 长春:吉林出版集团,2011-9:167.

④ James Forder. INDEPENDENCE' AND THE FOUNDING OF THE FEDERAL RESERVE[J]. Scottish Journal of Political Economy, Vol. 50, No. 3, August 2003:297.

义,美国前国务卿基辛格(Henry Alfred Kissinger,1973—1977 年任职)说得更直接,即“如果你控制了金钱,你就控制了世界。”换句话说,如果你有了这个“金权”,你就控制了全球货币,进而你就控制了这个世界。①

应该说,布雷顿森林体系实际上还是一种金汇兑本位制,但与战前金汇兑本位制的主要区别是:国际储备金中黄金和美元并重;战前处于统治地位的储备货币包括美元、英镑和法郎,依附于这三种通货的货币主要是三国各自势力范围的货币,而战后以美元为中心的国际货币体系则几乎影响了世界大多数国家的货币,并且美元成了唯一的主要储备资产。这事实上造就了美元在世界货币体系中的霸主地位,并且其影响力至今尚存。

然而布雷顿森林体系的正常运转,必须具备三个基本条件:一是美国保持国际收支顺差,美元对外价值稳定;二是美国拥有充足的黄金储备,保证美元对黄金的有限可兑换性;三是黄金价格维持在官价水平。但这三个条件的基础却在 1945—1971 年的 26 年间发生了颠覆性的变化。关于美国在这期间的国际收支、黄金储备和黄金价格等三方面发生重大变化的原因已不用在此赘述。但简单来说,布雷顿森林体系的崩溃则缘于“美元危机”的发生。

所谓“美元危机”主要是指在美元对外价值下降的形势下,世界上出现用美元兑换黄金,并在国际金融市场上大量抛售美元抢购黄金和其他货币,造成黄金价格上涨和美元汇率下跌的现象。仅 1966 年 10 月至 1971 年 7 月就先后爆发了 7 次美元危机。1971 年 8 月 15 日,时任美国总统尼克松(Richard Milhous Nixon,1913—1994)宣布的“新经济政策”规定:停止美元兑换黄金,美国规定的一盎司黄金等于 35 美元的官价失效,美国停止向各国政府或中央银行兑换黄金。此后,西方十国达成《史密森协议》,规定美元对黄金贬值 7.89%,黄金官价提高到一盎司 38 美元。1972 年 6 月和 1973 年 1 月,又经历了第 8、9 次美元危机。2 月 12 日,美国政府宣布美元第二次贬值,贬幅为 10%,黄金官价提高到一盎司黄金等于 42.22 美元。此后,第 10 次美元危机爆发。到 1973 年 3 月,各主要国家货币都与美元脱钩,实行单独浮动或联合浮动。这就标志着以美元为主体货币的布雷顿森林体系及其金汇兑本位制的基本崩溃。[Ⅳ]

1976 年 1 月 8 日,国际货币基金组织的临时委员会在牙买加会议上通过了关于国际货币制度改革的协定,称为《牙买加协议》。该协议的主要内容包括:取消平价和中心汇率制度,允许成员国自由选择汇率制度;废除黄金官价,实行黄金非货币化;使“特别提款权”成为主要国际储备资产,加强国际货币基金组织对国际清偿能力的监督。协议于 1978 年 4 月 1 日正式生效。② 此后进入牙买加体系。但是,在牙买加体系下,美元供给已经不再受到黄金供应量的限制,而是服务于美国国内的经济目标。因此,美联储在未考虑到(或有意忽略)美元作为国际货币而带来的外部性时,必然会造成美元的过多供给,这造成了全球储备资产的迅速扩张。据 IMF 的数据,1948 年到 1969 年布雷顿森林体系崩溃前夕,全球储备资产大约只增加了 160%,而从 1969 年到 1989 年,全球储备资产增加了1 386%,

---

① [美]A. 拉尔夫·埃帕森. 美联储的秘密[M]. 肖艳丽,译. 长春:吉林出版集团,2011-9:017.

② 鲁世巍. 美元霸权与国际货币格局[M]. 北京:中国经济出版社,2006:39.

而从1969年到2007年则近乎增加了10 000%。[①] 然而,即使如此,美元仍然是当今世界信用纸币中最强势的货币。[②]

比如,当今国际金融市场上80%以上的交易均是以美元结算和完成的。不仅如此,美元还先后在许多通货膨胀比较严重的国家,如20世纪80年代的阿根廷及其他南美国家、90年代初的俄罗斯等国,部分地取代了因通胀而极度贬值、几乎无法使用了的本国货币。[③] 并且,值得注意的是,在美洲,美元货币联盟还在以非对称方式——美元化的形式进行。比如,以巴拿马(1994年)为首,厄瓜多尔(2000年1月)、萨尔瓦多(2001年1月)和危地马拉(2001年5月)均相继实现了美元化。而这里的美元化是指完全意义上的美元化,即拉美地区的这些国家均主动放弃了本币发行权,而以美元作为本国的唯一法偿货币执行相应的货币职能。[④] 与此类似,当今世界大约有29个国家将美元(或其他外币)作为其官方货币。其中巴拿马是实行美元化的最大的独立国家。至于厄瓜多尔在2000年1月单方面作出实行美元化的决定非常具有典型的意义。这种决定是在1999年厄瓜多尔经济发生了一次剧烈崩溃之后作出的。之前厄瓜多尔的货币苏克雷一直钉住美元。当危险的经济状况迫使中央银行放弃钉住时,苏克雷的价值遭受了巨大损失,对美元的比率从1美元兑7 000贬值到25 000。美元化的思想引发了穷人的一场暴力示威。2000年1月21日,时任总统贾米拉·马华德被愤怒的市民所发动的一场武装起义赶下了台。但是,马华德的继任者古斯塔沃·诺沃亚仍决定继续推行美元化。因为只要美元仍是世界上的主要储备货币,美元化就能给像巴拿马或厄瓜多尔一样的国家带来一个好处,那就是永远不必担心会发生像1994年墨西哥比索危机一样的货币危机。但其缺点是,凡是实行美元化的国家都失去了货币政策的自主权。美联储将取代本地中央银行制定货币政策。尤其是厄瓜多尔在采用美元作为它的货币后,实际上放弃了与本国货币相关的铸币税。而相应的铸币税则通过新流通的美元从厄瓜多尔流入了美国联邦储备局。[⑤]

不可否认的是,近70年来,美元的这种霸主地位给美国带来了巨大的铸币税收益。具体表现在:一是它可以不受限制地向别国举债,但偿还债务却是不对等的,即它可以通过加印钞票,贬值美元来减轻债务负担;二是由于经济实力雄厚,它可以吸引更多外资进入美国,同时利率下降,又可以使弥补财政赤字的成本得到压缩;三是当国内发生贸易逆差时,可通过加印钞票弥补赤字,而将通货膨胀转嫁给其他国家。这正是美国虽经历数十年的高额财政赤字却能保持经济稳定的主要原因。[⑥] 这样一来,美国就用自己的金融体系,把全世界与美国紧紧捆绑在了一起。这种由美国向世界输出美元,而世界向美国提供产品的交易模式,其结果就是全球财富快速向美国集中。特别是美国贸易法中著名的"301条款"则更强化了这种权力。[V] 对此,美国经济学家克鲁格曼(Paul R. Krugman)也坦诚地说:"全世界都在努力生产美元能够购买的商品,而美国则负责生产美元,利用其核心

---

① 黄梅波,熊爱宗. 国际货币体系与金融危机[J]. 经济学家,2009-7:57.

② 曹钟勇. 财富本源与世界统一货币[M]. 北京:中国铁道出版社. 2008(11):296.

③ 张庆麟. 析欧洲货币联盟的超国家性质. 中国欧洲学会欧洲法律研究会2008年年会集:9.

④ 张洪梅. 国际区域货币合作和欧元模式研究[D]. 东北师范大学博士学位论文,2008-5:1-2.

⑤ 戴维·德罗萨. 20世纪90年代金融危机真相[M]. 朱剑峰,谢士强,译. 北京:中信出版社,2008:144.

⑥ 李增仁. 世界各国的钱币[J]. 百科知识. 2006-12:42.

货币提供国的地位,以印刷品的价格换取资本。在美国通过大量印刷货币来使债务缩水的背景下,世界各国争相印刷货币,资金源源不断地流入房地产、农产品等各类市场,并推高价格。”[①]而从美元储备的定义上也可以看出,它必须投资于美元标价的资产,从而为美国经济造出资本账户盈余。因此,美元霸权实际上阻止了出口国在国内消费其从对美贸易顺差中挣得的美元,并迫使它们为美国的资本账户盈余融资,从而把真正的财富输送到美国,同时又不得不为美国债务融资,这又进一步发展了美国经济的特权。[②] 由此也不难看出,在当今的国际货币体系下,美国从其本币一直担任国际储备货币的优势中,在过去几十年无疑已经获得了巨大的铸币税,但如果今后对国际储备货币做出另外安排,比如由其他币种的介入或替代,这就意味着它以后就不可能再获得如此巨大的净收益。[③] 但总的来看,正因为美元的这种独特地位,有力地支撑了美国在第二次世界大战以后持续成为世界头号经济强国,并且可以利用美元来代替士兵打战,从而借此操控世界政局,故而在前苏联垮台以后又成为世界头号军事强国,并一直毫不掩饰地在谋求世界的霸权。

综上,我们如果结合上述拉丁货币联盟、英镑货币联盟、美元货币联盟的情况来看,就不难发现,无论是法国的法郎、英国的英镑,还是美国的美元都曾在(或还在)国际货币体系中具有充当国际货币乃至世界货币的意图。换句话说,实际上法国、英国和美国都曾试图建立以本国货币为核心货币的国际货币体系。这就涉及把一国的货币(排他性私人产品)充当国际货币(非排他性的公共产品)是否公允的问题。因为从理论上讲,国际货币体系在本质上应属公共产品,由该体系来提供国际货币并解决其发行和运转中存在的技术问题,同时承担维护国际货币秩序,服务国际的经济往来的义务。[Ⅵ]应该说,面对诸多拥有独立法律体系、货币体系的主权国家和地区,国际货币体系是各国进行经贸往来的货币、金融路径,是不可或缺的工具性质的功能系统,就如便利交通的路桥建设。中国学者禹钟华等认为,如果比照一国的中央银行的操作模式来确定国际货币体系之于国际社会的公共产品地位:国际货币体系既意味着公共产品的提供义务,也蕴含着超越主权的公共权力,权利与义务高度匹配。这样一套中央银行运行机制应该凌驾于各国主权之上,服务全人类。如果国际货币体系主导权被某一国占据,则必然产生巨大的财富效应,那就意味着一国可以利用“世界中央银行”的机制对世界进行控制和盘剥。历史上从来没有出现过真正意义上的、超主权的公共权力机制,主权国家和民族间的征服与反抗、竞争与协同成为历史的常态。因此,国际货币体系主导权的确立及争夺,从其发生伊始便是大国间博弈的目标,这种博弈往往表现为兵戎相见的殊死搏斗:滑铁卢大战之于英国的金本位制、普法战争之于欧洲的金本位制、第一次世界大战之于金本位制的终结、第二次世界大战之于布雷顿森林体系等,这些因果关系都说明了武力角逐在很大程度上是国际金融体系形成的直接决定因素。这种博弈的白热化程度也说明了国际货币体系主导权在一定的历史背景下所蕴含的无限经济利益和战略意义,使得国际货币体系的公共产品性质被忽略,变成

---

① 苏岩,贺濒．维基解密:谁授权美国统管世界[M]．南京:江苏人民出版社,2011:129.

② 廖子光．金融战争:中国如何突破美元霸权[M]．林小芳,等,译．北京:中央编译出版社,2008:译序 17.

③ ROBERT Z. ALIBER. THE COSTS AND BENEFITS OF THE U. S. ROLE AS A RESERVE CURRENCY COUNTRY. The Quarterly Journal of Economics, 1964,783:178-192.

了客观附带功能。从历史上来看，国际货币体系的财富效应和战略意义是伴随其产生发展之始终的，而且愈演愈烈。尤其是在现代信用货币制度下，其主要体现在两个方面：其一，在货币方面，由国际货币的发行带来的世界范围的铸币税收入，加之世界范围的通货膨胀税收益；其二，在资本方面，体现为资本形成的便利及资本流动规制的制定权。简而言之，对国际货币体系主导权的争夺，实际上就是对“准世界中央银行地位”的争夺。①

6.2 欧元货币联盟及其政治动因

6.2.1 欧元诞生的基本过程

1957 年 3 月 25 日，法国、西德、意大利、卢森堡、比利时和荷兰 6 国曾在罗马签订了建立欧洲经济共同体的条约，欧共体即宣告成立。[Ⅶ]1969 年 3 月，欧共体海牙会议提出建立欧洲货币联盟的构想，并委托时任卢森堡首相的皮埃尔 · 维尔纳就此提出具体建议。1971 年 3 月，“维尔纳计划”通过，欧洲单一货币建设迈出了第一步。该计划主张 10 年内分三个阶段建成欧洲经济货币联盟（European Monetary Union，EMU）。但是，随后发生的石油危机和金融风暴，致使“维尔纳计划”搁浅。同时，对建立统一货币区究竟能否节约交易成本的看法也尚不明朗。② 1979 年 3 月，在法国、德国的倡导和努力下，欧洲货币体系宣告建立，同时欧洲货币单位“埃居”（European Currency Unit，ECU）诞生。

1986 年 2 月，欧共体签署《单一欧洲文件》，提出最迟在 1993 年初建立统一大市场。1989 年 6 月，时任欧共体主席雅克 · 德洛尔作的“德洛尔报告”获通过，该报告也主张分三个阶段创建欧洲经货联盟：第一步，完全实现资本自由流通；第二步，建立欧洲货币局（即欧洲中央银行的前身）；第三步，建立和实施经货联盟，以单一货币取代成员国货币。1991 年 12 月 10 日，欧共体首脑会议通过了《欧盟条约》（Treaty of European Union），也称《马斯特里赫特条约》（Maastricht Treaty，以下简称《马约》），决定将欧共体改称为“欧洲联盟。”《马约》规定，最迟在 1999 年 1 月 1 日，经欧洲理事会确认，如达到“趋同标准”的成员国超过 7 个，即可开始实施单一货币。

1994 年 12 月 15 日，马德里首脑会议决定将欧洲单一货币定名为欧元（EURO），取代埃居。1998 年 5 月，布鲁塞尔首脑会议正式排定欧元 11 个创始国名单。1999 年 1 月 1 日，欧元正式启动，1 月 4 日，欧元在国际金融市场正式登场。2002 年 1 月 1 日，经过 3 年的过渡，欧洲单一货币——欧元正式进入流通。2 月 28 日，成员国本国货币全面退出流通领域，欧元与成员国货币并存期结束，欧元成为欧元区内唯一合法流通的货币。

6.2.2 欧盟与欧元区运行的基本情况

截止 2013 年 7 月 1 日，欧盟已有 28 个成员国，它们分别是：奥地利、比利时、英国、保

---

① 禹钟华，祁洞之．国际货币体系演化的内在逻辑与历史背景——兼论国际货币体系与资本全球化[J]．国际金融研究，2012-9：4-5.

② JUR RGEN VON HAGEN，European Monetary Unification：Implications of Research for Policy，Implications of Policy for Research，Open economies review 8：71，91（1997）.

加利亚、塞浦路斯、捷克、丹麦、爱沙尼亚、芬兰、法国、德国、希腊、匈牙利、爱尔兰、意大利、拉脱维亚、立陶宛、卢森堡、马耳他、荷兰、波兰、葡萄牙、罗马尼亚、斯洛伐克、斯洛文尼亚、西班牙、瑞典、克罗地亚。欧盟的地域已从西欧延伸至东欧。人口约 5 亿,GDP 约 16 万亿美元。

但加入欧盟并不等于就加入了欧元区。截止 2014 年,包括波罗的海国家拉脱维亚于 2014 年 1 月 1 日起正式加入欧元区在内,已加入欧元区的 18 个国家是:奥地利、比利时、法国、德国、芬兰、荷兰、卢森堡、爱尔兰、意大利、葡萄牙、西班牙、希腊、斯洛文尼亚、塞浦路斯、马耳他、斯洛伐克、爱沙尼亚、拉脱维亚。① 欧元区总人口超过 3 亿 2 千万,GDP 约 13 万亿美元。值得一提的是,2007 年 3 月 25 日为原欧盟建设的基石——《罗马条约》签署 50 周年的日子。为了庆祝这个日子,当时欧盟 27 国领导人齐聚柏林,又共同签署了促进欧洲统一的《柏林宣言》。同年 10 月 19 日,欧盟非正式首脑会议又通过了欧洲新条约——《里斯本条约》,取代了在荷兰和法国全民公决中遭否决的《欧盟宪法条约》。虽然新条约不再沿用"宪法"的名称,但并未对实质内容进行修改,因此被视为《欧盟宪法条约》的修正版。②Ⅷ

6.2.3 欧盟既有的组织架构

欧盟是一个超国家组织,既有国际组织的属性,又有联邦的特征。欧盟成员国自愿将国家部分主权转移至欧盟,欧盟在机构的组成和权利的分配上,强调每个成员国的参与,其组织体制以"共享"、"法制"、"分权和制衡"为原则。欧盟既有的组织结构主要由五部分组成:

(1)欧洲理事会(European Council),即欧盟各成员国首脑会议,根据《马约》规定在欧盟组织中占有中心地位,是欧盟的最高决策机构。欧洲理事会由各成员国元首或政府首脑及欧委会主席组成,

(2)欧洲联盟理事会(Council of European Union),是由欧盟各成员国部长组成的,所以又称"部长理事会",是欧盟的重要决策机构。根据议题不同,参加会议的分别有外交部长、农业部长、工业部长、运输部长等。部长理事会根据欧委会的建议就欧盟各项政策进行决策,并根据《马约》负责共同外交和安全政策、司法、内政等方面的政府间合作事宜,任命欧盟主要机构的负责人并对其进行监督。欧盟理事会与欧洲议会分享立法权和批准预算权,批准由欧委会预先谈判并签订的国际条约。

(3)欧盟委员会(European Commission)简称欧委会,是欧盟的常设执行机构,也是欧盟唯一有权起草法令的机构,受欧洲议会的监督,其主要职责是:实施欧盟有关条约、法规和欧盟理事会作出的决定;向欧盟理事会和欧洲议会提出政策实施报告和立法动议;处理欧盟日常事务,代表欧盟进行对外联系和贸易等方面的谈判;在欧盟实施共同外交和安全政策方面,欧委会只有建议权和参与权。

(4)欧洲议会(European Parliament)和欧盟理事会分享立法权和批准预算权,是欧盟

---

① 赵广俊. 欧盟批准拉脱维亚 2014 年 1 月 1 日加入欧元区[N]. 光明日报. 2013-6-10;(4).

② 瓦莱里 · 吉斯卡尔 · 德斯坦. 欧盟条约与宪法并无不同[N]//英国独立报文章. 参考消息,2007-10-30.

的监督和咨询机构，主要职责是：拥有欧盟部分预算决定权，并监督预算的执行情况；在一些重要的领域，如签署国际协议、任命欧委会委员、新成员国加入欧盟等方面，理事会必须征得欧洲议会的同意；有权提出立法动议，对立法有否决权；监督欧委会的工作，有权以三分之二多数弹劾委员会，迫其集体辞职。欧洲议会的前身是1952年成立的欧洲煤钢共同体议会，其议员原由各成员国议会指派，1979年6月起改由直接普选产生。①

(5)欧洲法院(European Court of Justice)，是一个拥有广泛管辖权的独立司法机关。《欧共体条约》第223条规定，欧洲法院的法官和总顾问"应从其独立性不存在疑问并在其相应的国家中具有从事最高司法职位所需的品质之人或从具有相应资质之能力的法律人士中挑选"。欧洲法院主要代表欧盟的整体利益。促进欧洲一体化的工具是法律，而欧洲法院则"通过解释和应用条约来确保法律得到遵守"(《欧共体条约》第220条)。

欧盟其他的重要机构还有欧盟审计院、欧洲中央银行、欧洲投资银行、经济和社会委员会、地区委员会、欧洲警察局、欧洲军备局等。②

6.2.4 欧债危机可能倒逼财政政策的统一

2009年末，国际金融危机刚趋于平缓，然而肇始于希腊，随即蔓延到西班牙、葡萄牙、意大利、塞浦路斯等欧元区国家的欧洲主权债务危机却相继爆发。如前所述，它是美国次贷危机的延续和深化，其本质是政府的债务负担超过了自身的承受范围，而引起的违约风险。2012年10月8日，欧洲稳定机制(ESM)启动，向债务缠身的欧元区相关主权国家提供贷款。关于欧债危机爆发的原因及其发展过程本书在第3章(3.3欧洲债务危机的成因及应对)中已有详述，在此仅就欧债危机可能会倒逼欧元区出台财政统一政策的趋势做一下分析。

当初欧盟在实行货币统一的过程中，为了保证欧元区内部经济的稳定发展，曾要求加入欧元区的国家必须控制自己的财政赤字和国债的规模，并规定财政赤字一般不能超过GDP的3%以及政府债务余额不能超过GDP的60%，即所谓的"财政趋同标准"。但在欧债危机爆发后，人们发现，凡具有债务违约风险的国家均违反了"财政趋同标准"，故而导致了欧债危机。比如，2010年希腊政府债务总额占GDP的比例为142.8%，意大利政府债务占GDP的比例为118.2%；2010年葡萄牙财政赤字约占GDP的9.1%，西班牙公共预算赤字占GDP的9.8%。在此情况下，是否需要统一欧元区的财政政策，以避免各国违反"财政趋同标准"就变成了一个迫切需要解决的问题。

因为按照《马约》的规定，统一货币之后，欧洲中央银行将在欧元区统一发行货币并独立地行使货币政策，欧元参加国将失去利率、汇率等货币政策手段，但政府财政政策仍继续留在欧元区国家政府的手中。由于欧盟自身的财政预算规模十分有限，财政资金主要集中在各个成员国政府手中，所以在欧元区中常会出现统一的货币政策与分散的财政政策并存的局面。如果没有财政政策的协调，欧元区的总体财政状况就完全取决于各参加国所作出的财政预算安排。同时，由于欧元区内没有一个统一的共同财政政策，欧盟作为

---

① 戎卫东. 欧盟的组织结构[N]. 中国标准化，2000(10)：54-55.

② 胡昕蕾 · 论欧盟治理结构的多元性[J]. 法制与社会，2008.02(上)：294-295.

一个类似于联邦制国家的联邦政府其宏观经济调控的职能就只能靠货币政策来完成。而从理论上说，联邦政府为了保持全国的经济稳定，其手中就不仅要有货币政策，而且还应当掌握有效的财政预算政策，不能只靠货币政策来唱“独角戏”。美国、加拿大、澳大利亚等联邦制国家的实践也都证明了这一点。所以，欧盟在统一货币的同时，在欧元区内实行集中统一的财政政策似乎是完全必要的。[①] 对此，德国总理默克尔曾指出，“欧债危机并非一夜之间形成的，而是几十年错误积累的结果”，摆在欧盟面前的是“一条漫长而崎岖的道路”。[②] 她支持在欧元区中实施统一的、更为严格的财政政策。

由此背景，倒逼欧元区开始考虑，应如何通过内部协商，在中短期内逐步走向财政政策的统一，其实质内容包括欧元债券发行权限的集中，并通过建立内外部援助机制，共同解决还款困难。长期内则通过经济政治改革，推动相关国家以牺牲一定的经济自主权来换取政治和福利上的稳定，使欧元区的经济政治更为均衡。而当希腊定于 2012 年 6 月 17 日重新举行议会选举时，欧洲的许多分析师把这次选举称为就希腊是否留在欧元区而举行的全民公决。特别是当欧洲人在表面上谈“分”——将希腊踢出欧元区（欧盟），实质在谈“合”——欧盟财政与货币联盟的统一。正如法国国际关系学者多米尼克·莫瓦西在《相信欧洲的十个理由》一文中所表达的观点那样：希腊危机也许正在迫使欧洲走向更深层次的一体化。[③]

对此，不少政治家的态度更为明朗。比如，2011 年 6 月 25—26 日在北京举行的第二届全球智库峰会上，波兰前第一副总理格泽高滋·科沃德克在论坛期间接受媒体采访时就曾表示，欧元区已经实现货币一体化，但欧元区各国的财政政策却不相同，这是导致欧洲发生债务危机的重要原因之一。[④] 而西班牙首相萨帕特罗在接受媒体采访时也说：“既然我们有统一货币，那么光有中央银行不够，光有统一货币政策也不够，我们同样需要一个更为一体化的财政政策。”[⑤]同样，2012 年 5 月 8 日英国首相卡梅伦在接受英国《每日邮报》采访时也表示：“欧元区各成员国需要制定、并执行统一的财政经济政策，解决欧债危机才可能获得成功。”他称：“历史上从未出现过多个政府的多种财政政策并行、而大家共同使用某种单一货币的成功例子。”卡梅伦还认为，目前欧洲货币一体化已进入到一个艰难的阶段，统一的货币政策与各国分散的财政政策出现了严重的不协调，“要让欧债危机缓解、让欧元获得成功，欧元区各成员国应该有更为协调的财政经济政策以及更为协调的债务政策，这对欧盟经济与货币联盟的顺利发展，尤其对欧元的稳定有着举足轻重的影响”。[⑥] 顺带作为对比的是，在亚洲、俄罗斯甚至全球金融危机中，似乎同期的一些东欧国家，如波兰、爱沙尼亚、保加利亚，较少地受到感染。究其原因，是因为这些国家的主权债

---

① 朱清．欧元区财政政策的协调及其面临的挑战[J]．吉林工商学院学报，2008-1；59.

② 梅兆荣．欧债危机的复杂性与欧盟前景[J]．德国研究，2012（1）；29-32.

③ 王义桅．欧盟：妥协政治能否继续走下去[N]．文汇报，2012-6-8（7）.

④ 科沃德克．欧元区财政政策不统一导致债务危机[N]．网易财经，2011-6-25.

⑤ 陈晓刚．欧元区财政政策一体化势在必行[N]．中国证券报，2010-12-8.

⑥ 陈听雨．英国首相卡梅伦称欧元区需统一财政政策[N]．中国证券报，2012-5-10.

务水平普遍很低,相应地金融泡沫的成分就较少。[①] 比如,截止 2014 年 7 月,这三个国家的负债率仅分别为 49.5%、20.3% 和 10%。[②] 这说明一国究竟爆发债务危机与否,还是与本国能否控制债务水平的政策有关。

值得一提的是,2013 年 8 月 1 日下午,爱尔兰副总理 Eamon Gilmore 先生在上海锦沧文华大酒店出席由上海市欧美同学会·上海市留学人员联合会举办的"与爱尔兰副总理访沪代表团交流招待会",并作了"爱尔兰和欧盟经济形势"的报告,本书作者曾当面问 Eamon Gilmore 先生一个有趣的问题:"Eamon Gilmore 先生,在您的演讲中,您讲到欧盟目前正面临一个较困难的时期,包括财政危机和银行倒闭。假如您是当时爱尔兰的总理,关于爱尔兰是否加入欧盟和欧元区的决策最终需由您来做,那么您会怎么做?是否会像英国那样,只加入欧盟而不加入欧元区?"Eamon Gilmore 先生回答说:"我对这两个问题的回答都是 Yes!"他还解释说,当时他就是负责本国独立货币爱尔兰镑和欧元转换事务的部长。由此可以看出,即使在欧元区的运行面临较为严重的困难时期,作为爱尔兰副总理的 Eamon Gilmore 先生仍然对欧元区的前景充满信心。

6.2.5 欧债危机可能催生欧洲合众国

据说,法国作家维克多·雨果(Victor Hugo,1802—1885)曾预言:"总有一天,到那时,……所有的欧洲国家,无须丢掉你们各自的特点和闪光的个性,都将紧紧地融合在一个高一级的整体里;到那时,你们将构筑欧洲的友爱关系。"[③]这说明,欧洲人欲将欧洲融为一体的想法由来已久,并且是根深蒂固的。同时我们也必须看到,从历史上看,在欧洲这块土地上,各国间无论是在共同推行汇率稳定政策,还是最终形成单一的货币目标,其背后也的确存在明显的政治动机。[④] 比如,有不少学者认为,德国之所以要全力推动统一货币区的目的是要重新融入欧洲机制、改善它与邻国,尤其是法国的安全环境。[⑤] 因为早在 1952 年,由西德、法国、意大利、比利时、荷兰和卢森堡等六国工业行业组成的欧洲煤炭和钢铁联盟(European Coal and Steel Community)的部分原因就是出于政治考虑,即在第二次世界大战以后,欧洲的两个主要政治对手,德国和法国应该走到一起以避免第三次世界大战。[⑥] 对此,美国学者威雷斯在研究《欧元货币体系的未来含义》的一文中也指出:"一个易于忽视的历史事实在于:尽管货币一体化常被视为技术性的,但只有在出现新的政治因素后才可能形成新的重要设想"。[⑦] 也就是说,他认为,欧元的诞生与欧洲一体化的推进中

---

① Christian E. Weller and Bernard Morzuch. International financial contagion Why are Eastern Europe's banks not failing when everybody else's are? [J]Economics of Transition, Volume 8 (3) 2000:655.

② 德国 N-TV 电视台网站 7 月 22 日报道. 欧洲负债创新高[N]. 参考消息,2014-7-24(4).

③ 欧洲联盟概况. 新华网. 2004-5-9.

④ Sebastian Edwards, Capital Controls Exchange Rates and Monetary Policy in World Economic, The World Bank, 1995:93.

⑤ German Interests in European Monetary Integration, By Karl Kaltenthaler Rhodes College, JSMS 2002 Volume 40. Number 1. pp. 69-87.

⑥ Tom van Veen, European Economic and Monetary Integration and the Euro, The Australian Economic Review, vol. 35. no. 4, pp. 455-62.

⑦ Vries, Tom De "On the Meaning Future of the European Monetary System", In : Essays in International Finance, New Jersey: Princeton University Press, (1976) No. 138, P. 1.

的政治因素有着十分密切的关系。

应该说，雨果憧憬的"欧洲合众国"之梦，在过去百年中趔趄前行，却依然遥远。但欧债危机的久拖不决，却迫使欧洲人不得不对这一设想展开新的思考。比如，时任欧盟委员会主席巴罗佐就曾表示，欧洲要克服目前的经济危机和发挥影响力，就必须建立一个"联邦政府"，而这也是欧盟委员会未来几年的发展方向。可以说，欧债危机正成为欧洲凝聚共识的一次契机。2011 年在布鲁塞尔的一次研讨会上，包括德国前总理施罗德、西班牙前首相冈萨雷斯、时任欧洲央行行长特里谢在内的诸多政要都表示，当前欧洲领导人必须"抛开民族自豪感"，接受新的"欧元债券"，并建立一个大一统的联邦政府。①

尤其值得注意的是，当"希腊违约触发欧元崩溃"等传闻甚嚣尘上之际，2012 年 11 月 1 日"欧元之父"罗伯特 · 蒙代尔却在上海金融与法律研究院的年会上表示："希腊退出欧元区的可能性只有 20% 。"因为欧债危机并未令蒙代尔对其一手奠基的欧元区失去信心，相反他坚信欧洲可以参照美利坚合众国的模式，继续向"欧罗巴合众国"进化。其实蒙代尔在提出"最优货币区"的理念之后，就曾随即提出"欧罗巴合众国"（United States of Europe）的进化之路，即欧洲诸国联合形成新的主权国家。他说："美国实际上就是各国欧洲人共同聚居的一个地方，从这个意义上来说，美国是欧罗巴合众国的原型。"蒙代尔还说："我认为，美国的政治体制不仅能在美国实行，而且能在欧洲复制。" ②

目前，关于建立"欧洲合众国"的呼声已不仅来自于学界，甚至来自于政界。比如，2012 年 6 月 19 日，来自奥地利、比利时、丹麦、意大利、德国、卢森堡、荷兰、波兰、葡萄牙和西班牙等10 国的外长以德国外长吉多 · 韦斯特韦勒发起的"未来小组"的名义（该小组的成立旨在对欧盟进行彻底改造）举行会晤，并将一份建立一个像美国那样的联邦国家模式——实行议会两院制并直接选举欧盟总统，并为欧盟建立一种类似国家的民主体制的建议，提交给了欧盟委员会主席巴罗佐、欧洲理事会主席范龙佩。他们建议，欧盟应该在布鲁塞尔设置与欧洲议会平等的"国家院"。就像美国的参议院和众议院，欧盟将实现新的议会平衡。这些外长们还建议，把欧盟升级为政治上的联邦国家，赋予它更多公权，包括建立统一的欧洲国防军。他们还赞成扩大共同的外交和安全政策，甚至建立欧盟军队。③

同样，2012 年 7 月 14 日时任欧元集团主席、卢森堡首相让 · 克洛德 · 容克在接受《明镜》周刊采访时表示："我支持在这最后阶段由欧盟各国公民直选出欧盟总统。"他还认为，作为向这一目标迈出的第一步，欧洲理事会主席和欧盟委员会主席这两个职位应该合并。容克还表示支持设立欧盟财长一职，并认为欧盟财政部"可以融合经济和货币事务委员会的一些职位和欧元集团主席的职位。"④

---

① 刘洪 ."欧洲合众国"将浴火而生？［J］. 新民周刊，2012（37）：23.

② 马凌 ."欧元之父"蒙代尔求解欧债危机［N］. 21 世纪经济报道，2012-11-2（8）.

③ 林晓轩 . 十国外长提议成立"欧盟国"［N］. 参考消息，2012-6-21（3）.

④ 郜捷 . 容克支持欧盟设总统和财长［N］. 参考消息，2012-7-16（4）.

6.3　全球化与全球治理

欧元区已经运行10余年,影响力也越来越大。而欧元货币联盟的形成无疑也会对世界上其他地区的人们提供一种区域货币一体化的样板。它促使人们开始相信,在一国的财政政策失灵的情况下,如果若干国家之间货币政策协调或融合得越好,那么大家的所得会越大。① 比如,亚洲开发银行前行长黑田东彦2005年11月在菲律宾马尼拉的一场演讲中曾表示,亚洲的长期目标应当是建立一个流通单一货币的货币同盟。[Ⅸ]2007年1月秘鲁总统阿兰·加西亚在基多出席厄瓜多尔新总统拉斐尔·科雷亚就职典礼时表示,秘鲁主张南美各国统一货币,实行单一货币政策。② 而玻利维亚总统莫拉莱斯甚至建议南美洲国家联盟的成员国也共同采用一种统一的货币,并建议将这种货币命名为帕查(盖丘亚语意为“土地”)。③ 相比之下,当今世界关于成立世界单一货币联盟的设想虽有憧憬,而正式讨论尚未展开,但这已不是空穴来风,也并非“乌托邦”。然而,现在可以预见的是,世界单一货币联盟在未来的必然出现肯定是与当今全球化与全球治理的发展趋势密切关联的。

6.3.1　全球化的范畴

“全球化”这个概念,是20世纪60年代最早由“罗马俱乐部”提出的,只是到了80年代中下叶,这个概念才被各界广泛使用。④ 而在当今世界,全球化已成为一种人人都能感觉到的社会发展趋势。当然全球化理论并不是一种理论而是一个理论群。它的发展基本上是和全球化进程同步的。⑤ 比如,英国学者里查德·隆沃斯把全球化定义为“全球经济体系的形成”;⑥斯洛文尼亚学者姆利纳尔把全球化概括为:“世界层次上不断增强的相互依存,统治和依赖的扩大”;⑦英国社会学家迈克·费舍斯通认为:“从经济角度看,全球化被视为经济范围内的相互依赖,特别是形成了世界性的市场,资本超越了民族国家的界限,在全球自由流动,资源在全球范围内配置。而从文化和文明角度看,可以把全球化看做是人类各种文化、文明发展要达到的目标,是未来的文明存在的状态”;⑧此外,还有学者认为“全球化是一个多维的过程,包括社会、政治、经济、文化、军事等诸多领域的变革。”⑨甚至还有学者坚称,全球化处于现代文化的中心,而文化现实又处在全球化的核心。⑩ 但总的来说,学术界较普遍地认为,全球化作为一种现实运动,是指“从孤立的地域国家走

① TORBEN M. ANDERSEN, Fiscal Policy Coordination and International Trade, Economica (2007) 74: 235,257.

② 枕戈. 秘鲁总统主张南美各国实行单一货币. 新华网,2007-1-17.

③ 管彦忠. 玻利维亚总统建议采用南美统一货币. 凤凰资讯,2007-4-23.

④ 杨丽娟. 全球化与政治传播[J]. 理论观察,2002(6):21.

⑤ 杨雪冬. 全球化理论:对现代性的反思和超越. 中共中央编译局官网. 2004-01-07.

⑥ 里查德·隆沃斯. 全球经济自由化的危机[M]. 应小瑞,译. 北京:生活·读书·新知三联书店,2002:5.

⑦ Zdravko Mlinar, Individuation and Globalization: The transformation of territorial social organization, In Mlinar ed., Globalization and territorial identities, England, Avebury Press, 1992:22.

⑧ Mike Featherston, Global Culture: An Introduction, In Theory, Culture and Society, Vol. 7, 1990:8.

⑨ 杨雪冬. 全球化:西方理论[M]. 北京:社会科学文献出版社,2000:6.

⑩ John Tomlinson. Globalization and Culture[J]. The University of Chicago Press, 1999, p1.

向国际社会的过程”,也是“在全球经济、文化日益发展的情况下，世界各国之间的影响、合作、互动日益加强，使具有共性的政治、经济、文化样式逐渐普及推广成为全球通行标准的状态和趋势”。① 因而最终会形成一个包括政治、经济、文化诸领域的错综复杂的动态复合系统。②

6.3.2 全球化的特征

从总体上来讲,全球化应是一个世界历史的自然发展过程。这个过程的主要特征是:在经济一体化的基础上,世界范围内将产生一种内在的、不可分离的和日益加强的相互联系,全球化首先表现为经济的一体化,但随后经济生活的全球化必然对包括政治生活和文化生活在内的全部社会生活产生深刻的影响。③ 同时在全球化的背景下,各国经济社会发展和进步都离不开学习和借鉴国外先进的政治、经济文明的成果,这又使政策转移带有鲜明的时代色彩。④ 而在当今时代,如果你有幸访问一下欧洲、美洲、非洲、亚洲、大洋洲的诸多国家(或地区),你无疑会深切地感受到这一点。如果你再放眼世界,一系列广泛出现的现象也无疑表征了日益成熟的全球化市场的形成。这些现象包括:

(1)越来越相似的国家。越来越多相同的基础设施、越来越多的产品和品牌,甚至相同的分销渠道和营销方法,出现在不同的国家,而这些国家的买家的需求也变得越来越相似。

(2)贸易壁垒的打破。自第二次世界大战以来多项双边和多边协议的签署显著打破了贸易壁垒并降低了关税。同时,一些更大范围的区域经济协议所产生的区域集团,如欧盟、亚太经济合作组织和北美自由贸易区等,极大地推动了贸易关系的迅速发展。

(3)技术承担了战略角色。技术不仅重塑了经济行业而且推动市场走向了趋同。例如,电子技术的创新使得产品变得更轻更紧凑从而更便于运输。而集装箱化和大容量船只的使用使得运输成本得以进一步下降。便利的通讯和快速的数据传输使不同的国家间的运作变得十分便捷。同时,通讯技术的发达还便于买家迅速获得所需的信息,使他们得以了解新能源和优质产品的出现,从而为市场创造出新的需求。⑤

(4)供给与需求的更好匹配。全球化从需求的角度来看,可以融合不同的市场，以及更多顾客的偏好;而从供给的角度来看,全球化则提供了全球最便宜的材料来源和最有利生产的地点。⑥

(5)推动了区域甚至全球的协调。自亚当·斯密(Adam Smith)以来,人们开始致力用“看不见的手”来协调区域经济系统的定价体系。但亚当·斯密同时还指出,人们更应该关心的是真实商品和服务的流动问题。而这需要区域、国家甚至全球的协调。比如当粮食、能源产品的自我定价体系显然失灵时,就需要这种更大范围的高层次的协调。而当诸

---

① 倪世雄，蔡翠红. 西方全球化新论探索[J]. 新华文摘，2001(10):162.

② 丁志刚. 关于全球化的思考[J]. 世界经济与政治,1999(11):63.

③ 俞可平. 中国治理变迁 30 年[J]. 吉林大学社会科学学报,2008(3):15.

④ 魏淑艳. 全球化时代的政策转移:特点·动因·作用[J]. 行政与法,2009(10):13.

⑤ Subhash C. Jain. Marketing planning and Strategy. 6th. edition,College Division, South-Western Pub. Co. , 1993:871.

⑥ Strategies That Win Sales: Best Practices of the World's Leading Organizations by Mark Marone and Seleste Lunsford ISBN:0793188601,Dearborn Financial Publishing © 2005:2.

如因金融衍生品的过度泛滥导致金融与实体经济脱节而产生金融危机时，也需要区域国家甚至全球国家的联合，进行积极有效的干预。[①] 而在全球化的背景下，这类积极有效的干预已变得越来越频繁。

6.3.3 马克思所设想的全球化条件

可以预见，全球化在终极形态上会表现为政治、经济、社会、思想意识等方面的一体化上，但这些无疑需要具备一定的条件。就这一点而言，虽然马克思、恩格斯并没有对一体化做过专门的论述，但马克思早在160多年前的《德意志意识形态》、《共产党宣言》以及后来的《资本论》等著作中，以及恩格斯在《共产主义原理》的著作中，都或多或少地涉及了这一问题。这可以看做是马克思、恩格斯关于全球化的思想体现，并且是马克思理论中关于社会发展的重要内容。如果说马克思的社会形态理论从“纵”的方面研究了社会发展的客观规律，那么完全可以说，马克思的全球化理论则是从“横”的方面阐述了人类社会发展的历史必然性。[②]

具体来说，马克思曾仔细分析了早期全球化的历史渊源，将它分为三个阶段。第一阶段15—17世纪中叶。当时，西欧的商业性城市开始出现，获得自由的逃亡农奴不断流入城市，成为最初的城市市民。随着商品经济的发展，城市日益扩大，城乡对立逐渐形成。城市开始成为社会经济、政治和文化的中心，而封建地主占据的曾经一度起中心作用的乡村日渐变为社会的边缘。各城市之间的商业交往形成了城市之间的分工，而分工的发展又使工场手工业兴旺起来。随着工场手工业的发展，各国之间开始有了商业交往，世界性交往已初露曙光。随着美洲和东印度航路的发现和开辟，西方资产阶级开始了冒险性远征，开拓了殖民地，从那里输入了新的产品，掠夺了大量财富，并将大量金银投入流通。于是，原本很小的地域性市场就越来越扩大为“世界市场”。第二阶段开始于17世纪中叶，它几乎一直延续到18世纪末。这一时期，商业和航海业的发展相当迅速，远远超过了工场手工业的发展；殖民地开始成为巨大消费者。于是各资本主义国家展开了瓜分世界市场的斗争。英国成为海上霸主，成为欧洲乃至世界的经济中心。第三阶段是18世纪末到19世纪中叶。这一时期，以英国为中心，发生了第一次工业革命，机器大工业取代了农业和手工业，实现了生产方式的现代化。与此相应，世界市场也日益现代化，国际分工体系初步形成。在这里，不仅经济全球化、现代化了，而且政治、意识形态、宗教、道德等也都渐渐世界化和现代化了。[③]

在此分析的基础上，马克思和恩格斯设想了一体化的三个条件，即生产发展、制度协调和意识认同。

1）生产力的发展是一体化的基础条件

从资本主义的发展历程看，一体化是生产力进步的必然结果，尤其是大工业的建立，

---

① Eric Brousseau. , Jean-Michel Glachant. The Economics of Contracts-Theories and Applications. CAMBRIDGE UNIVERSITY PRESS_ © 2002:50.

② 杨金海. 马克思的全球化思想与现时代. 中共中央编译局官网，2004-1-7.

③ 杨金海. 马克思的全球化思想与现时代. 中共中央编译局官网，2004-1-7.

更是促进了世界市场的开发,使资本主义一体化的前进步伐加快。19 世纪中叶左右,是西方自由资本主义发展的黄金时代,以蒸汽动力的广泛运用为标志的第一次工业革命方兴未艾,火车、轮船等现代交通工具的问世使生产的早期全球化成为可能。西方资产阶级正是利用了这些先进的生产条件,奔走于全球各地,建立了日益庞大的殖民地和世界市场,实现了生产的早期全球化。对此,马克思在《德意志意识形态》中曾这样写道:大工业"创造了交通工具和现代化的世界市场,控制了商业,把所有的资本都变为工业资本,从而使流通加速、资本集中。……它首次开创了世界历史,因为它使每个文明国家以及这些国家中的每一个人的需要的满足都依赖于整个世界,因为它消灭了以往自然形成的各国的孤立状态。"①在《共产党宣言》里,马克思、恩格斯讲得更明白:"资产阶级,由于开拓了世界市场,使一切国家的生产和消费都成为世界性的了。……资产阶级,由于一切生产工具的迅速改进,由于交通的极其便利,把一切民族甚至最野蛮的民族都卷到文明中来了。它的商品的低廉价格,是它用来摧毁一切万里长城、征服野蛮人最顽强的仇外心理的重炮。它迫使一切民族,如果它们不想灭亡的话 采用资产阶级的生产方式;……它使未开化和半开化的国家从属于文明的国家,使农民的民族从属于资产阶级的民族,使东方从属于西方。……它使人口密集起来,使生产资料集中起来,使财产聚集在少数人的手里。由此必然产生的结果就是政治的集中。各自独立的、几乎只有同盟关系的、各有不同利益、不同法律、不同政府、不同关税的各个地区,现在已经结合为一个拥有统一的政府、统一的法律、统一的民族阶级利益和统一的关税的统一的民族。" ②

需要指出的是,资本主义条件下的一体化仍是低级阶段的一体化,这种一体化不仅在地域范围上较为有限,在内容上较为狭窄,而且带有较强的剥削和掠夺性质。在马克思、恩格斯的视野中,真正的一体化也就是说高级阶段的一体化只能在共产主义社会阶段和生产力高度发达的情况下才能实现。只有在生产力高度发达的情况下,全世界才能真正融合在一起,实现全球化生产和全球化消费。"生产力的这种发展之所以是绝对必需的实际前提,……还因为:只有随着生产力的这种普遍发展,人们之间的普遍交往才能建立起来。…… [共产主义]是以生产力的普遍发展和与此相关的世界交往的普遍发展为前提的。"③"仅仅因为这个缘故,各个单独的个人才能摆脱各种不同的民族局限和地域局限,而同整个世界的生产(也包括精神的生产)发生实际联系,并且可能有力量来利用全球的这种全面生产(人们所创造的一切)。"④

2)经济、政治和社会制度的高度协调是一体化的内在要求

在资本主义社会中,虽然一体化在一定程度上得以实现,但是由于受国家、阶级的限制,以及经济、政治和社会制度差异的影响,这种一体化并不能完全实现。马克思、恩格斯指出,在未来社会中,生产资料私有制、阶级和阶级斗争都将不复存在。恩格斯在《共产主

---

① 马克思. 德意志意识形态[M]//马克思恩格斯全集:第 3 卷. 北京:人民出版社,1956:68.

② 马克思恩格斯. 共产党宣言[M]. 北京:人民出版社 1997:31-32.(同见:马克思恩格斯全集:第 4 卷[M]. 北京:人民出版社,1956:469-471. 两处文字译法略有不同)

③ 马克思恩格斯全集:第 3 卷[M]. 北京:人民出版社,1956:39-40.

④ 马克思恩格斯全集:第 3 卷[M]. 北京:人民出版社,1956:42.

义原理》一文中说:“废除私有制甚至是工业发展所必然引起的改造整个社会制度的最简明扼要的说法。”①“共产党人可以把自己的理论用一句话表示出来:消灭私有制。”②而随着阶级差别在发展过程中消失且全部生产集中在联合起来的个人的手里的时候,公共权力也就失去了政治性质,作为阶级统治工具的国家自然也将最终消亡。也就是说,未来社会消除了阶级差别、脑体差别和城乡差别,将形成自由人联合体,全世界人民没有了国家、阶级、民族以及各种制度的限制,从而真正实现联合劳动、联合生产和联合管理。“代替那存在着各种阶级以及阶级对立的资产阶级旧社会的,将是一个以各个人自由发展为一切人自由发展的条件的联合体。”③而到那时,一体化已经表现出经济、政治和社会制度的高度协调。

3)思想意识的趋同是一体化的重要条件

在马克思、恩格斯看来,一体化过程不仅包括经济、政治、社会的一体化,同时人们的思想认识也必须有一致性的趋向。在未来社会中,由于消除了主权、阶级、民族等阻碍一体化实现的因素,这就使得个人和集体、个人和社会的利益逐渐变得一致,从而在行为、思想上逐渐趋向一致,即:个人作为联合体的一员,个人利益和集体利益是统一的,个人的思想意识总是朝着推动集体发展的方向前进,而不是分裂集体或者阻碍集体的发展。④ 马克思、恩格斯对此说:“只有在集体中,个人才能获得全面发展其才能的手段,也就是说,只有在集体中才可能有个人自由。”⑤“在这个集体中个人是作为个人参加的。它是个人的这样一种联合(自然是以当时已经发达的生产力为基础的),这种联合把个人的自由发展和运动的条件置于他们的控制之下。”⑥

6.3.4　全球化的发展趋势

结合马克思、恩格斯的上述观点,我们可以设想,全球化在整体的外观上将表现为:人类不断跨越民族、国家的地域界限,超越制度和文化的障碍,经过不断地冲突、融合,进而形成一个不可分割的有机整体的历史发展过程和趋势。⑦ 如果说全球化最先表现为经济的全球化,那么将来必然会表现为经济、政治、文化全方位的全球化。可以预见的是,将来的全球化是一个多维的、统一与多样性并存的历史过程,其中社会主义与资本主义的冲突是最主要的表现。而经济全球化则是全球化的先声。当前伴随着跨国公司的迅速发展,贸易自由化,金融国际化这种经济现象出现的同时,已经可以明显地感到,在经济全球化的背后,实质上是不同的社会制度、不同的社会文明的整合与竞争。⑧ 甚至于这种竞争

---

① 恩格斯. 共产主义原理[M]//马克思恩格斯全集:第4卷. 北京:人民出版社,1956:365.
② 马克思恩格斯全集:第4卷[M]. 北京:人民出版社,1956:480.
③ 马克思恩格斯全集:第4卷[M]. 北京:人民出版社,1956:491.
④ 蒋永穆,杨少垒. 欧债危机:当代资本主义一体化异化噩梦[J]. 政治经济学评论,2012-4:90.
⑤ 马克思,恩格斯. 德意志意识形态[M]//马克思恩格斯全集:第3卷. 北京:人民出版社,1956:84.
⑥ 马克思恩格斯全集:第3卷[M]. 北京:人民出版社,1956:85.
⑦ 陈家刚. 全球化与民主政治[J]. 辽宁教育学院学报, 2001(3):10-14.
⑧ 张伶俐,陶林. 全球化与政治意识文明建设[J]. 天水行政学院学报,2003(4):20.

之所以吸引人的一个特点在于似乎它从根本上是与资本主义和民主相辅相成的。① 这一点亟须引起人们的警惕。故而在此十分有必要再深究一下全球化的经济与政治动因问题。

6.3.5 全球化的经济与政治动因

全球化可以溯及到15世纪的“新大陆发现”时期。马克思、恩格斯在《共产党宣言》中曾对全球化的起源有过非常准确的定性:“美洲的发现,绕过非洲的航行,给新兴的资产阶级开辟了新天地。东印度和中国的市场、美洲的殖民化、对殖民地的贸易、交换手段和一般商品的增加,使商业、航海业和工业空前高涨,因而使正在崩溃的封建社会内部的革命因素迅速发展。”②而“大工业建立了由美洲的发现所准备好的世界市场。世界市场使商业、航海业和陆路交通得到了巨大的发展。这种发展又反过来促进了工业的扩展。”③尤其值得注意的是,马克思、恩格斯对全球化在经济、文化、政治全方位的发展进程有很强的预见性。

关于经济的全球化,马克思、恩格斯说:“不断扩大产品销路的需要,驱使资产阶级奔走于全球各地。它必须到处落户,到处开发,到处建立联系。资产阶级,由于开拓了世界市场,使一切国家的生产和消费都成为世界性的了。”④在这里,马克思、恩格斯指出了经济全球化的动因和特点,即:经济全球化的动因是资产阶级追求企业利润的最大化。为此,资产阶级必须“不断扩大产品的销路”,必须“到处落户,到处开发,到处建立联系”。而经济全球化的特点是生产和消费的全球化。这在当今表现得尤为突出,比如,作为经济全球化主要载体的跨国公司,其生产链跨越很多国家。这是因为“新的工业的建立已经成为一切文明民族的生命攸关的问题;这些工业所加工的,已经不是本地的原料,而是来自极其遥远的地区的原料;它们的产品不仅供本国消费,而且同时供世界各地消费。旧的、靠本国产品来满足的需要,被新的、要靠极其遥远的国家和地带的产品来满足的需要所代替了。过去那种地方的和民族的自给自足和闭关自守状态,被各民族的各方面的互相往来和各方面的互相依赖所代替了。”⑤

关于文化的全球化,马克思、恩格斯指出:“物质的生产是如此,精神的生产也是如此。各民族的精神产品成了公共的财产。民族的片面性和局限性日益成为不可能,于是由许多种民族的和地方的文学形成了一种世界的文学。”⑥在这里马克思、恩格斯预示了由于经济全球化的发展必然导致文化的全球化这种趋势。但并非说某一种文化成了全球文化的主宰,而是说由于经济、科技的发展,各种文化的交流、交融的机会多了,各国人民可以享受到不同国别的文化并产生一种文化的融合。同时,由于有了先进通讯工具,现在的人们

---

① Mcgraw Hill, Fundamentals Of Managerial Economics, Course: FINANCE dc, Spring 2010 School: Indian Institute Of Manage. Rating: Word Count: 312279 Document, P. 2.

② 马克思,恩格斯. 共产党宣言[M]//马克思恩格斯全集:第4卷. 北京:人民出版社,1956:467.

③ 马克思,恩格斯. 共产党宣言[M]//马克思恩格斯全集:第4卷. 北京:人民出版社,1956:467.

④ 马克思,恩格斯. 共产党宣言[M]//马克思恩格斯全集:第4卷. 北京:人民出版社,1956:470.

⑤ 马克思,恩格斯. 共产党宣言[M]//马克思恩格斯全集:第4卷. 北京:人民出版社,1956:470.

⑥ 马克思,恩格斯. 共产党宣言[M]//马克思恩格斯全集:第4卷. 北京:人民出版社,1956:470.

已经可以深切地感受到"各民族的精神产品成了公共的财产"了。当然这里所说的"文学",不仅仅是我们一般意义上的文学作品,而是泛指科学、哲学、艺术、政治等方面的著作等人类知识方面的结晶。[①] 也即人类所共有的精神财富。

关于经济全球化对政治的影响,马克思、恩格斯说:"资产阶级日甚一日地消灭生产资料、财产和人口的分散状态。它使人口密集起来,使生产资料集中起来,使财产聚集在少数人的手里。由此必然产生的结果就是政治的集中。各自独立的、几乎只有同盟关系的、各有不同利益、不同法律、不同政府、不同关税的各个地区,现在已经结合为一个拥有统一的政府、统一的法律、统一的民族阶级利益和统一的关税的统一的民族。"[②]马克思、恩格斯在这里又预示了由于经济的集中必然会出现政治的集中这种必然趋势。而对经济发展到一定程度必然会导致政治变革的规律,马克思在1895年写的《〈政治经济学批判〉序言》中也曾做过阐述:"社会的物质生产力发展到一定阶段,便同它们一直在其中活动的现存生产关系或财产关系(这只是生产关系的法律用语)发生矛盾。于是这些关系便由生产力的发展模式变成生产力的桎梏。那时社会革命的时代就到来了。随着经济基础的变更,全部庞大的上层建筑也或慢或快地发生变革"[③]从这个基本观点出发,可以看出当代世界经济全球化的起源正是生产力与生产关系矛盾运动的逻辑结果。经济全球化不仅体现在生产力方面,其本质更是在生产关系方面得到了充分的体现。[④] 而当今欧盟从经济一体化向政治一体化方向发展的事实,已在相当程度上体现了马克思、恩格斯预见的准确性。特别是20世纪90年代以来,随着全球化进程的加快,人类社会的方方面面开始被卷入这一进程。经济全球化表现强劲、科技全球化趋势明显、文化全球化初露端倪、政治全球化暗涛汹涌。同时值得警惕的是,当前西方一些国家以世界霸权思维为指导,以经济、军事实力为支撑来推进的全球政治单极化,与坚持政治多极化的大多数国家之间的较量已呈激烈状态。同样,不可否认的是,当今全球化也具有明显的意识形态属性,全球化已成为西方一些国家企图控制世界的手段和工具,甚至已演变为西方某些国家的意识形态。[⑤]比如,法国《世界报》2014年7月18日发表了一篇题为《从凝聚到傲慢,西方世界的强与弱——专访龚古尔研究院成员、欧洲宗教科学研究院荣誉院长雷吉斯·德布雷》的报道,报道内容如下,《世界报》问:"当我们谈论西方的时候,到底指的是什么?" 雷吉斯·德布雷答:"西方,这既是一个区域,也是一个组织,还是一项设想。区域指的是欧洲大西洋空间。这个'第一世界'相对应的是共产主义集团的'第二世界'以及第三世界。这里是基督教的区域以及一点东正教。从第二方面来说,西方是一个政治军事组织,具有扩张性和攻击性。这就是戴高乐所说的'美国霸权工具'的北大西洋公约组织。虽然名称叫北大西洋,实际上它已经在区域之外的非洲和中亚行动了。最后,西方还是一项设想,体现着对全球予以现代化的一种意愿。"[⑥]

---

① 陈力,朱宗友. 全球化条件下《共产党宣言》的现代意义[J]. 广西青年干部学院学报,2002-10:17-18.

② 马克思,恩格斯. 共产党宣言[M]//马克思恩格斯全集:第4卷. 北京:人民出版社,1956:471.

③ 马克思. 政治经济学批判序言[M]//马克思恩格斯选集:第2卷,北京:人民出版社,1995:82-83.

④ 赵景峰. 马克思主义框架下的经济全球化本质探析[J]. 山西师大学报(社会科学版),2006-1:4.

⑤ 王永贵. 当今全球化的特点与实质[J]. 黄山学院学报,2006-12:1.

⑥ 德布雷:西方价值观只是推行霸权工具[N]. 参考消息,2014-07-25(10).

值得注意的是,就国际货币体系而言,支撑单极货币体系的也有所谓的霸权稳定论之说。1971年,美国自由派经济学家查尔斯·金德尔伯格在其名著《萧条中的世界:1929—1939》中首次提出这一理论,随后该理论被罗伯特·吉尔平加以系统完善。在研究大萧条的过程中,金德尔伯格认为大萧条之所以演化为世界性的经济危机,很大程度上是因为当时没有一个大国有能力或愿意承担制止危机的主导责任,停止"让你的邻居当乞丐"的以邻为壑的政策,特别是无人愿意充当最后贷款人,以阻止金融危机的急速蔓延。有鉴于此,他提出世界经济必须有一个超级霸权大国作为"稳定者",为全世界范围内的剩余产品提供一个市场,保证资本的充分流动,并在银行面临危机的紧要关头发挥救助作用。用他的话说:"两次世界大战之间历史的主要教训是,世界经济想要稳定,就必须有个稳定者。"①从这里可以看出,单极货币体系的霸权稳定论无疑为美元霸权的合理化和长期化提供了一种注解。

由此,我们就不难理解,尽管全球化发展的第一推动力是经济因素,但催化甚至加速全球化进程的却是政治因素。因为纵观经济全球化的发展史,我们可以看出它是一个始终伴随危机与战争的过程。比如,经济全球化最初起源于资本主义制度建立前夜,当时,西方社会的冒险家在其国家的支持下大肆寻找财富、奴隶和资源。当资本主义制度发展起来并得到确立后,经济全球化的发展就同资本主义的兴起紧密相连了。由此,经济全球化过程可分为不同阶段,而在不同阶段其在军事和战争领域又有不同的表现方式:第一阶段是资本主义制度摧毁世界范围内的封建制度和其他落后制度的序幕阶段,以殖民战争和主要国家争夺经济霸权为表现形式;第二阶段是资本主义体系同社会主义体系展开全面竞争的阶段,以殖民体系瓦解和两大阵营在全球进行全面对抗为表现方式;第三阶段是发达的资本主义体系在全球范围内瓦解民族国家内部生产体系的阶段,以冷战后主要发达国家和国家联盟推行霸权主义为表现方式。② 这就是为什么有的学者甚至认为全球化就是帝国主义的代名词的原因。③ 而这一点也可以从后现代主义的主要代表人物之一,美国弗里德里克·詹姆逊教授在《全球化与政治策略》一书中所表述的观点中得到佐证,他说:"从政治层面来讨论全球化问题,如下问题便是具有支配性的:民族国家是否已经过时与终结,或者,是否依然扮演着重要的角色?如果关于民族国家的讣告纯属出于无知,那么全球化自身的结构要素又是什么?它是否应该被理解为不过是民族国家的政府所承受的众多压力中的一种——如此而已。……因为我们在讨论日益扩张的全球化的权力与影响的时候,指的难道不正是美国咄咄逼人的日益扩张的经济实力与军事实力?我们在谈论民族国家的衰弱的时候,所描绘的难道不正是其他的民族国家在美国霸权下的从属地位吗?不管这种从属是通过同意与合作,还是通过赤裸裸的暴力与经济制裁的威胁,隐身于这些焦虑情绪背后的,乃是先前被称作帝国主义的新的版本。"④而德国的两位资深记者马丁和舒曼在他们的《全球化陷阱》一书中,也以激烈的言词批评全球化,他们认为经

① 程实. 次贷危机后的国际货币体系——未来发展:本位选择、方向和路径[J]. 经济学家. 2009. 6:85.

② 曹煜阳. 对经济全球化过程中战争动因的分析与思考[J]. 世界经济与政治,2003(10):72.

③ 吴雷钊."全球化与政治转型"学术研讨会综述[J]. 经济社会体制比较(双月刊),2007(5):157.

④ 弗里德里克·詹姆逊. 全球化与政治策略[J]. 刘春荣,译. 当代国外马克思主义评论,2001 (2):271-273.

济全球化不是一种自然产生的过程，即不可遏止的技术与经济进步的结果，而是美国的经济精英和政治精英有意识地推动并维持的过程，对大多数发展中国家来说是一个被迫的过程。全球化不过是其表象掩盖下的政治陷阱，而这个陷阱的设计者正是美国。①

由此，我们也不难理解，一方面，与经济全球化一样，当前政治全球化或者民主化也是以资本主义国家为主导的，其实质就是资本主义的民主化。在这一民主化的过程中，以美国为首的西方国家除了大力推行资本主义国家的政权模式和政党制度之外，还通过建立有利于他们的世界信息与传播新秩序来巩固他们的话语权。他们坚持认为信息要自由流通。在他们眼里，“自由流通”有着神圣不可动摇的地位，而美国式的传媒体制堪称典范。② 另一方面，由于经济全球化已越出经济领域影响至政治领域，因而今天世界上的任何地区、国家的财富创造机制和分配制度，都会对世界经贸关系造成影响，从而牵动全球经济命脉的政治神经。同时任何局部政治失序，都会导致全球经济运作链条的崩裂。由此也就决定了人类经济的全球一体化，必然导致政治的世界化。具体表现为，一国的政治事件往往可能成为另一国政治事件发生的诱因。比如，继格鲁吉亚的“玫瑰革命”、乌克兰的“橙色革命”之后，吉尔吉斯斯坦又发生了“黄色革命”。最后“颜色革命”蔓延至众多前苏联加盟共和国，形成了所谓“多米诺骨牌”效应。③

但总的来说，政治的全球化确实要求各国的决策者们具有全球意识和世界眼光，能把握住国际社会发展的大趋势，努力创造有利于人类健康生存与发展的大环境。而经济全球化与政治全球化的客观事实也提出了衡量一国政治发展的新尺度。同时，全球化过程中发展中国家的民族主义、国家主义勃兴的事实也告诉我们：全球化是一个漫长的历史过程，其理想远景虽然是美好的，但现实近况则是严峻的、残酷的。在当今存在众多民族间、国家间利益矛盾的世界上，要实现真正的全球化，就必须要使众多民族、国家的利益有机地融合协调起来，使全球化的所有参与者享受均等的机会和权利。④

6.3.6 全球化与全球治理

经济全球化已不可逆转，而且金融危机的爆发还有可能加快政治领域全球化的进程，即加大全球监管、全球统筹的力度——经济基础决定上层建筑——经济全球化，最终必然要求政治上的全球管理乃至全球领导。⑤ 但同时，经济全球化也带来了与之俱来的弊端，即经济全球化，各种经济风险的传导也全球化。比如，金融全球化是经济全球化的重要组成部分，金融业的蓬勃发展，特别是包括衍生品在内的虚拟经济的发展，会通过利率、汇率、股价、各种衍生产品组成的金融网络，把一个国家的金融风险很快传导到其他国家或地区，也可以让一国的虚拟经济风险扩散到本国或别国的实体经济。不仅如此，金融投资资本特别是金融投机资本，不仅会利用某国或某地区的制度或政策的漏洞进行冲击，甚至

① 张鸿钧，姜照华．经济全球化的动因、实质及影响[J]．大连理工大学学报（社会科学版），2000(4)：8-9.

② 区鉷．关于经济全球化与政治全球化的思考[J]．学而篇，2004-12：22.

③ 李拥军．经济全球化与政治文明建设[J]．中共云南省委党校学报，2007-4：118.

④ 蔡拓．经济的全球化与政治的全球化[J]．1994－2012 China Academic Journal Electronic Publishing House：14-15.

⑤ 张世平．将军视点：金融危机与国际政治格局[M]．北京：军事科学出版社，2009：270.

还可“翻手为云，覆手为雨”，人为地制造金融市场的动荡。例如，在20世纪90年代的亚洲金融危机中，危机首先发难于泰国，固然由于泰国自身金融体系不健全和政策失误（如吸纳短期投资过多和泰铢自由兑换过快），但即使像金融制度较健全的香港也被以索罗斯为首的量子基金以其巨额投资资本在金融市场上人为制造出了金融风暴，就很值得引以为戒。由此也在各界催生了一些想法，比如，在经济全球化条件下，要防止经济危机和风险，是否需要有一个跨国界的（区域的或全球的）、统一的宏观经济管理机制。这就是为什么国际上有人议论要设立所谓“世界政府”或“全球性央行”的理论基础。①

当然，我们不难预见，全球化发展的后期阶段，无疑应是人类社会进入大同世界的前夜。但它的到来有赖于全球问题如何治理这个事关全人类的前提条件的成立。而这里所指的全球问题，是指那些具有全球性、危机性、挑战性、依存性和协作性的重大问题，主要包括人口问题、资源问题、生态问题、环境问题、经济增长问题、南北经济差距问题、东西方关系问题、战争与和平问题、文化发展与人的问题等等。不难看到，这些全球问题的确与全球化进程密切相连，甚至构成了全球化问题的重要部分。而且应该说，全球问题的形成和变化本身就是一个全球化的过程，并且人们对这些全球问题的认识，以及寻求解决这些全球问题的方式和途径，也日益全球化。② 相应地，在最近的十几年中关于全球治理的概念也逐渐浮出水面。当前，一种比较有代表性的关于全球治理理论的基本观点是：世界各国的政府并不应完全垄断一切合法的权力，在承担维持秩序、参与对经济和社会调节的行为主体中，应既有政府组织，也有非政府组织、跨国公司、私人企业、利益集团和社会运动等其他主体。它们合在一起构成某些国家性的或国际性的政治、经济和社会协调形式；在全球治理这个规范的系统中，这些主体相互依存，以共同的价值观为指导，以达成共同立场为目标进行协调和谈判，通过合作的形式来解决各个层次上的冲突问题。

但需要警惕的关键点是，所谓的“全球治理论”也可能是西方自由理想主义和西方中心主义在经济全球化背景下的变种，即西方某些国家企图借它达到权力扩张的目的。这是因为，第一，这些国家把经济一体化作为攫取权力的一种理性方式，凭借经济控制而非通过领土征服，或者通过确立它们对那些控制领土上的人的控制来实现权力扩张。而这是一种谨慎、间接但却相当有效的方法。第二，把文化渗透作为实施手段。在全球化中经济上占主导地位的发达国家，一方面借助其强大的经济实力在全世界推广其文化产品，在文化交流的形式下实施不平等的文化霸权和“文化侵略”，从而形成“文化帝国主义”。另一方面，西方发达国家利用其控制的传播媒介，在世界范围内推行自己的价值观念、生活方式和意识形态，这在很大程度上又危及不发达国家民族文化的生存。因为文化帝国主义的目的不是征服领土和控制经济生活，而是征服和控制人们的心灵，以此作为改变权力关系的手段。第三，如有需要，军队的铁蹄仍会跨过国界，通过血和火来实现权力的扩张。但最终无论采取何种方式，可以明显看到的是，这类全球治理的思维表达了对全球政治经济权利关系安排的一种构想，即可能通过霸权来排除不同于其发展理论的其他一些

① 黄范章. G20集团与国际货币体系改革[J]. 金融研究，2010(2)：45.

② 朱国宏. 全球问题与全球化？1994－2013 China Academic Journal Electronic Publishing House：27-30.

可能性思路。[①] 而与一些国家推行“全球治理”政策相对应的则是这些国家政府开支的急剧上升。比如就政府在经济中扮演的角色而言,作为衡量政府支出占 GDP 的比例,在 19 世纪发达的经合组织国家政府支出占 GDP 的比例大约为 10%,而到 1996 年,该指标就已上升到 45% 的平均水平。而这些经费中就有相当部分被用于军事扩展和文化扩展。[②]

6.4 全球化与世界统一货币

诚然,全球化是生产力发展的客观趋势,有其历史必然性。但对全球化不应作简单的理解,也不能因为全球化的现状就影响我们对全球化未来的最终价值目标的判断。这是因为人类社会的发展规律并不是以一些国家或一些人的意志为转移的。虽然全球化过程中也的确涌动着权力扩张的暗流,但从根本上来说,全球化的最终追求应是社会公正以及解决关系到人类未来共同命运的问题。[③] 即使全球化的发展走向难免一度由西方发达国家或势力来操控,但其最终结果却还是可能如马克思、恩格斯在《共产党宣言》中所预言的那样:“随着大工业的发展,资产阶级赖以生产和占有产品的基础本身也就从它的脚下被挖掉了。它首先生产的是它自身的掘墓人。资产阶级的灭亡和无产阶级的胜利是同样不可避免的。”[④]而在当前,如何把握好全球化的发展进程,着力改变世界贫富不均的面貌,改变不合理的国际政治经济旧秩序,并使全球化最终朝着建成公平正义的大同世界的方向发展则应该是各国有远见卓识的政治家的共同责任。

6.4.1 全球化背景下三类亟待解决的问题

全球化在为人类社会的发展带来机遇的同时,也对人类社会的可持续发展带来了挑战,并引发了一些当代人们必须正视的问题。这些问题涉及面极广,但囿于本书的研究范围,这里只探讨与货币领域相关的涉及人与自然之间、人与人之间关系的三大类问题。

6.4.1.1 环境资源生态危机问题

环境资源生态危机表现在生态环境上是人类对自然资源的过度索取和无序消耗上,属于人与自然的关系问题,而在货币领域则在一定程度上表现为以等值货币换算的投资规模的不断扩大和消费规模的猛增上。英国经济学家舒马赫认为:“现代世界同时困于三个危机。至少可以说,对于主要原料供应,首先是矿物燃料供应的未来可供量存在着‘信心危机’。因而出现了如增长极限之类的研究。第二是环境危机,即维持我们生存的大自然遇到的危机。大自然好像在呻吟和颤抖,好像在告诉我们,如果我们继续加强进攻,它将无法生存下去。第三是人的本性对经济生活方式的反应危机。这一经济生活方式崇拜

---

① 沈惠平. 全球化中的权力扩张[J]. 现代国际关系,2002(4):29-33.

② Brian Snowdon, Howard R. Vane. Modern Macroeconomics: Its Origins, Development and Current State. Edward Elgar Cheltenham, UK * Northampton, MA, USA,© Brian Snowdon, Howard R. Vane 2005:82.

③ 沈惠平. 全球化中的权力扩张[J]. 现代国际关系,2002(4):29-33.

④ 马克思,恩格斯. 共产党宣言[M]//马克思恩格斯全集:第4卷. 北京:人民出版社,1956:478-479.

庞大,因而威胁着淹没掉人本身。"①同样,美国学者里查德在《2020——20年解决20个全球问题》一书中,则列出了当今世界需要全人类共同努力才能加以解决或改善的20个突出问题,其中包括涉及全球公用财产的问题有6个:全球变暖、生物多样性和生态系统的损失、过度捕捞、森林减少、水短缺、海洋安全和污染。里查德还认为需要制定全球规则的问题有8个:21世纪的税制、生物技术规则、全球金融架构、毒品、贸易和投资及竞争规则、知识产权、电子商务规则、国际劳工和移民规则。其中,关于全球金融框架与制度方面的改革是重要的一环。② 这是因为在全球范围内投资规模的不断扩大和消费规模的猛增与货币的超规模发行具有直接的关联。

6.4.1.2 贫富差距拉大的问题

贫富差距问题表现在货币领域是在相同时间段(比如年、月、日)不同群体所获得的等值货币(如美元、或换算成美元)在数量上的悬殊上,属于人与人的关系问题。英国经济史学家安格森·麦迪森在《世界经济千年史》一书中写道:"在已经过去的千年之中,世界人口增长了22倍,人均收入提高了13倍,世界GDP提高了300倍。这与在此之前的千年形成了鲜明的对照……但增长的过程无论在空间上还是在时间上都是不平衡的。"③比如,在看待全球化究竟是增加还是减少了人类贫困和不平等的问题上,如以每天不足1美元收入的人口作为贫困线以下人口来计算,那么,1981—2001年的20年间,全世界贫困人口的比例已从占当时人口总量的40%下降到21%,绝对数也从15亿人下降到11亿人。但同时,最富裕国家和最贫穷国家的平均收入差距也由10倍扩大到了60倍。④ 令人深思的是,2007年4月19日,在中国北京召开的《微软—亚洲政府领导人论坛》上,2006年诺贝尔和平奖得主,孟加拉国银行家穆罕默德·尤努斯博士称:"世界上百分之六十的人,只占有百分之六的收入,这不是穷人造成的,而是制度造成的。"美国企业家比尔·盖茨也说:"尽管弗里德曼(指《纽约时报》外交事务专栏作家托马斯·弗里德曼——作者注)说世界是平等的,但距印度班加罗尔仅2公里,就能看到贫民窟。事实上,世界是如此不平等。"⑤或许我们应该把人类社会的绝对贫困得到改善但贫富差距拉大的问题归结为另一个"贫困化增长"的普雷维什—辛格命题是再确切不过的。[X]而贫富差距拉大的问题,又是与当今世界的国际货币体系和金融制度安排密切相关的,特别是受"马太效应" 的影响,穷的越穷,富的越富。

6.4.1.3 既有国际货币体系和金融制度危机的问题

既有国际货币体系和金融制度危机的问题表现在货币领域主要是内生性缺陷所导致的以等值货币换算的财富量的骤然升腾、蒸发或不当转移,以及金融危机的频发。由于国际货币体系和金融制度本身归根结底是人类制订、构建并由人类来运行的,因而也属于人

① E·F·舒马赫. 经济学有没有用? 超经济学的探索[M]//琼·罗宾逊编. 凯恩斯以后. 虞关涛,等,译,北京:商务印书馆,1985:40.

② J·F·里查德. 2020—20年解决20个全球问题[M]. 赵恒,译. 北京:中信出版社,2003:68.

③ 安格森·麦迪森. 世界经济千年史[M]. 吴晓鹰,等,译. 北京:北京大学出版社,2003:3.

④ Globalization, Poverty and Inequality. Edited by SUSAN COLLINS and CAROL GRAHAM. Brookings Institution Press, Washington, DC. 2004.

⑤ 比尔·盖茨. 在微软—亚洲政府领导人论坛上的演讲[N]. 21世纪经济报道,2007-4-3(8).

与人之间的关系问题。这方面存在的问题主要表现如下：

1) 国际货币体系的内生性缺陷

所谓国际货币体系是指调节各国货币在国际支付、结算、汇兑与转移等方面所确定的规则、惯例、政策、机制和组织机构安排的总称。简单来说，它具有三方面的内容和功能：一是规定用于国际结算和支付手段的国际货币或储备资产及其来源、形式、数量和运用范围，以满足世界生产、国际贸易和资本转移的需要。二是规定一国货币同其他货币之间汇率的确定与维持方式，以确保各国间货币的兑换方式与比价关系的合理性。三是规定国际收支的调节机制，以纠正国际收支的不平衡，确保世界经济稳定与平衡发展。① 由此可见，它是国际货币关系的集中反映，构成了国际金融活动的主体框架，在一定时期内对各国之间的货币金融往来，乃至整体经济的发展均会产生重要的影响。

应该说，有效且稳定的国际货币体系是世界经济正常运行的重要保证，而合理的国际货币体系则有储备资产安全、汇率制度稳定和国际收支调节有效三个层次的内涵。而从时间先后看，国际货币体系大体上经历了三个阶段：第一阶段是国际金本位制时期，从1861 年英国实行金本位制开始，在 20 世纪初达到鼎盛，一战前基本消失。一战后曾尝试恢复，但随着经济大萧条最终彻底失败。第二阶段是布雷顿森林体系时期，起始于二战结束的 1945 年，美元成为储备货币，美元同黄金挂钩，其他国家的货币与美元挂钩，实行固定汇率制，国际货币基金组织（IMF）作为调节国际货币体系的主要机构，但由于“特里芬难题”的存在，这一体系于 1973 年彻底解体。第三阶段是牙买加体系时期，始于 1976 年1 月国际货币基金组织临时委员会《牙买加协议》的正式签订日。牙买加体系的主要内容是：(1)将业已形成的浮动汇率制合法化，成员国可根据自己的情况选择汇率制度；(2)黄金非货币化，黄金与货币彻底脱钩；(3)国际储备资产多元化，创立特别提款权(SDR)并把它作为世界货币之一，成员国可用 SDR 来履行对 IMF 的义务和接受 IMF 的贷款，成员国之间也可用 SDR 进行借贷；(4)用多种调节机制来实现国际收支平衡，国际收支调节形式多样化；(5)加强 IMF 的作用，扩大 IMF 的基金份额，增加对发展中国家的资金融通。②

但关键的问题是当前的“牙买加体系”实际上仍可被称作“布雷顿森林体系Ⅱ”。这是因为 1973 年石油危机之后，虽然美元与黄金脱钩，标志着“布雷顿森林体系”的崩溃，但新建立的牙买加体系并没有动摇美元的准世界货币地位。牙买加体系这一制度与其他所有制度一样，自诞生之日起就存在内生性缺陷。这里要特别指出的是，其中的“特里芬两难”(Triffin Dilemma)，即国际清偿力与信心两难，不过是国际货币体系制度缺陷这枚硬币的一面，而另一面即“谨慎动机与信心悖论”却鲜为人知。这一悖论的逻辑是：在开放条件下，各国央行为稳定本币汇率和维护国家经济安全，必须积累一定数量的美元，并且随着国际贸易量的增加，外汇储备存量将不断扩大，对美元需求也将不断增加，故要求美国必须不断扩张其货币供给；而美国作为储备货币发行国只能通过其国际收支的逆差，特别是经常账户逆差来提供国际清偿力和国际储备。但鉴于国际收支赤字扩大将引起美元汇率贬值的预期，美国为维持其国际货币信心则必须紧缩其货币供给。这就出现了与“特

① 杨小军．当前国际货币体系新特征及其发展趋势研究[J]．金融发展研究，2008(9)：15-16.

② 尹继志．国际货币体系改革与中国的角色定位[J]．上海金融，2009(10)：5-6.

里芬两难”对应的悖论——“谨慎动机与信心悖论”。该悖论生动地刻画了当前货币体系的内生性缺陷。而这种内生性缺陷必然通过经常账户传导机制和资本账户传导机制影响外部经济的运行,从而造成世界经济失衡,并最终诱发全球性的债务危机。①

2)强势货币带来的转移风险

我们知道,权力(power)是国际政治学的一个基本概念,指“国际关系行为体对其他行为体实施影响的能力”②世界上各国际关系行为体以权力为基础的互动,使整个世界形成一种权力结构。而在国际货币关系中,货币权力(monetary power)则指各国(地区)在货币事务上独立决策并对其他国家(地区)实施影响的能力。美国学者科亨(Benjamin J. Cohen)认为,③国际货币权力包括自治力(autonomy)和影响力(influence),影响力是改变事件或结果的能力,如果一国能够强迫或诱使别国改变其行动,该国就在此事务上具有影响力;自治力指一国独立行动的能力,这种能力不是去影响别国,而是能够不受别国影响。自治力是货币权力的基础,是具有影响力的前提条件。只有当一国可以不受外部约束地追求其目标时,它才可能对其他国家施加影响。在国际货币体系中,各国自治力的关键在于外部失衡的调整责任由谁来承担。各国的经济通过国际收支联系起来,一国的顺差就是其他国家的逆差。当一国被迫采取措施扭转国际收支失衡时,它的内部政策独立性就受到外部失衡的干扰,从而丧失了自治力。因此,一国货币权力的基础是避免由于国际收支失衡导致被迫地调整负担的能力。根据对避免调整方式的不同,自治力可以分为推迟力(power to delay)和转嫁力(power to deflect),推迟力是通过推迟调整时间来减小调整成本的能力,它主要取决于一国的国际流动性状况,包括外汇储备和借入外债的能力。转嫁力是把调整的成本转嫁给其他国家的能力,它取决于一国经济对外部冲击的刺激(stimulus)和反应(response)。转嫁力的主要衡量标准是一国经济的开放度和适应能力。经济开放度的常用指标是国际贸易占 GDP 的比率,开放度越大,国内产业越容易受到外部冲击的影响,所以开放度与转嫁力成反向相关。适应能力的指标包括要素的流动性、信息的可得性和管理者才能等,适应力越强,经济调整的速度越快,转嫁力越大。影响力的形式有被动(passive)和主动(active)两种,由于国际货币关系本质上的相互性,在一国获得自治力的同时,它也取得了对其他国家(被动的)影响力,这相当于经济学中的外部性,当一国有意识地利用其实力强迫或诱使别国改变其对内和对外的货币经济政策时,就称该国具有主动的影响力。主动的影响力不仅需要有影响别国的能力,而且需要有影响别国的意愿,后者又取决于一国的政治结构。④

结合科亨的上述观点,我们不难看到,由于现在的货币体系,从本质上说是美元本位制,因而美元是一种最为强势的国际货币,从而拥有最大的货币权力。但也正是这种货币权力,对全球的金融格局带来了巨大的转移风险。这是因为,一方面,美元是最主要的国际清偿手段,也是最主要的国际储备货币。所以,美国之外的国家,尤其是本国货币还不

① 王汉儒. 国际货币体系视角下世界经济失衡与纠偏——兼论欧债危机爆发的根源[J]. 当代经济研究,2012(7):64.

② 李少军. 国际政治学概论[M]. 上海:上海人民出版社,2005:141.

③ Benjamin J. Cohen. the International monetary system: diffusion and ambiguity[J]. International Affairs,2008(3):455-470.

④ 姚大庆. 货币权力和国际货币体系的美元霸权[J]. 商业研究,2010-6:18-19.

是国际货币的国家就有强烈的对美贸易顺差的冲动,从而也刺激了美国大肆发行美元而牟利。而这些投放到美国境外的美元,一部分以美国国债或者其他种类的债券形式回流到美国,其中还有很大一部分沉淀在其他国家央行、官方部门和私人部门的手中,作为国际清算手段在发挥作用。据统计,美国投放货币的总量,大约有四分之三是在美国境外流动,只有四分之一是为了满足美国国内交易的需求。美国由此可以通过发行美元长期占有别国的商品和劳务。另一方面,按照信用货币的一般规则,信用货币的长期变化趋势是贬值的。大量的美元流到美国国外之后,经过若干年后才有可能转化为现实的购买力,而经过贬值的美元回流到美国购买美国的商品和劳务,对美国来说是有利的。而由于利益和风险是对等的孪生体,利益越大则风险越大,反过来获利的一方则必然建立在将风险转移到了对方或多方后才能实现自己的获利。由此可见强势货币带来的风险转移问题的严重性。这种风险转移问题又具体表现在以下几个方面:

(1)通胀传导和价格波动。由于美国大量地通过国际贸易逆差向境外投放美元,使得美国可以非常容易地把它的通货膨胀传导到其他国家去。美元的贬值意味着持有美元资产的国家必须要以更多的本币投放才能购买到通货膨胀之前的商品和劳务。同时由于国际大宗商品都以美元计价、结算,美元贬值引起的国际大宗商品价格的大幅度上涨,传导了通胀,影响其他国家的物价水平,并导致其宏观经济的大幅度波动。值得注意的是,为了减轻由于美元滥发可能导致的通货膨胀,不少新兴国家的央行经常采取对冲交易,回收由于购买美元而投放出去的基础货币。这不仅增加了央行的运行成本,也使这些国家货币政策的运用经常陷入被动的局面。

(2)储备资产价值灭失的风险。美元是最重要的国际清偿手段,又是最为重要的国际储备手段。持有美元储备的这些国家,出于提高储备资产运营收益的考虑,不可能持有大量的现金,因为现金是一种不生息的资产,其持有的主要还是美国高等级的债券类资产,包括国债、政府机构债等,特别是很多国家还持有美国两房的债券。但如果这些债券的估值出现风险,从而导致储备资产价值的灭失,就会对这些国家储备资产的安全构成影响。

(3)美国金融市场的风险传导。由于美元是最主要的国际货币,在金融自由化和金融国际化的背景下,要进行全球性的金融资产配置,美国市场无疑是首选的投资市场。所以只要美国金融出现危机的话,许多国家的金融机构都会被传染。①

3)国际货币多本位制的困境

在2002年以前,在相当程度上可以说,国际货币体系是美元本位的货币体系,这个体系是1971年美国宣布"美元停止兑换黄金"之后形成的。而2002年以后,欧元正式进入国际货币体系,从此美元一元化本位货币的格局被打破。到2008年底,欧元占全球外汇总储备的比例已经从最初的18%增长到28%,欧元迅速成为一种挑战美元霸权地位的国际本位货币。当美元占国际货币总储备的比例下降到60%左右,欧元占国际总储备的比例上升到接近30%左右的时候,新的国际货币体系形成了,这就是美元和欧元的双本位货币体系(另据欧洲央行报告,2013年,美元在全球外汇储备中的占比为61.2%的,而英镑

---

① 黄泽民.国际货币体系的危机传导机制及改革的方向[J].中国货币市场,2008-12:40-41.

占比为4%，日元占比为3.9%，约与英镑持平。英镑与日元的占比总和仅为7.9%，因此它们虽然是国际储备货币，但不是国际货币体系中的本位货币）。① 这个制度类似于当年金和银同时流通的复本位货币制度，而复本位货币制度是不稳定的。相比之下，现在的双本位制比金和银复本位制度可能更不稳定，因为无论是美元还是欧元，都是没有含金量的法币，它们的发行没有金银储备的约束。欧元和美元的境外数量是欧洲和美国货币当局根据自己的利益需要，以及对未来的判断通过操纵货币政策来控制的，它们的国际发行量没有任何有效的约束，美联储和欧洲央行也从来没有控制其货币境外流量和存量的打算。但问题是，不加约束的双本位制度会使得国际货币体系进入轮番膨胀的滥发货币的陷阱即"滥币陷阱"。当美元过度膨胀的时候，欧元汇率坚挺，美元持续下跌，这一定会导致欧洲出口困难，同时坚挺的欧元汇率会吸引越来越多的企业和其他经济机构发行欧元债券和其他金融工具，从而逼使欧元滥发而膨胀；当欧元膨胀导致其汇率下跌的时候，美元坚挺，持续坚挺的美元汇率会损害美国的出口，并迟早会引起美元再度膨胀和再度贬值。双本位货币的轮番膨胀会将整个世界带入一个更加动荡不安的国际金融体系之中。而这一切是发达资本主义国家长期去工业化趋势和经济虚拟化趋势发展的结果，不可能靠其自身力量来逆转。这样，世界将陷入美元、欧元螺旋式膨胀的怪圈，而英镑和日元作为次要储备货币也将在这个怪圈中一起旋转。② 由此可以设想，如果今后在美元、欧元之上再加上"亚元"、"非元"等多个本位币，无疑会使"滥币陷阱"的问题更加突出。

4）国际货币陷阱导致的贸易失衡

自20世纪90年代末IMF提出了"全球经济失衡"命题之后，有关全球经济失衡以及与其对应的"全球经济再平衡"等就成为国际经济和国际金融研究中的一个热点问题。特别是2008年9月以后，随着美国以及之后国际金融危机的爆发和蔓延，"全球经济失衡"又成为美国等西方国家用于解释此轮国际金融危机成因的一个重要根据。据中国学者王国刚等的研究，用来判定"全球经济失衡"的基本理论依据是国际贸易平衡理论。其内在的逻辑联系是：如果国际贸易平衡理论成立，介入国际贸易中的各国和地区均应实现本国或地区的对外贸易平衡，则全球经济处于平衡状态；反之，则打破了国际贸易平衡，全球经济处于失衡状态。根据国际贸易平衡理论的要求，这种全球经济失衡状态是不合"规律"的，应予以纠正，因而提出了全球经济再平衡的要求。因此，如何认识国际贸易平衡理论是判定全球经济能否再平衡的基点。但西方国际贸易平衡理论不论在理论上还是在实践上都是错误的，它并没有为第一次产业革命以来的200多年历史所证实。主要根据如下：从理论角度看，国际贸易平衡理论有着一系列假设条件，但这些假设条件在现实中是不存在的，这就决定了国际贸易平衡理论是虚构的，且不符合国际贸易发展的实际状况。具体来说：第一，无理地舍去了国际货币这个至关重要的因子。因为在国际贸易平衡理论中，虽以模型方式论证了各国和地区之间的国际贸易平衡趋势，但它舍去了这一交

① 2013年欧元在全球外汇储备中占比为24.4%，为欧洲债务危机以来连续四年下滑，较2012年下滑0.9个百分点，比2009年水平降低2.5个百分点。自欧元诞生后，这一比值最高峰为2002年的28.7%。参见：王婧．欧元在全球外汇储备占比持续下滑或面通缩风险．商务部网站，2014-7-19.

② 张云，刘骏民．当代国际货币体系的困境与人民币国际化探析［J］．郑州大学学报（哲学社会科学版），2010-1：49-50.

易中所需的国际货币因素，因此，不符合国际贸易的实际状况。而如果加入国际货币因素，则国际贸易不平衡就必然发生。比如我们假定，时间 T_0 的国际贸易额为 100，时间 T_1 的国际贸易额将比 T_0 增长 10%，在国际货币流通速度不变的条件下，通过各国和地区之间的交易，要实现 T_1 的国际贸易额，就必须增加 10% 的国际货币，那么，这增加 10% 的国际货币由谁提供和如何提供？假定国际货币为 A 国的货币，即增加 10% 的国际货币由 A 国提供，那么，A 国该如何将国际贸易增长 10% 所对应的国际货币投放到国际贸易之中呢？在仅就国际贸易领域讨论问题来说，A 国只有一个路径，即通过从国际市场中买入货物和服务，由此，它只能处于对外贸易的逆差状态。既然 A 国处于贸易逆差状态，那么，对应的必然有一批国家或地区处于对外贸易顺差状态。由此，国际贸易在各国和地区之间的平衡是不可能的。同时根据"有效货币与实体财富的对应原理"，国际货币的发行国 A 国必须创造相应 10% 国际货币价值的实体财富并将之出口，才能做到本身的贸易平衡。换句话说，要真正做到贸易平衡的前提必须是"财富换财富"而不是"财富换货币"。只要承担国际货币发行责任的国家本身并没有创造出相应的本国财富，在此条件下的国际贸易就必然存在一种陷阱。这种现象可以称之为国际货币陷阱导致的贸易不平衡。[①] 由此我们也可以看到，当前的世界经济失衡现象并非源于美国与其贸易伙伴之间的汇率错配，而是国际货币体系的必然产物。其中，国际化的金融市场、美元本位制以及美国在国际金融体系中的核心地位、浮动汇率和缺乏有约束力的国际协调机制是造成各国对美元资产的高度需求和世界经济失衡的根本原因。在这种背景下，美国作为当前国际货币体系的既得利益者，自然存在维护当前体制，并将调整压力转给贸易伙伴的内在动力。[②]

5）金融危机频发

结合美国经济学家里查德的研究，我们知道，在 1900—2008 年的一百余年间，全世界共发生各类非常严重的金融经济危机 20 多次，平均每 4 ~ 5 年一次。而在二战结束后的近 70 年中全世界共发生数十次大小金融危机，且间隔越来越短。其中多数发生在发达国家，如美国、西班牙、瑞典、日本等；也有一些发生在发展中国家，如阿根廷、巴西、泰国、韩国等。而在某些国家这种危机还不断发生，其造成的损失令人惊愕：在一些发展中国家高达 GDP 的 40%，甚至美国的存贷款危机也使 GDP 损失 5%。[③] 特别是金融体制的缺陷有时会引发危机的蔓延，就像 1997—1998 年的亚洲金融危机，会从泰国开始，迅速蔓延到马来西亚、印度尼西亚、菲律宾、新加坡、中国台湾、中国香港。而 2008 年全球金融危机自美国开始，迅速波及全球。

6）金融市场剧烈动荡

金融市场的动荡不断上演，如 1997—1998 年亚洲、俄罗斯、巴西的金融危机，2001 年的土耳其和阿根廷的金融危机，[XI]这些似乎都是新兴世界经济发展过程中的必然。但为什么？考虑两个事实：首先，世界股票和债券市场的资金总量在 1980 年仅为 10 万亿美元，1990 年为30 万亿美元，2000 年已超过了 80 万亿美元。其次，各金融市场的大部分越来越

---

① 王国刚．走出"全球经济再平衡"的误区[J]．财贸经济，2010(10)：5-12.

② 焦巍．国际货币体系对世界经济失衡的影响[J]．郑州大学学报(哲学社会科学版)，2007-3：85.

③ J · F · 里查德．2020——20 年解决 20 个全球问题[M]．赵恒，译．北京：中信出版社，2003：33.

多地、被一些证券管理者所操纵，他们比前辈更加机敏，一旦察觉哪个公司、国家或地区有风吹草动就马上撤出。这就像海面上的风浪更大，也更容易突然转向。这也许是1997—1998年亚洲金融危机的最主要原因——虽然资本主义的功利原则、管理不善的金融体制、不合实际的汇率政策也扮演了不光彩的角色，但国际金融体制本身的管理缺陷却是主要的因素。①

7）国际金融格局仰霸权国的鼻息

美国国际政治经济学家罗伯特·吉尔平认为，国际金融是与霸权国对国际经济和政治事务施加的影响紧密相关的。霸权国既是国际金融体系的管理者，又是该体系中的主要受益者。霸权国是发展中国家获得资本的主要来源，其货币是全球金融联系的基础。一旦发生金融危机，霸权国是唯一能发挥“起死回生”作用的主体。因此，霸权国的兴起和衰落必然引起国际金融格局发生相应的变化。而经济或金融危机则成为推动国际金融格局加速演变的催化剂。②

8）IMF难以有所作为

当初设立IMF的部分原因是将其作为一个资金的国际储备池，以求在全球范围内更有效地使用它们。其运转逻辑如下：基金作为一种储备库存，在成员国面临国际收支赤字时，通过动用基金可以减少对整体的负面影响和冲击。而成员国有储备的好处是，该国能够避免不必要的经济调整并可以选择合适的调整速度。然而，持有国际储备也包括相应的机会成本，因为它们只能带来一个相对温和的回报率。此外，由于全球收支平衡是一个零和游戏，并不是所有的国家都会同时面临经常账户赤字，而有赤字的国家必然会被有盈余的国家所抵消。这样赤字的国家如要借款似乎就能从储备池中得到一种福利。③ 因而从理论上说，IMF的存在会受到借款国的欢迎。但IMF的实际作为从20世纪70年代开始至今就一直受到人们的诟病。其主要原因是人们认为凡是参与IMF项目并接受其援助的借款国会变得越来越离不开IMF的资源和“指导”，由此变成了一种负担。④ 因此后来不少债务国一旦发生债务危机或金融危机时，在选择援助资金来源时会偏向选择其他渠道而不是IMF。

此外，关于IMF特别提款权作用的发挥也日益受到各界的质疑。简单来说，SDR由IMF在20世纪60年代末创设，作为补充美元的储备资产和记账单位，向IMF成员分配。它是一种货币篮子，具有非主权性或超主权性，目前由美元、欧元、英镑和日元四种货币按一定权重组成。但SDR自诞生后，分配次数很少，目前仅限于官方机构使用，在国际储备中的占比微乎其微。应该说，创立一种独立于主权国家的超主权货币一直是国际经济学界的理想。从怀特、凯恩斯到蒙代尔等都提出了超主权货币的设想。而IMF也创立了SDR作为超主权货币的尝试性载体，但SDR却越来越被边缘化，成为国际货币体系里“被

① J·F·里查德.2020——20年解决20个全球问题[M].赵恒，译.北京：中信出版社，2003：64.

② 潘锐.国际货币多元化已成必然[N].东方早报，2011-8-19.

③ Graham Bird and Alex Mandilaras. Once Bitten：The Effect of IMF Programs on Subsequent Reserve Behavior[J]. Review of Development Economics，15(2)，264-278，2011.

④ Patrick Conway. THE REVOLVING DOOR：DURATION AND RECIDIVISM IN IMF PROGRAMS. The Review of Economics and Statistics，May 2007，89(2)：205.

冷落的女人”。对此,蒙代尔曾指出,包括特别提款权在内的所有世界货币计划都归于失败了,起因在于人们无法对没有主权信用保障和黄金支持的货币赋予足够的信心。[①] 而当前国际社会有关扩大 SDR 使用的建议主要包括四个方面:一是增加官方 SDR 的规模并扩大其作为储备资产的用途;二是增加新的 SDR 资产;三是发挥 SDR 作为记账货币的作用;四是调整 SDR 的货币篮子以增加其吸引力。应该说这些建议是对现有制度安排的突破,对国际金融治理也有较大影响,但 IMF 在此方面的改革却进展缓慢,甚至可以说难以有所作为。[②]

6.4.2 对全球化背景下三类亟待解决的问题的反思

1)关于环境资源生态危机问题

我们必须看到,所谓环境资源生态危机,不仅是人与自然之间的关系,而且也是人与人之间的关系。因为“人们总是生活在一定的社会共同体中,并在这个社会共同体的范围内生产自己生活所必需的物质财富。然而,在对自然界产生影响,使自然界适应自己的需要的同时,人们在这样的社会范围内无论如何不能只对自然界产生影响,而是自己也在相互影响着。”[③]比如,当前一些发展中国家,因追求经济的高速发展,而导致生态环境恶化,尤其是空气污染严重,雾霾频发,已严重危及民众的身体健康。对此有学者认为,治理雾霾,迫切需要放弃鱼和熊掌兼得的思维。所谓既要金山银山,又要青山绿水。资源消耗、经济规模、污染排放,其实具有正相关性。要非常高的经济增长,没有一点雾霾,是不可能的;反过来,要把雾霾治理下去,却舍不得牺牲一点经济增长,也是不可能的。因此,一国的政策,不能回避经济规模问题空谈消除雾霾。[④] 同样,要谈经济规模问题,就不能不谈货币发行问题。因为经济规模与货币发行是正相关的。

2)关于贫富差距拉大的问题

当今世界是一个复杂的系统,其所存在的矛盾是纷繁多样的。其中最引人关注、最令人感到切肤之痛的是贫困及贫富悬殊的问题。发达国家的富有与发展中国家的贫穷,繁荣的城市与凋敝的农村,城市的繁华区与贫民窟,高收入而奢侈的大亨与低收入而生无所寄的贫民,这一切都形成了鲜明的对比。目前,人类还生存在不平等的世界之中,不公正、不公平、不合理仍是当今世界的普遍性问题。而贫困化问题也已引起国际社会的普遍重视,并认为贫困化是当代世界的危机之一。[⑤] 达尔文曾说:“如果穷人的悲惨生活不是由自然法则造成的,而是由我们的制度造成的,我们的罪孽是深重的。”[⑥]

应该说自文艺复兴以来,由于对生命和公民权所必需的公共商品的供给(比如早期教育、紧急救护、投票、政府服务、危难中的食品、公园和海滩的接近性等)已经比较均等,因

---

① 葛兆强. 国际货币体系改革与人民币国际化研究[J]. 首都经济贸易大学学报,2009(5):32-33.

② 王信. 改革国际货币体系、进一步发挥 SDR 作用的前景分析[J]. 外交评论,2011(3):34.

③ 米拉丁·克拉奇,蒂霍米尔·弗拉什卡利奇. 政治经济学:资本主义和社会主义的商品生产理论分析原理[M]. 北京:人民出版社,1982:5.

④ 诸大建. 治霾[N]. 法制日报,2014-1-19(13).

⑤ 杨继军,易木. 试论当代世界的贫困化与南北差距问题[J]. 聊城师范学院学报(哲学社会科学版),2000(5):28-30.

⑥ 转引自:伊凡·亚历山大著. 真正的资本主义[M]. 杨新鹏,等,译. 北京:新华出版社,2000:196.

此,人类社会中某些方面的不平等已在相当程度上得到缓解。[①] 但问题是财富分配上的不平等乃是人类基本生存权的不平等。假如排除比较难以消除的大自然所造成的不平等的因素,那么,人们就应该思考美国学者兰德斯所提出的尖锐问题:当前“贫富之间的差距有多大?期间存在什么问题?(因为)最富有的工业化国家(如瑞士)和最贫穷的非工业国(如莫桑比克)相比,人均收入之比是400:1,而在250年前,最富和最穷国家的人均收入之比大约是5:1。”[②]而凯恩斯也曾指出:“在我们生活于其中的经济社会的突出缺点是:第一,未能提供充分就业;第二,财富和收入分配的专横和欠公平。”[③]令人担忧的是,在当今全球化的背景下,这些问题并没有解决,而且已经比当时凯恩斯在写《就业利息和货币通论》时还要严重得多。比如据新华社华盛顿2014年1月3日电:美国知名调查公司盖洛普公司3日发布该公司历时6年完成的调查报告显示,全球3%最富有居民的全部家庭收入占全球家庭收入的20%,相当于54%最贫穷居民的家庭收入之和。此次调查从2006—2012年,涵盖131个国家和地区,调查显示撒哈拉以南非洲和东亚是收入分配最不均的地区。在撒哈拉以南非洲,2%最富有的人拥有的收入即占到该地区20%的家庭总收入,相当于63%最贫穷居民的家庭收入之和。调查报告还认为,长期的收入分配不均阻碍了非洲的发展。以产油大国尼日利亚为例,2006年以来,虽然全球爆发金融危机,该国经济仍以每年6%的速度增长,但是该国6%最富有的人却占有全国40%的家庭总收入,经济增长并未真正转化为显著的贫困减少和就业增加。2011年、2012年,该国44%的人每日的收入只有1.25美元或者更少,比2007年、2008年33%的水平还要高;2012年仅有9%的尼日利亚人表示拥有全职工作,而2010年这一比例为15%。调查报告还援引普林斯顿大学教授安格斯·迪顿的话说收入不均是许多穷国和转型国家发展的重要障碍,当经济发展增加的财富只惠及少部分人群时,整个国家的发展可能依然处于停滞状态。报告还发现,受全球金融危机打击,近年来在发达国家也已引发越来越大的担忧,以美国为例,当前4%的最富有的人拥有的家庭收入与54%最穷的人拥有的家庭收入之和相同,各占全国家庭总收入的20%,与世界水平基本相当。调查报告还呼吁全球领导人重视收入分配问题,其中整体居民收入较低,经济处于快速变化阶段的经济体尤其要重视应对收入分配不均问题,因为严重的收入分配不均问题可能引发贫穷、犯罪和社会不稳定等一系列社会问题。[④] 同样,值得注意的是,2014年7月25日,据北京大学中国社会科学调查中心发布的《中国民生发展报告2014》称,中国财产不平等程度也在迅速升高,1%的家庭占全国超1/3财产,而25%的家庭仅拥有约1%。[⑤][XII]类似贫富差距快速拉大的问题尤需引起重视。

3)关于既有国际货币体系和金融制度危机的问题

(1)国际货币体系是影响当今全球经济和金融稳定的一个重要因素。当私人部门和

---

① Jeremy Clark and Bonggeun Kim, Paying vs. waiting in the pursuit of specific egalitarianism[N]. Oxford Economic Papers 59 (2007), 486,512.

② 戴维斯·S·兰德斯. 国富国穷[M]. 门洪华,等,译. 北京:新华出版社,2001-1:31-34.

③ 约翰·梅纳德·凯恩斯. 就业利息和货币通论[M]. 魏埙,译. 西安:陕西人民出版社,2006:353.

④ 苏海亚. 美调查显示全球3%最富的人拥有全球20%的总收入[N]. 劳动报,2014-1-5(2).

⑤ 北京大学中国社会科学调查中心. 北大最新报告:中国1%家庭占有全国三分之一以上财产/中国民生发展报告2014. 人民网,2014-7-26.

官方机构将一种货币的使用扩展到其发行国以外时，它就成为国际货币，或成了国际货币体系的中心货币并拥有了国际货币“领导权”。但为什么需要一种中心国际货币？麦金农（McKinnon，2006）认为，这可以简化全球的外汇市场，居于中心的国际货币实际上是“货币的货币”，它具有交易媒介、价值尺度、延期支付标准和价值贮藏等功能。而全球外汇市场的发展和扩大，会自发地选择某一经济总量较大的外汇市场的货币来发挥中心货币的作用。而一种货币能够成为国际货币，会给国际货币的发行国带来诸多利益。过去，人们通常将目光集中于发行国际货币所能获得的铸币税。但除此之外，普拉卡西（Prakash，2007）还认为，若一种货币能够在国际经济关系中得到广泛使用，还可以通过贸易条件渠道带来新的利益，即一定单位的该货币所能购买到的国外商品数量会增加。尤其是居于国际货币体系中领导地位的货币，还拥有货币强权（monetary power），即居国际货币领导地位的国家，会通过国际货币关系而对其他外围国家施加很大的影响。货币强权体现在多方面，如转嫁货币转换成本的权力、延迟支付持续调整成本的权力、重构参与国社会地位的权力，等等。拥有货币强权的国家还可利用“汇率武器”制衡其主要经济对手，比如，美国就曾利用货币胁迫的手段（汇率武器）来使日本和欧盟采取的诸多措施大打折扣。那么成为国际货币的决定要件是什么呢？艾肯格林（Eichengreen，2008）强调，国际货币体系的形成是网络外部性的结果，当参与国际交易的其他国家（企业）都在使用某一种货币，另一国不使用它时，其交易成本就非常高，而参与到这个网络中，则会大大地降低交易成本。而根据网络外部性理论，国际货币体系似乎最终只能有一种中心货币。① 但这种中心货币未必就是某一国的主权货币，比如金本位或银本位制下的中心货币就没有主权的色彩，同样，如由世界统一货币来取代唯一的中心货币也不会带任何主权的色彩。当然，如果要用世界统一货币来取代现实世界的中心货币，必然要对现有的国际货币体系进行改革。但是，国际货币体系的改革与重构，既是全球货币版图的重构与货币权力的重新分配过程，也是对全球地缘经济政治利益的重新分配过程。因此，对于如何改革国际货币体系，利益相关各国有不同的主张。这无疑加大了改革国际货币体系的难度，也决定了未来国际货币体系的改革将是十分漫长的过程。然而，国际货币体系的既得利益国是否乐意推动其改革是一个主观意愿的问题，但是否需要改革以及该如何改革，却是全球经济、政治、文化等诸多因素共同作用的客观结果。② XIII

（2）改善全球金融体系，增进金融安全性，降低金融危机爆发的可能性，这方面的工作进展缓慢。③ 比如，次贷危机不过是国际货币体系演进过程中的一段插曲，正如20世纪70年代石油危机的爆发加剧了布雷顿森林体系的崩溃一样，次贷危机可能加剧美元本位制的崩溃。但即使次贷危机没有爆发，美元本位制最终也必然走向没落。因为国际货币体系演变的根本因素在于，作为“上层建筑”的国际货币金融安排必须符合世界经济不断

---

① 彭兴韵．国际货币体系的演进及多元化进程的中国选择——基于“货币强权”的国际货币体系演进分析［J］．金融评论，2010（5）：8-9.

② 彭兴韵．国际货币体系的演进及多元化进程的中国选择——基于“货币强权”的国际货币体系演进分析［J］．金融评论，2010（5）：8-9.

③ J·F·里查德．2020——20年解决20个全球问题［M］．赵恒，译．北京：中信出版社，2003：189.

增长这一"经济基础"提出的新要求。金本位制崩溃的根本原因在于黄金产量的增长跟不上世界经济增长对国际货币的需求,从而自然产生了一种通货紧缩压力,制约了世界经济的进一步增长。而布雷顿森林体系崩溃的根本原因在于,世界各国对美元流动性的需求上升与美元作为一种国际购买力的币值稳定之间注定将产生难以调和的矛盾。在美元本位制下,美元虽然与黄金脱钩,但这种国别货币充当世界货币的安排仍然难以逃脱特里芬难题的诅咒。美元超发与美元汇率稳定之间的矛盾依然是不能调和的。当前美元本位制的最大缺陷在于缺乏对储备货币发行国货币发行数量的纪律约束。在金本位制下,约束美元发行的纪律是黄金与美元的挂钩,一旦美元过度发行,其他国家政府与投资者会用美元向美联储兑换黄金。然而,这一约束在国别信用货币充当全球货币的牙买加体系中不复存在。在这一体系中,由于对货币超发缺乏强制性约束,全球货币体系中的流动性过剩以及资产价格的周期性膨胀与破灭就成为一种常态。美国持续的经常账户赤字导致净对外负债不断增长,造成其他国家对美国经常账户赤字的可持续性及美元汇率的稳定性产生怀疑。尤其是次贷危机的爆发与深化导致美国政府动用了大量的财政与信贷资源用于救市,从而加剧了美国的债务负担以及美元贬值的可能性。因此,次贷危机的爆发以及随后引发的欧债危机必然会加快国际收支失衡的调整以及国际货币体系的演变。①

(3)值得警惕的是,据美国《华尔街日报》网站2014年6月29日报道,国际清算银行在当天发表的年度报告中说,高涨的金融市场与动荡的全球经济、地缘政治前景并不相符。在国际清算银行发出这一警告时,金融市场——从股市到债市再到农矿产品市场——在2014年上半年一直呈现普遍回升态势,这反映出投资者对各国央行扩张性货币政策的乐观态度。上述报告说:"总的来说,人们难免产生这样一种困惑,即市场的上涨行情与全球经济基本面之间并无关联。"投资者的欢欣鼓舞部分源于世界最大的几家央行(比如美联储和欧洲中央银行)作出的在各国经济继续从衰退中复苏之际维持低利率的承诺。市场也没有受到美国和欧洲增长不均衡以及乌克兰和中东等地政治和经济动荡的冲击。另据国际清算银行货币和经济部门负责人克劳迪奥·博里奥说:"金融市场气氛欢快,沉浸在大肆寻找收益的情绪中……而对实体经济的投资仍然疲软,宏观经济和地缘政治前景也仍然极不明朗。"

(4)自金融危机以来,发达国家政府虽然在减少财政赤字方面取得了一些进展,但债务水平仍比以往任何时候都要高,并且还在继续上升。有数据显示,在包括意大利、西班牙、法国、美国和英国在内的大多数主要经济体,2014年的债务都高于国内生产总值的100%。其中,美国的总债务与GDP之比约为260%,而英国为277%。按照渣打银行的计算,日本以415%的比率领跑全球。国际清算银行行长海梅·卡鲁阿纳在2014年6月29日发表的讲话中还警告说,债务水平提高让债务国的偿债能力更容易受收入减少和利率上升的影响。他说:"因此,债务增加会导致财政更加脆弱,并可能导致财政周期更加紊乱。"②同时,值得注意的是,据英国《金融时报》网站2014年7月22日报道,根据渣打银行

① 张明. 次贷危机对当前国际货币体系的冲击[J]. 世界经济与政治,2009(6):76.

② 美国《华尔街日报》网站6月29日报道. 国际清算银行警告:金融市场涨势背离经济基本面[N]. 参考消息,2014-7-1:(4).

的一项新估计,新兴经济体中的中国,作为全球第二大经济体,包括国家、企业和私人家庭的债务在内的总债务与国内生产总值(GDP)之比在6月底达到了251%,远高于2008年底的147%。与债务的绝对值水平相比,如此快速的债务积聚更令人担忧,因为其他经济体的经验显示,在如此短的时间里债务如此迅猛地增加,几乎总会有金融风暴接踵而至。①

如果说,第一次世界大战结束,标志着大英帝国推进的以贸易文明为标志的第一轮全球化的结束,那么,第二次世界大战结束则标志着由美国推进的以金融文明为标志的第二轮全球化的开始。② 但由于既有国际货币体系和金融制度内生的缺陷所致,在第二次世界大战结束后的近70年中全世界共发生了大小数十次金融危机,有的还直接引发了经济危机。特别是从2007年美国次贷危机所引发的国际金融危机以来,国际货币体系和金融制度的内生缺陷所带的各种"病毒"非但没有消失,反而还在继续繁殖。因此,人类必须正视这些问题并加以尽快解决。

6.4.3 社会和谐与大同世界

6.4.3.1 社会和谐的基本思想

爱尔兰经济学家里查德·坎蒂隆曾感慨地说过:"当罗马刚刚建立起来时,每个公民拥有分配给他的两Journaux土地(古代土地面积,相当于一个人一天能耕种的面积——作者注)。但此后不久就出现了我们今天在欧洲一切国家所看到的那种巨大的不平等:土地被少数所有者瓜分。"③而正是这种巨大的不平等才造成了人类社会中穷人和富人的严重对立。英国经济学家马歇尔在《经济学原理》一书中也曾指出:"现在,我们终于要认真地研究:所谓'下等阶级'的存在究竟是不是必要的:就是说,是否必要有许多人生来就注定要做苦工,为别人提供美好和文明生活的必需品;而他们自己却因贫困和劳苦一点不能分享到这种生活。" ④而人类社会究竟能否做到如同另一位英国经济学家威廉·汤普逊在《最能促进人类幸福的财富分配原理的研究》一书中所憧憬的那样:"世界上所有的成员既然在身体构造上相同,所以在同样的待遇之下都能够享受到同样的幸福。"⑤而为达到此目标,人类社会所有体制与机制的设计应该至少符合两项正义原则:(1)每一个人对一种平等的基本自由之完全适当体系(scheme)都拥有相同的不可剥夺的权利,而这种体制与适于所有人的同样体制是相容的;(2)社会和经济的不平等应该满足两个条件:第一,他们所从属的公职和职位应该在公平的机会下对所有人开放;第二,他们应当有利于社会之最不利成员的最大利益(关怀原则)。⑥

由于对如何解决或至少是缓解人类社会中存在着财富分配严重不平等现象的命题的研究显然已大大超出本书的研究范围,所以,本书在此仅借用法国思想家摩莱里在《自然法典》中的一段论述来引出自己的观点。摩莱里说:"世界的真相和本质是同构、和谐。因

① 周蜜.外媒:中国负债总额飙升引担忧[N].参考消息,2014-7-23(4).
② 乔良.一战笔记:炮火之外的残酷战争[N].参考消息,2014-9-4(11).
③ 里查德·坎蒂隆.商业性质概论[M].余永定,徐寿冠,译.北京:商务印书馆,1986:4.
④ 马歇尔.经济学原理:上卷[M].朱志泰,译.北京:商务印书馆,1964:25.
⑤ 威廉·汤普逊.最能促进人类幸福的财富分配原理的研究[M].何慕李,译.北京:商务印书馆,1985:41.
⑥ 约翰·罗尔斯.作为公平的正义:正义新论[M].姚大志,译.北京:中国社会科学出版社,2011:56.

为有同构,就必然存在着冲突。这是世界上最大、最深沉的二律背反。"①为解决这种冲突,摩莱里认为,"为了自己的生存,人类有时必须放弃一些权利,以利让他人,最终这也是为了满足自己的利益需求。"②应该说,这就是人类社会和谐的前提。由此推及人类与环境,他进一步认为:"人文精神是人的意识对主体自身的尊重精神和追求精神。所谓善,是有助于自身以及社会的目的和行为,既包括人与人之间的关系,也包括人与自然、人与自身之间的关系。"③应该说,摩莱里所提倡的这种人文精神,正是本书所提出的关于建设人类社会大同世界的主要思想基础。

6.4.3.2 大同世界的基本范畴

将世界看成一体,主张世界大同或天下一家的思想在人类历史上源远流长。基本上每一种文明都有一套以自我为中心的认知世界的体系。儒家文明、基督教文明、伊斯兰文明等或者用天或者用神来作为世界的起源和归宿。但是真正从理论上系统阐述这一思想则是人类近代史的产物,是全球化进程不断深化的结果。因此可以说全球化进程和把世界作为整体思考的方法是密不可分、相互促进的。④ 在此,值得特别指出的是,建设"大同世界"的观点还可以从200余年前《狄德罗百科全书》(1751—1780)中《论"人"》的条目中得到注解,即:"人类社会的合理性基于这个普遍而且简单的原则:我希望得到幸福;但是我和像我一样的人生活在一起,他们也希望得到幸福,每个人都根据自己对幸福的不同理解来追求幸福:那么就让我们寻求一种方式,通过实现他们的幸福来实现我们的幸福,或者至少在我们追求幸福的过程中不损害他们的幸福。"⑤同时,人类的天性也会不断地启示人们:人类行为区别于其他已知的生命形式究竟是什么?一个答案是人类可自由做出选择。⑥ 而马克思主义所选择的共产主义社会则是人类社会更高境界的大同世界。

值得一提的是,1977年英国经济学家约翰·希克斯在《经济学展望》一书中曾对当今人类社会的发展无不忧虑地警示说:"难道我们不应清醒地认识到,我们以前所经历的有可能是一个繁荣时期,是一个异常的冲动,但这一冲动终将回到某种更适度的状态中去?我们不应当想当然地认为这一繁荣必将永远延续下去。"⑦但问题是,什么才是希克斯所指的"某种更适度的状态"?本书认为,所谓"某种更适度的状态"应该不仅是一种纯粹的经济发展速度或发展方式,而是一种意义更为广泛的人类社会的发展形态。而这种社会形态,本书将其称为"大同世界",其基本含义是:人类可以持续地和谐生存和繁衍的社会形态,包括人与人之间、人与自然之间存在的一种更为平和与协调的关系和秩序。

如果说这里所指的"大同世界"是一个有别于柏拉图所设想的《理想国》,[XIV] 也不同于人类以前曾经存在过的所有社会形态,那么"大同世界"的构建就是指人类为追求这种理

---

① 摩莱里. 自然法典[M]. 邹密,李德谋,编译. 重庆:重庆出版社,2006:27.

② 摩莱里. 自然法典[M]. 邹密,李德谋,编译. 重庆:重庆出版社,2006:11.

③ 摩莱里. 自然法典[M]. 邹密,李德谋,编译. 重庆:重庆出版社,2006:39.

④ 杨雪冬. 全球化理论:对现代性的反思和超越. 中共中央编译局官网,2004-01-07.

⑤ 伊凡·亚历山大著. 真正的资本主义[M]. 杨新鹏,等,译. 北京:新华出版社,2000:44.

⑥ Barbara von Halle. Business Rules Applied—Business Better Systems Using the Business Rules Approach. Copyright © 2002 by Barbara von Halle. Published by John Wiley & Sons, Inc. , New York :12.

⑦ 约翰·希克斯. 经济学展望[M]. 余皖奇,译. 北京:商务印书馆,1986:46.

想社会的目标，在政治、经济、文化、宗教等领域共同作出与该目标相一致的协调行动和建立相应秩序的过程。当然本书在此只能仅就经济领域中关于货币的协调行动进行相关的阐述。

6.4.4　世界统一货币的前景

如从拉丁货币联盟、英镑货币联盟所代表的，这两种现代意义上比较典型的银本位制和金本位制彻底结束的1914年（也就是第一次世界大战之前）算起，纵观国际货币体系一百年来的演变历史，再从英镑到美元作为主要国际货币的过程，我们不难发现，这段历史实质上是国际货币形态和汇率制度的变化过程。而国际货币形态的更替则反映了经济霸权力量转移和世界经济格局的变化。尤其是汇率制度从固定走向浮动甚至无序，既反映出世界各国对于稳定货币秩序的渴求，也反映出各国特别是大国之间利益矛盾的不可调和性。无疑，这样的矛盾还将在未来的国际货币体系演变中持续下去。①

有学者曾对国际货币体系演变史进行过解析，并提出三点结论：一是国际货币体系的演变是人之行动而非人之设计的结果。从金本位制至今，美国把握住了国际货币体系发展的趋势，采取了一系列行动，使国际货币体系朝着美元信用货币体系演变，并极力维持这一体系。二是最重要的国家一旦卷入战争，或中心国家长期实施以自我为中心的财政和货币政策，国际货币体系才会发生大变革。外围国家的金融危机不会对美元国际货币体系的持续性产生影响，而中心国家的金融危机只会对美元货币体系产生一定的冲击，但不会影响美元货币体系的持续性。三是外围国家如何参与国际货币体系将决定未来国际货币体系渐进演变的具体路径。金本位制是市场竞争的结果，而美元国际货币体系也是市场选择的结果。在没有可见的、能够引起国际货币体系发生重大变革因素的前提下，当前的国际货币体系只会在微调的基础上延续。② 对此，也有学者认为，国际货币体系的未来发展路径将是循序渐进的，短期内，美元将作为唯一核心货币支撑起单极体系；中期内，欧元等主流货币将日益分担世界货币的责任，国际货币体系将向简单的多极方向缓慢发展；长期内，伴随着各个货币区建设的长远进步和国际性机构的强化，具有内在约束力和外部协调性的多层次“多元”国际货币体系将逐渐建立起来。③[XV]

中国学者巴曙松等则推测未来的国际储备货币体系最有可能的演变路径是：首先出现几个大国主权货币，每个大国主权货币周围会有几个小国货币与之挂钩；然后形成几个大国主权货币带领小国货币构成的多元化国际储备体系；最后在多元化国际储备货币体系的基础上，再形成世界货币甚至是超主权货币。其前提依据是，美元将失去中心地位，国际储备货币会多元化。因为在短期内，虽然美元仍将是主宰性国际储备货币，欧元、英镑、日元甚至人民币都只能是潜在的“同类竞争者”。然而根据 IMF 的测算，到 2020 年，北美、“欧元区＋英国”、“金砖四国＋日本”三大区域经济占全球 GDP 总量的份额将分别为 20%、21% 和 31%，这意味着届时世界将演变成势均力敌的三极。理论上，区域经济多

---

① 杨小军．当前国际货币体系新特征及其发展趋势研究——兼论人民币国际化[J]．金融发展研究，2008(9)：15-16.

② 王晋斌．论国际货币体系演变特点及现实启示[J]．安徽大学学报(哲学社会科学版)，2010(5)：1.

③ 次贷危机研究课题组．次贷危机正在改变世界[J]．中国金融出版社，2009：409.

极化是国际储备多元化最有力的促进因素。因此,从中长期来看,随着美元的不断衰落,国际储备货币格局将走向多元化和分散化,届时将不再存在绝对的主宰性货币,储备货币之间的竞争也必将加剧。① 对此,蒙代尔在中国广州南沙举行的《第二届中国发展论坛》演讲时也曾预计,再过 30~40 年,人民币很有希望成为主导的世界货币。他说:"当然这还有一条很长的路要走。中国 GDP 占世界 GDP 的比重只有 8%,这个比率要上升到 20% 时,人民币才有可能主导世界货币体系。"②

值得注意的是,有学者认为美元地位的衰退所引发的美元信誉和信心危机,会对国际经济产生严重的影响,并由此引发大规模的金融和经济危机只是一个时间问题。比如,2008 年美联储前任主席保罗·沃尔克就曾表示,美国在未来 5 年内爆发货币危机的可能性高达 75%。③ 在这种形势下,一方面,国际社会应该尽快研究应对美元危机带来的世界性危害的对策,防患于未然。另一方面,要彻底解决由于美元地位衰退带来的国际经济金融危机,其根本出路在于建立具有稳定机制的新的国际货币体系,以实现国际经济的稳定发展。中国学者吴东泰也认为:(1)充当一般等价物的国际交换媒介必须为国际社会所信赖。充当世界货币职能的货币,在质上必须是稳定的一般社会财富,在量上必须能够满足世界经济贸易增长对货币媒介的需要。(2)一个稳定健全的国际货币体系必须免受任何国家或经济集团政治经济实力的制约。(3)国际货币体系必须拥有国际公认的、具有一定权威的协调管理机构,以保障国际货币作用的正常发挥。(4)欧洲货币体系的产生说明国际社会完全可以通过一种崭新的合作方式,创设国际公认的国际货币单位,创建国际公认的国际支付手段和流通手段,从而创设公认的国际货币体系。(5)SDR 的一篮子货币定值方法,为国际社会解决国际货币体系的核心问题——世界货币的价值基础和世界货币的定值问题提供了一个科学的方法。他还认为,完善的国际货币体系必须解决三个重大问题:第一,新的国际货币体系不能依附于任何国家或国际经济集团的政治经济实力。第二,建立对于国际货币金融关系具有管理调控能力的权威性的世界中央银行、国际货币金融监督管理组织,分别行使世界中央银行和世界金融监管的职能。第三,建立科学的国际储备货币管理机制,有效地解决国际储备货币的增长与储备货币信用保证有限性之间的矛盾,真正解决国际储备货币的价值稳定性问题。④

由以上分析可知,在当今世界的货币体系改革中,储备货币逐渐走向多元化无疑是值得探索的改革方向。⑤ 因为与现行国际货币体系相比:(1)储备货币多元化可为市场主体提供更多选择,有利于分散风险。(2)可在不同储备货币间形成竞争和制衡,对储备货币发行国形成市场纪律约束,使其政策不仅要考虑国内需要,也要尽量避免负面溢出效应。(3)增加了国际储备资产的供给,减轻传统储备货币发行国的压力,也使它们的宏观政策

---

① 巴曙松,杨现领. 从金融危机看未来国际货币体系改革[J]. 当代财经,2009(11):52.

② 马勇. 蒙代尔:人民币将主导世界货币[J]. 羊城晚报,2009-11-2.

③ 吴东泰. 美元地位衰退呼唤新的国际货币体系[J]. 管理观察,2008-8:149-150.

④ 吴东泰. 美元地位衰退呼唤新的国际货币体系[J]. 管理观察,2008-8:149-150.

⑤ 一般认为,在国际储备货币改革方面,主要有两种改革方案:一种方案是构建超主权储备货币,从而避免主权信用货币作为储备货币的内在缺陷;另一种方案是建立主要货币汇率可协调的多元储备货币体系与实体经济的多极化相适应。但理想选择是前者。参见:王宪磊. 全球要事报告(2012-2013)[M]. 北京:时事出版社,2013:177.

调控更加有效。但多元储备货币体系的确很难从根本上解决主权信用货币作为储备货币的内在缺陷，仍将不可避免的面对“特里芬难题”。而且在当前国际货币体系由美元—欧元（美强欧弱）双元化转向多元化的过程中，也可能出现一些新情况，甚至新风险。①XVI

综上，多元化国际货币体系方案无疑是一种相对成熟，比较可行的方案，但它可能只是全球单一货币体系方案实施前的过渡方案。而如果我们超前一步，放宽视野，从更高的境界来看，就会发现“山重水复疑无路，柳暗花明又一村”。

这是因为，我们相信现在所有一切关于货币的知识并不是今天早上才由我们发现的，它们不过是历史上不同国度和地区就曾遇到过的所有成功与失败的经验总和。② 而人类的货币史也告诉我们，人类起先发明货币本身并没有地域性的限制。但自人类的货币，比如，古希腊的古阿斯大金币（staters）、阿里亚特银币（shekel）、德拉克马银币（Drachma）等第一次被印上某个国家（国王）的印记之后，这种货币也就成了这个国家专有的货币。后来几乎所有的国家都自发地或被动地按此法操作并延续至今。从货币发展史中我们又不难看到，各国国王或政府之所以要将货币打上属于自己的印记，最初也许是仅缘于从铸币税中得益，但到后来铸币权又演化成国家主权不可分割的一部分。而且这种状况自然而然地影响着人们的思维，并被认为是天经地义的。如同意大利神学家托马斯·阿奎那在其《论君主政治》一书中所说的那样：“君主有铸造货币和规定货币购买力的权利”。③ 而正因为如此，铸币权能否与国家主权相分离后来便成了世界货币能否统一的一条不可逾越的鸿沟。也就是说，如果要有世界统一的货币，各国就必须放弃自己原有的铸币权。应该说，这是一个具有相当历史厚度的难题！而 2002 年 1 月 1 日正式运行的欧元货币联盟已对这个问题的解决带来了曙光，十余年的运行结果也证明它是可行的。

更值得重温的是，马克思在《经济学手稿》中，曾一再指出货币是一般商品，他说：“货币的属性是……同特殊商品并存的一般商品”，“货币是和其他一切商品相对的一般商品。”④又再次重申说：“货币由于是每一种特殊商品在观念上或实际上采取的一般形式，因而是一般商品。”⑤而一般商品是没有国界的，因而也不应有国家的烙印。马克思同时还指出，货币“在一般等价物这一规定中已包含着一般商品的概念规定，而货币只有作为一般商品才能实现为世界铸币。”⑥也就是说，马克思不仅揭示了货币作为一般商品的属性，并且指明了正是因为货币具有这种属性才能成为世界货币。他说：“货币发展为世界货币，商品所有者也就发展为世界主义者。人们彼此间的世界主义的关系最初不过是他们作为商品所有者的关系，商品就其本身来说是超越一切宗教、政治、民族和语言的限制的。它们的共同语言是价格，它们的共性是货币……整个世界都融化在其中的那个崇高的观

---

① 2013“国际货币体系改革”研讨会实录．上海发展研究基金会，2013-7-19：25.

② Brian Snowdon、Howard R. Vane. Modern Macroeconomics：Its Origins，Development and Current State. Edward Elgar Cheltenham，UK ＊ Northampton，MA，USA，© Brian Snowdon，Howard R. Vane 2005：82.

③ 阿奎那．论君主政治［M］//鲁友章，李宗正．经济学说史：上册．北京：人民出版社，1979：50.

④ 马克思．经济学手稿［M］//马克思恩格斯全集：第 46 卷，上．北京：人民出版社，1956：90.

⑤ 马克思．经济学手稿［M］//马克思恩格斯全集：第 46 卷，下．北京：人民出版社，1956：434 — 435.

⑥ 马克思．经济学手稿［M］//马克思恩格斯全集：第 46 卷，下．北京：人民出版社，1956：438.

念,就是一个市场的观念,世界市场的观念。"①由此可见,商品的价值形式在取得货币形式以后仍会向世界范围单一货币的方向演进。而货币联盟则是货币在多个国家间的单一化,它正是这种演进道路上的一个阶段。而从历史上货币联盟的作用来看,如果说欧元货币联盟可以在很大程度上推动欧盟的一体化,那么世界单一货币联盟则也可能在未来担负起世界一体化的推动者角色,并且这种角色的赋予不是因为别的原因,而是因为全球化发展到一定程度的使然。

应该说,创建世界货币的问题由来已久,早在建立布雷顿森林体系的时候就曾有人呼吁创立一种世界货币。当时对于创立世界货币有两种方案:英国的方案与美国的方案。英国的方案由凯恩斯主笔设计,其设计的世界货币的单位为"bancor";美国的方案由当时的美国财政部副长亨利·迪克特·怀特(Harry Dexter White)主笔设计,其设计的世界货币的单位为"unitas"。[XVII]而凯恩斯所提出"班柯"(Bancor)的设想,最终被美元与黄金挂钩的方案(也是怀特自己提出的)所代替。② 但凯恩斯的设想在近70年的现代经济社会运行中,尤其是在美元屡屡发生危机之后,又不断被人重新提起。尤其值得注意的是,关于未来世界货币统一的问题似乎可能已经从过去纯理论上的憧憬走向不久的将来的实践,而且对其可行性的关注也已从经济层面传递到政治层面,比如,2009年3月中国央行行长周小川发表文章提议建立一种不属于任何一个国家的"超主权"储备货币;2009年7月,时任俄罗斯总统梅德韦杰夫在八国集团峰会上展示了一枚未说明其本位究竟为何的"未来世界联合货币"的硬币;2009年9月,联合国在贸易和发展会议《2009年贸易和发展报告》中提出了重新设计全球货币体系,用全球货币取代美元的建议。所有这一切都表明,未来的世界货币走向统一似乎已进入一个即将揭开朦胧面纱的前夜。③

6.4.5 世界货币统一与大同世界

6.4.5.1 建立大同世界需要人类的协调

1957年诺贝尔和平奖获得者莱斯特·皮尔逊(Lester Bowles "Mike" Pearson)(1897—1972)④曾警告说:"人类正在进入一个不同文明必须学会在和平交往中共同生活的时代,相互学习,研究彼此的历史、理想、艺术和文化,丰富彼此的生活。否则,在这个拥挤不堪的窄小世界里,便会出现误解、紧张、冲突和灾难。和平和文明的未来都取决于世界各大文明的政治、精神和知识领袖之间的理想和合作。……在正在来临的时代,文明冲突是对世界和平的最大威胁,而建立在文明基础上的国际秩序是防止世界大战的最可靠保障。"⑤如果说,对防止全人类曾深受其害的世界大战的再度发生须如此,那么对防止全人类正受其害的货币战争的不断发生也需如此。应该说,货币问题绝不是货币问题本身,它是经济

① 马克思．政治经济学批判[M]//马克思恩格斯全集:第3卷．北京:人民出版社,1976:132.

② 罗伯特·蒙代尔．论国际货币体系的重建——基于创立世界货币的设想[J]．厦门大学学报(哲学社会科学版),2012(1):1-7.

③ 曹钟勇．财富本源与世界统一货币[M]．北京:中国铁道出版社,2010-11(重印序言).

④ 莱斯特·皮尔逊,加拿大政治家、外交家。1947年任联合国大会政治和安全委员会主席。1951年任北大西洋公约组织主席,因致力解决1956年苏伊士危机获1957年诺贝尔和平奖。1963年出任加拿大总理。

⑤ 塞缪尔·亨廷顿．文明的冲突[M]．周琪学,译．北京:新华出版社,2013:297.

问题和政治问题的侧面反映。即使当代货币主义学派的经济政策研究的基本目标也已从过去强调货币的“自由”经济效果而向经济稳定、经济增长,并向强调“平等”、“收入均等化”和“权利均等化”等政治方向转移。[①] 可以说,这绝不是偶然的。它也说明货币问题本身已经介入人类未来社会的重构过程。

而对货币领域应如何在文明基础上建立新的国际秩序,则首先要深刻理解世界统一货币与大同世界的关系,我们必须首先看到问题的两个方面:一方面,人类由于长期以来对货币及其由其表征的财富价值的错误判断和使用不当,在当今的人类社会已造成表面是属于纯经济领域,实际是事关人类能否持续地和谐生存和繁衍的严重后果,并且已经积重难返。正如弗里德曼1976年12月在美国芝加哥大学的一场演讲中所指出的那样:“全世界许多国家今天正经历着历史上有破坏性的通货膨胀,非常高的失业率、经济资源使用不当,并且在有些情况下,人类自由受到压制。”[②]另一方面,我们更应该看到,随着经济全球化的深入发展,更广泛意义上的世界一体化进程也在加速。在这个进程中,各国联系更加紧密,相互依存也更加密切,地球上的人类作为一个整体已休戚相关。人们已经普遍认识到,人类对自然的过度索取,尤其是对能源(能量)的无节制使用,将导致对整个地球生态的破坏,从而对人类本身的生存构成直接的威胁。比如,全球气温上升导致的自然灾害的增加,无论是生活在东半球还是西半球的人们都已无法逃脱。此外,世界上每时每刻发生的各种政治活动、经济活动、军事活动、宗教活动等等,其影响面和冲击力已不再局限于某一区域或某一国度,它会随着信息的迅速传播在全球引起相关波动。现在,身处地球任何一隅的人们也不再是孤立的,他们已与全人类紧密联系在一起。如仅就气候变化问题而言,正如中国前国家主席胡锦涛在亚太经合组织第十五次非正式会议上的讲话中所指出的那样:“气候变化问题,事关各方利益,需要各国联手对应。在气候变化上,帮助别人就是帮助自己,开展合作才能互利共赢。”[③]如果说,核武器开启了这个世纪,宣布人类现在可以自我毁灭。那么全球变暖就会结束这个世纪,从而宣告自然或许可以成为毁灭人类的更好武器。[④] 如果说,应对气候变化问题需要全球合作,那么应对诸如世界经济失衡、能源资源压力增大、生态环境持续恶化等问题也应该如此。

值得肯定的是,2000年9月在联合国由世界各国领导人制定的《千年发展目标》(MDGs),已对全球数十亿人的生活产生了巨大影响。特别是每个地区的极端贫困现象在减少。此外,在可持续地获得安全饮用水、体面的住房和艾滋病治疗以拯救生命等方面也获得了长足进步。然而,进展并不平衡:全球仍然有超过十亿人生活在极端贫困并仍然处在持久的与消除饥饿,改善健康,能获得干净的饮用水等方面的挑战之中。[⑤] 此外,值得注意的是,联合国还就人类社会的可持续发展提出了相关指标。比如,由联合国提出的社会可持续发展指标主要包括基本福利和经济福利指标两大类。其中基本福利指标主要涉及

---

① 胡代光,厉以宁. 当代资产阶级经济学主要流派[M]. 北京:商务印书馆,1982:24.

② 王宏昌. 诺贝尔经济学奖获得者讲演集:1969/1977[M]. 北京:中国社会科学出版社,1997:286.

③ 胡锦涛在亚太经合组织第十五次非正式会议上的讲话(澳大利亚悉尼). 国际在线,2007-9-8.

④ 汤姆·恩格尔哈特. 美国世纪的挽歌[N]. 参考消息,2014-7-25(10).

⑤ UNITED NATIONS E-GOVERNMENT SURVEY 2014, United Nations, New York, 2014:1.

期望寿命、教育、大气环境、空气质量、饮用水安全、自然生态等；而经济福利指标则包括实际人均持有的外国金融净资产、实际人均生产资本、实际人均人力资本，以及能源、矿产、木材、海洋资源存量等指标。而上述所有这些常用指标的达标需要进一步对相应的流动指标进行有效监控才能做到。比如，期望寿命的达标需要控制按年龄分布的死亡率和发病率，而提高受高等教育的人口比例则需增加高等教育的招生人数。再如，维持地球的正常气温需控制温室气体的排放，而要确保能源资源储备则需控制能源的消耗。[①] 总的来说，这些流动指标的监控与达标需要全人类的共同努力。

而就联合国制订的经济福利指标而言，由于无论是对包括实际人均持有的外国金融净资产、实际人均生产资本，还是对实际人均人力资本等指标，都需要由一个可被公意约定、普遍接受、具有恒定价值的本位货币来衡量，因此，从长远来看，今后无论是用美元、英镑、日元等具有国家主权属性的货币或是用欧元等具有区域属性的货币都是不合适的，它应该并且只能用一种可以表征全人类财富、属于全人类的世界统一货币来衡量。

简而言之。上天似乎已在昭示人类：一方面，人类作为地球上最具智慧的生灵，已由上天注定要对地球上所有生灵的存亡负有不可推卸的责任；另一方面，人类本身的存亡也需要人们在不久的将来做出某种协调，以求得世界的和谐与安宁、人类的永续和昌盛。鉴于人类的生存和繁衍直接依赖于财富，人类所有的活动又都围绕着财富的创造和享用进行。而财富的直接表征又是货币。所以，就会出现一个很自然的命题——为了求得世界的和谐与安宁、人类的永续和昌盛，人类就需要对货币的统一作出某种协调，或进行合作。如果说，最初人类“合作的原因是生活的压力、生存的压力。……合作的起源是从血缘开始的，然后从血缘走向地缘、走向扩大化。”[②]那么，今后由既有的类似欧洲区域性货币统一走向未来世界的货币统一，从某种程度上来说也正是人类的合作开始“从血缘走向地缘、走向扩大化”的具体过程。

6.4.5.2 统一世界货币是建设大同世界的必由之路

众所周知，最初发轫于交换媒介的货币对人类文明社会的发展的确起到了一种独特的、积极的、有效的推动作用。我们甚至可以在某种程度上说，一部人类的货币史就是一部人类文明史的缩影，今天乃至将来，无论如何来评价货币在对人类文明进步的过程中所起的独特作用都是不为过的。但同时，我们也不得不承认，由于货币本身的异化，人类既有的货币体系又是与大同世界格格不入的。这是因为，在现有的货币体系及与此关联的金融体制下，由于各国（或地区）的金融当局根据各自的需要而发行不同种类、不同数量的货币，各种货币之间又不得不寻求一种本身并不稳定的汇率平价，因此无法解决以下一些由货币体系内生缺陷所带来的根本性问题：

（1）货币的供应量历来是与投资规模直接相关的。在现有的货币体系和金融体制下，由于无法从全球的范围来控制货币的供给总量，因而就无法制约人们为追求财富增长而

---

① MEASURING SUSTAINABLE DEVELOPMENT Prepared in cooperation with the Organisation for Economic Co-operation and Development and the Statistical Office of the European Communities (Eurostat). UNITED NATIONS, New York and Geneva, 2009:10.

② 冯存礼. 地球成长史[M]. 北京：中国人民大学出版社，2006:92-93.

带来的巨大投资冲动,从而无法制约人们对自然资源的过度索取和对生态环境的破坏,最终直接威胁到人类和自然之间的可持续以及和谐共存的关系。

(2)由于无法控制货币的供给总量,因此无法从根本上遏止通货膨胀现象,保证经济秩序的持续稳定,从而也无法避免世界上绝大部分人口所持财富被不公正地剥夺现象的频繁出现。

(3)货币供给总量的增长无法做到与经济增长——人类实际财富增长水平的一致。同时,由于货币本身币值的不稳,因此无法精确表示人类财富的真实价值,从而导致财富价值的虚幻。

(4)现有的货币体系和金融体制,显然便于一些强国可以利用其本国货币的强势地位而获得货币溢出效益,从而引起世界范围内财富的不当转移。

(5)由于货币不同,因此不同货币间的汇率价差一直是金融投机的主要追逐目标之一,而金融投机则是造成金融市场动荡和财富泡沫的最主要原因。

(6)由于各国和地区币制的不同,不可避免地发生出于不同原因的货币战争。正如美国学者詹姆斯·里卡兹(James Rickards)所说,历史上的货币战争往往牵涉到国家之间的竞争性贬值,以此降低自身成本,增加出口,创造就业机会,并以贸易伙伴的损失为代价来推动本国经济。但这还不是货币战争发生的唯一可能的方式。在一个更为阴险的场景中,货币可以被用做武器。这不是比喻,而是真正意义上的武器,它会给对手造成经济上的伤害。而且,仅仅只是威胁要造成伤害,就足以迫使对手在地缘政治的斗争中作出让步。①[XVIII]

值得一提的是,在第二次世界大战的爆发地——波兰维斯特普拉特半岛上有一条巨幅标语:永远不要战争。而哲学家康德在其《论永久和平》一书中也曾说,永久和平最终将以两种方式中的一种降临:或者由于人类的洞察力,或者因为在巨大的冲突和灾难面前,除了永久和平人类别无他选。② 对军事战争是如此,对货币战争也是如此!

而对以上这些关于当今国际货币体系内生缺陷所带来问题的根本解决,唯有借助于引入一种与世界经济发展速度保持一致、由全球公认的超国家主权的世界中央银行发行的世界统一货币来代替既有的各种货币,才可能实现。

在此,再重温一下罗伯特·蒙代尔的观点是十分有益的。蒙代尔2011年4月在厦门大学90周年校庆学术讲座上所作的《论国际货币体系的重建——基于创立世界货币的设想》演讲中说,过去的二百年间国际货币体系发生了许多变化,这是由于国际货币体系中金属货币及其属性的转变所致。二百年前,即1815—1873年,那是金银复本位制的时代,一些国家固定了金银的价格及互换的比例,这也意味着国际上金银的流通。1871年,法国禁止银币自由铸造,随后美国也采取相同的做法,金银复本位制不复存在,取而代之的是跛行本位制。英国作为当时世界上最强大的国家,很早就实现了金本位制。19世纪至20

① 里卡兹. 谁将主导世界货币?[M]. 常世光,译. 北京:中信出版社,2012-7-1. 转引自:冷哲. 世界货币三分天下. 上海书评[N]//东方早报,2014.5.18(5).

② 转引自:任仲平. 让历史照亮人类的明天——写在中国人民抗日战争暨世界反法西斯战争胜利纪念日[N]. 文汇报,2014-9-3(2).

世纪初,英国伦敦成为了世界资本市场的中心,同时也是国际黄金市场的中心。黄金作为贵金属,对于许多富裕的国家而言是至关重要的储备。1915 年第一次世界大战中期,美国作为一个强大的经济体,曾暂时使用过美元黄金本位制。1924 年,德国重新回归金本位制。1933 年美国经济大萧条时期,金融系统崩溃,而美国开始提升黄金的价格,从而再次实行美元黄金本位制。

现行的国际货币体系存在一系列问题。首先,当前的货币体系就是由许多货币区域构成的,大的有欧元区、美元区,小的则如英国、日本,此外还有第三世界国家,例如中国。这导致了现在没有一个真正的国际本位币,这也是现行国际货币体系的弱点。一百年前,黄金是国际统一的本位币,一千年前也是黄金,两千年前罗马时代则有罗马的货币。目前,许多国家使用美元,但美元和欧元在货币上存在广泛的竞争。第二个问题在于现代货币体系没有一个支柱货币,美元或多或少可以覆盖世界大多数经济体,但是随着欧元的诞生,美元的地位不再稳定。第三个问题在于主要国际货币间汇率的波动性,这迫使许多国家固定他们货币的汇率以稳定国家的经济。这些国家尝试通过美元来稳定汇率但难以如愿,因为美元和欧元的兑换浮动过于剧烈,从早期的一欧元兑换 82 美分上升到一欧元兑换 1.37 美元,随后跌为 1.15 美元,两三年前达到高点时的 1.64 美元,2011 年 9 月份又降到 1.43 美元。这样剧烈的上下浮动,使得那些使用美元并固定其汇率的国家将会面临严重的问题。第四个问题是原材料价格的大幅波动,2008 年国际石油价格从 70 美元飙升到 148 美元,在随后的三个月里又剧降到 33 美元,现在又回升到 70 ~ 100 美元之间。如果坚持单一使用美元作为世界货币,而排斥欧元的话,会因美元升值或者贬值面临巨大风险,只有美国足够强大并且能维持美元的稳定性,这些问题才能得以解决。第五个问题是国际储备。以中国为例,2000 年的时候中国的外汇储备稳定在2 000亿美元左右,这是一个很好的水平,但现在中国竟然持有 3 万亿美元的外汇储备,处于一个很高的风险水平。这些都是现如今国际货币体系的问题了。是什么导致了外汇储备的激增? 这是个值得探讨的学术问题。最后一个问题则是各国政策间的不协调性。上述六个问题,实际上可以归结为一个问题,即为现今国际货币体系中美元角色的变化。我们尝试对近百年来国际货币体制的发展作一个脉络上的梳理,并据此就国际货币体系的重建以及世界货币的设立提出自己的设想。①

蒙代尔认为,理想的国际货币体系是只存在一种货币,次优的选择是只存在一种货币充当主要储备货币。国际货币体系在每一个时期都只有一种或少数几种中心货币充当国际货币,金本位下是黄金以及与黄金完全挂钩的英镑或者法郎,金汇兑本位下是黄金和美元,而美元本位下则是美元和其他少数几种主权货币,例如欧元、英镑和日元。国际货币的"一元性"是由货币交易媒介的本质决定的。货币的存在就是为了减少交易的成本,商品的定价成本和交换成本随着货币数量的增加而增长,因此货币越少越好。假设世界的货币数量和商品数量一样多,货币的计价功能和交易媒介功能将完全消失,贸易将完全变成以物易物。从这点出发,最优货币区是整个世界,世界只需要一种单一的货币,不管世

① 罗伯特·蒙代尔. 论国际货币体系的重建——基于创立世界货币的设想[J]. 厦门大学学报(哲学社会科学版),2012(1):1-7.

界由多少个区域组成。① 对此，前任美联储主席保罗·沃尔克（Paul Volcker）也说过："世界经济需要世界货币"。②XIX 由此看来，世界货币的统一将大势所趋，不可回避。

综上，我们有理由认为，人类既有的货币体系必须改革，已有必要创建一个新的货币体系——世界统一货币体系，它无疑是建设大同世界的必由之路。而且"一个世界、一种货币"既是改革的基本思路和创建的终极目标，同时它也是人类货币使用的最方便形式。而这个目标一旦达到，人类就可以在大同世界的"一个方面开始看到一种永恒的、合理的、庄严有条理的秩序系统，这一系统兼顾了道德和法律。"③XX

其基本思路是，在经济全球化发展到成熟期时，适时"引入世界统一货币及其货币发行的单一增长规律"（简称"统一货币、单一增长" 规则），其基本含义是——在初始通过一个可被世界各国或地区广泛约定的比例（SDR）完成世界各国（或地区）的货币与之兑换之后（由此构建了货币价值与既有经济基础之间的关系），XXI 由未来独立的世界中央银行发行的货币增长速度将遵循单一增长的规则，而这个货币增长率在短期内应与世界财富量的增长速度保持一致，但在长期内则必须服从自然准则，即与地球每年能量收支的增量保持一致。只有这样，才有望从根本上解决既有国际货币体系的内生性缺陷问题，并且有利于从货币角度，进而从经济领域来推动经济稳定、经济增长，权利均等化等秩序的建立，从而有利于推动人类大同世界的建设。这是因为从建设大同世界的基本含义来看：如要实现"人类可以持续地和谐生存和繁衍的社会形态，包括人与人之间、人与自然之间存在的一种更为平和与协调的关系和秩序。"那么就可以发现必须有两个基点：一个基点是在人与人之间建立一种更为平和与协调的秩序；另一个基点则是在人与自然之间建立一种更为平和与协调的关系。而通过"统一货币、单一增长"规则的建立，一方面，可以控制货币投放以控制投资规模，从而控制人类对自然资源的过度开发和使用，以促进人与自然的和谐；另一方面可以消除或极大程度地缓和通货膨胀，挤出金融泡沫，彻底消除强势货币和弱势货币之间的不平等，从而有利于促进人与人的和谐。这两方面形成的合力就非常有助于推动人类社会大同世界的建立。XXII 从而在全球化与全球治理的过程中提供一个有利于提升全人类共同福祉的积极向上的稳态架构。而这种大同世界具体表现在货币领域的一个未来缩影，好比在全球各地到处都有像迪拜购物中心（THE DUBAI MALL）那样的场所，在那里物质商品和精神产品极大地丰富，不同民族、不同肤色的男女老少等够永久和平相处、并用同一种世界统一货币各购所需。

就本书的观点而言，引入世界统一货币的时间取决于全球化发展过程中，全人类或其中的绝大部分达成共识的时间；取决于人们意识到如果采用世界统一货币所获得的收益要远远大于所付出的成本；但这并不取决于是否有若干"最优货币区"先期已经形成。因为没有必要再为一个经济体系从一个时期到另一个时期的转变在一切重要方面照原样复

① 蒙代尔，汇率与最优货币区[C]//蒙代尔经济学文集（第5卷），向松祚，译．北京：中国金融出版社，2003。转引自：王华庆．国际货币、国际货币体系和人民币国际化[J]．复旦大学学报（社会科学版），2010(1)：16.

② 中央电视台《经济半小时》栏目组．货币战争：真相与未来[M]．北京：华夏出版社，2010：封底．

③ 伊凡·亚历山大．真正的资本主义[M]．杨新鹏，等，译．北京：新华出版社，2000：99.

制它自己原来所必需的条件。① 同时也与所谓的是否符合已经过检验的规范模型无关,因为这些模型本身在不断修订之中。②

当然,如果人类社会的货币统合过程是沿着先形成诸如"欧元区"、"美元区""亚元区"、"非元区"……的历程来走,那么在若干"最优货币区"形成以后,再走向"世界统一货币区"的话,在技术上与政治上引起的困难将会少得多。

注　释

Ⅰ 按美国克老斯出版社每年修订出版的《世界硬币标准目录》一书估计,近200年来,先后约有1 200个不同的国家或地区发行过硬币。至今世界上仍有230个国家和地区发行硬币。参见:朱勇坤. 钱币投资收藏手册[M]. 上海:上海科学技术出版社,2007:257.

Ⅱ 1997年和1998年,马来西亚总理马哈蒂尔和菲律宾总统埃斯特拉达分别在东盟首脑会议上提出建立"亚元"的设想,不过由于种种原因始终未能实现。而金融危机则成为亚洲国家开展金融和货币合作的契机,"亚洲共同基金"已经推出,其宗旨在于,由作为外汇储备额强国的中、日、韩三国为主轴,针对出口萧条等引发的美元枯竭问题,确保成立能够拥有外汇的共享渠道。尽管亚洲国家距离建立统一货币还有很长的路要走,但是亚洲国家金融货币合作的加强,势必会削弱美元在亚洲的影响和地位。因此,当初日本政府提出建立"亚洲货币基金"的设想时,就曾遭到美国的公开反对。美国真正担心的乃是美元霸主地位的削弱,如果亚洲有了共同货币,美元在亚洲经济区内的影响力势必削弱,这显然是美国不愿看到的。参见:潘锐. 国际货币多元化已成必然[N]. 东方早报 2011-8-19.

Ⅲ 澳大利亚在1897年采用了自己的货币,但仍维持与英镑的联系。其他英联邦国家则在1969年英镑贬值后分别退出了英镑货币联盟。参见:John Chown, Massimo Beber and Geoffrey E. Wood,How to rescue European monetary union, Iea Economic Affairs June 1998.

Ⅳ 在20世纪末和21世纪初,尽管人们几乎都认为美国经常账户的赤字最终必将终结,并且这种终结必将导致美元的贬值。但也有人认为这个过程将是一个缓慢的过程。甚至有人认为,由于一些主要中央银行(主要在亚洲)为维持与美元的固定汇率而大量购买美元,从而会促使世界货币体系进入布雷顿森林体系第二阶段。参见:Paul Krugman,Will there be a dollar crisis?,Economic Policy July 2007,Princeton University,Printed in Great Britain © CEPR, CES, MSH,2007.

Ⅴ 美国贸易法中著名的"301条款"是美国《1974年贸易法》第301条的俗称,一般而言,"301条款"是美国贸易法中有关对外国立法或行政上违反协定、损害美国利益的行为采取单边行动的立法授权条款。它最早见于《1962年贸易扩展法》,后经《1974年贸易法》、《1979年贸易协定法》、《1984年贸易与关税法》,尤其是《1988年综合贸易与竞争法》修改而成。该法直接授予美国总统对符合一定条件的国家进行报复的权利,例如中止贸易优惠、贸易制裁和征收关税等。参见:瓦西里斯·福斯卡斯,比伦特·格瓦伊. 新美帝国主义——布什的反恐战争和以血换石油[M]. 薛颖,译. 北京:世界知识出版社,2006:9.

Ⅵ 值得指出的是,这种单纯从市场角度理解货币的观念被古德哈特定义为货币的M理论(Metallist),他认为对货币的认识更接近历史经验事实的是货币的C理论(Cartallist),也称为"货币的国家理论"。C理论认为,货币的起源和私人部门为最小化交易成本的经济活动根本无关,而是和主权国家紧密联系在一起,是货币发行当局的权力(Power)决定了货币的使用,一种物品成为货币并不在于其材质是金银还是纸张,而是在于其上面印刻的国家主权的标记,货币背后是国家的信用和权威。货币的出现和主权国家获取财政收入的活动密切相关,统治者引入货币一方面使得征税变得容易(税收货币化),同时也便利了国家的公共支出(实物支出变为货币支出),这种便利性客观上也减少了私人部门之间的交易费用。政府强制要求用货币上缴税款的规定使得社会对货币的需求加大,由于政府垄断货币发行,它又可以向社会注入基础货币,从而获取丰厚的铸币税收入。参见:①劳伦斯·H·怀特. 货币制度理论[M]. 李杨,等,译. 北京:中国人民大学出版社,2004:2;②Charles A. E. Goodhart"The Two Concepts of Money: Implications for the Analysis of Optimal Currency Areas",European Journal of Political Economy,Vol. 14,1998,pp. 407-432. ③赵柯. 货币的政治逻辑与国际货币体系的演变[J]. 欧洲研究,2011(4):52.

---

① 马克·布劳格. 经济学方法论[M]. 石士钧,译. 北京:商务印书馆,1992:252.

② Russell Davidson and James G. MacKinnon. Foundations Of Econometrics by Oxford Press, 1999:177.

Ⅶ　因此,1957 年 3 月 25 日的《罗马条约》现在被视为欧盟的"出生证明",这一天也就成了欧盟的法定"诞生日"。

Ⅷ　其中,塞浦路斯岛国人口不足 1 百万,经济总量约占欧盟的 0.2% ,其原有货币塞浦路斯镑(1878 年由英国引入)与欧元的兑换比例为 1 欧元 =0.585 274 镑. 参见 Shanghai Daily, 1 January 2008, P4.

Ⅸ　黑田东彦在亚洲管理学院作讲演时说:"我仍然相信,整个亚洲,特别是东亚地区,应当努力实现形成货币联盟的长远目标。"参见:编者,黑田东彦在亚洲管理学院作讲演[N]. 第一财经日报,2005-11-2.

Ⅹ　所谓"'贫困化增长'是二战后 50 年代中期经济界提出的一项重要命题。当时人们发现,在国际贸易存在的情况下,经济增长虽然会由于产出的增加而导致出口的增长,但与此同时,本国的贸易条件以更大的幅度下降,这反而造成了本国居民收入水平和消费水平的下降。这就是所谓的'贫困化增长',也称普雷维什—辛格命题。"参见:王如忠. 贫困化增长——贸易条件变动中的疑问[M]. 上海:上海社会科学院出版社,1999:1.

Ⅺ　据德国 N-TV 电视台网站 2014 年 7 月 28 日称,阿根廷正在拖延该国其实并不拥有的时间:本周初,该国国债价格下跌到 5 周以来的最低水平,13 年内可能出现的第二次国家破产的倒计时钟正在滴答作响。其发行的每 1 美元票面价值的 2033 年到期的国债下跌到 81.375 美分。而 7 月 24 日投资者在二级市场上还以 90 美分的价格购买了该债券。阿根廷原本在 6 月 30 日就该为两种债券付息 5.39 亿美元。在这个南美国家被宣布为"技术上无偿还能力"之前,30 天的"宽限期"马上就要到期。杰弗里斯公司的一项调查显示,57% 的投资者预计阿根廷将再度出现国家破产。参见:德国 N-TV 电视台网站 7 月 28 日摘. 外媒:阿根廷无力还债再度濒临破产[N]. 参考消息,2014-07-30(4).

Ⅻ　2014 年 7 月 25 日,北大发布《中国民生发展报告 2014》,报告指出,中国财产不平等程度在迅速升高,1% 的家庭占全国超 1/3 财产,而 25% 的家庭仅拥有约 1% 。报告称,城乡差异和区域差异等结构因素是造成财产不平等的重要原因,体制内家庭财产水平明显高于体制外家庭,增长幅度也更高。该报告在国际前沿的研究视角下,对当今中国社会热点问题展开研究与探讨。报告的内容包括中国家庭的财产、消费模式、医疗开销与负担、家庭经营与自雇、住房、主观幸福感六项子议题。该报告对这些议题的探讨为理解当今中国社会打开了窗口,客观地展现了无数家庭与个人在中国社会经济变迁浪潮中的得与失,折射出中国经济增长带来的机遇与挑战。参见:北京大学中国社会科学调查中心. 北大最新报告:中国 1% 家庭占有全国三分之一以上财产//中国民生发展报告 2014. 人民网,2014-7-26.

XIII　有学者认为,由于国际货币体系具有全球公共产品的特征,对国际货币体系的改革相当于提供全球公共产品。在全球公共产品的提供过程中,存在着各个利益集团集体行动的困境。从国际货币体系的演变历程可以看出,历次国际货币体系的改革或新的国际货币体系的形成,最重要的原因是有英国、美国这样的"领袖"或"霸权国"的牵头,才走出了集体行动的困境。当前,国际货币体系在危机后表现出明显的负外部性,但由于各个利益集团之间的利益冲突,集体行动的困境问题无法得到根本解决,因此短期内无法进行颠覆性的改革,只能进行局部的调整和完善,需要各国的合作,尤其是发展中国家的积极参与。参见:杜朝运,叶芳. 集体行动困境下的国际货币体系变革——基于全球公共产品的视角[J]. 国际金融研究,2010-10:21.

XIV　柏拉图(Plato,公元前 427—前 347 年)的《理想国》中设计了一个真、善、美相统一的政体。他认为,国家就是个人的放大,而个人就是国家的缩小。在他看来,人的灵魂有三种:理性、意志和性欲;与之相适应的有智慧、勇敢和节制三种道德。如果这三个部分协调一致,就体现了人的第四种道德:正义。一个国家也是如此,统治者、卫士和群众这三个阶层各有自己的职能,各具自己的德性。如果这三个阶层安守己位,各司其职,则国家就达到了和谐和公正,社会处于最佳状态。参见:姚丽萍,刘琳. 世界名著速读[M]. 北京:中国书籍出版社,2004:22.

XV　有学者认为,关于国际货币的确定,主要是两种观点:多元化还是超主权货币,即由更多的国家货币来分担美元的全球货币地位,还是建立全球超主权货币的单一货币。"欧元之父"蒙代尔认为应融合美元、欧元、日元、人民币和黄金,先组成一篮子货币并以此为平台,其他货币与此挂钩,以后逐渐演变成一个超主权国家的世界货币。因为以美元为主导的国际货币体系已在世界经济范围内引发了一场又一场的"货币战争",说明当国际货币发行国长期出现逆差时,这种货币就不再合适充当国际货币了。而其他国家的货币在目前状态下又不能单独取代美元成为主要的国际货币。因而创造一种与主权国家脱钩的国际货币,就是最佳选择了。更多人则认为:超主权货币或许只能是一种方向,这是因为主权国家统筹着自己的财政,超主权货币是一个没有直接财政保证的货币。因此,目前的主权财政形式也就决定主权货币必然是主要的国际货币形态。参见:宣文俊. 国际货币体系改革与人民币国际化[J]. 上海经济研究,2009(12):38-39.

XVI　美国学者詹姆斯·里卡兹(James Rickards)在《谁将主导世界货币?》一书中认为,世界货币体系将会出现四种变化:第一,将会形成多种储备货币。这意味着美国经济占世界经济的比例降低,美元在贸易和储备中所占的比例也会逐步降低。其他货币,如欧元和人民币,将逐步增强,最终形成多种储备货币并立的格局。第二,形成一种独立于各国货币之外的世界货币。在布雷顿森林会议期间,凯恩斯就曾提出建立一种超国家货币,称为 Bancor。这一主张毫无悬念地被美国否决了。

然而,时过境迁,如今美国的经济不再像二战结束时那样强势,而且其他国家也吃到了美元泛滥的苦头。一些国家重新提出构建独立的世界货币。第三,回归某种形式的金本位。古典金本位时代,以及布雷顿森林体系下二十多年的繁荣,总是让一些学者心向往之。里卡兹提出,一些金本位的劣势,比如难以控制的货币供给,以及通货紧缩的倾向,都是可以通过政策手段弥补的。而金本位本身的优势,则可以保证世界货币体系长期的稳定。第四,全球性金融崩溃。此后既可能是大乱后的大治,也有可能是人类文明彻底的沉沦。里卡兹认为,某种改进版金本位制度应该是最佳选择。参见:里卡兹．谁将主导世界货币?[M]．常世光．译,北京:中信出版社,2012-7. 转引自:冷哲．世界货币三分天下．上海书评//东方早报,2014-5-18(5).

XVII 蒙代尔说,纵观世界历史,世界大国都拒绝创建世界货币。没有一个帝国国家曾提议或建立过世界货币。以英国为例,19 世纪法国与美国曾提议创立一种世界货币,采用固定的汇率,即 25 法郎 =5 美元 =1 英镑,但当时的超级大国——英国,拒绝了这一方案。同样,在创建布雷顿森林体系的时候,美国也拒绝了创建世界货币的提议,但美国最终同意设立特别提款权,作为稳定世界货币体系的基础。实际上,美国也承认了创立一种世界货币是有必要的,但却拒绝发行实质的货币,特别提款权也只是象征意义的,美元仍然保留着其卓越的地位。如今,在美元仍处于顶峰的时候,特别提款权不可能成为真正意义上的世界货币,也不会出现其他形式的世界货币。但蒙代尔还认为,创建世界货币是一个在历史上已多次提及的设想。在当前世界经济的格局中,美元和欧元合并为一种货币,可以成为新的国际货币体系的"支柱货币",并扮演世界货币的角色以维护世界经济的稳定。与此同时,我们应该关注到众多发展中国家在经济上的持续成长,尤其是中国。经济上的壮大必然改变国际货币体系中的实力对比。随着经济的发展,人民币在未来将逐渐赶上日元,有望成为继美元、欧元之后的世界第三大货币。如果人民币实现可兑换,将会形成人民币—美元—欧元三者合并更大的货币区,中国也可以成为国际货币体系稳定机制的一个组成部分,在国际货币体系中发挥更为重要的作用。参见:罗伯特·蒙代尔．论国际货币体系的重建——基于创立世界货币的设想[J]．厦门大学学报(哲学社会科学版),2012(1)1-7.

XVIII 里卡兹认为,在古典金本位制度最后的一些年份,或者说第一次货币战争之前的一段时间里,发生了一些事情,促成了第一次货币战争的发生。主要是三件事情。第一,1907 年美国发生了金融大恐慌,最后由摩根摆平,但政府担心今后出现类似事情,需要有一个统筹全局的机构兜底,因此拟定计划设立央行,最后在 1914 年设立了美联储;第二,1914—1918 年的第一次世界大战;第三,1919 年巴黎和会,英法等国考虑到巨大的战争支出,希望由战败国承担,此外战争时期产生了各个协约国之间的相互欠债,也导致了信用的紧张。他认为,此后全球发生了三次货币战争:

(1)1921—1936 年的第一次货币战争。货币战争的肇始,往往是国内经济的萧条,消费和投资锐减,而政府支出依赖于税收,在税收无法提高的情况下,促进出口是唯一选择。促进出口的一剂强心针就是降低汇率,打货币战。这种行为引发的效果是复杂的,尤其是在当今时代,某国的产业链分布于全球的时候,汇率的低估一方面降低出口价格,一方面增加进口成本,两者相抵,则没有效果。此外还有一个严重的负效应,那就是竞争性贬值。在 1921—1936 年的过程中,由于经历了第一次世界大战的重创,世界经济经历了高负债、高失业、低增长的窘境。1921 年德国首先发难,进入恶性通胀,而后 1923 年法国入侵德国的鲁尔工业区获得资源从而抵偿赔款,同年德国采取替代性货币,称地租马克,即以土地作为背书发行的新货币,后又发行新马克,以黄金背书,从而才稳定了币值。1925 年法郎贬值,获得了对英国和美国的出口优势。1924—1929 年,德国摆脱了贬值阴影,开始进入快速扩张,赶超英美。1931 年英镑脱离黄金,开始贬值。1933 年,希特勒崛起,逐渐退出世界贸易,而其经济基本上能够自给自足。同年,美元对黄金贬值。1936 年法郎脱离黄金。至此,一轮接着一轮的货币贬值展现在眼前。第一次货币战争的主题曲就是"竞争性贬值",由于各国的国内市场都十分萎靡,因此促进出口成了唯一选择。1922 年的热那亚会议上,"金汇兑本位制"推出。这一制度与黄金本位制的最大区别在于,个别国家的外汇结余将被视为黄金。这一体系本是为了将黄金的价值稳定特点和纸币易于交易的特点结合起来,而结果却证明这一做法使两者的缺点结合在了一起。由于央行体系在 1920 年之后纷纷建立,使得货币战争从汇率操纵,变相成为了利率之争。当某一顺差国获得了许多外汇结余之后,相对应的逆差国应当提高利率,形成国内通缩的环境,从而让自己的产品更有竞争力,以促进出口。但是出于种种国内因素,逆差国没有采取这一措施,反而使得逆差越来越大。这一过程的不稳定性体现在,原本平衡贸易的"游戏规则"被打破了。由于央行的出现,在贸易中起决定因素的就不再仅仅是汇率的水平了,而是加入了国内的就业因素、通胀因素等,最终体现在央行所采取的货币政策,即利率高低上面。在央行成立之前,也正是亚当·斯密的"看不见的手"的理论盛行的年代,这时候人们认为放任是最好的促进经济的方法。但是,1907 年的危机使得凯恩斯理论,即政府干预,成为主旋律,从而利率控制成为贸易政策的主基调。在这个时候,贸易不平衡,由于与某些国家的国内政策相冲突,从而变成一个突出的问题,这一点与历史上的古典金本位时代的特征形成最大的不同。

(2)1967—1987 年的第二次货币战争。随着二战结束,1944 年布雷顿森林体系建立。1944—1973 基本上是低通胀、低失业、高增长的经济环境,然而直到 1964 年,这一体系便已经暴露出了不稳定性。1945 年英镑在全球的外汇储备占比中高于美元,但是到了1965年就只有26%的份额了。1964年以后,英国的国际收支变成负数,而之前积累的其他国家对于英镑的债券已经达到英国黄金储备的4倍多,如果这些国家同时要求兑换,则英国很有可能陷入银行挤兑危机。这一危机,最终在1967年触发,英镑遭到抛售,纷纷买入黄金。而此时的美元正极力维护英镑的币值,因为它担心这种挤兑产生连锁反应,此时的美国正经历和英国一样的情况,高贸易逆差、高通胀率。1967年英镑的贬值,象征着第二次货币战争的开端。到了1968年,黄金市场中的黄金以每小时30吨的速度流出,伦敦黄金市场的价格是每盎司40美元,而美国此时仍然维持35美元每盎司的价格,因此许多黄金从美国纷纷流出,通过伦敦黄金市场出手。1969年,由于黄金的异常交易,IMF采取了"黄金短缺理论"的说法,即这些年黄金产量几乎没有增长,但世界的货币增长已经很快,因此发行了SDR,来作为纸黄金与货币相对应。之后1971年,尼克松上台之后,美国随即采取贬值措施,显示尼克松冲击,对进口征收10%的关税,并关闭黄金窗口,这相当于美元对所有其他货币贬值10%,比直接脱离黄金的效果来得更显著。此后,《史密斯协定》签署,美国的贬值正当化。1972年英镑贬值,德国马克和瑞士法郎遭到恐慌性买入,德国甚至采取资本管制以制止货币升值。直到1973年,IMF宣布布雷顿森林体系崩溃。美国在此之后的1973—1981年经历了3次衰退,在此期间,油价翻了两倍,黄金价格涨了15倍。先前寄希望于通胀解决失业的做法,没有起效。正是在这段时间,一个名词被发明用来形容美国的高通胀、高失业率并存的局面,即"滞胀"。直到1981年沃尔克上台,担任美联储主席,采取休克疗法,将联邦基金利率调高至20%,这种高通胀的局面才得到抑制。这一措施还产生了较好的效果,导致1983—1985年美国的GDP连续三年累计增长16.6%。到了1985年,美国的贸易不平衡始终没有解决,最终通过签订《广场协议》,通过对日元与马克的贬值得以解决。在此过程中,之所以以协议的形式,而非操纵外汇市场的方式贬值,主要是因为在80年代中期,美国经济步入增长势头,美元受到欢迎,因此如果不以协定的方式进行贬值的话,很难使得美元贬值。这一行为的结果是美元对法郎贬值40%,日元贬值50%,马克贬值20%。1987年,《卢浮宫协议》意在把美元稳定在更低的水平,黄金从此在国际金融中消失,国际经济态势开始缓和,但是,并没有建立更有建设性的货币体系,所有的信心都建立在对于美国经济和美元强势的基础上,而并非更加实质性的东西上。至此,第二次货币战争结束。

(3) 2010起的第三次货币战争。一个世纪中,世界遭受了三次货币战争。这一次的危险不在于任何一个国家的经济问题,而是在于纸币的全线败退,人们对于纸币的信任危机,最终导致对于硬通货的追逐。第三次货币战争分为三个主要的战区,主要是中美的太平洋战区,欧美的大西洋战区,和中欧之间的欧亚战区。对于中美之间的问题,主要体现在人民币低估,和对美国进行输入性通胀的问题上,而美国采取的策略就是超低利率,从而避免通缩与失业。1975年,周恩来提出4个现代化建设,这一进程在1976年两位领导人去世以及"四人帮"的扰乱而暂时中止。到了1979年,邓小平上台,批准了4个经济特区,随后在1984年又陆续批准更大的开发区规划。早在1983年,中国的人民币币值是大幅度高估的,为2.8元兑换1美元,这样有利于改革开放过程中,中国进口稀缺物资。在随后的10年,一直到1993年,人民币6次贬值,最终达到5.32。1994年,中国施行外汇改革,最终人民币一次性贬值至8.7。随后1997年至2004年,人民币汇率盯住美元始终保持了8.28的水平。2005年迫于国际压力,人民币开始进入升值的进程,从8.28升值到8.11.随后,2008年到达6.82,而后人民银行将汇率的水平一直保持在6.83。最后2010年,人民币开始第二轮重估,2011年8月升值到6.4。事实上,中美之间的贸易互相依赖只是从2002年才进入快车道的。也正是在2002年,格林斯潘开始了他的低利率试验,这在某种程度上就是为了抵消中美贸易的日益加强而导致的中国对美国输入的通缩压力。对于欧美和中欧战区来说,欧洲和美国之间更是超过互相依赖的关系,它们之间的金融贸易程度之深,使得2008年金融危机的传导是如此的直接。欧元与美元之间的汇率波动,更像是一些技术性扰动,反映了短期的供求,但是从大的方面来看,两者之间的汇率不可能脱离很远以及很长时间。而中国和欧洲之间的关系,由于欧洲是中国的最大出口地区,因此欧元的解体会对中国造成不小的影响。中国处于自身的利益,希望维持欧元区的统一,因此如希腊、爱尔兰等国,一旦脱离欧元区,那么它们的货币币值早已被低估,这时候中国的出口就会受到影响。除了上述三个主战区之外,世界的各个角落都进行着小规模的汇率战役。其中,巴西就是引人注目的一个国家。1994年前,巴西采取与美元挂钩的策略,但是直到1994年12月,遭遇龙舌兰酒危机,1995~1997两年的时间,雷亚尔对美元贬值30%。值此之际,1997年亚洲金融风暴到达巴西,在IMF的敦促之下,巴西采取了自由浮动加上开放资本账户的做法,来避免金融崩盘。此后一直到2002年经济都没有恢复,最后IMF采取援助措施。2003—2010年,卢拉达席尔瓦上台,推动经济改革,巴西的自然资源出口大幅增长,技术和制造都有明显的进步,飞机制造业则更是一枝独秀。在经济的支撑下,2009—2010年,巴西兑美元的汇率从2.4升至1.69,两年时间升值40%。但这一升值导致了制造业极其痛苦,巴西的外贸平衡也被打破,从对美国150亿美元的顺差,变成60亿美元的逆差。到了2010年,升值问题得到抑制,但是随着美元的量化宽松,为了维持低汇率,国内必须增发货币,从而引发了国内的通胀压力。同时,巴西由于缺乏中国所拥有的储备和盈余,不能够通过简单买入进入国内的美元来维持外汇市场上的强势美元。因此,巴西在通胀与升值之间进退维谷,直至巴西领导人在2010年抛出新一轮汇率战即将打响的言论。参见:①里卡兹.谁将主导世界货币?[M].常世光.译,北京:中信出版社,2012-7.转引自:冷哲.世界货币三分天下.上海书评//东方早报,2014-5-18(5)。②YeTI.谁将主导世界货币?豆瓣读书,2013-11-19;

XIX 对此,也有学者有不同的观点。比如,中国学者陈彩虹等提出两个关于统一货币的假说(或者说是猜想)。假说之一:统一货币的基础在于真实价值的存在和统一,即由一家世界或是区域中央银行统一货币发行需要真实、统一的价值基础,这种基础不是归于黄金价值物之上,就是归于其他价值物之上,人类“创造”的他种非物质体的“价值符号”类东西,不能作为统一货币的基础。假说之二:世界或是区域范围内统一货币并不一定需要不同成员国经济差别的消灭这个前提,经济“趋同”对于货币的统一没有意义。相应地,只要货币统一的价值基础是牢固的,统一货币的经济前提条件完全可以简化,要求各成员国经济条件的“趋同”是对于统一货币问题的理论误解。我们首先寻求历史的、经验的支持。上面讨论表明,二战之后为解决国际货币关系中的混乱状况而形成的国际货币基金组织,就是为了推进某种意义上世界性的统一货币进程的。就它起源的经济思想来看,都以黄金作为建立基金的基础,这就将所有成员国发行的不同通货统一到了黄金价值之上;同时,国际货币基金组织要求各成员国建立外汇平价制度,相对固定国别通货与黄金的价值关系,明确了各种国别通货之间的市场兑换关系,由此产生的不同货币之间的固定汇率,也就是某种意义上的统一货币关系。因此,国际货币基金组织的历史,是一部试图统一世界货币的历史,而其最初的尝试,没有离开过对于货币统一的真实价值基础问题。而其他关于国际货币统一的一些理论与方案的讨论,如特里芬的建立世界中央银行制度,弗里德曼的完全货币自由化的选择方案等(唐·帕尔伯格,1998 年),没有直接地涉及经济差别的问题,但却都涉及统一货币的价值基础问题。建立世界性的货币基础是什么,这是任何一种国际货币制度的方案都必须考虑的,没有价值与经济基础的货币,必定是一种没有真实信用性的货币。一旦现代货币的运动超过了货币发行者口头与书面的承诺能力,那么,它就必须由真实的价值物来保卫,就必须有黄金或是坚实可靠的商品劳务价值基础来支持。参见:陈彩虹．关于统一货币问题[J]．经济研究,1998(10):59-63.

XX 中国学者禹钟华、祁洞之还提出了关于国际货币体系的理想设计的几项原则,与本书作者在《财富本源与世界统一货币》一书中的基本设想,包括“一个世界一种货币的若干前提”、“世界统一货币的供给及兑换”、“世界中央银行的设立及其政策”等思路比较相近。这几项原则包括:一是公共性原则。国际货币体系应该是纯粹的公共产品,体现公平、中立、效率,杜绝财富效应,任何国家都不应该从中牟利。二是价值保证原则。国际货币要由商品来保证价值,货币是实体价值的抽象形式,要以实体价值为基础。向世界发行货币,也必须面向世界生产,生产规模要与货币发行规模相适应,因为货币最终要由商品来兑付。三是安全、秩序原则。建立国际金融监管机制,建立、健全国际货币的发行、流通、循环机制;维护国际货币的价值稳定;规范资本流动,视恶意金融攻击为非法。四是人文原则。以人为核心,而不是以资本为核心,更多地关注人的发展、文化的发展,摈除资本主义强者为王的丛林原则,遏制资本唯利是图的贪婪本性。五是民主、自由原则。国际货币体系应摈弃霸权,实现平等、开放、民主、自由,实现良性互动,保证国际货币体系的可持续发展。参见:禹钟华,祁洞之．国际货币体系演化的内在逻辑与历史背景——兼论国际货币体系与资本全球化[J]．国际金融研究,2012-9:9-10.

XXI 经由 SDR 来过渡到世界统一货币似乎是一条可行之路。比如有学者认为,改造现有的特别提款权(SDR),使其真正成为支付货币,从而以某种为世界各国普遍接受的“一篮子货币”取代现有以美元为主的货币体系,不失为一个可行的方案。具体来讲就是建立以“一篮子货币”为核心的新布雷顿森林体系。一篮子货币的选择要进行探讨,可以综合考虑一国的 GDP、贸易、储备、人口及其在世界上的占比等因素来确定。这个 SDR 虽然是不成熟的方式,但到目前为止也是一个可供参考和可供选择的有效办法之一。其他方案的可行性就更低了。当然要想美国放弃以美元为中心的国际货币体系是极其困难的,但目前我们也不具备放弃这种体制的经济基础和政治基础。因此这个体制还会维持一段时间。参见:李若谷．国际货币体系的重构与国际资本市场发展前景[J]．中国货币市场,2009-1:12. 再如,英国皇家国际事务研究所(Chatham House)主张在一个多元的世界经济体系中建立一个多币种的储备体系,同时更广泛地运用国际货币基金组织发行的特别提款权(SDR)。参见:Beyond the Dollar: Rethinking the International Monetary System, A Chatham House Report, Edited by Paola Subacchi and John Driffill, March 2010. 转引自:陈绍锋．后危机时代国际货币体系将走向何方?[J]．国际政治研究(季刊),2011(2):25.

XXII 也有学者认为,绝对意义上的超主权国际储备货币类似于欧盟单一货币——欧元,若将此范围扩大至全球,则形成“地球元”。此时,所有其他主权货币不再存在,各国失去货币政策主权,统一的国际最后贷款人实行统一的货币政策,各国央行只是执行货币政策的分行。此时的货币政策的调节基础是世界各国经济总和。因为不存在可交易的其他货币,无交易对手,国际外汇交易市场消失。因此,货币政策操作上根本不存在汇率协调、币值稳定的目标。全球生产要素完全流动,全球各国生产力水平趋同。各国经济发展不平衡的解决手段是货币政策以外的财政政策、产业政策等,极其类似于世界各国实现社会“大同”的情形。因此,这种绝对意义上的超主权只能是人类社会的共同理想。人类社会从未出现过这种超越所有主权的国际货币体系,目前的全球政治、经济的实际发展状况距离这种理想社会还太遥远。参见:曹红辉,周莉萍．国际货币体系改革方向及其相关机制[J]．国际金融研究,2009-9:8.

第7章　基于爱因斯坦能量本位的世界统一货币与人类命运共同体

前六章的基本观点主要是基于两位伟大的先哲，即马克思和爱因斯坦的相关理论而写的。这是因为作者坚信马克思对人类社会未来文明的发展指明了一个方向，而爱因斯坦则为人类完整认识自然规律指点了迷津。但鲜为人知的是，在冥冥之中，这两位先哲的思想还存在着不同时空的交集。比如，主要研究社会科学规律的马克思曾提出科学技术是生产力的一部分、生产力中包含科学的论断，强调科学技术是生产力和社会发展的强大动力。而主要研究自然科学规律的爱因斯坦则不仅在反对民族主义、反法西斯的斗争中，而且在为争取各国人民之间的谅解和持久的和平斗争中，同马克思主义者的观点是一致的，甚至在争取建立一个没有苦难的、平等的社会制度上也是如此。① 1947年，爱因斯坦还曾在纽约联合国大会上宣称："今后若干年内，自然科学家的态度将决定人类文明的命运。人类终于懂得，当前的任务是什么，就是寻求谅解，为的是实现各国人民间、不同信仰的各民族的彻底谅解。"②而爱因斯坦的这些表述，与当今人类命运共同体所要体现的主要内涵非常贴近。由此，在探讨"基于爱因斯坦能量本位的世界统一货币与人类命运共同体"这一命题时，回顾爱因斯坦的统一场理论和马克思的共同体理论，并由此延及对人类命运共同体的展望，是一种比较合理的思路。

7.1　共同体与人类命运共同体

如果说，"道德"两字是指通过行为规范和伦理教化来调整个人之间、个人与社会之间关系的意识形态，那么对"道德"两字的一种深刻理解可解析为："道——自然万物运行的规律""德——遵循自然规律行事"，人们只有先做到有"德"遵"道"，才能做到尊崇自然，天人合一。而就自然界"道"的方面而言，人们已经发现自然界的微观粒子之间仅存在四种相互作用力，即万有引力、电磁力、弱相互作用力、强相互作用力。而统一场理论正是研究这四种力之间的联系，试图寻找能够说明和解释这四种相互作用力的统一模型。最早提出统一场理论的科学家正是爱因斯坦。早在20世纪20年代，他就开始寻找一种统一理论来解释相互作用力，并希望以此来解释一切物理现象。他认为"自然界应当满足简单性原则"，"统一"是自然科学中一个最基本的法则。1937年，爱因斯坦从广义相对论的引力场方程推导出运动方程的结论，进一步揭示了空间、时间、物质、运动之间的关系和统一

① F·赫尔内克．爱因斯坦传[M]．杨大卫，译．北京：科学普及出版社，1979：62－63.

② F·赫尔内克．爱因斯坦传[M]．杨大卫，译．北京：科学普及出版社，1979：90.

性。应该说，广义相对论的重要意义，不仅仅在于论证了一些微小的效应，还由于它使整个物理学的理论基础大为单一化了。[①] 1962 年，温伯格和萨拉姆在各自领域独立地将弱相互作用与电磁相互作用统一起来，预言了几种新的粒子，并因此获得 1979 年的诺贝尔物理学奖。1983 年，欧洲核子研究中心找到了这些粒子，完全证实了弱电统一理论。在弱电统一理论取得重大进展的同时，围绕引力子（重力子）的研究也取得了进展。应该说，在微观粒子中，引力子是爱因斯坦统一场理论的核心。引力子永远相吸，作用范围无限大，并以无限多的型态出现。从 1974 年到 1978 年底，相继有科学家在波多黎各用天文望远镜对 15 000 光年远的射电脉冲双星进行观测，2015 年 LIGO 合作组织两次探测到引力波信号，都证实了引力子的存在。同时，超弦理论认为，自然界中的各种不同粒子都是一维弦的不同振动模式。弱电统一理论的成功和超弦理论的提出，验证了相互作用统一思想的正确性，换句话说，人类正在不断接近自然界统一场理论的完美模型。而就人类“德”的方面而言，纵观人类社会发展史，无论是在文化、教育、宗教领域，还是在经济、政治领域，人们似乎一直在寻求某种“统一场”。甚至可以说，早在物理学家探索自然界的统一场理论之前，人类已经在探究自身的“统一场”问题，并逐渐形成了社会统一场理论，而这种理论正是以“共同体”思想为表现形式和主要载体的，并一直延续至今。[②]

7.1.1 共同体的范畴

“共同体”是被广泛应用于哲学、政治学、社会学、人类学等的一个重要概念。关于该词语的来源，一种说法是该词语出自拉丁词汇 Communit（团体）；另一种说法是该词的真正源头和 Common（普通的，公共的）一样是 Communis（共同）一词。亚里士多德认为“共同体”（Community）表示一种具有共同利益诉求和伦理取向的群体生活方式。[③] 而在马克思的著作中，“共同体”的原文是“Gemeinwesen”（意为共同体，共同本质，公社），俄文版则译为社会联系。[④] 同时，根据中国百科网的解释，共同体（Community）一词最普遍的意义是“社会”，原义是指“团体”。[⑤] 德国社会学家费迪南 · 滕尼斯（Ferdinand Tönnies，1855—1936）认为“共同体”与“社会”都属于人类的共同生活形式，但只有“共同体”才是真正的和持久的共同生活。而“社会”不过是暂时的和表面的共同生活。[⑥] 美国社会学家罗伯特 · 尼斯贝特（Robert A. Nisbet）认为，“共同体”这个群体意味着在共同的地域中生活，“这些社会关系以高度的个人亲密性、情感深度、道德承诺、社会凝聚力以及时间上的连续性为特征。”[⑦]此外，根据《现代汉语大词典》的解释，共同体的定义分为两种：一是人们在共同条件下结成的集体；二是由若干国家在某一方面组成的集体组织。如：欧洲共同体。[⑧]

---

① F · 赫尔内克．爱因斯坦传[M]．杨大卫，译．北京：科学普及出版社，1979：56.

② 李后强，黄进．从统一场理论到人类命运共同体思想[J]．中国浦东干部学院学报，2017－1：114－115.

③ 亚里士多德．尼各马可伦理学[M]．廖申白，译．北京：商务印书馆，2003：51.

④ 译者注//马克思．政治经济学批判//马克思恩格斯全集：第 46 卷[M]．北京：人民出版社，2016（数字版）：172.

⑤ 参见中国百科网，http://www. chinabaike. eom/z/shenghuo/kp/2016/0605/302423. html.

⑥ 滕尼斯．共同体与社会[M]．林荣远，译．北京：商务印书馆，1999：54.

⑦ Robert A. Nisbet. The Sociological Tradition[M]. London：Heinemann Educational Books，1970：48.

⑧ 阮智富，郭忠新．现代汉语大词典（上卷）[M]．上海辞书出版社，2009：413.

由此可见,虽然国内外学术界关于共同体的研究由来已久,但至今仍没能给共同体赋以清晰定义,诚如长期致力于共同体研究的英国社会学家科林·贝尔(ColinBell)和美国社会学家霍华德·纽拜(HowardNewby)所言:“什么是共同体? ……我们将看到,这可以解析出超过90个共同体的定义,而它们之中的唯一共同要素就是人!”①

7.1.2 原始共同体及其形成的原因与走向

本书作者认为,共同体是人类社会发展过程中的一种以人为共同要素的群体存在形态,若要深入研究共同体究竟是什么,就必须结合三个问题来展开:一是原始共同体如何形成与破裂的? 二是为什么会形成共同体? 三是共同体的未来走向应怎样? 为求理论阐述系统性、完整性和连贯性的统一,本章将以上述三个问题为主轴线按序展开,主要根据马克思在相关著作中关于共同体问题的阐述,并结合其他学者的观点佐证来进行分析。

7.1.2.1 原始共同体是如何形成与破裂的

如果说古希腊是西方文明的摇篮,人类对自身存在的种种反思都可以在古希腊人的精神家园中找到理论根据的话,那么关于共同体的思想也不例外。因为古希腊的哲人们很早就看到了共同体存在的政治哲学价值,他们从城邦出发描述了个人与共同体的关系。比如,最早彰显共同体理论意蕴的柏拉图将掌握了善的“哲学王”推崇为“理想国”的统治者,而亚里士多德则坚信“人类自然是趋向于城邦生活的动物。”②他认为政治城邦是为了达到最大程度的善而组成的人类团体,并在“城邦重于个人”的意蕴中诠释了个人对共同体的利益诉求。古希腊史学家普罗塔克(Plutarch,约公元46—120年)曾把早期斯多葛主义者芝诺(Zeno,公元前333—261年)勾画的理想城邦总结为:“所有世界上的居民不应根据他们不同城市或共同体各自所区别的正义法则生活,我们应该把所有人看成属于一个共同体或城邦。”③如果说古希腊哲学仅仅包含了某种共同体思想萌芽的话,那么在卢梭(Jean - Jacques Rousseau,1712—1778)关于“社会契约论”的政治哲学思想中,则蕴含了大量共同体思想的元素,从而构成了近代共同体思想的理论渊薮。依据卢梭的理论逻辑,个人的进化即是类的退化,人的自我完善能力的发挥必然经历一个道德上的退化过程。因此,只有在依据新社会契约所构建的政治共同体中,人类才能恢复自由和平等。④ 值得注意的是,卢梭的观点与马克思的观点有很大程度的相通之处。正如恩格斯曾指出的那样:“我们在卢梭那里不仅已经可以看到那种和马克思《资本论》中所遵循的完全相同的思想进程,而且还在他的详细叙述中可以看到马克思所使用的整整一系列辩证的说法。”⑤即指“否定之否定”的致思理路。

---

① Colin Bell and Howard Newby, Community Studies: An Introduction to the Sociology of the Local Community[M], Westport, CT: Praeger, 1973, p. 15.

② 亚里士多德. 政治学[M]. 吴寿彭,译. 北京:商务印书馆,1965:113.

③ Derek Heater. Origins of Cosmopolitanism ideas[M]. Gerard Delanty, David Inglis. Cosmopolitanism, Routledge, 2011: 28 - 55. 转引自:丛占修. 人类命运共同体:历史、现实与意蕴[J]. 理论与改革,2016(3):2.

④ 康渝生,胡寅寅. 人的本质是人的真正的共同体——马克思的共同体思想及其实践旨归[J]. 理论探讨,2012(5):45.

⑤ 恩格斯. 反杜林论//马克思恩格斯全集:第20卷[M]. 北京:人民出版社,2016(数字版):153.

如果我们要正确理解马克思在《资本论》(出版于1867年7月)中所遵循的致思理路,那么重温马克思早年在《政治经济学批判"——序言》(写于1858年8月—1859年1月)中的一段自叙是十分有益的,他说:"我所得到的、并且一经得到就用于指导我的研究工作的总的结果,可以简要地表述如下:人们在自己生活的社会生产中发生一定的、必然的、不以他们的意志为转移的关系,即同他们的物质生产力的一定发展阶段相适合的生产关系。这些生产关系的总和构成社会的经济结构,即有法律的和政治的上层建筑建立其上并有一定的社会意识形式与之相适应的现实基础。物质生活的生产方式制约着整个社会生活、政治生活和精神生活的过程。不是人们的意识决定人们的存在,相反,是人们的社会存在决定人们的意识。社会的物质生产力发展到一定阶段,便同它们一直在其中活动的现存生产关系或财产关系(这只是生产关系的法律用语)发生矛盾。于是这些关系便由生产力的发展形式变成生产力的桎梏。那时社会革命的时代就到来了。随着经济基础的变更,全部庞大的上层建筑也或慢或快地发生变革。"①应该说,马克思关于共同体相关观点的阐述,尽管分列于不同的著作中,但还是可以明显看出体现上述"指导其研究工作总的结果"的"否定之否定"的致思理路。它可以解答"原始共同体是如何形成与破裂的、为什么会形成共同体、共同体的未来走向应怎样"这三个问题。

而就"原始共同体是如何形成与破裂的"这个问题而言,马克思首先是从唯物史观的角度来看待原始共同体的自然形成过程,然后才推演到社会进步的驱动力本身的。在马克思看来,人类共同体是一个不断生成和发展的过程。起初,面对万象丛生的险恶环境,人们为了维持自身的生存,人与人之间结成血缘共同体。但这种共同体的结成并不是为了社会更好的发展,而仅是为了人在自然中得以生存。同时,基于共同体所具有的共同的物质基础,也随之产生了共同体成员之间的原始社会关系。马克思在《政治经济学批判》一文中描绘说:"一旦人类终于定居下来,这种原始共同体就将依种种外界的(气候的、地理的、物理的等)条件,以及他们的特殊的自然习性(他们的部落性质)等,而或多或少地发生变化。自然形成的部落共同体(血缘、语言、习惯等的共同性),或者也可以说群体,是人类占有他们生活的客观条件和占有再生产这种生活自身并使之物化的活动(牧人、猎人、农人等的活动)的客观条件的第一个前提。土地是一个大实验场,是一个武库,既提供劳动资料,又提供劳动材料,还提供共同体居住的地方,即共同体的基础。人类素朴天真地把土地看作共同体的财产,而且是在活劳动中生产并再生产自身的共同体的财产。每一个单个的人,只有作为这个共同体的一个肢体,作为这个共同体的成员,才能把自己看成所有者或占有者。"②由此来看,原始共同体符合"是一个在一个地域上共同生活并产生出共同文化与情感的人们集合在一起的群体"的特征。③ 滕尼斯也认为"共同体"是以特定的社会关系纽带结合在一起,既含有一定物质层面的关系,也含有一定精神层面的关系。④

① 马克思. 政治经济学批判——序言//马克思恩格斯全集:第13卷[M]. 北京:人民出版社,2016(数字版):8-9.
② 马克思. 政治经济学批判//马克思恩格斯全集:第46卷[M]. 北京:人民出版社,2016(数字版):472.
③ 安博,杨佩. 人类命运共同体视域下生态共识的构建路径——从康德的目的论出发[J]. 天府新论,2018-1:2.
④ 斐迪南·滕尼斯. 共同体与社会[M]. 林荣远,译. 北京:商务印书馆,1999:95.

但马克思所描绘的原始共同体或者说是群体现象，已涉及三个层面的内涵：一是存在血缘、语言、习惯等方面的共同性。在《马克思致恩格斯（1868 年 3 月 25 日）》一信中马克思曾进一步阐述说："像上面所描写的那种日耳曼原始村落，直到如今在丹麦的一些地方还存在。斯堪的那维亚对德国的法律学和经济学，就像对德国的神话学一样，自然是非常重要的。只有从这一点出发，我们才能重新认清我们的过去。此外，甚至格林等人也在凯撒那里发现，日耳曼人总是按血族共同体集体定居，而不是单独定居的：'他们是按氏族和亲属关系一起居住的'"。[①] 再就语言本身而言，马克思说："语言本身是一定共同体的产物，正像从另一方面说，语言本身就是这个共同体的存在，而且是它的不言而喻的存在一样。"[②]二是存在共同体的共同生产资料基础（如土地、财产）。比如马克思说："财产的各种原始形式，必然归结为把各种制约着生产的客观因素看作归自己所有这样一种关系；这些原始形式构成各种形式的共同体的经济基础，同样它们又以一定形式的共同体作为前提。"[③]三是存在共同体中个体与群体的生产关系，即彼此作为共同财产的占有者。比如，马克思结合"亚细亚的所有制形式"分析道："在这种土地所有制的第一种形式中，第一个前提首先是自然形成的共同体：家庭和扩大成为部落的家庭，或通过家庭之间互相通婚［而组成的部落］，或部落的联合。因为我们可以设想，游牧，总而言之流动，是生存方式的最初的形式，部落不是定居在一个固定的地方，而是在哪里找到草场就在哪里放牧（人类不是天生定居的；只有在特别富饶的自然环境里，人才有可能像猿猴那样栖息在某一棵树上，否则总是像野兽那样到处游荡），所以，部落共同体，即天然的共同体，并不是共同占有（暂时的）和利用土地的结果，而是其前提。"[④]也就是说，天然共同体形成的初始原因是人类生存方式的改变，即由人类的某些群体，由游牧方式进化到定居方式，然后才出现共同体个体成员共同占有和利用土地的生产关系。

如果说，欧洲的情况是如此，那么美洲的情况也不例外，甚至还曾出现"一个部落联盟管理下的自治的共同体"这种形态。马克思在《路易斯·亨·摩尔根〈古代社会〉一书摘要》中曾对此具体描绘说："在新墨西哥、墨西哥和中美的村居印第安人中，狭小地区内的人口增长并未阻止分解的过程。如果有几个村落沿着一条河流而彼此邻近，则其居民通常都是出自一个共同的世系，并且处于一个部落或部落联盟的管理之下。每个村落通常都是一个独立的自治的共同体。"[⑤]值得注意的是，马克思在此所论述的"部落联盟的管理"形态的出现，就构成了马克思所阐述的原始共同体的第四层面内涵，即上层建筑的出现。从而构成了"指导其研究工作总的结果"的"否定之否定"致思理路的完整链条。

我们如果换个角度来看，由以上马克思关于原始共同体的论述中，四个层面的内涵已

---

① 马克思致恩格斯（1868 年 3 月 25 日）//马克思恩格斯全集：第 32 卷［M］. 北京：人民出版社，2016（数字版）：52.

② 马克思．政治经济学批判//马克思恩格斯全集：第 46 卷［M］. 北京：人民出版社，2016（数字版）：489.

③ 马克思．政治经济学批判//马克思恩格斯全集：第 46 卷［M］. 北京：人民出版社，2016（数字版）：502.

④ 马克思．政治经济学批判//马克思恩格斯全集：第 46 卷［M］. 北京：人民出版社，2016（数字版）：472.

⑤ 马克思．路易斯·亨·摩尔根《古代社会》一书摘要//马克思恩格斯全集：第 45 卷［M］. 北京：人民出版社，2016（数字版）：435.

经勾勒出原始共同体的四个构成要素，即，①由一定精神纽带连接的群体；[①]②一定的对应生产力的生产资料；③一定的生产关系；④一定的上层建筑。而这四个要素的归纳，与前述马克思在《政治经济学批判——序言》中的那段自叙（思想进程）是相符的。根据历史唯物主义的观点，生产力（推动社会发展的源动力）决定生产关系，生产关系的总和构成经济基础，而在一定的经济基础之上势必会产生一定的上层建筑。所以不难理解，以后人类社会共同体的发展无非是这四个要素各有侧重的演进而已，特别是关于第三个要素，即生产关系的演进是马克思理论区别于其他哲人观点的关键所在。而原始共同体一旦具备上述四个要素，在原始共同体内就会出现经济基础与上层建筑两大结构的胚芽，同时出现经济生活与政治生活两大领域的雏形。并且我们还可以设想，如果一个原始共同体是相对稳定的，那么这四个构成要素之间必然是相对平衡的。反之，如果随着四个要素各有侧重的演进打破了原有的平衡，那么就必然会导致原始共同体的破裂。这也是马克思“否定之否定”的致思理路。

由此我们也不难理解，原始共同体形成之后，随着四个要素各有侧重的演进，其内涵也会逐渐扩展到政治和军事领域。对此马克思引用德国历史学家蒙森·泰奥多尔（Mommsen，Theodor 1817—1903）[②]的话说：“正如每一户都有自己的一份土地那样，克兰户（氏族名——作者注）或村落，都有属于它的克兰土地，这些土地直到相当晚的时期仍仿照各户土地的办法进行管理，也就是采取公有制来管理……但是这些克兰组织从一开始就不被看作独立的社会团体，而是被看作政治共同体（civitas populi）的组成部分。它首先是几个同世系、同语言、同风俗的克兰村落的结合，这些村落有义务相互遵守法律，相互担负法律上的赔偿，合力攻击和防御。”[③]

同时我们也更能理解，在原始共同体形成之后，如果随着四个要素各有侧重的演进，其中有的要素虽然变化不大，比如，因信仰同一宗教，“由一定精神纽带连接的群体”这一要素没有变化甚至得到加强，而其他要素变化很大，比如，随着社会“生产力”这一要素的发展，进而导致“生产关系”及由其构成的经济基础的变化，并导致在经济基础之上的“上层建筑”的不平衡变化，也会导致原始共同体的破裂。正如恩格斯在《家庭、私有制和国家的起源》一书[I]中所说的那样：“全盛时期的氏族制度，如我们在美洲所见的，其前提是生产极不发达，因此广大地区内人口极度稀少；因此，人类差不多完全受着陌生的、对立的、不可理解的外部大自然的支配，这也就反映在幼稚的宗教观念中。部落始终是人们的界限，无论对别一部落的人来说或者对他们自己来说都是如此：部落、氏族及其制度，都是神圣而不可侵犯的，都是自然所赋予的最高权力，个人在感情、思想和行动上始终是无条件

① “由一定精神纽带连接的群体”这一要素的具体含义可参照滕尼斯的观点：“共同体内部成员相互之间具有共同的有约束力的思想信念作为共同的意志，这是把人作为一个整体的成员凝结在一起的特殊的力量。”参见：费迪南·滕尼斯．共同体与社会：纯粹社会学的基本概念[M]．林荣远，译．北京：商务印书馆，1999：71.

② 蒙森·泰奥多尔（Mommsen，Theodor 1817—1903）——著名的德国资产阶级历史学家，写有许多关于古罗马历史的著作。参见：马克思．路易斯·亨·摩尔根《古代社会》一书摘要：注释//马克思恩格斯全集：第45卷[M]．北京：人民出版社，2016（数字版）：829.

③ 马克思．路易斯·亨·摩尔根《古代社会》一书摘要//马克思恩格斯全集：第45卷[M]．北京：人民出版社，2016（数字版）：536.

服从的。这个时代的人们,不管在我们看来多么值得赞叹,但他们彼此并没有什么差别,用马克思的话说,他们还没有脱掉自然发生的共同体的脐带。这种自然发生的共同体的权力一定要被打破,而且也确实被打破了。不过它是被那种在我们看来简直是一种堕落,一种离开古代氏族社会的纯朴道德高峰的堕落的势力所打破的。"①而恩格斯在这里说的导致"脱掉自然发生的共同体的脐带"的"堕落的势力"是指:源自"最卑下的利益——庸俗的贪欲、粗暴的情欲、卑下的物欲、对公共财产的自私自利的掠夺——揭开了新的、文明的阶级社会;最卑鄙的手段——偷窃、暴力、欺诈、背信——毁坏了古老的没有阶级的氏族制度,把它引向崩溃。而这一新社会自身,在其整整两千五百余年的存在期间,只不过是一幅区区少数人靠牺牲被剥削和被压迫的绝大多数人的利益而求得发展的图画罢了,而这种情形,现在比从前更加厉害了。"也就是说,根据恩格斯的说法,毁掉原始共同体的根本原因在于因追求"最卑下的利益",用"最卑鄙的手段""少数人靠牺牲被剥削和被压迫的绝大多数人的利益而求得发展"的势力及其制度的出现,②并且这种情况在两千五百余年来越变越烈。而爱因斯坦也曾说:"压迫和剥削是人与人关系总和中最可恶的现象。"③简而言之,正是剥削者和被剥削者"生产关系"及由其构成的经济基础的变化,并导致在经济基础之上的"上层建筑"的不平衡变化,从而导致了原始共同体的破裂。

7.1.2.2　为什么会形成共同体

在为什么会形成共同体的问题上,不少哲学家、社会学家都曾对此进行过研究,并且都认为这与人的本质问题相关。比如在亚里士多德看来,从人的内在本质可以自然地引申出共同体,反过来也只有在共同体中才能体现和实现人的本质。而马克思 1844 年 7 月在《评普鲁士人的〈普鲁士国王和社会改革〉一文》中指出:"人的本质也就是人的真正的共同体"。④ 也就是说,"真正的共同体"的形成是缘于人的本质。⑤ 由此也启发我们,如果要正确理解共同体形成的原因,就有必要从理解马克思关于人的本质与共同体的关系问题开始。

首先,要说明的是,马克思对人的本质的研究也是一个不断深化的过程。依据马克思的致思理路,他对人的本质的分析是从本然意义上开始的。因为仅就本然的意义而言,马克思说:"他们的需要即他们的本性。"⑥换句话说,人的本然需要即是人的本性,在一定程度上也表征人的本质。在此如再结合马克思上述对原始共同体的有关论述,我们也可以看出,正是人的原始生存需要为血缘共同体的"自然形成"提供了实践根据。这不仅表现为人们因生存需要而与外部自然界进行的物质交换,也表现为因个体生存能力不足而产

---

① 恩格斯. 家庭、私有制和国家的起源//马克思恩格斯全集:第 21 卷[M]. 北京:人民出版社,2016(数字版):113.

② 恩格斯. 家庭、私有制和国家的起源//马克思恩格斯全集:第 21 卷[M]. 北京:人民出版社,2016(数字版):113.

③ F · 赫尔内克. 爱因斯坦传[M]. 杨大卫,译. 北京:科学普及出版社,1979:96.

④ 马克思. 评一个普鲁士人的《普鲁士国王和社会改革一文》//马克思恩格斯全集:第 1 卷[M]. 北京:人民出版社,1956:487.

⑤ 陈明琨. 构建人类命运共同体问题与对策研究[D]. 山东大学硕士学位论文,2017-5-11:7-8.

⑥ 马克思,恩格斯. 德意志意识形态//马克思恩格斯全集:第 3 卷[M]. 北京:人民出版社,1960:514.

生的人们相依为命的需要。[①] 自此以后,共同体的发展也是以人的本然需要为主轴线展开和发展的。

其次,凡是离开"本然需要"这条主轴线来看待共同体演进的观点必然是主观和偏颇的。1844 年 7 月,马克思针对德国阿尔包诺德·卢格博士的"所谓的共同体应该理解为政治共同体,即国家制度"的观点,在《评一个普鲁士人的〈普鲁士国王和社会改革〉一文》中指出,"…那个共同体是生活本身,是物质生活和精神生活、人的道德、人的活动、人的享受、人的本质。人的本质是人的真正的共同体"。[②] 在这一点上,即使后来主张把弗洛伊德主义和马克思主义结合起来的美籍犹太裔哲学家马尔库塞(Herbert Marcuse,1898—1979),也与马克思的观点有一定的一致性,并提出"性欲、情感、需求才是人的本质"的论断。[③][Ⅱ]

再次,按照马克思的致思理路,当他把研究从生产力转向与之相对应的生产关系的研究之后,就可以发现生产关系在相当程度上又具体表现为社会关系,从而认为社会关系的总和又构成人的本质,即马克思说:"费尔巴哈把宗教的本质归结于人的本质。但是,人的本质并不是单个人所固有的抽象物,实际上,它是一切社会关系的总和。"[④]值得注意的是,结合马克思提出"人的本质是一切社会关系的总和"的论断,如果我们再结合"本然需要"这根主轴线来看,问题就变成"社会关系"是否属于人的本然需要的问题,答案无疑是肯定的。应该说,这是一种认识论上的质的飞跃,正如恩格斯所说:"马克思所使用的整整一系列辩证的说法:按本性说是对抗的、包含着矛盾的过程,每个极端向它的反面的转化,最后,作为整个过程的核心的否定的否定。"[⑤]

具体来说,人究竟是否需要社会关系?关于这一问题,马克思和恩格斯在《德意志意识形态》中说:"在任何情况下,个人总是'从自己出发的',但由于从他们彼此不需要发生任何联系这个意义上来说他们不是唯一的,由于他们的需要即他们的本性,以及他们求得满足的方式,把他们联系起来(两性关系、交换、分工),所以他们必然要发生相互关系。但由于他们相互间不是作为纯粹的我,而是作为处在生产力和需要的一定发展阶段上的个人而发生交往的,同时由于这种交往又决定着生产和需要,所以正是个人相互间的这种私人的个人的关系、他们作为个人的相互关系,创立了——并且每天都在重新创立着——现存的关系。"也就是说,人与人之间的关系所构成的社会关系的总和是不以个人的意志为转移的客观存在,并且每天都在"重新创立着"。因而人与人之间的社会关系实际上是一

① 康渝生,胡寅寅. 人的本质是人的真正的共同体——马克思的共同体思想及其实践旨归[J]. 理论探讨,2012(5):46.

② 马克思. 评一个普鲁士人的《普鲁士国王和社会改革一文》//马克思恩格斯全集:第 1 卷[M]. 北京:人民出版社,1956:487.

③ 赫伯特·马尔库塞(Herbert Marcuse,1898—1979)的哲学思想深受黑格尔、胡塞尔、海德格尔和弗洛伊德(1856—1939)的影响,同时也受马克思早期著作的很大影响。早年试图对马克思主义作一种黑格尔主义的解释,并以此猛烈抨击实证主义倾向。从 20 世纪 50 年代开始,主要从事对当代资本主义的分析和揭露,主张把弗洛伊德主义和马克思主义结合起来。参见:赫伯特·马尔库塞. 爱欲与文明[M]. 黄勇,译. 上海:上海译文出版社,2012:73.

④ 马克思. 关于费尔巴哈的提纲//马克思恩格斯全集:第 3 卷[M]. 北京:人民出版社,2016(数字版):5.

⑤ 恩格斯. 反杜林论//马克思恩格斯全集:第 20 卷[M]. 北京:人民出版社,2016(数字版):153.

种本然的需要，[①]从而说明共同体的产生也缘于人的本然需要。

最后，马克思之所以得出这样的结论，是因为他认为"社会性质是整个运动的一般性质；正像社会本身生产作为人的人一样，人也生产社会。活动和享受，无论就其内容或就其存在方式来说，都是社会的，是社会的活动和社会的享受。自然界的人的本质只有对社会的人说来才是存在的；因为只有在社会中，自然界对人说来才是人与人联系的纽带，才是他为别人的存在和别人为他的存在，才是人的现实的生活要素；只有在社会中，自然界才是人自己的人的存在的基础。只有在社会中，人的自然的存在对他说来才是他的人的存在，而自然界对他说来才成为人。因此，社会是人同自然界的完成了的本质的统一，是自然界的真正复活，是人的实现了的自然主义和自然界的实现了的人道主义。"[②][Ⅲ]由此可以看出，马克思从"社会性质是整个运动的一般性质"这个命题入手，判断了人与人之间、人与自然之间所构成的不可分割与相互映衬的社会关系。简而言之，由人的本质使然，人与人之间，并借由自然作为纽带构成了社会，人自身的存在和活动均不可须臾离开社会，而一定区域内的社会往往又需要以共同体的形式存在，故而共同体的形成又成了一种必然。而就共同体与社会的区别而言，滕尼斯在《共同体与社会》一书中认为，共同体要么是建立在自然基础之上的群体（比如家族、宗族等），这些群体依靠自然的血缘关系联结在一起；要么是在历史上形成的自然联合体（比如村庄、城市）或思想联合体（朋友、师徒等关系），所有这些共同体的共性特点在于它们建立在有关人员本能的或者习惯性的共同记忆之上，是一种十分紧密的联合体。相比自然形成的共同体，社会则是一种人为建构的联合体，比如商品社会、国际社会等，社会依靠一种人为的机制比如阶级关系、族群关系、暴力关系等得以维系。[③]

7.1.2.3 共同体的未来走向应怎样

应该说，马克思在一系列著作中虽然未必是专门针对，但却在事实上解答了原始共同体是如何形成与破裂的、为什么会形成共同体这两个基础性问题，尤其是当马克思在探究原始共同体的成因和破裂的动因以后，对第三个问题，即共同体的未来走向问题的关注就会自然产生。而马克思所提出的"真正共同体""真实共同体"的概念，并设想"在真实的共同体的条件下，各个个人在自己的联合中并通过这种联合获得自由"[④]的设想可以看作正是对第三个问题的解答。

如果说，对原始共同体是如何形成与破裂的、为什么会形成共同体这两个问题的研究与解答，具有最初人须适应自然才能生存的客观因素的背景，那么对共同体的未来走向问题的研究与解答就具有利用人的主观能动性来改造自然与社会，以构建"真实共同体"的意蕴。而能够利用人的主观能动性来改造自然并且改造社会的正是人所具有的不同于一般动物或灵长类的人的"类特性"及由此反映的"类本质"所决定的。在这一点的分析上，马克思是从人的劳动及"自由的自觉的活动"、从现实的社会存在的基点出发来阐述人的

---

① 马克思，恩格斯．德意志意识形态//马克思恩格斯全集：第21卷[M]．北京：人民出版社，2016(数字版)：514.

② 马克思．1844年经济学哲学手稿//马克思恩格斯全集：第42卷[M]．北京：人民出版社，2016(数字版)：122.

③ 赵可金．从"国际社会"到"人类命运共同体"[N]．北京日报，2017-2-20(16).

④ 马克思，恩格斯．德意志意识形态//马克思恩格斯全集：第3卷[M]．北京：人民出版社，2016(数字版)：84.

"类特性"及"类本质"问题的。马克思在《1844 年经济学哲学手稿》中指出："劳动这种生命活动、这种生产生活本身对人说来不过是满足他的需要即维持肉体生存的需要的手段。而生产生活本来就是类生活。这是产生生命的生活。一个种的全部特性、种的类特性就在于生命活动的性质，而人的类特性恰恰就是自由的自觉的活动。"①在此基础上，马克思在进一步阐述人是有意识的类存在物概念时说："通过实践创造对象世界，改造无机界，人证明自己是有意识的类存在物，就是说是这样一种存在物，它把类看作自己的本质，或者说把自身看作类存在物。"②马克思进一步说："正是在改造对象世界中，人才真正地证明自己是类存在物。这种生产是人的能动的类生活。通过这种生产，自然界才表现为他的作品和他的现实。"③由此可见，当马克思使用"类本质"来表述人的"普遍本质"时，他为理解人的存在、人与自然界的关系提供了一种与费尔巴哈有着根本区别的理论视野和思维方式。④

结合马克思的致思理路，当他判断出劳动与生产是人的能动的类生活，并在这种生产过程中形成一定的不以人的意志为转移的生产关系之后，由生产关系总和构成的经济基础之上必然会产生相应的上层建筑。人类共同体的发展也由此从原始共同体开始向前演进，其中包括国家在内的政治共同体的形态的出现就是一例。但问题是，马克思并不认同这些所谓的政治共同体，因为它们与"人的类特性恰恰就是自由的自觉的活动"特性要求是相悖的，反而制约了人的类特性的发挥及类本质的体现。

在马克思看来，人类共同体是一个不断生成和发展的过程。起初，面对万象丛生的险恶环境，人们为了维持自身的生存，人与人之间结成血缘共同体，这种共同体的结成并不是为了社会更好的发展，而仅是为了人在自然界中得以生存。之后，随着生产力的不断发展，个体利益与共同利益日益分离，政治共同体这一以协调个人利益和公共利益为目的的共同体产生。不可否认，这一共同体往往采用政治国家的形式，国家是公共利益的象征，在这种共同体下个人利益必须服从公共利益。但问题正如马克思在《黑格尔法哲学批判》一文中所指出的那样："在政治国家真正发达的地方，人不仅在思想中、在意识中，而且在现实中、在生活中，都过着双重的生活：天国的生活和尘世的生活。前一种是政治共同体中的生活，在这个共同体中，人把自己看作社会存在物；后一种是市民社会中的生活，在这个社会中，人作为私人进行活动，把别人看作工具，也把自己降为工具，成为外力随意摆布的玩物。"⑤因而这样的共同体并非是马克思认同的真正共同体。而马克思对真正共同体的推论是："个人力量（关系）由于分工转化为物的力量这一现象，不能靠从头脑里抛开关于这一现象的一般观念的办法来消灭，而只能靠个人重新驾驭这些物的力量并消灭分工的办法来消灭。没有共同体，这是不可能实现的。只有在共同体中，个人才能获得全面发展其才能的手段，也就是说，只有在共同体中才可能有个人自由。在过去种种冒充的共同

① 马克思．1844 年经济学哲学手稿//马克思恩格斯全集：第 42 卷[M]．北京：人民出版社，2016（数字版）：96.
② 马克思．1844 年经济学哲学手稿//马克思恩格斯全集：第 42 卷[M]．北京：人民出版社，2016（数字版）：96.
③ 马克思．1844 年经济学哲学手稿//马克思恩格斯全集：第 42 卷[M]．北京：人民出版社，2016（数字版）：97.
④ 贺来．马克思哲学的"类"概念与"人类命运共同体"[J]．哲学研究，2016(8)：4.
⑤ 马克思．黑格尔法哲学批判//马克思恩格斯全集：第 1 卷[M]．北京：人民出版社，1956：428.

体中，如国家等，个人自由只是对那些在统治阶级范围内发展的个人来说是存在的，他们之所以有个人自由，只是因为他们是这一阶级的个人。从前各个个人所结成的那种虚构的共同体，总是作为某种独立的东西而使自己与各个个人对立起来；由于这种共同体是一个阶级反对另一个阶级的联合，因此对于被支配的阶级说来，它不仅是完全虚幻的共同体，而且是新的桎梏。在真实的共同体的条件下，各个个人在自己的联合中并通过这种联合获得自由。”①由此可以看出，马克思认为，虚假的共同体虽然是人类摆脱原始共同体（或称自然共同体）的人为强制之后而进入的一种进步生存状态，是过去历史发展的主要因素之一。然而，“由于这种共同体是一个阶级反对另一个阶级的联合，因此对于被统治的阶级来说，它不仅是完全虚幻的共同体，而且是新的桎梏。”②尤其是马克思已经看到：“至今所有一切社会的历史都是在阶级对立中演进的，而这种对立在各个不同的时代又是各不同的。”③而纵观人类历史，在原始共同体瓦解之后所形成的形形色色的那些虚幻共同体（往往以国家形式出现）的根本原因正是由于存在阶级对立，因而人成了一种异己的存在。并且，虽然早期在原始共同体中个人只有依附于共同体才能生存下去，但这种共同体中的个人因压抑个性而没有自由。至于在后期的政治共同体中，个体似乎相对于他人而独立存在，但实质上是却是个体的丧失和异化。因此马克思设想，必须创造一种崭新的共同体：“代替那存在着阶级和阶级对立的资产阶级旧社会的，将是这样一个共同体，在那里，每个人的自由发展是一切人自由发展的条件。”④由此，马克思指明了未来真正共同体的发展方向和特征。对此，英国社会学家齐格蒙特·鲍曼（Zygmunt Bauman）也认为，“共同体”代表的是一种确定性，与之相对应的是人的自由。⑤

需要说明的是，马克思在研究人的本质与共同体关系的著作中，有时又把共同体称为联合体。比如，1843 年 2 月马克思在担任《莱茵报》主编时，曾为之写了《评部颁指令的指控》一文，他说：“总的说来，《莱茵报》从来没有偏爱某一特殊的国家形式。它所关心的是一个合乎伦理和理性的共同体；它认为，这样一种共同体的要求应该而且可以在任何国家形式下实现。”⑥同样，马克思与恩格斯在 1845—1846 年合写的《德意志意识形态》中也写道：“在真正的共同体的条件下，各个人在自己的联合中并通过这种联合获得自己的自由。”⑦但在 1848 年的《共产党宣言》中则说：“代替那存在着各种阶级以及阶级对立的资产阶级旧社会的，将是一个以各个人自由发展为一切人自由发展的条件的联合体。”⑧这就充分说明，在马克思和恩格斯的著作中，“共同体”和“联合体”在相当程度上可以被看成

① 马克思，恩格斯．德意志意识形态//马克思恩格斯全集：第 3 卷［M］．北京：人民出版社，2016（数字版）：84.

② 黄停，王永贵．人类命运共同体：一种世界秩序的话语表述［J］．马克思主义与现实，2017（5）：170.

③ 马克思，恩格斯．共产党宣言//马克思恩格斯全集：第 4 卷［M］．北京：人民出版社，2016（数字版）：489.

④ 马克思，恩格斯．共产党宣言//马克思恩格斯全集：第 4 卷［M］．北京：人民出版社，2016（数字版）：491.

⑤ 齐格蒙特·鲍曼．共同体：在一个不确定的世界中寻找安全［M］．欧阳景根，译．南京：江苏人民出版社，2007：4－9.

⑥ 马克思．评部颁指令的指控//马克思恩格斯全集：第 1 卷上［M］．北京：人民出版社，2016（数字版）：426.

⑦ 在不同的版本中，“共同体”还被翻译成“集体”。比如，“在真实的集体的条件下，各个个人在自己的联合中并通过这种联合获得自由。”参见：马克思，恩格斯．德意志意识形态//马克思恩格斯全集：第 3 卷［M］．北京：人民出版社，2016（数字版）：84.“在真正的共同体的条件下，各个人在自己的联合中并通过这种联合获得自己的自由。”马克思，恩格斯．德意志意识形态//马克思恩格斯选集：第 1 卷［M］．北京：人民出版社，1995：119.

⑧ 马克思，恩格斯．共产党宣言//马克思恩格斯全集：第 4 卷［M］．北京：人民出版社，2016（数字版）：491.

是同义词。

7.1.3 人类命运共同体

自从2013年3月23日，中国国家主席习近平在莫斯科国际关系学院的演讲中首次提及“人类命运共同体”开始，这个词就在各种讲话和媒体报道中频繁出现，其范围也从双边扩大到周边，从亚洲走向世界。① 2017年2月10日，在联合国社会发展委员会第55届会议上，“构建人类命运共同体”理念首次被写入联合国决议。同年11月1日第72届联大负责裁军和国际安全事务第一委员会会议通过的“防止外空军备竞赛进一步切实措施”和“不首先在外空放置武器”两份安全决议，该理念再次被载入这两份联合国决议。

所谓“人类命运共同体”，从字面上看，是在共同体之前加上一个合成前缀：即“人类命运”。而合成前缀又可以分解为“人类”和“命运”两个分前缀。其中，就分前缀“人类”指全人类而言，其指向十分明确。而就分前缀“命运”所连成的“命运共同体”而言，它的指向应该说并不是唯一的，既可以是利益，也可以是家庭、政治、民族等。但这个前缀实际上规定了共同体的主体和导向，如家庭共同体，即以家庭为主体的共同体；利益共同体，即以利益为导向的共同体。可见，命运共同体就是以命运为主体或导向的共同体。而命运的意涵又是多重的，从普遍意义上说，命运就是生命发展的规律，决定这种规律的力量在于我们自身。换言之，命运体现了生命发展的因果，是以不同身心表现而导致的结果。可以说，命运共同体不唯有物理关系上的紧密相连，也强调精神关系上的彼此认可，更兼备发展前途的共同守望，命运共同体在此意义上可以看作是以把握生命发展趋势为导向的有机体。同时，由前述分析可知，共同体是不受地域、面积、人口等因素限制的，如英国社会学家麦基弗（R. M. Maclver）所说：“不管多大面积的共同生活，都可以称之为共同体，如村、镇、县、省、国家，以及更大的领域。”②尤其是通过前述对共同体是如何形成与破裂的、为什么会形成共同体、共同体的未来走向应怎样等问题的分析，我们不难理解，由于“人类命运共同体”的理念核心是“人类同住地球村，不同文明、不同宗教信仰、不同社会制度、不同发展水平的国家是一个相互依存的命运共同体，相互尊重、平等合作、互利共赢、融合包容”，由此推之，人类命运共同体即是以地球为地理单位，以人类的整体发展态势和前途命运为总关切的全体成员组成的有机联合体。③ 这样把“人类命运共同体”也相应译为“a community of shared future for mankind”是比较贴妥的。[Ⅳ]

应该说，人类命运共同体在相当程度上与马克思的真正自由联合体是共通的。[Ⅴ]甚至前者可以被看成是后者的前身，或构建真正自由联合体漫长历史阶段中的初级阶段。因为马克思把人类的社会或社会化的人类看作是新哲学的出发点。而“人类化的社会”或“社会化的人类”则集中反映了马克思对人的本质的理解。从中可以看出马克思强调的人的社会性的真正实现状态所体现的正是人类命运共同体的特征。在这种社会关系中每个

① 陆建非．命运共同体[J]．海归学人，2018(3)：18.

② 麦基文．社会学原理[M]．北京：商务印书馆，1933：23．转引自：陈明琨．构建人类命运共同体问题与对策研究[D]．山东大学硕士学位论文，2017－5－11：14－15.

③ 陈明琨．构建人类命运共同体问题与对策研究[D]．山东大学硕士学位论文，2017－5－11：14－15.

人与他人,个人与社会的根本利益上实现了内在的统一:既消除了群体对个人的压迫,也消解了个人对他人的支配。自由个性在相当程度上得到充分发展的个人形成的联合体,即是人类命运共同体。在人类命运共同体中,每个人的命运与共,每个人的自由发展与其他人的自由发展息息相关。在此意义上,人的本质是人的真正的共同体,人的本质所表达的正是马克思主义哲学对"人类命运共同体"的价值关怀。[①] 毋庸讳言,在马克思看来,"真正的共同体"即是"自由人的联合体"是以消灭私有制和阶级对立为前提条件的。因此,人类命运共同体还不是"真正的共同体",而是基于"虚幻的共同体"向"真正的共同体"过渡的初级阶段,它以利益共同体为基础,甚至可以说,它实质上就是一种利益共同体,[②]而这些利益则是全人类的共同利益,包括全球范围的永续和平、全人类生活条件的改善、经济的可持续发展、生态环境的持续改良、人文交流的更加便利等等。

需要肯定的是,与传统的以民族或国家看待文明的视角不同,人类命运共同体将全世界人民都纳入解释范围,力求构建一种世界范围内的民主秩序和世界文明(类文明),以谋得全人类共同的自由发展。同时,人类命运共同体的提出也并不是要建立一种整齐划一的世界文明整体,而是要推进一种由不同文明凝结而成的共识文明即类文明的发展。[③] 正如习近平在诠释构建"人类命运共同体"的必要性时所指出的那样:当前"世界正处于大发展大变革大调整时期,和平与发展仍然是时代主题。世界多极化、经济全球化、社会信息化、文化多样化深入发展,全球治理体系和国际秩序变革加速推进,各国相互联系和依存日益加深,国际力量对比更趋平衡,和平发展大势不可逆转。同时,世界面临的不稳定性不确定性突出,世界经济增长动能不足,贫富分化日益严重,地区热点问题此起彼伏,恐怖主义、网络安全、重大传染性疾病、气候变化等非传统安全威胁持续蔓延,人类面临许多共同挑战。……没有哪个国家能够独自应对人类面临的各种挑战,也没有哪个国家能够退回到自我封闭的孤岛。"同样,在 2012 年,齐格蒙特·鲍曼在对共同体的概念进行界定时,也阐述了当前社会面临的各种挑战,并认为任何一个国家都需要在这样一个无法确定的环境下寻求生存和发展。各国要想共赢,就应当以"共同体"为基础,这是人类发展目标普遍实现的前提。而"共同体"式的发展具有包容性、开放性和合作性。[④]

如果我们再结合马克思对"人类化的社会"或"社会化的人类"方面关于人的本质的阐述,以及对人类共同体演化径路的揭示,我们可以设想,由于全球人类处于不同的历史阶段,共同体的形式和性质也应该随之发生变化。同时由于人类命运共同体是全球性的合作共同体,是更高层次的合作共同体。所以它应该是超越了民族国家和意识形态的人类共同体,而不是以血缘、地域、民族国家为中心,强调人的"类"存在方式。它应该把全人类的命运联系起来,以共同体为本位,而不是以个人为本位、国家为本位,具有相似的价值取向和共同的利益追求,体现的是一种同舟共济、休戚与共的相互依赖的亲密关系。[⑤] 当

① 杨玲."人的本质"与"人类命运共同体".哲学政治学研究//大连干部学刊[J].2017-1:18.

② 张三元.人类命运共同体:经济全球化的中国方案[J].观察与思考,2017(6):55.

③ 虞崇胜,余扬.人类命运共同体:全球化背景下类文明发展的中国预判[J].理论视野,2016-7:25.

④ 夏天.马克思主义视域下的人类命运共同体研究[D].山东:聊城大学硕士学位论文,2017-6:3.

⑤ 权麟春.人类命运共同体的理路研究[J].天津行政学院学报,2017-9:32.

然,尽管我们可以展望,人类命运共同体是全人类历史发展的必然,但在具体构建中会涉及全球政治、安全、发展、文明、生态等诸多维度的价值规范。其中,在政治维度,人类命运共同体须强调国家间应秉持互相尊重的处世原则;在安全维度,人类命运共同体须强调各国应共同合作,携手应对人类面临的公共挑战;在发展维度,人类命运共同体须强调各国应通力合作以构建繁荣世界;在文明维度,人类命运共同体须强调各国应坚持交流互鉴;在生态维度,人类命运共同体须强调各方应协力呵护地球家园。[①] 对此,习近平发出的具体呼吁是:"各国人民同心协力,构建人类命运共同体,建设持久和平、普遍安全、共同繁荣、开放包容、清洁美丽的世界。要相互尊重、平等协商,坚决摒弃冷战思维和强权政治,走对话而不对抗、结伴而不结盟的国与国交往新路。要坚持以对话解决争端、以协商化解分歧,统筹应对传统和非传统安全威胁,反对一切形式的恐怖主义。要同舟共济,促进贸易和投资自由化便利化,推动经济全球化朝着更加开放、包容、普惠、平衡、共赢的方向发展。要尊重世界文明多样性,以文明交流超越文明隔阂、文明互鉴超越文明冲突、文明共存超越文明优越。要坚持环境友好,合作应对气候变化,保护好人类赖以生存的地球家园。"[②]

7.2 基于爱因斯坦能量本位的世界统一货币与人类命运共同体的关系

7.2.1 货币与共同体的一般关系

马克思在相关著作中,不仅对原始共同体是如何形成与破裂的、为什么会形成共同体、真正的共同体应怎样等问题,结合他对人的本质问题研究有过系统及深刻的阐述。同时,非常值得注意的是,马克思对货币与共同体的一般关系也有过极为深刻的论述。这是缘于货币和共同体之间从一开始就存在一种共构的关系。比如,马克思在《政治经济学批判》一文中曾指出:"货币直接是现实的共同体,因为它是一切人赖以生存的一般实体;同时又是一切人的共同产物。"[③]并且直接指出:"凡是在货币本身不是共同体的地方,货币必然使共同体瓦解"。[④] 也就是说,马克思是把货币直接映射为共同体本身的。同时,在论述货币与共同体的一般关系上,马克思认为共同体还是货币产生的母体。他在《资本论》中强调说:"我以前已经指出,货币制度总的说来最初是在不同共同体之间的产品交换中发展起来的。"[⑤]即使在"联盟"(原始共同体)内,货币就是一种可以被公意约定、普遍接受的一般等价物,而不带任何个人色彩。对此,马克思说:"在'联盟'里仍然保留着货币,这是失掉一切个人成分的纯粹的公有的财产。"[⑥]而"货币,因为具有购买一切东西、占有一

---

① 桑建泉,陈锡喜. 人类命运共同体与自由人联合体理论关系新论[J]. 青海社会科学,2017(6):8.

② 习近平. 决胜全面建成小康社会夺取新时代中国特色社会主义伟大胜利——在中国共产党第十九次全国代表大会上的报告. 2017-10-18.

③ 马克思. 政治经济学批判//马克思恩格斯全集:第46卷[M]. 北京:人民出版社,2016(数字版):176.

④ 马克思. 政治经济学批判//马克思恩格斯全集:第46卷[M]. 北京:人民出版社,2016(数字版):174.

⑤ 马克思. 资本论:第3卷//马克思恩格斯全集:第25卷上册[M]. 北京:人民出版社,2016(数字版):354.

⑥ 马克思,恩格斯. 莱比锡宗教会议//马克思恩格斯全集:第3卷[M]. 北京:人民出版社,2016(数字版):461.

切对象的特性,所以是最突出的对象。货币的这种特性的普遍性是货币的本质的万能;所以它被当成万能之物。货币是需要和对象之间、人的生活和生活资料之间的牵线人。”[①]即使人类社会后来发展出相应的商业模式和贸易制度,也与源自于共同体之间交换需要的货币的产生有直接的关系。对此,马克思说:“正如货币首先是在共同体之间(的交换中)发展起来一样,商业首先是作为对外贸易和转运贸易发展起来的。”[②]这充分说明在时间序列上,马克思认为因交换需要而出现了货币,这一点和亚当·斯密关于货币是在人类社会出现分工之后,因方便剩余产品交换的需要而产生的观点是一致的(参见本书 1.2.1　货币产生的渊源)。但马克思在此进一步告诉我们的是,“货币首先是在共同体之间的交换中”才产生的,而不是首先产生于个别自然人与自然人之间的交换。这要比亚当·斯密关于货币究竟是在自然人与自然人之间、还是自然人与共同体之间、或共同体之间产生的论述要清晰。同时,这也为货币天然应具有公意约定的属性写下了注脚。因为只有共同体和共同体之间才能表征“公意约定”。而有了共同体和共同体之间公意约定之后,再延及一个共同体中的自然人与另一个共同体(自然人)之间,并最终延及所有共同体中所有自然人,货币的“普遍接受”的属性也就随即产生。如果我们再结合从早期实物货币,经由近代代用货币,到当代的信用货币的发展形态,同时结合货币是由最早的实物形态,慢慢发展为用它的替代物,最后到现代的信用货币,经历了原始物品 X 本位制、银本位制、金银复本位制、金本位制、不兑现的信用货币制(纸币本位制)的五种货币本位现象(参见本书 1.2.6　货币形态的演变总结)来看,货币的“公意约定”和“普遍接受”这两个在原始共同体中产生的货币原始属性随着人类社会货币演变史的推进,后来又演变成了构成货币的两个充要条件,即所谓“公意约定”是指某一单位的货币必须包含一定量人们共同约定标的的价值量;“普遍接受”则是指这种标的本身具有普遍认可,可以度量、相对恒定(不仅是稳定)的价值内涵。在此基础上形成的货币作为一般等价物才能作为等价的价值载体可与一切商品(或服务)进行交换。对此,马克思说,这是因为“货币是已经固定下来的衡量一切人和物的 tertium comparationis(用作比较的根据即标准)”。[③]

值得注意的是,自原始共同体后期产生简单的商品流通和货币流通以后,马克思说:“简单的商品流通和货币流通就是它的存在条件。作为商品进入流通的产品,不论是在什么生产方式的基础上生产出来的,——不论是在原始共同体的基础上,还是在奴隶生产的基础上,还是在小农民和小市民的生产的基础上,还是在资本主义生产的基础上生产出来的,——都不会改变自己的作为商品的性质;作为商品,它们都要经历交换过程和随之发生的形态变化。”[④]也就是说,马克思认为只要存在“作为商品进入流通的产品,不论是在什么生产方式的基础上生产出来的……都不会改变自己的作为商品的性质”。在此背景下,商品流通和货币流通就必然成为一种伴生的现象。特别是到后来,“货币从它表现为单纯流通手段这样一种奴仆身份,一跃而成为商品世界中的统治者和上帝。货币代表商

① 卡·马克思.1844 年经济学哲学手稿//马克思恩格斯全集:第 42 卷[M].北京:人民出版社,2016(数字版):150.
② 马克思.经济学手稿(1861—1863 年)//马克思恩格斯全集:第 48 卷[M].北京:人民出版社,2016(数字版):366.
③ 马克思,恩格斯.德意志意识形态//马克思恩格斯全集:第 3 卷[M].北京:人民出版社,2016(数字版):517.
④ 马克思.资本论:第 3 卷//马克思恩格斯全集:第 25 卷上[M].北京:人民出版社,2016(数字版):363.

品的天上的存在,而商品代表货币的人间的存在。”[①]马克思还进一步判断说:“货币本身就是共同体,它不能容忍任何其他共同体凌驾于它之上。但是,这要以交换价值的充分发展,从而以相应的社会组织的充分发展为前提。”[②]也就是说,货币本身作为一种共同体的表征,是自原始共同体后期,交换价值得以充分发展,并且相应的社会组织也得到充分发展以来,与任何形态共同体共存的有机组成部分。自那以后,尚不存在排斥货币存在的任何形态的共同体。

综上,根据马克思关于共同体和货币相关理论的阐述,我们可以得出货币与共同体一般关系的五项要点:①货币直接是现实的共同体(或共同体的表征)。②凡是在货币本身不是共同体的地方,货币必然使共同体瓦解。③货币产生于原始共同体之间产品交换的需要。④人类社会只要存在商品经济就必然需要货币流通。⑤未来任何形态的共同体,只要存在商品经济,也就必然存在货币。

7.2.2 世界统一货币与人类命运共同体的关系

7.2.2.1 货币是人类命运共同体存在的必要条件

从马克思成熟著作中关于共同体形态的论述来看,人类历史上首先出现的共同体是原始共同体,并且主要是自然形成的部落共同体(具有血缘、语言、习惯等等的共同性)。而在此后各类共同体兴起的诸多原因中,我们不妨将注意力主要集中在社会经济发展这个主要原因上。这是因为,虽然从历史上看,先是血缘、语言、习惯,随后是政治、军事、文化、宗教等原因都可能在历史长河的某一个瞬间推动过共同体的兴起;但从整体上看,其他方面的影响与经济方面相比,还是比较小的。这是因为:第一,血缘、语言、习惯、政治、军事、文化、宗教这些方面本身与经济是密不可分的;第二,共同体的兴起与发展及它所产生的积极影响都是以社会经济的发展作为最主要的起始动因和最终归属的,即两者是互为作用的对象;第三,正如恩格斯所指出的那样:“……根据唯物史观,历史过程中的决定因素归根到底是现实生活的生产和再生产——经济状况是基础……归根结底是经济运动作为必然的东西通过无穷无尽的偶然事件向前发展的。”[③]由此可以认为,如果我们的注意力不是一般地集中在某些特殊原因而是转移到共同体文明上来,就会发现经济因素是共同体兴起的诸多原因中压倒一切的原因。而由经济原因兴起的共同体,我们可称之为经济共同体(以下如果不加注明,共同体主要就是指经济共同体),它是人们为了保持一定的共同经济利益所结成的生产劳动组合形式。同时人们在生产劳动中结成的经济共同体中的关系也是全部人类物质生活和精神生活的基础。[④] 而在最初的经济共同体中,由于人们相互间存在生存互济的需要,故而会存在一定范围的物品让渡,但这种让渡往往是单向的。后来随着生产力的发展,共同体中出现剩余产品,并在共同体之间进行交换,这便为商品交换的雏形。对此,马克思曾指出,“物本身存在于人之外,因而是可以让渡的。为使

① 马克思. 政治经济学批判//马克思恩格斯全集:第 46 卷[M]. 北京:人民出版社,2016(数字版):171.
② 马克思. 政治经济学批判//马克思恩格斯全集:第 46 卷[M]. 北京:人民出版社,2016(数字版):172.
③ 恩格斯. 致约瑟夫·布洛赫//马克思恩格斯全集:第 37 卷[M]. 北京:人民出版社,2016(数字版):460-461.
④ 王伟光. 马克思论人的本质和他的科学世界观的形成[J]. 马克思主义研究,1985(3):137.

让渡成为相互的让渡，人们只须默默地彼此当作被让渡的物的私有者，从而彼此当作独立的人相对立就行了。然而这种彼此当作外人看待的关系在原始共同体的成员之间并不存在，不管这种共同体的形式是家长制家庭，古代印度公社，还是印加国，等等。商品交换是在共同体的尽头，在它们与别的共同体或其成员接触的地方开始的。但是物一旦对外成为商品，由于反作用，它们在共同体内部也成为商品。”①值得注意的是，自出现原始共同体后“作为商品进入流通的产品，不论是在什么生产方式的基础上生产出来的，——不论是在原始共同体的基础上，还是在奴隶生产的基础上，还是在小农民和小市民的生产的基础上，还是在资本主义生产的基础上生产出来的，——都不会改变自己的作为商品的性质。”②如果我们拿既有的人类社会主要经济形式与马克思的上述论述进行对比的话，那么就会发现，人类历史上至今为止曾出现过自然经济和商品经济两种主要经济形式（不包括产品经济）：其中，自然经济是一种以自给自足为特征，以分散的、自给自足的家庭生产为基础，生产规模狭小，社会分工低下，以使用价值为生产目的的经济形式。显然自然经济应分别属于在原始共同体的基础上、在奴隶生产的基础上和在小农民和小市民的生产基础上的基本经济形式（注意：马克思在此并没有提“封建生产”这个概念）。相比之下，商品经济是相对于自然经济而言的，是直接以交换为目的的经济形式，强调的是交换。显然严格意义上的商品经济属于在资本主义生产基础上的基本经济形式。但无论是较后期的自然经济还是后来的商品经济形式下所生产的产品，已经“都不会改变自己的作为商品的性质。”

由于商品经济究其本质而言是以交换为目的而进行生产的经济形式，并且我们已知，商品经济产生的历史条件主要有两个：一是社会分工的出现；二是生产资料和劳动产品属于不同的所有者。同时在商品交换的基础上还会产生相应的法权关系。对此，马克思曾指出：“商品在交换中才证明它是商品。两个商品的所有者必须愿意互相交换他们的商品，因此，必须彼此承认对方是私有者。这种具有契约形式的法权关系，不外是一种反映经济关系的意志关系。这种法权关系或意志关系的内容是由经济关系本身赋予的。”③同时由于不同商品的交换出于所有者的自愿，出现彼此承认对方是商品私有者的法权关系，商品的交换需要在市场中进行，交换需要借助货币作为媒介……，于是，依靠价格、供求和竞争等市场机制实现各类经济资源配置的一种社会经济运行方式，即市场经济就产生了，并一直延续至今。从中我们不难看出，商品经济是市场经济的前提和基础，商品经济发展到社会化大生产才能产生市场经济，而市场经济则是商品经济发展的客观要求和必然趋势，其社会资源的配置是通过市场机制来完成的。无疑，马克思的上述推断对当今人类命运共同体的构建仍具有现实的指导意义：即人类命运共同体的社会经济运行方式仍将是市场经济。

应该说，人类命运共同体的倡议和推进是在经济全球化的背景下展开的，而经济全球

---

① 马克思．资本论：第1卷//马克思恩格斯全集：第23卷[M]．北京：人民出版社，2016（数字版）：198.

② 马克思．资本论：第3卷//马克思恩格斯全集：第25卷上[M]．北京：人民出版社，2016（数字版）：363.

③ 恩格斯．卡·马克思“资本论”第一卷提纲//马克思恩格斯全集：第16卷[M]．北京：人民出版社，2016（数字版）：277.

化在相当程度上又是由全球市场化来表征的。由于在经济全球化的背景下,世界各国的经济普遍联系起来,一国经济出现问题,就会影响到世界其他国家的经济出现剧烈动荡。尤其是随着全球化的不断扩展,各国相互依存的程度日益加深,通过资本、商品、信息、观念等已构成了一个"相互依赖的网络"①而这种"相互依赖的网络"在一定程度上也反映出"命运共同体"的特征。因为相互依赖就意味着命运共担。同时我们也不难设想,在人类命运共同体的构建中,由于在相当长的时期内"社会分工的存在与生产资料及劳动产品属于不同的所有者",这两个商品经济产生的历史条件不会消失,相反通过更加规制的国际市场和国际贸易会得到进一步加强。并且正如恩格斯所说,由于"商品只有与另一种作为一般等价物的商品相对立,才能作为价值、从而作为商品彼此发生关系。但是只有社会行为才能使某一商品成为一般等价物——货币。"②这种情况对一个国家是如此,对一个经济共同体(如欧共体)也是如此,而对今后的人类命运共同体更是如此。并且情况正如恩格斯所指出的那样:"只有社会行为才能使某一商品成为一般等价物——货币。"如果这种"社会行为"是一个国家的行为,那么就会产生国家货币,但如果这种"社会行为"是一个地域更广的共同体的行为,那么就会产生共同体货币(比如欧元)。由此推及,今后人类命运共同体的相应"社会行为",势必也会产生相应的"共同体货币"。同时我们由此又可进一步断定,货币是人类命运共同体存在的必要条件,而且"它不能容忍任何其他共同体凌驾于它之上。"Ⅵ

7.2.2.2 基于爱因斯坦能量本位的世界统一货币有利于推动人类命运共同体建设

由于构建人类命运共同体的内涵在相当程度上与《联合国宪章》的宗旨,以及《联合国千年宣言》之"价值和原则"中的主要内容是一致的,因而"人类命运共同体"的概念甫经提出,便能被联合国的专门委员在相关决议中采用。比如,1945 年 10 月 24 日由联合国各会员国签字生效的《联合国宪章》宗旨的主要内容是:"一、维持国际和平及安全;并为此目的:采取有效集体办法,以防止且消除对于和平之威胁,制止侵略行为或其他和平之破坏;并以和平方法且依正义及国际法之原则,调整或解决足以破坏和平之国际争端或情势。二、发展国际间以尊重人民平等权利及自决原则为根据之友好关系,并采取其他适当办法,以增强普遍和平。三、促成国际合作,以解决国际间属于经济、社会、文化及人类福利性质之国际问题,且不分种族、性别、语言或宗教,增进并激励对于全体人类之人权及基本自由之尊重。"《联合国宪章》还在其序言中载明:"促成大自由中之社会进步及较善之民生,并为达此目的力行容恕,彼此以善邻之道,和睦相处,集中力量,以维持国际和平及安全。"③时隔 55 年之后,2000 年 9 月 13 日联合国第五十四届会议颁布的《联合国千年宣言》在其"价值和原则"中再次阐明:"1. 我们各国元首和政府首脑……重申我们对联合国的信心,并重申联合国宪章是创建一个更加和平繁荣和公正的世界所必不可少的依据。2. 我们认识到除了我们对各自社会分别要承担的责任外,我们还有在全球维护人的尊严

---

① 罗伯特·基欧汉,约瑟夫·奈. 权力与相互依赖[M]. 北京:北京大学出版社,2002:275.

② 恩格斯. 卡·马克思"资本论"第一卷提纲//马克思恩格斯全集:第 16 卷[M]. 北京:人民出版社,2016(数字版):278.

③ 联合国宪章. http://www.un.org/zh/sections/un-charter/preamble/index.html.

平等与公平原则的集体责任……3. 我们重申对《联合国宪章》各项宗旨和原则的承诺，它们已证实是永不过时的，是普遍适用的。事实上，随着国家和人民之间的相互联系和相互依赖日益增加，它们的现实意义和感召能力业已加强。4. 我们决心根据《联合国宪章》的宗旨和原则，在全世界建立公正持久的和平……不干涉各国内政，尊重人权和基本自由，尊重所有人的平等权利，不分种族、性别、语言或宗教，进行国际合作以解决经济、社会、文化或人道性质的问题。5. 我们深信，我们今天面临的主要挑战是确保全球化成为一股有利于全世界所有人民的积极力量。因为尽管全球化带来了巨大机遇，但它所产生的惠益目前分配非常不均，各方付出的代价也不公平。我们认识到发展中国家和转型期经济国家为应付这一主要挑战而面临特殊的困难。因此，只有以我们人类共有的多样性为基础，通过广泛和持续的努力创造共同的未来，才能使全球化充分做到兼容并蓄，公平合理……"[①]非常值得注意的是，《联合国宪章》中载明"增强普遍和平……促成国际合作，以解决国际间属于经济、社会、文化及人类福利性质之国际问题"，"促成大自由中之社会进步及较善之民生，……彼此以善邻之道，和睦相处，集中力量，以维持国际和平及安全。"而《联合国千年宣言》中更是明确提出，我们今天面临的主要挑战是确保全球化成为一股有利于全世界所有人民的积极力量，并认为只有以我们人类共有的多样性为基础，通过广泛和持续的努力创造共同的未来，才能使全球化充分做到兼容并蓄，公平合理。应该说，以上宗旨或观点与"人类命运共同体"所强调的人类在追求自身利益时应兼顾他方合理关切，在谋求自身发展中促进人类共同发展；并认为人类只有一个地球，共处一个世界，应以人类命运共同体意识促进国家间、民族间、地区间、企业间、家庭间、个人间的和谐互助、共生共利共荣，以人类文明幸福发展的可持续为使命，建立起社会利益互惠机制等理念是相当吻合的。由此可以说，人类命运共同体应该是人们在共同条件下结成的非常具有同心力的集体，也是人类获得文明幸福及可持续发展的保障。[②]

正因为如此，"人类命运共同体"的概念也逐渐被广泛接纳并出现在联合国专门委员的一些相关决议中。比如，2017 年 6 月 8 日联合国经济及社会理事会一致通过的《非洲发展新伙伴关系的社会层面决议》中："呼吁国际社会本着合作共赢和构建人类命运共同体的精神，加强支持，兑现在对非洲经济社会发展至关重要的领域进一步采取行动的承诺，并欢迎发展伙伴为加强与新伙伴关系合作而进行的努力"[③]2017 年 10 月 30 日联合国负责裁军事务的第一委员会在第 25 次会议上高票通过的《不首先在外层空间放置武器决议》中写道："外层空间可能变成军事对抗的舞台，并铭记《关于各国探索与利用包括月球和其他天体在内外层空间活动的原则条约》第 3 和 4 条的重要性，意识到防止外层空间的军备竞赛可使国际和平与安全避免一个严重危险，重申应研究和采取切实措施，以求达成防止

---

① 2000 年 9 月 13 日联合国第五十四届会议决议：联合国千年宣言. A/RES/55/2.

② 2015 年度人类命运共同体研究项目正式启动. 转引自：李爱敏. "人类命运共同体"：理论本质、基本内涵与中国特色[J]. 中共福建省委党校学报，2016 – 2：98.

③ 2017 年 6 月 8 日联合国经济及社会理事会决议：非洲发展新伙伴关系的社会层面[根据社会发展委员会的建议(E/2017/26)通过]. RES/2017/11.

外层空间军备竞赛协定,协力构建人类命运共同体"……[①]而在同次会议上,联合国第一委员会高票通过的《防止外层空间军备竞赛的进一步切实措施决议》上也载明:"大会,回顾其2016年12月5日第71/31号、第71/32号和2016年12月6日第71/90号决议,以及关于这个问题的其他各项决议,鼓励所有国家积极促进防止外层空间军备竞赛,特别是防止在外层空间放置武器以及对空间物体使用武力,促进和加强为和平目的探索利用外层空间的国际合作,以构建人类命运共同体,……"[②]上述两项决议分别获122票(以122票对4票、48票弃权通过)和121票(以121票对5票、45票弃权通过)赞成,约占联合国第一委员会参会国的70%,这本身表明"构建人类命运共同体"的理念已有比较广泛的国际共识。

本书作者认为,构建"人类命运共同体"的具体形态在初始阶段的相当程度上可以表征为大同世界的构建,其基本含义是一种人类可以持续地和谐生存和繁衍的社会形态,包括人与人之间、人与自然之间存在的一种更为平和与协调的关系和秩序。而构建大同世界应该也是人类命运共同体的本质要求。因为和谐"是人和自然界之间、人和人之间的矛盾真正解决,是存在和本质、对象化和自我确定、自由和必然、个体和类之间的斗争的真正解决。"[③]结合以色列历史学家尤瓦尔·赫拉利(Yuval Noah Harari)在其《人类简史:从动物到上帝》(Sapiens:Brief History of Humankind)一书中提出的人类要走向融合统一的重要前提之一是货币的统一的观点;[④]同时,结合作者在《财富本源与世界统一货币》《货币·国家·世界》等方面的研究,作者仅就大同世界的构建与世界货币协调之间的关系谈点认识。

150多年前,马克思在《资本论》第一卷中论述"世界货币"时说:"货币一越出国内流通领域,便失去了在这一领域内获得的价格标准、铸币、辅币和价值符号等地方形式,又恢复原来的贵金属块的形式。"[⑤]并说:"世界货币执行一般支付手段的职能、一般购买手段的职能和一般财富的绝对社会化身的职能。它的最主要的职能,是作为支付手段平衡国际贸易差额。"[⑥]70多年前,为解决货币之祸,凯恩斯曾提出发行一种国际统一货币"班柯"(Bancor)的设想;弗里德曼则提出了:"在保证物价水平稳定不变的条件下,由政府公开一个在长期内固定不变的货币增长率,这样货币增长会得到有效控制,从长期来说与实际国民收入增长相一致"的"单一增长规则";而作为物理学家的爱因斯坦也曾积极参与过比利时的温和改革派人士欧内斯特·索尔畏(E. Ernest Solvay,1838—1922)倡议的用社会会

---

① 2017年10月30日联合国第一委员会决议:《不首先在外层空间放置武器决议》A/C. 1/72/L. 53。委员会经记录表决,以122票对4票、48票弃权通过。

② 2017年10月30日联合国第一委员会决议:《防止外层空间军备竞赛的进一步切实措施决议》A/72/407。在同次会议上,委员会进行了记录表决,以121票对5票、45票弃权通过了决议草案. C. 1/72/L. 54.

③ 马克思. 1844年经济学哲学手稿[M]//马克思,恩格斯. 马克思恩格斯文集:第1卷. 北京:人民出版社,2009:186.

④ 尤瓦尔·赫拉利. 人类简史思维导图//人类简史:从动物到上帝[M]. 林俊宏,译. 北京:中信出版集团,2017:导图.

⑤ 马克思. 资本论//马克思恩格斯全集:第23卷[M]. 北京:人民出版社,2016(数字版):163.

⑥ 马克思. 资本论//马克思恩格斯全集:第23卷[M]. 北京:人民出版社,2016(数字版):164.

计体系来代替货币的讨论会。① 也就是说，曾亲自经历过两次世界大战，目睹德国马克的恶性通货膨胀、英国英镑走向颓势、美国美元日趋强势现象的爱因斯坦，也曾有志趣来探讨用“社会会计体系”（表征世界统一货币的计量体系）来代替价值不稳的各国货币，以消除货币之祸。

如今这些先哲虽已离去，但如从后人的眼光来讲，马克思当时难以预见信用货币会完全取代贵金属货币；凯恩斯的国际统一货币“班柯”，由于其未能寻找到一种“单位货币本身应包含一定量经公意约定、普遍接受、相对恒定的具体价值量，或抽象价值量”的国际统一货币本位而无法实现；弗里德曼的“单一规则”则由于货币没有统一而不可能在全球范围内持续推行；当然爱因斯坦本人也没有想到他本来在物理学领域里推出的质能关系式所揭示的物质（财富）与能量的永恒统一关系是有可能在经济学中导出一种理想的货币本位的。也就是说，假如马克思、凯恩斯、弗里德曼和爱因斯坦能够跨越时空，重新聚在一起讨论世界统一货币、单一增长规则和内含定量永恒价值的货币本位问题的话，或许当今的世界货币体制和金融体系将会是另外一种局面。作者前述已经阐明：货币是人类命运共同体存在的必要条件，并且今后人类命运共同体的相应“社会行为”，势必会产生相应的“共同体货币”。而适时如果能够“引入基于爱因斯坦能量本位的世界统一货币及其货币发行的单一增长规则”（简称“统一货币、单一增长”规则），则有望从根本上解决在现有的货币体制及由此决定的金融体系存在的问题（参见：6.4.5.2 统一世界货币是建设大同世界的必由之路），并且有利于从货币角度，进而从经济领域来推动经济稳定、经济增长，权利均等化等秩序的建立，从而有利于推动人类大同世界的建设。这是因为从建设“大同世界”的基本含义来看：如要实现“人类可以持续地和谐生存和繁衍的社会形态，包括人与人之间、人与自然之间存在的一种更为平和与协调的关系和秩序。”那么就可以发现必须有两个基点：一个基点是在人与人之间建立一种更为平和与协调的秩序；另一个基点则是在人与自然之间建立一种更为平和与协调的关系。由于通过“统一货币、单一增长”规则的建立，一方面，可以控制货币投放以控制投资规模，从而控制人类对自然资源的过度开发和使用，以促进人与自然的和谐；另一方面可以消除或极大程度地缓和通货膨胀，挤出金融泡沫，消除强势货币和弱势货币之间的不平等，从而有利于促进人与人的和谐。这两方面形成的合力就非常有助于推动人类社会大同世界，进而推动人类命运共同体的构建。

注　释

Ⅰ 路·亨·摩尔根《古代社会》1877 年伦敦版的摘要，反映了马克思论证唯物史观的工作的一个重要阶段。摩尔根发现了氏族，这一发现为理解人类上古史提供了钥匙，提供了根据具体历史材料阐明地区共同体和国家产生的途径的可能性。据恩格斯说，马克思曾打算联系着对摩尔根的研究写一部关于这个问题的书。马克思的这一计划是由恩格斯实现的，他在写作《家庭、私有制和国家的起源》一书时利用了马克思所作的摘要。转引自：注释 149//马克思恩格斯全集（第 45 卷）[M]：北京：人民出版社，2016（数字版）：772.

Ⅱ 西方马克思主义者马尔库塞等认为，性欲、情感、需求才是人的本质。比如，马尔库塞给爱欲下了个定义：“爱欲就是使生命体进入更大的统一体，从而延长生命并使之进入更高的发展阶段的一种努力。”爱欲是人的一种生存本能和需求，是“保存一切生命的巨大的统一力量。”（参见：赫伯特·马尔库塞．爱欲与文明[M]．黄勇，译．上海：上海译文出版社，2012：73，

① 伊凡·亚历山大．真正的资本主义[M]．杨新鹏，等，译．北京：新华出版社，2000：84.

155.）而这种以自身为目的的欲求，真正体现了人的本质属性，是人的本质所在。在马尔库赛看来，当我们将爱欲视为人的本质的时候，我们就能找出人的异化以及人性压抑的根源，找出文明社会的病症所在，找到人的本质得以解放的途径。转引自：孙晶．马克思人的本质思想的实践生成论研究[D]．黑龙江大学博士研究生学位论文，2017 - 6：5.

Ⅲ　王伟光认为：马克思对人的本质的认识同把他的科学世界观的形成大体是一致的。他在《马克思论人的本质和他的科学世界观的形成》一文中，按马克思科学世界观形成的四个时期，来具体阐述马克思在各时期关于人的本质的认识：（一）马克思确定新世界观的初期—柏林大学至《莱茵报》时期。在《莱茵报》期间，马克思开始了向唯物主义和共产主义转变的过程。（二）实现向唯物主义和共产主义转变的时期—《黑格尔法哲学批判》至《德法年鉴》时期。马克思由黑格尔唯心主义理性基点转到了唯物主义"市民社会"的基点上，认识到具体的社会生活决定人的具体社会特性。（三）开始从事系统的经济学研究，为创立唯物史观直接作准备的时期—《1844 年经济学哲学手稿》时期。马克思提出了人的本质是真正的社会联系，是劳动，是真正的共同体三个相互关联的命题，已接近于科学的人的本质观。（四）唯物史观最终确立时期—《神圣家族》至《德意志意识形态》时期。马克思对人的本质作出了经典的论述，从一定的社会生产活动及其生产关系出发来说明人的本质，创立了科学的人的本质观。转引自：王伟光．马克思论人的本质和他的科学世界观的形成[J]．马克思主义研究，1985（3）：137.

Ⅳ　如中国学者陆建非通过对中国外交部、中国日报（China Daily）、新华网、中国网、人民网、北京周报等进行数据库检索，发现"命运共同体"主要有三种译法：一是 a community of common destiny；二是 a community of shared destiny；三是 a community of shared future，其中，第一种译法最为普遍。主流媒体各有偏重，有的甚至出现了两种或三种译法并存的现象。联合国在表达"人类命运共同体"这一概念时，基本采用第一种和第二种，如 2017 年 1 月 18 日，第 71 届联大主席彼得 · 汤森（Peter Thomson）发表的主席声明中使用了第一种译法。陆建非认为如要准确合理地翻译和表达这一概念，重点应在于把握"命运"这个核心词。《现代汉语词典》对此词解释有两层意思：①指生死、贫富和一切遭遇（迷信的人认为是生来注定的）；②比喻事物发展变化的趋向及结果。显然，"命运共同体"中的"命运"是指后者。习近平曾经指出，人类命运共同体着眼于人类文明的永续发展，推动建立文明秩序，树立和谐共生共荣的人类发展整体观。人类可以超越自身、超越国界、超越观念、超越信仰，去迎接一个更美好的新世界。这一系列论述表明，"命运"一词并非天命运数，而是比喻美好的未来。陆建非还认为英文中与"命运"相对应的词语人们首先想到的是 destiny。《朗文当代英语辞典》对 destiny 的释义为：①人生注定要发生的事情，特别是个人无法改变或控制的事情，也就是"命"（fate）；②某种据信决定人们自身未来发生之事的（超自然）力量，即"天数""天命""神意""终极命运"。显而易见，都与"命运共同体"中所说的"命运"相去甚远。陆建非通过英国国家语料库（BNC）和互联网的检索，还发现，common/shared destiny 和 shared future 在英语国度均曾使用过。common/shared destiny 属于偏向于中性的用法，多少含有宗教或神学色彩。例如，2013 年 4 月 17 日，BBC 在对撒切尔夫人葬礼的报道中就引用了伦敦主教的一句话，"Lying here，she is one of us，subject to the common destiny of all human beings."（躺在此处，她是我们其中的一人，摆脱不了人类的共同宿命。）这里，common destiny 指的是人类都无法逃避的命运——死亡。此义项与"命运共同体"中所说的"命运"也大相径庭。陆建非认为"命运共同体"中的"命运"是比喻美好的"未来"。在英语国家的官方文件中时常可见 shared future（共同的未来）的用法，且几乎都是用来表示积极、正面的含义。例如，2005 年，北爱尔兰提出了一项名为"A Shared Future"的战略，旨在消除社会分歧、种族隔离、宗派主义等现象，维护社会和谐和文化多元。如此看来，"命运共同体"一词采用 a community of shared future 的译法最符合原本意愿和表达习惯。值得关注的是，2017 年 5 月 14 - 15 日，"一带一路"国际合作高峰论坛在北京召开。作为"一带一路"倡议的终极目标和指导原则，"命运共同体"的译名是否精准和统一，直接关系到峰会对这一核心理念的准确认知，也关系到世界各国对这个倡议的认同度和参与度。2017 年以来，无论是习主席在联合国日内瓦总部的演讲，还是"两会"期间李克强总理、王毅外长在中外记者会上所谈，抑或是王毅外长在第 34 届联合国人权理事会上的发言，还有外交部正式文件等，其英文稿都使用 a community of shared future，"人类命运共同体"也相应译为"a community of shared future for mankind"。由此表明，这一术语的英语译名已在国家层面上定型。参见：陆建非．命运共同体[J]．海归学人，2018（3）：18.

Ⅴ　马克思对在共产主义社会中个人的独创的和自由的发展条件判断如下："在共产主义社会中，即在个人的独创的和自由的发展不再是一句空话的唯一的社会中，这种发展正是取决于个人间的联系，而这种个人间的联系则表现在下列三个方面，即经济前提，一切人的自由发展的必要的团结一致以及在现有生产力基础上的个人的共同活动方式。因此，这里谈的是一定历史发展阶段上的个人，而决不是任何偶然的个人，至于不可避免的共产主义革命就更不用说了，因为它本身就是个人自由发展的共同条件。"参见：马克思，恩格斯．德意志意识形态//马克思恩格斯全集：第 3 卷[M]．北京：人民出版社，2016（数字版）：516.

Ⅵ　尤其值得一提的是，即使到了马克思所设想的共产主义社会，不同共同体之间的商品交换还可能存在。对此，马克思说:“产品发展成为商品,是由不同共同体之间的交换,而不是由同一共同体各个成员之间的交换引起的。这一点,正像适用于这种原始状态一样,也适用于后来以奴隶制和农奴制为基础的状态,同时也适用于手工业行会组织,那时固定在每个生产部门中的生产资料很不容易从一个部门转移到另一个部门,因而不同生产部门的互相关系在一定限度内就好像不同的国家或不同的共产主义共同体一样。”马克思．资本论//马克思恩格斯全集:(第25卷上)[M]. 北京:人民出版社,2016(数字版):198.

Ⅶ　欧内斯特·索尔畏(1838—1922)是比利时的温和改革派人物(1863年其发明了生产苏打灰的化学方法并因此成立了卡特尔而带来了滚滚财源)曾提出用社会会计体系来代替货币。他组织了一些著名的讨论会,参加者有当时最优秀的科学家:艾伯特·爱因斯坦、马克斯·普朗克、德布罗意、詹姆斯·金斯爵士、卢瑟福、居里夫人等。转引自:伊凡·亚历山大．真正的资本主义[M]. 杨新鹏,等,译．北京:新华出版社,2000:84.

参考文献索引

中文部分

A

[1] A·拉尔夫·埃帕森. 美联储的秘密[M]. 肖艳丽,译. 长春:吉林出版集团,2011-9:17,167.

[2] 阿奎那. 论君主政治:第二篇第十三章[M]//鲁友章,李宗正. 经济学说史:上册. 北京:人民出版社,1979:50.

[3] 奥里维尔·琼·布兰查德,斯坦利·费希尔. 宏观经济学[M]. 刘树成,等,译. 北京:经济科学出版社,1998: 195,223.

[4] A·M·鲁缅采夫. 政治经济学:上册[M]. 刘家辉,王德根,周新城,等,译. 北京:高等教育出版社,1985:3.

[5] 安格森·麦迪森. 世界经济千年史[M]. 吴晓鹰,等,译. 北京:北京大学出版社,2003:3.

[6] 奥巴马签拨款法案避免政府关门[N]. 参考消息,2014-1-19(2).

[7] 爱沙尼亚在"欧洲稳定机制(ESM)"中的出资比例为0.18%. 商务部网站, 2012-07-20.

B

[8] 安博, 杨佩. 人类命运共同体视域下生态共识的构建路径——从康德的目的论出发[J]. 天府新论,2018-1:2.

[9] 保罗·克鲁格曼,茅瑞斯·奥伯斯法尔德. 国际经济学[M]. 海闻,等,译. 北京:中国人民大学出版社,1998: 346-348,512.

[10] 保罗·克鲁格曼. 国际货币职能[M]//鲁世巍. 美元霸权与国际货币格局. 北京:中国经济出版社,2006:210.

[11] 彼得·孟德尔,丹尼·迈尔斯,南希·沃尔,等. 经济学解说:上册[M]. 北京:经济科学出版社,2000:575,578.

[12] 伯恩斯(1928年,第348页)//约翰·F乔恩. 货币史:从公元800年起[M]. 李广乾,译. 北京:商务印书馆,2002: 154-177.

[13] 本·斯泰尔. 布雷顿森林货币战:美元如何统治世界[M]. 符荆捷,陈盈,译. 北京:机械工业出版社,2014:3.

[14] 比尔·盖茨. 在微软——亚洲政府领导人论坛上的演讲[N]. 21世纪经济报道,2007-4-3(8).

[15] 布莱克. 铸币税. 新帕尔格雷夫经济学大词典[M]. 北京:经济科学出版社,1996. 转引自:张明. 铸币税的定义、计算和分配. 中国社会科学研究院国际金融研究中心,工作论文N. 72,2005(6):2.

[16] 班玮. 欧债危机的三张新"药方". 新华网,2011-11-29.

[17] 白钦先. 比较银行学[M]. 郑州:河南人民出版社,1989:10.

[18] 巴曙松. 发展中国家债务危机的经验教训[N]. 国际金融信息报,1997-1-15.

[19] 巴曙松,杨现领. 从金融危机看未来国际货币体系改革[J]. 当代财经,2009(11):52.

[20] 比特币"高烧不退"投资者风险日增[N]. 参考消息,2014-1-22(4).

[21] 不结盟首脑会议通过《经济宣言》推动全球谈判 建立国际经济新秩序[N]. 人民日报,1983-3-14(6).

[22] 不结盟国家首脑会议开幕讨论面临重大国际问题[N]. 人民日报,1986-9-2(6).

[23] 不结盟协调部长级特别会议呼吁债务国债权国通过对话解决债务问题[N]. 人民日报,1987-3-16(6).

[24] 不结盟国家呼吁进行全球谈判要求国际组织采取措施帮助发展中国家[N]. 人民日报,1983-3-11.
[25] 北京大学中国社会科学调查中心. 北大最新报告:中国1%家庭占有全国三分之一以上财产[R]//中国民生发展报告2014. 人民网,2014-7-26.
[26] 北京奥尔多投资研究中心. 金融系统演变考[M]. 北京:中国财政经济出版社,2002:299-321.

C

[27] 陈雍,熊燕军. 铜钱贬值与政府贮藏:北宋"钱荒"原因再探[J]. 韩山师范学院学报,Vol. 31 No. 1,2010:40.
[28] 陈昆,杨小玲. 论明代白银货币化的社会影响[J]. 社会科学家,2012(9):71-73.
[29] 陈昆. 明朝中后期海外白银输入的三条主要渠道[J]. 社会科学家,Jun.,2011:38.
[30] 陈昆. 宝钞崩坏、白银需求与海外白银流入——对明代白银货币化的考察[J]. 南京审计学院学报,Vol. 8,No. 2,2011:27-28.
[31] 陈平. 货币理论[M]. 北京:北京大学出版社,2003:2.
[32] 陈力,朱宗友. 全球化条件下《共产党宣言》的现代意义[J]. 广西青年干部学院学报,2002-10:17-18.
[33] 陈明. 汉密尔顿的货币银行观及其深远影响[J]. 南京社会科学历史学研究,2003(10):47.
[34] 陈晶,等. 美债危机下的我国外汇储备风险应对策略探究[J]. 中国新技术新产品,NO. 20,2011:224.
[35] 陈翔,彭梅蕾. 林毅夫:新建国际货币体系 以纸黄金作为储备[N]. 广州日报,2014-6-15.
[36] 程实. 次贷危机后的国际货币体系——未来发展:本位选择、方向和路径[J]. 经济学家,2009. 6:85.
[37] 程岗. 九十年代拉美国家债务危机的缓解趋势[J]. 国际经济合作,1994(5):32,32-33.
[38] 蔡楠. 中国金融泡沫化研究:理论与实证分析[J]. 当代经济科学,2003-9:24-29.
[39] 陈利平. 货币理论[M]. 北京:北京大学出版社,2003:19,296,323.
[40] 陈晓荣. 论中国近代纸币流通的二维结构——以小区域流通纸币为视角[J]. 史林,4/2009(4):74.
[41] 陈芝芸,等. 拉美的对外经济关系[J]. 北京:世界知识出版社,1991:54,88-93,91-92,106,131-132.
[42] 陈永昌. 美债危机带来的反思和启示[J]. 北方经贸,2011(11):2.
[43] 陈晓刚. 欧元区财政政策一体化势在必行[N]. 中国证券报,2010-12-8.
[44] 陈家刚. 全球化与民主政治[J]. 辽宁教育学院学报,2001(3):10-14.
[45] 陈听雨. 欧元集团同意救助塞浦路斯规模约100亿欧元[N]. 中国证券报,2013-3-18.
[46] 陈听雨. 英国首相卡梅伦称欧元区需统一财政政策[N]. 中国证券报,2012-05-10.
[47] 陈志武. 美债危机是藏富于民使然[J]. IT Time Weekly,2011-9-20:16.
[48] 陈雨露. 金融发展不能长期滞后经济增长[N]. 21世纪经济报道,2006-9-18.
[49] 陈丹琳.《资本论》经济理论与社会主义经济理论研究——基于马克思货币金融理论的分析[J]. 总裁,2009(9):98.
[50] 陈支农. 发展中国家经济金融关系调整的宝典——重读《经济发展中的金融深化》,转引自:徐茂魁,等. 对金融发展理论的思考——以美国次贷危机为鉴[J]. 政治经济学评论,2009(第1辑):132-148.
[51] 陈漫欣. BBC:英联邦运动会"苏格兰味"十足B[N]. 参考消息,2014-07-25(8).
[52] 陈绍锋. 后危机时代国际货币体系将走向何方?[J]. 国际政治研究(季刊),2011(2):25.
[53] 陈植. 比特币价格大起大落下投资者生态圈:沽空者、退出者与留守者的博弈[N]. 21世纪经济报道,2018-1-23(4).
[54] 陈明琨. 构建人类命运共同体问题与对策研究[D]. 山东大学硕士学位论文,2017-5-11:7-8,14-15.
[55] 曹龙骐. 货币银行学[M]. 北京:高等教育出版社,2000:6,39,310-312,337,461-462.
[56] 曹煜阳. 对经济全球化过程中战争动因的分析与思考[J]. 世界经济与政治,2003(10):72.
[57] 曹钟勇. 财富本源与世界统一货币[M]. 北京:中国铁道出版社,2008:前言,7,11,242-259,269,294,296,317-319,384.

[58] 曹钟勇．财富本源与世界统一货币[M]．北京:中国铁道出版社,2010-11:重印序言,31,144-165,336,506-509.

[59] 曹钟勇引自:美国政府关门[N]．京华时报,2013-10-18.

[60] 曹钟勇引自:出资额上限 1 900 亿欧元德宪法法院有条件裁决 ESM 合法[N]．中国证券报, 2012-09-13.

[61] 曹钟勇引自:2010 年全球金融资产将破 200 万亿美元[N]．第一财经日报．2005-3-7(1).

[62] 曹钟勇引自:麦肯锡报告揭示全球金融大趋势[N]．第一财经日报．2005-3-7(1).

[63] 曹钟勇引自:4 天新增开户数超 2005 年全年,精编版．上海:东广早新闻．2007-4-18.

[64] 曹家和．论铸币税的征收[J]．山西财经大学学报,2003(25):68.

[65] 曹家和．铸币税的经济效应分析[J]．海河大学学报(哲学社会科学版),2003(3):11.

[66] 曹红辉,周莉萍．国际货币体系改革方向及其相关机制[J]．国际金融研究,2009-9:8.

[67] 诸大建．治霾[N]．法制日报,2014-1-19(13).

[68] 辞海编辑委员会．辞海[M]．上海:上海辞书出版社,1980:91.

[69] 蔡拓．经济的全球化与政治的全球化[J]．1994-2012 China Academic Journal Electronic Publishing House:14-15.

[70] 次贷危机研究课题组．次贷危机正在改变世界[M]．北京:中国金融出版社,2009:266. 267,272,273,275,409.

[71] 丛占修．人类命运共同体:历史、现实与意蕴[J]．理论与改革, 2016(3):2.

D

[72] 杜阁．关于财富的形成和分配的考察[M]．南开大学经济系经济学说史教研组,译．天津:商务印书馆,1961:40.

[73] 德曼尔．论马克思主义经济学[M]．廉佩直,译．北京:商务印书馆,1964:11.

[74] 大卫·克里斯蒂安．大历史导论[M]．晏可佳,等,译．上海:上海社会科学院出版社．2007:343.

[75] 大卫·李嘉图．政治经济学及赋税原理[M]．郭大力,王亚南,译．上海:中华书局,1949:277.

[76] 大卫·李嘉图．李嘉图经济论文集[M]//曹龙琪．货币银行学．北京:高等教育出版社,2000:310.

[77] 戴维·德罗萨．20 世纪 90 年代金融危机真相[M]．朱剑峰,谢士强,译．北京:中信出版社,2008:144.

[78] 戴维斯·S·兰德斯．国富国穷[M]．门洪华,等,译．北京:新华出版社,2001-1:31-34.

[79] 丁志刚．关于全球化的思考[J]．世界经济与政治,1999(11):63.

[80] 丁大伟．葡萄牙全力以赴重建市场信心[N]．人民日报,2010-11-28(3).

[81] 杜锦．拉美债务危机的国内外原因及 IMF 在其中的作用[J]．天府新论,2006-12:104-105.

[82] 戴金平,邓郁凡．美债危机的实质、影响与中国对策[J]．高校理论战线,2012-1:33.

[83] 大洋新闻．穆迪下调西班牙主权债务评级[N]．广州日报,2011-03-11.

[84] 德布雷:西方价值观只是推行霸权工具[N]．参考消息,2014-07-25(10).

[85] 德国 N-TV 电视台网站 7 月 22 日报道．欧洲负债创新高[N]．参考消息,2014-07-24(4).

[86] 德国 N-TV 电视台网站 7 月 28 日摘．外媒:阿根廷无力还债再度濒临破产[N]//参考消息,2014-07-30(4).

[87] 德新社布鲁塞尔 1 月 22 日电．西班牙将脱离救助计划[N]．参考消息,2014-1-24(4).

E

[88] 恩格斯．英文版序言[M]//资本论:第 1 卷．北京:人民出版社, 1975:36.

[89] 恩格斯．反杜林论//马克思恩格斯全集:第 20 卷[M]．北京:人民出版社,2016(数字版):153.

[90] 恩格斯．家庭、私有制和国家的起源//马克思恩格斯全集:第 21 卷[M]．北京:人民出版社,2016(数字版):113.

[91] 恩格斯. 致约瑟夫 · 布洛赫//马克思恩格斯全集:第 37 卷[M]. 北京:人民出版社,2016(数字版):460-461.

[92] 恩格斯. 卡 · 马克思"资本论"第一卷提纲//马克思恩格斯全集:第 16 卷[M]. 北京:人民出版社,2016(数字版):277,278.

[93] 恩斯特 · 海克尔. 宇宙之谜[M]. 上海外国自然科学哲学著作编译组,译. 上海:上海人民出版社,1974:198,239.

[94] E · F · 舒马赫. 经济学有没有用? 超经济学的探索[M]//琼 · 罗宾逊,编. 凯恩斯以后. 虞关涛,等,译. 北京:商务印书馆,1985:40.

[95] ESM 贷款能力或增至 2 万亿芬兰坚决反对[N]. 国际金融报, 2012-9-25.

[96] ESM 今日启动欧债危机迎"转折点"[N]. 经济参考报,2012-10-8.

[97] ESM 贷款能力或增至 2 万亿芬兰坚决反对[N]. 国际金融报, 2012-9-25.

F

[98] 弗里德曼. 论最适度的货币量/最适度货币量及其他论文[M]//徐英富. 货币银行学. 北京:机械工业出版社,2007:227-228.

[99] 弗里德曼,施瓦兹. 1867—1960 年的美国货币史[M]//林继肯. 货币数量新论. 北京:中国金融出版社,2004:222.

[100] 弗里德里克 · 詹姆逊. 全球化与政治策略[J]. 刘春荣,译. 当代国外马克思主义评论,2001 (2):271-273.

[101] 樊纲. 全球金融泡沫的破裂和亚洲金融危机[J]. 中国外汇管理,1999(6):7-11.

[102] 冯江. 动物生态学[M]. 北京:科学出版社,2005:180-181.

[103] 冯康. 连环暴跌风潮席卷全球股市[N]. 参考消息,2008-1-33(1).

[104] 方海平. 比特币半年上涨两倍多　散户涌入风险放大　投资需求支撑 90% 的价格[N]. 21 世纪经济报道, 2017-8-30(5).

[105] 方亮. 1812 年拿破仑对俄发动"货币战争"[J]. 环球军事,2010-5(NO. 221):57.

[106] 方明. 蝶变: 从金融风暴走向全球共治[M]. 北京:中国财政经济出版社,2009:86,102-103.

[107] 方祥生. 金融危机当前的几个关注点[N]. 光明日报,2008-10-27(8).

[108] 方臻旻. 托马斯 · 萨金特学术著作简评[J]. 经济学动态,2011(12):109.

[109] 冯存礼. 地球成长史[M]. 北京:中国人民大学出版社,2006:92-93.

[110] 冯金忠. 唐代铁钱散论[J]. 文物春秋,2006(1):12,16-17.

[111] 冯永华. 欧债危机的演化及应对策略[J]. 未来与发展,2012 (1):21-22.

[112] 范晶晶. 美债危机对中国经济的影响研究及政策建议[J]. 时代金融,NO. 9,2011:188.

[113] 傅美政. 从美债危机看中国外汇储备问题[J]. 经济论坛, 2011-9:25.

[114] 费婧蓉. 金融泡沫与信用制度的内在缺陷——基于美国次贷危机的考察[J]. 湖湘论坛,2009(5):76-80.

[115] 傅国文. 中国金融深化还是金融泡沫[J]. 金融科学—中国金融学院学报,1997(2):35-38.

[116] 法新社:首批比特币 ATM 机落户北美[N]. 参考消息网,2014-2-21(4).

[117] 法新社华盛顿 4 月 8 日电. IMF 预计:全球因信贷危机损失近万亿美元[N]. 参考消息,2008-4-10(4).

[118] 法新社柏林 4 月 14 日电. 德国科学家制作标准"一千克"[N]. 参考消息,2008-4-16(7).

[119] F · 赫尔内克. 爱因斯坦传[M]. 杨大卫,译. 北京:科学普及出版社, 1979:56, 62-63, 90, 96.

G

[120] 格雷. 格雷文集[M]. 陈太先,眭竹松,译. 北京:商务印书馆,1986:39.

[121] 格林斯潘．黄金和经济自由[M]//宋鸿兵．货币战争．北京:中信出版社,2007:111.
[122] 古尔诺:财富理论的原理[M]//亨利·勒德威尔·穆尔．综合经济学．王祖廉,范定九,译．北京:商务印书馆,1959:128.
[123] 戈德史密斯．金融结构与金融发展[M]．周朔,译,上海:生活·读书·新知三联书店,1994:5-10.
[124] 郜捷．容克支持欧盟设总统和财长[N]．参考消息,2012-7-16(4).
[125] 高汉．从占领华尔街运动看美国的金融发展与收入分配[J]．兰州学刊,2012-2:38-42.
[126] 顾炎武著,黄汝成集释．日知录集释[M]．栾保群,吕宗力,校点．石家庄:华山文艺出版社,1990:485,492,493,494, 496,497,498,499,511,516.
[127] 郭立珍．鸦片战争前中国同东南亚国家的贸易与中国社会经济的变迁[J]．哈尔滨学院学报,Vol. 26, No. 7, Jul. 2005:79.
[128] 管清友．牛顿搞金融工作 30 年[J]．大庆晚报(多媒体数字版),2008-11-5.
[129] 管彦忠．玻利维亚总统建议采用南美统一货币[N]．凤凰资讯,2007-4-23.
[130] 葛兆强．国际货币体系改革与人民币国际化研究[J]．首都经济贸易大学学报,2009(5):32-33.
[131] 高倩倩,郑建军．欧债危机下的欧元国际地位及其前景[J]．德国研究,2012(2):92.
[132] 高志平．不结盟运动应对债务危机的立场与主张析论[J]．社科纵横,2011-5:101-102,105.
[133] 高春平．论中国古代信用票据飞钱、交子、会票、票号的发展演变[J]．经济问题, 2007(1):125.
[134] 高俊元,中国黄帝陵:祭文·大纪[M]．西安:陕西旅游出版社,2001(3):110-111.
[135] 高际香．俄罗斯应对国际金融危机措施述评[J]．俄罗斯中亚东欧研究,2009(2):9.
[136] 高等数学编写组．高等数学:上册[M]．上海:上海科学技术出版社,1985:221.
[137] 关雪凌．透视国际金融危机中的俄罗斯经济困境[J]．俄罗斯中亚东欧研究,2010(1).
[138] 国鲁来．发展理论及评价指标体系的演进与全面建设小康社会——当前理论界的有关认识综述．中国社会科学院农村发展研究所,2007-03-08.
[139] "国际货币体系改革"研讨会实录[D]．上海发展研究基金会,2013-7-19:25.
[140] 国外经济文献摘要编委会编．国外经济文献摘要选编．1983//高志平．不结盟运动应对债务危机的立场与主张析论[J]．社科纵横,2011-5:101-102.

H

[141] 亨利·考夫曼．考夫曼论货币与市场[M]．孙忠,译．海口:海南出版社,2001:228.
[142] 哈伯勒．繁荣与萧条[M]．朱应根、王锟、袁绩藩,译．北京:商务印书馆,1963:295.
[143] 赫伯特·马尔库塞. 爱欲与文明[M]．黄勇, 译. 上海:上海译文出版社, 2012:73,155.
[144] 赫克舍尔．重商主义:第 2 卷[M] //约翰·梅纳德·凯恩斯．就业利息和货币通论．魏云,译. 西安:陕西人民出版社,2006:329.
[145] H. N. 沙伊贝,H. G. 瓦特,H. U. 福克纳．近百年美国经济史[M]．彭松建,雄必俊,周维,译．北京:中国社会科学出版社,1983:185.
[146] 黑田明伸．货币制度的世界史:解读"非对称性"[M]．何平,译．北京:中国人民大学出版社,2007:74.
[147] 黄达．金融学[M]．北京:中国人民大学出版社,2003:1.
[148] 贺来. 马克思哲学的"类"概念与"人类命运共同体"[J]．哲学研究, 2016(8):4.
[149] 贺培．中国古代和近代金融变迁中的支付体系[J]．东北财经大学学报, 2009-1:66,67.
[150] 韩墨,胡小兵．"欧元之父"蒙代尔:应对欧债危机"三管齐下" [N]．经济参考报,2011-8-26.
[151] 胡锦涛在亚太经合组织第十五次非正式会议上的讲话(澳大利亚悉尼)[N]．国际在线,2007-9-8.
[152] 胡锦涛．携手推进世界和平与共同发展——二 O 一三年新年贺词．2012 年 12 月 31 日于北京．
[153] 胡代光,厉以宁．当代资产阶级经济学主要流派[M]．北京:商务印书馆,1982:24.

[154] 何劲松．变美债危机为中国发展契机[J]．时代金融，2011(9):187.
[155] 黄丹蕾．中国最大比特币交易平台获500万美元风投注资[N]．经济参考报，2013-11-19.
[156] 韩毓海．白银战争[J]．商界评论,2010:42.
[157] 黄梅波,熊爱宗．国际货币体系与金融危机[J]．经济学家,2009-7:57.
[158] 黄亚丽．维特经济思想解析[D]．吉林大学硕士学位论文,2004-4:21-22.
[159] 黄亚男．塞浦路斯银行向政府申请救助．新华财经,2012-06-28.
[160] 黄秋迪:苏俄国内战争时期高尔察克反动政府的货币政策[J]．西伯利亚研究,2005-12:66.
[161] 黄秀海,滕清秀．美债危机对我国经济冲击效果的动态分析[J]．中国证券期货,2011-10:181.
[162] 黄正新．试论《资本论》中信用理论的几个问题及其现实意义[D]．中国经济学教育科研网．2005年第五届经济学年会论文集．
[163] 黄正新．关于泡沫经济及其测度的几个理论问题[J]．金融研究,2002(6).
[164] 黄范章．G20集团与国际货币体系改革[J]．金融研究,2010(2):45.
[165] 黄泽民．国际货币体系的危机传导机制及改革的方向[J]．中国货币市场,2008-12:40-41.
[166] 黄傍，王永贵．人类命运共同体:一种世界秩序的话语表述[J]．马克思主义与现实,2017(5):170.
[167] 胡昕蕾．论欧盟治理结构的多元性[J]．法制与社会,2008-02(上):294-295.
[168] 韩志国．全球金融危机第二波的五个新特点[N]．上海证券报,2009-03-06.
[169] 海外编译[J],北京:产业安全预警网,2007-6-26.
[170] 海口中心支行．债危机主要救助措施．中国人民银行海口中心支行官网,2013-03-29.
[171]《花旗业绩简报》(Fourth Quarter 2007 Earnings Review),转引自:21世纪经济报道,2008-1-24(16).
[172] 华尔街日报网站2月12日报道．两大比特币交易所遭黑客攻击[N]．参考消息,2014-2-13(4).

J

[173] 加德纳·阿克利．宏观经济理论[M]．陈彪如,译．上海:上海译文出版社,1999:43.
[174] J. A. 熊皮特．从马克思到凯恩斯[M]．韩宏,等,译．南京:江苏人民出版社,2000:22.
[175] J-J. 拉丰编．经济理论的进展:国际经济计量学会第六届世界大会专集:下册[M]．王国成,等,译．北京:中国社会科学出版社,2001:459.
[176] 杰夫里·怀特海德．经济学[M]．王晓秦,译．北京:新华出版社,2000:378.
[177] 菊谷忠治．亚洲地区发展中国家的外债问题[J]．贸易振兴会信息,1989(7).
[178] 金德尔伯格．疯狂、惊恐和崩溃:金融危机史[M]．叶翔，朱隽,译．北京:中国金融出版社,2007:30,128.
[179] J·F·里查德．2020——20年解决20个全球问题[M]．赵恒,译．北京:中信出版社,2003:33,64,68,189.
[180] 建苗．风险投资失败案例启示录[J]．经济管理文摘,2002(2).
[181] 金雁．尤罗夫斯基的经济思想与实践[J]．青海师范大学学报(社会科学版),1990(4):14.
[182] 龚勇．关于美债危机的思考[J]．经营管理者,2011(22):89.
[183] 金蕴,美次级债危机警示中国炒房者[N]．青年报,2007-8-12(10).
[184] 焦巍．国际货币体系对世界经济失衡的影响[J]．郑州大学学报(哲学社会科学版)，2007-3:85.
[185] 景维民,杨恒．欧债危机对中国经济转型与发展的影响及启示[J]．河北经贸大学学报,2012-7:9-10.
[186] 姜爱林．三次代表性国际金融危机异同比较研究[J]．无锡商业职业技术学院学报,2009-8:7,9-11.
[187] 姜爱林．20世纪以来三次国际金融危机比较[J]．金融教学与研究,2009(3):10-14.
[188] 蒋荣昌．金本位？金属本位？足值货币？——传统货币理论质疑[J]．西南民族学院学报:哲社版,2006(1).
[189] 蒋永穆,杨少垒．欧债危机:当代资本主义一体化异化噩梦[J]．政治经济学评论,2012-4:90.

[190] 贾凤兰,欧洲 2020 战略[J]. 求是,2010(10).

[191] 费穗宇、庞忠甲、沈洋. 决战世界元[M]. 北京:华夏出版社. 2009:4.

[192] 贾根良、刁伟涛. 为建立主权货币体系而战——亨利 · 凯里与 19 世纪下半叶的美国货币斗争[J]. 经济学理论与思潮新探索,2012(12):82.

[193]《经济大词典》编辑委员会. 经济大词典:财政卷[M]. 上海:上海辞书出版社,1987:117.

[194] 金融市场中的个体心理与行为偏差[M]//中南大学行为金融学精品课程. 长沙:中南大学,2001.

[195] 简永桢. 百年钱币看希腊. http://www. lcsd. gov. hk/CE/Museum/History/b5/seminar1. ph;

K

[196] 凯恩斯. 货币的纯理论[M] //货币论:上卷,何瑞英,译. 北京:商务印书馆,1986:11.

[197] 康渝生, 胡寅寅. 人的本质是人的真正的共同体——马克思的共同体思想及其实践旨归[J]. 理论探讨, 2012(5):45-46.

[198] 科沃德克. 欧元区财政政策不统一导致债务危机. 网易财经. 2011-06-25.

[199] 孔军. 欧债危机"撂倒"葡萄牙[N]. 人民日报,2011-4-8.

L

[200] 李嘉图. 关于一种既经济又可靠的通货的建议[M]//佩 · 斯拉法,编. 大卫 · 李嘉图的著作和通信集:第 4 卷. 英国剑桥大学,1962:55.

[201] 里查德 · 坎蒂隆. 商业性质概论[M]. 余永定,徐寿冠,译. 北京:商务印书馆,1986:4.

[202] 罗伯特 · 霍尔,约翰 · 泰勒. 宏观经济学[M]. 张帆,等,译. 北京:中国人民大学出版社,2000:413.

[203] 路德维希 · 艾哈德. 来自竞争的繁荣[M]. 祝世康,穆家骥,译. 北京:商务印书馆,1983:61.

[204] 梁士琴科. П. И. 苏联国民经济史:第 1 卷[M]. 中国人民大学编译室,译. 北京:人民出版社,1959:526.

[205] 梁士琴科. 苏联国民经济史[M]. 北京: 人民出版社,1954: 247-248,248,247-248,880,881.

[206] 里查德 · 隆沃斯. 全球经济自由化的危机[M]. 应小瑞,译. 北京:生活 · 读书 · 新知三联书店,2002:5.

[207] 劳伦斯 · H · 怀特. 货币制度理论[M]. 李杨,等,译. 北京: 中国人民大学出版社,2004:2 .

[208] 里卡兹. 谁将主导世界货币? [M]常世光,译. 北京:中信出版社,2012-7-1. 转引自:冷哲. 世界货币三分天下. 上海书评//东方早报,2014-5-18(5).

[209] 罗伯特 · 卢卡斯:1995 年 12 月 7 日讲演[C]//王宏昌. 诺贝尔经济学奖获得者讲演集:1987/1995. 北京:中国社会科学出版社,1997:397-398.

[210] 罗伯特 · 蒙代尔. 论国际货币体系的重建——基于创立世界货币的设想[J]. 厦门大学学报(哲学社会科学版),2012(1):1-7.

[211] 罗伯特 · 基欧汉, 约瑟夫 · 奈. 权力与相互依赖[M]. 北京:北京大学出版社,2002:275.

[212] 蒙代尔,汇率与最优货币区[C]//蒙代尔经济学文集(第 5 卷), 向松祚,译. 北京:中国金融出版社,2003. 转引自:王华庆. 国际货币、国际货币体系和人民币国际化[J]. 复旦大学学报(社会科学版),2010(1):16.

[213] 廖子光. 金融战争:中国如何突破美元霸权[M]. 林小芳,查君红,等,译. 北京:中央编译出版社,2008:译序 5-11,17.

[214] 刘洪:"欧洲合众国"将浴火而生? [J]. 新民周刊,2012(37):23.

[215] 刘玮. 试论 19 世纪俄国币制改革[J]. 西伯利亚研究,2011-2:70-75.

[216] 刘刚,吴迪. 从中美经济相互依存看我国高额外汇储备管理[J]. 吉林金融研究, 2012(6):8.

[217] 刘劼,樊宇. 美国国会通过无条件提高债务上限法案. 新华网,2014-2-13.

[218] 刘军. 全球经济增长速度放慢[N]. 光明日报,2005-9-5.

[219] 刘璐,金素．从虚拟经济看当代国际金融危机[J]．商业研究,2010-10:134.
[220] 陆羽．次按风暴再袭:瑞银集团第四季度巨亏 114 亿美元[N]. 21 世纪经济报道,2008-1-31(9).
[221] 陆建非．命运共同体[J]．海归学人, 2018(3):18.
[222] 乐学．美媒称已找到比特币发明人中本聪．腾讯科技,2014-3-6.
[223] 罗谷:外媒称中国紧缩信贷动真格[N]．参考消息,2013-6-23(4).
[224] 罗文．密西西比泡沫事件[N]．沈阳化工大学证券投资学教学案例,2013-01-21.
[225] 罗默．欧洲稳定机制全面解析．汇通网,2011-3-28.
[226] 鲁全．欧债危机是社会保障制度导致的吗？——基于福利模式与福利增长动因的分析[J]．中国人民大学学报,2012(3):95-101.
[227] 李卓．欧洲货币一体化的理论与实践[M]．武汉:武汉大学出版社,2005:148,317-321.
[228] 李槐．中国古代货币体系的结构变化研究[J]．云南教育学院学报,1997(3).
[229] 李跃．从宋朝的货币政策看纸币的流通[J]．东方博物．第十七辑:75.
[230] 李琮．第三世界论[M]．北京:世界知识出版社,1993:190.
[231] 李波,陈鹏．美债危机背景下中国经济发展方式的思考[J]．湖北社会科学,2012 (10):88.
[232] 李翀．财政赤字观和美国政府债务的分析[J]．经济学动态,2011(9).
[233] 李敏．当前美债危机对我国纺织品服装贸易的影响[J]．山西财经大学学报, 2011-11:116.
[234] 李方．全球经济失衡下的金融泡沫经济[J]．国际金融研究,2007-4:63,64-65,65,66,67,68.
[235] 李静．马克思虚拟资本理论初探[J]．河南商业高等专科学校学报,2008(1):15.
[236] 李鑫．从黄金地位转化透视当今货币体系[J]．西北工业大学学报(社会科学版),2011-9:1-3.
[237] 李雪松．博弈论与国际货币政策协调[M]．北京:中国金融出版社,2000:116.
[238] 李雪姣．欧元集团同意救助塞浦路斯计划规模约为 100 亿欧元[N]．中国日报(国际在线专稿),2013-03-16.
[239] 李少军．国际政治学概论[M]．上海：上海人民出版社,2005:141.
[240] 李化成．论黑死病对英国人口发展之影响[J]．史学月刊,2006(9):85.
[241] 李新宽．英国重商主义思想的分期问题[J]．武汉大学学报(人文科学版),Vol. 6,2008(6):741-746.
[242] 李新宽．论英国重商主义政策的阶段性演进[J]．世界历史,2008(5):76.
[243] 李敏捷．全球金融危机下的俄罗斯经济及其前景[J]．国际问题研究,2009(3).
[244] 李禹成,等．美国债务问题与中国通货膨胀研究分析[J]．现代商贸工业, 2012(1):97.
[245] 李如鹏．美国次贷危机的房地产警示[J]．江苏商论,2009-2:160.
[246] 李众敏．日本泡沫经济崩溃及其启示[J]．国际经济评论,2008-2:11.
[247] 李德水．危机根源在于美国经济过分虚拟化[N]．第一财经日报,2009-01-20.
[248] 李本松．当前欧债危机的危害和中国应对之策[J]．湖北社会科学,2012(5):85-88.
[249] 李伏安,林衫．国际货币体系的历史！现状——兼论人民币国际化的选择[J]．金融研究,2009(5):61-62.
[250] 李增仁．世界各国的钱币[J]．百科知识．2006-12:42.
[251] 李京阳．欧债危机对中国的影响及国际货币体系的改革思考[J]．财经科学, 2012-3:1.
[252] 李炜光．郁金香风潮与金融泡沫[J]．书屋,2010(3):16-18.
[253] 李树杰．日本、东南亚“金融泡沫”成因及启示[J]．日本问题研究,1999(2):21,22, 24.
[254] 李拥军．经济全球化与政治文明建设[J]．中共云南省委党校学报,2007-4:118.
[255] 李坚. 比特币炒作反映了追求超高回报率的投机心理[N]. 21 世纪经济报道, 2017-9-19(4).
[256] 李曦子. 数字货币 ETF 落地？还要再等等[N]. 国际金融报, 2018-8-27(1).
[257] 李后强，黄进. 从统一场理论到人类命运共同体思想[J]. 中国浦东干部学院学报, 2017-1:114-115.

[258] 李爱敏. “人类命运共同体”:理论本质、基本内涵与中国特色[J]. 中共福建省委党校学报, 2016-2:98.
[259] 黎敏奇. 信用违约掉期是沉睡威胁:美次按预言家:优先级贷款危机在2—3月也将爆发[N]. 21世纪经济报道,2008-1-10(16).
[260] 林继肯. 货币数量新论[M]. 北京:中国金融出版社,2004:100-101,217,221-222.
[261] 林日杖. 五口通商时期的银元风潮与近代中国金融的发展[J]. 福建师范大学学报(哲学社会科学版),No. 13, 2007:58.
[262] 林汶奎. 美国金融危机的幕后元凶[M]. 北京: 中国商业出版社,2009(10).
[263] 林晓轩. 十国外长提议成立“欧盟国”[N]. 参考消息,2012-6-21(3).
[264] 鲁世巍. 美元霸权与国际货币格局[M]. 北京:中国经济出版社,2006:27,31,33,36-39.
[265] 鲁友章,李宗正. 经济学说史:上册[M]. 北京:人民出版社,1979:7,18,69-71.
[266] 吕思勉. 第十二章:货币[M]//中国通史. 西安:陕西师范大学出版社,2010.
[267] 吕思言. 希腊债务置换难消市场疑虑 还需结构性的改革[N]. 经济日报,2012-3-11.
[268] 罗爱林. 维特货币改革评述[J]. 西伯利亚研究,1999(5) :12.
[269] 刘爱民,等. 税收理论与实务[M]. 北京:清华大学出版社,2011:4.
[270] 刘明礼. 欧盟和IMF斥资7 500亿欧元救助欧元区成员国. 中国广播网,2010-5-10.
[271] 刘丽娜. 谁来为美国还债?[J]. 中国经济周刊,2009(10).
[272] 刘芸芸.“南海泡沫事件”研究[D]. 山东大学硕士论文,2011:6.
[273] 刘舒年. 国际金融[M]. 北京:对外经济贸易大学出版社,2005(3):506.
[274] 刘军梅. 全球金融危机对俄罗斯的影响: 传导机制、应对措施及中俄金融合作的空间[J]. 俄罗斯研究,2008(6) :21,23,24.
[275] 连建明. 次贷危机第四波冲击来袭![N]. 新民晚报,2008-7-19(B1).
[276] 罗巧云. 欧债危机对中国的出口影响及对策[J]. 中国商贸,2012-4:223.
[277] 梁小民. 形形色色的西方经济学家[J]. 招商周刊,2005(9).
[278] 卢薄康,陆益峰. 透视美国次级信贷危机:救市:伯南克握住手中牌[N]. 文汇报,2007-8-24(4).
[279] 卢映西. 经济学革命:从稀缺性假设到双约束假设[J]. 经济纵横,2013(6).
[280] 连建明. *ST金泰:又一个神话故事[N]. 新民晚报,2007-9-8(B1).
[281] 李晓华,徐信艳. 内生性货币供给理论述评. 中国论文下载中心,2007-03-06.
[282] 黎敏奇. 原油武斗:大摩高盛点燃抢购风[N]. 21世纪经济报道,2008-6-11(13).
[283] 廖泽芳,雷达. 欧债危机背后的货币博弈[J]. 国际金融研究,2012-11:43.
[284] 陆前进. 美元霸权和国际货币体系改革——兼论人民币国际化问题[J]. 上海财经大学学报, 2010-2:67.
[285] 路透社纽约2月10日电. 比特币价格曝跌至新低[N]. 参考消息,2014-2-12(4).
[286] 路透社哈瓦那12月9日电:俄罗斯和古巴悄悄签署了协议[N]. 参考消息,2013-12-11(3).
[287] 历史上的今天,人民网,2003-8-1.
[288] 历代钱币简述. http://www. shgci. com/pinquanju/top" http://www. shgci. com/pinquanju/top;
[289] 联合国宪章. http://www. un. org/zh/sections/un – charter/preamble/index. html.
[290] 联合国千年宣言. 2000年9月13日联合国第五十四届会议决议. A/RES/55/2.
[291] 联合国经济及社会理事会决议:非洲发展新伙伴关系的社会层面[根据社会发展委员会的建议(E/2017/26)通过]E/RES/2017/11.
[292] 联合国第一委员会决议:不首先在外层空间放置武器决议. A/C. 1/72/L. 53.
[293] 联合国第一委员会决议:防止外层空间军备竞赛的进一步切实措施决议. A/72/407.

M

[294] 马克思．资本论:第 1 卷[M]. 中共中央马克思恩格斯列宁斯大林著作编译局,译．北京:人民出版社,1975: 50,51,57,90,103-105,107-108,112,115,117,118,133-135,139-141,143,145-147, 153-156,158,160,163,164,168,174-175,197,273,278,340,501,649,649-650,693,694,707,829(页注).

[295] 马克思．资本论:第 2 卷[M]. 中共中央马克思恩格斯列宁斯大林著作编译局,译．北京:人民出版社,1975:384, 393.

[296] 马克思．资本论:第 3 卷[M]. 中共中央马克思恩格斯列宁斯大林著作编译局,译．北京:人民出版社,1975: 278, 285,286,340,384, 385, 386, 390, 399,422, 428,451,452, 493,496, 498,499,507,526-529, 531, 532, 535, 540,541, 553-555, 572,573, 576,585, 675, 686,687,995.

[297] 马克思．银行资本的组成部分[M]//资本论:第 3 卷．北京:人民出版社,1975:535.

[298] 马克思．剩余价值理论:第 2 册[M]. 北京: 人民出版社,1975:233,234,610.

[299] 马克思恩格斯选集:第 1 卷[M]. 北京: 人民出版社,1995:278,752.

[300] 马克思．政治经济学批判:导言[M]//马克思恩格斯选集:第 2 卷．中共中央编译局．北京:人民出版社,1972(2):3.

[301] 马克思．政治经济学批判:序言[M]//马克思恩格斯选集:第 2 卷,北京:人民出版社,1995:82,83.

[302] 马克思恩格斯选集:第 3 卷[M]. 北京: 人民出版社,1995:492.

[303] 马克思,恩格斯．德意志意识形态[M]//马克思恩格斯全集:第 3 卷．北京:人民出版社,1956:68,84.

[304] 马克思．政治经济学批判[M]//马克思恩格斯全集:第 3 卷．北京:人民出版社,1976:132.

[305] 马克思恩格斯全集:第 3 卷[M]. 北京:人民出版社,1956:39-40,42,85.

[306] 马克思恩格斯全集:第 4 卷[M]. 北京:人民出版社,1956: 467,469-471,478-480,491.

[307] 马克思,恩格斯．共产党宣言[M]. 北京:人民出版社,1997:31-32.

[308] 恩格斯．共产主义原理[M]//马克思恩格斯全集:第 4 卷．北京:人民出版社,1956:365.

[309] 马克思恩格斯全集:第 7 卷[M]. 北京: 人民出版社,1962:492.

[310] 马克思．经济学手稿[M]//马克思恩格斯全集:第 46 卷(上). 北京:人民出版社,1956:90.

[311] 马克思恩格斯全集:第 46 卷(下) [M]. 北京: 人民出版社,1979: 47,160,434-435,438.

[312] 马克思恩格斯全集:第 49 卷[M]. 北京: 人民出版社,1985:293.

[313] 马克思. 政治经济学批判——序言//马克思恩格斯全集:第 13 卷[M]. 北京:人民出版社,2016(数字版):8-9.

[314] 马克思. 政治经济学批判//马克思恩格斯全集:第 46 卷[M]. 北京:人民出版社,2016(数字版): 171, 172, 174, 176, 472, 489, 502.

[315] 马克思. 路易斯 · 亨 · 摩尔根《古代社会》一书摘要//马克思恩格斯全集:第 45 卷[M]. 北京:人民出版社, 2016(数字版):435, 536.

[316] 马克思. 路易斯 · 亨 · 摩尔根《古代社会》一书摘要:注释//马克思恩格斯全集:第 45 卷[M]. 北京:人民出版社, 2016(数字版):829.

[317] 马克思致恩格斯(1868 年 3 月 25 日)//马克思恩格斯全集:第 32 卷[M]. 北京:人民出版社, 2016(数字版):52.

[318] 马克思, 恩格斯. 德意志意识形态//马克思恩格斯全集:第 3 卷[M]. 北京:人民出版社, 1960: 84, 119, 514, 517.

[319] 马克思, 恩格斯. 共产党宣言//马克思恩格斯全集:第 4 卷[M]. 北京:人民出版社, 2016(数字版): 489, 491.

[320] 马克思, 恩格斯. 莱比锡宗教会议//马克思恩格斯全集:第 3 卷[M]. 北京:人民出版社,2016(数字版):461.

[321] 马克思. 评一个普鲁士人的《普鲁士国王和社会改革一文》//马克思恩格斯全集:第1卷[M]. 北京:人民出版社, 1956:487.

[322] 马克思. 关于费尔巴哈的提纲//马克思恩格斯全集:第3卷[M]. 北京:人民出版社,2016(数字版):5.

[323] 马克思. 1844年经济学哲学手稿//马克思恩格斯全集:第42卷[M]. 北京:人民出版社, 2016(数字版): 96, 97, 122, 150, 186.

[324] 马克思. 黑格尔法哲学批判//马克思恩格斯全集:第1卷[M]. 北京:人民出版社, 1956:428.

[325] 马克思. 评部颁指令的指控//马克思恩格斯全集:第1卷上[M]. 北京:人民出版社, 2016(数字版):426.

[326] 马克思. 资本论:第1卷//马克思恩格斯全集:第23卷[M]. 北京:人民出版社, 2016(数字版):163, 164, 198.

[327] 马克思. 资本论:第3卷//马克思恩格斯全集:第25卷上册[M]. 北京:人民出版社,2016(数字版): 198, 363, 354, 363.

[328] 马克思. 经济学手稿(1861—1863年)//马克思恩格斯全集:第48卷[M]. 北京:人民出版社, 2016(数字版):366.

[329] 马歇尔. 经济学原理:上卷[M]. 朱志泰,译. 北京:商务印书馆,1964:25.

[330] 米尔顿·弗里德曼,等. 货币数量论研究[M]. 瞿强,杜丽群,译. 北京:中国社会科学出版社,2001:25

[331] 米尔顿·弗里德曼,安娜·J·斯瓦茨,美国货币史(1867-1960)[M]. 巴曙松,王劲松,等,译. 北京:北京大学出版社,2009(1):5,10,12,15.

[332] 米尔敦·弗里德曼. 自由选择[M]//曹龙骐. 货币银行学. 北京:高等教育出版社,2000:6.

[333] 米尔顿·弗里德曼. 货币数量论的重新表述[M]//米尔顿·弗里德曼等. 货币数量论研究. 瞿强,杜丽群,译. 北京. 中国社会科学出版社,2001:3.

[334] 米尔顿·弗里德曼. 货币的祸害[N]//徐瑾. 货币之祸. 21世纪经济报道,2006-9-15(12).

[335] 米拉丁·克拉奇,蒂霍米尔·弗拉什卡利奇. 政治经济学:资本主义和社会主义的商品生产理论分析原理[M]. 北京:人民出版社,1982:5.

[336] 米歇尔·D·科伊. 玛雅[M]. 纽约:普拉杰出版社,1966:128.

[337] 米克. 劳动价值学说的研究[M]. 陈彪如,译. 北京;商务印书馆,1963:37.

[338] 马歇尔. 货币、信用与商业[M]//奥里维尔·琼·布兰查德,斯坦利·费希尔. 宏观经济学. 刘树成,等,译. 北京:经济科学出版社,1998:223.

[339] 蒙特·莫林. 科学家试验洗钱[N]. 美国洛杉矶时报1月8日//参考消息,2014-1-11(7版).

[340] 摩莱里. 自然法典[M]. 邹密,李德谋,编译. 重庆:重庆出版社,2006:11,27,39.

[341] 马克·布劳格. 经济学方法论[M]. 石士钧,译. 北京:商务印书馆,1992:252.

[342] 马凌. "欧元之父"蒙代尔求解欧债危机[N]. 21世纪经济报道,2012-11-2(8).

[343] 马勇. 蒙代尔:人民币将主导世界货币[N]. 羊城晚报,2009-11-2.

[344] 孟春,高伟. 美国爆发债务危机的根源、影响及应对建议[J]. 经济研究参考,2012(1):58-61.

[345] 马君潞. 发展中国家债务危机回顾与展望[J]. 南开经济研究, 1991(6):11,13-16.

[346] 马俊武. 铸币税浅议[J]. 现代商业, 2011(21):18.

[347] 马素红. 欧债危机现转折点 中欧合作有新机遇[N]. 上海证券报,2012-10-23.

[348] 马一可,王桂兰. 俄罗斯应对金融危机的举措及对我国的启示[J]. 对外经贸实务,2010(1).

[349] 麦基文. 社会学原理[M]. 北京:商务印书馆, 1933:23.

[350] 梅兆荣. 欧债危机的复杂性与欧盟前景[J]. 德国研究,2012(1):29-32.

[351] 摩根大通银行. 亚洲金融市场. 1998[M]//次贷危机研究课题组. 次贷危机正在改变世界. 中国金融出版社,2009:275.

[352] 美国《华尔街日报》网站6月29日报道．国际清算银行警告：金融市场涨势背离经济基本面[N]．参考消息，2014-7-1(4)．
[353] 美国基督教箴言报3月3日．新经济秩序中有更多的资金、更多的风险[N]．参考消息，2005-3-8(8)．
[354] 美官方数据提前泄露：中国去年十一月持美债创新高[N]．参考消息，2014-1-17(5)．
[355] 美国华尔街日报：中国央行出手缓解“钱荒”担忧[N]．参考消息，2013-6-27(5)．
[356] 美国政府非核心部门关门[N]．绍兴晚报，2013-10-2．
[357] 美洲开发银行的统计数字[J]//90年代发展中国家的债务危机趋向缓和．厦门大学学报(哲社版)，1995(3)：92．
[358] 名词解释·什么是金融泡沫？[J]．农场经济管理，2008-6：57．

N

[359] 倪林军．中国央行叫停交易比特币暴跌至最高价的1/3[N]．参考消息，2013-12-30(4)．
[360] 倪世雄，蔡翠红．西方全球化新论探索[J]．新华文摘，2001(10)：162．
[361] 粘轶锋．牛顿曾为英国节省1 000万英镑[N]//英国新科学家周刊5月29日报道．参考消息，2012-5-31：4．
[362] 南昌大学MPA中心联合课题组．欧债危机对中国的影响及治理对策研究——以中国出口贸易为例[J]．市场经济与价格，2012(7)：26．

O

[363] 欧文．新道德世界书[M]//欧文选集：下卷．北京：商务印书馆，1965：30．
[364] 欧叶．5.8万亿英镑买下英国[N]．青年报，2005-7-27(A17)．
[365] 区鉷．关于经济全球化与政治全球化的思考[J]．学而篇，2004-12：22．
[366] 欧盟已向希腊提供第一笔145亿欧元救助贷款．腾讯财经，2010-5-18．
[367] 欧盟-IMF1100亿欧元联合救助希腊贷款方案出炉．中国商务部网站，2010-5-4．
[368] 欧盟峰会决定采取切实措施促进经济增长．新华新闻，2012-6-29．
[369] 欧元集团宣布将向西班牙提供1 000亿欧元贷款．网易财经，2012-6-10．
[370] 欧元区财长敲定4 400亿欧元资金援助方案．21世纪网，2010-06-08．
[371] 欧元区救助基金规模攀升至8 000亿欧元．深圳证券时报网，2012-3-30．
[372] 欧美近期救市一览．中国新闻网，2009-2-28．
[373] 欧洲：标普调降EFSF信用评级至“AA+” ESM将提前至7月生效[J]．钢之家SteelHome，2012-01-17．
[374] 欧洲联盟概况．新华网，2004-5-9．
[375] 欧阳觅剑．进区块链发展的产业政策应谨慎[N]．21世纪经济报道，2018-1-25(6)．

P

[376] 皮埃尔·布阿吉尔贝尔．谷物论、论财富、货币和赋税的性质[M]．北京：商务印书馆，1979：85，97．
[377] 潘治．科学家采用“完美硅球”重新定义“千克”单位[N]．文汇报，2008-4-17(7)．
[378] 潘锐．国际货币多元化已成必然[N]．东方早报，2011-8-19．
[379] 彭泽溢．十九世纪后半期中国财政与经济[M]．北京：人民出版社，1983：85．
[380] 裴然．战争和革命对20世纪初俄国货币体系的影响[J]．西伯利亚研究，2010-4：91，92，94，95．
[381] 彭路．欧债危机成因及其对我国影响研究[J]．HAINAN FINANCE，2012 (6)：9-12．
[382] 彭迪先，柯高箸．货币信用论大纲[M]．湖北：武汉大学出版社，2012：112-113．
[383] 彭兴韵．国际货币体系的演进及多元化进程的中国选择——基于“货币强权”的国际货币体系演进分析[J]．金融评论，2010(5)：8-9．

[384] 葡萄牙获得援助 欧洲内部间隙再次扩大．腾讯财经,2011-5-6.

Q

[385] 琼杰．世界铸币百科全书[M]．刘森,译．北京:中国金融出版社,1999:69.
[386] 琼·罗宾逊．凯恩斯以后[M]．虞关涛,等,译．北京:商务印书馆,1985:31.
[387] 琼杰．世界铸币百科全书[M]．刘森,译．北京:中国金融出版社,1999:69.
[388] 齐格蒙特·鲍曼．共同体:在一个不确定的世界中寻找安全[M]．欧阳景根，译．南京:江苏人民出版社，2007:4-9.
[389] 乔磊．美国政府收支与债务纠结[J]．今日财富(金融发展与监管),2011(4):22.
[390] 乔良．一战笔记:炮火之外的残酷战争[N]．参考消息,2014-9-4(11).
[391] 漆鑫,庞业军．银行间市场交易商协会数据库[J]//欧债危机的根源、前景与影响．中国货币市场,2011(10):21
[392] 权麟春．人类命运共同体的理路研究[J]．天津行政学院学报，2017-9:32.
[393] 启动 ESM 是否“画饼充饥”？[N]．工人日报,2012-10-11.
[394] 仇远．“南海泡沫事件”的几点启示[N]．中国证券报,2006-2-8.
[395] 全球股市 08 年跌幅榜．全景网,2008-12-31.

R

[396] 让·皮埃尔·朗多．小心 21 世纪的郁金香——比特币狂热．英国金融时报网站 1 月 16 日文章,转引自:比特币“高烧不退”投资者风险日增[N]．参考消息,2014-1-22(4).
[397] 阮崇晓．金本位制下的黄金博弈战[M]．重庆:重庆出版社,2011:13.
[398] 阮智富，郭忠新．现代汉语大词典(上卷)[M]．上海:上海辞书出版社，2009:413.
[399] 饶登秩．论铁钱．古泉学[J]．中国古泉学会,1936(1):53.
[400] 郎珈艺．欧债危机的原因及其对欧元区经济的影响探究[J]．对外经贸,2013(8):30-31.
[401] 任志刚．警告:金融海啸第二波正浮现震荡或更强烈[EB/OL]．中新网,2009-01-22.
[402] 任仲平．让历史照亮人类的明天——写在中国人民抗日战争暨世界反法西斯战争胜利纪念日[N]．文汇报,2014-9-3(2).
[403] 戎卫东．欧盟的组织结构[J]．中国标准化,2000(10):54-55.
[404] 大西圆．“布雷迪计划”的背后:发展中国家对外债务的现状[J]．贸易振兴会信息,1989-7.
[405] 瑞士新苏黎世报 1 月 26 日:货币储备增长过于强劲[N]．参考消息,2014-1-28(5).
[406] 日本经济新闻 7 月 27 日电．世界交易所联合会统计显示——全球股市总市值大幅缩水[N]．参考消息,2008-7-28(4).
[407] 日本国民净资产占国家财富 80% 以上[N]//日本经济新闻 5 月 17 日报道．参考消息,2007-5-18(4).

S

[408] 萨伊．政治经济学概论:财富的生产、分配和消费[M]．陈福生,陈振骅,译．北京:商务印书馆,1982:102.
[409] 萨缪尔森．经济学:上册[M]．高宏业,译．北京:商务印书馆,1979:4.
[410] 塞缪尔·亨廷顿．文明的冲突[M]．周琪学,译．北京:新华出版社,2013:297.
[411] 柿沼阳平．中国古代货币经济史研究的意义和分析视角(一) [J]．中国钱币．NO. 109，2010(2):41.
[412] 斯塔夫里阿诺斯．从史前史到 21 世纪:全球通史[M]．董书慧,等,译．北京:北京大学出版社,2005(7): 279,392,608,692.
[413] 斯·德·马丁诺夫．国家和经济——维特体制[M]．圣彼得堡科学出版社,2002:124.

[414] 斯蒂格利茨．经济学[M]．梁小民,黄险峰,译．北京:中国人民大学出版社,2000:682.
[415] 世界银行．债务国报告书系统[M]//世界债务表,1993-1994:33.
[416] 司马迁．史记・平准书[M]//胡寄窗．中国经济思想史简编．北京:中国社会科学出版社,1981:209.
[417] 苏岩,贺濒．维基解密:谁授权美国统管世界[M]．南京:江苏人民出版社,2011:129.
[418] 宋玥．论美债危机及其影响[J]．经济研究导刊, No. 35,2011:135-136.
[419] 师琰．IMF 与欧元区再救希腊减免 400 亿债务[N]. 21 世纪经济报道, 2012-11-28.
[420] 申健．俄罗斯金融市场研究[D]．哈尔滨: 黑龙江大学学报,2003:46.
[421] 沈敏,中方认为要平衡处理:气候变化谈判四要素[N]．文汇报,2008-4-2(7).
[422] 孙杨．美债危机对中国的影响及应对措施[J]．西南民族大学学报（人文社会科学版）, 2011（12）: 137-138.
[423] 孙涛,臧秀玲．欧债危机与资本主义福利国家新变化[J]．财经科学,2012(6):1,2-3,5,8-9.
[424] 孙杰．区域经济一体化:基于区域债券市场的研究[M]．北京:社会科学文献出版社,2013:2-6.
[425] 孙文涣．短陌性质初探[J]．首都师范大学学报(社会科学版),1996(3):36.
[426] 孙持平．金融历史的馈赠:上海市银行博物馆藏品精粹[M]．香港:中国通出版社,2007:12,21.
[427] 孙仲汇,胡薇．古钱币图解[M]．上海:上海书店出版社,1989:2-11.
[428] 孙时联．美国债务上限的由来及发展趋势[J]．理论参考,2011(10):2.
[429] 孙晶．马克思人的本质思想的实践生成论研究[D]．黑龙江大学博士研究生学位论文,2017-6:5.
[430] 沈君克．论拉丁货币同盟走向崩溃的原因[J]．山东行政学院山东省经济管理干部学院学报,2006(3):102.
[431] 沈惠平．全球化中的权力扩张[J]．现代国际关系,2002(4):29-33.
[432] 苏海亚．美调查显示全球 3% 最富的人拥有全球 20% 的总收入[N]．劳动报,2014-1-5(2).
[433] 苏曼丽,吴敏．中国万亿美债面临缩水,分析师称抛售等于金融自杀[N]．新京报,2011-8-10.
[434] 宋学红．欧债危机对欧盟经济的影响与启示[J]．经济纵横,2012(4):96-99.
[435] 宋鸿兵．货币战争[M]．北京:中信出版社,2007:封底．
[436] 苏国强．铸币税初探[J]．金融领域,2006(5):31.
[437] 是冬冬, 成小红．负面消息连袭 比特币价格闪跌 85% [N]．东方早报,2014-2-12.
[438] 石建勋．“钱荒”:“荒”的是什么[N]．文汇报,2013-6-25(5).
[439] 石俊志．中国古代铜钱的信用货币性质[J]．银行家,2012(12):134,136.
[440] 石俊志．王安石废除钱禁—北宋后期钱荒的爆发及其影响[J]．金融博览,2012(10):34.
[441] 石自强．历次金融危机解密[M]．北京:龙门书局,2011:35.
[442] 石剑峰．布雷顿森林体系设计师是苏间谍? [N]．东方早报,2014-5-21.
[443] 盛险峰．钱荒与五代商品经济[J]．中国经济史研究,2006(4):136,138.
[444] 山晓倩．葡萄牙获得援助 欧元反应平平．新华 08 网,2011-12-20.
[445] 史永东,赵永刚．信用衍生品的国际发展机理研究[J]．财经问题研究,2008(10):54-60.
[446] 桑建泉, 陈锡喜．人类命运共同体与自由人联合体理论关系新论[J]．青海社会科学, 2017(6):8.
[447] 社评:“未雨绸缪监管房贷,规避房价暴跌风险”[N]. 21 世纪经济报道,2007-9-26(1).
[448] 上海东方财富证券研究所．美国失业率．东方财富网,2014-1-10.
[449] 上海东方财富证券研究所．美国 ISM 制造业指数．东方财富网,2014-1-2.
[450] 上海东方财富证券研究所．美国 ISM 制造业指数．东方财富网,2013-11-26.
[451] 世界银行集团(国际复兴开发银行(En) 国际开发协会(En) 国际金融公司(En) 多边投资担保机构(En) 解决投资争端国际中心(En)) © 2014 世界银行数据库．
[452]《世界各国货币名称由来》,http://lidicity. com/dianyou. shtml.

[453] 世界银行,《世界债务表,1993—1994 年》//90 年代发展中国家的债务危机趋向缓和．厦门大学学报(哲社版),1995(3):89.

T

[454] 托马斯 · 孟．英国得自对外贸易的财富[M]．北京:商务印书馆,1959:28.
[455] 汤姆 · 恩格尔哈特．美国世纪的挽歌[N]．参考消息,2014-07-25(10).
[456] 潭璐,查晓磊．花旗财报深水炸弹:负资产按揭或达 754 亿美元[N]. 21 世纪经济报道,2008-1-24(16).
[457] 潭璐. 1243 亿美元! 汇丰控股陷得最深:高盛揭底亚洲银行次按头寸[N]. 21 世纪经济报道,2008-1-30(16).
[458] 唐杰．欧盟统计局[J]//欧债危机的分析与展望．和讯外汇,2012-3-19.
[459] 唐光明．铸币税及人民币铸币税问题研究[D]．西南财经大学硕士学位论文,2005:14.
[460] 唐修哲,孙润玉．俄罗斯新卢布问世[N]．光明日报,1998-1-4.
[461] 陶惠芬．俄国近代改革史[M]．北京:中国社会科学出版社,2007:269.
[462] 田春生．国际金融危机:俄罗斯经济的困境与前景[J]．俄罗斯中亚东欧研究,2009(2).
[463] 滕尼斯．共同体与社会:纯粹社会学的基本概念[M]．林荣远, 译．北京:商务印书馆,1999:54. 71, 95.

W

[464] 威廉 · 配第．政治算术[M]．陈冬野,译．北京:商务印书馆,1978:24,28.
[465] 威廉 · 配第．税赋论:献给英明人士货币略论[M]．北京:商务印书馆,1978:13.
[466] 威廉 · 配第．赋税论[M]//马克思．资本论:第一卷:上．中共中央编译局．北京:人民出版社,1975:142.
[467] 威廉 · 汤普逊．最能促进人类幸福的财富分配原理的研究[M]．北京:商务印书馆,1985:41.
[468] 威 · 里瑟姆．关于通货问题的通信. 1840 年伦敦增订第 2 版:43-44 [M]//马克思．资本论:第 3 卷．中共中央编译局,译．北京:人民出版社,1975:451.
[469] 乌戈 · 马太,劳拉 · 纳德．西方的掠夺:当法治非法时[M]．苟海莹,译．北京:社会科学文献出版社,2010:43.
[470] 瓦西里斯 · 福斯卡斯,比伦特 · 格瓦伊．新美帝国主义——布什的反恐战争和以血换石油[M]．薛颖,译．北京:世界知识出版社,2006:9.
[471] 万志英. 11—18 世纪中国的货币与货币政策[J]．王文成,译．思想战线,Vol. 38,2012(6): 74-78.
[472] 文武．爱尔兰获得 1 130 亿美元援助市场压力未能缓解．新浪财经,2010-11-29.
[473] 瓦莱里 · 吉斯卡尔 · 德斯坦．欧盟条约与宪法并无不同[N]//英国独立报 2007 年 10 月 30 日文章//参考消息,2007-10-31(5).
[474] 王博．浅议美债评级下调的原因和影响[J]．时代金融, NO. 2,2012:2023.
[475] 王梓,周慧兰．"次按危机"启示[N]. 21 世纪经济报道,2007-8-27(4).
[476] 王丹．安然神话为何破灭[J]．经济管理文摘,2002,1(308) :25-26.
[477] 王磊．股市:不在泡沫中疯狂,就在泡沫中崩溃[N]．中国青年报,2007-8-28.
[478] 王婧．欧元在全球外汇储备占比持续下滑或面通缩风险．商务部网站,2014-7-19.
[479] 王信．改革国际货币体系、进一步发挥 SDR 作用的前景分析[J]．外交评论, 2011(3):34.
[480] 未克．欧洲联盟概况．新华网,2004-5-9.
[481] 吴宁,冯旺舟．资本主义全球金融危机与马克思主义[J]．马克思主义研究,2012(1).
[482] 吴乐珺,丁大伟．西葡资金紧张 欧债危机"防火墙"扩容成焦点[N]．人民日报,2012-03-26.
[483] 吴小凤．汉唐广西经济史述略[J]．广西民族研究. 2005(1):185,191.
[484] 吴晓鹏,郑博宏．华尔街九日风云惊变[N]. 21 世纪经济报道,2008-9-17(3).

[485] 吴雷钊."全球化与政治转型"学术研讨会综述[J]. 经济社会体制比较(双月刊),2007(5):157.
[486] 吴东泰. 美元地位衰退呼唤新的国际货币体系[J]. 管理观察,2008-8:149-150.
[487] 王宪磊. 全球要事报告(2012-2013)[M]. 北京:时事出版社,2013:177.
[488] 王宏昌. 诺贝尔经济学奖获得者讲演集:1969/1977[M]. 北京:中国社会科学出版社,1997:286.
[489] 王如忠. 贫困化增长——贸易条件变动中的疑问[M]. 上海:上海社会科学院出版社,1999:1.
[490] 王小明."熊出没注意":次按阴霾再袭全球股市[N]. 21 世纪经济报道,2008-3-10(13).
[491] 王献堂. 中国古代货币通考[M]. 青岛:青岛出版社,2005:3,5,6.
[492] 王利民、左大培. 关于预算赤字、铸币税和货币扩展通货膨胀税的关系[J]. 经济研究,1999(8):33.
[493] 王曙光、李兰、金瑛. 税法学[M]. 北京:经济科学出版社,2008:11-13.
[494] 王花蕾. 近代早期白银流入对中国经济的影响[J]. 山西财经大学学报,Vol. 27,No. 5,2005(10):8.
[495] 王海宝. 北宋川蜀地区铁钱盛行的原因探究[J]. 重庆交通大学学报(社科),Vol. 10, No. 3, 2010(6):84-86.
[496] 王国刚. 走出"全球经济再平衡"的误区[J]. 财贸经济,2010(10):5-12.
[497] 王晋斌. 论国际货币体系演变特点及现实启示[J]. 安徽大学学报(哲学社会科学版),2010(5):1.
[498] 王慧卿. 富国财政瘦身陷入两难爱尔兰总理面临 20% 降薪[N]. 第一财经日报,2009-12-23.
[499] 王志强,闫存庭. 新疆官钱局发展始末述略[J]. 新疆师范大学学报(哲学社会科学版),Vol. 28,No. 1,Mar2007:14.
[500] 王超华. 西方学界关于中世纪英国工资史的研究[J]. 史学月刊,2010(8):15.
[501] 王超华,马泽民,崔洪建. 中世纪晚期英国乡村工资变迁研究[J]. 唐山师范学院学报. 第 32 卷,2010(6):70.
[502] 王煜源. 标普 500 令世界富豪亏惨 墨首富资产大增引关注. 参考消息网,2014-7-14(4).
[503] 王琳璘,张磊. 美债危机的成因、影响及我国未来的经济政策走势分析[J]. 商业经济,2011(20):1-2.
[504] 王军强. 欧债危机对中国经济的影响及启示[J]. 现代商业,2012(2):154-155.
[505] 王志萍. 欧债危机下欧洲央行的政策选择[N]. 期货日报,2012-07-18.
[506] 王义桅. 欧盟:妥协政治能否继续走下去[N]. 文汇报,2012-6-8(7).
[507] 王天义. 马克思的虚拟资本理论及其当代价值[N]. 学习时报,2009-8-25.
[508] 王永中. 流动性风险 金融中介与内生增长——Bencivenga 和 Smith(1991)模型评价[J]. 华南金融研究,2004(1).
[509] 王洛林. 全球化与中国金融[M]. 北京:经济科学出版社,2010:35,229-230.
[510] 王汉儒. 欧债危机爆发根源的再思考——基于国际货币体系视角的分析[J]. 当代财经,2012(11):47.
[511] 王汉儒. 国际货币体系视角下世界经济失衡与纠偏——兼论欧债危机爆发的根源[J]. 当代经济研究,2012(7):64.
[512] 王永贵. 当今全球化的特点与实质[J]. 黄山学院学报, 2006-12:1.
[513] 王伟光. 马克思论人的本质和他的科学世界观的形成[J]. 马克思主义研究, 1985(3):137.
[514] 汪慕恒. 90 年代发展中国家的债务危机趋向缓和[J]. 厦门大学学报(哲社版),1995(3):88-92.
[515] 汪祖杰,管德华. 西方经济学[M]. 北京:中国商业出版社,1994:292-294,330.
[516] 魏淑艳. 全球化时代的政策转移:特点·动因·作用[J]. 行政与法,2009(10):13.
[517] 巫宝三. 管子经济思想研究[M]. 北京:中国社会科学出版社,1989:241-245.
[518] 问与答:人体含有多少卡路里? [N]//英国《焦点》月刊. 参考消息. 2008-2-20(7).
[519] 外媒称比特币遭遇空前危机[N]. 参考消息,2014-2-27(4).
[520] WFE 统计数据库. 转引自:廖泽芳,雷达. 欧债危机背后的货币博弈[J]. 国际金融研究,2012-11:42.

X

[521] 西美尔．货币哲学[M]．陈戎女，耿开君，文聘元，译．北京：华夏出版社，2007：61，63，79，111.
[522] 西尼尔．政治经济学大纲[M]．蔡受百，译．北京：商务印书馆，1977：17，47.
[523] 习近平．决胜全面建成小康社会夺取新时代中国特色社会主义伟大胜利——在中国共产党第十九次全国代表大会上的报告．2017-10-18.
[524] 小武．欧盟：应向希腊发放第六笔援款，ESM 应尽快生效．汇通网，2011-10-13.
[525] 许新．叶利钦时代的俄罗斯：经济卷[M]．北京：人民出版社，2001：224.
[526] 许新．俄罗斯金融危机及其影响[J]．国际经济评论，1998(26).
[527] 肖强．拉美债务危机的现状和前景[J]．刊名不详：38-40.
[528] 新浪．美联储推出 QE3 每月额度 400 亿美元[J]．证券之星，2012-9-14.
[529] 徐英富．货币银行学[M]．北京：机械工业出版社，2007：8，11. 230.
[530] 徐红芬，孟蓼筠．欧债危机的影响分析及前景展望[J]．金融理论与实践，2012(7)：57-60.
[531] 徐滇庆，等．泡沫经济与金融危机[M]．北京：中国人民大学出版社，2000：55.
[532] 徐茂魁，陈丰，张家伟，郑世蕊．对金融发展理论的思考—以美国次贷危机为鉴[J]．政治经济学评论，2009 年(第 1 辑)：132，135，146-148.
[533] 徐向梅．俄罗斯银行制度转轨研究[M]．北京：中国金融出版社，2005：96，165，166，172.
[534] 徐琳琳，谭晓军．马克思的金融危机理论[J]．学理论，2009(25)：120-121.
[535] 徐宏文．*ST 金泰第 43 个涨停突变跌停[N]．青年报，2007-9-1(15).
[536] 徐诺金．世界货币的绿色未来[J]．绿叶，2007-7：43.
[537] 谢罗奇，龚伟强．对 2001-2006 年间我国商业银行流动性过剩成因的实证分析[J]．济南金融，2007(3)：6.
[538] 谢国忠．商品市场是"最后的泡沫"[N]//香港：南华早报．2008-2-27/参考消息．2008-3-1(4).
[539] 谢世清．东亚金融危机的根源与启示[M]．北京：中国金融出版社，2009：81.
[540] 许涤新．简明政治经济学词典[M]．北京：人民出版社，1983：110，223，319.
[541] 许宪春．正确理解和使用 GDP[J]//中国国家统计局国民经济核算司．数据，2006(01).
[542] 辛祥晶，张玉恒．金融结构变迁的社会化研究[J]．河北经贸大学学报，2007-9：11-16.
[543] 辛乔利，孙兆东．次贷危机[M]．北京：中国经济出版社，2008：96，126.
[544] 夏晓阳．美众院通过延长债务上限法案[N]．文汇报，2014-2-13(4).
[545] 夏天．马克思主义视域下的人类命运共同体研究[D]．山东：聊城大学硕士学位论文，2017-6：3.
[546] 邢莉云．美次级按揭危机最高损失可达 5000 亿美元[N]．21 世纪经济报道，2007-8-6(15).
[547] 熊仁宇．"欧元化"无助于减缓全球通涨：用"欧元化"解决美元贬值是饮鸩止渴[N]．21 世纪经济报道，2008-7-29(时论 3).
[548] 宣文俊．国际货币体系改革与人民币国际化[J]．上海经济研究，2009(12)：38-39.
[549]《新闻工作者手册》编委会．新闻工作者手册[M]．北京：新华出版社，1985：293.
[550] 新华网北京 12 月 28 日电．2006 年日本占全球 GDP 比重跌至新低[N]．新华社(北京)，2007-12-29.
[551] 新华社旧金山 3 月 10 日电．比特币交易商 Mt. Gox 在美国获破产保护[N]．劳动报，2014-3-12(14).
[552] 新华社都柏林 12 月 15 日电．爱尔兰率先退出欧洲纾困机制[N]．东方早报，2013-12-16(1).
[553] 新华社纽约 8 月 10 日专电．受美国次级抵押贷款市场危机冲击：世界主要股市普遍暴跌——世界各地央行注资 3262 亿美元救市[N]．青年报，2007-8-12(2).
[554] 新华社北京 11 月 18 日专电，次贷危机重创美日欧[N]．文汇报，2007-11-19(3).
[555] 新华社电．美国次债余震：美次级债危机警示中国炒房者[N]．青年报．2007-8-12(10).
[556] 西班牙获得欧盟约 400 亿欧元援助贷款．腾讯财经，2012-12-12.

[557] 西班牙新首相拉霍伊宣誓就职宣布2012紧缩方案. 中国新闻网,2011-12-21.

Y

[558] 亚里士多德. 政治论[M]. 北京:商务印书馆,1965:31-32.
[559] 亚里士多德. 尼各马可伦理学[M]. 廖申白, 译. 北京:商务印书馆, 2003:51.
[560] 尤瓦尔·赫拉利. 人类简史思维导图//人类简史:从动物到上帝[M]. 林俊宏, 译. 北京:中信出版集团,2017:导图.
[561] 亚当·斯密. 国民财富的性质和原因研究:上卷[M]. 郭大力,王亚南,译. 北京:商务印书馆,1972:12,13,16,18-20,26,267.
[562] 亚当·斯密. 国民财富的性质和原因研究[M]. 唐日松,等,译. 北京:华夏出版社,2006:13,19-20,26,308,342,661-663.
[563] 亚历山大·拉林. 中国拉拢越南意在搅扰美国[N]. 参考消息,2013-10-16(2)
[564] 伊凡·亚历山大. 真正的资本主义[M]. 杨新鹏,等,译. 北京:新华出版社,2000:44,84,99,196.
[565] 约翰·罗. 论货币和贸易:兼向国家供应货币的建议[M]. 朱泱. 译,北京:商务印书馆,1986:7.
[566] 约翰·希克斯. 经济学展望[M]. 余皖奇,译. 北京:商务印书馆,1986:46.
[567] 约翰·肯尼斯·加尔布雷斯. 货币简史[M]. 苏世军,苏京京,译. 上海:上海财经大学出版社,2010:41.
[568] 约翰·梅纳德·凯恩斯. 就业利息和货币通论[M]. 魏埙,译. 西安:陕西人民出版社,2006:278,353.
[569] 约翰·F·乔恩. 货币史:从公元800年起[M]. 李广乾,译. 北京:商务印书馆, 2002: 1,9,14-16,21-22,52,56,58-60,65,71,81,88-90,98-99,102-103,106-107,109,112-113,138-141,151-156,225-230,231-239,336-339,342-344,352-360,380,401-403,406,416-420,436-437,482.
[570] 约翰·哈罗德·克拉潘. 现代英国经济史:上卷[M]. 姚曾廙,译. 北京:商务印书馆,1964:482.
[571] 约翰·罗尔斯. 作为公平的正义:正义新论[M]. 姚大志,译. 北京:中国社会科学出版社,2011:56.
[572] 伊藤彻,岩琦正行. 世界银行《1989-1990年世界债务表》[J]//发展中国家的债务危机与布雷迪计划. 杨维中,译. "发展中国家债务问题专辑" //日本《贸易振兴会信息》,1990-7: 10-11,11,16.
[573] 约瑟夫·施蒂格利茨. 对美国是残酷的警醒[N]//法国:回声报,2007-8-20//参考消息,2007-8-23(4).
[574] 殷瑜. 西方货币制度中的金本位[J]. 管理科学文摘,2005(07).
[575] 尹恒,欧阳海泉. 新货币经济学的理论构想及可行性[J]. 经济学动态,2004(8):70-73.
[576] 晏群. 各国外债管理比较[J]. 世界经济,1988(6):38.
[577] 袁雪. 欧盟7 500亿"救心丸"出台始末 没有其他的选择[N]. 21世纪经济报道,2010-05-11.
[578] 袁东. 美洲白银的历史告诉了我们什么[N]. 上海证券报,2009-8-07:B6.
[579] 袁源. 西班牙300亿紧缩出台或为获得千亿援助前提条件[N]. 国际金融报,2012-7-6.
[580] 袁敏. 美国评级业监管发展动向及述评[N]. 证券市场导报,2008(1):21.
[581] 杨蜜. 欧债危机对中国出口贸易的影响及策略[J]. 中国外资,2012-9:67.
[582] 杨晓莉. 2012年二季度美国经济增长率下修至1.3%[N]. 经济参考报,2012-09-28.
[583] 杨圣明,高文书. 论虚拟资本[J]. 中国社会科学院研究生院学报,2006(1):摘要.
[584] 杨胜刚,等. 金融泡沫与信用制度的内在缺陷——基于美国次贷危机的考察[J]. 湖湘论坛,2009(5):76,78-80.
[585] 杨晓影,庄勤. 巴塞尔协议和德国银行资本金政策[J]. 世界经济研究,1992(3):49-53.
[586] 杨小军. 当前国际货币体系新特征及其发展趋势研究——兼论人民币国际化[J]. 金融发展研究,2008(9):15-16.
[587] 杨继军,易木. 试论当代世界的贫困化与南北差距问题[J]. 聊城师范学院学报(哲学社会科学版),2000(5):28-30.

[588] 杨维中．发展中国家债务危机问题初探[J]．南洋问题研究,1990(1):1.
[589] 杨多贵,周志田,陈劭锋．发展观的演进——从经济增长到能力建设[J]．上海经济研究,2002(4).
[590] 杨丽娟．全球化与政治传播[J]．理论观察, 2002(6):21.
[591] 杨雪冬．全球化:西方理论[M]．北京:社会科学文献出版社,2000:6.
[592] 杨雪冬．全球化理论:对现代性的反思和超越．中共中央编译局官网,2004-01-07.
[593] 杨金海．马克思的全球化思想与现时代．中共中央编译局官网,2004-01-07.
[594] 杨玲．“人的本质”与“人类命运共同体”．哲学政治学研究[J]//大连干部学刊, 2017-1:18.
[595] 应世昌．西方商业银行在发展中国家债务危机中的作用[J]．世界经济文汇,1990(5):34,34-35.
[596] 俞可平．中国治理变迁 30 年[J]．吉林大学社会科学学报,2008(3):15.
[597] 姚丽萍,刘琳．世界名著速读[M]．北京:中国书籍出版社,2004:22,133.
[598] 尹夏清．汉代黄金货币初步研究[D]．西北大学硕士学位论文,2003:摘要.
[599] 尹继志．国际货币体系改革与中国的角色定位[J]．上海金融,2009(10):5-6.
[600] 余永定．美国的公共债务危机[J]．三联生活周刊,2011-08-22:3-5.
[601] 叶唐立．计量史话[J]．上海计量测试,2005(3).
[602] 晏智杰．劳动价值学说新探[M]．北京:北京大学出版社. 2001:14-15.
[603]《叶适集》,第三册,中华书局 1961:6579,转引自:钟祥财．中国古代贫富差别思想述评[J]．社会科学, 2010(01):137.
[604] 燕红忠．从货币流通量看清代前期的经济增长与波动[J]．清史研究,Aug. 2008(3):41。
[605] 燕红忠．试论近代中国金融业的发展:路径与结构[J]．山东大学学报(哲学社会科学版),2013(1):87.
[606] 袁志丽．“欧洲稳定机制”具有实质意义[N]．经济日报,2012-10-11.
[607] 姚大庆．货币权力和国际货币体系的美元霸权[J]．商业研究,2010-6:18-19.
[608] 严建卫．葡萄牙退出国际救助体系[N]．文汇报,2014-5-6(3).
[609] 严恒元．听“欧元之父”说“亚元”——访诺贝尔经济学奖得主蒙代尔教授[N]．经济日报,2002-8-21.
[610] 钟华,祁洞之．国际货币体系演化的内在逻辑与历史背景——兼论国际货币体系与资本全球化[J]．国际金融研究,2012-9:4-5,9-10.
[611] 尤飞．比特币的下一步[N]．文汇报,2014-06-08(6).
[612] 郁中华．拆借利率飙升银行“钱荒”愈演愈烈[N]．劳动报,2013-6-21(5).
[613] 英国每日电讯报:新兴市场受到中国和美国双重紧缩政策的压迫[N]．参考消息,2013-6-22(4).
[614] 英报:中国比特币单价重返 1 000 美元．新华网,2014-1-7.
[615]《印度钱币简史(二)》,http://archive. taobao. com/auction/0/item_.
[616] YeTI.．谁将主导世界货币？的评论．豆瓣读书,2013-11-19.
[617] 亚太近期救市一览．中国新闻网,2009-2-28.
[618] 译者注//马克思. 政治经济学批判//马克思恩格斯全集:第 46 卷[M]．北京:人民出版社, 2016(数字版):172.
[619] 虞崇胜, 余扬. 人类命运共同体:全球化背景下类文明发展的中国预判[J]．理论视野, 2016-7:25.

Z

[620] 赵博．浅析李觏的经济思想[J]．牡丹江大学学报,Vol. 18, No. 4,2009(4):43-46.
[621] 赵柯．货币的政治逻辑与国际货币体系的演变[J]．欧洲研究,2011(4):52.
[622] 赵涛,彭龙．金融史其实很有趣[M]．上海:立信会计出版社,2010:前言.
[623] 赵柯．货币的政治逻辑与国际货币体系的演变[J]．欧洲研究,2011(4):56-57.
[624] 圳峰．南海泡沫事件始末[N]．证券市场导报,1996(9).

[625] 枕戈．秘鲁总统主张南美各国实行单一货币．新华网,2007-1-17.
[626] 郑涛:浅析邮票代币现象兼考沙俄代币邮票(1915—1917)[J]. 中国钱币,2011(4):54.
[627] 朱清．欧元区财政政策的协调及其面临的挑战[J]. 吉林工商学院学报,2008-1:59.
[628] 钟佳．金融泡沫的形成机制、经济效率与有效预警[J]. 浙江金融,2005-5:26-27.
[629] 章凝．荷兰郁金香泡沫[J]. 金融博览,2009(3):16.
[630] 周蜜．外媒:中国负债总额飙升引担忧[N]. 参考消息,2014-7-23(4).
[631] 周飚．美国次贷危机和搭积木游戏[N]. 21 世纪经济报道．2008-3-21(3).
[632] 张塞,等．1995 年中国统计年鉴[M]. 北京:中国统计出版社,1995:50.
[633] 张颖．后凯恩斯主义内生货币供给理论的发展述评[J]. 经济评论．2002(6).
[634] 张云,刘骏民．当代国际货币体系的困境与人民币国际化探析[J]. 郑州大学学报(哲学社会科学版),2010-1:49-50.
[635] 张婷．美债危机与欧债危机的区别及前景分析[J]. 现代经济信息,2012(10):3.
[636] 张敏．冰岛,国家破产? [J]. 世界知识,2008(11):32.
[637] 张明．铸币税的定义、计算和分配．中国社会科学研究院国际金融研究中心,工作论文 N. 72,2005(6):4,5.
[638] 张明．次贷危机对当前国际货币体系的冲击[J]. 世界经济与政治 ,2009(6):76.
[639] 张明．美债危机背后的政治博弈[J]. 理论参考,2011-10:36-37.
[640] 张明,郑英,敬云川．欧债危机的现状评估、政策选择与演进前景[R]. 中国社会科学院世界经济与政治研究所国际金融研究中心研究报告,2012W02:4-7,14-17,24,-26,39.
[641] 张灿．金融泡沫理论研究[M]. 上海:上海财经大学出版社,2003:51.
[642] 张涵．蒙代尔:IMF 和欧盟会在接下来 10 天内救助希腊[N]. 21 世纪经济报道,2011-9-28.
[643] 张光．纸币的威力:北美英属殖民地经验及其理论意义[J]. 南开大学学报(哲学社会科学版). 2005(4):70.
[644] 张哲．媒体称朝鲜货币改革后通货膨胀[N]. 郑州晚报,2010-12-1(A26).
[645] 宗良．危机后的全球金融变革[M]. 北京:中国金融出版社,2010:2-8.
[646] 张岸元,李世刚．关于美债危机相关问题的几个观点[J]. 中国物价,2011-9:50-51.
[647] 张华宁,燕红忠．论晚清时期的货币与币制变革[J]. 山西大学学报(哲学社会科学版),Jan. 1,2009:67,70.
[648] 张亚兰．白银“洼地”与分层的世界货币体系[J]. 中国金融,2009(13):64.
[649] 张文兰．浅谈俄罗斯的货币[J]. 商场现代化,2011-2:153-154.
[650] 张笑然:惠誉称中国信用泡沫“史无前例”并认为未来 6 个月将至关重要[N]. 参考消息,2013-6-18(5).
[651] 张肇中．对俄罗斯两次金融危机的思考[J]. 西伯利亚研究,2011-10: 35,36,37-40.
[652] 张明林．欧洲史亚洲史美洲史[M]. 北京:联合教育出版社,2006: 11,84,102,748.
[653] 张明莉．谈谈发展中国家的债务危机[J]. 外交学院学报,1991(2):36-39.
[654] 张广翔．19 世纪末 - 20 世纪初俄国经济发展道路的选择[J]. 北方论丛,2005(3) :101.
[655] 张岸元,李世刚．关于美债危机相关问题的几个观点[J]. 中国物价,2011-9:50-51.
[656] 张广翔．19 世纪俄国政府工商业政策基本趋势[J]. 西伯利亚研究,2000(8) :44-45,46.
[657] 张作云．从《资本论》看国际金融危机的生成和运行机制[J]. 管理学刊,2012-4: 17,20,22-24,24-25,25.
[658] 张亚梅, 杨春学．论发展中国家的债务危机[J]. 云南财贸学院学报．1989(2):17,18-19.
[659] 张仲芳．虚拟资本、虚拟经济与金融危机——基于马克思《资本论》的分析[J]. 经济论坛,2009-

11:15.

[660] 张德栋. 次贷危机对商业银行信用风险管理的启示[J]. 经济师,2008(10) :10-12.

[661] 张亦春,郑燕洪,雷连鸣. 国外信用评级制度与对我国的启示[J]. 河南金融管理干部学院学报,2005(5):54-56.

[662] 张维武. 美国次贷危机与亚洲金融危机的对比分析.2008-10-12. 转引自姜爱林.20 世纪以来三次国际金融危机比较[J]. 金融教学与研究,2009(3):11.

[663] 张东祥. 金融结构理论的贡献与启示[J]. 中南财经大学学报,1999(4).

[664] 张庆麟. 析欧洲货币联盟的超国家性质[C]. 中国欧洲学会欧洲法律研究会 2008 年年会论文集:9,12,19-20.

[665] 张洪梅. 国际区域货币合作和欧元模式研究[D]. 东北师范大学博士学位论文,2008-5:1-2.

[666] 张鸿钧,姜照华. 经济全球化的动因、实质及影响[J]. 大连理工大学学报(社会科学版),2000(4):8-9.

[667] 张世平. 将军视点:金融危机与国际政治格局[M]. 北京:军事科学出版社,2009:270.

[668] 张伶俐,陶林. 全球化与政治意识文明建设[J]. 天水行政学院学报,2003 (4):20.

[669] 张笑然. 惠誉称中国信用泡沫"史无前例"并认为未来 6 个月将至关重要[N]. 参考消息,2013-6-18(5).

[670] 张三元. 人类命运共同体:经济全球化的中国方案[J]. 观察与思考, 2017(6):55.

[671] 赵景峰. 马克思主义框架下的经济全球化本质探析[J]. 山西师大学报(社会科学版) 2006-1:4.

[672] 赵广俊. 欧盟批准拉脱维亚 2014 年 1 月 1 日加入欧元区[N]. 光明日报.2013-06-10:(4).

[673] 赵可金. 从"国际社会"到"人类命运共同体"[N]. 北京日报, 2017-2-20(16).

[674] 朱显平,佳刘鑫. 俄罗斯的货币[J]. 学问.China Academic Journal Electronic Publishing House,1994-2012:56.

[675] 朱相远. 树立现代财富观——重视非物质无形资产财富的价值.www. gmw. Cn,2006-05-06.

[676] 朱勇坤. 钱币投资收藏手册[M]. 上海:上海科学技术出版社,2007:6,10,257.

[677] 朱国宏. 全球问题与全球化? 1994-2013 China Academic Journal Electronic Publishing House:27-30.

[678] 朱显平,佳刘鑫. 俄罗斯的货币[J]. 学问,China Academic Journal Electronic Publishing House,1994-2012:56.

[679] 朱心坤. 在利库路特股票丑闻的背后[J]. 国际展望,1989(3).

[680] 朱勇坤. 钱币投资收藏手册[M]. 上海:上海科学技术出版社,2007:257.

[681] 臧秀玲. 欧债危机与资本主义福利国家新变化[J]. 财经科学,2012(6):1-9.

[682] 郑轶伟,等. 中国花钱图典续集[M]. 上海:上海文化出版社,2006:7.

[683] 郑功成. 社会保障学——理念、制度、实践与思辨[M]. 北京:商务印书馆,2000:128.

[684] 郑春荣. 从欧债危机看德国欧洲政策的新变化[J]. 欧洲研究,2012(5):5,6.

[685] 郑熙春. 欧债危机对出口贸易的影响及企业应对对策[J]. 国际贸易,2011(12):108.

[686] 曾康林,王长庚. 信用论[M]. 北京:中国金融出版社,1993:1.

[687] 周培年. 世界范围的外债问题[J]. 世界经济与政治,1992(5):16,18,20-22.

[688] 周景彤. 美债危机:树欲静而风不止[J]. 中国金融,2011(16):50.

[689] 周逢民. 欧债危机成因及对我国的启示[J]. 哈尔滨金融学院学报,2012-2(2):1-4.

[690] 周天勇. 高负债发展模式的金融风险[J]. 经济研究,1998,(5). 转引自:杨胜刚,费婧蓉. 金融泡沫与信用制度的内在缺陷——基于美国次贷危机的考察[J]. 湖湘论坛,2009(5):77.

[691] 周复之. 金融衍生品五级分类监管体系的构建. 中华会计网校论文,2010-1-22.

[692] 周默鸣. 次按风暴眼:全美最大的抵押贷款公司告急[N].21 世纪经济报道,2007-8-20(15).

[693] 周小亮．金融危机成因的马克思主义经济学分析及其现实思考[J]．政治经济学评论,2009 卷第 1 辑:119.

[694] 周必健．希腊和西班牙主权债务危机考察报告[R]．浙江省经信委政研室,2012-04-10.

[695] 周智宇. 日本力推比特币扫码支付 比特币涨破 4400 美元 高盛预测未来或回调近 40%[N]．21 世纪经济报道, 2017-8-16(6).

[696] 翟少辉. 警告四起 比特币或迎来大范围监管收紧 不到一个月币价下跌 32%[N]．21 世纪经济报道, 2018-1-24(7).

[697] 中国社会科学院语言研究所词典编辑室编．现代汉语词典[M]．北京:商务印书馆,1996: 51,349, 824,1 011.

[698] 中央电视台《经济半小时》栏目组．货币战争:真相与未来[M]．北京:华夏出版社,2010:封底．

[699] 中国国际问题研究所编辑部．不结盟运动主要文件集[M]．北京:中国对外翻译出版公司,1987:565.

[700] 中国国际问题研究所编辑部．不结盟运动主要文件集:第二集[M]．北京:世界知识出版社,1992: 94-95.

[701] 中国需制定美债危机综合性应对方略[J]．财经界,2011-10: 67.

[702] 中国人民银行 工业和信息化部 中国银行业监督管理委员会 中国证券监督管理委员会 中国保险监督管理委员会．关于防范比特币风险的通知．2013-12-3.

[703] 中国古代钱币,http://www. xy369. com/bbs/User/Login. asp;

[704] 中国货币历史概述．黄金理财网,2008-11-29.

[705] 中国百科网. http://www. chinabaike. eom/z/shenghuo/kp/2016/0605/302423. html.

[706] 注释 149//马克思恩格斯全集(第 45 卷)[M]．北京:人民出版社, 2016(数字版):772.

[707] 证券时报网快讯中心．多方点评多国央行放水:货币政策宽松达巅峰时刻．证券时报网,2012-9-19.

英文、俄文部分

A

[708] Alan R. Shaw. Market Timing and Technical Analysis. Smith Barncy,Harris UphamΘCo. Inc. 1991:315.

[709] Articles of Agreement of the International Monetary Fund. Adopted at the United Nations Monetary and Financial Conference, Bretton Woods, New Hampshire, July 22, 1944.

[710] Aticles of Agreement of the International Monetary Fund. 2011 International Monetary Fund.

[711] Alexander Elder. Trading For A Living: Psychology Trading Tactics Money Management[M]. Copyright© 1993 by Dr. Alexander Elder. Published by John Wiley & Sons,Inc. P. 258.

[712] Adam Smith. Wealth of Nations[M]. New York: The Modern Library, 1937:772.

[713] Angus Maddison. The World Economy:a millennial perspective[J]. Development centre of the organisation for economic co-operation and development,© oecd 2001:64-65.

[714] Annual growth of the Real Gross Domestic Product (GDP) of the United States from 1990 to 2013,http://www. statista. com/statistics/188165/.

B

[715] Benjamin J. Cohen. the International monetary system: diffusion and ambiguity [J]. International Affairs,2008 (3):455-470.

[716] Benjamin Franklin. The Writings of Benjamin Franklin [J]. edited by Albert Henry Smyth, New York: Macmillan, Vol. 2,1907:2,7.

[717] Benedetto Gui and Robert Sugden. Economics and Social Interaction: Accounting for Interpersonal Relations

[M]. Cambridge University Press, Cambridge. 2005. xvi t 299 pp. d45.

[718] Barry Eichengreen. Exorbitant Privilege: The Rise and Fall of the Dollar and the Future of the International Monetary System[M]. Oxford University Press,2011:10,32.

[719] Barbara von Halle. Business Rules Applied—Business Better Systems Using the Business Rules Approach [M]. Copyright © 2002 by Barbara von Halle. Published by John Wiley & Sons, Inc. ,New York ;12.

[720] Brian Snowdon, Howard R. Vane. Modern Macroeconomics:Its Origins, Development and Current State[M]. Edward Elgar Cheltenham, UK * Northampton, MA, USA,© Brian Snowdon, Howard R. Vane 2005:82.

[721] Boot A. Thakor. Financial System Architecture [J]. The Review of Financial Studies, 1997(3).

[722] Bureau of the Census, Historical Statistics of the United States Colonial Times to 1970,Washington, D. C. : U. S. Government Printing Office, 1975:1198,1200.

[723] Beyond the Dollar: Rethinking the International Monetary System,A Chatham House Report[J]. Edited by Paola Subacchi and John Driffill,March 2010.

[724] Власенко В. Е. Денежная Реформа в России. 1895-1898 гг. [M]. Киев,1949:12,15,74.

[725] Витте С Ю. Избранные Воспоминания. 1849-1911, гг. Т 2[M]. М. : Терра,1997: 35.

[726] В. В. Попков. Банки напереходе. Излательско Консалтинговая Компания“ДеКА” ,2001. С . 171.

C

[727] Caroline Schmidt. Saving-investment Correlations in Response to Monetary Policy Shocks:New Insights into the Feldstein-Horioka Puzzle? [J]. Open Econ Rev (2007) 18:347-367.

[728] Christian E. Weller and Bernard Morzuch. International financial contagion Why are Eastern Europe’s banks not failing when everybody else’s are? [J]. Economics of Transition,Volume 8 (3) 2000:655.

[729] Charles A. E. Goodhart“The Two Concepts of Money: Implications for the Analysis of Optimal Currency Areas” [J]. European Journal of Political Economy,Vol. 14,1998,pp. 407-432.

[730] Charles Grant. Estimating credit constraints among US households [J]. Oxford Economic Papers 59(2007), 583-605.

[731] Campbell R. Mcconnell, Stanley L. Brue. Economics: principles, problems, and policies [M]. mcgraw-hill publishing Company. New York:1990:285.

[732] Carol. Berkin, Etc. , Making American: A History of the Unired States [M]. Houghton Mifflin Company, U. S. A,1995:41,143.

[733] Claudia Dziobedk and John K. Garrett: Convergence of Financial Systems and Regulatory Policy Challenges in Europe and in the United State,1998.

[734] Colin Bell and Howard Newby, Community Studies: An Introduction to the Sociology of the Local Community, Westport, CT: Praeger, 1973, p. 15.

[735] Curtis P. Nettles, The Money Supply of the American Colonies before 1720[M]. New York: The Century Company, 1964:256.

[736] Сборник Статей Денежная Реформав России. Историяи Современность [G]. М. Древлехранилище, 2004:101,104.

D

[737] David Vise. Wild Days on Wall Street[M]. //The World Year Book,Chicago:World Book Inc. ,1988:145.

[738] Dominick Salvatore, Derrick Reagle. Theory and Problems of Statistics and Econometrics [M]. Copyright © 2002 by The McGraw-Hill Companies,Inc. p. 1.

[739] 2000 Data Available as of 31 January 2003,United Nations, New York,2003,P. 135.

[740] Derek Heater. Origins of Cosmopolitanism ideas[M]. Gerard Delanty, David Inglis. Cosmopolitanism, Routledge, 2011:28-55.

E

[741] Edward B. Barbier, Valuing ecosystem services as productive inputs [J]. Economic Policy January 2007 pp. 177,229.

[742] Elham Mafi-Kreft. International Outlook for 2014[J]. Indiana Business Review, Winter 2013:1.

[743] Edwin J. Perkins. The Economy of Colonial America [M]. New York:Columbia University Press, 1980:115.

[744] Eurogroup statement on Spain. From europa. eu,9 June 2012.

[745] Eric Brousseau. , Jean-Michel Glachant. The Economics of Contracts-Theories and Applications [M]. Cambridge university press_© 2002:50.

[746] Europe 2020: A European strategy for smart, sustainable and inclusive growth. European commission, Brussels,3. 3. 2010.

[747] Е. Г. Ясин. Российская: Истоки и панорамарыночных реформ. Москва: Издателъство ГУ ВШЭ, 2002. С. 292,417;

F

[748] Franklin Allen. Financial crises,ECO 575 (Part II) ,Bendheim Center for Finance ,Economics Department [J]. Princeton university,April 7, 2003,Spring Semester 2003.

[749] Franklin Allen. Financial crises ,ECO 575 (Part II),Bendheim Center for Finance,Economics Department [J]. Princeton university,March 24, 2003.

[750] Foroohar, Rana, your global economic mess is now being served[N]. Academic Search Premier. Time, 0040781X,6/18/2012, Vol. 179,

G

[751] Gonzalo Cortazar Eduardo S. Schwartz and Lorenzo F. Naranjo, term-structure estimation in markets with infrequent trading[J]. International journal of finance and economics,Int. J. Fin. Econ. 12:353-369 (2007).

[752] Georgios Karras,are the output effects of monetary policy asymmetric? Evidence from a sample of european countries[J]. Oxford bulletin of economic and statistics. 58,2(1996),pp. 267.

[753] George Selgin. World Monetary Policy after the Euro[J]. Cato Journal, Vol. 20, No. 1(Spring/Summer2000).

[754] George Tsebelis. Veto Players: How Political Institutions Work, Princeton[M]. NJ: Princeton Universi-ty Press,2002.

[755] Giuseppe Tullio & Jürgen Wolters,Monetary Policy in Austria-Hungary, 1876-1913: An Econometric Analysis of the Determinants of the Central Bank's Discount Rate and the Liquidity Ratio[J]. Open Econ Rev (2007) 18:521,537.

[756] Gisela Müller-Brandeck-Bocque, t "Deutschland-Europas einzige Führungsmacht?" [J]. Aus Politikund Zeitgeschichte,2012-10 :21.

[757] Gisela Müller-Brandeck-Bocque,t"Deutschland-Europas einzige Führungsmacht?,pp. 17-19.

[758] Greenwood,J. ,B. D. Smith,"Financial Markets in Development and the Development of Financial Market" [J]. Journal of Economic Dynamics and Control,1997(1).

[759] Globalization, Poverty and Inequality[M]. Edited by SUSAN COLLINS and CAROL GRAHAM[M]. Brookings Institution Press, Washington, DC. 2004.

[760] Graham Bird and Alex Mandilaras. Once Bitten:The Effect of IMF Programs on Subsequent Reserve Behavior

[J]. Review of Development Economics, 15(2), 264-278, 2011.

H

[761] Henry L. Bretton. The Power of Money: A Political-Economic Analysis with Special Emphasis on the American Political System[M]. State University of New York Press, Albany, 1980, p. 29.

[762] Humpage, Owen. "An incentive-Comtaible Suggestion for Seigniorage Sharing with Dollarizing Countries" [J]. Policy Discussion papers, No. 4, Federal Reserve Bank of Cleveland, June 2002.

I

[763] Ivan Kovalenko, Rais Tuzmukhamedov. The non-aligned movement: the Soviet view[M]. New Delhi: Sterling Publishers Private Limited, 1987: 110, 121.

[764] INTERNATIONAL MONETARY FUND, International Financial Statistics, yearbook, 2003.

[765] IMF, Global Financial Stability Report[R], September 2006.

[766] IMF, World Economic Outlook[R], September 2006.

J

[767] J Jay Conrad Levinson and Michael W. McLaughlin. Guerrilla Marketing for Consultants Breakthrough Tactics for Winning Profitable Clients[C]. 2005, P. 17.

[768] Joshua Aizenman, Jaewoo Lee. International Reserves: Precautionary Versus Mercantilist Views, Theory and Evidence[J]. Open Econ Rev (2007) 18: 191-214.

[769] James Forder. Independence and the founding of the federal reserve[J]. Scottish Journal of Political Economy, Vol. 50, No. 3, August 2003: 297.

[770] James C. Van Horne. 1992, Financial Management and Policy [M]. by Prentice-Hall, Inc., 1992, New Jersey 07458.

[771] José Luis do Molina, José viñals and Fernando Gutiérrez, Monetary Policy and Inflation in Spain[M]. 1988, Macmillan Press LTD, Houndmills Autonomy of the Central Bank. P7.

[772] John Tomlinson, Globalization and Culture[M]. The University of Chicago Press, 1999, p1.

[773] John Chown, Massimo Beber and Geoffrey E. Wood. How to rescue European monetary union [J]. Iea Economic Affairs June 1998.

[774] Johan S chreiner: Wages and Prices in England in Later Middle Ages[J]. Scandinavian Economic History Review, Vol. 2, 1954(2).

[775] John A. James, Michael G. Palumboy, and Mark Thomas. Consumption smoothing among working-class American families before social insurance [J]. Oxford Economic Papers 59 (2007).

[776] Jur Rgen Von Hagen, European Monetary Unification: Implications of Research for Policy, Implications of Policy for Research[J]. Open economies review 8: 71, 91 (1997).

[777] Jeremy Clark and Bonggeun Kim, Paying vs. waiting in the pursuit of specific egalitarianism [J]. Oxford Economic Papers 59 (2007), 486, 512.

K

[778] Karl Kaltenthaler Rhodes College, German Interests in European Monetary Integration[J]. JSMS 2002 Volume 40. Number 1: 69-87.

[779] Kathleen R. McNamara. Consensus and Constraint: Ideas and Capital Nobility in European Monetary Integration [J]. Journal of Common Market Studies. September 1999, Vol. 37, No. 3, pp. 455-76.

L

[780] Luca L. Einaudi. From the france to the 'Europe': the attempted transformation of the Latin Monetray Union into a European Monetary Union 1865-1873[J]. Economic History Review, LIII,2 (2000), pp. 284-308.

[781] Leigh Stevens. Essential Technical Analysis Tools and Techniques to Spot Market Trends.

M

[782] Michael Bordo, Thomas Helbling, Harold James. Swiss Exchange Rate Policy in the 1930s. Was the Delay in Devaluation Too High a Price to Pay for Conservatism? [J]. Open Econ Rev(2007)18:1,25.

[783] Michael D. Bordo Owen Humpage and Anna J. Schwartz, The historical origins of us exchange market intervention policy[J]. International journal of finance and economics, Int. J. Fin. Econ. 12:109 132(2007).

[784] Mathur, Pradeep, Non- aligned movement: New Delhi and beyond[M]. New Delhi: Sterling Publishers Private Limited, 1984:70.

[785] Matthias M. Matthijs, Germany's Role in Crafting a Solution to the 2010 EMU Sovereign DebtCrisis: Persuading with Power or the Power of Persuasion, Paper to be presented at the Twelfth Biennial In-ternational Conference of the European Union Studies Association(EUSA), Boston, Massachusetts, 2011-3-4 :23.

[786] Marcus Miller, Olli castren and Lei Zhang, 'Irrational Exuberance' and capital flows for the us new economy: a simple global model[J]. International journal of finance and economics, Int. J. Fin. Econ. 12:89-105 (2007).

[787] Maxwell J. Fry. Money, interest, and banking in economic development[M]. The Johns Hopkins University Press, Baltimore, MD, London, 1988: pp. 522.

[788] Macroeconomic Overview, in Internationally Comparable Prices[R]. by Indicator, Country and Year 2012, UNECE Statistical Division Database.

[789] Mike Featherston, Global Culture: An Introduction, In Theory, Culture and Society[J]. Vol. 7, 1990:8.

[790] Mark Marone and Seleste Lunsford. Strategies That Win Sales: Best Practices of the World's Leading Organizations[M]. Dearborn Financial Publishing © 2005:2.

[791] Mcgraw Hill. Fundamentals Of Managerial Economics, Course: FINANCE dc, Spring 2010 School: Indian Institute of Manage. Rating: Word Count: 312279 Document, P. 2.

[792] Measuring Sustainable Development Prepared in cooperation with the Organisation for Economic Co-operation and Development and the Statistical Office of the European Communities (Eurostat). UNITED NATIONS, New York and Geneva, 2009:10.

N

[793] Numismatic Evidence and Falling Prices in the Fourteenth Century[J]. The economic history review, second series, volume XXVII, No. i, 1974 BY N. J. Mayhew

[794] 35 years of non-aligned movement: documents, 1961-1996. volume 1: Bandung April 18, 1955 to New Delhi February 13, 1981, New Delhi: International Institute for Non- Aligned Studies, 1997: 106, 113, 163, 241, 281, 284, 488, 873.

[795] 35 years of non-aligned movement: documents, 1961-1996. volume-III: Nicosia September 5, 1988 to New York September 25, 1996, New Delhi: International Institute for Non- Aligned Studies, 1997:1327.

[796] 35 years of non- aligned movement: documents, 1961- 1996. volume-II: Algiers April 16, 1981 to Havana May 30, 1988, New Delhi: International Institute for Non-Aligned Studies, 1997: 725, 873, 902- 903, 1041, 1045-1047.

O

[797] Oliver Holtemöller. 2004, A monetary vector error correction model of the Euro area and implications for

monetary policy[J]. Empirical Economics (2004) 29:553-574.

P

[798] Paul M. Romer. Increasing Returns and Long-Run Growth [J]. The Journal of Political Economy, Vol. 94 No. 5. Oct. 1986 pp. 1002-1037.

[799] Paul Krugman. Will there be a dollar crisis?, Economic Policy July 2007, Princeton University, Printed in Great Britain © CEPR, CES, MSH, 2007.

[800] Pamela Nightingale. Monetary contraction and mercantile credit in later medieval England' [J]. Economic History Review, 2nd ser., XLIII, 4(1990), pp. 560-575.

[801] Paul A. Samuelson, William D. Nordhaus: Economics-16th ed [J]. The McGraw-Hill ompanies, Inc, 1998: 288, 289, 650, 651.

[802] Patrick Conway. The revolving door: duration and recidivism in imf programs[J]. The Review of Economics and Statistics, May 2007, 89(2):205.

[803] Philip R. Lane and Gian Maria Milesi-Ferretti, Europe and global imbalances[J]. Institute for International Integration Studies, Economic Policy July 2007.

R

[804] Retor. Gallati, McGraw-Hill. Risk management and capital adequacy, New York, Copyright© 2003 by The McGraw-Hill Companies, Inc. P. XVII.

[805] Robert Z. Aliber. The costs and benefits of the U. S. role as a reserve currency country[J]. The Quarterly Journal of Economics, 1964, 783:178-192.

[806] Richard A. Lester. Monetary Exp eriments: Early American and Recent Scandinavian [M]. Princeton: Princeton University Press, 1939:62, 62-64.

[807] Randy Charles Epping. A beginner's guide to the world economy. Vintage books, a division of random house, inc. New York, November 1995, P. 6.

[808] Russell Davidson, James G. MacKinnon. Foundations of Econometrics[M], Oxford Press, 1999:177.

[809] Robert A. Nisbet. The Sociological Tradition[M]. London: Heinemann Educational Books, 1970:48.

S

[810] Sushanta K. Mallick, Mohammed Mohsin. Monetary policy in high inflation open economies: evidence from israel and turkey [J]. International journal of finance and economics, Int. J. Fin. Econ. 12:405-415 (2007).

[811] "Seigniorage." Encyclopædia Britannica. Encyclopædia Britannica Online Academic Edition. Encyclopædia Britannica Inc., 2013.

[812] Subrata Banerjee. The Tightening Debt- Noose. D. R. Goyal, Non- alignment, concept and concerns [M]. Delhi: Ajanta Publications (India), 1986:139.

[813] Sebastian Edwards, Capital Controls Exchange Rates and Monetary Policy in World Economic[R]. The World Bank, 1995:93.

[814] Sebastian Dullien and Ulrike Guéro, t"The Long Shadow of Ordoliberalism: Germany's Approachto the Euro Crisis", ECFR Policy Brief, No. 49, European Council on Foreign Relations, February 2012.

[815] Simon Bulmer and William E. Paterson. Germany and the European Union: from 'Tamed Power' To Normalized Power? [J]. International Affairs, Vol. 86, No. 5, 2010:1051-1073.

[816] S. Fountas, A. Ioannidis, M. Karanasos, Inflation, Inflation Uncertainty and a Common European Monetary Policy [J]. The Manchester School Vol. 72 No. 2 March 2004, 1463-6786, 221-242.

[817] Stephen F. LeRoy, Jan Werner. Principles of Financial Economics, @ March 10, 2000:VIII.

[818] Strange, Susan . International Monetary Relation[C]. In: Shonfield, Andrew, eds. International Economic Relations of The Western World. London: Oxford University Press, 1976. 18-359.

[819] Sebastian Edwards, Capital Controls Exchange Rates and Monetary Policy in World Economic[R]. The World Bank, 1995:93.

[820] Subhash C. Jain. Marketing planning and Strategy. 6th[M]. edition, College Division, South-Western Pub. Co. , 1993:871.

T

[821] Thomas F. , Money, The Financial system, and Monetary Policies[M]. University of Nevada, Reno, 1991 by prentice Hall Inc. , New Jersey 07632.

[822] Thorp, Rosemary, Progress, poverty and Exclusion: An Economic History of Latin America in the 20th Century [R]. IDB, 1988.

[823] Tom van Veen. European Economic and Monetary Integration and the Euro [J]. The Australian Economic Review, vol. 35. no. 4, pp. 455-62.

[824] Torben M. Andersen, Fiscal Policy Coordination and International Trade[J]. Economica (2007)74: 235, 257.

[825] The Council of the European Union has issued Counciy Regulation (EU) No 407/2010 of 11 May 2010 establishing a European financial stabilisation mechanism; published OJEU 12. 5. 2010 L 118/1.

[826] Thorsten Beck, Asli Demirguc-kunt, Luc Laeven, Ross Levine. Finance, Firm Size, and Growth [J]. Journal of Money, Credit and Banking, Vol. 40, No. 7, 2008-10.

[827] Torben Luthe, Lukas Menkhoff. What drives home bias? Evidence from fund managers' views [J]. International journal of finance and economics, Int. J. Fin. Econ. 12:21-35(2007).

U

[828] United nations e-government survey 2014, United Nations New York, 2014:1.

V

[829] Victor D. Lippit. Routledge, Capitalism. Economica. [February, 2007] p. 23.

[830] Vries, Tom De "On the Meaning Future of the European Monetary System", In : Essays in International Finance[M]. New Jersey: Princeton University Press, (1976) No. 138:1.

W

[831] Willem H. Buiter. Is Numérairology the Future of Monetary Economics? Unbundling Numéraire and Medium of Exchange through a Virtual Currency and a Shadow Exchange Rate[J]. Open Econ Rev (2007) 18:127-156;

[832] William F. Hixson. Triumph of the Bankers: Money and Banking in the Eighteenth and Nineteenth Centuries [J]. Westport, Conn. : Praeger, 1993:56.

[833] Wolf Wagner. International Risk Sharing and Government Moral Hazard[J]. Open Econ Rev (2007) 18:577-598.

[834] 2004 World Development Indicators[R]. World Bank, Washington, DC, p. 16.

[835] Where Is the Wealth of Nations?: Measuring Capital for the 21st Century[R]. December 2005 by World Bank.

X

[836] Xavier Cuadras-morato. Circulation of private notes duringa currency shortage[J]. The Manchester School, Vol

77. No. 4 July 2009:461-478.

Y

[837] Yin-Wong Cheung: An empirical model of daily highs and lows [J]. International journal of finance and economics, Int. J. Fin. Econ. 12:1-20(2007).

Z

[838] Zdravko Mlinar. Individuation and Globalization: The transformation of territorial social organization, In Mlinar ed., Globalization and territorial identities[M]. England, Avebury Press, 1992:22.

后 记

在由2007年8月美国次贷危机所引发的欧债危机继而导致世界金融危机发生之后，经济学界在不断反思当今世界货币体系和金融体制中存在的内生性缺陷问题。作者通过著作的出版、会议的演讲以及学者间的交流，在2008年首版的《财富本源与世界统一货币》一书中的一些观点也逐渐得到了不少学者的认同，比如，货币是公意约定并被普遍接受的一般等价物，是价值的直接体现者和社会财富的直接代表；货币的终极性质在于代表既有的财富，由此性质也规定了货币的数量只能决定于既有财富的存量；只要继续存在商品交换，就必然存在货币；我们不得不承认，由于货币本身发展的异化，也给人类社会带来了货币之祸甚至货币战争，当今时代的货币之争实际上是财富之争；一个世界、一种货币，既是全球货币体制改革的基本思路和创建的终极目标，同时它也是人类货币使用的最方便形式；未来统一货币本位的标的指向只能是一种抽象的物，这种标的价值本身应具有恒定不变、可被度量的特质，人类理想的世界统一货币本位必须同时满足这两个充要条件，而在我们这个星球上，唯有能量才符合这种特质；等价交换的实质就是等能量交换；未来在初始通过一个可被世界各国或地区广泛约定的比例（SDR）完成世界各国（或地区）的货币与之兑换之后（由此构建了货币价值与既有经济基础之间的关系），由未来独立的世界中央银行发行的货币增长速度应遵循单一增长的规则，而这个货币增长率在短期内应与世界财富增量的增长速度保持一致，但在长时期内则必须服从自然准则，即与地球每年能量收支的增量保持一致；人类所能使用的能量极限必须是地球能量的总量（爱因斯坦能）减去一个维持地球正常运行以及生态平衡的量；人类的生存和繁衍直接依赖于财富，所有活动围绕财富的创造和享用进行，而财富的直接表征是货币。因此，为了求得世界的和谐与安宁、人类的永续和昌盛，人类就需要对货币的统一作出某种妥协，或进行合作……人类既有的货币体系必须进行改革，创建一个新的货币体系——统一世界货币体系无疑是建设大同世界的必由之路。

令人担忧的是，当次贷危机和欧债危机相继爆发之后，相应的国家在金融危机中有意或无意，甚至被迫地采用了宽松货币的政策，以求尽快恢复本国经济。但关键问题是宽松货币政策是否有必要？其结果会怎样？尤其这涉及对铸币税的获取是否公正的根本性问题。而这些问题都有必要进行理论的分析和揭示，由此触发了作者撰写本书的念头。

2014年12月《货币·国家·世界》一书出版后，学界和书市均有了一定的反响。2017年11月30日至12月3日，全新形式、空前规模的中国共产党与世界政党高层对话会在北京召开。全球120多个国家、近300个政党和政治组织领导人首度齐聚一堂，以“构建人类命运共同体、共同建设美好世界：政党的责任”为主题，百家争鸣，求同存异。在此背景下，中国铁道出版社的钟加栋总编辑与作者都认为《货币·国家·世界——基于爱因斯坦能量本位》一书的主旨与上述主题是相符的,出版此书也就成为必要。因此,作者深感本书的写成还是源于两种动力:一是来自内心责任感的激励;二是来自家庭和朋友的鼓励。在此,作者对在本书的写作过程中所有给过帮助的人,尤其是帮助校核的周静同仁表示由衷的感谢!